빌 브라이슨
발칙한 영어 산책

MADE IN AMERICA
Copyright @ 1994 by Bill Bryson
All rights reserved.

Korean translation copyright ⓒ 2009 by Sallim Publishing Co., Ltd.
Korean translation rights arranged with Jed Mattes, Inc.
through Eric Yang Agency.

이 책의 한국어판 저작권은 EYA(Eric Yang Agency)를 통한
Jed Mattes, Inc.사와의 독점 계약으로 (주)살림출판사가 소유합니다.
저작권법에 의해 한국 내에서 보호를 받는 저작물이므로 무단전재와 무단복제를 금합니다.

빌 브라이슨
발칙한 영어 산책

엉뚱하고 발랄한 미국의 거의 모든 역사   빌 브라이슨 지음 | 정경옥 옮김

panies like Coca-Cola suffer palpitations when they see a passage like this (from John Steinbeck's The Wayward Bus): "Got any coke?" another character asked. "No," said the other proprietor. "Few bottles of Pepsi-Cola. Haven't had any coke for a month……. It's the same stuff. You can't tell them apart." In 1993, according to an international business surve... most valuable brand was Marlboro, with a value estim... ahead of Coca-Cola. Among the other top ten ... udweiser, Pepsi, Gillette, and Pampers. Nes... foreign brands to make top ten, under-lini... panies like Coca-Cola suffer palpita-t... (from John Steinbeck's The Way-w... aracter asked. "No," said the oth... ola. Haven't had any coke for a mo... t tell them apart." In 1993, a... y, the world's most valuable bra... $40 billion, slightly ahead of Coca-C... re Intel, Kellog's, Budweiser, Pepsi, Gillett... ate and Bacardi were the only brands to make top ten, underlining American dominance.

살림

【 이 책에 쏟아진 찬사 】

브라이슨은 독자들을 만족시키기보다는 더 목마르게 만드는 저자다. 거의 알려지지 않은 진기한 사실과 일화들을 끊임없이 소개한다.

−「월스트리트 저널」

시종일관 킥킥거리고 깔깔 웃게 만드는 책. 브라이슨은 미국인들이 소중하게 여기는 신화들을 허망하게 허물어 버린다. 학교에서 이 책을 역사 교재로 사용한다면 분명 가장 인기 있는 수업이 될 것이다.

−「덴버 포스트」

역사와 민속을 관통하는 길을 시원하게 달리며 미국 영어의 성장기를 아주 재밌게 써내려간 책이다. 즐겁게 배우고 실컷 웃어라.

−「애틀랜타 저널 앤 컨스티튜션」

경이로울 만큼 흥미진진하고 유익한 정보로 가득 채운, 미국이라는 나라와 미국인이 발전시킨 미국식 영어의 역사를 다룬 책. 탁월한 흡입력과 정보력으로 몇 페이지 만에 독자를 사로잡는다.

−「디모인 레지스터」

미국 문화의 과거와 현재를 아우르는 보석 같은 지식으로 넘치는 잡학 사전.

−「퍼블리셔스 위클리」

유쾌하고 맛깔스럽고 불손한 책. 미국 역사를 관통하여 쇼핑, 비행, 섹스, 음식, 돈 등을 잡아 올리며 플리머스 바위부터 대초원, 어원의 삼림 지대에 이르기까지 즐겁게 달린다.

−「런던 타임스」

이처럼 독창적인 책에 빠져들지 않을 사람은 아무도 없을 것이다.
―「엔터테인먼트 위클리」

혁신적인 동시에 매력적이고 상쾌하며 유익하다. 문화, 과학, 스포츠, 탐험 등 미국 생활의 모든 측면이 어원 연구가 재미있을 수 있다는 사실을 입증하는 마법 같은 이야기책의 전거 자료가 되었다.
―「킹 피쳐스 신디케이트」

빌 브라이슨은 언어라는 길을 따라 미국 대륙을 종횡무진 누빈다. 중간 중간 길을 벗어난 산만한 방문기마저 맛깔스럽다. 매력적인 문장, 치밀한 자료 조사, 사려 깊고 분별력이 넘치는 책. 일독을 강력히 권한다!
―「라이브러리 저널」

정적이며 변하지 않고 변할 수 없는, 화강암에 새겨진 글자처럼 영어를 대하는 어리석음에 빛을 비춰주는 흥미로운 역사책.
―「보스턴 글로브」

언어를 좋아하든 좋아하지 않든 미국 역사를 지지하든 지지하지 않든 서점에 가서 이 책을 사라. 한번 들면 내려놓지 못할 것이다.
―「렉싱턴 헤럴드 리더」

미국 영어 어휘를 재빨리 훑어볼 수 있는 재밌고 대담한 책.
―「샌프란시스코 크로니클」

흥미롭고 무한한 정보로 가득하다.
―「워싱턴포스트 북 월드」

놀라움으로 가득 찬 선물. 미국인이 왜 영어를 사용하고 왜 망치는지를 진지하게 탐구한 책.
―「USA 투데이」

차 례

머리말	⋯ 8
제1장 ǀ 메이플라워호의 도착과 그 이전 역사	⋯ 15
제2장 ǀ 미국인 되기	⋯ 37
제3장 ǀ 민주주의에 대한 열망 – 혁명기의 미국	⋯ 61
제4장 ǀ 국가 수립	⋯ 89
제5장 ǀ 동이 틀 무렵 – 미국의 정체성 만들기	⋯ 115
제6장 ǀ 돈방석에 앉은 미국 – 발명의 시대	⋯ 145
제7장 ǀ 엉뚱한 발상이 만든 희한한 지명들	⋯ 175
제8장 ǀ 서부 개척은 명백한 사명	⋯ 207
제9장 ǀ 인종 용광로 – 미국 이민	⋯ 233
제10장 ǀ 떠나는 것이 좋았던 시절 – 미국 여행	⋯ 271
제11장 ǀ 무엇을 먹을까? – 미국의 음식	⋯ 313
제12장 ǀ 대중화된 사치 – 미국의 쇼핑 문화	⋯ 357

CONTENTS

제13장 | 예절과 그 외의 문제들 ··· 379

제14장 | 광고의 시대가 도래하다 ··· 407

제15장 | 황금알 산업, 영화의 침공 ··· 431

제16장 | 스포츠와 놀이의 즐거움에 빠진 미국 ··· 459

제17장 | 정치와 전쟁이 만들어낸 신조어의 출현 ··· 501

제18장 | 섹스와 또 다른 쾌락 ··· 531

제19장 | 키티호크에서 점보제트기까지, 하늘길이 열리다 ··· 565

제20장 | 우주 시대의 개막 ··· 585

제21장 | 오늘날의 미국 영어 ··· 617

옮긴이의 말 ··· 637
미주 ··· 640
찾아보기 ··· 662

머리말

안홀트(Anholt)는 덴마크와 스웨덴 사이의 카테가트 해협에서 80여 킬로미터 떨어진 곳에 있는 작은 섬이다. 1940년에 이곳을 찾은 영국인 여행자는 섬 아이들이 전혀 알아들을 수 없는 엉터리 노래를 부르는 걸 들었다. 노랫말은 다음과 같다.

> Jeck og Jill
> Vent op de hill
> Og Jell kom tombling after*

이 짧은 노래는 나폴레옹 전쟁 당시 섬을 점령한 영국 병사들이 전한 것으로 밝혀졌다. 섬 아이들의 입에서 입으로 무슨 뜻인지도 모르는 노래가

---

* 동요 '잭 앤 질'의 1절 가사는 이렇다. Jack and Jill went up the hill/ To fetch a pair of water/ Jack fell down and broke his crown/ And Jill came tumbling after.

130년 동안 이어진 셈이다.

런던에 사는 피터와 아이오나 오피 부부는 이 작은 발견에 흥미를 느꼈다. 그들은 동요 연구에 평생을 바친 사람들이다. 사실상 오랫동안 끈질기게 살아남기는 하지만 그다지 주목받지 못하는 어린 시절의 일부인 동요의 역사와 전파를 열심히 연구하는 사람은 거의 없다. 오피 부부는 특히 '브로우 벤더(Brow Bender)'라는 노래의 아리송한 운명에 호기심을 느꼈다. '험프티 덤프티(Humpty Dumpty)'와 '히커리 디커리 닥(Hickory Dickory Dock)'만큼 유행했던 이 노래는 유아용 책에 단골로 등장하다가 18세기 후반으로 접어들면서 쥐도 새도 모르게 사라졌고, 1788년 이후로는 어떤 책에도 실리지 않았다. 어느 날 밤 오피 부부는 유모가 아이들을 재우며 부르는 자장가를 들었는데 바로 '브로우 벤더'였다. 1788년에 책에 실린 노래와 똑같았지만 기록에 남지 않은 다섯 개의 소절이 더 생겨나 있었다.

이쯤에서 독자들은 이 이야기가 미국 영어의 역사와 발전에 관한 책과 무슨 상관이 있냐고 묻고 싶을지도 모른다. 동요에 관한 이야기를 꺼낸 데는 두 가지 이유가 있다. 먼저 언어의 역사와 본질에서 가장 의미심장한 것은 흔히 작고 눈에 띄지 않는 것이라는 사실을 강조하기 위해서다. 예를 들어 동요는 변화에 끈질기게 저항한다. 덴마크의 외딴 섬에 사는 어린이들이 '잭 앤 질'을 부르는 것처럼 아무 뜻이 없는 동요도 소중한 주문인 양 일정한 형태를 유지하며 여러 세대에 걸쳐 전해진다. 이 때문에 동요는 모든 언어를 통틀어 가장 오랫동안 살아남을 때가 많다. '이니, 미니, 마이니, 모(Eenie, meenie, minie, mo)'라는 동요는 영국의 로마 점령기보다, 심지어는 켈트족 이주보다 더 이른 시기의 셈 체계에 그 기원을 두고 있다. 따라서 동요는 오래된 과거와 현재를 잇는 아주 소중한 살아있는 연결고리인 것이다. 동요를 근거로 스톤헨지(영국 솔즈베리 근교에 있는 고대 거석 기념물로 기원전

1900년에서 1500년 사이에 구축된 것으로 추정한다-옮긴이)가 세워질 무렵의 아이들이 어떻게 놀았는지 단편적이나마 심상을 떠올릴 수 있을 뿐만 아니라 어른들이 어떻게 계산을 하고 생각하고 말했는지도 짐작할 수 있다. 따라서 작은 것들이야말로 주목받을 가치가 있다.

동요 이야기를 꺼낸 두 번째 이유는 오피 부부가 '브로우 벤더'를 통해 발견했듯이 노래, 단어, 구절, 짧은 시 등 언어를 구성하는 요소들은 우리가 특별히 의식하지 않아도 오랜 세월 동안 살아남는다는 사실을 말하기 위해서다. 어떤 단어나 구절이 기록되지 않았다는 것은 그것이 존재하지 않았다는 증거가 되지 못한다. 그저 기록되지 않았을 뿐이다. 초서(중세 시대 영국 시인. 중세 영어를 문학 표준어로 격상했고 프랑스의 운율을 영시에 응용해 '영시의 아버지'로 불린다-옮긴이) 시대의 영국인들은 'to be in hide and hair(모조리, 전체)'라는 표현을 썼다. 하지만 이 표현은 1400년경 이후로 기록에서 사라졌고 그 후로 400년 동안 완전히 자취를 감췄다. 그런데 1857년에 미국에서 'neither hide nor hair(흔적이 없다)'라는 표현으로 느닷없이 얼굴을 내밀었다. 4세기라는 긴 세월 동안 이 관용 표현에 무슨 일이 생겼으며, 어쩌다가 19세기로 접어든 지 60년 만에 그것도 3천여 킬로미터나 떨어진 나라에 불쑥 나타난 것일까?

또 미국인들이 'skedaddle(도주)', 'chitterlings(곱창)', 'chore(허드렛일)' 같은 아주 오래된 영어 단어들을 지금껏 쓰고 있으면서 'fortnight(2주일)'이나 'heath(황야)' 같은 말은 더 이상 사용하지 않는 이유는 무엇일까? 'colonel(커널)'과 'hearth(하스)' 같은 단어들의 불규칙한 영국식 발음은 그대로 쓰면서 'lieutenant(각각 미국식, 영국식으로 루테넌트, 레프테넌트)', 'schedule(스케줄, 세줄)', 'clerk(클러크, 클락)' 같은 단어들은 미국식대로 발음하는 이유는 무엇일까? 요컨대 미국 영어는 어쩌다 지금의 형태를 갖춘 것일까?

　이는 내게는 매우 중요하고 흥미롭지만 비교적 최근까지 어느 누구도 생각해 보지 않은 의문이었다. 20세기가 시작되고 한참 지날 때까지도 미국말에 대한 진지한 연구는 아마추어들에 의해 이루어졌을 뿐이다. 그 중에는 영국 출신 변호사 리처드 하우드 손튼 같은 유명인도 있었다. 그는 평생 틈날 때마다 초기 식민지 시대 이후의 책과 신문, 인쇄 자료 등을 검색하면서 미국식 단어 수백 개의 생성 과정을 알아냈다. 그리고 1912년에는 두 권짜리『미국 어휘집(American Glossary)』을 완성했다. 이 책은 가치를 따질 수 없는 학문적 성과였으나 미국에서는 출판 의사가 있는 업자를 단 한 명도 찾을 수 없었다. 결국 런던에서 출판되었는데 그것은 미국 학계에 수치라고 할 수 있다.

　1920년대와 1930년대에 걸쳐 헨리 멘켄의 대작『미국의 언어(The American language)』, 조지 필립 크랩의『미국의 영어(The English Language in America)』, 윌리엄 크레이기 경과 제임스 헐버트가 함께 쓴『역사적 원칙에 입각한 미국 영어 사전(Dictionary of American English on Historical Principles)』과 같은 책들이 연이어 출판되었다. 그때에서야 비로소 미국인들은 자신들이 쓰는 언어의 본질을 진지하게 설명하는 책을 접할 수 있게 되었다. 하지만 수많은 미국식 표현 뒤에 숨은 의미는 미지의 영역에 속해 있기 때문에 지금도 왜 도시를 붉게 칠하고(paint the town red: 코가 비뚤어지게 논다는 뜻), 칠면조를 이야기하고(talk turkey: 솔직하게 말한다는 뜻), 가루를 차지하며(take a powder: 급히 떠나버린다는 뜻), 야구에서 펑고 배트(fungo bat: 가늘고 가벼운 야구방망이)로 연습용 플라이를 치는지 정확하게 아는 사람이 없다.

　이 책은 미국인의 말이 어떻게, 왜 지금처럼 쓰이고 있는지, 특히 우리가 쓰는 단어들이 어디서 유래했는지 알아보기 위한 조심스런 시도다. 나로서는 누구나 다 아는 미국 언어의 역사는 아니기를 바란다. 책은 종잡을 수 없는 이야기로 가득하다. 독자들은 스터이브산트 피시 부인이 연달아 세 번이나 자기 차로 하인을 친 일이 미국 영어의 역사와 발전과 무슨 관계가 있는지, 혹은 식당에서 식탁을 지나칠 때마다 식탁보를 잡아당기는 제임스 고든 베넷의 못된 버릇이 미국인의 언어 발전에 어떤 영향을 미쳤는지 궁금할 것이다. 나는 말이 형성된 사회적인 배경을 이해하지 않고서는 그 나라 말을 구성하는 단어의 풍요로움과 소중함에 고마워할 수 없다고 생각한다. 처음 차를 구경한 사람들에게 차가 얼마나 신기해 보였는지, 세기의 사업가가 얼마나 사치스러웠고 사람들과 어울리지 않았는지 이해해야 한다는 것이다.

아, 그리고 그런 우연한 일화들을 소개하는 세 번째 이유가 있다. 그것들이 재미있다고 생각했고 독자들도 즐기기를 바랐기 때문이다. 이런 책을 쓰노라면 여러 가지 고통이 따르는데, 그 중 하나는 주제와 아무 상관이 없어 그냥 지나쳐야 할 이야기들이 자꾸만 생각난다는 것이다. 나는 그런 것들을 레이 버딕(Ray Buduick) 이야기라고 부른다.

나는 다른 자료를 찾으려고 1941년에 나온 「타임」지를 훑어보다가 우연히 레이 버딕에 대해 알게 되었다. 그해 어느 일요일 아침, 버딕은 가끔 그랬던 것처럼 자신의 경비행기를 타고 한 바퀴 돌기로 결심했다. 그가 호놀룰루에 살았고 그날이 하필이면 1941년 12월 7일이었다는 것만 빼면 특별할 것도 없는 상황이었다. 버딕은 진주만과 마말라 만을 향해 날아가다가 서쪽 하늘을 까맣게 물들인 채 이쪽을 향해 몰려오는 일본 전투기들을 보고 화들짝 놀랐다. 일본인들이 그의 비행기를 향해 총을 쏘기 시작하자 버딕은 재빨리 방향을 바꾸어 달아났다. 그리고 기적적으로 역사상 최대의 공습을 피해 안전하게 착륙했고 살아서 그 이야기를 들려줄 수 있었다. 우연이기는 했지만 그는 일본전에 참전한 최초의 미국인이 되었다. 물론 이 이야기와 미국 영어는 전혀 관계가 없다. 하지만 앞으로 나올 다른 이야기들은 그렇지 않다. 정말이다.

감사의 인사를 전하고 싶은 사람들이 있다. 로렌스 애시미드, 새뮤얼 빔스더퍼, 보니타 루이스 빌먼, 브루스 코슨, 하이디 두 벨트, 앤드류 프랭클린, 게리 갤런, 마리아 가너스첼리, 제임스 맨슬리, 호비와 루이스 모리스, 제프 멀리건, 에릭 뉴먼, 로버트 풀, 올리버 잘츠만, 앨런 시걸, 존 소머 박사, 카렌 벨크닝, 엘라 즈윙글, 그리고 디모인의 드레이크 대학 도서관, 애머스트의 매사추세츠 대학 도서관, 워싱턴 내셔널지오그래픽소사이어티 도서관 직원들. 이들은 자신의 시간, 지식, 혹은 연구 자료를 친절하게 제공해 주었다. 오랜 시간 동안 음식과 잠자리를 내준 어머니 메리 브라이슨과 실수가 있는 원고를 꼼꼼하게 편집해 준 톰 엥겔하르트에게도 특별히 고맙다고 말하고 싶다. 그리고 늘 같은 마음이지만 아내 신시아에게 진심을 다해 무한한 감사의 말을 전한다.

제1장
메이플라워호의 도착과 그 이전 역사

In 1993, according to an international business survey, the world's most valuable brand was Marlboro, with a value estimated at $40 billion, slightly ahead of Coca-Cola. Among the other top ten brands were Intel, Kellog's, Budweiser, Pepsi, Gillette, and Pampers. Nescafe and Bacardi were the only foreign brands to make top ten, underlining American dominance. Why companies like Coca-Cola suffer palpitations when they see a passage like this (from John Steinbeck's The Wayward Bus): "Got any coke?" another character asked. "No," said the other proprietor. "Few bottles of Pepsi-Cola. Ha... coke for a month……. It's the same stuff. You can'... 1993, according to an international business... brand was Marlboro, with a value esti... of Coca-Cola. Among the other top ten ...ser, Pepsi, Gillette, and Pampers. Nes... brands to make top ten, underli... like Coca-Cola suffer palpita- ti... m John Steinbeck's The Way- war... asked. "No," said the ot... ven't had any coke for a mo... them apart." In 1993, ac... world's most valuable bran... llion, slightly ahead of Coca-Co... el, Kellog's, Budweiser, Pepsi, Gillet... ...u Bacardi were the only brands to make top ten, unuerlining American dominance.

MADE IN
AMERICA

미국의 세대들이 성장하면서 늘 함께해 온 국가의 정신적인 기초에 관한 심상은 공교롭게도 메이플라워호가 도착한 지 2세기가 지난 뒤에 만들어진 것이다. 그것은 미국에서 4,800킬로미터 정도 떨어진 나라에 살던 재능이 부족한 어느 시인에 의해 탄생되었다. 시인의 이름은 필리시어 도로시어 히먼스로 미국인이 아닌 웨일스인이었다. 히먼스는 미국에 가 본 적이 한 번도 없었고, 미국에 대해 잘 알지도 못했던 것 같다. 1826년 웨일스의 라일론에 있는 작은 식료품 가게 주인은 히먼스가 구입한 물건들을 2년 전 보스턴에서 발행된 신문지로 포장했다. 히먼스는 거기서 우연히 플리머스에서 열린 건국 축하 행사에 관한 작은 기사를 보게 되었다. 아마 그때 처음으로 메이플라워호나 필그림에 관한 이야기를 들었을 것이다. 하지만 히먼스는 중세 시인에게나 가능할 법한 영감을 받고 그 자리에서 시 한 편을 휘갈겨 썼다. '필그림 파더스의 뉴잉글랜드 도착(The Landing of the Pilgrim Fathers in New England)'이라는 시는 이렇게 시작한다.

뱃머리와 바위투성이 해변에
파도가 부서지며 높이 솟구치고
먹구름 낀 하늘 아래 숲속
커다란 나뭇가지들이 폭풍에 춤을 추네

산과 바다 위로
검은 밤이 내려앉을 때
거친 뉴잉글랜드 해변에
한 무리의 추방자들이 세대박이 돛배를 정박하네

그 뒤로 매우 과장되고 부정확한 운율의 8개 연이 이어진다. 이 시는 오

1620년 존 카버와 윌리엄 브레드포드를 비롯한 영국의 청교도 102명이 메이플라워호를 타고 아메리카로 떠났다.

류투성이다. 메이플라워호는 세대박이 돛배가 아니었고 정박한 시간도 밤이 아니었다. 플리머스는 그들이 첫 발을 내디딘 곳이 아니라 네 번째로 찾은 해변이었다. 그런데도 이 시는 고전으로 다루어졌고 오늘날까지 미국인들이 메이플라워호의 도착과 관련해서 가장 많이 품고 있는 기초적인 심상을 만들어냈다.*

필그림들이 플리머스의 바위 해안에 발을 내딛지 않았다는 점은 분명하다. 1620년에 최고수위를 자랑하는 바다 위에 배가 잘 떠 있었을지도 모른다는 추측은 제쳐두더라도, 신중한 선원이라면 파도가 넘실대는 12월의 바다에서 바로 근처에 안전한 입구가 있는데도 바위 위에 배를 정박하려고 하지는 않았을 것이다. 필그림들이 '플리머스 바위'를 보았다고 쳐도 이를 입증할 만한 아무 증거가 없다. 현존하는 당시의 기록과 편지 중에서 그 바위에 대한 내용은 어디서도 찾아볼 수 없다. 한 세기가 지난 1715년에서야 그에 관한 기록이 등장했다.[1] 히먼스 부인이 영감을 받아 갑작스럽게 서사시를 썼을 무렵에야 '플리머스의 바위'는 필그림의 도착과 뗄 수 없는 관계를 맺게 되었다.

도착한 곳이 어디였든 102명의 필그림들은 후들거리는 다리로 안도의 한숨을 내쉬며 풍파에 시달린 작은 배에서 내렸을 것이다. 배는 테니스 코트 정도의 넓이에 정박할 수 있을 만큼 작았다. 그들은 삐걱거리는 작은 배 안에 모여앉아 9주 반 동안 축축하고 아슬아슬한 나날을 보냈다. 선원들은 그럭저럭 상당히 능숙하게 그런 상황을 헤쳐 나가기는 했지만, 끊임없이 토하는 승객들의 토사물이 긴 양말에 튀는 바람에 '구토 스타킹(puke stockings)'이란 별명으로도 불렸다.[2] 항해 중에 승객 한 명이 사망했고 새

---

* 히먼스 부인이 후세에 남긴 또 다른 시는 '카사비앙카(Casabianca)'로 '그 소년은 불타는 갑판 위에 서 있었지'로 시작되는 첫 행만 전해진다.

로운 생명의 탄생으로 두 명이 늘어났다. 둘 중 하나는 그 후로 오셔너스 홉킨스(Oceanus Hopkins)라는 열정적인 이름으로 불렸다.

그들은 자기들을 '성도(Saint)'라고 불렀다. 성도가 아닌 부류에 속하는 사람들은 '이방인(Stranger)'이었다. 이 초기 항해자들을 일컫는 '필그림(Pilgrim)'은 그 후 200년 동안은 흔하게 쓰이지 않았다. 그들은 나중에 '건국자(Founding Father)'로도 불렸다. 이 말은 20세기에 워렌 하딩의 연설에 처음 등장했다. 엄격히 말해 '청교도(Puritan)'는 그들을 일컫는 정확한 명칭이 아니다. 영국 국교회를 이탈했으므로 '분리주의자(Separatist)'라고 불러야 마땅했다. 청교도는 영국 국교회에 남아 교회를 정화하길 원했던 사람들을 가리킨다. 진짜 청교도들은 그 후 10년 동안 미국에 가지 않았다. 하지만 미국에 도착하자마자 순식간에 종적을 감췄고 결국 이 작은 새로운 식민지에 흡수되었다.

그들만큼 황무지 생활에 어울리지 않는 사람들도 없었다. 이들은 여행의 목적을 잊은 사람들처럼 해시계, 촛불 끄는 도구, 북, 나팔, 두꺼운 터키 역사서 등을 챙겨 넣었다. 윌리엄 뮬린스라는 사람은 양말 126켤레, 긴 장화 13켤레를 가방에 넣었다. 하지만 소나 말, 쟁기나 낚싯줄을 챙길 생각은 아무도 하지 않았다. 메이플라워호에 탄 사람들은 재단사 두 명, 인쇄공 한 명, 상인 몇 명, 비단 직공, 소매상인, 모자 가게 주인 등으로 척박한 환경에서 살아남아야 할 때 꼭 필요한 재주를 가진 사람은 없었다.[3] 지휘를 맡은 마일스 스텐디시라는 군인은 체격이 너무 왜소해서 모든 사람들에게 '새우 선장'이라고 불렸다.[4] 상황이 이러하니 앞으로 만나게 될지도 모를 야만인들에게 두려움을 심어 주기에는 역부족이었다. 그 작은 선장은 어땠을지 모르지만 그들 중에 야생 동물을 사냥할 생각을 한 사람은 아무도 없었던 것 같다. 17세기에는 사냥이 귀족들만의 스포츠였다. 자신을 '농부(farmer)'라고 소개하는 사람들조차 경작에 대한 실제적인 지식이 별로 없었다. 1600년대와 그 이후로도 한동안 농부는 경작지에서 일을 하는 사람이라기보다는 땅의 주인을 의미했기 때문이다.

요컨대 그들은 앞으로 닥칠 시련에 대해 위험할 정도로 준비가 되어 있지 않았다. 사람들의 연이은 죽음은 그들의 무능함을 가장 극적으로 증명했다. 처음 2주 동안 여섯 명이 숨졌다. 다음 달에는 여덟 명, 2월에는 17명 그리고 3월에는 13명이 죽었다. 메이플라워호가 영국을 향해 재출항한 4월에는 54명만이 남았고 그 중 절반은 어린이였다.* 남은 사람들은 황폐한 땅을 자급자족하는 식민지로 바꾸고자 기나긴 여정을 시작했다.[5]

그런 과정에서 이 작고 무기력한 원정대가 얼마나 외로웠을지는 쉽게 상상할 수 있다. 그들과 가장 가까운 이웃은 반대 방향으로 800킬로미터나 떨어진 버지니아의 제임스타운과 뉴펀들랜드 쿠퍼스[Cupers: 현 지명은 큐피즈(Cupids)] 코브의 이름 없는 작은 식민지에 있었다.** 등 뒤로는 거친 바다가 가로놓여 있었고, 눈앞에는 미지의 대륙이 끝도 없이 펼쳐져 있었다. 그곳은 윌리엄 브레드포드의 불안한 표현처럼 "거칠고 야만적인 모습"의 땅이었으며 문명의 편리와는 거리가 멀었다(낚싯줄이 없는 상황에서는 더욱 그랬다).

---

* 메이플라워호 역시 플리머스의 바위처럼 식민지 개척자들에게 깊은 인상을 주지 못했던 것 같다. 윌리엄 브레드포드는 『플리머스 식민지의 역사(The History of Plymouth Plantation)』에서 배 이름을 한 번도 언급하지 않았다. 메이플라워호는 역사적인 횡단을 끝낸 지 3년 만에 분해되어 폐품으로 팔렸다. 전해지는 말에 따르면 버킹엄셔의 조던스라는 마을에 지금도 남아있는 헛간의 재료로 쓰였다고 한다. 그 마을은 퀘이커교의 영국 본부가 있는 런던에서 30여 킬로미터 떨어져 있다. 우연히도 펜실베이니아를 개척한 윌리엄 펜의 무덤이 그 헛간의 그림자 뒤에 가려져 있다. 그는 자신의 마지막 휴식처 옆에 있던 그 헛간이 한때는 자신이 열심히 홍보했던 땅으로 필그림들을 실어 날랐다는 사실은 전혀 몰랐을 것이다.
** 1610년에 건설된 이 작은 섬 식민지는 1630년대에 버려졌다가 곧바로 영국에서 온 다른 정착민들로 메워졌다. 뉴펀들랜드 주민들은 지리적으로 고립되어 있었기 때문에 지금은 어디에도 존재하지 않는 영국 사투리와 신조어가 결합된 아주 특색 있는 말을 만들어냈다. diddies(악몽), nunny-bag(배낭의 일종), cocksiddle(공중제비), rushing the waddock(럭비 경기) 등이 대표적인 예다. 그들은 이상한 발음도 많이 만들어냈다. 가령 돼지나 소의 곱창을 뜻하는 chitterlings(치터링즈)를 chistlings(치스틀링스)로 발음했다. 뉴펀들랜드 주민이 세상에 알린 유일한 단어는 펭귄(penguin)으로, 이 말이 어떻게 생겨났는지는 아무도 모른다.

그들은 두 달 동안 원주민들과 접촉하려고 노력했지만 눈에 띄는 인디언들은 모조리 도망을 쳤다. 그러던 2월의 어느 날 사모셋이라는 이름의 용감한 인디언 소년이 친근한 태도로 해변에 있는 필그림들에게 다가왔다. 사모셋 역시 그곳이 처음이었다. 하지만 그의 곁에는 그 지역에 사는 왐파노아그(Wampanoag) 부족의 티스콴툼이라는 친구가 있었다. 사모셋은 티스콴툼에게서 필그림에 관한 이야기를 이미 들은 터였다. 두 사람은 금세 필그림들의 친구가 되었고 옥수수를 재배하고 야생 물새를 사냥하는 방법을 가르쳐 주었다. 그리고 그 지역의 사쳄(Sachem: 추장)과 친밀한 관계를 맺도록 도와주었다. 다들 아는 대로 정착민들은 날로 번영해서 인디언과 둘러앉아 화기애애한 추수감사절 축제를 즐기게 되었다. 삶은 위대했다.

여기서 자연스럽게 생기는 의문은 그들이 어떻게 그런 축제를 할 수 있었느냐다. 동쪽 부족이 사용하던 알곤키안(Alonquian)은 유별나게 복잡하고 응집적인 언어(더 정확하게 말하면 언어군)로 훈련받지 않으면 발음하기 어려운 받침들로 가득하다. 이는 약 20년 뒤에 코네티컷의 로저 윌리엄스가 알곤키안어로 준비한 연설의 첫 부분에서도(덧붙이자면 이는 지금보다 더 큰 명예를 얻을 가치가 있는 학문적인 업적이다) 확인할 수 있다. 아래의 글은 그 언어가 얼마나 어려운지 짐작하게 해 준다.

Nquitpausuckowashâwmen	우리는 100명입니다.
Chénock wonck cuppee-yeâumen?	언제 돌아올 겁니까?
Tashúckqunne cummauchenaúmisz?	얼마나 오래 아팠습니까?
Ntannetéimmin	나는 갈 겁니다.[6]

확실히 주말 동안 배울 수 있는 언어는 아니었다. 게다가 필그림들은 외국어에 재능이 있는 사람들도 아니었다. 그들은 티스콴툼이라는 이름도 발음하기 어려워서 스콴토라고 불렀다. 대부분의 역사책들이 기발하게 생각해낸 답은 필그림들이 알곤키안어를 배울 필요가 없었다는 것이었다. 사모셋과 스콴토가 영어를 할 줄 안다는 흐뭇하고 편리한 이유에서였다. 사모셋은 조금밖에 할 줄 몰랐지만 스콴토는 아주 뛰어났다(덤으로 스페인어도 조금 했다).

그러니 1620년에 바다를 건너와 영어로 환영을 해 준 두 사람의 인디언을 만난 영국 정착민들은 기적에 가까운 행운을 누린 셈이다. 그들이 아니었으면 아마 죽거나 살해당했을지도 모를 일이다. 하지만 사실 기적이라 할 만큼 불가능한 일은 아니었다. 1620년의 신세계는 완전히 새로운 세계가 아니었기 때문이다.

༺✵༻

신세계에 첫 발을 내디딘 유럽인이 누구인지는 아무도 모른다. 1000년경 신세계에 도착한 바이킹이 그 주인공이라는 가설이 대체적이지만 그보다 앞서 도착한 사람들이 있었을 가능성도 크다. 실제로 고대 라틴어 문헌 「성 브렌단 에보트의 항해(Navigatio Sancti Brendani Abbatis)」에는 바이킹보다 4세기 전에 아일랜드 수도사와 복사들이 7년을 항해한 끝에 미지의 땅에 도착했다는 신빙성 있는 여행기가 자세히 수록되어 있다. 게다가 그들은 자신들보다 먼저 그곳에 갔다온 또 다른 아일랜드 사람의 조언을 바탕으로 여행했다고 한다.

바이킹들도 자기들이 처음이라고 생각하지 않았다. 북유럽에는 바이킹이 처음 신세계에 도착했을 때 해변에서 거친 백인 무리의 추격을 받았다는 전설이 기록으로 남아 있다. 그 후 그들은 원주민에게서 "흰 옷을 입고 헝겊이 매달린 장대를 든" 백인들의 정착에 관한 이야기를 들었다.[7] 이는 원주민이 아일랜드식 종교 행렬을 어떻게 보았는지 정확하게 말해 주는 기록이다. 그들이 아일랜드인이거나 바이킹이거나 이탈리아인이거나 웨일스인이거나 브르타뉴인이거나 혹은 다른 지역 사람이거나 간에 중세에 대서양을 건너는 것은 생각만큼 대단한 일이 아니었다. 덮개가 없는 작은 배를 타고 건넜다는 사실을 인정하더라도 마찬가지다. 북대서양에는 셰틀랜드, 페로스, 아이슬란드, 그린란드, 배핀 등 징검다리 역할을 할 수 있는 섬들이 흩어져 있다. 멈추지 않고 단번에 가는 것이 아니라면 스칸디나비아에서 캐나다까지 400여 킬로미터의 망망대해를 항해하는 것이 가능하다는 얘기다.

우리는 리프 에릭슨의 아버지 에릭 더 레드가 982년에 그린란드를 발견했고 추종자들과 함께 986년부터 정착하기 시작했다고 믿고 있다. 그린란드의 황무지 위를 날아본 사람이라면 누구나 눈에 보이는 광경을 이상하게 생각했을 것이다. 실제로 그린란드의 남쪽 귀퉁이는 오슬로보다 훨씬 더 남쪽에 있으며 영국 땅을 모두 합친 만큼 넓은 초원으로 이루어져 있다.[8] 바이킹이 마음에 들어 할 만한 곳이었다. 그들은 그곳에서 500년에 가까운 세월 동안 식민지를 건설하고 번성했다. 전성기에는 교회 16개, 수도원 두 개, 농장 약 300개, 인구 4천 명을 자랑하기도 했다.

그린란드에 유일하게 없는 것은 새로운 선박을 건조하고 낡은 것을 보수하는 데 필요한 목재였다. 이는 바다를 중심으로 살아가는 사람들에게는 중요한 문제였다. 동쪽으로 가장 가까이 있는 아이슬란드는 황무지였다. 그러니 서쪽에 무엇이 있는지 알려고 서쪽으로 가는 것은 당연했다. 전설에 따르

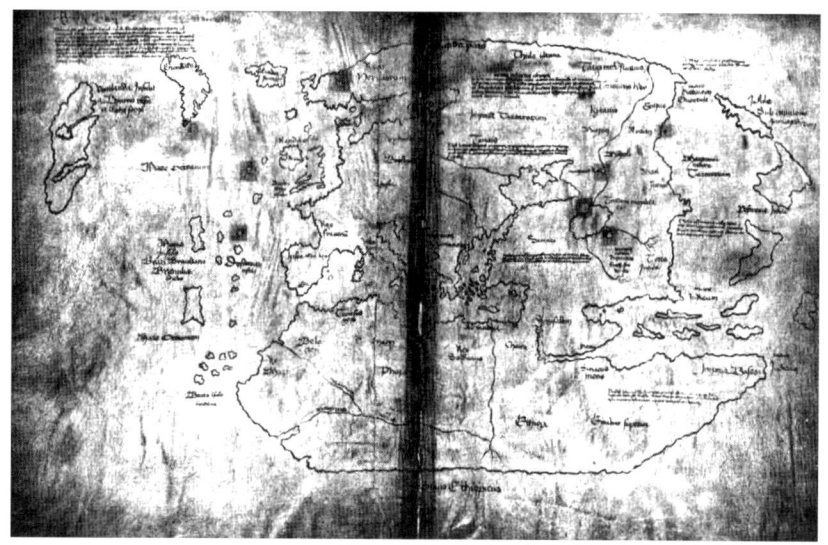

바이킹들이 제작한 빈란드 지도. 빈란드의 정확한 위치는 알려져 있지 않다. 그러나 콜럼버스가 신대륙을 발견하기 전부터 그 지도는 유럽 전역에 널리 알려져 있었다.

면 약 1000년에 리프 에릭슨이 그 일을 실천했고 원정대는 새로운 육지를 발견했다. 아마도 그것은 캐나다에서 북쪽으로 한참 위에 있고, 현재의 미국에서 북쪽으로 수천 킬로미터 떨어져 있는 버핀 섬이었을 것이다. 그들이 발견한 여러 지역 중에는 빈란드(Vinland)라고 이름 지은 섬도 있었다.

빈란드의 위치는 알쏭달쏭한 수수께끼다. 전설을 연구하고 바이킹의 항해 시간을 계산한 여러 학자들은 뉴펀들랜드, 노바스코샤, 매사추세츠, 심지어는 버지니아 남쪽 지역 등 여러 곳을 빈란드라고 주장했다. 1964년 엘게 잉스타드라는 노르웨이 학자는 뉴펀들랜드의 랑스 오 메도(L'Anse au Meadow)라고 불리는 곳에서 빈란드를 발견했다고 주장했다. 다른 학자들은 잉스타드가 발굴한 인공 유물은 바이킹의 것이 아니라 훨씬 뒤에 프랑스 정복자들이 남긴 잔해일 뿐이라고 반박했다.[9]

빈란드라는 이름은 아무 도움도 되지 않았다. 전설에 따르면 바이킹이 빈란드라는 이름을 지은 것은 그곳에서 포도나무가 무성하게 자라고 있었기 때문이다. 문제는 그들이 도착했으리라고 추정하는 장소에서 수천 킬로미터 이내에는 야생 포도가 많이 자랄 만한 곳이 전혀 없다는 점이다. 한 가지 가능한 설명은 빈란드가 잘못 번역되었다는 것이다. 포도를 뜻하는 바이킹 말인 '빈버(vinber)'는 크렌베리, 구스베리, 붉은 건포도 등 북쪽 위도에서 발견될 수 있는 다른 과일들을 표현할 때도 쓴다. 또 다른 가능성은 빈란드가 효과적으로 이주를 장려하려던 선전이었을 뿐일지도 모른다는 것이다. 그도 그럴 것이 그들은 그린란드라는 이름을 생각해낸 장본인이었다.

바이킹은 빈란드에 영구적인 정착지를 세우고자 적어도 세 번을 시도하다가 1013년에 포기했다. 어쩌면 사실이 아닐지도 모른다. 하지만 1408년 이후에 바이킹들이 그린란드에서 갑자기 사라졌다는 것은 분명히 알려진 사실이다. 그들이 어디로 갔으며 어떻게 되었는지는 수수께끼로 남아 있다.[10] 북아메리카에서 더 살기 좋은 곳을 찾았을지도 모른다는 그럴 듯한 추측도 할 수 있을 것이다.

설명할 수 없는 단서들은 무궁무진하게 많다. 라크로스(하키와 비슷한 구기 종목-옮긴이)는 북미 전역의 인디언들에게 오랫동안 인기를 끌었던 경기였다. 공교롭게도 라크로스의 규칙은 바이킹이 하던 경기의 규칙과 아주 비슷하다. 다른 선수들이 도와주지 못하거나 방해할 수 있는 선수끼리 짝을 지어 뛰는 특징도 있다. 어느 인류학자의 말을 빌면 경기 규칙이 너무 특이해서 "독립적으로 시작되었을 가능성이 극히 낮다."고 한다. 그리고 캐나다 북부의 북극해보다 훨씬 더 북쪽에 있는 빅토리아 섬에 이누이트 부족인 하네라그미우트가 살고 있었다. 그곳은 너무도 외진 지역이어서 20세기 초까지만 해도 바깥 세상에 알려지지 않았다. 그러나 부족민 중 몇 명은 확실히 유럽인을 닮았을 뿐만 아니라 명백히 유럽인의 유전자를 가지고 있다는 사실이 밝혀졌다.[11] 어떻게 이런 일이 일어날 수 있는지 만족할 만한 설명을 해준 사람은 아무도 없다. 올로프 오만과 에드워드 오만 부자의 예만 봐도 그렇다. 그들은 1888년에 미네소타 켄싱턴 부근의 농장에서 나무줄기를 파내다가 룬 문자로 된 비문이 가득 새겨진 대형 석판을 발견했다. 30명의 바이킹들이 답사를 끝내고 그 장소로 돌아와 보니 남아 있던 열 명이 '피를 흘리며 죽어' 있더라는 내용인 듯했다. 비문이 새겨진 연대는 1363년으로 추정된다. 한 가지 알 수 없는 문제는, 언제라도 적대적인 원주민들의 공격을 받을 수 있는 상황에서 지친 탐험가들이 바위에 공들여 글자를 새긴 이유를 어떻게 설명하느냐다. 더구나 그곳은 사람들 눈에 띌 만한 지역에서 수천 킬로미터나 떨어진 미국의 황무지 한가운데였다. 이 얘길 누군가 조작했다면 그건 보통 솜씨가 아니다. 실제로 있었던 이야기일 공산이 크다.

이 모든 증거들은 그 당시 대서양으로 알려진 큰 바다(Ocean Sea) 너머에 대륙이 존재한다는 이야기가 콜럼버스의 항해 시기 훨씬 이전부터 유럽인들에게 흘러들어갔다는 사실을 말해준다. 바이킹은 고립되어 살지 않았다. 유럽 전역에 정착했고 그들의 공적은 널리 알려져 있다. 이들은 그 유명한 빈란드 지도를 남기기도 했는데, 이는 14세기 무렵 유럽에서 유포되었다. 콜럼버스가 이 지도에 대해 알고 있었는지는 확실하지 않지만, 그의 항로는 지도에 표기된 안틸라(Antilla)라는 신비의 섬에 가는 최단 경로를 따라간 듯하다.

안틸라든 무엇이든 콜럼버스는 자기가 찾으려 했던 것을 찾지 못했다. 역사적인 1492년 항해는 콜럼버스의 일생에서 마지막으로 그리고 유일하게 제대로 풀린 항해였다. 그는 8년도 안 되어 대양 제독이라는 자리에서 물러나 사슬에 묶인 채 스페인으로 돌아갔다. 그 뒤로는 행적이 묘연해서 어디에

크리스토퍼 콜럼버스(1451년경~1506.5.20). 이탈리아 출신의 탐험가인 콜럼버스는 스페인 이사벨 여왕의 지원을 받아 신대륙을 발견했다. 지리에 어두운 그는 죽을 때까지 자신이 발견한 곳이 인도라고 믿었고, 그곳의 원주민들을 인디오라고 불렀다.

묻혔는지도 확실하지 않다. 10년도 채 안 걸려서 그처럼 갑작스럽게 몰락하려면 대단한 무능과 오만이 필요한데 콜럼버스는 그 두 가지를 모두 갖춘 사람이었다.

그는 8년 동안 카리브 해와 남아메리카 해안의 이 섬 저 섬을 돌며 허송세월을 보냈다. 자기가 어디쯤 있는지 뭘 하고 있는지도 몰랐다. 늘 '시팡구(Cipangu: 일본)'가 근처에 있다고 생각했으며 쿠바가 섬이라는 사실은 상상도 하지 못했다. 그는 죽는 날까지 그곳이 아시아 본토의 일부라고 주장했다. (하지만 그가 의심을 했다는 증거는 있다. 그곳이 아시아라는 것을 믿지 않는 부하들의 혀를 잘랐기 때문이다.) 그가 지리에 얼마나 무지했는지는 원주민에게 직접 붙여준 이름을 통해 알 수 있다. 다 알겠지만 '인디오'라는 이름은 '인디언'으로 굳어져 지금까지 사용되고 있다. 그는 스페인 왕국의 돈을 탕진했고 약속을 깼을 뿐만 아니라 가져다준 것도 거의 없었다. 늘 건방지게 행동하면서 자기가 정복한 땅의 총독, 통치자의 지위뿐만 아니라 해군 제독이라는 지위를 자식들에게 세습해줄 것을 요구했다. 또한 사업에서 벌어들인 이익에서 무조건 10분의 1을 받을 수 있게 해 달라고 요구했다. 그 모든 것들이 몰락을 부른 셈이다.

비단 콜럼버스만 그런 게 아니었다. 많은 신세계 탐험가들이 이러저러한 대실패를 경험했다. 후안 디아스 데 솔리스와 지오반니 다 베라자노는 식인종에게 잡아먹혔다. 발보아는 태평양을 발견한 뒤에 동료인 프란시스코 피사로의 배신으로 모함을 받고 처형당했다. 피사로는 경쟁자에게 죽음을 당했다. 에르난도 데 소토는 4년 동안이나 군대를 이끌고 지금의 미국 남동부 지역을 정처 없이 헤매다가 열병에 걸려 죽었다. 키비라, 비미니, 시저의 도시, 엘도라도 등 가상의 도시에 관한 풍문에 이끌린 모험가들은 부와 영원한 젊음 혹은 동양으로 가는 지름길을 찾아다녔지만 대부분 뼈저린 고통을 맛보았다. 그들의 결실 없는 모험이 예상을 뒤엎고 지역 이름으로 전해지는 경우도 있다. 캘리포니아(California)는 어마어마하게 부자였지만 안타깝게도 세상에 존재하지 않은 캘리피아(Califia) 여왕을 기념한다. 아마존(Amazon)은 가슴이 하나뿐인 여자들로 이루어진 신비의 부족을 상징한다. 그리고 브라질(Brazil)과 앤틸리스(Antilles)는 터무니없고 허구적인 섬을 가리킨다.

그보다 더 북쪽에 있던 영국인들의 형편도 더 나을 게 없었다. 험프리 길버트 경은 뉴펀들랜드에 식민지를 건설하려고 부질없이 노력하다가 1583년 아조레스에서 폭풍을 만나 숨졌다. 그의 이복동생인 월터 롤리 경은 버지니아에 정착지를 세우다가 재산도 잃고 목숨까지 잃었다. 헨리 허드슨은 북서항로를 찾느라 선원들을 심하게 몰아붙이던 중에 윌리엄 블라이처럼 작은 배로 쫓겨난 뒤로 영영 돌아오지 못했다. 마틴 프로비셔는 캐나다의 북극지역을 탐험하다가 발견한 광석이 황금이라고 믿고, 1500톤이나 배에 실어갔지만 결국은 아무 가치도 없는 황철광이라는 사실을 깨달았다. 그는 이에 굴하지 않고 캐나다로 다시 가서 또 다른 금의 원료를 발견해 1300톤을 싣고 갔지만 이번에도 같은 광물이라는 판정을 받았다. 그쯤 되면 왕실의 감별사도 지쳤을 만하다. 이후 프로비셔의 행적에 관해서는 더 이상 알려진 바가 없다.

이 시대 사람들이 그 용감무쌍한 탐험가들을 얼마나 특이하게 기념하는지 알면 그들은 어떤 생각을 할까? 식인종에게 잡아먹힌 지오반니 다 베라자노는 브룩클린과 스테이튼 섬을 잇는 다리에 자기 이름이 붙은 것으로 충분하다고 생각할까? 아마 그렇지 않을 것이다. 데 소토는 자동차 이름으로, 프로비셔는 먼 빙하 지역에 있는 만의 이름으로, 롤리는 노스캐롤라이나의 한 도시 이름과 담배 상표 그리고 자전거 제조업체 이름으로 허망하기 이를 데 없는 명예를 되찾았다. 콜럼버스는 대학과 두 개의 주도, 남아메리카의 한 국가, 캐나다의 한 지방, 특히 수많은 고등학교의 이름으로 꽤 많은 성과를 올렸다. 그러나 언어의 불멸성을 따져볼 때 이름뿐인 이탈리아 태생의 사업가 아메리고 베스푸치만큼 손도 안 대고 실컷 코를 푼 사람도 없을 것이다.

피렌체 사람으로 세비야로 이주해서 선박 조달 사업을 한 베스푸치는(그의 고객 중에는 동포인 크리스토퍼 콜럼버스도 있었다) 유명해질 사람으로는 보이지 않았다. 아무리 우연과 실수가 개입되었다지만 어떻게 두 개의 대륙에 그의 이름이 붙을 수 있었을까? 그는 신세계로 서너 번 항해를 하긴 했지만 매번 승객이거나 하급 관리 신분이었다. 결코 뛰어난 뱃사람은 아니었다. 하지만 1504~1505년에 무명작가가 쓴 편지가 『신세계(Nuovo Mundo)』라는 제목으로 엮여 피렌체에 퍼지기 시작했는데 여기에 아메리고 베스푸치가 항해선의 선장일 뿐만 아니라 신세계를 발견했다고 적혀 있다.

실수는 그뿐만이 아니었다. 프톨레마이오스 지도의 개정판 작업을 하던 프랑스 동부 작은 대학의 마르틴 발트제뮐러 교수는 그것을 아예 새로운 세계지도로 고치기로 결심했다. 그는 조사 과정에서 우연히 피렌체 지역에 퍼진 편지를 발견하고 베스푸치의 탐험에 관한 그럴싸한 내용에 감명을 받아 신대륙에 그의 이름을 붙였다. (그런데 생각만큼 간단한 작업이 아니었다. 처음에는 아메리고를 라틴어 아메리쿠스로 번역했다가 아시아와 유럽은 여성형 대륙이라는 근거로 여성형인 아메리카로 바꾸었다. 아메리게라는 이름도 견주어 보다가 그만두었다.) 그러나 사람들은 40년 후에야 신세계를 아메리카로 부르기 시작했으며 그때만 해도 남아메리카를 가리킬 때에만 그 명칭을 썼다.

중요하지는 않지만 신빙성이 있는 한 가지 사건으로 베스푸치가 이름을 날리기는 했다. 그는 보티첼리가 그린 유명한 '비너스'의 모델인 시모네타 베스푸치의 오빠로 추정된다.[12]

콜럼버스나 베스푸치 두 사람 다 현재의 미국 땅에는 발도 들여놓지 않았다. 따라서 미국은 영국식 이름인 존 캐벗(John Cabot)으로 더 많이 알려진 이탈리아 선원 지오반니 카보토(Giovanni Caboto)의 이름으로 불리는 편이 더 적절했을 것이다. 카보토는 1495년 브리스틀을 출발해 뉴펀들랜드, 노바스코샤 등 수많은 섬을 발견했다. 그 과정에서 바이킹 이래로 북아메리카에 도착한 최초의 유럽인이 되었다. 비록 그랜드뱅크스에서 이미 저인망 어업을 하던 고기잡이 선단을 따라가기만 했을지도 모르지만 말이다. 분명한 사실은 1475년에 영국 어부들은 유럽에서 발발한 전쟁 때문에 대대로 이어지던 아이슬란드 너머의 어장에 접근할 수 없었다는 것이다. 그러나 영국의 대구 재고는 줄지 않았고 영국 어부들이 아이슬란드로 복귀했던 1490년(콜럼버스 항해 2년 전) 무렵에야 줄어들기 시작했다. 그들은 뉴펀들랜드를 벗어난 곳에서 대구가 풍부한 바다를 발견했는데 아무에게도 그 사실을 알리고 싶어 하지 않았다.[13]

카보토가 어부들을 부추겼든 부추김을 받았든 1500년대의 대서양은 영국 선박들로 붐볐다. 어떤 이들은 구세계로 실어 나르던 금과 은의 무게로 움직임이 둔하고 위태위태하던 스페인 보물선을 나포했고 어마어마한 돈을 벌었다.* 프랜시스 드레이크 경은 단 한 번의 항해로 요즘 가치로 6천만 달러에 달하는 노획물을 싣고 영국으로 돌아갔다.[14] 드레이크는 그 항해에서 현재의 버지니아에 잠시 배를 대고는 그곳을 영국 왕실의 영토라 선언하고 '뉴 앨비언(New Albion)'이라고 명명했다.[15]

엘리자베스 1세는 그의 주장에 무게를 실어주고 사략선(전시에 적선을 나포하는 면허를 가진 민간 무장선-옮긴이)을 위한 병참기지를 마련하고자 그곳에 식민지를 세우기로 결정했다. 그리고 월터 롤리 경에게 그 임무를 맡겼다. 그 결과 세워진 것이 로어노크(Roanoke: 영국 정착민들이 처음으로 인디언의 말에서 빌려온 지명이다)의 불운한 '잃어버린' 식민지였다. 그가 이끈 114명은 1587년에 지금의 노스캐롤라이나인 앨브말 해협 남쪽에 상륙했다. 바로 그 최초의 식민지를 중심으로 세워진 일곱 지역의 지명이 아직도 남아 있다. 로어노크, 케이프 피어, 케이프 해터라스, 초완, 누스 강, 체서피크, 그리고 버지니아다.[16] 〔예전에 버지니아는 '당신은 아주 화려한 옷을 입었군요.'라는 뜻의 '윈드간콘(Windgancon)'으로 불렸다. 초기 정찰대가 그곳 지명을 물었을 때 원주민이 그렇게 대답했는지도 모른다.〕 하지만 안타깝게도 그들이 획득한 식민지는 그것이 전부였다.

스페인과의 전쟁 때문에 영국 배는 3년 동안 돌아올 수 없었다. 마침내 구호선이 도착했지만 식민지는 이미 사라진 뒤였다. 부근의 크로아토안 부

---

* 스페인은 경쟁국의 선원들뿐만 아니라 자국의 노예들에게도 약탈당했다. 스페인 노예들은 '버커니어(buccaneer: 해적)'로 불렸다. 스페인 주인에게서 도망친 뒤에 '부칸(boucan)'이라는 나무틀에 구운 야생 돼지고기를 저장해 두고 연명하다가 움직임이 둔한 배를 나포했기 때문에 얻은 이름이다.

족이 자기들의 말에 엘리자베스 여왕 시대의 영어를 섞어 쓰고 있는 것으로 밝혀졌지만 식민지의 운명을 알 만한 분명한 증거는 전혀 발견되지 않았다.

영국인을 신세계로 이끈 것은 대체로 어업이었으며, 특히 주로 북아메리카 북부 연안 너머의 자원이 풍부한 바다를 따라 이루어졌다. 메이플라워호의 항해 이전에 적어도 120년 동안 동부 해안선에 정박한 유럽 어선들은 점점 더 흔한 풍경이 되었다. 어선들은 배를 정박하고 생선을 말려 음식과 물을 채우거나 혹독한 겨울을 나기도 했다. 한 번에 천 명 정도나 되는 어부들이 해변에 모이기도 했다. 사모셋이 영어를 몇 마디 배울 수 있었던 것도 그들 덕분이었다.

그 결과 1620년 무렵에는 뉴잉글랜드나 캐나다 동부의 거의 모든 만에 흔적을 남길 정도가 되었다. 필그림들은 처음 도착했을 때 유럽산이 분명한 낡은 주철 냄비를 찾아냈고, 인디언의 묘를 약탈하던 중에 "포로로 잡혀 사망한 프랑스인으로 추정되는" 금발의 시체를 발견했다.[17]

뉴잉글랜드가 필그림들에게는 신세계였는지 몰라도 '미지의 땅(terra incognita)'은 절대 아니었다. 뉴잉글랜드 부근 대부분의 땅이 이미 지도에 그려져 있었다. 18년 전에 바르톨로뮤 가스놀드와 한 무리가 인근의 커티헝크 섬에서 몇 달 동안 야영을 하면서 많은 이름을 남겼다. 그 중 두 개의 지명이 '케이프 코드'와 낭만과 신비로 가득한 '마사의 바인야드'다(마사가 누군지 모르기 때문에 신비롭다는 것이다).

또한 7년 전에는 고래를 찾으며 그 지역을 지나던 존 스미스가 인디언들이 쓰는 이름을 최대한 살려서 지도를 다시 그렸다. 그는 자신이 만든 이름은 단 한 개만 추가했는데 그게 바로 바로 '뉴잉글랜드'다. 전에 그 지역은 대부분의 지도에 노룸베가(Norumbega)로 표기되어 있었는데 지금 그 이유를 아는 사람은 아무도 없다. 하지만 스미스는 영국으로 돌아와 아첨을 떨려고 그 지도를 왕위 계승을 앞두고 있는 열여섯 살의 찰스 스튜어트에게 보여주었다. "이들의 야만적인 이름을 영어로 고쳐 주시기를 간청하옵니다. 후대는 찰스 왕자께서 이들의 대부였다고 말할 것입니다."라는 글도 덧붙였다. 어린 왕자는 기뻐하며 그 일에 열심히 매달렸다. 그는 스미스가 정성을 들여 표기한 인디언 지명을 대부분 없애고 자신과 왕실 가족의 이름을 따거나 상상력을 동원해서 독특한 짜깁기를 완성했다. 그의 창작품 중에는 케이프 엘리자베스, 케이프 앤, 찰스 리버, 플리머스 등이 있다. 그 때문에 플리머스에 도착한 필그림은 주변의 많은 경계 지역에 이름을 붙이려고 머리를 짜낼 필요가 없었다.

초기의 탐험가들은 인디언들을 유럽에 데려가기도 했다. 영웅적인 스콴토도 그런 운명을 겪었다. 그의 인생은 믿기 어려운 악당 소설 같다. 스콴토는 1605년 조지 웨이머스라는 뱃사람의 눈에 띄어 영국으로 건너갔다. 그곳에서 여러 가지 직업을 전전하며 9년을 보내다가 1613년 존 스미스의 항해에 통역관으로 뽑혀 신세계로 돌아갔다. 스콴토의 도움을 받은 스미스는 그 보답으로 자유를 주었다. 하지만 스콴토는 부족에게 돌아간 지 얼마 지나지 않아 부족민 19명과 함께 다른 영국인들에게 납치되어 스페인의 말라가로 끌려가 노예로 팔리고 말았다. 스페인에서 집사로 일하던 그는 간신히 영국으로 도망쳐 런던의 한 상인 밑에서 잠시 일하다가 1619년에야 비로소 뉴잉글랜드 해안으로 가는 탐험대에 합류했다.[18] 그는 15년 가까이 밟지 못한 고향 땅의 사람들이 자신이 돌아가기 얼마 전 전염병으로 몰살했다는 사실을 알게 되었다. 전염병은 선원들에 의해 유입된 천연두가 분명했다.

따라서 스콴토는 불만을 품을 만한 충분한 이유를 갖고 있었다. 유럽인들이 그의 부족을 몰살시켰고 두 번이나 그를 납치했으며 그 중 한 번은 노예로 팔았다. 그러나 다행스럽게도 스콴토는 필그림에게 너그러웠다. 스콴토는 그들과 함께 정착해서 이듬해 갑자스럽게 얻은 열병으로 죽을 때까지 스승, 통역사, 대사, 친구의 역할을 도맡았다. 스콴토 덕분에 뉴잉글랜드의 영어가 미래를 보장받을 수 있었던 것이다. 이제 그것이 어떤 종류의 영어였으며 또 어떻게 변천했는지 살펴볼 차례다.

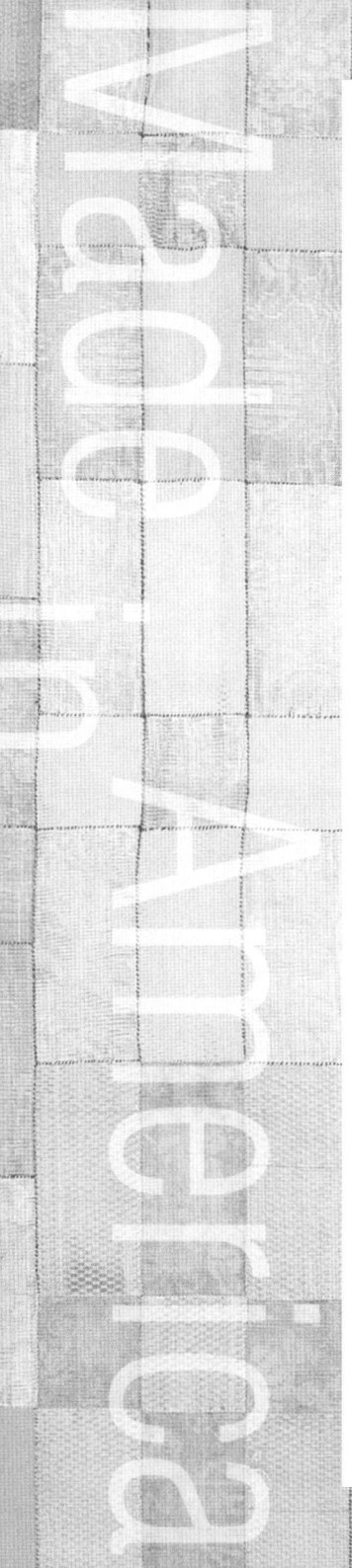

미국인 되기

In 1993, according to an international business survey, the world's most valuable brand was Marlboro, with a value estimated at $40 billion, slightly ahead of Coca-Cola. Among the other top ten brands were Intel, Kellog's, Budweiser, Pepsi, Gillette, and Pampers. Nescafe and Bacardi were the only foreign brands to make top ten, underlining American dominance. Why companies like Coca-Cola suffer palpitations when they see a passage like this (from John Steinbeck's The Wayward Bus): "Got any coke?" another character asked. "No," said the other proprietor. "Few bottles of Pepsi-Cola. Hav_____ coke for a month……. It's the same stuff. You can'_____ 1993, according to an international business _____ brand was Marlboro, with a value esti_____ f Coca-Cola. Among the other top ten _____ er, Pepsi, Gillette, and Pampers. Nes_____ brands to make top ten, underli_____ like Coca-Cola suffer palpita-ti_____ om John Steinbeck's The Way-war_____ r asked. "No," said the ol'_____ ven't had any coke for a mon_____ them apart." In 1993, ac_____ world's most valuable bran_____ llion, slightly ahead of Coca-Co._____ el, Kellog's, Budweiser, Pepsi, Gillet_____ Bacardi were the only brands to make top ten, underlining American dominance.

MADE IN
AMERICA

우리가 1620년의 플리머스 식민지에 도착해서 메이플라워 서약서를 작성한 사람들의 대화를 듣게 된다면 지금 쓰는 말이 그들의 말과 얼마나 다른지, 얼마나 이해하기 어려운지 알고 깜짝 놀랄 것이다. 지금은 's'를 'f'로, 'the'를 'ye'로 표기하지 않는다.*

역사적으로 필그림들이 태어난 시대보다 더 많은 언어 혁신을 겪고 수없이 많은 신조어가 쏟아져 나오고 천재들의 영향을 많이 받은 때도 없을 것이다. 필그림들이 신세계에 도착하기 직전 세대에 영어는 1만 개의 단어가 추가되었으며 그 중 절반은 아직까지도 남아 있다. 다음 단어를 포함해 셰익스피어 혼자서 만든 단어만 2천

메이플라워 서약서. 1620년에 선상에서 41명의 청교도가 정부를 구성하기 위하여 하나의 정치 통일체로 결속할 것을 약속한 서약이다. 공정하고 평등한 법률을 제정하고 이에 복종할 것을 다짐하고 서명한 내용으로 다수의 의견에 좇을 것을 약속하여 지방 자치의 전형이 되었다.

개에 달한다.

```
reclusive(은둔한)              gloomy(우울한)
barefaced(뻔뻔스러운)         dwindle(점차 감소하다)
countless(셀 수 없는)          gust(돌풍)
leapfrog(뛰어넘다)             frugal(절약하는)
summit(정상)
```

하지만 놀라운 업적을 남긴 사람은 셰익스피어뿐만이 아니다. 필그림 시대에 영어로 유입된 단어의 예를 들면 그 시대의 어휘가 얼마나 풍부했는지 힌트(hint: 이 단어 역시 셰익스피어가 만들었다)를 얻을 수 있을 것이다.

```
alternative(대안, 1590)              incapable(불가능한, 1591)
noose(올가미, 1600)                  nomination(지명, 1601)
fairy(요정, 1603)                     surrogate(주교 대리, 1603)
sophisticated(소박한 데가 없는, 1603)  option(선택, 1604)
creak(삐걱거리는 소리, 1605)          susceptible(~의 여지가 있는, 1605)
coarse(조잡한, 1607)                  castigate(징계하다, 1607)
```

* 'ye' 는 'the' 의 또 다른 표기법이었다. 'ye' 는 서기와 인쇄공이 쓰기에 편리했으며 활자 행을 더 쉽게 맞출 수 있게 해주었고, [jee]로 발음하지 않았다.

obscenity(외설, 1608)
commitment(위탁, 1611)
gothic(고딕 양식의, 1611)
freeze(얼다, 1613)
cult(컬트, 1617)
crazy(미친, 1617)
inexperienced(세상모르는, 1626)

tact(재치, 1609)
slope(경사지게 하다, 1611)
coalition(연합, 1612)
nonsense(무의미한 말, 1614)
boulder(표석, 1617)
customer(손님, 1621)

필그림들은 자기들의 시대에 그런 언어적인 혼란이 일어났다는 사실을 알았어도 표시를 거의 남기지 않았다. 지금까지 남아 있는 17세기 식민지의 문헌에는 셰익스피어나 청교도들이 숭배하는 밀턴에 관한 내용이 전혀 없다. 그들의 언어는 이상하게 셰익스피어의 언어와 달랐다. 예를 들어 그들은 명사를 동사로 바꾸는 새로운 유행에 적극적으로 동참하지 않았다. 그것은 그 시대에 매우 유용한 혁신을 가져다주었다. 다음과 같은 예가 수십 가지 있지만 대부분 오래가지 못하고 사라졌다.

윌리엄 셰익스피어(1564.4.26~1616.4.23). 영국이 인도와도 바꿀 수 없다고 말할 만큼 소중하게 생각하는 극작가이며 시인이다. 그의 작품은 영어로 된 작품 중 최고라는 찬사를 받고 있다.

> to gossip(1590)
>
> to attest(1596)
>
> to preside(1611)
>
> to hurt(1662)
>
> to fuel(1592)
>
> to inch(1599)
>
> to surround(1616)

식민지 개척자들은 자기들이 처한 특수한 상황 때문에 거의 첫 날부터 단어를 주물럭거릴 수밖에 없었다. 그들은 1622년에 이미 넓은 천연 샘을 설명하려고 폰드(pond)라는 단어를 쓰고 있었다. pond는 영국에서는 작은 인공 연못을 가리키는 말이었다. 영국에서 크리크(creek)는 바다의 후미를 일컫지만 미국에서는 개천을 뜻한다. 식민지 개척자들은 설명할 수 없는 이유로 허스트(hurst, 숲이 있는 언덕), 미어(mere, 못), 미드(mead, 풀밭) 등 지형을 나타내는 유용한 영어 단어들을 너무 빨리 버렸다. 그러고는 스왐프(swamp, 늪), 러빈(ravine, 골짜기), 할로우(hollow, 움푹한 땅), 블러프(bluff, 절벽) 등의 신조어를 만들었다.[1] 이런 단어들은 흔히 다른 언어에서 차용했다. 잘못 알고 있으며 정말 불필요한 미국식 말이라며 처음으로 영국인들의 공격을 받은 블러프(bluff)는 밑바닥이 평평한 배를 뜻하는 독일어 블라프(blaf)에서 가져온 것으로 보인다. 스왐프(swamp)는 독일어 츠밤프(zwamp)에서 온 듯하고, 조지 워싱턴이 훨씬 전부터 사용했지만 1781년에 자신의 일기에 처음 기록한 러빈(ravine)은 프랑스어에서 온 말이다.

이상하게도 미국 기후의 다양성에 비해 날씨와 관련된 단어들은 천천히 생겨났다. 최초의 기상 관련 미국식 단어인 스노우스톰(snowstorm, 눈보라)은 1771년까지도 기록에 나타나지 않았으며, 1804년까지 토네이도

(tornado)를 묘사하는 사람은 아무도 없었다. 1776년에 '콜드 스냅(cold snap, 한파)'이라는 말이 등장했는데, 유럽인 정착 200년 만에 처음으로 미국이 기상 용어로 세계에 기여하는 순간이었다. 북부의 겨울을 설명하기에 안성맞춤인 블리저드(blizzard, 심한 눈보라)는 1870년까지도 지금과 같은 뜻으로 쓰지 않았다. 당시 아이오와 에스더빌의 한 신문 편집자가 매우 심한 봄눈을 설명하면서 블리저드(blizzard)라는 단어를 사용했다. 유래가 알려지지 않은 이 단어는 그보다 약 50년 전에 미국에서 생겨났지만 그때는 주먹으로 한 번 혹은 연속적으로 가격하거나 총으로 탄환을 뿜어내는 상황을 가리켰다.

그러나 초기 식민지 개척자들은 구세계의 말을 끈덕지게 사용했다. 역사적 자료를 관리하는 사람만큼 성실하게 말을 지켰다. 영국에서 소홀히 여겨져 사라졌던 수십 개, 아니 수백 개의 단어가 미국에서는 살아남았다. 초기 식민지 개척자들의 보수적인 성격 덕분이었다. 가장 대표적인 단어는 '가을'을 뜻하는 '폴(fall)'이다. 이 단어는 필그림 시대에는 비교적 새로운 단어였다. 영국에서 1545년에 처음 쓰였던 기록이 있다. 그리고 19세기 후반까지도 일상적으로 사용되었다. 그런데 그 단어가 언제, 왜 영국에서 사라졌는지는 아무도 모른다.

영국에서는 사라졌지만 미국에서 살아남은 단어들을 살펴보면 끝도 없다. 그 중 대표적인 단어들을 예로 들면 다음과 같다.

cabin(거주지)   bug(모든 종류의 벌레)
hog(돼지)   deck(카드 한 벌)
jack(한 벌 속에 든 카드의 종류)   raise(키운다)

junk(쓰레기)　　　　　　　mad(화난)
bushel(일상적인 측정 단위)　　closet(벽장)
gully(수로, 도랑)　　　　　　rooster(수컷 가금)
plumb(철저한, 완벽한)　　　　attic(집의 가장 높은 층, 영국에서는 loft)
noon(한낮)*　　　　　　　　molasses(당밀)
stock(가축의 무리나 떼, 영어에 'stock market'이라는 단어가 있지만 이는 '주식'을 거래하는 시장을 뜻한다)

초기 식민지 개척자들은 영국의 일부 지역 외에는 알려지지 않은 매우 지역적인 용어들도 가지고 왔다. 그런 말들은 미국에서 널리 통용되었고 나중에 더 넓은 영어권으로 퍼져나갔다. 물론 미국이나 영국 어느 쪽에서도 의미를 잃고 사라진 단어들도 수없이 많다.[2]

flight(눈이 흩날리는 것)　　　fribble(천박한 사람)
bossloper(은둔자)　　　　　　spong(땅의 한 구획)
bantling(유아)　　　　　　　sooterkin(연인)
gurnet(방호용 모래톱)　　　　slobberchops(게걸스럽게 먹는 사람)

---

* 'noon'은 재미있는 말이다. 낮의 아홉 번째 시간이나 오후 3시를 뜻하는 고대영어 'nones'에서 온 말로 당시에는 기도에서 흔히 쓰였다. 그러다 기도 시간이 정오로 바뀐 중세로 접어들면서 오후 12시로 바뀌었다. 하지만 영국에서는 한동안 두 가지 모두 12시를 뜻했는데, 이는 고서에 나오는 '한밤의 12시(the noon of midnight)' 같은 말이 무슨 뜻인지 해명해준다.

초기 식민지 개척자들은 새로운 땅을 발견할 때마다 난생 처음 보는 것들을 만났다. 모기부터 시작해서 감나무, 덩굴옻나무, 독풀에 이르기까지 끝도 없었다. 그들은 처음에는 새로운 에덴에서 낯선 생활이 주는 풍요에 완전히 압도되었다. 호박(pumpkin)과 애호박(squash), 호두나무(walnut)와 페칸(pecan)을 전혀 구분하지 못했다. 그 결과 동물과 식물의 이름을 잘못 붙인 경우가 많았다. 다음 예들은 모두 영국과 미국의 종이 확연히 다른 것들이다.[3]

bay(월계수)
beech(너도밤나무)
hemlock(헴록-독초)
blackbird(찌르레깃과의 새)
lark(종달새)
marsh hen(뜸부깃과의 새)

laurel(월계수)
walnut(호두나무)
robin(유럽울새, 실제로는 개똥지빠귀)
hedgehog(고슴도치)
swallow(제비)

미국의 토끼(rabbit)는 실제로는 산토끼(hare)였다. 초기 식민지 개척자들이 그 차이를 몰랐다는 것은 그들이 야생 생활에 적합하지 않았다는 사실을 말해 준다. 그들은 가장 간편한 방법으로 새로운 생물체가 내는 소리를 모방해서 이름을 지었다. 그리고 그것이 비실용적이라는 사실이 증명되면 유용하고 완전히 미국적인 이름, 다시 말해 있는 단어 두 개를 합쳐 새로운 합성어를 만들었다. 초기 미국 영어는 그런 합성어들로 가득했다.

jointworm(좀벌과 곤충의 유충)
canvasback(댕기흰죽지)
rattlesnake(방울뱀)
bobcat(살쾡이)
bluejay(큰 어치)
sapsucker(딱따구리의 일종)
backtrack(귀로)
cookbook(요리책)
tightwad(구두쇠)
cheapskate(구두쇠)
skyscraper(마천루)
drugstore(약국)
hangover(잔존물)

eggplant(가지 나무)
copperhead(미국 살무사)
bluegrass(새포아풀속의 풀)
catfish(메기)
bullfrog(황소개구리)
timberland(삼림지)
underbrush(덤불)
frostbite(동상)
sidewalk(보도)
sharecropper(물납 소작인)
rubberneck(목을 길게 빼고 유심히 보다)
barbershop(이발소)
blowout(파열)

이 새로운 용어들은 직접적이고 이해하기 쉽다는 이점을 갖고 있었다. 영국 영어를 사용하지 않는 사람들이 점점 더 늘어나는 땅에서는 유용한 장점이었다. 이들은 모두 영국식 단어보다 사물을 더 쉽게 묘사한다.

초기 식민지 개척자들의 생활에서 큰 특색을 이룬 생물은 나그네비둘기(passenger pigeon)였다. 말 그대로 스쳐 지나는 사람이라는 '패신저(passenger)'의 초기 의미에서 유래했다. 나그네비둘기는 셀 수 없을 정도로 큰 무리를 지어 지나갔다. 초기의 어느 관찰자는 나그네비둘기가 너비 1.6킬로미터, 길이 390킬로미터로 무리 지어 날아가는 모습을 보았다.

하늘을 완전히 뒤덮을 정도로 많은 수였다. 메이플라워호가 상륙했을 무렵 북미에는 90억 마리의 나그네비둘기가 살았을 것이다. 오늘날 북미에서 발견되는 나그네비둘기의 두 배가 넘는 수였고 아주 쉽게 잡혔다. 1770년의 한 기록에는 사냥꾼 한 명이 나팔총(17~18세기 사용된 총부리가 넓은 단총―옮긴이)으로 단 한 번 방아쇠를 당겨 125마리의 나그네비둘기를 잡았다고 나와 있다. 식용으로 사용하는 사람들도 있었지만 대개는 돼지에게 사료로 먹였다. 순전히 오락거리로 수백만 마리가 살육되기도 했다. 1800년에는 그 수가 절반 정도로 줄었고 1900년에는 완전히 사라졌다. 그리고 1914년 9월 1일 신시내티 동물원에서 마지막 남은 한 마리마저 죽었다.

그러나 초기 식민지 개척자들은 신세계를 재앙으로 몰고 갈지도 모를 다른 동물들 때문에 골치를 앓았다. 그 중 하나는 극성을 부리는 집쥐였다. 집쥐는 다음 한 세기 동안 서부 유럽에도 등장하지 않았으며(알 수 없는 이유로 시베리아에서 갑자기 엄청난 수가 유럽으로 유입되었다), 1775년에 미국 보스턴에서 처음 나타났다고 기록되어 있다. 지금은 흔한 많은 동물들, 그 중에서도 생쥐와 비둘기도 대양 너머를 향한 첫 여행을 앞두고 있었다.

하지만 우리는 몇 가지 종에 대해서는 언제 미국에 도착했는지 정확하게 알고 있다. 그 중 가장 악명 높은 사례는 유진 시펠린이라는 사람이 미국으로 유입한 하늘을 나는 성가신 동물 찌르레기였다. 독일인 이민자였던 그는 미국의 자연에 셰익스피어의 작품에 나오는 모든 새가 있어야 한다는 황당한 생각을 했다. 특히 찌르레기의 경우는 안타깝기 그지없었다. 그가 가져온 대부분의 종은 번식에 실패했지만 1890년 봄 뉴욕 센트럴 파크에서 풀어준 찌르레기 40쌍은 이듬해 봄에 60쌍으로 늘어났다. 이 새는 번식을 너무도 잘해서 1세기도 안 돼 북미에서 가장 흔한 조류이자 가장 큰 해를 끼치는 동물이 되었다. 새삼 시펠린 선생에게 무척 고맙다는 인사를 하고 싶어진다. 1851년이나 1852년에는 브루클린 자연사 협회장이 요즘 흔하게 찾아볼 수 있는 집참새(사실 참새가 아니라 아프리카산 산까치다)를 들여왔고, 1870년대에는 스미소니언 협회의 사무장이 잉어를 신세계에 들여왔다.[4] 의도는 좋았지만 까딱 잘못하면 생태적으로 무서운 재앙이 일어날 뻔했다. 그렇게 되지 않아 천만다행이다.

미국의 특별한 생활 조건 때문인지, 아니면 영국과 지속적인 접촉이 부족했기 때문인지, 그도 아니면 변덕 때문인지 미국 영어는 갈팡질팡하기 시작했다. 미국인들은 1682년에 이미 지폐를 노트(note)가 아닌 빌(bill)이라고 불렀다. 1751년에는 뷰로(bureau)가 글을 쓰는 책상이라는 영국식 뜻을 잃고 서랍 달린 장롱을 뜻하게 되었다. 영국에서는 반(barn)이 곡물을 저장하는 창고였는데 미국에서는 다용도 농장 건물이라는 더 넓은 의미를 갖게 되었다. 1780년에 에비뉴(avenue)는 미국의 모든 넓은 거리를 가리킬 때 사용되었는데 영국에서는 줄지어선 나무를 뜻했다. 그래서 아직도 영국의 많은 도시에는 에비뉴 로드(Avenue Road)라는 거리가 있다. 이처럼 미국으로 건너가 의미가 점점 확대된 단어는 아파트먼트(apartment, 아파트), 파이(pie, 파이), 스토어(store, 가게), 클러짓(closet, 벽장), 페이브먼트(pavement, 포장도로), 블록(block, 블록) 등이 있다. 18세기 후반 미국에서 블록은 비슷한 모양의 건물들을 설명했는데 영국에서는 그런 건물들을 테라스(terrace)라고 불렀다. 블록은 그 후로 거리에 둘러싸인 직사각형의 도시 모양을 가리키는 현대적인 의미로 사용되었다.[5]

그러나 미국 어휘의 빈틈을 메울 가장 간단한 방법, 아니 가장 편리한 방법은 인디언들에게 어떤 말을 사용하는지 물어보는 것이었다. 초기 식민지 시대의 신세계에는 약 5천만 명의 인디언이 살았다. (가장 높은 추정치는 1억 명, 가장 낮은 추정치는 800만 명 정도다.) 그들은 대부분 멕시코와 안데스 지방에 살았다. 북아메리카 전체를 통틀어봐야 200만 명에 불과했다. 북아메리카 인디언은 언어·문화·혈통이 아니라 평원(블랙푸트, 샤이엔, 포니 족), 동부 우드랜드(알곤키안 족과 이로쿼이 연합), 남서부(아파치, 나바호, 푸에블로 족), 북서부 연안(하이다, 모도크, 침시안 족), 고원(파이우트, 네즈퍼스 족) 그리고 북부(쿠친, 나스카피 족), 이렇게 여섯 개 지역으로 구분한다. 같은 지역 안에서도 차이가 컸다. 평원 인디언 중에 오마하와 포니 족은 정착해서 농사를 짓는 반면에 샤이엔과 코만치 족은 유목을 하며 사냥을 했다. 대이동을 강행한 부족들도 있었다. 예를 들어 알곤키안 족에 속하는 블랙푸트와 샤이엔은 동부 연안에서 출발했다가 서부의 대평원으로 진출했다.

주민이 상대적으로 적었음에도 불구하고, 아니 오히려 그 때문인지는 몰라도 북아메리카에서 쓰이는 언어는 종류가 무척 많아서 전부 합쳐 500종에 달했다. 다시 말해 북아메리카 인디언은 신세계 인구의 약 20분의 1 정도였지만 그들이 사용하는 언어의 수는 전세계 언어의 4분의 1을 차지했다. 소수의 인디언들이 퓨알랍, 투피, 아시니보인, 히다스타, 벨라 쿨라 등 다수의 언어를 썼다. 관련 부족들 사이에도 언어 장벽이 매우 높았다. 역사가 찰튼 레어드는 이렇게 말했다. "캘리포니아 지역만 따져도 토착 언어의 수가 유럽 대륙 전체 언어를 모두 합한 수보다 훨씬 더 많다."[6]

초기 식민지 개척자들은 주로 두 개의 동쪽 부족 집단의 인디언 용어를 영어에 직접 도입했다. 하나는 모호크, 체로키, 오네이다, 세네카, 델라웨어, 휴론 족이 속한 이로쿼이 연합이었고, 다른 하나는 주로 알곤킨, 아라파호, 크리, 델라웨어, 일리노이, 키카푸, 나라간시트, 오지브와, 페놉스코트, 피쿼트, 팍스 족을 포함한 훨씬 더 큰 알곤키안 부족 집단이었다. 하지만 그들의 언어에도 많은 차이가 있어서 같은 강을 지칭할 때도 델라웨어 부족은 '서스케하나'로, 이웃사촌인 휴론 부족은 '카나스토지' 혹은 '코네스토가'로 불렀다.

초기 식민지 개척자들은 대개 인디언과 처음 접촉을 하는 순간부터 그들의 말을 빌려 썼다. 인디언들은 전부 합쳐 150개의 단어를 초기 식민지 개척자에게 제공했다. 나중에 추가된 150개는 대체로 매개체를 통해 여과된 것들이었다.

> moose(말코손바닥사슴)
> raccoon(미국너구리)
> opossum(주머니쥐)
> tomahawk(손도끼)
> powwow(주술 의식)
> papoose(갓난아기)
> caribou(삼림순록)
> moccasin(바닥이 편평한 가죽신)
> hickory(히코리: 호두나무의 일종)
> wigwam(오두막집)
> toboggan(썰매: 캐나다 프랑스어를 통해 영어로 흘러들어온 단어)
> hammock(그물 침대: 카리브에서 스페인을 통해 유입된 단어)
> maize(옥수수: 카리브에서 스페인을 통해 유입된 단어)
> barbecue(통구이: 카리브에서 스페인을 통해 유입된 단어)

인디언 용어는 아주 간단하게 빌려 쓸 수 있었다. 알곤키안 부족의 세간쿠(seganku)는 별다른 어려움 없이 스컹크(skunk)가 되었다. 우차크(wuchak)는 아주 자연스럽게 우드처크(woodchuck, 마멋)라는 영어로 정착했다. 그러나 대부분의 인디언 용어들은 그다지 수정을 거치지 않고 음을 그대로 빌려주었다. 많은 단어들이 영어 화자가 편하게 느낄 때까지 반복적으로 다듬어졌다. 부족의 추장을 뜻하는 알곤키안 단어를 고쳐 쓰려고 노력한 존 스미스의 첫 번째 성과는 카우카우와소우스(cawcawwassoughes)였다. 그는 이 단어가 그다지 만족스럽지 않자 어느 정도 희망적인 코우코러스(coucorouse)로 바꿨다. 이것이 더 단순해져 오늘날 우리가 아는 커커스(caucus, 간부회의)가 되기까지는 한 세대가 더 걸렸다.[7]

부족 이름 역시 수정이 필요했다. 체로키(Cherokee)는 본래 차라키(Tsalaki)였다. 알곤킨(Algonquin)은 알고미킨스(Algoumequins)에서 나왔다. 심지어는 단순해 보이는 모호크(Mohawk)조차 142가지 이상의 철자로 기록되어 있다.

개척자들은 인디언 이름을 잘못 이해해서 잘못 응용할 때가 많았다. 원주민에게 pawcohiccora는 나무가 아니라 그 열매로 만드는 음식이었다. pakan 혹은 paccan은 껍질이 딱딱한 견과류를 총칭하는 단어였다. 개척자들은 그것을 pecan으로 만들어버렸고(pekaun과 pecaun으로 실컷 바꾸어 부른 뒤에) 생물학적으로 Carya illinoensis(호두나무)로 알려진 나무를 생산할 때까지 별다른 특성이 없는 말로 불렀다.*

초기 식민지 개척자들은 어려운 인디언 말에 푹 빠져 있었다. 이국적이기 때문이기도 했지만 부정할 수 없이 아름다웠기 때문이었다. 윌리엄 펜은 이렇게 썼다. "억양이나 강세를 볼 때, 유럽에는 그들의 말보다 더 달콤하거나

---

* 영어를 쓰는 식민지 개척자들은 적어도 인디언 이름을 존중하려는 노력은 했다. 프랑스인과 스페인인은 부족이 어떤 이름을 사용하는지에 그다지 주목하지 않은 것으로 보인다. 프랑스인들은 북서 태평양의 한 부족이 사용한 '초푸니시(Chopunnish)'라는 이름을 무시하고 대신 '뚫은 코'라는 뜻의 '네즈퍼스(Nez Percé)'라고 불렀다. 그들이 코에 조개껍질을 걸고 다녔기 때문이다. 그들은 '야만인'을 뜻하는 프랑스어 'sauvage'의 변형인 'Siwash', 그리고 'Gros Ventre(그로스 벤트르: 큰 배'라는 뜻의 프랑스어)'라는 말들을 만드는 등 불쾌한 태도를 서슴지 않았다. 한편 스페인 사람들은 경쾌하고 적당해 보이는 '하노오사치(Ha-no-o-shatch)'라는 북서부 부족의 이름을 무시하고 '사람'이라는 뜻의 '푸에블로(Pueblo)'라고 불렀다.

위대한 말이 없다."⁸⁾ 그의 말이 옳았다. 미시시피(Mississippi), 서스케한나(Susquehanna), 래파하노크(Rappahannock) 등 인디언 지명을 나열해 보는 것만으로도 인디언이 미국의 풍경에서 시적 감흥을 느꼈다는 사실을 확인할 수 있다. 이름을 바꾼 사람들의 눈에는 그런 면이 제대로 보이지 않았을 것이다.

미국의 초기 개척자들이 인디언 언어를 존중했다고는 하지만 인디언들에게 항상 그런 양심적인 면을 보여 준 것은 아니었다. 그들은 정당한 상황이라고 생각할 때는 조금도 망설이지 않고 모질게 행동했다. 킹 필립 전쟁 당시 매사추세츠 베이 식민지의 군인이 주지사에게 보낸 전갈을 보면 그런 태도를 짐작하고도 남는다. "앞에서 말한 인디언을 개가 물고 찢게 하라는 지시가 내려와 그대로 행했다."⁹⁾ 사실 인디언들을 만나는 미국인들이 처음 한 말은 17세기의 정서법뿐만 아니라 식민지의 폭력성에 대해 많은 것들을 알려주고 있다. 예를 들어 윌리엄 브레드포드는 『플리머스 식민지의 역사(The History of Plimouth Plantation)』에서 피코트 마을에 대한 충격적인 공격을 다음과 같이 묘사했다. "불을 피한 사람들은 칼에 맞아 죽었다. 신속하게 끝내려고 몸을 몇 동강으로 자르거나 기다란 쌍날칼로 난자했다. 불에 타는 사람들을 지켜보는 것은 무서웠고……코를 찌르는 악취는 끔찍했다. 하지만 승리는 달콤한 제물 같았다."¹⁰⁾ 1675년 버지니아에서 조지 워싱턴의 조상 존 워싱턴은 범상치 않은 어떤 사건에 개입했다. 분쟁을 조절하고자 인디언들에게 지도자를 '파우와우(powwow: 1624년에 처음 기록에 남았다)'에 보내라는 요청을 했다. 인디언들은 다섯 명의 추장을 회의에 보냈다. 유럽인 개척자들은 상황이 만족스럽지 않게 돌아가면 추장들을 밖으로 데리고 나가 살해했다. 가장 신망이 높은 인디언들조차 소모품 취급을 받았다. 1608년에 버지니아에서 적대적인 원주민을 만난 존 스미스가 맨 처음 한 행동은 인디언 길잡이의 등 뒤로 가서 숨는 것이었다.

상황이 그런 만큼 미국 원주민이 자기들의 땅을 차지하려는 경쟁자를 의심스런 눈길로 바라보고 그들의 선의를 거절한 것은 놀라운 일도 아니었다. 그것은 스스로 먹고살 힘이 없는 버지니아 이주자, 혹은 그들이 좋아하는 명칭대로 '개척자'들에게는 큰 타격이었다. 메이플라워호의 필그림들은 그 후로 10년 동안 그런 상황에 처해 있었다. 1609년과 1610년 겨울에 그들은 '굶주림의 시기'를 보냈다. 그 짧은 시간 동안 버지니아 이주민의 수는 500명에서 60명으로 줄었다. 이듬해 봄 신임 총독으로 부임해 온 토머스 게이츠 경은 "하역구는 열렸고, 문은 경첩이 빠졌고, 교회는 폐허로 변해 인적이 끊겼고, 텅 빈 집은 (주인이 불시에 죽음을 당해서) 쓰러지거나 불탔다. 생존자들은 땔감을 구하러 숲속으로 걸어 들어갈 수도 없었다. 안에서는 굶주림과 전염병이, 밖에서는 인디언의 살해 위협이 도사리고 있었다."고 기록했다.[11]

영국에서 새로운 이주민들을 계속 내보냈지만 그들은 거의 도착하자마자 죽었다. 1606년 겨울과 1625년 2월 사이에 버지니아에 도착한 사람은 7,289명이었고 그 중 6,040명이 땅에 묻혔다. 정착할 시간도 없었다. 1619년에서 1621년까지 3년 동안 도착한 3,500명의 이주민들 중 500명을 제외한 모두가 그 시기가 끝날 무렵에 숨졌다. 죽으려고 버지니아에 가는 것과 다름없었다.

생존자들은 굶주림과 향수병 때문에, 그리고 언제 침대에서 도끼에 맞아 죽을지 모르는 공포와 불안 속에서 살아야 했다. 개척자 리처드 프레손은 그럴듯한 과장을 섞어 이렇게 썼다. "내 눈에서 눈물이 매일같이 흘러나오다니, 사람 머릿속에 그렇게 많은 물이 들어 있는 줄은 몰랐다."[12] 그러나 적어도 그는 많은 사람들을 기다리고 있던 비참한 종말을 맞이하지는 않았다.

이주민과 원주민 사이의 적대감이 극심하던 1622년의 어느 화창한 금요일, 인디언 추장 오피찬캐노프가 부족 대표를 케코프탄, 헨리쿠스, 찰스 시티와 인접 농장에 새로 이주한 버지니아 정착민들에게 보냈다. 나중에 기겁을 한 이주민의 진술처럼 처음엔 인디언 몇 명이 "앉아서 아침식사를 할" 정도로 선의의 방문처럼 보였다. 하지만 인디언들이 신호를 주고받는가 싶더니 갑자기 손에 잡히는 대로 물건을 집어 들고는 눈에 띄는 대로 남자, 여자, 어린아이 가릴 것 없이 모조리 잡아 죽였다. 희생자는 350명, 버지니아 이주민 인구의 약 3분의 1에 달했다.[13]

22년 뒤인 1644년, 그 추장이 똑같은 수의 사람을 죽이며 똑같은 짓을 자행했다. 하지만 이번에 살해된 350명은 버지니아 이주민 인구의 20분의 1에도 못 미쳤으며, 오피찬캐노프의 습격은 재앙이라기보다는 심각한 골칫거리정도로 여겨졌다. 그 사이에 뭔가 달라진 게 분명했다. 그것을 한마디로 요약한다면 바로 '담배(tobacco)'였다.

타바코는 아랍어 타바크(tabāq)에서 유래한 스페인어로 환각을 유발하는 식물을 뜻했다. 영어에서 담배를 맨 처음 언급한 것은 존 호킨스가 최근에 사라진 플로리다의 프랑스 거점을 방문한 뒤인 1565년이었다. 그는 설명문을 완전히 습득하지 못한 채 약간 멍하게 "프랑스인들이 어떤 식물을 말려 막대기 끝 흙으로 만든 오목한 곳에 넣은 다음 불을 붙이고 막대기를 빨면 거기서 연기가 피어오른다."고 썼다.[14] 그것이 얼마나 큰 즐거움을 줄지 의심스럽기는 했지만 그는 담배를 영국으로 가져갔고 열광적인 반응이 일어나는 것을 보았다. 처음에는 담배를 피우는 것을 '마신다'고 표현하다가 '피운다'는 것이 모두에게 더 적절한 말로 인식되었다. 그 식물로 굉장한 힘이 솟았다. 담배는 최음성이 있고 "심한 무기력증과 우울증을 없애고 신체의 모든 숨구멍과 관을 여는" 용도가 아주 다양한 약이라고 믿어졌다.15) 오래지 않아 담배는 대단한 인기를 끌었고 사람들은 충분한 양을 구할 수 없게 되었다.

제임스타운 이주민들은 1620년부터 담배를 재배하기 시작했고 다행히도 그것이 덩굴옻나무만큼 잘 자란다는 사실을 알았다. 버지니아로 엄청난 돈이 유입되었다. 사람들은 인디언들이 따라잡을 수 없을 정도로 버지니아 식민지를 향해 몰려들었다. 중독성이 있는 식물 하나 때문에 버지니아의 미래는 걱정이 없었다.

한편 영국에서 벌어지는 청교도에 대한 처형도 뉴잉글랜드를 훨씬 덜 고독한 장소로 만들었다. 1629년에서 1640년 사이에 8만 명의 청교도가 영국을 떠나 신세계로 건너갔다. 뉴잉글랜드에는 2만 명 정도만 갔고 그보다 더 많은 사람들은 바베이도스와 세인트 키츠와 같은 카리브 해에 터전을 잡았다. 일부는 올드 프로비던스 아일랜드에서 니카라과 모스키토 연안을 따라 지금은 완전히 잊힌 새로운 식민지를 건설했다. 1700년에는 바베이도스의 영어 사용 인구가 버지니아보다 3분의 1정도, 뉴욕보다 두 배가량 더 많아졌다. 그런데도 많은 영국인들이 의심을 떨치고 미래를 보장받기 위해 매사추세츠에 정착했다. 18세기 초에는 그곳 인구가 8만 명을 넘어섰다. 그곳의 부 역시 어울리지 않는 면을 가지고 있었다. 필그림 파더스가 하나님의 선택을 받은 좋은 땅을 일구고자 미국 땅에 처음 발을 디딘 지 22년 뒤인 1643년에 뉴잉글랜드의 기업가들은 부를 극대화할 수 있는 사업에 앞다투어 참여했다. 바로 노예무역이었다.

17세기에 이주민이 갑작스럽게 증가하자, 1700년에는 영국 정부가 강인하고 성실한 국민들의 이주에 큰 충격을 받아 그 수를 효과적으로 줄였다. 하지만 그와는 별개로 흉악범 수송은 정기적으로 이루어졌다.* 그래서 1700

근세의 노예무역은 지리상의 발견 이후 아메리카 대륙 및 서인도제도의 산업 개발로 아프리카 대륙에서 흑인을 수입한 무역이었다. 주로 서아프리카에서 강제로 끌려온 이들은 식민지의 주요한 노동력이었다.

년 이후로 범죄자를 제외한 성실한 영국인 남녀가 미국으로 건너가는 일은 거의 없었다. 그런데도 17세기 초반의 식민지 인구는 네 배로 늘었다. 이런 명백한 모순이 발생하게 된 것은 신세계의 다른 식민지에서 많은 사람들이 옮겨왔기 때문이었다. 예를 들어 캐롤라이나는 1669년에 영국에서 온 약

---

* 그들 모두가 그런 것은 아니었다. 17세기 후반에 토머스 벤슨이라는 사람은 죄인들을 영국에서 미국의 남쪽 식민지로 이송하는 계약을 따냈다. 하지만 데본 해안에서 보이는 화강암 덩어리로 이루어진 런디 섬에 그들을 내버리는 것이 더 간단하다는 사실을 알게 되었다. 마침내 체포된 그는 그들을 '해외'로 보냈기 때문에 계약을 성실히 수행했다고 주장했다. 입법부는 그의 말을 무시하고 7,872파운드의 벌금형을 내렸다. 오도가도 못 하게 된 죄인들의 운명은 아직도 알 길이 없다.

100명의 사람들에 의해 건설되었으며 나머지는 바베이도스에서 온 이주민들이었다.[16] 그리고 독일인, 프랑스인, 특히 울스터에서 온 스코틀랜드계 아일랜드인 등 비영어권 인구도 유입되었다. 그 중 25만 명이 18세기 중반의 50년 동안 도착했다.[17] 이 모든 일들은 미국이 런던 중심의 표준 영어와 오랜 세월에 걸쳐 서서히 멀어지는 데 큰 영향을 미쳤다.

새로운 식민지 이주자들 중에는 서아프리카에서 강제로 끌려온 소수의 사람들이 있었다. 배의 적하 목록에 네가르(Negar)라고 등록된 20명의 첫 아프리카 흑인들은 1619년에 일찌감치 버지니아에서 매매되었다. 17세기 후반이 되면서 훨씬 많은 수가 도착하기 시작했다. 아프리카인들은 처음에는 고용 계약을 한 백인들과 같이 계약이 끝나면 자유를 얻을 수 있는 권리를 가진 하인으로 여겨졌다. 하인들은 백인 흑인 할 것 없이 모두 슬레이브(slave, 노예)로 불렸는데, 이 말에는 영구적인 강제 노동이라는 의미가 없었다. 하인들은 계약 노동자(indentured servant)로 불렸는데 계약서를 한 장에 두 개를 써서(indent에 이런 뜻이 들어 있다) 대충 접어 찢은 뒤에 주인과 하인이 반씩 보관했기 때문이다.[18]

대부분의 흑인들의 경우, 계약이 끝난 후에도 자유인이 될 전망이 별로 없었다. 1650년대 버지니아에 온 아프리카인의 약 70퍼센트가 주인의 사유재산으로 취급되었다. 때로는 빚 청산을 위해 주고받거나 유산으로 상속되는 등 백인 하인에게는 생각도 못할 행동을 서슴지 않았다.[19] 1705년 버지니아는 "해로나 육로를 통해 이 나라에 들어온 비기독교도 하인들은" 영구적인 강제 노동자로 분류될 수 있다고 명시하는 법률을 시행함으로써 이 문제를 공식화했다. (이 법은 다음과 같은 추가 조건을 덧붙였다. "이후에 기독교로 개종한 자에게도 예외를 두지 않는다.")[20] 부드럽게 표현된 '흑인노예제도(peculiar institution)'가 탄생하는 순간이었다.

이처럼 인구 이동과 사회적인 변화라는 복잡한 상황을 배경으로 한 나라가 발돋움하기 시작했다. 질서가 없고 외국의 통치를 받고 난민과 이상주의자와 노예와 죄인 등 어울리지 않는 사람들이 어울려 살지만 그래도 명실상부한 국가였다. 1740년경 영국은 신세계에서의 자국의 입지에 상당히 만족하고 그곳에 조금 더 무게를 실을 구실을 찾고 있었다. 1739년 스페인은 에드워드 젱킨스라는 영국인 밀수업자의 귀를 잘라버림으로써 영국 사략선에 대한 오래 묵은 악감정을 터뜨리면서 영국에 그럴듯한 구실을 제공하고 말았다. 젱킨스가 여느 범죄자보다 나을 것이 조금도 없다는 사실은 중요하지 않았다. 영국은 역사적으로 흥미롭게 들리는 충돌을 개시하는 것으로 대응했다. 이름하여 '젱킨스의 귀 전쟁'이었다.

그 전쟁은 무척 지루했지만 두 가지 재미있는 언어적인 부산물을 낳았다. 하나는 에드워드 버논 제독이 지휘하는 영국 함대의 선원들에게 매일 일정량의 럼주와 물이 제공되면서 시작되었다. 버논의 별명은 '올드 그로그(Old Grog)'였는데 그 이유는 아무도 몰랐다. 곧바로 그가 제공한 술을 '그로그(물에 탄 럼주라는 뜻으로 통용되는 단어-옮긴이)'라고 부르게 되었다. [그 술을 너무 많이 마신 사람은 자연스럽게 '그로기(groggy)'가 되었다.] 버논은 사기를 북돋우는 인물이었고 부하들로부터 전폭적인 사랑을 받았다. 그의 휘하에 있던 식민지 장교이자 조지 워싱턴의 이복형제인 로렌스 워싱턴은 그를 너무나 흠모한 나머지 자신의 버지니아 농원을 마운트 버논이라고 부르기까지 했다.

이제 이 장의 결론을 내릴 시간이 되었다. 사람들의 기억에서 거의 사라졌지만 흥미롭게 들리는 '젱킨스의 귀 전쟁'은 어떤 말의 의미를 완전히 변화시킨 계기가 되었다. 영국이 처음으로 바다 건너에 있는 사촌들을 이주민이나 식민지 주민이 아닌 '아메리칸'이라고 부른 것이 바로 이때였기 때문이다. '아메리칸'은 1578년부터 기록에 나타나기 시작했지만 어디까지나 인디언 원주민을 가리키는 말이었다. 아무도 눈치 채지 못하는 사이 새로운 국가가 태동하고 있었던 것이다.

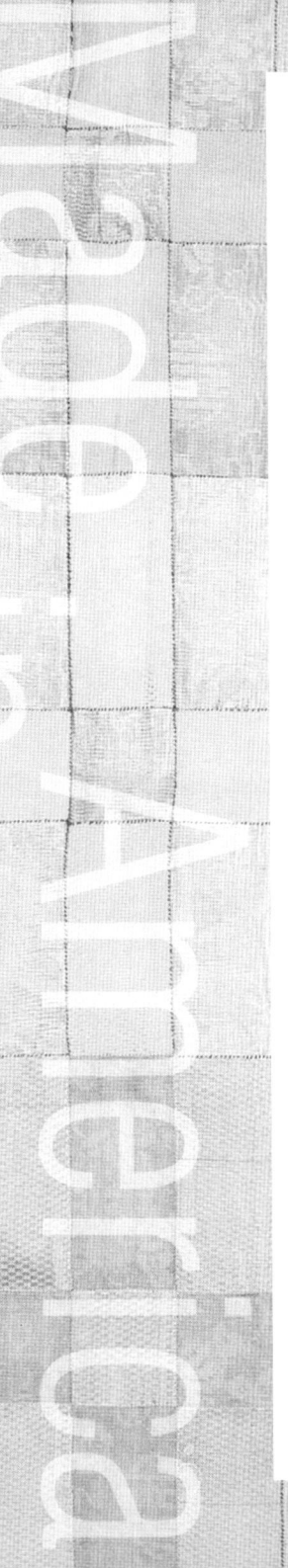

민주주의에 대한 열망
– 혁명기의 미국

In 1993, according to an international business survey, the world's most valuable brand was Marlboro, with a value estimated at $40 billion, slightly ahead of Coca-Cola. Among the other top ten brands were Intel, Kellog's, Budweiser, Pepsi, Gillette, and Pampers. Nescafe and Bacardi were the only foreign brands to make top ten, underlining American dominance. Why companies like Coca-Cola suffer palpitations when they see a passage like this (from John Steinbeck's The Wayward Bus): "Got any coke?" another character asked. "No," said the other proprietor. "Few bottles of Pepsi-Cola. Hav... coke for a month……. It's the same stuff. You can... 1993, according to an international business... brand was Marlboro, with a value esti... of Coca-Cola. Among the other top ten ...ser, Pepsi, Gillette, and Pampers. Nes... brands to make top ten, under-li... like Coca-Cola suffer palpita-t... m John Steinbeck's The Way-war... asked. "No," said the ot... ven't had any coke for a mon... them apart." In 1993, ac... world's most valuable bran... llion, slightly ahead of Coca-Co... el, Kellog's, Budweiser, Pepsi, Gillet... u Bacardi were the only brands to make top ten, unuerlining American dominance.

MADE IN
AMERICA

역사적인 1776년에 미국이 주인 영국을 상대로 벌인 전쟁은 그보다 몇 년 전부터 시작되었다고 할 수 있다. 1776년은 애덤 스미스의 『국부론』과 에드워드 기번의 『로마제국 쇠망사』 1권이 출판된 해이기도 하다.

치욕스러운 인지조례(Stamp Act)가 제정된 지 11년, 보스턴 차 사건(Boston Tea Party: 다음 반세기 동안은 이렇게 불리지 않았다)이 일어난 지 거의 3년 그리고 저 유명한 보스턴 학살이 자행된 지 6년이 지나고 있었다. 또 미지의 인물들이 콩코드 풀밭에 서서 에머슨의 유명한 '세상에 울려 퍼진 총성'(에머슨의 '콩코드 찬가'에 나오는 시구-옮긴이)을 터뜨린 지 9개월, 피로 얼룩진 벙커힐 전투가 발발한 지 얼마 지나지 않은 시점이었다. 이상하게도 이 벙커힐 전투는 벙커힐(Bunker Hill: 당시에는 흔히 Bunker's Hill로 불렸다)에서 일어나지 않았는데도 그런 이름이 붙었다. 이 전투가 본래 벙커힐에서 시작될 예정이었지만(이 문제는 18세기에 가서야 공식적으로 정리되었다), 윌리엄 프레스콧 장군은 무슨 이유에선지 인근의 브리즈힐(Breed's Hill)에 요새

민주주의에 대한 열망 - 혁명기의 미국

를 세웠다. 미국 독립전쟁의 첫 총력전이 벌어진 장소가 바로 그곳이었다. 이후로 브리즈힐은 벙커힐로 자주 불렸다.

어쨌거나 1776년 1월에 영국과 미국 식민지의 많은 지역이 전쟁을 벌였다. 당연히 그 이유가 궁금해질 것이다. 1776년 새뮤얼 엘리엇 모리슨의 말처럼 미국인은 "세상에서 가장 자유로운 사람들"이었다.[1] 대부분의 미국인들이 경제적인 유동성, 지역 대표를 뽑을 권리, 언론의 자유, 한때 어느 영국인이 열을 올리며 말한 "가장 역겨운 평등"의 혜택을 누리고 있었다. 더 좋은 음식을 먹었고, 더 안락한 집에서 살았고, 짐작컨대 전반적으로 영국의 사촌들보다 훨씬 더 높은 교육을 받았다(예를 들어 매사추세츠의 식자율이 적어도 영국의 두 배에 달했다).[2] 요컨대 미국의 혁명은 자유를 찾기 위한 것이 아니라 지키기 위한 것이었다.

그들에게 없는 것은 의석뿐이었다. 그들은 하원에서 자기 목소리를 낼 수 없는데도 영국에 세금을 지불해야 한다는 현실에 분노했다. 오늘날 우리가 생각하기에도 너무나 당연한 반응이었다. 영국은 그런 생각을 지나친, 아니 터무니없는 욕심이라고 여겼다. 대부분의 영국인들이 미국인처럼 호화로운 특권을 누리지 못하고 있었기 때문이었다. 스무 명 가운데 한 명만이 투표권이 있었고, 리버풀과 맨체스터 같은 발전한 대도시에서조차 직접 선출된 의원이 단 한 명도 없었다. 그러니 일개 식민지 이주민이, 그것도 반만 영국인인 자들이 영국의 토양에서 성장한 국민들보다 더 큰 투표권을 누릴 이유가 없다는 것이었다.

식민지 주민에게는 세금도 부과되지 않았다. 인지세를 비롯한 수익 증대를 위한 여러 가지 조치의 중요한 목적은 식민지를 보호하기 위한 자금 마련이었다. 식민지 개척자들이 스스로 방위비용을 부담하기를 기대하기는 어려운 노릇이었다. 그럼에도 미국인들은 약간의 세금을 부담했다. 1706년대에는 보통 미국인이 1년에 6펜스 정도를 세금으로 냈다. 영국인은 50배에 가까운 25실링을 냈다. 그렇게 따지면 미국인은 세금을 내지 않는 것과 마찬가지였다. 악명 높은 타운센드 세금은 17만 파운드를 집행하려고 했지만 첫 해의 세수는 295파운드에 불과했다. 그 못지않게 비난을 받은 인지조례는 한 푼도 징수하지 못했다.

그런데도 1770년대의 미국은 "대표 없는 과세는 폭정"이라는 주장으로 떠들썩했다. 실제로는 그렇지 않았다. 그 말을 한 사람으로 알려진 제임스 오티스는 그런 말을 하지 않은 것으로 보인다. 설사 그랬더라도 당시에는 아무도 그 사실을 몰랐다. 그가 사망한 지 40년이 흘러간 1820년에야 그 말을 한 장본인으로 밝혀졌기 때문이다.[3]

실제로 독립 투쟁과 관련된 많은 표현들은 절대 누군가의 입에서 나온 말들이 아니다. 예를 들어 패트릭 헨리는 "이것이 반역이라면 최대한 이용하자."는 반항적인 주장이나 1765년 5월 버지니아 공민회의에서 한 불멸의 말도 하지 않은 것이 거의 분명하다. 공민회의의 서기는 헨리의 연설을 전혀 기록하지 않았고, 참석자들 중 단 한 사람도 헨리의 말이 충격적이었다는 것을 기사에 언급하지 않았다. 생존한 목격자들 가운데 우연히 회의에 참석한 프랑스인 수문학자가 있었다. 1921년 프랑스 국립 수문학 협회의 문서에서 우연히 발견된 그의 증언에 따르면 헨리는 과하지만 반항적이지는 않은 발언을 했다. "지나친 열정으로 본래 의도보다 심한 말을 하게 되었을지도 모르지만" 그는 곧바로 공민회의에 사과했고 머뭇거리며 왕에 대한 변함없는 충성을 다짐했다고 한다. 수없이 많은 교과서에 묘사된 새파랗게 날이 선 도발적인 발언은 처음부터 있지도 않았던 것이다.[4]

헨리가 조금이라도 긴장해서 자신의 주장을 번복했다고 하더라도 그다지 놀랄 일이 아니다. 그는 공민회의의 신참 회원이었고 의석을 받은 것도 불과

9일 전이었다. 폭정에 대한 용감하고 유창한 발언은 아마 41년 뒤, 그러니까 헨리가 죽은 지 17년 뒤에 고지식한 전기 작가 윌리엄 워트가 만들어낸 것일지도 모른다. 그는 헨리를 만났거나 보았거나 함께 이야기를 나눈 적이 한 번도 없는 사람이었다. 그 자리에 참석한 토머스 제퍼슨은 그날의 사건에 대한 워트의 주장이 정확한 것인지 거짓인지에 관한 언급은 전혀 하지 않았다. 그렇지만 워트의 책이 "나쁜 의도로 쓰인 엉성한 것이며 패트릭 헨리에 대해 불완전한 주장을 하고 있다."는 의견은 서슴없이 내놓았다. 또한 "나는 다른 사람들이 어떤 길을 갈지 모른다. 하지만 나에게는 자유가 아니면 죽음을 달라."고 했다는 헨리의 그 유명한 말에 대한 증거는 어디에도 없다. 헨리가 그처럼 중요한 말을 했다거나 그런 생각을 조금이라도 떠올렸다는 증거도 없다. 그는 시골뜨기에 배우지 못해 아는 것도 없었으며 게으르기로 유명한 사람이었다. 우스울 정도로 심한 사투리를 썼고 문법에 어긋나는 말도 자주 했다. 확실히 힘이 있는 연설을 했지만, 그것은 생각이나 말을 자유롭게 표현할 수 있는 능력이라기보다는 최면을 불러일으키는 당당한 목소리를 타고난 것에 더 가까운 것 같았다. 그의 연설은 말로 하는 요술 같아서 같은 시대를 살았던 사람의 말로는 "모든 설명을 혼란스럽게 만들었다."고 한다. 제퍼슨은 이렇게 회상한 적이 있다. "나를 반박하는 그의 의견이 커다란 영향력을 발휘해서 나는 아주 기쁘고 감동을 받았다. 하지만 그가 말을 끝내자 문득 이런 생각이 들었다. '저 자가 대체 뭐라고 지껄이는 거야?' 나는 끝내 그 답을 찾을 수 없었다."[5]

이주민들에게 좋은 인상을 주기 위해 분명히 일어난 사건들도 선별적으로 재해석되었다. 보스턴 학살, 혹은 폴 리비어(Paul Revere)의 유명한 판화에 선동적으로 적힌 대로 "보스턴의 킹 스트리트에서 벌어진 피로 얼룩진 학살"을 예로 들어보자. 리비어의 해석에 따르면, 영국 군인 혹은 '바닷가재

1770년 3월 10일 보스턴 킹 스트리트에서 일어난 사건을 그린 폴 리비어의 유명한 판화. 학살이라기보다는 폭동에 가까운 사건이 '보스턴 학살'로 각색되어 대대적으로 선전되었다.

등짝(lobsterbacks: 영국 군인을 가리키는 경멸적인 표현)'은 환한 대낮에 놀라서 모여든 식민지 주민들을 향해 조심스럽게 총구를 겨누었다. 한낮에 물건을 사러 나온 사람들을 충동적으로 처형하는 것 같았다. 하지만 그것은 사실이 아니었다. 그 사건에서 다섯 명의 주민이 목숨을 잃기는 했다. 하지만 밤에는 엄청난 혼란 속에서 20명의 영국군이 계속 조롱을 받으며 떠밀리거나 돌 같은 것에 맞았고 술 취한 강도들의 위협까지 받았다. 그날의 사건으로 판단한다면 영국군이 총으로 대응한 것은 정당했다. 존 애덤스는 조금의 망설임도 없이 법정에서 영국군 병사들을 변호했다(두 명을 제외한 전원이 무죄로 석방되었다. 두 명의 병사는 살인사건 재판에서 엄지에 낙인이 찍히는 가벼운 형벌을 받았다). 폴 리비어의 판화 덕에 그 사건을 효과적인 광고로 만들고 '보스턴 학살'이라는 표현을 대중화시킨 사람은 존 애덤스의 사촌인 다혈질의 샘 애덤스였다.*

200년 동안의 신화 만들기는 1776년 초부터 가장 애국적인 미국인들이 영국의 족쇄에서 벗어나기 위해 고통을 겪었다는 인상을 남겼다. 그러나 1776년 초에 대부분의 미국인들은 영국과 결별하는 것을 꺼리지 않았을 뿐이다. 사실대로 말하면 독립의 꿈도 꾸지 않았다. 혁명이 시작된 지 한참 뒤에도 워싱턴과 그의 부하들은 밤마다 자기들의 모국(혹은 국왕)을 위해 축배를 드는 전통을 지키고 있었다. 대륙회의는 비굴할 정도로 진정한 충성을 맹세했다. 심지어는 무기를 들고 "그렇게 오랜 시간 동안 만족스럽게 우리 사이에 존재한 동맹을 깨뜨리지 않기를 바란다."고 외치며, "정당한 이유라면 우리의 통치자를 지키기 위해 기꺼이 피를 흘릴" 준비가 되었다고 말하고 있었다. 그들이 되풀이해서 강조했듯이 싸움의 상대는 영국이 아니라 조지 3세였다(독립선언문에는 "대영제국의 현 국왕"이라고만 되어 있다). 역사가 버나드 베일린(Bernard Bailyn)은 이렇게 말했다. "1776년 1월에 미국의 독립을 옹호한 사람은 바보 아니면 미치광이였다고 말하는 것은 전혀 과장이 아니다."6)

다행히 바보 같기도 하고 미치광이 같기도 한 사람이 한 명 있었다. 토머스 페인(Thomas Pain)은 미국에 도착하자마자 자기 성을 'Paine'으로 바꾸

---

* 폴 리비어는 거의 1세기가 지난 뒤에야 미국에 알려졌으며, 지금까지도 한밤중에 말을 타고 달린 사람이 아니라 그 판화를 제작한 사람으로 알려져 있다. 헨리 워즈워드 롱펠로가 1863년에 낭만적이지만 전체적으로는 정확하지 않은 시 '폴 리비어의 말달리기'(『길섶 여인숙 이야기』에 수록)를 썼을 때에야 리비어는 도판제작자와 은세공업자 이상의 존재로 알려지게 되었다. 부정확한 내용을 예로 들면, 리비어는 낡은 노스 처치(North Church)에 등불을 걸지 않았다. 그곳은 나중까지 그렇게 불리지 않았으며, 혁명기에는 크라이스트처치로 통했다. 또 그는 두 번이 아닌 한 번만 말을 탔으며, 롱펠로가 적은 것처럼 콩코드로 간 것이 아니라 가는 길에 체포되었다.

었다. 독자들도 상상할는지 모르지만, 어느 모로 보나 역사의 방향을 바꿀 것 같은 인물은 아니었다. 그는 금방이라도 쓰러질 듯이 술에 취해 있었고, 천박하게 행동했고, 얼굴도 비누와 물의 미덕에 대해서는 전혀 모르는 듯 부스럼투성이였다. 당시 그를 아는 사람은 이렇게 말했다. "외모에 전혀 관심이 없어 늘 역겨울 정도로 더러웠다." 페인은 하는 사업마다 실패를 했고 손 댄 사업만 해도 코르셋 제조에서 세금 징수에 이르기까지 다양했다. 그는 온갖 일을 전전하다가 38살에 고향인 어촌과 두 번째 아내를 버리고 미국으로 건너갔다.

하지만 페인은 기품과 힘이 넘치는 글을 쓰는 재주는 갖고 있었다. 또 감정적으로 큰 혼란을 겪는 와중에도 미국의 운명을 분명하고 절절하게 느낄 수 있었다. 미국에 온 지 2년이 채 안 된 1776년 1월, 페인은 『상식(Common Sense)』이라는 제목의(친구이자 멘토인 벤저민 러시의 제안을 받아들여) 얇은 소책자를 익명으로 출판했다.

'대사건'이라고 말하는 것으로는 그 책의 영향력을 설명하기에 모자란다. 신세계에서 그만큼 판매된 책은 일찍이 없었다. 인구 300만인 나라에서 첫 두 달 만에 10만 부가 팔렸으며, 총 판매부수는 40만 부였다. 지금까지 최고의 베스트셀러였던 셈이다. 하지만 페인은 저작권을 대륙회의에 넘겼기 때문에 단 한 푼도 손에 쥐지 못했다. 어쨌든 그 책은 미국을 혁명 분위기로 몰아갔고 독립운동의 자금 모금에도 실질적인 도움이 되었다.

그것은 매우 호전적인 책자였다. 국왕을 "인색하고 어리석고 고집스럽고 쓸모없고 우둔한 사람"이며 "영국의 충성스러운 짐승"이라고 말하거나, "자신의 영혼에 뿌려진 피와 함께" 잠자고 있다고 비난하는 작가는 일찍이 없었다.[7] 무엇보다도 페인은 분명하고 강력하게 독립을 부르짖었다. "정당하고 합리적인 모든 것은 분리를 원한다. 살육당한 자의 피, 울부짖는 자연의 목

(좌) 토머스 페인(1737. 1. 29~1809. 6. 8). 그는 뛰어난 글솜씨로 미국을 실질적인 혁명의 분위기로 이끌었을 뿐만 아니라 아메리카합중국이란 명칭을 처음으로 사용했다.
(우) 토머스 페인이 펴낸 작은 책자 『상식(Common Sense)』은 신세계에서 유래가 없을 정도로 많이 팔렸고 많은 사람들에게 독립 혁명의 필요성을 각인시켰다.

소리는 '헤어져야 할 때가 왔다'고 외친다."고 주장했다. 그는 긍정적인 의미의 '국가(republic)'를 설명했고, '혁명(revolution)'을 단순히 천체의 움직임이라고 설명하기보다는 그것에 현대적인 의미를 부여하는 데 기여했다. 또한 글을 읽을 수 있는 사람이라면 누구나 이해할 수 있는 말로 책을 썼다.

제퍼슨은 자신이 독립선언문에 쓴 글이 누구도 도전할 수 없는 "쉽고 편한 문체"를 가진 페인의 영향을 받았다고 솔직히 인정했다. 하지만 다른 사람들은 그렇게 확신하지 않았다. 벤저민 프랭클린은 페인의 글에는 품위가 없다고 생각했다. 거버너 모리스는 그를 "단순한 모험가"라고 격하했다. 신랄한 평가를 일삼은 존 애덤스는 『상식』이 "형편없고 무지하고 심술로 가득하고 편협하며 분량도 너무 많다."고 말했으며 페인을 저속한 범죄자에 비유했다. 하지만 그런 비난은 긍정적인 결과를 가져왔다.

페인의 가치는 아이디어를 창안했을 뿐만 아니라 그것을 알린 데 있었다. 한마디로 유능한 표어 제작자였다. 『상식』과 연이은 작품들에서 그는 지금도 남아 있는 강력한 글들을 세상에 두루 알렸다. 가령 '이성의 시대(Age of Reason)', '인간의 권리(Rights of Man)', '최소한으로 통치하는 정부가 최고의 정부다(That government is best which governs least)', '지금은 인간의 영혼을 시험하는 시대다(These are the times that try men's souls)', '여름 병사와 눈부신 애국자(The summer soldier and the sunshine patriot)' 등이 있다. 이들보다 덜 시적이지만 더 인상적인 것도 있다. 페인은 '아메리카합중국(United States of America)'이라는 이름을 처음 사용했다. 그전에는 아무리 대담한 애국자라도 '식민지연합(United Colonies)'이라고 말했다. 페인의 영향으로 미국인들은 영국의 비평가들이 불편한 심기로 말한 '민주주의에 대한 열정(Democratical Phrenzy)'에 사로잡혔다.[8]

혁명을 시작한 사람들은 오늘날 우리가 생각하는 것처럼 자신을 미국인이라고 생각하지는 않았다. 그들은 영국인이었고 그런 사실을 자랑스러워했다. 그들에게 '아메리칸'은 감정적이기보다는 설명적인 말이었다. 식민지는 그들이 뿌리 내려야 할 중요한 대상이었다. 제퍼슨은 버지니아를 염두에 두고 친구에게 "고향으로 돌아가기를" 고대한다는 편지를 썼다.[9] 1765년 사우스캐롤라이나의 크리스토퍼 개즈던은 이렇게 개탄했다. "대륙에는 뉴잉글랜드인도 뉴욕인도 없으며, 우리는 모두 미국인일 뿐이다."[10] 무엇보다도 그가 그런 정서를 분명하게 표현해야겠다고 생각했다는 것에 큰 의미가 있다.

그들이 다른 식민지로 가는 것은 매우 제한적이었다. 예를 들어 존 애덤스는 처음 도착한 식민지를 한 번도 떠나지 않았다. 1776년 필라델피아는 영어권 세계에서 두 번째로 큰 도시였지만 2차 대륙회의 참석자들은 펜실베이니아보다 런던으로 가는 일이 더 많았다. 바닷길로 5천 킬로미터 가까이 되는 거리에도 불구하고 런던은 미국 문화와 정치의 중심지 역할을 효율적으로 감당했다. 게리 윌리스(Gary Willis)는 이렇게 적었다. "혁명이 시작되기 직전까지도 대영제국의 정책에 대한 저항은 식민지보다 런던에서 더 많이 계획되었다. …… 런던은 식민지 저항의 대상이자 정책이 수립되는 곳이었고, 식민지의 대표 기관들이 모여들고 대륙 전역에서 온 미국인 공동체가 살던 곳이었다."[11]

그들은 경계심과 흥분이 뒤섞인 심정으로 필라델피아에 결집했다. 12명의 버지니아 대표들은 아홉 명이 혈연이나 결혼으로 맺어진 관계일 정도로 배경이 비슷했다.[12] 하지만 그들이 서로를 경계한 데는 그럴 만한 이유가 있었다. 그들은 반역에 가담했으며, 그들을 배신하는 자는 많은 것을 얻을 터였다. 그들이 가야 할 길은 극단적이고 돌이킬 수 없었다. 반역을 한 자는 교수형에 처해진 뒤에 산 채로 자신의 배가 갈라져 장기가 불태워지는 것을 목격한 뒤에는 목과 사지가 잘려나가는 형벌을 받았다.[13] 반역자의 아내는 재산을 몰수당하고 자식들은 평생 손가락질당하며 살아야 했다. 벤저민 프랭클린이 "우리가 뭉치지 않으면 분명 한 사람씩 따로 교수형을 당할 것(이 유명한 말만큼은 그가 실제로 했던 것으로 보인다)"이라며 동료 대표자들에게 빈정거리며 한 말은 반은 농담이었다(그러나 프랭클린은 영국과 친밀한 관계를 맺고 있었고 인세조약을 처음부터 지지했기 때문에 많은 동료들이 그의 운명을 가장 크게 의심했다).

그렇다면 이들 새로운 미국인들은 어떻게 말했을까? 1776년에 분명한 미국식 억양을 받아들였을까? 제퍼슨은 남부 사람답게 느릿느릿하게 말했고, 애덤스는 뉴잉글랜드 사람의 높은 비음을 내며 말했을까? 아니면 둘 다 아직도 영국인이라는 느낌을 갖고 영국인처럼 말했을까? 그 증거는 매우 애매하다. 분명히 미국에서는 한동안 지역적인 차이가 있었다. 1720년에 이미 뉴잉글랜드를 찾은 사람들은 영국의 '노포크식 윙윙거리는 소리'와 아주 비슷한 '뉴잉글랜드식 콧소리'에 대해 이야기했다. 마찬가지로 남부를 찾은 사람들은 그곳 말이 서식스(Sussex) 억양과 흡사하다는 이야기를 종종 했다. 1780년 한 연구자는 롱아일랜드 이스트햄프턴(Easthampton)과 사우샘프턴(Southampton) 부근에 사는 원주민들을 말투로 구분할 수 있다고 주장했다. 버지니아의 인접 지역에 대해서도 그와 같은 주장이 많이 나왔다.

데이비드 해킷 피셔(David Hackett Fischer)는 많은 찬사를 받은 『앨비온의 씨앗(Albion's Seed)』에서 지역적인 억양, 다시 말해 개별적인 지역 문화가 혁명기에 미국에 정착했다고 주장한다. 그리고 미국 식민지 이주민들의 도착에는 네 개의 분명한 이동의 물결이 있음을 지적한다. 먼저 1629년과 1640년 사이에 영국 동부에서 뉴잉글랜드로 온 청교도, 1642년과 1675년 사이에 버지니아로 온 상류층 왕족과 계약 노동자, 1675년경부터 미들랜드 북부와 웨일스에서 델라웨어 밸리(Delaware Valley)로 이주하기 시작한 이주민 무리, 1718년과 1775년 사이에 스코틀랜드 국경과 아일랜드 북부에서 애팔래치아로 건너간 대규모 이주민 집단이 그것이다. 그는 "1775년 무렵에 이 네 가지 문화가 영국령 미국에 완전히 정착했다. 그들은 확실히 다른 사투리를 말했고, 다양한 방식으로 집을 지었으며, 각자 다른 생활방식으로 살았다."고 적고 있다.[14]

이들 네 부류의 이주민들은 자기들의 지리적 근거지를 말해 주는 문화를 중심으로 결집함으로써 독특한 지역 정체성을 지켜나갔다. 예를 들어 뉴잉글랜드의 말이 '네이(neigh)'라고 (영국 동부처럼) 우는 데 반해, 미국 중부의 말은 '휘니(whinny)'라고 (영국 미들랜드처럼) 우는 것은 모두 그 때문이다.[15] 피셔는 많은 단어들이 일찌감치 버지니아 말과 관련되어 있었다는 사실에 주목하며 이렇게 말한다. "버지니아의 전형으로 인식되어 온 문법, 문맥, 어휘, 발음이 실제로 서식스, 서리, 햄프셔, 도싯, 월트셔, 서머싯, 옥스퍼드, 글로스터, 워릭, 혹은 우스터 등의 지방(영국 남부)에 기록되어 있었다."[16] 그런 단어들이 실제로 그 장소에서 기록되었을지도 모른다. 어쩌면 그렇지 않은 것이 오히려 이상할지도 모른다. 하지만 적어도 그가 자신의 이론을 뒷받침하기 위해 사용한 단어들 중 몇 개는 주로 영국 북부의 표현들이었다.

피셔의 주장은 대단하기는 하지만 두 가지 문제를 안고 있다. 먼저 스코틀랜드 국경과 북아일랜드에서 시작된 마지막 이주민 물결은 별개로 치더라도 식민지 이주민의 지역적 배경이 피셔의 설명과 일치하지 않는다는 점이다. 청교도의 정착지는 잉글랜드 동부의 지명에 기반을 둘지도 모르지만 (매사추세츠와 코네티컷에 영국 동부의 지명이 많은 이유를 분명하게 설명해 준다), 그 추종자들은 영국 각지에서 온 사람들이었다. 메이플라워호 승객 명단 하나만 보더라도 요크셔, 데본, 링컨셔, 웨스트모어랜드 등 영국 동부와 완전히 다른 언어를 쓰는 지방에서 많은 사람들이 왔다는 사실을 알 수 있다. 마찬가지로 계약 노동자들 역시 런던 출신만큼이나 랭크셔, 웨일스, 콘월 등지의 출신도 많았다. 조지 워싱턴의 선조는 노섬브리아에서 미국으로 이주한 다음 버지니아에 정착했다. 벤저민 프랭클린의 선조는 그곳과 수십 킬로미터 떨어진 마을을 떠나왔지만 보스턴에 정착했다. 식민지 시대 전체에 걸쳐 방방곡곡에서 온 사람들이 방방곡곡에 정착했다. 그리고 일단 신세계에 정착한 뒤에는 상당수가 이동을 했다. 일례로 프랭클린은 보스턴에서 필라델피아로, 알렉산더 해밀턴은 서인도제도에서 뉴욕으로 옮겼다.

피셔 이론의 두 번째 문제점은 당시의 많은 진술들에 의해 반박된다는 것이다. 미국 말의 동일성에 대한 놀라움은 18세기 전체와 19세기로 넘어가는 동안 편지와 일기에서 반복적으로 발견된다. 1770년에 윌리엄 에디스는

"그처럼 복잡한 조상의 직계 후손들이 쓰는 언어가 완전히 동일하고 순수하며, 영국을 비롯한 외국 혈통의 지역이나 나라의 억양을 가져오지 않았다는 것"이 이상하다고 생각했다.[17] 또 다른 연구자는 "북미 전역에는 방언이 전혀 없다"며 잘라 말했다.[18] 미국학술협회(American Academy of Arts and Science)의 회장이자 미국 말의 최고 권위자로 평생을 살았던 존 피커링(John Pickering)은 미국의 특징은 말의 다양성이 아니라 말의 일관성이라고 생각했다. 누구라도 "미국의 많은 주에서보다 영국의 많은 지방에서 더 큰 방언의 차이"를 찾을 수 있다고 주장하면서 "사람들의 빈번한 이동"을 그 원인으로 내세웠다. 그는 자신이 사는 뉴저지를 그 예로 들었다. "계속 다른 주에서 사람들이 들어오고 있던 사람들이 빠져나가기 때문에 특징적인 형식이 거의 없다."[19]

그렇다고 혁명기의 미국에 지역적으로 특징적인 말의 다양성이 없었다거나, 우리가 생각하는 것처럼 비고정적이고 불명확했으며 일반화의 여지가 없었다는 것은 아니다. 1776년 무렵에 미국 말이 어느 정도로 명료해졌는지 짐작하기 어렵다는 것뿐이다. 플렉스너에 따르면 1720년에 미국인들은 이미 자기들이 영국인과 '매우 다른' 언어를 쓴다는 사실을 알았다고 한다.[20] 1756년에 새뮤얼 존슨은 주저 없이 '미국 방언'을 언급했으며, 당시의 유명한 연극 〈속임수를 쓴 정치인(The politician Out-witted)〉은 배우들에게 영국 말을 '약한 외침'으로 표현하라고 가르쳤는데, 이는 꼭 발음이 아니더라도 억양과 여운의 차이가 명백했음을 말해 준다.[21] 반면에 크랩의 지적처럼 혁명기에 보스턴을 찾은 사람들은 공통적으로 그곳 사람들의 억양이 영국 영어와 거의 구분이 안 된다고 말했다.[22] 분명한 것은 보스턴과 미국 사람들 모두 오늘날의 영국인과 미국인과는 완전히 다르게 다양한 방식으로 말했다는 점이다.

오늘날까지도 영국인들은 미국 영어가 영국 말의 부패한 형태이고, 신세계에 사는 이들은 입을 벌려 어떤 소리를 내려고 할 때마다 무력하고 고질적인 '세련미의 부족(프랜시스 트롤로프의 말로)'을 드러낸다는 생각을 일상적으로 한다. 하지만 타락한 것은, 아니 조금 더 부드러운 표현으로 조용히 변화해 온 것은 영국 말이라는 사실을 몇 가지 예로 확인할 수 있다. fertile, mobile 등의 단어를 fertle, moble로 쓰이는 것처럼 발음하고 hover, grovel, Coventry와 같은 단어가 hot의 [o]가 아닌 [ŭ]음을 넣어 발음하며, schedule의 첫 음을 [sh-]가 아닌 [sk-]로 발음하는 경향은 18세기가 끝날 무렵까지 영국 말이 어떤 형태로 이어졌는지 말해 준다.* 심지어는 미국인들이 현대 영국 말의 가장 큰 특징이라고 생각하는 것은 bath, can't, banana를 [bahth], [cahn't], [banahna]로 각각 발음하는 습관이다. 미국 혁명기까지만 해도 교육받은 영국인 화자들은 그런 방식으로 발음하지 않았다. 1809년까지 쓰인 발음 안내서는 영국 말에 그런 발음이 존재한다는 암시를 전혀 주지 않는다.

◈

1776년 여름에 필라델피아에 모인 대표들은 영국에 대한 불만의 근거를 자세히 설명할 서류가 필요했고, 그 일을 토머스 제퍼슨에게 맡겼다. 우리가 보기에는 탁월한 선택이었던 것 같다. 하지만 그게 아니었다.

1776년에 토머스 제퍼슨은 자기가 사는 버지니아에서조차 전혀 알려지지 않은 인물이었다. 나이가 서른둘에 불과했던 그는 필라델피아에서 두 번

---

* 이는 물론 성향일 뿐이다. 많은 미국인들은 grovel과 novel을 각운으로 맞추었고, mercantile, infantile, servile 등을 흔한 방식과 다르게 말했다.

제로 어리고 경험이 없는 사람들 가운데 한 명이었다. 2차 대륙회의는 그가 몸담은 식민지보다 더 넓은 세상에 처음 얼굴을 알린 기회가 되었다. 그는 1차 대륙회의에는 참석하지 못했고 2차 회의에는 집에 있다가 갑자기 호출을 받고 페이튼 랜돌프를 대신하여 뒤늦게 참석하게 된 것뿐이다. 제퍼슨은 2년 전에 쓴 『영국령 미국의 권리에 관한 의견 요약(Summary View of the Rights of British America)』으로 이름을 알린 게 전부였다. 그것은 영국이 주된 해외 속국에서 어떻게 행동해야 하는지 조언하는 공격적이고 무례할 정도로 패기에 넘치는 시론으로써 사람들이 그를 작가로 인식하게 된 계기가 되었다. 그는 다른 버지니아 대표들에게 아마추어 애호가(dilettante : 이때만 해도 무시하는 의미가 들어가지 않은 단어였다. 이탈리아어 dilettare에서 유래했으며 인간의 무한한 가능성에서 즐거움을 찾는 사람을 일컬었을 뿐이다) 정도로 알려져 있었으며, 그 말이 정말로 어떤 의미를 갖게 되었을 때는 폭넓은 독서로 존경을 받았다(그는 7개 국어에 능통했다).

하지만 그는 결코 우리가 주목할 만한 국가적인 인물은 아니었다. 더욱이 열정적인 사람이라는 증거도 보여 주지 않았다. 그는 필라델피아에 도착하겠다는 의지가 없었다. 가는 길에 책 구경을 하고 말을 사며 빈둥거렸고 도착한 뒤에도 아무 발언도 하지 않았다. 나중에 존 애덤스는 이상하다고 생각했다. "그와 나란히 앉아 있는 동안 그가 문장 세 개를 연달아 말하는 것을 한 번도 들어보지 못했다."고 말할 정도였다. 게다가 토론이 한창 진행되고 있던 1775년 12월에는 알 수 없는 이유로 돌연 버지니아의 집으로 가서 다섯 달을 머무르기도 했다. 그는 할 수 있었다면 기꺼이 회의를 포기하고 독립선언문 초안 작성을 다른 사람에게 위임한 뒤에 마음이 훨씬 더 동하는 버지니아 헌법 수립에 참여했을지도 모른다.[23]

그런데도 그는 존 애덤스의 말처럼 "탁월한 표현력"을 보여 주었기 때문

독립선언문을 초안한 5인 위원회의 모습을 그린 존 트럼벌의 그림. 이 그림에 나온 5인 위원회의 모습은 미국의 2달러 지폐에도 인쇄되었다.

에 존 애덤스, 벤저민 프랭클린, 로저 셔먼, 로버트 R. 리빙스턴과 함께 독립선언문 작성자로 선발되었다. 5인 위원회는 그에게 초안 작성을 맡겼다. 제퍼슨이 생각하기에 선언문의 목적은 "이전에 생각지 않은 새로운 원칙이나 논쟁을 찾아내거나 한 번도 논의된 적이 없는 것을 말하는 것이 아니라, 사람들의 동의를 끌어낼 수 있는 분명하고 명확하면서 주제와 관련된 상식적인 것들을 인류 앞에 내놓는 것"이었다.[24]

물론 독립선언문은 그보다 훨씬 더 대단했다. 게리 윌스의 말처럼 그것은 "이론적인 정치학이자 위대한 문학으로 실용 정치의 유일무이한 작품"이었다.[25] 여기서 독립선언문의 도입부를 살펴보자.

  인류의 역사에서 한 국민이 다른 국민과 연결된 결속을 해체하고 지구상의 강대국들 사이에서 자연의 법칙과 자연신의 법칙이 그들에게 부여한 독립과 평등의 지위를 얻고자 한다면, 자신들이 독립할 수밖에 없는 이유를 선언해 인류의 의견을 적절하게 존중해야 한다.

제퍼슨은 단 한 문장에서 누구라도 이해할 수 있는 분명하고 간단한 문장으로 다음에 이어질 내용의 철학을 요약할 뿐만 아니라 점점 더 최면에 걸리게 하는 리듬을 실어 넣었다. 그래서 독립선언문의 서문은 리듬 하나만으로도 읽을 수 있다. 스티븐 E. 루카스가 지적한 대로 "존 로크가 제2논고에서 수천 개의 단어를 동원해 설명하려던 것"을 202개의 단어로 해냈다. "복잡한 생각을 압축해서 간단하고 분명한 글로 만드는 능력 때문에 서문은 18세기 산문 문제의 표본이었다."[26]

하지만 그 단어들이 전부 제퍼슨의 머리에서 나온 것은 아니라는 사실을 아는 사람은 거의 없다. 조지 메이슨(George Mason)이 최근에 출판한 버지니아 인권선언문 초안은 자유로운 발상이 무엇인지 보여 주었다. 독립선언문에서 가장 유명한 문장을 살펴보자.

> 우리는 모든 인간은 평등하게 창조되었고, 그들의 창조주로부터 생명, 자유, 행복 추구 등 양도할 수 없는 권리를 받았다는 자명한 진리를 믿는다.

다음에는 이것을 메이슨의 버지니아 인권선언문과 비교해 보자.

> 모든 인간은 똑같이 자유롭고 독립적이며 어떤 계약을 통해서도 자신의 안녕을 빼앗기거나 박탈당하지 않을 타고난 권리를 가지고 있다. 그 중에는 재산을 획득하고 소유하며 행복과 안전을 추구하고 지키면

서 삶과 자유를 누리는 권리가 포함된다.

"행복 추구"는 "행복과 안정을 추구하고"를 간결하게 표현한 것이라고 말할 수 있지만 그런 훌륭한 글조차 제퍼슨이 처음 생각해낸 말이 아니었다. "행복 추구"는 거의 1세기 전에 존 로크가 먼저 만든 말이었고 그 이후로 줄곧 정치적인 글에 자주 등장했다.

그처럼 유명하고 고무적인 문장에 담긴 단어들도 제퍼슨이 쓴 것이 아니었다. 그가 처음 쓴 글은 그보다 기품이 훨씬 떨어졌고 장황하기 짝이 없었다.

> 우리는 모든 인간이 평등하고 독립적으로 창조되었으며, 그런 평등한 창조로부터 생활, 자유, 행복 추구의 보존과 같은 양도할 수 없는 타고난 권리가 생겨난다는 거룩하고 부정할 수 없는 진리를 믿는다.[27]

그 문장은 5인 위원회의 손을 거치고 회의 내부의 적극적인 토론에 부쳐진 다음에야 최종본의 여운을 띠게 되었다. 의회는 제퍼슨이 고심해서 만든 단어들을 거침없이 수정했다. 원본에서 40군데를 수정하도록 명령했을 정도였다. 그래서 전체의 4분의 1에 해당하는 630단어를 삭제하고 146개를 추가했다. 편집 과정을 감내하는 모든 작가들처럼 제퍼슨 역시 최종 문안이 실망스러울 정도로 자신의 원본보다 못하다고 생각했는데, 대부분의 작가들처럼 그의 생각은 틀렸다. 실제로 작가가 더 좋은 대접을 받는 일은 거의 없었다. 회의는 개선할 수 없는 부분, 대개 도입부는 손을 대지 않고 남겨두는 지혜를 가지고 있었지만 불필요하거나 늘어지는 부분은 많이 삭제했다.

서문은 지금이야 영어로 된 정치적 산문 중에서 가장 유명한 글로 정평이나 있지만 그 당시에는 그다지 큰 관심을 끌지 못했다. 그보다는 독립선언문 전체의 약 60퍼센트를 차지하는 왕에 대한 불만 목록이 훨씬 더 참신했고 사람들의 눈길을 끌었다.

왕에 대한 27가지 혐의는 대부분 무모할 정도로 과장되었다. 가령 네 번째 혐의는 국왕이 "오로지 식민지 사람들을 지치게 만들어 자신에게 순종할 수밖에 없게 할 목적으로 유별나고 불편하고 외딴" 장소에서 모이도록 했다는 것이었다. 실제로는 13개 식민지 중에서 단 세 곳만이 집회를 옮기도록 강요받았고 그 중 두 곳에서는 집회가 단 한 번 있었을 뿐이었다. 매사추세츠만 장기간 동안 고통을 겪었으며, 그곳의 집회는 캠브리지에서 4킬로미터 정도 떨어진 곳으로 이동했는데, 이것을 불쾌한 강요라고 할 수는 없었다.

그렇다면 열 번째 혐의를 살펴보자. "그는 다수의 새로운 사무국을 세워 우리 국민을 학대하기 위해 이곳으로 관리를 무더기로 보냈고 우리의 물자를 삼켜버렸다." 사실 무더기는 약 50명 정도에 불과했고, 밀수(덕분에 존 핸콕은 뉴잉글랜드에서 가장 큰 부자가 되었다)를 중단시키는 등 그들의 활동은 대부분 어떤 기준으로든 적법한 것이었다.[28]

영국에 있는 많은 사람들은 선언문을 터무니없는 졸작으로 여겼다. 「젠틀맨 매거진(Gentleman's Magazine)」은 모든 인간이 동등하게 창조되었다는 주장을 비웃으며 이렇게 물었다. "인간이 어떻게 동등하게 창조될 수 있다는 말인가? 체격, 힘, 이해력, 외모, 도덕, 시민으로서의 업적, 아니면 생활 상태에서? 모든 농부들은 자신들이 그 중 어느 하나에서도 동등하게 창조되지 않았다는 것을 안다. 모든 인간이 평등하게 창조되었다는 말이 옳다고 하자. 하지만 그것이 그들의 목적과 무슨 상관이란 말인가? 미국인들이 반란을 일으킬 이유는 어디에도 없다."[29] 이 글을 쓴 사람이 점심을 먹으며 마데이라 포도주를 너무 많이 마신 것 같지만, 그의 주장에는 중요한 의미가 담겨 있다. 미국에서 모든 인간이 평등하게 창조되었음을 진실로 믿는 사람은 아무도 없었다. 새뮤얼 존슨은 다음의 질문으로 미국의 태도에 담긴 명백한 위선에 대해 짚고 넘어갔다. "흑인을 부리는 사람들이 꽥꽥거리며 자유를 부르짖다니 어떻게 이럴 수 있는가?"[30]

제퍼슨의 독립선언문 초안에는 오늘날의 우리가 화들짝 놀랄 변칙적인 철자와 용법이 몇 가지 있다. 사실 당대에도 충격적으로 받아들여졌을지도 모른다. 한 예로 제퍼슨은 늘 it's를 it의 소유격으로 썼다. 요즘 사람들의 눈에는 정말 무식해 보인다. 그런데 거기에는 어떤 논리가 있었다. children's나 men's 등의 단어들과 똑같이 소유격 its에도 아포스트로피가 있어야 하지 않겠느냐는 주장이 있었다. 그러나 다른 사람들은 ours, yours 같이 흔한 단어에서 통상 아포스트로피를 생략하는데, its도 그런 종류에 속한다고 주장했다. 1815년경에는 아포스트로피를 반대하는 사람들이 많았지만, 1776년만 하더라도 두 부류는 팽팽하게 대립하고 있었다. 그리고 제퍼슨은 어느 쪽으로 기울어야 할지 분명한 결정을 내리지 못한 상태였다.[31]

18세기 영국 작가들은 많은 작품에서 불규칙하게 철자를 썼다. 일례로 애덤 스미스의 『국부론』에는 퍼블릭을 public으로 적기도 하고 publick으로 적기도 했다. 데이비드 심슨은 그 사실에 주목하면서 『미국 영어의 정치학(The Politics of American English)』에 이런 글을 썼다. "새뮤얼 존슨을 제외하면 1776년에 양 대륙에서 표준 철자법에 많은 관심을 보이는 사람은 아무도 없었던 것 같다."[32]

이는 확실히 과장된 이야기다. 토머스 제퍼슨은 유독 몇 개의 철자에 대해 변덕을 부렸다. 프랭클린이라는 유명한 의사가 이름을 다르게 쓴다는 것을 알면서도 줄기차게 '닥터 프랭클린(Doctr. Franklyn) 앞으로 편지를 쓸 정도였다.[33] 하지만 그 자신을 비롯해서 당대의 내로라하는 작가들이 자신

1776년 7월 4일 2차 대륙회의에서 영국과 전쟁 중인 13개 주의 독립 선언을 골자로 하는 독립선언문이 발표되었다.

들의 철자에 무관심했다고 말하는 것은 불공평한 평가다. 그런 말 속에는 현대 영어의 철자가 어느 정도 통일되었다는 암묵적인 자부심이 들어 있는데, 결코 그렇지 않기 때문이다. 1972년에 리 C. 데이턴이라는 학자가 미국의 주요 사전 네 권에 있는 모든 단어의 철자를 대조하는 대대적인 작업에 착수했다. 그리고 현대 영어에서는 선호하는 철자에 대한 전체적인 동의가 전혀 없는 일상어가 1,770개나 된다는 사실을 발견했다. 오늘날과 제퍼슨 시대의 불규칙한 철자의 근본적인 차이는 제퍼슨 시대에는 그 수가 훨씬 더 많았다는 점이다. 독자들도 짐작하겠지만 그 당시는 사전에 대해 겨우 알기 시작한 때였다. 그러므로 어느 특정한 작가가 big-hearted나 bighearted, omelette이나 omelet, O. K.나 okay를 사용하는지 우리가 눈여겨보지 않는 것처럼, 제퍼슨과 페인도 자기들이 언제 honour나 honor를 쓰는지에 대해 사람들이 관심을 쏟을 수도 있다는 사실을 특별하게 생각하지 않았을 것으로 짐작된다.

그렇다고 철자를 비롯해서 당시의 여러 용법 문제가 하찮게 취급되었다는 말은 아니다. 2차 대륙회의에는 제퍼슨, 애덤스, 존 제이(John Jay), 벤저민 프랭클린, 존 위더스푼(John Witherspoon: 프린스턴 대학의 초대 총장이자 최초의 미국 영어 권위자) 등 많은 사람들이 참여했다. 이들은 늘 언어와 그 일관성, 신중한 사용에 지대한 관심을 보였다. 선언문에 인디펜던트(independent)의 철자를 어떻게 쓸지, 프랭클린의 바람대로 기본 명사들을 대문자로 쓸지, 제퍼슨의 바람대로(그리고 젊은이들 사이에 번진 유행에 따라) 소문자를 쓸지를 두고 끝없는 토론을 벌였다.* 우리가 보기에 지나칠 정도로 그들은 언어와 관련된 모든 것들에 관심을 가졌다. 독립선언문이 완성된 지 불과 한 달이 지났을 무렵 회의는 의외로 새로운 국가의 표어를 놓고 논쟁을 벌였다. 전쟁에 승리해서 교수형을 면할 방법을 비롯해서 더 절박한 문제를 고민해야 하는 시기였다. 4년 뒤 전쟁이 여전히 한창일 때 존 애덤스는 회의에서 아메리칸 아카데미(American Academy)를 설립하자고 촉구했다. 언어 사용법에 관한 국가적인 기준을 정한다는 명백한 목적을 지닌 프랑스의 아카데미 프랑세즈(Académie Française)를 표본으로 삼자는 것이었다. 따라서 그들이 용법과 철자에 그다지 관심을 보이지 않았다고 말하는 것은 그들을 완전히 잘못 이해했다는 것과 다름없다.

새로운 국가의 호칭 문제에서 불확실성이 분명하게 드러났다. 독립선언

---

* 제퍼슨이 소문자로 쓴 단어들 중에는 nature, creator, 심지어는 God도 있었다. 이런 단어들은 대부분 나중에 인쇄물에서 대문자로 표기되었다.[34]

문은 한 문장에서 "미합중국"과 "식민지 연합"이라는 말을 언급했다. 처음 독립선언문으로 채택된 형식에는 '총회에 참석한 미합중국 대표들의 선언'이라는 제목이 붙었다. 하지만 최종 인쇄물에서는 훨씬 더 힘이 넘치고 확신에 찬 "미합중국의 13개 주 만장일치 선언"으로 수정되었다. (실제로는 만장일치가 아니었다. 적어도 대표의 4분의 1이 반대했지만 투표는 개인이 아닌 대표단에 의해 이루어졌으며 각 대표단이 과반수 찬성이라는 결과를 내놓았다.) 처음으로 미합중국이라는 명칭이 공식화되는 순간이었다. 1778년까지만 해도 공식 명칭은 북아메리카합중국이었다.[35] 독립선언문 이후에도 '연합(united)'은 소문자로 쓰일 때가 많았는데, 마치 그 단어가 설명적인 것일 뿐임을 강조하는 것 같았다. 미국은 전쟁 중에 '식민지', '식민지 연합', '미식민지연합', '북미연합식민지' 등으로 다양하게 불렸다(마지막 두 가지 명칭은 장교들이 임관할 때 쓰였다).

우리가 7월 4일에 독립선언문 서명을 축하하는 것은 역사적으로 의심해볼 만한 문제다. 미국은 1776년 7월 4일이 아니라 안건이 채택된 이틀 전에 독립을 선언했다. 7월 4일에는 단지 독립선언을 발표하기 위해 사용할 말의 형식을 승인하는 절차만 진행되었을 뿐이었다. 사람들은 7월 2일이 미국의 모든 시대를 뒤흔든 날이라는 것을 의심하지 않았다. 존 애덤스는 7월 3일 아내 애비게일에게 보내는 편지에 이렇게 썼다. "1776년 7월 2일은 미국 역사에서 가장 길이 남을 획기적인 사건이 일어난 날입니다." 더구나 의장인 존 핸콕과 사무총장인 찰스 톰슨을 제외하면 7월까지 서명을 한 위원은 아무도 없었다.* 그것이 7월 4일까지도 서명되지 않았던 것은 먼저 양피지에 필사를 해야 했기 때문이었다. 그래서 공식적인 서명은 8월 2일에야 시작되

---

* 존 핸콕은 선언문에 서명을 너무 크게 해서 곧바로 유명해졌지만, 1903년까지도 서명을 해달라는 뜻의 'Put your John Hancock here'라는 표현은 사용되지 않았다.[36]

었으며, 56명 중 마지막 서명자인 델라웨어의 토머스 맥킨이 자신의 이름을 적은 1781년에야 서명은 종결되었다. 그들은 보복이 두려워 선언문을 채택한 지 6개월 뒤인 1777년 1월까지도 서명자들의 이름을 전혀 공개하지 않았다.

그와 비슷한 오해는 7월 4일에 자유의 종을 통해 조용한 필라델피아에 독립선언문 채택이 알려졌다는 것이다. 먼저 선언문은 7월 8일까지 필라델피아에서 낭독되지 않았으며, 자유의 종이 울렸다는 기록도 없다. 자유의 종은 그곳에 있기는 했지만 1847년까지는 그런 이름으로 불리지 않았다. 그 당시의 감동적인 이야기는 『워싱턴과 그의 장군들(Washington and His Generals)』이라는 책에 모두 기술되어 있다. 저자인 조지 리파드(George Lippard)는 이전까지만 해도 포르노 소설만 쓰던 사람이었으나 이 한 권의 책으로 자신의 전작들로 인한 오명을 완전히 씻어냈다.[37]

필라델피아의 인쇄공인 존 던랩은 확실하지 않은 부수를 급하게 찍어냈다. (최근까지 24부만 남아 있었던 것으로 추정된다. 그 중 두 부는 개인이 소장하고 있었고 나머지는 기관에서 보관하고 있었다. 하지만 1992년에 필라델피아 벼룩시장에서 손님이 사진 액자 뒤에 충전물로 끼어 있는 한 부를 찾아냈는데, 그 가치가 300만 달러로 추정되었다.) 던랩의 인쇄물에는 7월 4일이라는 날짜가 찍혀 있는데, 이 때문에 모든 국민은 그날을 축제의 날로 받아들이게 된 것 같다. 어쨌거나 이듬해 7월 4일에 그 위대한 사건을 축하하는 행사가 벌어졌다. 존 애덤스의 말에 따르면 "화려한 행렬, 쇼, 게임, 운동, 축포, 종소리, 횃불, 조명이 전국 방방곡곡을 누볐고" 그것이 지금까지도 계속되고 있다. 공교롭게도 첫 기념일에 '파이어워크(firework, 불꽃놀이)'라는 새로운 단어가 생겨났다. 불꽃놀이 자체는 새로운 것이 아니었으나 이전에는 '로켓'이라고 불렸기 때문이다.

아메리카는 아직 국가는 아니었지만 13개의 독립적인 지자체로 이루어진 자유공동체, 다시 말해 연합헌장(Articles of Confederation)에 적힌 대로 "우정으로 이루어진 확고한 동맹"이었다. 미국이 진정한 독립국가로서 헌법을 채택하려면 12년이라는 험난하고 불안정한 시간을 더 견뎌내야 했다. 하지만 이 불안한 시기로 넘어가기 전에 잠시 멈추어 혁명의 전 과정을 실행에 옮긴 장본인인 가엾은 톰 페인이 어떤 운명을 맞았는지 알아보자.

『상식』은 큰 성공에도 불구하고 페인을 공적인 위치에 올려놓지 못했다. 1776년 말 그는 일반 보병이었다. 전쟁이 끝난 뒤에는 프랑스로 건너가 자신이 만든 소책자 『권리장전』으로 그곳의 혁명에서 비슷한 중개 역할을 했다. 그러고는 괴벽스러운 로베스피에르와 충돌하는 바람에 루이 16세의 자비로운 추방을 제안했다는(루이가 미국 혁명을 지원했다는 이유로) 누명을 뒤집어쓰고 감옥에 들어갔다. 프랑스에서 인정받지 못하고 조국에서 버림받은 그는 미국으로 돌아가자마자 모든 것을 포기하고 초야에 묻히고 말았다.

페인은 죽은 지 얼마 지나지 않아 뉴욕 뉴로셀(New Rochelle)의 한 여인숙에서 옛 친구에 의해 발견되었다. 그리고 누더기를 입은 채 "가장 고약한 냄새"를 풍기며 세상에서 사라졌다. 그 친구가 시체를 따뜻한 비눗물이 담긴 욕조로 옮겨 머리끝부터 발끝까지 세 번을 닦은 뒤에야 냄새가 진정되었다. 그는 3년 동안 손톱을 깎지 않은 상태였다. 한때 워싱턴, 제이, 제퍼슨과 저녁 식사를 했고, 두 차례에 걸쳐 현대사의 대혁명을 주도했던 이 위대한 남자는 고통스럽게 죽어 사람들의 기억에서 잊혀졌다. 수필가 윌리엄 코베트는 그의 유해를 훔쳐내어 영국으로 가져갔지만, 유해가 편히 쉴 적당한 장소를 찾기도 전에 죽고 말았다. 그래서 자신이 살던 시대를 비롯한 전 시대의 위대한 한 논객의 유해는 넝마주이 장수의 짐마차에 조용히 실린 채 영원히 사라지고 말았다.

국가 수립

In 1993, according to an international business survey, the world's most valuable brand was Marlboro, with a value estimated at $40 billion, slightly ahead of Coca-Cola. Among the other top ten brands were Intel, Kellog's, Budweiser, Pepsi, Gillette, and Pampers. Nescafe and Bacardi were the only foreign brands to make top ten, underlining American dominance. Why companies like Coca-Cola suffer palpitations when they see a passage like this (from John Steinbeck's The Wayward Bus): "Got any coke?" another character asked. "No," said the other proprietor. "Few bottles of Pepsi-Cola. Ha— — coke for a month……. It's the same stuff. You can' —— '993, according to an international business —— e brand was Marlboro, with a value esti— —— of Coca-Cola. Among the other top ten —— ser, Pepsi, Gillette, and Pampers. Nes— —— brands to make top ten, under-li— —— like Coca-Cola suffer palpita-ti— —— m John Steinbeck's The Way-war— —— r asked. "No," said the ot' —— ven't had any coke for a mon— —— them apart." In 1993, ac— —— world's most valuable bran —— llion, slightly ahead of Coca-Co. —— el, Kellog's, Budweiser, Pepsi, Gillett —— u Bacardi were the only brands to make top ten, underlining American dominance.

MADE IN
AMERICA

그것은 굴잡이 어부들의 다툼으로 시작되었다. 1632년 찰스 1세는 버지니아와 메릴랜드의 경계를 정상적인 절차대로 포토맥 강 중앙으로 정하지 않고, 대신 버지니아 쪽 강둑을 포함해서 강 전체를 자신의 친구 볼티모어 경에게 주었다. 강에서 맛있는 조개를 잡아 짭짤한 소득을 올릴 권리를 잃은 버지니아 어부들에게는 여간 실망스럽고 허탈한 일이 아니었다. 시간이 지나면서 다툼은 펜실베이니아와 델라웨어까지 번졌다. 그리고 약간은 거창하게 굴 전쟁(Oyster War)으로 알려진 충돌이 번번이 일어났다. 그러다 마침내 무역과 주들 간의 분쟁을 포함한 이런저런 문제를 해결하기 위한 회의가 소집되기에 이르렀다.

1787년 5월, 미국 전역의 대표들이 필라델피아의 주 의회 의사당에 모이기 시작했다. 이 회의는 헌법제정위원회(Constitutional Convention)로 불리게 되었다. 미국은 7년 전에 독립을 선언하기는 했지만 아직 진정한 의미의 국가라고 할 수는 없었다. 다만 공식적으로 연합동맹규약(Articles of

Confederation and Perpetual Union)이라는 문서에 서명한 주들이 맺은 불안정한 동맹이 존재할 뿐이었다. 1781년에 제정된 연합동맹규약은 중앙정부라고 할 만한 조직을 설립했지만 주에 편입되면서 영향력이 크게 줄어들었다. 결과적으로 역사가 찰스 L. 미 주니어(Charles L. Mee Jr.)의 말처럼 1787년의 미합중국 정부는 "세금을 철저하게 징수하거나, 법을 지키도록 명령하거나, 부채를 갚거나, 약속된 의무를 지키겠다고 선언하지 못했다. 사실 정부라고 부를 만하지도 않아 보였다."[1]

미국의 주들은 영국과 전쟁을 벌이기로 결정한 이후로 점점 더 많은 충돌을 하게 되었다. 코네티컷은 대담하게도 많은 주민들이 정착한 뒤로 펜실베이니아 영토의 3분의 1을 달라고 요구했다. 펜실베이니아는 제조품에 대해 뉴욕이 부과하는 관세가 너무 무겁다며 독자적으로 그레이트 레이크(Great Lakes)에 접근할 수 있는 권리를 달라고 했다. 〔펜실베이니아의 경계가 북서쪽 끝에서 위쪽으로 툭 튀어나와 이리 호(Lake Erie)에 요상한 모양의 돌기가 생긴 것은 바로 그 때문이다.〕 뉴욕은 작은 로드아일랜드를 두고 분쟁을 일삼았고, 버몬트는 늘 연합을 떠나겠다고 협박했다. 무슨 조치라도 필요한 분위기였다. 분명한 해결책은, 연합동맹규약을 대체할 수 있고 강력한 중앙정부와 헌법을 만들 토대가 될 새로운 협정이었다. 그것 없이는 한 국가가 되겠다는 희망을 품을 수 없었다. 페이지 스미스(Page Smith)의 말처럼 "혁명은 새로운 국가라는 현실이 아니라 가능성을 만들었다. 실질적으로 독립 국가의 지위를 의미하는 것은 바로 헌법"이기 때문이었다.[2]

하지만 여러 가지 문제가 있었다. 먼저 대표들에게는 헌법을 제정할 권한이 없었다. 그들의 임무는 연합동맹규약을 다른 것으로 바꾸는 것이 아니라 수정하는 것에 그쳤다(이 때문에 나중에야 헌법제정위원회로 불리게 되었다).[3] 게다가 아메리카 대륙의 크기와 각 지역의 다양성은 의미 있는 화합에 대한 희망을 꺾어버리는 것 같았다. 해안선이 2,500킬로미터에 달하고 내륙이 방대한 황무지로 이루어졌고 역사상 가장 큰 연방보다 열 배나 큰 합중국은 전 세계에서 가장 큰 덩치를 자랑하고 있었다. 또한 각 주들의 인구, 부, 정치적 견해가 서로 달라 공동의 목표를 찾으려면 높은 장벽을 넘어야 했다. 비례대표제가 수립된다면 특히 버지니아와 펜실베이니아는 전국적인 정치력의 3분의 1을, 델라웨어는 고작 90분의 1을 얻을 터였다. 그러므로 작은 주들은 큰 주들을 두려워했다. 노예제를 유지하고 있는 주들은 노예제가 없는 주들을 두려워했다. 경계가 정해진 동부의 주들은 미개척지를 눈앞에 두고 있는 서부의 주들을 두려워했고, 언젠가 서부의 인구가 크게 늘어나면 장식 술이 주렁주렁 달린 사슴 가죽을 걸친 무례한 변방의 개척자들이 자신들을 주무를지도 모른다고 생각했다. 하지만 그것은 말도 안 되는 예측이었다. 크든 작든 모든 주들은 자부심과 200년에 가까운 명백한 역사를 가지고 있었고, 증명되지 않은 중앙정부의 권한을 위해 최소한의 자율성도 넘겨줄 마음이 없었다. 헌법제정위원회의 문제는 각 주에게 힘을 실어주는 것이 아니라 그것을 빼앗아 와서 자기들 입맛에 맞게 사용하려는 것이었다.

어떤 주들은 그런 생각을 들어주는 것조차 거부했다. 미국의 다른 주보다 두 달 먼저 영국으로부터 독립을 선언한 로드아일랜드는 대표단을 필라델피아에 파견하라는 요청을 거절했다(1790년까지도 꿋꿋하게 연합에 참여하지 않았다). 버몬트 역시 위원회에 냉랭한 반응을 보였고 처음부터 그들의 결정을 따를 마음이 전혀 없어 보였다. 메릴랜드를 비롯한 다른 주들도 대표로 갈 사람을 찾지 못했다. 처음에 대표로 선정된 다섯 명 모두가 참석을 거부했고, 주 의회는 위원회가 시작될 무렵까지도 원하는 대표를 찾으려고 애썼다. 뉴햄프셔는 두 명의 대표를 보내기로 했지만 비용 부담에 동의하지 않았다. 그 결과 중요한 처음 몇 주 동안 위원회에는 대표가 단 한 명도 도착하지 않았다. 많은 대표들이 참석했다가 가버렸고, 여섯 명은 아예 오지도 않았다. 결국 처음부터 끝까지 참석한 대표는 선발된 61명 중 약 30명에 불과했다.4)

다행히도 참석한 사람들 중에는 어느 신생국도 배출한 적이 없는 가장 믿을 만하고, 사려 깊고, 명석한 지성인들이 포함되어 있었다. 벤저민 프랭클린, 알렉산더 해밀턴, 제임스 메이슨, 로저 셔먼, 거버너 모리스, 존 디킨슨, 에드먼드 랜돌프가 그들이었다. 그리고 바위처럼 당당한 조지 워싱턴도 그 중에 있었다. 위원장으로서 기품이 넘치는 그의 모습은 독특한 권위와 품위를 위원회에 선물했다.

대표들 가운데 가장 흥미로운 사람은 벤저민 프랭클린이었다. 81세의 그는 생애의 마지막을 향해 가고 있었다. 동료 대표들의 눈에는 인생의 중요한 부분을 한참 지난 것처럼 보였다. 하지만 그가 어떤 사람인가? 보스턴에서 비누와 양초를 만드는 가정의 17남매 중 한 명으로 태어난 그는 2년 동안 간신히 학교 교육을 받을 수 있었다. 그 뒤 어린 나이에 가출을 해서 필라델피아에서 인쇄공으로 정착했다. 근면하고 성실하게 일한 덕분에 식민지에서 가장 존경받는 사상가이자 가장 부유한 사업가가 되었다. 그가 한 전기 실험은 불공평하게도 사람들의 머릿속에는 피뢰침 발명과 번개가 치는 폭풍우 속에서 연을 날리다가 죽을 뻔한 일화로 축소되었다. 하지만 그것은 18세기 과학의 눈부신 업적 가운데 하나였고 그를 당대의 유명한 과학자들 중 한 사람으로 만들었다. 그러나 정작 그는 평생 동안, 과학자로 불린 적이 없었다. 사이언티스트(scientist)란 단어는 1840년까지도 나오지 않았기 때문이다. 1700년대의 과학자들은 자연 철학자(natural philosopher)로 불렸다. 배터리(battery, 전지), 아마추어(armature, 전기자), 포지티브(positive, 양극판), 네거티브(negative, 음극판), 콘덴서(condenser, 축전기) 등 실험을 하며 만든 용어들만 봐도 프랭클린이 폭풍우 속에서 연을 움직이면 무슨 일이 일어나는지 궁금해하는 괴짜보다는 훨씬 더 대단한 인물이었음을 알 수 있다.[5]

그는 평생 열심히 살았다. 유용한 물건을 쉴 새 없이 만들었을 뿐만 아니라 미국 최초의 의용소방대, 최초의 화재보험회사(Hand-in-Hand), 필라델피아 최초의 도서관 등을 건립하는 데 도움을 주었다. 게다가 약간 과장된 명칭일지도 모르지만, 명성이 자자한 '실용 지식 증진을 위한 아메리카 철학 협회'가 필라

벤저민 프랭클린(1706~1790). 피뢰침 실험으로 유명한 벤저민 프랭클린은 미국의 대표적인 작가이자 과학자, 외교관, 정치가였다. 최초로 신문에다 만화를 삽입했고, 세계 최초로 도서관에 신문을 구독하도록 했으며, 의용소방대를 창설하는 등 여러 가지 혁신적인 아이디어를 제공했다.

델피아에서 개최되도록 힘썼다.[6] 또한 불멸의 등장인물인 『가난한 리처드의 연감(Poor Richard's Almanack)』의 리처드를 탄생시켰고, 훌륭한 격언과 금언들을 세상에 선물했으며, 유럽과 아메리카의 지도자들과 계속 서신을 주고받았다. 뿐만 아니라 연인을 선택하는 방법(연상의 여자 고르기)에서부터 방귀 피하는 방법(향수 마시기)에 이르기까지 온갖 주제에 관한 수필을 썼으며, 1737년에는 술에 취한 상태를 뜻하는 속어를 정리한 (228개에 이르는) 목록을 작성하기도 했다. 그는 지성과 기술을 갖추고 독립선언문 작성에 참여한 사람으로서 아메리카를 대표했다. 또 자메이카와 앤티가(Antigua) 등 멀리 떨어진 곳의 토지를 사들여 투기를 했다가 인쇄업을 운영하기도 했다.

국가 수립 **95**

식민지 최고의 종이 거래업자로 일했고 『가난한 리처드의 연감』을 아메리카의 거의 모든 가정에서 꼭 필요한 물건으로 만들었다. 그 책은 장장 25년 동안 미국에서 베스트셀러 2위를 차지했다(1위는 성경이었다). 42세에 불과했던 1748년에는 사업에서 물러나 정치, 과학, 저술과 같은 신사적인 분야에 전념한 것도 그만큼 상업적인 혜안이 있었기 때문이었다.

그는 그렇게 바쁜 와중에도 틈틈이, 아니 꽤 많은 시간을 할애해 가장 불명예스럽지만 가장 열정을 바친 일에 몰두했다. 바로 눈앞을 스쳐 지나는 거의 모든 여자들을 꼬드겨(roger는 당시의 은어였다) 진한 밤을 보내는 일이었다. 프랭클린은 수줍어하며 표현한 것처럼 젊은 시절부터 한결같이 "천한 여자들과의 어리석은 밀애"에 빠졌다.⁷⁾ 한번은 그런 만남으로 1730년인가 1731년에 사생아인 윌리엄이 태어났는데, 이 아이는 오랫동안 고통의 세월을 산 법적인 아내 데보라의 손에 길러졌다. 긴 생애에 걸친 프랭클린의 과도한 성욕은 당대 사람들에게는 놀라움의 대상이었다. 화가인 찰스 윌슨 필은 런던에 있는 이 대단한 사람을 찾아갔다가 무릎에 어린 여자를 앉혀 놓고 있는 그를 보았다(적어도 그것이 프랭클린의 무릎이었다고 확신할 만큼 신중했다).⁸⁾ 다른 사람들도 약속 장소에 도착해서 그가 호텔 종업원이나 다른 미끈한 몸뚱이와 얽혀 한창 일을 치르는 광경을 목격하는 일이 허다했다.

그는 영국에 있는 동안 프랜시스 데시우드 경과 가까운 친구가 되었다. 버킹엄셔의 웨스트 위컴(West Wycombe)에 있는 고향집에서 남성 사교 모임을 열기도 했다. 그것은 프랜시스 오더라고 불렸지만 헬파이어 클럽(Hellfire Club)으로 더 많이 알려진 악명 높은 모임이었다. 회원들은 장례 미사를 비롯한 불경스러운 의식을 열었는데, 그런 의식은 늘 수녀 복장을 한 유순한 여자들이 낀 흥청망청한 주연으로 끝을 맺었다. 데시우드는 조용한 시간에는 영국의 공동 체신 청장으로 일하면서 프랭클린과 함께 『공도문

(Book of Common Prayer)』개정판을 썼다. 프랭클린이 그처럼 방탕한 모임에 참여했다는 확실한 증거는 없지만, 만약 그렇지 않았다면 그의 성격을 잘못 이해한 것일지도 모른다. 그가 열심히는 아니지만 자주 데시우드의 집을 찾아간 것만큼은 분명한 사실이다. 너그러운 사람들은 얼마든지 그가 『공도문』의 규정과 의미상의 미묘한 차이를 의논하려고 그곳을 계속 찾아갔을 뿐이라고 생각할 것이다.

하지만 18세기는 확실히 세속적이고 자유로운 영혼의 시대라는 점을 기억해 두어야 한다. 상스러운 말에 길들여진 시대였다. 그 후에는 얼굴을 화끈거리게 만들 말과 은유가 아무런 망설임이나 부끄러움 없이 사용되었다. 헌법제정위원회에서 엘브리지 게리(Elbridge Gerry)는 상비군을 발기한 성기에 비유하는 유명한 발언을 했다(현대 고등학교 교과서에는 이 말이 실리지 않았다). "그것은 가정의 평화는 확실히 보장하지만 외부의 모험에 대해서는 위험한 유혹이다."[9] 적어도 그 모임 안에서는 어느 누구도 그것을 부적당하거나 꼴사나운 말이라고 생각하지 않았다. 프랭클린은 현대인의 귀에는 지나치게 상스러운 심한 격언을 자신의 연감에 마구 집어넣었다. "가장 자존심이 강한 왕좌에 있는 가장 위대한 군주는 엉덩이에 힘을 주고 앉아 있어야 한다." "희망으로 사는 자는 방귀를 뀌며 죽는다." "우정이 없는 관계, 힘이 없는 우정, 의지가 없는 힘은 …… 조금의 가치도 없다."

우리는 상스럽거나 말거나 순전히 그의 머리에서 나온 금언이 거의 없다는 사실을 알아야 한다. "빈 가방은 똑바로 서지 못한다." "경험은 훌륭한 학교지만 바보는 아무 곳에서도 배우지 못한다." 등 몇 가지의 말들은 출전은 추적할 수 없지만 대부분 당시의 비슷한 출판물에서 아무 망설임 없이 예사로 베껴온 것들이다. 그 중에는 제임스 하웰의 『4개 언어 어휘집(Lexicon Tetraglotton)』, 토머스 풀러의 『금언집(Gnomologia)』을 비롯한 여러 작품,

조지 허버트의 『외국 속담(Outlandish Proverbs)』, 그리고 특히 조나단 스위프트의 『비커스태프 소책자(Bickerstaff Papers)』 등이 있다. 프랭클린은 연감의 연간 예측에서 강력한 경쟁자의 임박한 죽음을 예측하는 재미있는 아이디어를 스위프트에게서 빌려 왔다.[10] 그는 이렇게 빈정거렸다. "다른 사람들의 이야기도 좋은 것이 많은데 내가 굳이 독자들에게 나의 나쁜 이야기들을 말해야 하는 이유가 있는가?"[11] (하지만 그는 뉴스가 없거나 재미가 없다 싶으면 자기 신문에 쓸 이야기를 거리낌 없이 지어냈다.)

그는 다른 사람의 금언을 고쳐 쓸 때도 많았다. "하나님은 건강을 되돌려주고 의사는 그 비용을 받는다."는 속담을 더 간결하게 "하나님은 치료하고 의사는 돈을 받는다."로 고쳤다.[12] 하지만 방귀, 요실금, 음담패설 등 다른 사람들의 약점으로 금언을 치장할 때도 많았다. 가령 제임스 하웰의 "협상이 반쯤 진행된 요새"를 "협상이 시작된 지 한참 지날 때까지 멀쩡한 요새나 처녀막은 없다."로 바꾸었다.[13]

1768년에 나온 『알파벳 개정을 위한 제안(Proposal for a Reformed Alphabet)』을 이야기하지 않고서는 프랭클린과 언어에 관한 논의를 끝낼 수 없을 것이다. 그는 가끔 영어 철자를 어설프게 바꾸었고 개정 이유를 호소하는 글을 썼다. (예를 들어 "개정을 시도하지 않는다면 상황이 점점 나빠져서 결국은 불행한 사태를 맞게 될 것이다.") 하지만 개정 알파벳을 철자법 개혁을 위한 진지한 도전으로 여겼는지, 아니면 단지 아주 어린 상대에게 가벼운 편지를 재미있게 쓸 수단으로만 생각했는지는 알 수 없다.

그가 그 일에 열심히 매달렸다는 설득력 있는 증거는 없다. 그의 새로운 알파벳은 정말 어색하고 비논리적이었다. 알파벳 6개가 추가되었다고 편리성 면에서 나아진 것은 조금도 없었다. 더욱이 교육을 받지 못한 사람들에게는 변덕스럽고, 질서가 없고, 헷갈리기만 했다. 그래서 바꾸려고 했던 원래 알파벳보다 훨씬 더 길고 복잡한 철자가 만들어졌다. 1768년 7월 20일에 새로운 알파벳으로 쓴 첫 편지는 그가 특별한 발음 감각을 가지지 않았다면, 자신의 발음법을 아무렇게나 응용했다는 것을 뒷받침하는 철자들로 가득하다.[14]

독자들은 프랭클린이 박식하고 모범적인 사람이라고 생각할 것이다. 때문에 그가 당시에는 그다지 존경을 받는 인물이 아니었다는 사실을 알면 충격을 받을지도 모른다. 한 예로 존 애덤스는 그를 지독히도 싫어했다.[15] 1790년에 프랭클린이 죽었을 때 안타까워하는 사람이 거의 없었다. 그래서인지 사후 28년이 지난 뒤에야 그의 작품집이 세상에 나왔다. 그의 『자서전』에 대한 반응은 아직까지도 냉랭하며 미국에서는 1868년까지도 완성본이 출판되지 않았다. 그가 죽은 지 78년 뒤였고 다른 나라에서 두루 출판된 지 한참이나 지난 뒤였다.[16] 프랭클린은 헌법제정위원회에 몸담았을 당시, 좋은 말로 현실적인 말을 전혀 하지 않는 사람, 나쁜 말로 비틀거리며 걷는 늙은 바보로 여겨지기 일쑤였다. 어쩌다 한번 위원회에 제안서를 내면 미국 대통령은 봉급을 받지 말아야 한다거나, 각 회기를 기도로 시작해야 한다는 내용이었으므로 항상 호된 질책을 받았다. (그의 기도 제안은 실행되지 못했다. 대표들이 프랭클린에게 참을성 있게 설명했듯이, 그들에게 신앙심이 없어서가 아니라 목사에게 경비를 지불할 여유가 없어서였다.)

프랭클린은 미국에 관한 일이 대부분 신세대에게 넘어갔다는 사실을 힘겹게 알려준 산증인이었다. 55세의 워싱턴 장군은 예외였지만(그는 어떤 경우에도 그런 논쟁에 참여하지 않았다), 나머지 대표들은 놀라울 정도로 젊었다. 다섯 명은 20대, 나머지는 대부분 30~40대였다. 제임스 메디슨은 35세, 알렉산더 해밀턴은 고작 32세였다. 캐롤라이나 남부에서 온 앳된 얼굴의 찰스 핑크니는 29세였는데, 24살이라며 끈질기게 주장한 결과 극도로 젊은 그의 외모가 한층 더 빛을 발했다.[17] 가장 이상하고 인상이 좋지 않은 인물은 단연 가장 중요한 인물인 제임스 메디슨이 아니었을까 싶다. 이 버지니아 젊은이에 대해서는 아무도 좋은 말을 해 주지 않았다. 그는 우스꽝스러울 정도로 작달막했다. 당시 누군가가 "비누 반 토막만 하다."고 말했을 정도였다. 게다가 목소리가 끽끽거렸고 얼굴이 창백했고 수줍음을 많이 탔으며 건강 문제에 과민하게 집착했다. 하지만 탁월한 지성을 갖추었고 경쟁 파벌 사이의 충돌을 피하며 고집 센 대표들을 위협하고 구슬려 절충안을 마련했다. 그렇게 길고 무더운 여름 동안 헌법을 현실로 만드는 데 메디슨보다 더 큰 역할을 한 사람은 없었다.

이들 30여 명의 대표들은 넉 달도 채 걸리지 않는 기간 동안 오늘날까지 우리와 함께해 온, 이전에는 전혀 찾아볼 수 없었던 정부의 틀을 짰다. 5월 25일부터 9월 17일까지 하루 5시간씩, 가끔은 그보다 더 긴 시간 동안 회의를 했다. 약간 과장을 섞은 듯한 페이지 스미스의 말처럼 그것은 "역사상 진행된 지적 토론의 가장 주목할 만한 예"였다.[18] 그처럼 재능과 준비성이 돋보인 미국인의 회합이 전무후무했다고 말하는 것은 전혀 과장이 아니다. 메디슨이 읽은 책은 폴리비오스의 역사책, 데모스테네스의 연설문, 플루타르크의 『영웅전』, 포르틴 바르텔레미 드 펠리스(Fortune Barthélemy de Felice)의 13권짜리 프랑스어 원본 『인간성에 관한 법전(Code de l'Humanité)』 등 수없이 많았다. 알렉산더 해밀턴은 연설에서 고대 그리스의 암픽티오닉 회의(Amphyctionic Council)와 델리안 동맹(Delian Confederacy)에 대해 말했다. 그들은 유능한 사람들이었다.

그들은 각자의 차이를 무시할 만큼 훌륭했다. 한여름의 불편한 시간 동안 입법부, 대통령 직위, 법원, 견제와 균형을 위한 제도, 미국 민주주의의 복잡한 전체 골격 등 정부의 기초를 만들었다. 이는 그들이 거의 만장일치로 현대적 의미와 가까운 민주주의에 반대했다는 사실을 감안한다면 더욱 더 주목할 만한 유산이다.

    그들은 한동안 입법부를 통해 군주제를 만드는 것을 고려했다. 그 가능성이 너무나 농후해서 아직 기초가 수립되지도 않았는데 요크 공인 조지 3세의 둘째 아들에게 군주의 자리가 주어질 것이란 소문이 식민지 전체에 나돌았다. 하지만 군주제에 관한 개념은 공화제와는 양립하지 못하는 것으로 평가되었다. 알렉산더 해밀턴은 대안으로 자기 주에 절대적인 힘을 행사하는 자산가들 중에서 종신 대통령과 의회를 뽑자고 제안했다.[19] 에드먼드 랜돌프는 세 명이 대통령직을 함께 수행하는 쪽을 원했다. 집행부가 더 많은 지혜를 모으고 폭정, 지역주의, 부패의 여지를 줄이기 위해서였다(그들은 부패의 가능성을 크게 우려했다).[20] 거의 모두가 자기들과 아주 비슷한 부유한 신사들로 이루어진 격식 없는 상류 계급에 의해 통치되는 미국을 꿈꾸었다. 그들의 생각은 열린 민주주의와는 너무도 거리가 멀었기 때문에 펜실베이니아의 제임스 윌슨이 국민 투표를 통해 대통령을 뽑아야 한다고 제안했을 때 대표들은 "깜짝 놀라 말문이 막혔다." 결국 그들은 대통령을 선출하고, 선거인단을 구성하고, 국민이나 입법부 중에서 누가 선거인단 대표를 뽑을지 결정하는 문제를 각 주에 떠넘겼다. (이 때문에 지금까지 국민들은 대통령 선거를 할 때, 한 사람이 아니라 각자가 지지하는 후보에게 투표를 해 줄 대표단에게 투표를 하고 있다.)

    그들은 타협안으로 국민이 하원을, 각 주의 입법부가 상원을 선출하도록 결정했다. 이런 제도는 상원도 국민이 선출하게 된 1912년까지 강제적으로 시행되었다. 처음에 그들은 대통령 선거에서 두 번째 최다 득표자에게 부통령을 맡기기로 했다. 그 방안은 정당해 보였지만 부통령이 대통령과 경쟁하는 당에서 나올 수도 있는 가능성은 예상하지 못한 조치였다.

1804년 그런 관행이 폐지되고 두 명으로 이루어진 후보단을 선출하는 방안이 채택되었다.

대표들은 기본 조항의 대부분에 동의하고 난 뒤에는 자신들의 제안을 문서화할 세부위원회를 구성했다. 위원 중에서 존 러틀리지는 이로쿼이 찬양자로서 위원회가 이로쿼이 연합을 구체화한 1520년의 조약을 이용할 것을 제안했다. 그 조약은 이렇게 시작한다. "우리 주민은 연합을 형성하고 ……." 물론 이것은 인디언 주민들이 선택한 말이었다. 가장 중요한 서류의 첫 구절에 나오는 무척 기품 있는 말이 원래는 미국 원주민의 입에서 나왔다는 것은 재미있고 흥미로운 일이 아닐 수 없다. [21] 서문은 이렇게 시작한다.

> 우리 미합중국의 국민은 더 완벽한 연합을 형성하고, 정의를 세우고, 국내의 안정을 보장하고, 공동 방어를 제공하고, 전체적인 복지를 증진하고, 우리와 우리의 후세에 자유의 축복을 누리도록 하기 위해 미합중국의 헌법을 제정하고 확립한다.

취지에 관한 간단한 내용 뒤에는 가끔은 단편적으로, 또 가끔은 아주 자세하게 정부 기구를 설명하는 여섯 개의 조항이 나온다. 일곱 번째 조항은 이 문서가 아홉 개 주에서(이 숫자는 대충 정해진 것이 아니었다. 대표들은 아홉 개 이상의 주가 승인을 할 것이라는 확신을 하지 못했다) 승인하는 즉시 효력을 발휘한다고 선포하고 있다.

25쪽에 불과한 헌법은 간결함의 표본이다. (대조적으로 오클라호마 주 헌법은 장장 158쪽이나 된다.)[22] 상원, 하원, 대통령의 나이와 시민 자격, 그리고 특히 탄핵 문제 등 어떤 문제에 대해서는 거리낌 없이 명백하게 밝히고 있다. 입안자들은 불충이나 부패한 사람을 축출하는 지침을 제공하는 것에 너무 예민하게 매달리는 것 같았다. 하지만 다른 문제들에 대해서는 이상할 정도로 대충 넘어갔다. 예를 들어 내각에 관한 언급은 단 한마디도 없었다. 그들은 다른 기관과 독립적인 대법원 출범을 요구했지만 나머지 사법 기관은 "의회가 때때로 구성하고 설립하는 하위 법원들"로 구성될 것이라며 무척 호탕한 결정을 내렸다. 그런 애매함은 태만의 결과이거나 더 구체적인 협상을 할 능력이 부족한 탓이었다. 문서가 구체적일 때는 거의 항상 차후 변경을 위한 여지가 남았다. 의회가 적어도 1년에 한 번 12월 첫 번째 월요일에 시작되어야 한다고 결정한 뒤에는 "다른 날을 법으로 정하지 않는 한"이라는 말을 덧붙였다. 따라서 헌법은 매우 융통성 있는 기본 원칙의 집합체다.

문장에 있어서도 놀라우리만큼 이상한 철자나 구성이 거의 없었다. 당시에는 무척 적절하게 쓰였지만 오늘날의 편집 기준을 통과하기에는 역부족인 것들도 있기는 했다. 부적절한 관사와 명사가 빈번하게 쓰였고, 까다로운 가정법을 사용했으며, 지금은 소문자로 쓰이는 명사가 빈번하게 대문자로 사용되었고, 유나이티드 스테이츠(United States)를 복수형으로 취급하는(남북전쟁 무렵까지도 그대로 사용되었을 것이다) 등, 이런저런 부정확한 용법으로 목록을 다소 채웠을 뿐이다.[23]

헌법은 제외된 내용 때문에도 더 주목받는다. 헌법에는 '노예'나 '노예제도'에 관한 언급이 전혀 없다. 노예는 자유롭지도 않고 인디언도 아니라는 뜻의 "다른 모든 사람들"로만 언급되어 있다. 대표자와 과세 방침을 결정하기 위해 노예 한 명은 일반 사람의 5분의 3으로 계산되었는데, 이는 많은 대표들이 이해할 수 없는 모순이었다. 펜실베이니아의 거버너 모리스(Gouverneur Morris)는 토론 중에 냉소적으로 물었다. "노예는 어떤 원칙에 따라 계산해야 하는 겁니까? 그들은 사람입니까? 그렇다면 그들을 시민으로 만들고 투표권을 줍시다. 그들은 재산입니까? 그렇다면 왜 다른 재산은 포함하지 않은 겁니까? 이 도시의 집들은 사우스캐롤라이나의 논을 뒤덮은 불쌍한 노예들을 모두 합친 것보다 더 소중하지요." 그는 그런 조치는 다음과 같은 의미라며 분노를 터뜨렸다. "아프리카 해안으로 가서 가장 신성한 인권법을 무시하고 같은 인간을 사랑하는 이들에게서 떼어내어 가장 잔인하게 속박하는 조지아와 사우스캐롤라이나 주민이 그런 사악한 관행을 치를 떨며 바라보는 펜실베이니아나 뉴저지 주민보다 인권을 보호하기 위해 구성된 정부에서 더 많은 투표권을 갖게 될 것이다."[24] 그런데도 절충안은 'slave'나 'slavery'를 모두 삭제하자는 코네티컷의 로저 셔먼의 제안만이 반영된 채 그대로 통과되었다.

'nation'과 'national'도 문서에서 찾아볼 수 있는데, 이 역시 우연이나 실수에 따른 결과는 아니었다. 'national'이 권력이 위험하게 집중된 제도라는 느낌을 풍길까 염려한 대표들은 더 중립적이고 덜 감정적인 'federal'을 사용했다. 이 단어는 '믿음'을 뜻하는 라틴어 'fides'에서 유래했으며 18세기에도 여전히 믿음이 바탕이 된 관계라는 의미를 가지고 있었다.[25]

'권리장전'으로 알려진 열 가지 개정안은 나중에 나왔는데 1791년까지 채택되지 못했다(매사추세츠의 경우에는 승인이 우연히 누락되었다는 사실이 밝혀진 150년 뒤에야 채택되었다). 기본적인 자유를 보장하는 이 문건은 이전의 것들만큼 급진적이고 개혁적이었지만 입안자들은 그것을 통해 오늘날의 의미와는 크게 다른 어떤 것을 의도했을 가능성이 크다. 1차 개정안에는 이런 말들이 나온다. "의회는 종교 설립을 존중하거나 자유로운 활동을 금지하는 법, 연설·언론의 자유나 평화적인 집회를 열 권리를 약화시키는 법을 만들어서는 안 된다."* 특히 "의회는 법을 만들어서는 안 된다."는 마지막 다섯

---

* 'Peaceably to assemble(평화적인 집회)'는 분리 부정사를 피하려는 습관이 시작된 초기의 흥미로운 예다. 부정사가 분리되어서는 안 된다는 특이한 신념은 그 무렵부터 확산되었다.

단어에 주목하자. 입안자들은 미국이 그런 제약들에서 자유로워지도록 애쓰지 않았다. 그러나 검열과 개인의 자유에 관한 문제가 주에 귀속된다는 것을 확립하기 위한 노력은 했다.[26] 또한 총기를 소지하고 과시할 권리를 무조건적인 자유로도 스포츠와 개인 안전을 위한 개인 총기에 투자하는 것을 강제적인 금지 행위로도 지정하지 않았다. 다음 한 문장이 그 사실을 증명하고 있다. "잘 정비된 민병대는 자유 주(州)들의 안보에 필요한 바, 무기를 소지할 일반의 권리가 침해되어서는 안 된다." 입안자들은 짧은 안목으로 방위군을 육성할 필요성만을 생각했다. 그들이 동물과 가정 침입자를 쏠 목적으로 총기를 소지할 수 있다는 생각을 했다면 아마 그렇게 말하지는 않았을 것이다.

처음 채택된 시기에는 헌법을 대단한 문건으로 보는 사람이 아무도 없었다. 대표들은 대부분 하찮은 것으로 밝혀질 내용으로 가득한 협의문을 만들었다는 기분으로 필라델피아를 떠났다. 알렉산더 해밀턴 역시 낙심해서 "어색하고 무가치한 문서"라고 묘사했다. 대표들 중 15명은 서명을 거부했으며, 그 중에는 조지 메이슨, 엘브리지 게리, 그리고 심지어는 기록을 맡은 에드먼드 랜돌프와 올리버 엘스워스도 있었다. (랜돌프는 곧바로 위선의 극치를 보여 주었다. 미국 최초의 법무장관 자리를 수락함으로써 얼마 전까지만 해도 발을 뺐던 문서를 가장 나서서 지지하는 사람이 되었다.) 가장 열정적으로 지지했던 사람들조차도 더 나은 헌법이 나올 때까지 몇 년 동안만이라도 부실한 나라를 어느 정도 지탱해 주기를 바랄 뿐이었다.[27]

그런데도 문서는 정식 승인을 받았고 워싱턴이 초대 대통령으로 선출되었다. 새 정부 출범 날짜는 1789년 3월 4일로 정해졌다. 불행히도 단 여덟 명의 상원의원과 13명의 하원의원이 첫 날에 참석하지 못했다. 하원은 남은 26일 뒤에야 정족수가 모였고, 상원은 그보다 훨씬 뒤에야 생산적인 업무를

조지 워싱턴(1732.2.22~1799.12.14). 미국의 초대 대통령(1789~1797년)이며, 미국 건국의 아버지로서 수도나 지명 등에 그 이름을 남기고 있다. 미국 역사상 최고의 군대 지도자 출신으로, 선거인의 절대 다수의 지지를 얻어 당선된 미국 역사상 유일한 대통령이다. 미국의 1달러짜리 지폐에 워싱턴의 초상이 그려져 있다.

자발적으로 시작할 충분한 수가 참석했다.[28]

가장 먼저 처리할 일은 새 대통령을 어떻게 부를지 정하는 것이었다. 헌법에는 "미합중국 대통령"으로 되어 있었다. 하지만 그것은 워싱턴의 취임식에 비해 허식적이었고 지나치게 화려했다. 새 집무실 주인의 품행이 너무나 당당했으므로 의회는 그보다는 더 근사한 이름을 지을 생각이었다. 제안된 호칭 중에는 이런 것들이 있었다.

His Highness

His Mightiness

> His Magistracy
>
> His Supremacy
>
> His Highness the President of the United States and Protector of their Liberties

　의원들은 마지막 제안을 채택하려다 간신이 제정신이 돌아왔는지 헌법에 처음 쓰였던 호칭을 쓰기로 했고, 존경스러운 공화주의자인 그를 '미합중국 대통령'으로 부르기로 확정했다. 그렇지만 마사는 주로 '레이디 워싱턴'으로 불렸다. 부통령 직위와 관련해서는 그런 문제가 생기지 않았던 것 같다. 그러나 의원들 중에서 장난기 많고 익살스러운 한 사람은 초대 부통령인 뚱뚱한 존 애덤스를 '뚱보 각하(His Rotundity)'라고 불러야 한다며 농담을 했다.

　워싱턴은 집무실에 위엄이 있어야 한다고 믿었다. 방문자들은 그를 만나기 위해 기다려야 했다. 심지어는 가장 친한 사람들조차 그가 냉랭하며 지나치게 위압적인 태도를 갖고 있다고 생각했다(미국이 조지 1세와 조지 3세를 바꾼 것은 아닌지 의심스러울 정도였다: 조지 1세는 왕권 분립을, 조지 3세는 왕권을 강화하였다-옮긴이). 솔직히 말해 워싱턴은 처음부터 대통령이 최고의 예우로 대접받아야 한다는 사실을 확립시켜야 했다. 그가 재임한 초기에 국민들은 거리를 걷다가도 그에게 행운을 빌거나 일이 잘 되어가고 있는지 물었다. (결국 그는 일주일에 두 번 '남 보기에 흉하지 않게 차려입은 사람들'이 찾아오면 만나는 시간을 할애하는 제도를 생각해냈다.) 그는 자신이 후대에 남을 대통령의 행동 방식을 정하고 있다는 것을 예리하게 파악했다. 그리고 조금은 우울하게 "나의 행동 중에서 지금 이후로 선례로 남지 않을 부분은 거의 없다."

고 썼다. 그는 상원에서 결론 없는 논쟁에 시달리며 몇 시간 동안 앉아 있다가 그처럼 비생산적이고 따분한 일에 묶여 있었다니 "정말 끔찍했다."고 중얼거리며 뛰쳐나갔다. 그 이후로 미국 대통령은 입법에 관한 회의에 참석하지 않게 되었다. 헌법에서 그것을 금지하는 부분은 전혀 없지만 영국의 관행과는 크게 어긋나는 일이었다.29)

이 시기에 그보다 더 납득하기 어려운 신화 중 하나는 초기 의회가 영국의 기를 눌러버릴 심산으로 영어를 버리고 독일어나 다른 언어를 미국의 국어로 정하는 문제를 고려했다는 것이다. 가끔 저명한 학자들조차 이 이야기를 자주 거론했기 때문에 그것은 아무런 근거가 없다고 지적해 줄 필요가 있다.* 1789년에는 미국의 400만 백인 주민 중 90퍼센트가 영국 출신이었다. 그들이 심술 나서 굳이 스스로 외국어의 부담을 떠안으려고 했다는 것은 말도 안 된다. 독일어 문제로 유일하게 알려진 상황은 1795년에 있었다. 당시 하원은 최근 이주민들에게 편하도록 영어와 독일어로 된 연방법을 출판하자는 제안을 잠시 고려했다가 포기했다.30) 대륙회의는 1778년에 이미 외국 대사들에게 보내는 서신이 "미합중국의 언어로" 쓰여야 한다고 정해 두었다.31)

그러나 초기 의회는 국가의 이름을 다시 정하는 문제에 훨씬 더 집중했다. 처음부터 많은 사람들은 '아메리카 합중국(United States of America)'이 만족스럽지 않다고 생각했다. 먼저 그것으로 편리한 형용사 형태를 만들 수 없었다. 미국 시민은 'United Statesian' 같은 어색한 표현 아니면 'American'으로 불려야 했다. 그렇다면 두 개의 대륙에 있는 다른 수십 개국의 시민들에게 똑같이 적용되는 호칭을 미국인에게도 쓰는 것과 같았다.

---

* "예를 들어 미국이 영국과 분리되던 시기에 영국과 다른 언어를 사용함으로써 독립을 언어적으로 인정받아야 한다는 제안이 있었다." - 랜돌프 쿼크 교수, 『영어의 사용(The Use of English)』, 3쪽.

컬럼비아(Columbia), 애팔래치아(Appalachia), 프리도니아(Freedonia) 등 아메리카를 대신할 수 있는 호칭들이 적극적으로 검토되었다. 하지만 기존의 이름을 바꿀 만큼 충분한 지지를 받은 것은 단 하나도 없었다.[32]

유나이티드 스테이츠 오브 컬럼비아(United Stats of Columbia)는 예상을 뒤엎은 제안이었다. 과거 250년 동안 크리스토퍼 콜럼버스는 미국에서 잊히다시피 한 존재였기 때문이다. 콜럼버스의 스페인과의 연관성 때문에 영국은 북미 발견의 공을 존 캐보트에게 돌리고 싶어 했다. 미국인들이 영국 왕과 관련이 없는 영웅들을 찾기 시작한 독립 전쟁 이후에야 콜럼버스라는 이름이 부활했고 더 우아한 라틴어 형태인 '컬럼비아(Columbia)'로 널리 불렸다. 그에 대한 기억은 한 번도 발휘되지 못한 용기와 독립적인 불굴의 정신으로 너그럽게 채색되었다.

콜럼버스에 대한 신격화는 서사시에 몇 번 언급되면서 시작되었다. 곧이어 지역사회와 기관들이 앞다투어 그를 기리는 새로운 이름을 만드는 일에 매달렸다. 1784년에는 뉴욕의 킹스칼리지, 2년 뒤에는 사우스캐롤라이나가 각각 대학과 주도의 명칭을 컬럼비아로 정했다. 1791년 컬럼비아호라는 배의 선장이 북서부의 광활한 지역을 신생국의 영토로 선언하고 컬럼비아라는 이름을 붙였다. (나중에 워싱턴, 오리건, 아이다호가 되었다. 원래 이름은 북쪽 경계 지역인 브리티시 컬럼비아로 남아 있다.) 언론, 클럽, 기관들(그 중에 오늘날 우리에게 스미소니언협회로 더 잘 알려진 컬럼비아 예술과학진흥회도 있었다)이 위대한 탐험가의 이름을 땄다.* 국가인 '헤일 컬럼비아(Hail Columbia)'는 1798년에 만들어졌다.[33]

---

* 제임스 스미슨이라는 베일에 가려진 영국인을 기려 스미소니언으로 개명되었다. 노섬벌랜드 공작의 사생아였던 스미슨은 미국에 한 번도 가보지 않았고 알고 지내는 미국인 친구나 연고가 전혀 없었지만 자신의 재산 10만 파운드를 미국 정부에 남겼다. 조건은 학술 기관의 명칭에 자신의 이름을 따 달라는 단 한 가지뿐이었다.

이처럼 호들갑스러운 분위기가 조성되기 시작한 후 콜럼버스의 인생은 한달음에 고차원적인 신화의 영역으로 뛰어들었다. 눈부신 거짓말이 아니라면 지나친 야심작이라고 할 만한 『크리스토퍼 콜럼버스의 삶과 항해의 역사(History of the Life and Voyage of Christopher Columbus)』를 쓴 워싱턴 어빙 덕분이었다. 1828년에 나온 이 책은 19세기 동안 미국, 유럽, 라틴 아메리카에서 대단한 판매고를 기록했다.

그 후 어빙은 창작 능력을 십분 발휘해 조지 워싱턴 전기를 써서 그 못지않은 성공을 거두었다. 하지만 우리가 미국의 아버지에 관해 가장 심각하게 오해하고 있는 것들 중 많은 부분에 대한 책임은 역사상 파슨 윔스로 알려진 메이슨 로크 윔스(Mason Locke Weems)에게 있다. 큰 성공을 거둔 『일화로 엮은 조지 워싱턴의 생애(Life of George Washington)』는 1806년에 처음 출판되었다. 이 책은 윔스가 재능이 떨어지는 소설가일 뿐만 아니라 뻔뻔한 거짓말쟁이라는 사실을 증명해 주고도 남았다. 아무리 시대가 시대라지만 문체가 지나치게 감상적이었다. 체리 나무를 자른 유명한 워싱턴의 일화를 한 번 생각해 보라. 조지의 아버지가 열매를 잘 맺는 나무가 왜 쓰러졌는지에 관해 설명할 수 있는지, 손에 들고 있는 도끼와 그 일이 무슨 상관이 있는지 물어보는 내용은 누구나 다 알 것이다.

"아빠, 난 거짓말을 못해요. 아빠도 잘 알잖아요. 도끼로 나무를 잘랐어요."
"이리 온, 사랑스러운 내 아들."
아버지는 감격해서 외친다.
"어디 안아보자. 조지, 네가 나무를 죽인 것이 이 아빠는 얼마나 기쁜지 모른다. 네가 천 배는 많은 것을 주었기 때문이란다. 내 아들이 그런 영웅적인 행동을 하다니 나무 천 그루보다 더 값진 선물이다."[34]

윔은 이야기를 전부 지어냈다. 영웅의 이름과 사는 곳을 넘어서서 그 책에 있는 거의 모든 것이 조작되었거나 화려하게 꾸며졌다. 제목이 적힌 표지에까지 순전한 거짓말이 들어 있다. 윔스는 "마운트 버논 교구의 목사"로 일한 적이 있다며 자신을 광고했다. 그때나 과거에나 그런 교구는 있지도 않았다. 그런데도 그 책은 20쇄나 찍혔고 그 시대 최고의 베스트셀러가 되었다.

워싱턴은 윔스나 그 이후의 많은 전기 작가들이 우리를 세뇌한 것과는 달리 결점을 지닌 인간일 뿐이었다. 그는 변덕스럽고, 쌀쌀맞고, 교만했다(독립전쟁 중에 동료 장교에게 자신을 '각하'라고 부르게 했을 정도였다). 지나가는 사람이 자신을 건드리면 몹시 싫어했고 공공장소에서도 어린애처럼 훌쩍거리는 황당한 성격을 갖고 있었다. 독립전쟁 때 일이 잘 풀리지 않거나 전쟁이 끝나 뉴욕의 프론스 태번(Fraunces Tavern)이라는 술집에서 장교들에게 작별인사를 할 때도 그랬다. 그는 유능한 지휘관도 아니었다. 윔스와 다른 작가들이 말한 것처럼 그는 프랑스와 인도 전쟁의 영웅과는 거리가 멀었고 오히려 그 전쟁들을 유발하는 데 한몫을 했다. 1754년 실전 경험이 없는 장교로서 버지니아 연대에 소속되었던 그는 쓸데없이 오하이오 밸리에서 야영 중이던 일단의 프랑스군을 막무가내로 습격해서 열 명을 죽였다. 프랑스는 그런저런 사건들로 크게 자극을 받아 영국을 상대로 전쟁을 시작했다. 설상가상으로 워싱턴은 곧바로 전쟁에 참여했고 순진하게도 프랑스인 '암살'에 사죄하는 서류에 서명을 함으로써 상관의 화를 돋우었다.[35]

하지만 그에게는 부정할 수 없는 위대한 면모가 있었다. 그는 용감하고 단호하고 청렴했다. 미국의 독립과 민주주의를 지키기 위해 그보다 더 많은 시간을 투자하거나 더 많은 위험과 고난을 감수한 사람도 없었기 때문이다.

그는 8년 동안 끈질기게 전쟁에 참여했고, 그동안 대륙회의나 그 누구도 그의 용기를 알아주지 않았다. 그는 뉴저지를 지나는 기나긴 행군에서 자신의 군대가 3만 명에서 3,400명으로 줄어드는 모습을 절망적인 심정으로 지켜보아야 했다. 그는 자신의 문제에 덧붙여 부하가 배신을 하는 일도 자주 겪었다. 베네딕트 아놀드가 가장 잘 알려진 예이지만 찰스 리 소장 같은 사람들도 있었다. 그는 워싱턴의 부관으로 복무하는 동안 영국에 미국을 이기는 방법을 알려주고 있었다.36) 그러니 워싱턴이 자주 훌쩍거렸던 것도 이해할 만하다.

그는 진심으로 당당하게 조국에 가장 좋은 것만을 원했다. 영국을 이겼다는 커다란 기쁨을 선사했으므로 왕위와 넉넉한 연금, 포토맥의 블레넘 궁전(Blenheim Palace) 등 원한다면 무엇으로든 보상받을 수 있었다. 하지만 그는 마운트 버논으로 가서 조용한 삶을 살게 해 달라고만 요구했다. 대통령에 당선되었을 때는 자신에게 봉급을 주지 말고 필요한 경비만 충당해 달라고 의회에 요청했다. 그가 물질적으로 곤궁했던 점을 감안한다면 그보다 더 명예로운 행동도 없었다. "지난 11년 동안 내 생활은 늘 적자에 허덕였다."며 대통령이 되기 직전 절망에 잠긴 채 사촌에게 편지를 썼다. 마운트 버논에서 취임 선서를 하기 위해 뉴욕으로 갈 때는 경비로 쓸 100파운드를 빌려야 했다.37)

[버지니아 정착민들에게 금전적인 어려움은 일상적인 문제였다. 제퍼슨은 돈 때문에 힘든 일이 너무 많아서 1815년에는 아끼는 개인 서재를 의회에 팔아 급전 23,950달러를 구했다. 하지만 곧바로 그에 못지않은 근사한 서재를 다시 꾸미기 시작했으므로 그런 명예는 수포로 돌아갔다. 그는 말년에 10만 달러의 빚을 지게 되어 결국 몬티첼로(Monticello: 토머스 제퍼슨의 사저 이름-옮긴이)의 책들을 대부분 경매로 처분할 수밖에 없었다.]

의회는 워싱턴의 요구를 받아들이지 않았고 25,000달러의 연봉을 받아야 한다고 주장했다. 그뿐만 아니라 미국의 영구적인 수도의 위치를 결정하는 영광도 그에게 주었다. 물론 의회가 직접 위치를 선정하지 못한 탓도 있었다. 저먼타운, 펜실베이니아에서 킹스턴, 뉴욕에 이르기까지 적어도 40군데를 물망에 올려 논의를 거듭한 뒤에 마침내 워싱턴에게 선택할 권한을 준 것이었다. 그는 포토맥 강 한쪽의 16킬로미터 광장을 선택했다. (1846년 버지니아는 강에서 자기 도시에 면한 땅을 반환해 줄 것을 요청했는데, 이 때문에 지금의 컬럼비아 지방은 불규칙적으로 구불구불한 한쪽 경계만 제외하고 나머지 세 부분의 경계는 자로 잰 듯 똑바르다.) 1791년 미래의 도시에 워싱턴이라는 이름이 붙었고, 2,468헥타르에 달하는 내부의 땅에 '컬럼비아 영역(Territory of Columbia)'이라는 곳(나중에는 '컬럼비아 디스트릭트'로 바뀌었다)이 자리 잡았다. 따라서 한 곳에 신비에 싸인 그 시대의 위대한 이름 두 개가 나란히 들어앉게 되었다.

  2년 뒤 워싱턴은 수도 건설을 위한 주춧돌을 세웠고, 1800년부터 워싱턴 시가 운영되기 시작했다. 그리하여 미국은 본격적인 행보를 시작했다.

제 5 장

동이 틀 무렵
-미국의 정체성 만들기

In 1993, according to an international business survey, the world's most valuable brand was Marlboro, with a value estimated at $40 billion, slightly ahead of Coca-Cola. Among the other top ten brands were Intel, Kellog's, Budweiser, Pepsi, Gillette, and Pampers. Nescafe and Bacardi were the only foreign brands to make top ten, underlining American dominance. Why companies like Coca-Cola suffer palpitations when they see a passage like this (from John Steinbeck's The Wayward Bus): "Got any coke?" another character asked. "No," said the other proprietor. "Few bottles of Pepsi-Cola. Haven't had any coke for a month……. It's the same stuff. You can't tell them apart." In 1993, according to an international business survey, the world's most valuable brand was Marlboro, with a value estimated at $40 billion, slightly ahead of Coca-Cola. Among the other top ten brands were Intel, Kellog's, Budweiser, Pepsi, Gillette, and Pampers. Nescafe and Bacardi were the only foreign brands to make top ten, underlining American dominance. Why companies like Coca-Cola suffer palpitations when they see a passage like this (from John Steinbeck's The Wayward Bus): "Got any coke?" another character asked. "No," said the other proprietor. "Haven't had any coke for a month……. It's the same stuff. You can't tell them apart." In 1993, according to an international business survey, the world's most valuable brand was Marlboro, with a value estimated at $40 billion, slightly ahead of Coca-Cola. Among the other top ten brands were Intel, Kellog's, Budweiser, Pepsi, Gillette, and Bacardi were the only brands to make top ten, underlining American dominance.

MADE IN
AMERICA

19세기 초의 폭격은 그것을 쏘는 쪽에 있는 사람들에게는 아찔한 흥분을 느끼게 할 만한 장관이었다. 가장 중요한 기술은 신관을 적당한 길이로 끊어 최적의 시간에 폭발시키는 것이었다. 폭탄은 사방으로 날았고, 그야말로 미국 국가에 나오는 "하늘에서 터지는 폭탄"이었다. 대부분의 사람들이 아는 것처럼 국가의 가사는 전쟁이 한창이던 1812년에 볼티모어 항구의 포트 맥헨리(Fort McHenry) 폭발에서 영감을 받은 어떤 사람에 의해 쓰였다. 젊은 변호사 프랜시스 스콧 키(Frances Scott Key)는 미군 포로의 석방을 협상하기 위해 파견되었다가 영국 군함에 억류당했다.

그날 밤 키(Key)는 항구 주변을 맴돌던 영국 군함이 전투태세를 갖춘 요새를 향해 일제히 현란한 사격을 퍼붓는 모습을 지켜보았다. 아침이 밝았을 때 미국 국기는 누더기가 되었지만 변함없이 당당한 모습으로 나부끼고 있었다. 키는 크게 감격해서 곧바로 시를 썼다. 솔직히 그 시는 조금 실망스러웠지만 그런 것쯤은 잊힐 만한 감정적인 영향력을 가지고 있었다. '포트 맥

프랜시스 스콧 키는 영국 군함의 포격을 받고 누더기가 되었지만 당당히 나부끼는 미국 국기를 보고 영감을 받아 '포트 맥헨리의 저항'이라는 시를 썼다.

헨리의 저항(Defence of Fort McHenry)'이라는 제목으로 출판된 시는 곧이어 '천국의 아나크레온에게(To Anacreon in Heaven)'라는 장송곡 같은 영어 노래에 가사로 붙여졌다(그 이후로는 가락에 생동감이 크게 가미되었다). 노래는 열렬한 반응을 불러일으켰다. 사람들은 원래 제목을 잊고 그것을 '성조기(The Star-Spangled Banner)'라고 부르기 시작했다.

키가 본 포트 맥헨리 위의 깃발에는 15개의 별과 15개의 줄무늬가 그려져 있었다. 독립 초기에는 한 주가 연합에 참여할 때마다 깃발에 별과 줄무늬가 하나씩 더 그려졌다. 1818년 의회는 18개나 되는 줄무늬가 그려진 깃발을 내걸었지만 그것도 오래가지 못할 것이 분명했다. 의회는 충분하다는 결론을 내렸는지, 앞으로 깃발의 줄무늬는 13개로(원래의 식민지 개수만큼) 고정될 것이며, 주가 늘어나는 만큼 별의 개수를 늘릴 것이라고 공식적으로 발표했다.

1812년의 전쟁과 함께 미국의 또 다른 상징인 엉클 샘이 탄생했다. 그는 1813년 뉴욕 트로이에서 생겨난 것 같지만 알려진 것은 거의 없다.[1] 그때까지만 해도 미국은 브라더 조나단이라는 유래가 애매한 인물로 의인화되었다. 흔히 영국의 존 불과 반대로 묘사되는 인물이었다. 가끔 트로이의 군 검열관인 새뮤얼 윌슨이라는 사람이 엉클 샘을 처음 생각해냈다는 가설도 있지만, 단순히 'U. S.'의 머리글자에서 따온 이름일 가능성이 더 높다. 우리가 그 이름을 말할 때마다 연상하게 되는 모자를 머리에 걸치고 줄무늬 바지를 입은 인물은 1860년에 토머스 네스트(Thomas Nast)의 만화를 통해 알려졌다. 나중에는 화가 몽고메리 플래그(Montgomery Flagg)가 제작한 '엉클 샘은 당신이 미 육군에 입대하기를 원해요(I Want You)'라는 유명한 징병 포스터로 강한 인상을 남겼다. 포스터에서 엉클 샘은 평소의 씩씩한 표정을

제임스 몽고메리 플래그의 1917년 포스터. 흰 머리에 턱수염을 하고 미국의 국기를 연상시키는 복장을 한 나이 든 남자로 그려진 엉클 샘은 미국을 의인화한 것이다.

잃고 사뭇 진지하고 험악한 표정을 짓고 있다.

 이렇게 해서 미국은 19세기 후반기가 끝날 무렵에 국가(1931년까지는 그다지 공식적인 인정을 받지 못했다)와 어느 정도 틀이 잡힌 국기, 그리고 엉클 샘이라는 국가적 상징을 갖게 되었다. 간단히 말해 국가 정체성의 기초를 쌓기 시작한 것이다.

 그러나 미국은 여전히 자기 길을 걷는 개성이 다른 부분들이 모인 집합체였다. 공통의 시간이 없는 것에서 그런 사실이 가장 확연히 드러났다. 1883년까지도 미국에는 고정된 시간이 없었다. 뉴욕이 한밤이면 워싱턴은 11시 47분, 필라델피아는 11시 55분이었다. 철도계의 거물 리랜드 스탠포드(Leland Stanford)가 미국 최초의 대륙 횡단 철도의 완성을 알리는 황금 대못을 침목에 박았던(실제로는 그가 못을 박을 수 없어서 몸 쓰는 일에 더 익숙한

사람이 대신 했다) 1869년, 그 뉴스는 숨을 죽이고 기다리던 미국 전역으로 급속히 타전되었다. 12시 45분에 유타의 프로먼토리(Promontory)에서 대대적인 경축 행사가 열렸지만 근처의 버지니아 시티에서는 12시 30분으로 예정되어 있었다. 샌프란시스코에서는 누구의 허가를 받아들이느냐에 따라 11시 44분 혹은 11시 46분으로 알려졌고, 피츠버그에서는 그 정보가 여섯 개 지역으로 동시에 전달되는 바람에 공식 시간이 여섯 가지로 다르게 기록되었다.

대부분의 정보가 말에 의해 전달되던 시대에는 몇 분 정도는 크게 중요하지 않았다. 하지만 세상이 점점 더 기술적으로 정교해지면서 다양한 시간 기준의 문제가 중요해지기 시작했다. 철도와 철도 여행을 하는 사람들에게는 특별히 골치 아픈 일이었다. 대부분의 철도 회사들은 어느 정도 일정한 도착을 위해 각자의 노선을 따라 표준 시각을 정했지만 그것은 지역이나 경쟁 철도회사에서 사용하는 시간과는 전혀 관계가 없었다. 역마다 시간이 다르게 갔다. 한 역은 역 시간을, 다른 역은 지역 시간을, 또 다른 역은 그 역에서 운행되는 각 노선이 지키는 시간을 내걸었다. 지역의 차이에 익숙하지 않은 승객들은 기차가 이미 떠난 뒤에 역에 도착하기 일쑤였다. 15개의 노선이 지나가는 시카고와 같은 곳에서 연결 기차를 타려면 모든 변수를 계산하는 방법이 적힌 두꺼운 책을 열심히 공부해야 했다.

무슨 조치가 필요했다. 전국의 시간을 통일하기 위해 처음 노력한 사람은 예상 밖의 인물인 찰스 다우드(Charles F. Dowd)였다. 그는 뉴욕 사라토가 스프링스(Saratoga Springs)에 있는 템플 그로브 여자 신학교(Temple Grove Ladies' Seminary)의 교장이었다. 1860년 다우드는 오늘날 우리가 사용하고 있는 것과 매우 흡사한 네 가지 시간대를 적용해야 한다고 주장하기 시작했다. 많은 사람들은 시간처럼 기본적인 것을 서툴게 다루는 것을 불경스럽게 생각했다. 어떤 지역에서는 철도와 전신회사 같은 상업 집단의 이익을 위해 시간을 바꾸려는 것은 건방진 태도라고 믿었다. 거의 모든 사람들이 그 개념을 완전히 이상하고 황당하게 보았다. 특히 시간대의 경계 주변에 사는 사람들은 더 반발이 심했다. 네브래스카의 노스 플랫(North Platte) 같은 곳에 사는 사람들은 길 건너편에 사는 이웃이 왜 매일 아침 자기들보다 한 시간 늦게 일어나야 하는지 도무지 이해할 수 없었다.

마침내 1883년 11월, 미국 철도 시간 조정위원회는 회의를 통해 시간대를 도입하여 시간을 통일하기로 결정했다. 11월 18일 "두 개의 정오가 있는 날"이라는 이름이 그 시작을 알렸다. 2주 동안 전 지역 사람들은 미국이 대형 유성과의 충돌을 앞두고 있기라도 한 것처럼 안절부절 못하며 야단법석을 떨었다. 농부들은 암탉이 알을 못 낳을까, 소들이 여물을 안 먹을까 걱정이 이만저만이 아니었다. 시카고의 노동자들은 그 대단한 날에 9분 연장 근무를 하게 될지도 모른다고 생각하고 파업을 하겠다고 위협했다. 약속한 날 새벽, 미국은 불안의 열병에 사로잡혔다. 정오 직전에 사람들은 시계가 바뀌는 것을 지켜보기 위해 시청과 법원 주위로 조용히 모여들었다.

시간 변경은 철도회사들의 탄원에 의해 단독으로 시행되었으므로 법적인 강제성이 전혀 없었다. 하지만 거의 전역으로 확대되었다가 거의 전역에서 실망스럽게 흐지부지되었다. 수백만 명은 법원 시계의 바늘이 재빨리 몇 분 앞이나 뒤로 돌아가는 모습을 지켜본 다음 조용히 생업으로 되돌아갔다. 그것은 그들에게 앞으로 벌어질 상황만큼이나 흥미로운 사건이었다. 여기저기서 지역적인 어려움이 발생했다. 워싱턴에서는 법무장관과 해군 기상대장 사이에 불화가 생겼고, 그 바람에 몇 년 동안 워싱턴의 정부 시계는 다른 지역과 다르게 갔다.[2] 하지만 미국 대부분 지역의 시간이 통일되면서 동요가 줄고 생활은 더 편리해졌다.

돈 역시 시대적으로 비교적 늦은 시기까지 표준화되지 않은 미국 생활의 특징이었다. 연방정부는 남북전쟁 동안 처음으로 '달러 지폐'를 만들면서 지폐를 찍어내기 시작했다. 동전과는 달리 종이돈은 은행 몫이었다. 19세기 초반 동안 은행들은 독자적인 돈을 인쇄할 수 있는 행복한 위치에 있었다. 지폐의 형태는 널리 확산되었다. 예를 들어 오하이오 제인스빌(Zanesville)에서는 30개의 은행들이 버지니아 세일린 은행(Virginia Saline Bank), 아월 크릭 은행(Owl Creek Bank) 등 온갖 특이한 이름으로 돈을 대량 생산했다. 그런 지폐들은 흔히 가치가 의심스러워 '남발 화폐(shinplaster)'로 불렸다.[3] 은행마다 찍어내는 돈의 가치가 모두 달랐다. 뉴올리언스의 시티즌스 뱅크(Citizens' Bank)는 특히 인기가 많은 10달러 지폐를 발행했다. 프랑스어로 10을 뜻하는 '딕스(dix)'가 뒷면에 새겨져 있었으므로 '딕시스(Dixes)'로 불리기도 했다. 남부 전체를 가리키기도 하는 그 말은 1859년 북부 사람 다니엘 디케이터 에밋의 노래 '딕시의 땅(Dixie's Land)'이 큰 성공을 거두면서 유행을 타기 시작했다.[4]

유통되는 돈의 종류가 워낙 많아 혼란스럽기는 했지만 상황은 이전보다 크게 나아졌다. 식민지 시대 동안 영국은 식민지에서 통용되는 영국의 정식 화폐를 거의 허용하지 않았다. 사업체들은 파운드, 실링, 펜스로 장부를 정리했지만 수중에 들어오는 온갖 법적인 화폐에 의지했다. 포르투갈, 스페인, 프랑스, 이탈리아와 플랑드르, 미국 등 여러 나라의 동전이 있었다. 사업가들은 1실링 4펜스가 페소(peso)의 6분의 1에 해당하고, 스페인이나 멕시코의 레알(real)은 2와 2분의 1센트이고, 포르투갈의 요하네스는 8.81달러에 거래되며, 2실링 3펜스는 독일 달러 가치의 반에 해당한다는 사실을 알아야 했다. 동부 해안 지역에서 레알은 대개 실링이라고 불렸지만 다른 곳에서는 비트(bit)로 더 많이 알려졌다. 1688년 영국에서 먼저 나온 비트는 스페인

피에자(pieza) 곧 피스(페소로 변형)일 수 있으며, 초기 동전들은 말 그대로 커다란 은화에서 부러진 조각이었을 가능성도 있다. 비트가 12와 2분의 1센트의 가치를 지녔기 때문에 특히 미시시피 서쪽에서는 자연스럽게 4분의 1달러는 2비트, 2분의 1달러는 4비트로 알려지게 되었다. 10센트는 쇼트 비트(short bit), 15센트는 롱 비트(long bit)였다. 미합중국이 독자적인 동전을 만들기 시작한 뒤에도 외국 동전들은 미국 상업에 중요한 역할을 하고 있었기 때문에 1857년까지도 계속 유통되었다.

장소에 따라 가치가 달라졌으므로 혼란은 가중되었다. 펜실베이니아와 버지니아에서 반 레알은 피퍼니 비트(fipenny bit) 혹은 핍(fip)으로 불렸다. 영국의 5페니 동전과 가치가 같았기 때문이었다. 하지만 뉴욕에서는 6펜스, 뉴잉글랜드에서는 4펜스 하퍼니(hapenny)와 같았다. 그런 상황에서도 미국인의 사업이 무리 없이 진행되었다는 것은 정말 놀라운 일이다. 독립혁명 이후에 미국에 은행이 한 군데도 없었다는 점을 감안한다면 더욱 놀랍다. 1781년 필라델피아에 처음 은행이 생겼고, 3년 뒤에 보스턴과 뉴욕에도 생겼다.[5]

많은 사람들이 돈 없이 살았고 물물교환이나 혹은 당시의 명칭대로 컨트리 페이(country pay)에 의존했다. 물물교환 상품은 트럭[truck: 행상이나 거래를 뜻하는 고대 프랑스어 트로케(troquer)에서 유래]으로 불렸는데, 커다란 바퀴 달린 수레와는 아무런 상관이 없다.

달러와 센트를 기준으로 삼는 십진법 통화 제도는 재무 감독을 보좌한 거버너 모리스가 창안하여 토머스 제퍼슨과의 협의를 거친 끝에 1784년에 도입했다. 하지만 파운드와 실링 같은 영국의 단위와 용어를 그대로 쓰고 싶어 하는 은행가들과 사업가들의 반발에 부딪쳤다. 최초의 공식적인 미국 동전에 붙은 이름은 어원의 보고였다. 그것들은 역순으로 나열하면 밀(mill), 센트(cent), 다임(dime), 달러(dollar), 이글(eagle) 등이었다.

달러는 요하힘스탈러(Joachimstaler)에서 그 기원을 찾을 수 있다. 그것은 1519년 요아힘스탈의 보헤미아 도시에서 처음 만들어져 유럽 전역에 퍼졌다. 미국에서 달러는 1683년에 처음 기록되었다.[6] 다임 혹은 첫 동전에 적힌 대로 딤(disme)은 프랑스어 디지엠므(dixième)를 바꾼 말로 딤(deem)으로 발음하도록 약속했으나 그렇게 하는 사람은 거의 없었다. 엄격히 말해 그 단어는 전혀 미국적이지 않았다. 다임은 1377년에 이미 영국에서 가끔 사용되다가 오래전에 사라졌다. 비-십진법이 통용되는 곳에서 10분의 1을 뜻하는 용어는 소용없었기 때문일 것이다. 센트는 100을 뜻하는 라틴어 센투(centu)에서 유래했고 처음에 1달러의 가치를 지닌 200센트가 있었기 때문에 이해하기 어려운 용어였다.[7] 1센트를 1페니로 언급하는 풍습은 영국 식민지 시절의 잔재다. 미국의 동전이 페니로 불린 적은 단 한 번도 없었다. 1000분의 1을 뜻하는 라틴어 밀레시무스(millesimus)에서 유래한 밀은 1페니의 100분의 1에 해당했고, 이글은 10달러에 해당했다.

당시 통용된 화폐 목록에서 유독 눈에 띄지 않는 것은 니켈이다. 초기에는 5센트짜리 동전이 있었지만 하프 다임(half dime), 작은 동전이나 표를 뜻하는 프랑스어 즈떵(jeton)에서 유래한 지트니(jitney)로 불렸다. 20세기가 시작될 무렵 미국의 도시들에 5센트 요금을 받는 버스가 보급되었을 때 지트니는 동전이 아닌 버스 요금표로 사용되었다. 니켈은 1센트나 3센트로 쓰이다가 1875년에 이르러서야 5센트 동전으로 통용되었다. '조심해서 가(don't take any wooden nickels)'라는 말도 1915년에 생겨났다. 나무로 만든 니켈이 통용된 시기는 물론 없었다. 그런 동전은 단번에 가짜로 드러났을 것이고, 위조한 사람은 5센트 가치 이상의 대가를 치러야 했을 것이다.

달러 표시의 기원은 화폐의 세계에서 꽤 오래 지속된 논란거리 가운데 하나였다. 미국에서 처음 $가 사용된 곳은 1784년에 토머스 제퍼슨이 달러를 일차적인 통화 단위로 사용하자고 제안하는 문서였다. 그가 자신의 이름 머리글자를 따서 조합했거나(그 정도로 허영을 부릴 사람이 아니었으므로 불가능하다), 낙서를 하다가 만든 것이라고(그렇게까지 엉성한 사람도 아니었으므로 역시 불가능하다) 추측하는 사람들도 있다. 널리 인정되는 의견은 U와 S를 포개어서 만들었으며, 이후 U는 해체되어 두 개의 평행선이 되었다는 것이다. 이 이론의 문제점은 미국 달러가 통용되기 훨씬 이전에 $가 페소의 기호로 사용되었다는 데 있다. (아직도 라틴 아메리카에서 페소의 기호로 사용되고 있다.) 가장 설득력 있는 것은 옛 스페인 페소(pieces of eight)에 찍힌, 두루마리에 싸인 헤라클레스의 쌍둥이 기둥을 단순화한 것이라는 설명이다.

돈과 관련해서 우리가 쓰는 속어와 표현들은 19세기에 생겨났다. 미국인들은 늦어도 1810년부터 돈을 '콩(bean: I haven't got a bean(돈이 한 푼도 없어))'이나 또는 1851년경부터는 '밀가루 반죽(dough)'으로 묘사했다. 미국인들은 1856년 이후로 달러를 벅(buck)이라고 불렀다. 10달러 지폐는 1860년대 초 이후로 소벅(sawbuck)으로 불렸다. 원래 지폐에 로마 숫자 X가 찍혀 있었는데, 그것의 모양이 톱질할 때 아래에 받치는 나무토막(sawhorse 혹은 sawbuck)과 비슷했기 때문이다. 이디시(Yiddish) 말로 돈을 뜻하는 머주머(mazuma)는 1880년에, 유래가 불확실한 서몰리언(simoleon)은 1881년에 생겨났다.

하지만 19세기의 미국이 돈과 관련된 말들만 만들어낸 것은 아니었다. 이 시기에는 온갖 단어와 표현들이 봇물처럼 쏟아져 나왔다. 그 예는 다음과 같다.

to make the fur fly	큰 소동을 일으키다
to whitewash	겉칠하여 속이다
to have an ax to grind	딴 속셈이 있다
to keep a stiff upper lip	좌절하지 않다
no two ways about it	두말할 것 없이 당연하다
to fly off the handle	자제심을 잃다
to move like greased lightning	매우 민첩하다
to have a knockdown and dragout fight	가차 없이 철저하게 하다
to sit on the fence	중립을 지키다
to go the whole hog	극단으로 치닫다
fire cracker	폭죽
hornswoggle	속이다
noncommittal	어중간한
to be in cahoots with	한통속이 되다
ornery	고집이 세다
to talk turkey	사실대로 말하다
horse sense	상식
nip and tuck	막상막하
conniption fit	발작
to bark up the wrong tree	헛다리짚다
to keep one's eyes peeled	빈틈없이 경계하다
close shave	구사일생
rip-roaring	떠들썩한
hell-bent	무모하게 매달리는

stool pigeon	한통속
to have a chip on one's shoulders	남에게 싸움을 걸다
to raise Cane	큰 소동을 일으키다
to scoot	달아나다
to pull the wool over one's eyes	속임수를 쓰다
to get hitched	결혼하다
to hold your horses	진정하다
beeline	직선 노선
to stub one's toe	실수하다
to be a goner	성공할 확률이 없다
to back down	후퇴하다
highfalutin	호언장담
to face the music	당당하게 비판을 받다
to keep one's shirt on	침착하다
one-horse town	이름도 없는 마을
deadbeat	게으름뱅이
to knuckle down	열심히 일하기 시작하다
con man	사기꾼
to slather	넉넉하게 쓰다
to get in on the ground floor	처음부터 참여하여 유리한 위치를 차지하다
to eat crow	마지못해 잘못을 인정하다
underdog	패배자
panhandler	거지
to be out on a limb	몹시 불리한 처지에 있다

19세기 신조어는 의미가 분명한 경우가 많다. 'to go haywire'는 단단하게 묶였던 짐짝이 풀리면 물건들이 흐트러지는 상황을 뜻하는 것이 분명하고, 'to talk turkey'(솔직하게 말하다)는 어느 인디언과 변경 사람에 관한 사실이 아닐지도 모르는 유명한 이야기에서 기인한 표현이다. 이야기에 따르면 변경 사람은 사냥한 동물을 반으로 나눌 때마다 이렇게 말했다고 한다. "자네가 말똥가리를 갖게. 그러면 나는 칠면조를 갖겠네. 자네가 원한다면 내가 칠면조를 가질 테니 자네는 말똥가리를 갖게나." 그런 일을 몇 번 당하자 인디언이 변경 사람의 말을 가로채며 이런 식으로 물었다. "이보게, 그런데 나는 언제쯤 칠면조를 갖겠다고 말할 수 있나?" 혹은 그와 비슷한 말을 했다고 한다.

하지만 우리 곁에는 난데없이 나타나 특별히 무엇을 의미하는 것처럼 보이지 않는 단어와 표현도 많이 남았다.

---

even steven(대등한)

easy as a lead pipe cinch(아주 쉬운)

to peter out(용두사미로 끝나다)

to talk through one's hat(큰소리치다)

to root hog or die(열심히 하지 않으면 곤란해진다)

fit as a fiddle(매우 건강한)

to take a powder(도망치다)

to paint the town red(소동을 일으키다)

to josh(농담하다)

유래에 관한 설명이야 빈번하게 나오지만 모두 설득력 없는 내용일 때가 많다. 『옥스퍼드 영어 사전』은 'josh'가 유머작가 조시 빌링스와 관련이 있

을지도 모른다고 말하지만, 그 말은 1845년에 이미 사용되고 있었다. 조시 빌링스는 1860년까지도 자기가 사는 동네 외에는 알려지지 않은 인물이었다. 『워체스터 스파이(Worcester Spy)』에 처음 등장한 'to face the music' (떳떳이 받아들이다)은 병사가 군대에서 추방되는 상황이나 아니면 극적인 요소를 가미해 긴장한 공연자가 관현악단석 너머로 관중을 마주보아야 하는 상황과 관련이 있을지도 모른다. 하지만 정답은 아무도 모른다. 오랫동안 살아남은 미국식 영어들은 유래를 알 수 없거나 불확실하다. 'to root hog or die'는 1834년에 『데이비드 크로켓의 인생 이야기(A Narrative Life of David Crockett)』에 처음 얼굴을 내밀었는데, 역시 유래를 짐작하기 어렵다. 혼자 힘으로 헤쳐 나가지 않으면 죽는다는 뜻의 이 표현은 코로 땅을 파서 먹이를 찾는 돼지의 습성을 말하는 게 분명해 보이지만, 크로켓 씨(아니면 그의 대필 작가)가 정확하게 무슨 뜻으로 썼는지는 확실하지 않다. 그와 같은 시대를 산 사람들도 모르기는 마찬가지였던 것 같다. 분명 그들은 자기가 그 불쌍한 돼지에게 무엇을 하기를 바라는지도 잘 몰랐을 테지만 그 표현은 미국 어휘집의 틈새를 메웠다. 중요한 사실은 바로 그것이다. 거투루드 스타인도 이렇게 말했다. "어떤 표현이 어떤 의미를 갖는 한 굳이 무엇을 의미할 필요는 없다."

미국 영어 중에서 가장 미국적인 'O. K.'도 그런 범주에 속한다. O. K.의 어원에 대한 설명은 다양한 만큼 확실하지 않다. 그것이 only kissing의 준말이라는 이론도 있었다. 글을 조금 깨우친 앤드류 잭슨은 'oll korrect'의 준말로 O. K.를 종이에 적었다. (사실 그는 그 정도로 무식하지는 않았다). 오린 켄달(Orrin Kendall)이라는 과자에서 유래했다는 설, 그리스어 올라 칼라(olla kalla, 모두 좋다)에서 왔다거나, 아이티 술 중 오케이(Aux Cayes)라는 중요한 상표에서 따온 것이라거나, 오픈 키(open key)라는 초기 전보의 약자였다거나, 촉토 부족의 긍정형 오케(okeh)에서 왔다거나, 인디언 추장의 이름인 올드 케오쿠크(Old Keokuk)에서 비롯되었다거나, 마틴 반 뷰렌의 별명인 올드 킨더훅(Old Kinderhook)에서 따온 것이라는 등 온갖 추측이 줄을 이었다.

다양한 이론을 지키기 위해 논문이 작성되었다. 학회에서도 그 문제를 논의하게 되었다. 1941년 컬럼비아 대학의 앨런 워커 리드가 그 문제를 연구하기 시작했을 때, O. K.는 이미 세계에 가장 널리 알려진 미국 말이었으며 그 유래를 찾는 작업은 DNA를 찾는 것과 같았다. 리드는 20년이나 그 문제에 매달렸다. 우리는 그의 노력 덕분에 O. K.가 1839년 3월 23일자 「보스턴 모닝 포스트」에 'Oll Korrect'의 약자로 처음 등장했다는 사실을 알게 되었다. 당시에는 일부러 글자를 모르는 듯한 조합을 만들어 쓰는 유행이 있었다. 그래서 'Know Use'를 'K. Y.'로, 'Remains to be seen'을 'R. T. B. S.'로, 'Know Go'를 'K. G.'로 썼다. 1840년 마틴 반 뷰렌이 대통령 선거에 출마했을 때 그의 선거 운동을 위해 민주 O. K. 클럽이 조직되었는데, 분명 이들이 국민의 의식 속에 O. K.를 심는 데 한몫했을 것이다. 그 말은 밤낮으로 널리 사용되도록 홍보되었고 그 이후로 줄곧 남게 되었다.[8]

19세기 미국인들은 새로운 말을 수백 가지씩 만들어냈을 뿐만 아니라 기존의 단어에 새로운 의미를 부여하기도 했다. 'fix'와 그 파생어는 용례가 너무 많아서 크레이기와 헐버트의 『미국 영어 사전』은 특별한 미국식 용법을 설명하는 데 지면 7단과 5천 개의 단어가 필요했다. 사전은 새롭거나 중요한 뜻을 부여하기 위해 일반적인 동사에 전치사를 붙였다. 동사로 명사를 만들기도 하고 명사를 동사로 바꾸기도 했다. 이런 관행은 이미 17세기 후반부터 시작되어 19세기에는 절정에 달했다. 1693년에 처음 기록된 'to scalp'는 최초의 예 중 하나다. 미국의 동사형 목록은 끝이 없다. 이것들이 없다면 미국 영어가 무척 빈곤해질 게 분명하다.[9]

요컨대 19세기는 미국의 엘리자베스 여왕 시대였고 영국은 그 때문에 미국인들을 미워했다. 1735년에는 미국식 어법에 대한 최초의 공격이 기록에 남았다. 당시 프랜시스 무어라는 영국인 여행자가 언덕에 올라 강을 내려다보며 서서 "그들이 야만적인 영어로 절벽이라고 부르는" 서배너(Savannah)라는 신생 도시를 언급했다. H. L. 멘켄의 말처럼 "영어 비평가들이 예전부터 지금까지 줄곧 보여 주고 있는 말투"였다.[10] 새뮤얼 존슨은 식민지의 사촌들을 틈만 나면 모욕했으며, 한번은 미국의 지리책을 마구 헐뜯었다. 영국에서 생겨나지 않은 크리크(creek), 갭(gap), 브랜치(branch), 스퍼(spur)와 같은 잘못된 단어들을 뻔뻔하게 썼다는 이유였다. 또 다른 비평가는 노아 웹스터가 사전에 미국 영어 랭시(lengthy)를 넣었다며 공격했다. 그는 "우리는 어디로 가고 있는가? 그 단어를 쓸 수 있도록 허용된다면 개정판에는 스트랭시(strenthy)란 단어가 실릴 것이다."며 실망감을 드러냈다.[11] 전문 여행가이자 작가이며 반쯤 모자란 것 같은 캡틴 바실 홀은 미국이 신조어를 만들어 내는 성향은 "이미 많은 단어가 있기" 때문에 아무 쓸모가 없다는 말로 많은 사람들의 생각을 대변했다.[12]

1800년대의 아메리카 대륙은 미국의 특이하고 불규칙적인 언어 습관에 대해 잘난 체하며 떠드는 영국의 감시인들로 들끓었다. 미국 영어는 모든 여성을 레이디(lady)로, 모든 남성을 젠틀맨(gentleman)으로 부르는 평등성 때문에 더 혹독한 질책을 받았다. 영국 작가 찰스 젠슨(Charles Janson)은 어린 여자 하녀를 하인이라고 부르는 실수를 저질렀다고 고백했다. 하녀는 발끈하며 말했다. "말씀드릴 게 있어요, 저는 하인이 아니에요. 흑인 외에는 그 누구도 하인이 아니랍니다." 그러고는 정색을 하며 자신은 고용인이라고 알려주었다.13) 그러한 의미의 구분은 툭하면 조롱을 받았지만, 미국을 비교적 덜 계급적인 사회로 만드는 데 크게 기여했다. 더욱이 매우 개방적인 미국인의 성격을 강조하기도 했다. 헨리 스틸 코메이저(Henry Steele Commager)도 이렇게 말했다. "미국인은 온순하고 너그럽고 개방적이며 사교적이다. 그리고 언어의 모든 역사를 거꾸로 돌려 '이방인(stranger)'이란 말을 손님이라는 뜻으로 쓴다."14)

얼마 지나지 않아 미국인은 놀림을 당할 위험을 감수하지 않는 한 입을 제대로 열 수 없었다. 'trousers'를 'pants'로, 'thank you'를 'thanks'로, 'gentlemen'을 'gents'로 사용하는 것처럼 단어를 줄이고 단순화하는 경멸적인 미국인의 습관을 비난하는 목소리가 점점 커져갔다. 무척 까다로운 어느 사회 비평가는 이렇게 비아냥거렸다. "내가 굶어 죽는 한이 있어도 'Gent's Furnishing Store'에서 공짜로 옷을 얻어 입지는 않을 것이다."15) 'pantaloons'를 줄인 'pants'는 1840년에 최초로 기록된 미국 영어로, 1년도 안 되어 불필요한 어휘적인 허식이라고 공격을 받았다. 재미있게도, 1845년에 새로 생겨난 'panties'는 오랫동안 남성용 속옷을 가리키는 말로 통했으며, 1908년까지도 여성용품으로 취급되지 않았다.

영국인들은 조롱을 할수록 자신들이 더 융통성 없고 우둔해 보인다는 사실을 모르는 것 같았다. 찰스 디킨스는 『미국인의 비망록(American Notes)』에서 한 웨이터가 자신에게 "당장" 음식을 가져오기를 바라는지 물었을 때 무척 당황했다고 털어놓았다. 딜라드가 지적하듯이, 디킨스가 그 표현을 한 번도 듣지 못했다면 그 뜻도 모르는 멍청한 여행자가 되었을 것이다.16)

미국인이 영국인처럼 말을 해야 한다는 생각은 항상 있었다. 1827년, 소설가 앤서니 트롤로프(Anthony Trollope)의 어머니인 프랜시스 트롤로프는 47세에 미국으로 건너가 신시내티에서 백화점을 세웠다. 결국 사업에 실패하고 살림살이까지 모든 것을 잃었다. 하지만 그 경험은 1832년에 출판되어 어마어마한 성공을 거둔 『미국인의 가정생활(Domestic Manners of the Americans)』의 생생한 소재가 되었다. 미국인에 대한 트롤로프의 비난 중에는 "정확하게 발음되는" 문장이 거의 없어서 늘 골치가 아팠다는 이야기가 있다. 미국인이 완벽하게 옳고 가끔 자기 식대로 발음하는 충분한 이유가 있을지

찰스 디킨스(1812. 2. 7~1870. 6. 9). 빅토리아 시대에 활동한 영국 소설가. 미국을 여행하면서 경험한 수많은 경험과 언어적 차이를 수록한 『미국인의 비망록』은 베스트셀러가 되었다.

도 모른다는 생각은 단 한 번도 하지 않았던 것 같다.

비평가들이 섣부른 일반화와 부주의한 보고를 자제했더라면 그 모든 것들을 참아내기가 조금은 더 쉬웠을지도 모른다. 에머슨은 미국인들은 대체로 디킨스가 설명한 것처럼 말하지 않는다는 사실을 약간 격한 감정으로 털어놓았다. "그는 이상한 말들을 주워듣고 열심히 지적했다. 그리고 할 이야기가 생기면 그것들을 한데 모아 최대한 우스꽝스럽게 그려냈다."[17) 그들이 미국인의 괴상한 성향을 이용하는 동안 영국의 관찰자들은 아랑곳하지 않고 미국인의 습관을 찾아내고 있었다. 경솔하게도 디킨스는 여행 중에 수많은 미국식 영어를 습득해서 『미국인의 비망록』에 써넣었다.

미국인들은 또 나름대로 미시시피 강의 너비만큼이나 엄청난 자기 학대적인 성향을 보여 주었다. 『미국인의 비망록』은 출판되자마자 엄청난 선풍

을 일으켜 사람들이 책 한 권 사려고 줄을 서서 기다렸다. 트롤로프 부인의 『미국인의 가정생활』은 한 해에 4쇄가 나올 만큼 훨씬 더 큰 성공을 거두었다. 이 책은 미국인의 관심을 크게 끌어 미국인의 사회적인 습관에 대한 저자의 신랄한 비판이 신문 기사와 선술집에서 오가는 대화에서 콜레라 전염병 확산보다 더 많은 화제가 되었다. 영국인 여행자들은 그런 사실에 깜짝 놀랐다.

외부에서뿐만 아니라 내부에서도 새로운 언어에 대한 공격이 가해졌다. 1781년, 스코틀랜드 태생으로서 저명한 프리스턴 대학의 학장이자 독립 선언문 서명자의 한 사람이었던 존 위더스푼(John Witherspoon)은 「펜실베이니아 저널 앤 위클리 에드버타이저(Pennsylvania Journal and Weekly Advertiser)」에 기사를 연재했다. 언어를 제외한 모든 것들에 있어 영국으로부터 독립하는 것을 열렬히 지지했던 그는 기사에서 자신이 귀화한 나라에서는 교육을 받은 사람들까지도 애매한 언어 습관에 빠져 있다고 비난했다. 'notify'가 'inform'을, 'mad'가 'angry'를, 'good'이 'clever'를 대신하는 등 "대영제국에서는 지위와 학력이 대등한 사람들이라면 거의 접하지 않는 부정확하고 상스러운 말투"를 쓴다는 것이었다.[19] 그는 기사를 연재하면서 처음으로 언어적인 의미로 'Americanism'이라는 말을 썼지만, 아무런 편견 없이 쓴 것은 전혀 아니었다.

많은 미국인이 아첨하는 경향이 짙었다는 사실도 주목해야 한다. 스코틀랜드 철학자 데이비드 흄(David Hume)은 'colonize(식민지화하다)'라는 말을 쓴 것을 비롯해서 신세계에서 나온 진기한 물건들에 대해 프랭클린을 비난했다. 그러자 프랭클린은 깊이 사죄하고 그런 태도를 당장 버리겠다고 약속했다. 존 러셀 바틀렛(John Russell Bartlett)은 『미국 영어 사전(Dictionary of Americanism)』을 펴냈지만 그 책에서 미국 말의 독창성을 칭찬하기는커녕 미국 말이 '타락'했다고 비하했다. 제임스 페니모어 쿠퍼(James Fenimore Cooper)는 『미국의 민주주의(The American Democrat)』에서 이런 의견을 제시했다. "미국 언어의 공통적인 결점은 겉치레에 대한 기대, 단순성 부족, 과장된 말의 남용이다."[20]

대서양 양쪽 편에 있는 많은 비평가들은 미국이 매우 독자적인 방언을 만들어 (이를테면) 언어적이고 문화적인 바탕에서 떨어져나가는 것을 두려워했다. 언어적인 격리는 더 넓은 상업, 법, 과학의 세계에서 소통하고자 하는 작은 신생국에게는 현명하거나 바람직한 목표가 아니었다. 「니커보커 매거진(The Knickerbocker Magazine)」은 언어 혁명을 원하는 미국의 성향을 "가장 큰 위험"이라고 보고, 독자들에게 영국적인 인식 수단을 고수하라고 촉구했다.

몇몇 비평가들은 아메리카 대륙은 영국 제도(British Isles)보다 더 광범위한 어휘가 필요하다고 지적했다. 「노스 아메리칸 리뷰(North American Review)」의 어느 익명의 기고가 역시 이렇게 단언했다. "런던 다리의 폭포에 적합한 언어로 나이아가라를 묘사하거나 템스 강을 위해 만들어진 언어로 미시시피의 웅장함을 표현하려는 사람은 어떻게 자기 말의 느낌을 적절하게 살릴 것인가?"[21] 제퍼슨은 그보다 더 간단하게 설명했다. "우리가 처한 새로운 환경은 새로운 단어, 새로운 어구, 그리고 옛 단어가 새로운 대상으로 전환할 것을 요구한다."

영국의 언어적 패권주의가 뻔뻔스럽고 오만하다고 생각하는 사람들도 있었다. 미국은 더는 영국의 자식이 아니었다. 1789년에 노아 웹스터는 "우리의 자존심은 우리가 정부뿐만 아니라 언어에서도 독자적인 기반을 세우기를 원한다."고 주장했다. 작가 루퍼트 휴는 이렇게 물음으로써 그의 의견에 반응했다. "우리는 왜 우리의 언어가 영국에서 빌려온 것일 뿐이라는 터무니없는 생각을 계속 갖고 있어야 하는가? 그것이 계속 문질러 닦아 흠집 하나 없이 돌려주어야 하는 구리 주전자라도 된다는 말인가?"[22]

거부감이 드는 단어들 중 다수가 미국식 영어가 아니라고 반박하는 사람들도 있었다. 가령 초서는 'gab'을 썼고, 존슨은 자기 사전에 'influential'을 넣었으며, 'afeared'는 색슨 시대 이후로 줄곧 영어에 있었다. son of a gun(시시한 자식), to bite the dust, to beat it, I guess 등 미움을 받는 수십 가지 '미국식 영어'가 모두 아메리카 식민지가 존재하기 훨씬 이전부터 있었다는 지적이 나왔다. 시인 제임스 러셀 로웰이 담담하게 말했듯이 미국인들은 "불행하게도 셰익스피어의 영어보다 더 나은 영어를 하나도 가져올 수 없었다."[23] 알프레드 엘윈이라는 열성적인 잡문가는 『추정 미국 영어 어휘집(Glossary of Supposed Americanisms)』이라는 책에서 열정적이지만 잘못된 주장을 하기도 했다. "거의 예외 없이 우리가 조롱을 받으며 쓰는 모든 단어와 어구가 아주 오래전에 쓰이던 영어라는 것은 간단한 진리다. 그 중 많은 수가 앵글로 색슨에 기원을 두고 있으며 거의 모두가 지금도 영국에서 사용되고 있다."

그런 보잘것없는 작품은 많은 사람들에게 감동 이상의 충격을 주었다. 로웰은 강력하게 주장했다. "확실히 우리는 이제 평화롭게 잠들 수 있을 것이며 영국의 사촌들은 우리를 용서할 것이다. 우리가 이 문제에서 독창적이라는 의혹을 모조리 벗어던졌기 때문이다."[24]

로웰은 미국 방언을 보호해야 한다고 생각하는 특별한 이유를 갖고 있었다. 허구의 인물인 뉴잉글랜드 시골뜨기 호시아 비글로를 만들어낸 데에 그의 명예가 온전히 달려 있었기 때문이었다. 호시아 비글로의 우습고 특이한 말은 매우 인기가 높은 『비글로 페이퍼스(Biglow Papers)』의 기초를 형성했다. 불행히도 미국 말의 수호자로서 로웰의 가치는 자신의 창작에 대한 반감이 커져가면서 약간 감소했다. 독자들이 계속해서 그의 시적인 창작물을 무시하자(그리고 정확히는 그것들이 항상 이류로 남게 되자) 독자들을 향한 은밀한 모욕을 담아 비글로 시집의 서문을 쓰는 상황까지 가고 말았다.

> "오, 더러운 세상이여, 너는 진주를 짓밟았으니 조개껍질이나 가지렴
> (Margaritas, munde porcine, calcâsti: en, siliquas accipe)."[25]

그러면서도 19세기 초반에 뉴잉글랜드 말의 특성을 기록한 중요한 자료를 남겼다. 다음 발췌문만 보아도 알 수 있듯이 요즘 말과는 아주 다르다.

> Ez fer war, I call it murder
> There you hev it plain an' flat:
> I don't want to go no furder
> Than my Testyment fer that;
>
> God hez sed so plump an' fairly
> It's ez long ez it is broad,
> An' you've gut to git up airly
> Ef you want to take in God.

하지만 이것이 교육받지 못한 뉴잉글랜드 사람들의 말이란 점을 기억해야 한다. 존 퀸시 애덤스처럼 더 나은 배경을 가진 사람은 또 다르게 말했을 것이다. 당대의 모순 중 하나는 아메리카가 정치적으로 통일되면서 언어적으로는 분열되는 위험에 치했다는 것이었다. 따라서 계층적이고 지역적인 차이가 모두 심각하게 느껴졌다.

변경 지방 사람들은 생활방식의 변화뿐만 아니라 언어의 변화로도 잘 분열되지 않았다. 가령 영국인과 미국 동부 사람은 bile, jine의 단모음을 이중모음으로 만들어 boil, join이라고 쓰기 시작했다. 어떤 단어에서는 유성음 'r'을 넣었다가 또 다른 단어에서는 삭제했는데, 변경 지방 사람들은 그런 새로운 유행을 잘 받아들이지 않는 편이었다. 앤드류 잭슨, 데이비 크로켓, 에이브러햄 링컨처럼 새로운 부류의 변경 사람들은 자기 지역의 언어 방식을 워싱턴으로 가져갔고, 그들의 뚜렷한 억양과 거친 발음이 점점 더 동부 사람들의 감각에 불쾌감을 주었다. 결국 길쭉하게 생긴 나라의 언어적 다양성을 더욱 부각시키는 역할을 했다. 변경 지방의 취향과 발음 중 일부가 데이비 크로켓의 연설을 통해 전해지기도 했다(물론 대필 작가가 원고를 대신 작성했겠지만). "우리는 소나무에 연속적으로 떨어지는 번개처럼 우리의 용기를 보여 주고, 흑인과 같은 적을 몰살하고 달래고 비방해 달라는 요청을 받았다. …… 속을 채운 소시지(sassidge)처럼 천둥과 번개로 그의 하찮은 몸을 가득 채우고 빨갛게 달군 포크로 그를 찍어라. …… 지진(airthquake)으로 그의 마음을 흔들고 인디언(Injun)의 고함소리로 겁을 주어라(tarrify)." 이는 크로켓이 창작한 말은 아니지만 그 철자가 그의 발음을 정확하게 묘사하지 않았다고 추측할 이유는 어디에도 없다.[26]

약간 덜 할지는 몰라도 링컨 역시 변경 출신이라는 표시를 많이 냈다. 글솜씨가 아무리 세련됐어도 링컨의 말은 늘 오지의 분위기를 풍겼다. 한결같이 하우디(howdy, 안녕)라고 인사했고, out yonder, stay a spell처럼 허물없는 일상어를 간간이 넣어가며 대화에 참여했다. 세련된 워싱턴의 정치인들 중에는 그런 말투를 싫어하는 사람들도 있었을 것이다.[27] 게다가 그는 고리타분한 변경의 말투를 자주 썼다. 통속적인 이야기를 좋아했으며, 1860년에 불만투성이의 한 시민이 보낸 편지를 동료들에게 보여 주는 것을 낙으로 삼았다고 한다. 거기에는 이런 내용이 적혀 있었다. "빌어먹을 당신의 빌어먹을 영혼이 빌어먹을 지옥에나 떨어지고 빌어먹을 당신의 빌어먹을 가족의 빌어먹을 영혼과 빌어먹을 당신의 빌어먹을 친구들도 빌어먹을 지옥에나 떨어지기를."[28] 굳이 밝힐 필요는 없겠으나 그 편지의 발신지는 변경 지방이었다.

직접적이고 다채롭고 독립적인 서부식 말투와 보수적이고 딱딱한 동부식 말투의 충돌은 19세기 미국 영어의 한결같은 중심 주제였다. 1863년 11월 19일에 게티즈버그의 작은 도시 펜실베이니아에서 열린 남북전쟁 전사자들을 위한 공동묘지 기념식에서만큼 그런 차이가 명백하게 드러난 적도 없을 것이다.

그날의 주요 연설자는 링컨이 아니라 동부 출신의 웅변가 에드워드 에버렛이었다. 그의 연설은 늘 그러했듯이 행사에 어울리지 않는 문학적인 암시, 화려한 겉치레, 애매한 역사적 사실로 가득했다. 연이은 종속절, 복잡한 구조, 옆길로 샌 보충설명으로 문장이 잔뜩 과장되어 있었다. 거의 모든 문장의 주어와 술어 사이에 불필요한 화려한 말들이 들어갔다. 그 난해성을 증명하는 문장 하나를 예로 들면 다음과 같다.

베이컨 경은 "명예로운 통치의 수준을 정확하게 정렬"하면서 "국가와 연합의 창시자"를 최고로 쳤습니다. 우리의 본성, 열정, 개인의 의견,

가족, 혈통, 부족에 대한 경쟁, 기후와 지리적 위치의 영향, 오랜 세월 동안 축적된 평화와 전쟁의 사건들에 담긴 부조화의 요소들, 그처럼 양립하지 않는 요소들을 바탕으로 성장하려면, 한 번의 노력이나 한 세대 안에서 그것을 달성하려면, 대단한 기술보다는 잘 정비되고 번영하는 강력한 국가가 필요합니다.

이처럼 애매한 문장들이 약 1,500개나 이어졌다. 지루하고 추운 두 시간이 지난 오후 2시 무렵에야 에버렛은 엄청난 박수를 받으며 연설을 마쳤다. 누구나 짐작하겠지만 그것은 메시지 전달이 이제야 끝났다는 안도의 기쁨에서 나오는 박수였다. 다음 순서는 링컨 대통령이었다. 15,000명은 될 성싶은 청중들은 이미 네 시간 동안 그 자리에 서 있었기 때문에 지치고 춥고 배가 고팠다. 링컨은 누군가의 말처럼 "망원경이라도 끄집어내는 것처럼" 어색한 동작으로 일어나 안경을 고쳐 쓴 다음 원고를 눈앞으로 가져가 높은 음성으로 불안하게 연설을 시작했다. 목격자에 따르면 "그는 원고에서 거의 눈을 떼지 않은 채" 그 유명한 말들을 읽어 내려갔다고 한다.

87년 전 우리의 선조들은 자유의 신념으로 이 대륙에 새로운 나라를 세웠고 모든 인간이 평등하게 태어났다는 믿음을 지키려고 노력했습니다.
지금 우리는 대규모 내전을 치르며 이 나라나 그만큼의 신념을 갖고 헌신한 다른 나라가 얼마나 오래 견뎌낼 수 있는지 시험하는 전쟁 가운데 있습니다. 우리는 전쟁터의 일부를 나라를 지키기 위해 자신의 목숨을 희생한 이들의 마지막 휴식 장소로 만들고자 이 자리에 모였습니다. 이는 우리가 마땅히 해야 할 일입니다.

그러나 넓은 의미에서 우리는 이곳을 신성화할 수 없습니다. 죽기를 무릅쓰고 여기서 싸웠던 용사들이 이미 우리의 미약한 힘으로는 더하거나 뺄 수 없을 정도로 이곳을 신성화했기 때문입니다. 세상은 우리가 이 자리에서 하는 말을 그리 오래 기억하지 못하겠지만 그들이 이곳에서 한 일은 결코 잊지 못할 것입니다. 그들이 너무도 고귀하게 이루려다 못다 한 일에 전념해야 할 사람들은 바로 살아있는 우리들입니다.

여기서 우리 앞에 남겨진 위대한 과제에 헌신해야 합니다. 그 과제란 그들의 명예로운 죽음을 통해 그들이 마지막 힘을 다한 명분에 더 크게 헌신하고, 그들의 희생을 결코 헛되이 하지 않겠다고 굳게 결의하고, 하나님의 가호 아래 이 나라가 새로운 자유를 잉태하게 하며, 국민의 국민에 의한 국민을 위한 정부를 이 세상에서 결코 사라지지 않게 하는 것입니다.

아무리 링컨이 결론만 말해 주기를 바라는 분위기였지만 이 연설은 짧아도 너무 짧았다. 게티즈버그 연설은 3분의 2가 단음절짜리 단어 268개로, 대부분 짧고 직접적이고 집약된 열 개의 문장으로 이루어져 있었다. 걸린 시간도 2분에 불과했다. 참석자들의 증언에 의하면 너무 순식간에 끝나버려서 대통령이 자리에 앉았을 때까지도 공식 사진기자들이 카메라를

1863년 11월 23일 게티즈버그에서 군중들에 둘러싸인 링컨(가운데 오른쪽 긴 모자 쓴 사람). 후대에 명연설로 꼽히는 링컨의 게티즈버그 연설은 너무나 짧아서 사진기자들이 연설을 하는 대통령의 사진을 찍지도 못했다.

점검하고 있었다고 한다.

그 연설은 로마 제국의 웅장함이나 그리스의 영광을 훑고 지나가는 장황한 여행에 청중을 끌어들이기는커녕 변변한 명사 하나 사용하지 않았다. 게리 윌스의 말처럼 게티즈버그나 노예제도, 아니면 심지어 연합에 대해서도 전혀 언급하지 않았다.[29] 링컨은 그 연설을 실패했다고 생각했다. "나는 실패했습니다. 정말입니다. 내가 그 연설에 대해 할 수 있는 말은 그뿐입니다."라며 의기소침해서 에버렛에게 말했다. 많은 사람들이 그의 생각에 동감했다. 「시카고 타임스」는 이렇게 썼다. "외국의 지성인들에게 미합중국의 대통령이라고 소개할 사람의 어리석고 밋밋하고 싱거운 연설로 그 자리에 있던 모든 미국인들의 뺨이 수치로 물들었다." 링컨에게 동조적인 신문들마저도 그의 연설을 거의 보도하지 않았다. 그것이 역사상 가장 훌륭한 연설로 인정받기까지는 오랜 세월이 걸렸다.

게티즈버그 연설은 작지만 분명한 어휘의 전환을 기록하기도 했다. 남북전쟁 전에는 사람들이 '연합'에 관해 이야기하면 미국 연방의 임의성이 부각되었다. 링컨은 최초의 취임 연설에서 연합(the Union)을 20번이나 끄집어냈지만 국가(Nation)란 말은 한 마디도 하지 않았다. 하지만 3년 동안 치열한 남북전쟁을 치른 뒤에 행한 게티즈버그 연설에서는 '연합'은 언급되지 않았다. '국가'만 다섯 번 말해졌다.

지금 우리는 링컨의 말이 직접적이고 쉽다는 사실을 당연하게 생각한다. 하지만 당시는 정치인, 연설가, 문학 전문가뿐만 아니라 신문조차 지나치게 과장된 말을 썼던 시대였음을 기억해야 한다. 케네스 크밀은 『민주적인 웅변(Democratic Eloquence)』에서 자존심 있는 19세기의 기자들은 집 한 채가 불타서 내려앉았다고는 절대 쓰지 않고 대신 "큰 화재가 구조물을 전소했다."고 말했을 것이라고 했다. 또한 "사람들이 떼를 지어 구경을 나왔다."

처럼 인상적이지 않은 글에 만족하지 않고 "대규모 인파가 군집해서 목격을 했다."는 식으로 썼을 것이라고 덧붙였다.[30]

연설가들이 여덟 마디를 할 수 있는데 두 마디만 하거나, 일주일에 같은 말을 두 번 하는 것은 꿈도 꾸지 못했던 시대에 링컨은 단순과 반복의 묘미를 실컷 즐겼다. 국무장관이었던 윌리엄 수어드는 링컨의 취임 연설문을 작성했다. 그것은 그 시대의 걸작이었다. 링컨은 원고를 다듬어 시대를 초월한 작품을 만들었다. 수어드가 "우리는 외계인이나 적이 아니고 그래서도 안 되며 어디까지나 같은 국민이고 형제이다."라고 쓴 것을 링컨은 "우리는 적이 아니라 친구이며, 결코 적이 되어서는 안 된다."로 고쳤다.[31] 그처럼 간결하고 반복적인 문장은 참신하기만 할 뿐만 아니라 대담하기까지 했다.

그의 연설은 항상 특별한 리듬이 있었다. 윌스는 "세상은 우리가 여기서 무엇을 하는지 알지도, 오래 기억하지도 못한다(The world will little note, nor long remember, what we do here)"와 "We shall nobly save, or meanly lose, the last best hope of earth(우리는 지상 최고의 마지막 희망을 고상하게 구하든지 비열하게 잃을 것이다)."의 예처럼 링컨의 연설은 "명료한 단음절을 따라가는 첫 소용돌이"라고 불렀다.[32] 그의 말은 항상 직접적이었는데, 동부의 고상한 표현과는 극명한 대조를 이루면서 그가 변경 출신임을 증명했다. 링컨의 두 번째 취임 연설에 이런 내용이 있다. "아무런 원한도 없이, 모든 이를 아끼는 마음으로, 정의의 편에 있다는 신념으로 …… 온 국민과 함께 정의와 영원한 평화를 달성하고 지킬 수 있는 모든 것을 하기 위해 …… 노력합시다." 이것은 언뜻 보기에는 데이비 크로켓의 "소나무에 떨어지는 번갯불처럼"과 비슷한 점이 전혀 없는 것 같다. 하지만 조금 더 정제된 말로 표현하면 논점이 직접적이고 간결하다는 점에서 완전히 똑같다고 할 수 있다.

　마침내 미국 영어는 국기와 국가, 엉클 샘이라는 상징과 함께 앞으로 나아갈 목소리를 발견하게 되었다. 하지만 그와 동시에 세상에서 번영하리라고 보장할 수 있을 만한 훨씬 더 만족스럽고 확신한 다른 것도 찾았다. 다른 나라의 꿈을 뛰어넘는 부를 얻은 것이다. 그 이야기는 다음 장에서 계속하기로 하자.

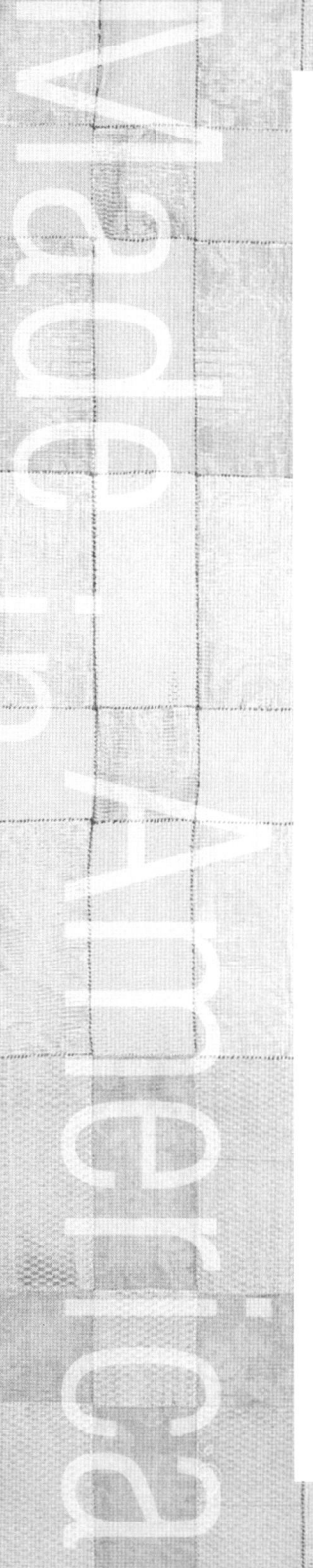

돈방석에 앉은 미국
—발명의 시대

In 1993, according to an international business survey, the world's most valuable brand was Marlboro, with a value estimated at $40 billion, slightly ahead of Coca-Cola. Among the other top ten brands were Intel, Kellog's, Budweiser, Pepsi, Gillette, and Pampers. Nescafe and Bacardi were the only foreign brands to make top ten, underlining American dominance. Why companies like Coca-Cola suffer palpitations when they see a passage like this (from John Steinbeck's The Wayward Bus): "Got any coke?" another character asked. "No," said the other proprietor. "Few bottles of Pepsi-Cola. Hau̇___ ___ coke for a month······. It's the same stuff. You can'___ ___ 1993, according to an international business ___ ___e brand was Marlboro, with a value esti___ ___of Coca-Cola. Among the other top ten ___ ___ser, Pepsi, Gillette, and Pampers. Nes___ ___brands to make top ten, underli___ ___like Coca-Cola suffer palpita- ti___ ___m John Steinbeck's The Way- war___ ___r asked. "No," said the ot___ ___ven't had any coke for a mon___ ___them apart." In 1993, ac___ ___world's most valuable bran___ ___llion, slightly ahead of Coca-Co,___ ___el, Kellog's, Budweiser, Pepsi, Gillett___ ___u Bacardi were the only brands to make top ten, unuerlining American dominance.

MADE IN
AMERICA

18 81년 7월 2일 아침, 제임스 가필드 대통령은 국무장관 제임스 G. 블레인과 함께 워싱턴 D. C.의 중앙 기차역을 지나고 있었다. 가족과 함께 독립기념일 휴가를 보내러 뉴저지 해변으로 가는 길이었다. 아내가 말라리아에 걸려 사경을 헤매다가 최근에야 회복했기 때문에 함께 지내고 싶은 마음이 간절했다. 당시에는 대통령의 안전을 책임지는 기관이 없었다. 그런 상황에서 대통령은 일반인과 다름없었다. 어느 누구나 그에게 접근할 수 있었는데, 실제로 한 남자가 그랬다. 정신 이상자 찰스 기토라는 변호사였다. 그는 44구경 권총으로 대통령을 두 차례 쏜 뒤에 옆으로 물러나 묵묵히 기다렸다가 체포되었다. 기토가 자신을 파리 총영사로 임명해 달라는 계속된 간청을 대통령이 무시했기 때문에 불만을 품었다는 소문이 돌았다.

국민은 대통령의 회복 소식을 애타게 기다렸다. 정확한지는 모르지만 전국의 일간지들이 주요 지국 앞에 속보를 게시했다. 「뉴욕 헤럴드」 사무실 외벽에 게재된 대표적인 속보는 이러했다. "대통령은 밤새도록 잠을 이루지 못하고 몇 차례 구토를 했다. 생명 보존을 위한 영양제가 성공적으로 투입되었다."[1]

대통령의 의식이 오락가락하는 동안 전국의 유명 인사들이 그의 침상으로 불려갔다. 장기로 들어가는 영양분보다는 그들의 긍정적인 도움에 거는 기대가 더 컸다. 당시 최고의 전성기를 누리던 알렉산더 그레이엄 벨은 금속탐지기를 발명해서 '유도 장치(induction balance)'라고 이름 붙이고 최근에 발명한 전화기를 수신기로 활용했다. 그 장치의 목표는 대통령의 뼈에 박힌 총알의 위치를 추적하는 것이었다. 하지만 대통령의 온몸에 총알이 박혀 있다는 결과가 나오자 벨 자신도 몹시 당황했다. 그는 한참 뒤에야 그 장치가 침대의 금속 스프링을 탐지했다는 사실을 알았다.

1881년 여름 미국의 수도에 기록적인 무더위가 찾아왔다. 수갱 환기 전문가로 통하는 기관 기술자들이 백악관의 호출을 받았다. 부상을 입은 대통령을 조금이나마 편안하게 해 주기 위해 공기 냉각 장치를 설치하는 임무가 떨어졌다. 그들은 얼음, 소금, 물, 그리고 얼음이 녹으면서 흠뻑 젖을 여과용 테리 천을 가득 채워 넣은 커다란 철제 상자를 준비했다. 바람개비가 외부에서 빨아들인 따뜻한 공기는 젖은 테리 천을 통과한 뒤에 숯 여과장치를 거치면서 정화된 다음 대통령의 침실 안으로 밀려들어갔다. 이 장치는 58일 동안 1만여 킬로그램의 얼음을 소비했으니 그다지 효과적이랄 수 없었다. 하지만 대통령의 방 온도를 27도 정도까지 떨어뜨리면서 역사상 최초의 에어컨으로 기록되었다.[2]

슬프게도 꺼져가는 대통령의 생명을 소생시킬 방법이 더는 없었다. 저격당한 지 두 달 반이 지난 9월 19일, 대통령은 조용히 숨을 거두었다.

가필드 대통령 총격 사건은 두 가지 면에서 의미가 있었다. 첫째, 엽관제(spoils system)의 폐해를 증명했다. 원래 그 영어는 6년 전에 뉴욕의 정치가 윌리엄 L. 머시가 "전리품은 승자의 것"이라는 유명한 말을 하면서 생겨났다.³⁾ 엽관제를 따른다면 새로 당선된 대통령이 시골 우체국장과 등대지기에서 대사에 이르기까지 수백 명의 관리를 임명해야 한다. 그것은 정치적 충성심을 보상할 편리한 방법이지만 대통령에게는 시간이 걸리는 힘겨운 과정이었다. 찰스 기토가 그 실례였다. 희망을 품었다가 실망한 사람들은 불만에 싸일 수밖에 없었다. 대통령 저격은, 더 정확하게 말해 충격에 대한 반응은, 다른 면에서도 중요한 의미를 갖고 있었다. 그것은 연한 피부 조직 속에 숨은 총알을 찾아내든지, 아니면 죽어가는 대통령의 침실을 시원하게 하든지, '작은 지식(know-how)'을 적절하게 응용하면 거의 모든 문제를 해결할 수 있다는 미국인의 뚜렷한 신념을 증명해 보였다.

1857년에 생겨난 know-how는 미국 영어로, 19세기의 중심 주제라 할 만했다. 1881년 무렵 미국은 그런 지식과 풍부한 천연자원, 값싼 이주 노동력의 꾸준한 공급 등 다른 중요한 요소들에 힘입어 세계적인 사건의 변방을 맴돌던 농경국가에서 경제대국으로 눈부시게 도약했다. 가필드의 죽음을 전후해서 30년 동안 미국은 역사상 유례를 찾을 수 없는 성장의 시기를 만끽했다.

미국은 원재료와 완제품을 대량으로 생산하면서 대부분의 경제활동 영역에서 거물로 성장했다. 그런 과정에서 외국의 생산을 위축시키고, 때로는 다른 모든 교역국의 생산량을 위축시키기도 했다. 1850년에서 1900년 사이 미국의 석탄 생산량은 1,400만 톤에서 1억 톤으로 증가했고, 철 생산량은 100만 톤에서 2,500만 톤으로 치솟았다. 종이 생산은 아홉 배, 선철 생산량은 일곱 배, 면실유는 14배, 구리선은 거의 20배나 증가했다. 1850년 미국의 2,300만 국민은 71억 달러의 부를 축적했다. 50년 뒤에는 인구가 세 배로 늘어나 7,600만 명이 되었지만, 재산은 13배나 늘어 94억 3천 달러에 육박했다. 1894년 미국은 영국을 제치고 세계 제일의 제조국 자리를 꿰찼다. 1914년에는 세계 최대의 석탄, 천연가스, 석유, 구리, 철광석, 은 생산국이 되었으며, 공장들은 영국, 독일, 프랑스의 생산량을 모두 합친 것보다 더 많은 제품을 만들어냈다. 가필드가 눈을 감은 지 30년도 채 안 되어 미국인은 세계 부의 4분의 1을 손에 넣었다.⁴⁾ 헨리 스틸 코메이저에 따르면 미국의 일반인들에게 진보는 "철학적인 관념이 아니라 일상적인 경험이었고 …… 역사상 어느 나라도 미국만큼 성공하지 못했는데, 모든 미국인이 그 사실을 알았다."고 한다.⁵⁾

다른 나라의 시민들은 그들처럼 부를 축적하는 데 열중할 엄두도 내지 못했다. 미국 말에서는 돈에 대한 오랜 집착을 분명히 읽어낼 수 있다. 18세기에 이미 벤저민 프랭클린은 독자들에게 시간은 돈(time is money)임을 상기시켰고, 외국인들은 일확천금(to net a cool thousand)이라는 미국식 표현과 가진 돈을 기준으로(worth so-and-so many dollars) 사람을 평가하는 습관에 대해 이러쿵저러쿵 말이 많았다.⁶⁾ 1832년에 헨리 크레이가 그 말을 생각해내기 오래전만 해도 미국은 자수성가하는 자(self-made man)의 땅이었다.⁷⁾ 사람들은 미국 경제를 만들어가는 사람들을 비즈니스맨(businessmen)이라고 불렀다. 이 단어는 늦어도 1670년 이후로 쓰였지만 그전에는 공적인 일에 종사하는 사람만을 가리켰다.⁸⁾ 부를 축적하는 중대한 문제에 열중하는 사람이라는 의미로 따지면 완전히 미국 영어다. 19세기 동안 사람들은 유복하거나(well fixed), 잘살거나(well-to-do), 떼돈을 벌거나(in the dimes), 호사스럽거나(in clover), 돈이 많거나(heeled), 엄청난 돈을 번 도박꾼이거나(a high roller), 혹은 부자(money bag)가 되었다. 그들은 1850년대에는 횡재(strike it rich)를 할 수 있었고, 1880년대에는 순하고 신나는 삶(living the life of Riley)을 꿈꿀 수 있었다. 그 시대의 인기곡 '저 사람이 레일리 씨인가요?(Is that Mr. Reilly?)'에서 나온 말로, 가사는 주인공이 갑자기 생긴 큰돈으로 무엇을 할지 궁리하는 내용이다.⁹⁾

모든 사람들이 이처럼 새롭게 부상하는 미국을 좋아한 것은 아니었다. 1844년 뉴욕 시장이자 저명한 사회비평가인 필립 혼은 "오, 그리운 옛날이여(the good old days)"라는 말을 처음으로 기록에 남겼다.¹⁰⁾ 하지만 지금과 다름없이 그때 사람들도 황금만능(the almighty dollar)에 젖는 것 외에는 아무것도 원치 않았다. 그것은 1836년에 워싱턴 어빙이 「니커보커 매거진」의 기사에 처음 쓴 표현이다.¹¹⁾

아주 많은 미국인들이 그렇게 살았다. 1820년대 중반에 미국인들은 이미 프랑스어에서 유래한 백만장자(millionaire)를 부러워했고, 1850년에는 그 단어에 더 공격적인 의미를 가미해서 억만장자(multimillionaire)를 만들어 냈다.¹²⁾ 진기한 발명과 시기적절한 투자로 처음부터 유리한 위치에 설 수 있는(get in on the ground floor) 행운을 쥔 미국인들은 자연스럽게 자신도 백만장자가 되기를 원했다. 1840년에서 1915년 사이에 미국의 백만장자의 수는 20명에서 4만 명으로 급격하게 늘어났다.¹³⁾

새로운 부류의 '거물〔tycoon: 장군을 뜻하는 일본어 타이쿤(大君)에서 유래한 말로 1870년대에 처음으로 실업계 지도자들을 지칭하기 시작했다〕'들은 지금으로서는 상상도 할 수 없는 대단한 재력과 권력을 누렸다. 1891년, 존 D. 록펠러와 스텐다드 오일은 석유로 세계 시장의 70퍼센트를 장악했다. 역사가 하워드 진에 따르면, J. P. 모건의 하우스 오브 모건과 관련 기업들은 1912년에 "22개 주와 미시시피 서쪽 영역의 부동산 평가액보다 더 많은 부를 축적했다."고 한다.¹⁴⁾

엄청난 부는 심각한 기행의 원인이 되기도 했다. 그레이트 노던 철도회사의 제임스 힐은 이름이 침이라는 뜻의 스피틀스(Spittles)라는 이유로 직원을 공개적으로 해고했다. J. P. 모건의 런던 사무소 직원들은 밤에 저녁밥을 차리고, 침대를 정리하고, 잠옷을 준비해두어야 했다. 소유주가 5천 킬로미터나 떨어진 뉴욕에 있어도 마찬가지였다. 기업가 존 M. 롱이어는 미시간 집 옆에 철도가 개통되면서 불편을 겪자 방 60개짜리 저택, 울타리, 나무, 관목, 분수, 부속물 등 부동산 전체를 포장해서 매사추세츠 브룩클린에 그대로 옮겨놓았다.[15] 신문 재벌 제임스 고든 버넷은 식당에서 탁자를 지나칠 때마다 식탁보를 홱 잡아당기는 행동으로 자신의 도착을 알렸다. 그러고는 지배인에게 현금 한 다발을 쥐어주며 쏟은 음식과 버린 옷값을 변상했다. 술을 엄청나게 마시고도 멀쩡하게 회복하는 등 버넷의 기행은 지금은 고향에서도 오래전에 잊혔지만 한때는 세계적으로 유명했다. 사실 그의 이름은 '고든 버넷!'이라는 외침으로 아직도 영국에 남아 있다. 그것은 서툰 종업원에게 물세례를 받거나 심한 모욕을 받은 사람이 흔히 내뱉는 말이다.

부자들의 방종은 그들의 부를 지켜주는 노동자들의 비참한 상황과 비교할 때 훨씬 더 큰 분노를 자아낸다. 아직도 통용되는 1860년대의 공장인 제작소(manufactory)의 노동자들은 하루 20센트도 채 못 받으면서 일주일에 6일, 하루 16시간을 일했다. 가끔은 공장 매점에서만 쓸 수 있는 지폐를 보수로 받기도 했다. 직장은 조명과 난방이 좋지 않았고 위험한 기계와 재료로 가득했다. 19세기가 지날 무렵 매사추세츠 로렌스의 제분 단지에 살던 한 의사는 한 회사에 고용된 공장 노동자의 36퍼센트가 스물다섯 살 생일을 맞을 때까지도 살지 못했다고 밝혔다.[16]

미국이 번영할수록 유쾌하지 못한 단어들이 유입되었다. 빈민굴을 뜻하는 슬럼(slum: 유래는 정확히 밝혀지지 않았지만 영국 방언 slime의 변형으로 추정된다)과 스웨터(sweater)로 줄여 쓰인 스웨트숍(sweatshop: 노동력을 착취하는 공장이라는 뜻으로 1867년에 처음 기록에 남았다), 도시의 어두운 환락가를 뜻하는 텐덜로인(tenderloin) 등이었다. 텐덜로인은 42번가 지역에 근무하면서 부정이익을 챙기게 된 덕에 다진 쇠고기 대신 허리 쪽 연한 고기(tenderloin)를 먹게 되었다고 말한 어느 뉴욕 경찰의 입에서 맨 먼저 나온 말이라고 추정된다. 창녀의 해부학적인 특징에 대한 말장난이 분명 이 말의 정착에 한몫했을 것이다.[17] 오래된 단어들 역시 좋지 않은 새로운 뜻을 갖게 되기도 했다. 테너먼트(tenement)는 본래 세를 들어 사는 거주자를 가리켰지만 미국에서는 공동주택에 사는 가난한 사람을 뜻했다. 그러다 1840년대에 하층민이 사는 복잡하고 불결한 건물이라는 의미를 갖게 되었다.

번영의 광명이 비치는 바깥쪽에는 눈부신 시대가 펼쳐졌다. 승객용 승강기, 에스컬레이터, 전화기, 축음기, 공기 제동기, 현금 등록기, 전등, 만년필, 주조 식자기, 상자형 사진기, 안전핀, 종이 클립, 공기 타이어, 계산기, 회전문 등 그 시기에 나온 주요 발명품만 꼽아보아도 얼마나 열정적인 분위기가 미국을 사로잡았는지 짐작할 수 있다. 모두 미국에서 19세기의 마지막 25년 동안 쏟아져 나왔으며 일상의 불편을 덜어주기 위해 고안되었다. 베서머 강철(Bessemer Steel), 자카드 직물(Jacquard looms), 증기압 등 다른 나라들이 혁신적인 산업 공정의 발전에 자본을 쏟아 붓는 동안 미국은 생활을 더 편리하게 만드는 가정용품을 대량으로 생산했다. 미국인들은 랠프 왈도 에머슨의 유명한 격언을 가슴에 새겼다. "더 나은 쥐덫을 만들라. 그러면 세상이 당신의 집으로 몰려갈 것이다." 안 그랬다면 에머슨으로 하여금 그런 말을 하도록 만들었을지도 모른다. 실제로 에머슨은 쥐덫이란 표현을 하지 않았고 대신 다음과 같이 아주 장황한 말을 했다. "한 사람이 사람들에게 팔 수 있는 좋은 옥수수, 목재, 판자, 혹은 돼지를 가지고 있거나, 의자나 칼, 도가니나 교회 오르간을 다른 사람보다 더 잘 만들 수 있다면 숲 속에 있는 사람도 그의 집으로 가는 넓고 탄탄한 길을 찾을 수 있다."[18] 어쨌거나 미국인들은 에머슨의 말을 가슴 깊이 새겼다.

　미국은 생산적인 발명을 하는 오랜 전통을 갖고 있었다. 제퍼슨은 쟁기를 발명했는데, 이로 인해 프랑스 농업 학회로부터 명예 대상을 받았다(그다지 효과적이지는 않았다). 그는 일상의 작은 불편을 줄이기 위해 직접 발명한 장치로 사저인 몬티첼로를 가득 채웠다. 누구나 다 알다시피 프랭클린은 열광적인 발명가였다. 이중 초점 안경, 피뢰침, 높은 선반에 있는 물건을 쉽게 꺼내기 위한 연장 가능한 집게, 흔들의자 같은 것, 프랭클린 난로(처음 40년 동안 '펜실베이니아 난로'로 알려졌다) 등을 세상에 선보였으며, 항상 실용성에 중점을 두었다. 그는 이렇게 물었다. "철학이 아무 도움도 안 된다면 그게 무슨 소용이란 말인가?" 그는 제퍼슨처럼 발명품으로 이익을 취하지는 않았다.

　미국 특허 사무소가 1790년에 설립된 것은 순전히 제퍼슨의 의지 덕분이었다. 처음에는 특허위원회가 법무장관, 국무장관, 국방장관으로 구성되었다. 발명품을 조사하는 일은 저마다 더 과중한 본업 사이사이에 하는 잔업 정도로 여겨졌다. 그들은 그다지 일을 열심히 하는 것 같지 않았다. 첫 해에는 고작 세 건의 특허가 통과되었다. (기록에 따르면 가성 칼륨을 만드는 새로운 방법을 알아낸 새뮤얼 홉킨스가 미국 최초의 특허를 따냈다.) 하지만 1802년에는 특허가 너무 빨리 쏟아져 나왔기 때문에 적절한 특허위원회를 조직할 필요성이 대두되었다. 미국이 갑작스럽게 만물 발명가들로 가득해진 것 같았다. 다른 나라에서는 주로 실험실에서 발명품이 나왔다. 미국에서는 부엌과 공구실에서 나왔다. 모두가 그 일에 열을 올리는 것처럼 보였다. 에이브러햄 링컨조차도 시간이 날 때마다 특허를 취득했다(얕은 수심에서 선박을 떠우는 장치로 특허번호는 6469이다).[19]

　이 시대의 대표적인 인물은 경화 고무를 세상에 내놓은 찰스 굿이어

(Charles Goodyear)였다. 그는 제품에 대한 전폭적인 믿음, 오랜 세월에 걸친 희생, 한 가지 아이디어에 대한 맹목적인 집착 등 전형적인 미국 발명가의 자질을 대부분 가지고 있었다. 하지만 그에게는 중요한 차이가 한 가지 있었다. 자기가 무엇을 하고 있는지 전혀 몰랐다는 것이었다. 어느 전기 작가의 표현대로 "순진한 미치광이"였던 그는 1834년 고무에 열광하게 되었다. 고무는 잘 휘고 방수가 되고 질기고 오래가는 아주 유망한 재료였다. 하지만 치명적인 단점도 많았는데, 그 중 하나는 녹는점이 낮다는 것이었다. 고무로 만든 장화는 겨울에는 신기 좋아도 날씨가 따뜻해질라치면 허물거리다가 금세 끈적거렸다.

굿이어는 그 문제를 해결하는 것을 평생의 과업으로 삼기로 결심했다. 그가 그 일에 매달렸다고 말하는 것은 그의 열정의 수준을 암시하는 정도에 지나지 않는다. 굿이어는 9년에 걸쳐 재산을 모두 팔거나 저당잡혔고 친구들과 가족들에게 구걸하다시피 돈을 빌렸다. 그는 오랫동안 힘겹게 살아온 아내와 여러 자식들에게 사랑뿐만 아니라 말할 수 없는 고통까지 안겼다. 자기 집 부엌을 실험실로 만들었고, 화학에 대해 가장 기초적인 지식만을 갖고 있어 집안을 독성 가스로 채우기 일쑤였다. 질식할 뻔한 적도 있었다. 그가 시도한 것은 아무런 결실도 맺지 못했다. 고무의 다양한 활용성을 증명하기 위해 고무만으로 만든 옷을 입고 다녔지만 그것은 고무의 지독한 악취와 그 자신의 현실성 없는 성격을 증명하는 행동일 뿐이었다. 하지만 모든 사람들이 그의 곁을 지킨 것은 놀라웠다. 아내는 그가 요구하는 것이면 무엇이든 다 들어주었고, 친척들은 기꺼이 재산을 내주었다. 처남은 46,000달러를 떼어주고 불쾌한 찌꺼기가 가득 담긴 결과물 통을 보고도 절대 실망하지 않았다. 굿이어는 꺾이지 않는 신념으로 고무 우편 가방, 구명 기구, 장화, 비옷 등 새로운 제품을 연거푸 만들어냈지만 모두 실용성이 없다는 판정을 받았다.

찰스 굿이어(1800.12.29~1860.7.6). 평생 경화 고무를 발명하는 일에 매달린 찰스 굿이어는 정작 자신이 발명한 경화 고무로는 돈을 벌지 못했다.

때문에 친구와 친척으로부터 넘치는 지원을 받았으면서도 궁핍한 생활을 면치 못했다. 1840년 두 살 난 아들이 죽었을 때는 관 하나 짤 형편도 안 되었다.

1843년 그는 아주 우연하게 돌파구를 찾았다. 난로에 인도 고무와 황을 엎질렀다가 방수가 되고 잘 휘며 심한 추위와 더위에도 잘 견디는 고무를 만드는 비법을 발견한 것이다. 그것은 이상적인 절연체로 떨어뜨리거나 때려도 부서지지 않았고 무엇보다도 냄새가 나지 않았다. 굿이어는 서둘러 특허를 신청하고 노거턱 인도 고무 회사(Naugatuck India-Rubber Company)를 설립했다. 마침내 그와 가족에게 희생의 세월을 보상할 명예와 부가 주어질 참이었다.

그런데 그렇지가 못했다. 굿이어의 제조 공정은 따라 하기가 너무 쉬워서 다른 제조업자들이 간단하게 아이디어를 훔쳐갔다. '경화(vulcanization)'라는 공정 이름도 영국인 표절자가 지은 것이었다. 그는 자신의 특허를 보호하는 과정에서 끝없는 문제에 봉착했다. 프랑스에서 그에게 특허를 내주었지만 전문적인 절차를 밟는 과정에서 도로 회수해 버렸다. 굿이어는 이 문제를 항의하기 위해 프랑스로 갔다가 채무자로 감옥에 갇히는 신세가 되었다. 그는 자신의 발명보다는 『고무와 그 변형(Gum-Elastic)』이라는 눈에 띄지 않는 제목의 자서전으로 더 많은 돈을 벌었다. 1860년 그는 가족들에게 빚을 고스란히 남기고 눈을 감았다.[20] 그의 이름이 당당하게 걸린 굿이어 타이어 고무 회사는 그나 그의 후손과는 아무런 관계가 없다. 단지 굿이어를 존경한 오하이오 아크론(Akron)에 사는 프랭크와 찰스 형제가 그런 이름을 지었을 뿐이다.[21)]

많은 발명을 한 그 시대의 중요한 발명가들이 지금은 거의 잊혔다. 그 중 한 사람이 만년필에 새긴 금, 종이 고리 제조 공정, 못과 대갈못을 만드는 기계, 후장식 윈체스터 권총 견본으로 특허를 딴 월터 헌트(Walter Hunt)다. 그의 발명품 중 가장 오래 살아남은 것은 아마 안전핀일 것이다. 그것은 1849년에 두 시간 동안 철사 조각을 만지작거리다가 고안한 물건이었다. 사업가 기질이 없었던 헌트는 곧바로 그에 대한 특허권을 400달러에 팔아버렸다. 그보다 조금 더 일찍, 하지만 똑같은 과정을 거친 엘리 휘트니(Eli Whitney)라는 사람도 있었다. 그는 젊은 시절에는 못과 핀, 신사용 지팡이를 제작하는 진기한 공정을 고안했고 나중에는 호환성이 있는 대량 생산 부품에 관한 아이디어를 개발하는 데 몰두했다. 그 방법은 '균일성 시스템(uniformity system)' 혹은 '휘트니 시스템(Whitney System)'으로 알려지게 되었다. 하지만 그의 이름을 후세에 남긴 중요한 발명품은 바로 조면기(Cotton gin)였다. 그것은 그 시대의 가장 위대한 발명품 중의 하나였다. 술(gin)이 어쩌다 면을 뽑아내는 기계와 관련되었는지 궁금해하는 독자가 있다면, 그것은 오해라고 말해 주고 싶다. 'gin'은 'engine'의 약자이기 때문이다.

휘트니는 조지아의 목화 농장에 들렀다가 그 기계를 생각해냈다. 그 지역을 잘 아는 뉴잉글랜드 사람인 그는 농장이 어떻게 운영되는지에 깊은 관심을 가졌고 직접 손으로 목화씨를 빼는 일에 얼마나 많은 시간과 노동력이 들어가는지 알고 무척 놀랐다. 그래서 목화에서 씨를 효과적으로 분리해내기 위해 돌기가 달려서 맞물려 돌아가는 원통 두 개로만 이루어진 장치를 떠올렸다. 그것은 아주 간단한 장치였지만 남부 농장 경제를 완전히 뒤바꾸어 놓았다. 실제로 역사상 바퀴를 제외한 그 어떤 발명도 효율성 증진의 면에서 그보다 더 선풍적인 인기와 즉각적인 보상을 안겨주지는 못했다. 조면기 한 대가 노예 천 명의 일손을 덜어주었기 때문이다. 10년 만에 남부의 면 수출량이 86,000킬로그램에서 1,600만 킬로그램으로 늘어났다. 여기서 주목해야 할 것은 휘트니는 적어도 처음에는 역사를 바꾸거나 큰돈을 벌게 해 주는 혁명적인 기계가 아니라 단지 친구의 생활을 더 편하고 효율적으로 만들어 줄 기계를 생각했을 뿐이었다는 점이다.

휘트니는 조면기가 획기적인 발명품이며 그것으로 돈을 벌 수 있겠다는 생각을 하자마자 부랴부랴 특허를 얻었다. 하지만 19세기 발명가들이 흔히 그랬듯이 그 역시 하는 일마다 사기를 당했고 비싼 소송에 평생 매달려 별다른 소득도 얻지 못하고 소송비만 날렸다. 그저 다른 사람들보다 더 큰 명예를 얻은 것으로 만족하는 수밖에 없었다.

보스턴 토박이 엘리어스 하우(Elias Howe) 같은 불쌍한 젊은이도 있었다. 그는 1846년에 최초로 실용적인 재봉틀을 만들었다. 그것이 너무 혁신적이었는지 하우는 기계를 시험해 보려는 의류 공장을 단 한 곳도 찾지 못했다. 그는 실패에 좌절해서 신경쇠약에 걸린 채 영국으로 갔다가 그곳에서는 자신의 독창적인 발명품이 각광받을지도 모른다는 희망을 품었다. 하지만 희망은 실현되지 않았다. 거리를 쏘다니며 2년을 보낸 그는 돈을 모두 써버려 상선을 타고 미국으로 돌아왔다. 빈털터리로 보스턴에 도착했을 때, 자신이 없는 동안 아이작 싱어(Isaac Singer)라는 사람이 특허를 훔쳤으며, 재봉틀 공장을 세워 떼돈을 벌었다는 사실을 알게 되었다. 하우는 싱어를 고소했는데, 그 과정에서 두 가지 사실이 확연해졌다. 싱어가 과거에 도둑이었으며, 지금은 유능한 변호사를 살 만큼 큰 부자가 되었다는 사실이다. 지루한 법정 투쟁 끝에 싱어는 기계 한 대를 제작할 때마다 하우에게 상당한 특허권 사용료를 지불하게 되었다(하우는 돈을 받고 곧바로 보병으로 연합군에 입대했다. 그때는 발명가들의 시대였을 뿐만 아니라 별난 사람들의 시대이기도 했던 모양이다). 그러나 대중들은 재봉틀 하면 하우보다는 싱어를 먼저 떠올린다.[22]

J. 머레이 스팽글러(Murray Spangler)도 그 못지않은 불행을 겪었다. 19세기 말 그는 오하이오 뉴 베를린에서 진공청소기, 혹은 전기흡입기(electric suction sweeper)를 발명했다. 처음엔 일이 뜻대로 되지 않자 가죽 제품을 만드는 후버(W. H. Hoover)를 찾아가 조언을 구했다. 그는 전기 제품에 대한 지식이 전혀 없었지만 자기 수중에 떨어진 기회는 놓치지 않는 사람이었다. 오래지 않아 여기저기에 후버 공장이 세워졌고 후버는 자신과 아무 관련도 없는 위대한 발명을 가로챘다. 영국인들은 그의 이름을 동사로 쓸 정도였지만 J. 머레이 스팽글러는 완전히 잊혀졌다.

역사상 최고의 푸대접을 받은 사람은 1831년에 전신을 발명한 프린스턴 대학의 조셉 헨리 교수였다. 전신이라는 용어는 37년 전 클로드 샤프(Claude Chappe)라는 프랑스인이 프랑스 혁명 때 도입된 신호 장치를 지칭하면서 처음 생겼다. 그러다 1802년에 모든 종류의 장거리 통신을 설명하는 말로 쓰였다. 헨리는 전선을 통해 암호화된 전기 자극으로 의사소통을 하는 발상을 떠올렸을 뿐만 아니라 그 장치를 실용화하는 데 필요한 모든 기본 구조를 설계했다. 그러나 무슨 이유에선지 그는 그 공정에 완벽을 기한다든가 더 중요한 조치로 특허를 신청할 생각을 전혀 하지 않았다.

그것은 억세게 운좋은 매사추세츠 찰스타운 출신의 새뮤얼 핀리 브리스 모스(Samuel Finley Breese Morse)에게 떨어졌다. 그는 재능이 있고 배경이 좋았지만 별로 호감을 얻지 못하는 남자였다. 가족과 친구들에게 핀리로 불린 모스는 전신을 완성하지 않았더라도 유명해졌을 사람이었다. 뉴잉글랜

찰스 핀리 모스(1791.4.27~1872.4.2). 화가가 되기 위하여 1811년 영국으로 건너가 그림 공부를 한 후 귀국하여 열심히 그림을 그렸으나 크게 성공하지 못했다. 유학중 전자석 연구가인 드나의 영향으로 전신을 연구한 끝에, 1844년 마침내 모스 전신기를 발명하여 워싱턴과 볼티모어간의 전보 통신에 성공했다. 그의 전신 방식과 모스 부호는 세계적으로 채택되었으며 해저 전신에 크게 이바지하였다.

드의 유력한 집안에서 태어난 그는(조부가 프린스턴 대학 학장이었다) 성공한 화가이자 영국왕립학회 회원이었고 창조적인 과학에 대단히 열중했으며 보수 성향을 지닌 정치 지망생이었다. 그는 맹렬한 반기독교 단체 후보로 뉴욕 시장 선거에 두 번 출마했고, 특히 노예제도는 좋은 것일 뿐만 아니라 신의 계시라고 믿었다. 하지만 그는 본업을 버리면서까지 전선을 통해 의사소통을 하는 방법에 열중하기 시작했다. 그리고 5년이라는 인고의 세월을 거친 끝에 전신을 완성하고 의회의 자금 지원을 요청했다. 의회는 자기들의 무지를 증명이라도 하듯이 1842년에야 모스의 무전 실험과 그에 못지않게 신기한 새로운 최면 과학에 각각 3만 달러를 지원했다.

모스는 자기 몫의 지원금으로 워싱턴과 볼티모어 사이에 전선을 연결해서 1844년 5월 11일에 최초의 전신 메시지를 송신했다(이후 12년 동안 'telegram'으로 불리지 않았다). 그 최초의 메시지가 "하나님이 어떤 일을 했는가?(What hath God wrought?)"였다는 것을 모르는 사람은 아무도 없을 것이다. 하지만 그것은 사실이 아니다. 그의 첫 번째 메시지는 "모든 것이 잘 되고 있다(Everything Worked well)."였다. 나중에는 모스가 아닌 특허

위원의 딸이 만든 더 유명하고 인상적인 말들이 공개 실험에 사용되었다. 모스가 독자적으로 발명한 것은 그의 이름이 들어간 간단한 암호였다.* 나머지는 대부분 그와는 전혀 상관이 없었다. 모스는 효과적인 전신 부호를 만들기 위해 헨리의 논문을 대부분 표절했을 뿐만 아니라 여의치 않을 때는 그 유명 과학자를 찾아가 조언을 구하기도 했다. 헨리는 수년 동안 그를 격려하고 도왔다. 그러나 모스는 나중에 이름을 크게 날리고 어마어마한 부자가 되자 자신의 멘토에게 진 빚을 조금도 인정하려 하지 않았다.

모스는 평생 자신보다 더 너그럽고 뛰어난 사람들의 덕을 본 행운아였다. 파리에서는 루이 다게르(Louis Daguerre)를 찾아가 새로 발명한 사진 촬영 방식을 보여 달라고 설득했다. 그런 다음 미국으로 돌아와 그 방식대로 사진을 찍고 판매해(그 과정에서 최초로 실물 사진을 찍은 사람으로 유명해졌다) 큰돈을 벌었다. 그 프랑스 여행에서, 한가할 때 연구하려고 루이 브레게(Louis Breguet)가 발명한 장거리 통신에 중요한 자석을 훔쳐 가기도 했다.

이 시기에 전신이 얼마나 세상 사람들을 놀라게 하고 매혹시켰는지 짐작하기 어려울 것이다. 멀리 떨어진 곳의 소식이 눈 깜짝할 사이에 수백 킬로미터나 떨어진 곳에 전달된다는 사실을 미국인들은 기적으로 받아들였다. 지금으로 치면 누군가가 대륙과 대륙 사이로 인간을 단번에 이동시키는 방법을 발표하는 경우에 보일 만한 반응이었다.

모스가 첫 공개 실험을 한 지 4년이 채 안 되어 미국에 8천 킬로미터의 전신선이 설치되었다. 모스는 그 시대의 가장 위대한 인물로 널리 알려졌다.[23]

---

* 'SOS'는 'save our ship' 혹은 'save our souls'의 약자가 아니며, 아무런 의미도 없는 말이다. 그것은 1906년에 열린 국제회의에서 조난 신호로 채택되었는데, 아홉 개의 부호(점 세 개, 줄 세 개, 점 세 개)가 전송하기에 쉽다는 이유 때문이었다.

그런데 1876년에 전신보다 훨씬 더 유용하고 오래 남은 발명품이 나왔다. 바로 알렉산더 그레이엄 벨이 발명한 전화였다. 엄밀히 말하면 그것은 미국의 발명품이라고는 할 수 없었다. 스코틀랜드 에든버러 출신인 벨이 전화를 발명하고 6년이 지날 때까지도 미국 시민이 되지 않았기 때문이었다. 텔레폰(telephone)이란 말을 처음 만든 사람은 벨이 아니었다. 그 말은 1830년대부터 나돌았고 악기 종류에서 특히 시끄러운 경적에 이르기까지 소리를 내기 위해 만들어진 수많은 장치를 일컬을 때 사용되었다. 벨은 특허신청서에 자신이 발명한 기계를 '전신기'의 새로운 종류라고 설명했다가 곧바로 '전기적으로 대화하는 음성 장치'라고 부르기 시작했다. 다른 사람들은 처음부터 '말하는 전신 장치'라고 말했다.

스코틀랜드계 미국인 과학자이자 발명가며 전화기를 발명한 것으로 유명한 알렉산더 그레이엄 벨이 전화기 실험을 하고 있다.

벨은 자신의 발명품을 이용해서 청각장애인과 장거리에서 대화할 수 있는 방법에 관심을 갖게 되었다(불행히도 그의 어머니와 아내가 모두 청각장애인이었다). 1876년 3월 10일 불과 28세였던 그는 21세였던 조수 토머스 A. 왓슨과 함께 발명에 성공했다. 오랫동안 친하게 지냈음에도 불구하고 그들의 관계에는 감동을 주는 예의가 있었다. 벨이 처음 전화로 전달한 말은 "톰, 이쪽으로 오게, 자네가 필요해."가 아니라 "왓슨 씨, 이쪽으로 와요, 당신이 필요해요."였다.

　벨과 왓슨은 기쁨에 겨워 새로운 장치를 웨스턴 유니언(Western Union)에 선보이기로 했다. 하지만 늘 그렇듯이 회사의 경영진은 그것의 잠재성을 알아보지 못했다. 그들은 벨에게 이런 편지를 보냈다. "벨 씨, 당신의 발명품을 진지하게 검토했습니다. 매우 진기한 물건이기는 하지만 우리는 상업성이 없다는 결론을 내렸습니다." 그리고 "전기 장난감"의 미래는 없다고 덧붙이기까지 했다.[24] 다행히 다른 사람들은 그렇게 시야가 좁지 않았다. 전화가 발명된 지 4년도 안 되어 미국에는 6만 대의 전화기가 생겼다. 그 후 20년 동안 그 숫자는 600만 대로 늘어났으며, AT&T(American Telephone & Telegraph)로 이름이 바뀐 벨전화회사는 한 주에 천 달러를 호가하는 미국 최대의 기업으로 성장했다. 이로써 벨의 특허(174,465번)는 역사상 가장 비싼 특허가 되었다.[25] 전화가 미국인의 생활 속으로 스며든 속도는 1880년대 초에 "I'll call you"가 "telephone" 혹은 당시에 이미 쓰이고 있던 대로 "phone"을 의미했다는 사실로 짐작할 수 있다. 벨은 1881년에 전화에 대한 관심을 잊고 또 다른 발명에 전념하기 시작했다. 그 결과 비행기 보조날개를 발명했고, 축음기, 철제 호흡 보조 장치, 광전지, 해수 정화기 등의 발명에 크게 기여했다.[26]

　전화는 수백만 명이 즉각적인 의사소통을 할 수 있게 해 주었을 뿐만 아니라 미국인의 생활을 풍요롭게 만들었다. 수십 개의 신조어가 생기거나 기존의 단어가 새로운 의미를 갖게 되었다. 1870년대 말 다이얼 전화기가 나오기 전까지는 "안녕하세요, 교환입니다(Hello, central)."라는 말이 널리 쓰일 정도로 교환원이 흔했다. "몇 번으로 연결할까요?(Number, please?)"는 공중전화와 함께 1895년에 생겨났다. 업종별 전화번호란(yellow pages)과 정보란(information)은 1906년에 처음 나왔고, 전화번호 열람표(telephone directory: 처음에 코네티컷의 뉴헤이븐에서 50명의 구독자 목록이 실렸다)와 전화번호부(telephone book)는 1907년과 1915년에 각각 탄생했다.[27] 1915년에는 전국 연결 서비스(coast-to-coast service)가 개시되기도 했다. 시외 전화를 하려면 30분 정도를 기다려야 했고 최소 요금은 20달러 70센트였다.

처음에 사람들은 전화가 울리면 뭐라고 답해야 할지 몰라 허둥댔다. 전화에 사용하는 '헬로'라는 말을 처음 만든 사람이 토머스 에디슨이라는 추측도 있다. 실제로 hello(hallo, halloo 등 여러 가지 옛날 인사말에서 유래했다)는 적어도 전화 발명 20년 전부터 영어에 존재한 단어였다. 실제로 에디슨은 '어이!(Ahoy!)'라는 유쾌한 말을 즐겨 썼는데, 최초의 전화 교환원인 뉴헤이븐의 조지 코이(처음에는 남자 교환원만 채용되었다. 신기술이 나오면 늘 그렇듯이 여자들은 발명품이 노후될 때까지 그 주변에 얼씬도 하지 못했다)가 그 말을 늘 사용했다. 'yes!'나 'what?'이라고 말하는 사람들도 있었지만, 많은 사람들은 그냥 수화기를 들고 상대방의 말부터 들었을 것이다.

이처럼 19세기 말에 온갖 발명품이 나오자 1899년에 찰스 두엘은 특허청장 자리에서 물러나면서 "발명될 만한 것들은 모두 발명되었다."고 말했다.[28] 특허 신청이 증가하고 점점 더 복잡해지면서 특허 출원이 가능한 발명품의 기준이 개정되었다. 초기에는 제품이나 장치가 새로울 뿐만 아니라 실생활에 유용한 것이어야 했다. 1880년에서 1992년 사이에 그 규정은 단순한 개작이 아니라 독창적 발견에 따른 발명으로 제한되었다. 1952년에는 그 정의가 너무 흐지부지해져서 새로운 기준이 채택되었다. 그 이후로 발명은 반드시 "뻔히 알 수 있는 것이 아니어야" 했다.[29]

언어적 관점에서 볼 때, 지금 우리가 아는 이름으로 특허가 난 발명이 거의 없다는 사실이 흥미롭다. 앞에서도 이야기했지만, 벨은 자신의 가장 유명한 발명품을 '전신(telegraphy)'이라고 설명했다. 하이럼 맥심(Hiram

Maxim)은 '기계식 기관총(machine gun)' 대신 더 정확하게 '자동식 기관총(automatic gun)'으로 미국 특허를 신청했다. 모든 총이 기계식이니 그럴 만도 했다. 에디슨은 불이 들어오는 공 모양의 물건을 '전등(electric lamp)'이라고 불렀다. 조셉 글리든(Joseph Glidden)은 기발한 천재성을 발휘해 서부를 변화시킨 재료인 가시철사를 발명했다. 하지만 작명에는 소질이 없었던지, '철사 울타리(wire fences)'라는 이름으로 특허를 신청했다. 현금 등록기는 '부패하지 않는 금전출납원(Incorruptible Cashier)'이라는 이름으로 탄생했다. 상자에 돈이 들어갈 때마다 시끄러운 종소리가 났으므로 출납원이 돈을 꺼내려고 부정한 행동을 하기가 어렵기 때문에 그렇게 불렸다. (같은 이유로 초창기의 주인들은 금액이 49센트나 99센트처럼 애매하면 출납원이 잔돈을 꺼내려고 서랍을 열어야 하므로 기록에 남지 않는 어두운 거래를 할 가능성을 미연에 방지할 수 있다고 생각했다. 그들은 나중에야 사람들이 1.99달러를 2달러보다 무척 작다고 느끼는 묘한 심리를 갖고 있다는 사실을 알게 되었다.) 에스컬레이터는 발명자 제시 레노(Jesse Reno)의 이름을 따 '레노 경사 승강기(Reno Inclined Elevator)'라는 이름으로 탄생했다. 그것은 1896년에 코니아일랜드(Coney Island)의 올드 아이언 피어(Old Iron Pier)에 처음 설치되었다. 오티스 엘리베이터 컴퍼니가 1900년에 독자적으로 시장에 참여하면서 에스컬레이터라는 상표명을 처음 썼지만 사람들은 오랫동안 그것을 '움직이는 계단'이라고 불렀다. 〔현대 단어 'escalate(올라가다)'는 'escalator'에서 온 역성어로, 상표 이름으로 동사를 만든 흔치 않은 예다.〕[30]

그런 단어 중에 'typewriter'도 있다. 1868년 밀워키의 크리스토퍼 라담 숄즈(Christopher Latham Sholes)가 'Type-Writer'로 특허를 낸 타자기가 본래의 명칭을 충실하게 간직하고 있다는 것은 특이한 일이다. 초기 모델들에 'pterotype'에서 'mechanical chirographer'에 이르기까지 수많은 이름이 붙었기 때문이었다. 숄즈 자신도 'writing machine'이나 'printing machine'이라고 부르는 것을 고려했다. 그의 초기 모델들에는 큰 결점이 있었다. 대문자만 찍히는가 하면, 자판이 끼어 움직이지 않기도 했다. 처음에는 현대식처럼 F-G-H-, J-K-L, O-P의 알파벳 순서로 자판을 정렬했다. 하지만 남은 글자 두 개가 알파벳 순서로 정렬되지 않았다는 점, 사용되는 글자가 대부분 바깥쪽에서 왼손에만 치중되어 있고 오른손에는 중요치 않은 글자나 마침표, 잘 쓰지 않는 기호가 할당된다는 점은 숄즈가 기계를 잘 돌아가게 하려고 상식과 순서를 과감히 버릴 수밖에 없었다는 것을 말해 준다. 왼손 새끼손가락으로 소문자 'a'를 힘들게 칠 때마다 19세기 발명가의 기술적인 결점을 기념한다는 생각에는 신랄한 냉소가 담겨 있다.

숄즈의 밀워키 공장의 한 기술자는 타자기를 시험하기 위해 이유는 모르지만 "Now is the time for all good me to come to the aid of the party"를 쳐보기로 했다. 이렇게 해서 그 특별한 문장은 자판을 시험하거나 손가락 운동을 하는 것과 영원한 인연을 맺게 되었다.[31] 덧붙이자면 마크 트웨인은 최초로 타자기, 혹은 그가 고집한 대로 'typemachine'으로 책을 썼다. 그는 자서전에서 그 책이 『톰 소여의 모험』이라고 주장했지만 그의 기억이 틀렸다. 그 책은 『미시시피 강에서의 생활』이었다.[32]

20세기가 밝아오는 동안에도 부를 가리키는 말들이 더 많이 생겨났다. 유복하게 산다는 뜻의 'to be on easy street(1901)', 야심가를 뜻하는 'high flier(1904)', 안락한 생활을 한다는 뜻의 'sitting pretty(1910)' 등이 그 예다. 발명가들도 여전히 세상이 무시한 발명품에 이름을 붙였다. 코넬을 갓 졸업한 스무 살의 윌리스 캐리어(Willis Carrier)는 1902년에 현대식 에어컨을 처음 개발했다. 그는 에어컨이 아닌 '공기 조절 장치(Apparatus for Treating Air)'라는 이름을 만들었다. 최초의 전기스토브는 '축열식 조리기'

로 불렀다. 최초의 볼펜은 '새지 않는 최고의 필기 막대'로 특허가 났다. 앞에서도 나왔지만 라디오와 텔레비전은 현재의 당연해 보이는 형태로 정착하기 전에 수많은 이름을 거쳤다. 체스터 칼슨(Chester Carlson)은 1942년에 제로그래피를 발명했지만 그것을 'electrophotography'라고 불렀다. 그러나 1950년에 AT&T Bell 실험실에서 세 명의 연구원이 발명한 트랜지스터는 특허 신청서에 "반전도 물질을 활용하는 3-전극 회로"라는 이름으로 묘사되었다.[33]

미국은 생활에 편리한 새로운 장치를 고안해내는 실력이 뛰어났다. 하지만 그렇다고 지속적인 실용 성향, 다시 말해 1863년 윌리엄 제임스가 만든 용어인 실용주의가 복잡한 설비를 항상 잘 다룬다는 의미는 아니었다. 19세기의 위대한 기술적 발명은 대부분 미국이 아니라 유럽에서 나왔다. 차는 독일에서, 라디오는 이탈리아에서 발명되었고, 나중에 영국에서 레이더, 컴퓨터, 제트 기관이 출현했다. 하지만 신기술을 활용하는 능력에서는 미국인을 따를 사람이 아무도 없었다. 그 분야의 최고는 바로 토머스 에디슨이었다.

에디슨은 미국의 대표적인 실용주의자였다. 그는 라틴어, 철학 등 난해한 주제를 탐구하는 것을 '멍청이나 할 일'이라고 단정했다.[34] 그가 원한 것은 생활을 더 편리하게 만들고 많은 돈을 벌게 해 줄 실용적인 발명이었다. 자신의 이름으로 1,093개의 특허를 출원한 그는(실제로 그 중 다수는 직원들의 머리에서 나왔다) 가장 가까운 경쟁자인 에드윈 랜드(Edwin Land: 폴라로이드 카메라를 발명한 사람)보다 거의 두 배 많은 특허를 가지고 있다. 에디슨만큼 현대 생활의 중심이 된 많은 제품들을 세상에 내놓은 사람은 없었다.

좋게 말해도, 에디슨의 성격엔 흠이 많았다. 그는 경쟁자들을 그냥 보아 넘기지 못했고, 남의 발명을 자기 것으로 가로챘고, 조수들을 심하게 닦달했다(그들이 '불면 사단(insomnia squad)'으로 불릴 정도였다].[35] 또한 한계에 다

토머스 에디슨(1847.2.11~1931.10.18). 미국의 발명가이자 사업가로 유명한 에디슨은 세계에서 가장 많은 발명을 남겼다. 자신의 이름으로 받은 특허 출원만 해도 1,093개다.

다르면 주저 없이 뇌물에 의지했는데, 자신의 이익에 유리한 법을 만들어주는 대가로 뉴저지 입법 의원들에게 천 달러씩 쥐어주기도 했다.[36) 뻔뻔한 거짓말쟁이란 말이 지나치다면 진실을 아끼는 사람이랄 수 있었다. 그에게서 떼어낼 수 없는 유명한 일화가 있다. 조수가 필름의 폭이 어느 정도여야 할지 물으니 그는 엄지손가락과 다른 손가락을 구부리며 "한 이 정도면 되겠지."라고 말했는데, 그때부터 영화 필름이 35밀리미터의 폭으로 정해졌다고 한다. 더글러스 콜린스(Douglas Collins)가 지적했듯이, 그는 자신의 필름을 고안했다기보다는 폭 70밀리미터에 길이 15미터인 코닥 필름을 이용했을 가능성이 크다. 그것을 반으로 나누면 자연스럽게 35밀리미터 폭에 30미터 길이의 필름이 된다. 공교롭게도 에디슨이 최초로 발명한 필름의 치수와 정

확히 일치한다.[37]

조지 웨스팅하우스(George Westinghouse)의 놀랍고 월등한 교류전기방식이 에디슨이 많은 노력과 돈을 투자한 직류 방식에 도전하기 시작했다. 그러자 에디슨은 『에디슨 일렉트릭 라이트 회사에서 보내는 경고!(Warning! From the Edison Electric Light Co.)』라는 제목의 83쪽짜리 소책자를 발간했다. 책에는 웨스팅하우스가 만든 위험하고 믿을 수 없는 AC 케이블을 만지다가 사망한 무고한 사람들에 관한 이야기가 나온다.* 에디슨은 자신의 의견을 설득시키기 위해 동네 어린이들에게 25센트씩 나누어 주고 주인 없는 개들을 모아오라고 시켰다. 그런 다음, 기자들에게 보여 줄 실험을 공들여 준비했다. 먼저 전도성을 높이기 위해 개들에게 물을 축이고 얇은 주석 판에 묶었다. 그러고는 양을 점점 늘려가며 교류 전기를 천천히 내보냈다.[38]

하지만 그의 대담하면서도 초라한 홍보 작전은 경쟁자의 교류 전기를 이용한 세계 최초의 전기 사형을 집행하는 것이었다. 교류 전기가 치명적으로 위험하다는 것을 단번에 증명하려는 목적이었다. 실험 재료로 선택된 희생자는 뉴욕의 오번 스테이트 프리즌(Auburn Sate Prison)에 수감되어 있던 윌리엄 케믈러였다. 그는 여자 친구를 몽둥이로 때려 숨지게 한 대가로 그런 불행을 겪게 되었다. 그러나 실험은 성공하지 못했다. 케믈러는 소금물이 담긴 양동이 속에 두 손을 넣고 전기의자에 묶인 상태에서 50초 동안 1,600볼트의 교류 전기를 맞았다. 그는 심하게 숨을 헐떡였고 정신을 잃었으며 약간 질식을 한 듯했지만 죽지는 않았다. 그리고 한 번 더 강력한 전류에 노출된 뒤에야 마침내 숨을 거두었다. 그것은 구역질나는 사형 집행이었고 에디슨

---

* 사람들은 웨스팅하우스를 전기와 연관을 짓지만 그가 처음에 유명해진 것은 기차의 공기 브레이크를 발명하면서부터였다. 이 유용한 장치가 개발되기 전까지만 해도 기차는 둘 중 한 가지 방법으로만 멈출 수 있었다. 제동수가 손으로 각 차량의 수동 핸들을 돌리는 것은 정차할 때까지 시간이 걸리는 힘든 방법이었다. 또 하나는 다른 기차를 비롯한 단단한 것과 충돌시키는 방법이었다.

의 목적에도 큰 손상을 입혔다. 얼마 지나지 않아 교류 전기는 전기 표준이 되었다.

지금은 잊혔지만 언어적으로 사소한 논쟁이 불거졌다. 극심한 감전으로 인간의 생명을 빼앗는 행위를 일컫는 명칭을 무엇이라고 할지에 관한 것이었다. 늘 고상한 명칭에 집착하던 에디슨은 electromort, dynamort, ampermort 등 여러 가지를 제안하다가 결국 westinghouse로 하자고 우겼다. 하지만 그 중 어느 것도 받아들여지지 않았다. 많은 신문은 처음에는 케믈러가 '감전되었다(electrized)'고 썼지만 곧바로 '전기 사형에 처해졌다(electrocuted)'로 바꾸었다. 한참 뒤에는 '전기 사형(electrocution)'이 모두에게 익숙한 말이 되었다. 물론 사형수 감방에 있는 사람들에게는 그렇지 않았을 것이다.

에디슨은 직원들의 천재성을 가로채는 독특한 재능을 가진 똑똑한 발명가가 분명했다. 하지만 그가 정말 잘한 것은 체계를 수립하는 능력이었다. 전구의 발명은 놀라운 일이었지만 그것을 꽂을 소켓이 없는 상황에서는 무용지물이었다.* 에디슨과 열성적인 직원들은 처음부터 발전소, 싸고 믿을 만한 전선, 조명 지지대, 스위치에 이르는 전체 시스템을 설계하고 구축해야 했다. 그는 그런 과정에서 웨스팅하우스를 비롯한 모든 경쟁자들을 따돌렸다. 최초의 실험용 발전소는 로어 맨해튼 펄 스트리트의 반쯤 허물어진 건물 안에 설치되었다. 1882년 9월 4일 에디슨이 스위치를 돌리자 맨해튼 남부

---

* 이상하게도 모두가 'light bulb'라는 말을 쓰지만 그런 단어가 실린 사전은 거의 없다. 『아메리칸 헤리티지』(초판)에는 lighthouse, light-headed, light meter 등 유사한 단어가 많이 있지만 light bulb는 없다. 그 물건이 무엇인지 알고 싶다면 incandescent light, electric light, electric lamp 등을 찾아보아야 한다. 『펑크 앤 웨그놀스 개정판 표준 사전(Funk & Wagnalls Revised Standard Dictionary)』은 'light'와 그 파생어에 6,500단어를 할애했지만 역시 light bulb에 대해서는 전혀 언급하지 않는다. 『웹스터 세컨드 뉴 인터내셔널(Webster's Second New International)』에도 light bulb는 없다. 세 번째 개정판에는 실려 있지만 그냥 이렇게만 설명되어 있을 뿐이다. "light bulb: 명사: 백열등(incandescent lamp)." 자세한 설명을 원하면 'incandescent lamp'를 찾아보아야 한다. 내 경험으로 대부분의 사전이 그런데, 이유는 나도 알 수 없다.

전역에 설치된 800개의 전구가 깜박거리며 희미하게나마 빛을 발하기 시작했다. 전기를 이용한 조명 시설은 눈 깜짝할 사이에 그 시대의 기적으로 통했다.[39)] 에디슨은 그로부터 몇 달 뒤 전 세계에 소형 발전소를 334개나 세웠다. 뉴욕 증권거래소, 시카고의 파머 하우스 호텔, 밀라노의 라 스칼라 오페라하우스, 런던 하원의 식당 등 최대의 효과를 보여주리라 확신하는 장소를 신중하게 물색했다. 이 시설들은 에디슨과 미국을 부자로 만들었다. 1920년에는 전기 조명에서 영화에 이르기까지 그의 발명으로 생겨난 산업과 사업의 가치가 총 216억 달러에 이르는 것으로 추정되었다. 에디슨만큼 미국을 경제 강국으로 만든 사람은 아무도 없었다.[40)]

에디슨이 이룩한 또 하나의 위대한 혁신은 뉴저지 멘로 파크(Menlo Park)에 '발명 공장'이라는 실험실을 세운 것이었다. 상업적 가능성이 있는 기술 혁신을 이루기 위해서였다. 오래지 않아 AT&T, 제너럴 일렉트릭, 듀폰 같은 수많은 대기업들이 같은 목표에 동참했다. 다른 나라에서는 학문 보존이, 미국에서는 실용과학이 자본가들의 일이 되었다.

소규모 회사가 강력한 기업으로 성장하면서 새로운 부류의 거물들이 점점 더 크고 화려한 본사를 원하게 되었다. 다행히 사무실 공간에 대한 그들의 수요는 극단적인 건물, 곧 초고층 건물의 발전과 맞물렸다. 1880년대 이전만 해도 8~9층 이상의 건물을 세울 수가 없었다. 벽돌로 그런 구조를 만들려면 낮은 층의 창문과 출입문의 틈을 없애기 위해 많은 양의 지지물이 필요했다. 하지만 수많은 혁신과 철 구조물 위에 하중이 작은 재료를 덮어 씌우는 커튼월(curtain wall) 공법이 한순간에 초고층 건물(skyscraper)의 건설을 가능하게 만들었다. 'skyscraper'는 1794년부터 영어에 존재했지만 중산모, 초기 야구의 높이 뜬 공, 상선의 높이 솟은 돛 등 다른 대상들을 일컬을 때 쓰였다. 이 단어는 1888년 한 건물과 관련해서 처음 사용되었다

돈방석에 앉은 미국-발명의 시대 **171**

(4년 앞서 skyscraping building이라는 말이 나오기는 했지만). 초고층 건물이 세워진 장소는 뉴욕이 아닌 시카고였다. 19세기 마지막 사분기에 시카고는 대형 구조물 기술에서 세계 최고였는데, 그 건물은 1871년에 화재로 내려앉고 말았다. 시카고 최초의 초고층 건물은 1883~1885년에 세워진 홈 인슈어런스 빌딩(Home Insurance Building)이었고, 라이터 빌딩(Leiter Building, 1889)과 카슨(Carson), 파이리(Pirie), 스콧 빌딩(Scott Building, 1899)이 그 뒤를 따랐다. 곧이어 초고층 건물들이 전국의 'city scape(도시 풍경: 1850년에 생겨난 미국식 영어)'를 형성했으며, 'skyline(지평선)'에 새로운 의미를 부여하면서 사람들이 도시를 바라보는 방식을 바꾸었다. skyline은 본래 horizon(지평선)과 동의어로 쓰이다가 1896년에 현대의 의미를 갖게 되었다.

시카고가 초고층 건물의 탄생지라면 뉴욕은 얼마 지나지 않아 그것의 정신적인 고향이 되었다. 뉴욕 최초의 초고층 건물은 1890년에 완공된 22층의 뉴욕 빌딩이었다. 퓰리처 빌딩(Pulizer Building: 94미터, 1892), 플래터론 빌딩(Flatiron Building: 89미터, 1903), 타임스 타워(Times Tower: 110미터, 1904), 싱어 빌딩(Singer Building: 183미터, 1908), 메트로폴리탄 라이프 타워(Metropolitan Life Tower: 213미터, 1909), 울워스 빌딩(Woolworth Building: 241미터, 1913) 등 맨해튼은 어느새 높은 건물들로 빛나기 시작했다.[41]

58층과 1,400명의 직원이 일하는 공간을 자랑하는 울워스 빌딩은 독보적인 존재인 듯했다. 17년 동안 세계에서 가장 높은 건물이라는 명성을 지켰다. 그러다 1930년에 77층에 높이가 319미터에 달하는데다 규모도 두 배에 가까운 크라이슬러 빌딩이 들어섰다. 이 건물은 처음에는 281미터로 계획되었다. 그러나 건축가 윌리엄 반 앨런(William Van Allen)은 경쟁자가 월스트리트 40번가에 0.6미터 더 높은 건물을 짓기 시작하자 서둘러 지금도 그 건물의 상징으로 통하는 37미터 높이의 장식용 첨탑 설치를 비밀리에 계획했다. 이 첨탑은 건물 내부에서 조립되어 월스트리트 40번가의 건물이 완공되는 즉시 보란 듯이 세워졌다.[42] 누구도 부인하지 못하는 크라이슬러 빌딩의 명성은 아쉽게도 생명이 짧았다. 이 건물이 완공되기도 전에 5번가 월도프-아스토리아 호텔(Waldorf-Astoria Hotel) 자리에서 그보다 훨씬 더 야심찬 계획이 진행되고 있었기 때문이었다. 그 주인공이 바로 엠파이어스테이트 빌딩이었다. 이 빌딩은 이듬해에 102층, 높이 381미터의 규모로 완성되었다. 이는 지금까지도 세계 최고인 시카고의 시어스 타워(Sears Tower)가 1974년에 110층, 443미터의 규모로 건립될 때까지 43년 동안 최고의 기록을 지켰다.

 철골과 커튼월 공법은 높은 건물의 건축을 가능하게 했지만 항상 사용할 수는 없었다. 그러려면 수없이 많은 부수적인 혁신이 필요했다. 그 중에는 회전문이 있었다. 그것이 없으면 통풍 장치를 전혀 통제할 수 없었다. 그러면 결국 화재 위험이 높아지고 효과적인 냉난방 시설뿐만 아니라 빠르고 안전한 승객용 승강기를 가동할 수 없었다.

 사람들이 추측하고 있고 심지어는 대놓고 말하기도 하지만, 승강기는 엘리샤 그레이브스 오티스(Elisha Graves Otis)의 발명품이 아니다. 오티스가 갑자기 이름을 날린 1850년대 말에는 이미 다양한 형태의 승강기가 오랫동안 이용되고 있었다. 그가 기여한 것이라고는 고작 단순하고 안전한 장치, 다시 말해 집게 역할을 하는 톱니를 이용한 스프링 구조를 생각해낸 것뿐이다. 그것은 승객을 수직으로 이동시키는 것을 가능하게 해 주었다. 그는 매우 무거운 승강기 안에 서 있다가 지상에서 9미터 정도 올라갔을 때 조수에게 밧줄을 끊으라고 소리쳤다. 듣는 사람은 깜짝 놀랐겠지만 승강기는 지상으로 곤두박질치는 대신 3센티미터 정도 떨어졌다가 그 자리에 머물러 있었다. 그는 그 장치를 수백 개나 팔았다. 〔그렇기는 해도 초기의 승강기는 그리 호락호락하지 않았다. 1911년에 「뉴욕타임스」는 지난 2년 동안 적어도 2,600명의 승객이 승강기 사고로 다치거나 죽었다고 보도했다.〕⁴³⁾

초고층 건물들이 미국 도시의 외관을 형성했지만 언어적으로는 그다지 한 일이 없었다. 몇몇 출처에 따르면, 뉴욕의 플래터론 빌딩으로 인해 '23 skiddoo'라는 표현이 생겨났다고 한다. 이 건물의 특이한 각도의 외형이 23번가를 지나는 여자들의 치마를 들어 올리는 바람을 일으킨다는 생각 때문이었다. 남자들이 스타킹 신은 다리를 훔쳐보려고 그 자리를 서성대기 시작할 정도였다. 그러면 경찰은 엄숙한 목소리로 그들을 다른 곳으로 쫓았다. "Hey, 23 skiddoo!(이봐요, 거기 서 있지 말아요!)" 하지만 안타깝게도 이런 이야기를 뒷받침할 만한 증거는 없다. 떠나거나 쫓아낸다는 뜻을 지닌 'skiddoo'는 많은 말을 유행시킨 만화가 테드 도건(Tad Dorgan)이 금세기 초에 만든 것이다. 하지만 다른 많은 단어들처럼 23이 어떻게 관련되게 되었는지는 아무도 모른다.

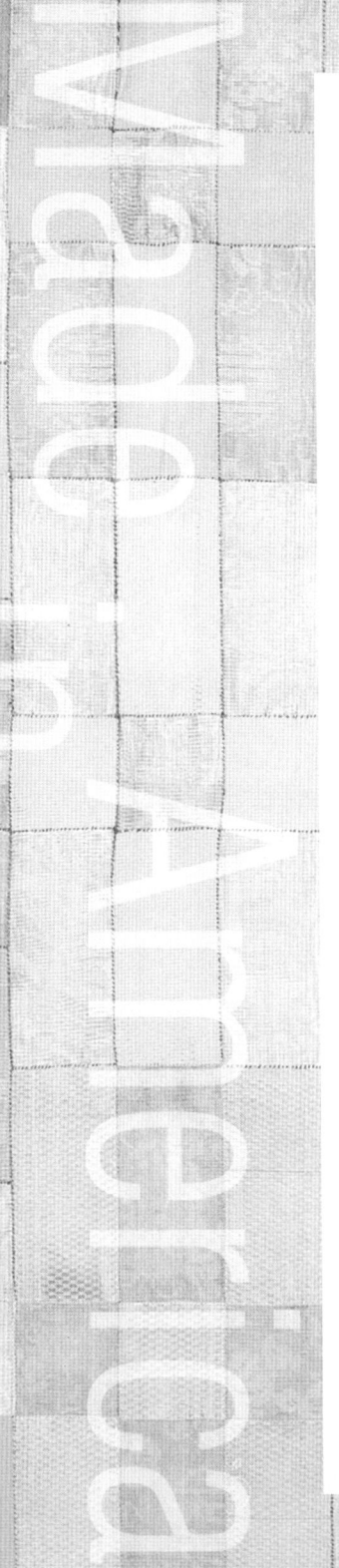

제7장

엉뚱한 발상이 만든 희한한 지명들

In 1993, according to an international business survey, the world's most valuable brand was Marlboro, with a value estimated at $40 billion, slightly ahead of Coca-Cola. Among the other top ten brands were Intel, Kellog's, Budweiser, Pepsi, Gillette, and Pampers. Nescafe and Bacardi were the only foreign brands to make top ten, underlining American dominance. Why companies like Coca-Cola suffer palpitations when they see a passage like this (from John Steinbeck's The Wayward Bus): "Got any coke?" another character asked. "No," said the other proprietor. "Few bottles of Pepsi-Cola. Hav... ...u coke for a month…… It's the same stuff. You can'... ...993, according to an international business... ...e brand was Marlboro, with a value esti... ...of Coca-Cola. Among the other top ten... ...er, Pepsi, Gillette, and Pampers. Nes... ...brands to make top ten, underli... ...like Coca-Cola suffer palpita- t... ...m John Steinbeck's The Way- war... ... asked. "No," said the ot... ...ven't had any coke for a mo... ...them apart." In 1993, ac... ...world's most valuable bran... ...llion, slightly ahead of Coca-Co... ...el, Kellog's, Budweiser, Pepsi, Gillett... ...Bacardi were the only brands to make top ten, underlining American dominance.

**MADE IN
AMERICA**

1870년대에 밀워키 철도회사가 워싱턴 주를 가로지르는 선로를 건설하기 시작한 직후, 그 회사의 부사장은 선로를 따라 세워질 새로운 지역 32곳의 이름을 짓는 일을 맡았다. 그는 시적인 기질이 전혀 없었는지, 집안을 서성거리며 눈에 띄는 물건의 이름을 그대로 붙였던 것 같다. 결국 시인[휘티어(Whittier)]과 희곡[오셀로(Othello)]에서부터 집에 있는 흔한 식품[랠스톤(Ralston)과 퓨리나(Purina)]에 이르기까지 온갖 것들의 이름이 붙은 지명이 탄생했다. 그는 한 도시의 이름을 '라코니아(Laconia)'로 지은 뒤에 이렇게 말했다. "라코니아가 알프스 어디쯤 있다고 생각하고 오늘 아침 스위스 지도를 펴봤더니 아무리 찾아도 그런 지명은 없었다."[1] 뉴햄프셔의 한 도시가 된 라코니아는 고대 그리스의 지명이었다. 그런들 어떠랴. 유래야 어찌됐든 듣기에 좋으면 그만이지, 솔직히 식료품 이름보다는 훨씬 낫지 않은가. 이처럼 현대 역사에서 미국 정착민보다 더 넓은 땅에, 더 특이하고 다양하게 이름을 붙여야 했던 사람은 없었다. 저명한 미국의 지명 학자 조지

엉뚱한 발상이 만든 희한한 지명들 **177**

R. 스튜어트의 말을 빌면, 1970년의 미국에는 약 350만 개의 지명이 있었으며, 사라진 지명만 해도 100만 개에(워싱턴의 퓨리나와 라코니아도 그 중에 속한다) 달했다고 한다. 시기를 불문하고 모든 것들이 미국식 지명을 지을 영감을 준 재료였던 것 같다. 아침 식사에 먹는 음식과 셰익스피어 희곡도 모자라, 라디오 프로그램명을 딴 지명[뉴멕시코의 '트루스 오어 컨시퀀스(Truth or Consequences)'], 유명 카우보이 이름을 딴 지명[오클라호마의 '진 오트리(Gene Autry)'], 잊힌 영웅의 이름을 딴 지명[존 메이저 햄트랙 시장의 이름이 붙은 미시간의 '햄트랙(Hamtramck)'], 누구든 그 지역에서 태어나지 않은 것을 다행으로 여길 만한 지명[당장 생각나는 지명은 아칸소의 '토드 석(Toad Suck)', 오리건의 '이디엇빌(Idiotville)'이다], 너무 겸손해서 이름도 남기지 않고 떠난 사람을 기리는 듯한 지명[캘리포니아의 '모데스토(Modesto)'], 그리고 그보다 더 재미없고 지루한 어원을 가진 수많은 지명이[절대 잊지 못할 예: 메릴랜드의 '보어링(Boring)'] 있다.

 초기 정착민들은 땅 이름을 지어야 할 부담을 크게 덜었다. 탐험가들이 이미 동부 해안 지역의 이름을 대부분 지어놓았기 때문이었다. 하지만 정착민 수가 늘고 새로운 정착지를 개발하면서 새로운 지표와 지역사회의 이름을 붙일 체계가 필요해졌다. 가장 편리한 방법은 영국의 지명을 빌려 쓰는 것이었다. 따라서 초기에 건설된 주들은 바다 건너의 지명과 짝을 이루는 이름을 가진 곳이 많다. 그 예로 보스턴, 데드햄, 브레인트리, 그리니치, 입스위치, 서드베리, 케임브리지 등이 있다. 그 못지않게 직접적인 방법은 찰스타운, 제임스타운, 메릴랜드, 캐롤라이나처럼 왕족의 이름을 따는 것이었다. 여기서 주목할 것은 그 중 많은 지명들이 17세기에는 아주 다르게 발음되었다는 점이다. 매사추세츠의 찰스타운은 찰턴[charlton]으로, 제임스타운은 짐스턴[jimston] 혹은 짐슨[jimson]으로도 불렸다. 이 발음은 그곳에서 유난히 많이 자라는 독초 'jimson weed'에도 남아 있다.[2] 그리니치는 영국식인 그레니치(grennitch)로 발음되었지만 시간이 지나면서 철자대로 그리니치(green-witch)로 불렸다. 크랩에 따르면 약 1925년이 지날 무렵부터 발음이 원래대로 바뀌었다고 한다.[3]

하지만 정착민들은 별로 호응을 받지 못한 또 다른 방식으로도 지명을 지었다. 앞에도 나왔듯이, 동부 해안의 원주민 언어는 무척 복잡했으며, 이름과 관련된 말에 있어서는 그 정도가 가장 심했다. 하지만 정착민들은 인디언식 지명을 그대로 쓸 뿐만 아니라 그대로 기록하는 일에 남다른 열의를 보였다. 지금도 동부의 주에는 인디언식 지명이 수두룩하다. 예를 들면 메인 주의 아나사군티쿡(Anasagunticook), 마타왐키그(Mattawamkeag), 네소와드네헝크(Nesowadnehunk), 놀리데완티쿡(Nollidewanticook), 누카콩가목(Nukacongamoc), 퐁고와이헤이목(Pongowayhaymock), 펜실베이니아 주의 유기오게니(Youghiogheny), 키세코킬라스(Kishecoquillas), 매사추세츠의 콰쿰콰싯(Quacumquasit), 코치체윅(Cochichewick), 코네티컷의 와파콰셋(Wappaquasset), 뉴욕의 니세코그(Nissequogue) 등이 있다.

예전에는 훨씬 더 많았다. 1916년까지만 해도 뉴햄프셔에는 '코키나파사케사마나그노그(Quohquinapassakessamanagnog)'라고 불리는 강이 있었지만 워싱턴 D. C.의 지명위원회에서 일하는 재미없는 관리들이 자기들 마음대로 '비버 크릭(Beaver Creek)'으로 바꾸었다. 마찬가지로 많은 사랑을 받던 '코나마브스쿠눈칸트(Conamabsqunooncant)' 강은 기억할 가치도 없는 '덕(Duck)'으로 바뀌었다.[4] 매사추세츠 웹스터 사람들(특히 우편엽서를 파는 사람들)은 표지판에 'Lake Chargoggagoggmanchauggauggagoggchaubunagungamaugg'로 소개된 그 지역의 강을 여전히 자랑스러워한다. 그 이름은 니프먹(Nipmuck) 인디언 말로 "당신은 그쪽에서, 나는 이쪽에서 낚시를 하면 가운데에서 할 사람은 아무도 없다."는 뜻이라고 한다. 그 많은 음절 중에 최면에 걸릴 정도로 강력한 음절은 표지판을 칠한 사람이 중간쯤 덧붙인 'gaugg'로 원래는 그 자리에 없었다고 한다. 어쨌든 그것은 이제 공식 명칭이 아니다.

독자들도 예상하겠지만 인디언식 지명은 현대의 형태로 정착하기 전에 많은 변화를 겪었다. 코네티컷(Connecticut)은 지금의 영구적인 형태로 정착할 때까지 Quonectacut, Quonaughticut, Qunnihticut, Conecticot 등 수많은 철자로 기록되었다. 존 스미스는 서스키하나(Susquehanna)를 Sasquesahanock로, 포토맥(Potomac)을 Patowomek으로 기록하였다.[5] 이로키안 족의 Kentake에서 유래한 켄터키(Kentucky)는 Kaintuck, Caintuck, Kentuck, Kentucke 등 다양한 형태로 기록되었으며, 19세기까지는 대체로 2음절로만 발음되었다. 새삼 놀랄 일도 아니지만 위니피소키(Winnipesaukee)는 무려 132개 이상의 철자로 기록되었다. 미네소타(Minnesota) 역시 Menesotor, Menisothé, Minnay Sotor 등 온갖 형태로 쓰였다.[6] 오리건(Oregon)은 Ouaricon, Ouragon, Ourgan, Ourigan 등으로 쓰였다. 캔자스(Kansas)에도 140개의 철자가 있었다. 1679년에 Melleoki로 기록되었던 밀워키(Milwaukee)는 Meleke, Millioki, Milwarik, Milwacky, Muilwahkie 등과 같이 알파벳 나라를 자유롭게 떠돌다가 1844년에 일정한 형태로 정착했다. 하지만 가장 활발한 철자 변화를 겪은 지명은 단연 시카고(Chicago)다. 초기에 Schuerkaigo, Psceschaggo, Shikkago, Tsckakko, Ztschaggo, Shecago, Shakakko, Stkachango 등 상상할 수 있는 조합을 거의 모두 거쳤다.

인디언식 이름은 토착어나 어원을 위장하는 형태로 발전하기도 했다. Kepaneddick은 Cape Neddick(케이프 네딕)으로, Norwauk는 Norwalk(노워크)로 변했다. 뉴저지의 Waycake Creek(웨이케이크 크릭)은 Waakaack에서 나왔으며, 롱아일랜드 Rockaways(라커웨이)의 어원은 Rackawackes이다. 또한 Moskitu-auke가 Mosquito Hawk(모스키토 호크)로 변했음이 틀림없다. Oxopaugsgaug는 아주 깔끔하게 옥시복시(Oxyboxy)가 되었다. 매사추세츠의 노맨즈 아일랜드(No Man's Island)는 어느 잊힌 사건을 기념하는 지명이 아니라 인디언 추장의 이름인 테케노맨(Tequenoman)에서 유래했다. 예를 나열하자면 끝도 없다. 티클네이키드(Ticklenaked), 스맥오버(Smackover), 포하문샤인(Pohamoonshine), 푸런(Poo Run), 질리 보이(Zilly Boy) 등 수많은 지명들이 초기 식민지 정착민들의 혼동이나 엉뚱한 착상에서 생겨났다.

때로는 비인디언식 지명 역시 민간에서 진화 과정을 겪었다. 델라웨어의 벌링턴(Birlington)은 원래 요크셔에 있는 도시 명을 따라 버들링턴(Birdlington)으로 불렸다.[7] 뉴어크(Newark)는 New Ark of the Covenant(성서에 나오는 새로운 언약궤)의 준말이다. 티넥(Teaneck)은 독일의 성 Teneyck을 민간에서 받아들인 지명이다. 뉴포트 뉴스(Newport News)는 뉴스와는 아무런 관계도 없으며 원래는 New Port Newce였는데, 뉴포트에 정착한 뉴스 가족의 이름을 따서 지어진 지명이다.[8]

그런 과정에서 인디언식 이름이 자취를 감추는 일이 잦았다. Cappawack가 마사스 빈야드(Martha's Vineyard)가 되거나 Mattapan이 도체스터(Dorchester)로 변한 경우가 그렇다. 하지만 미국의 토착 지명의 생명력은 아주 질겼다. 지금이라도 당장 미국 지도를 슬쩍 훑어보면 인디언식 지명이 얼마나 풍부한 유산을 남겨놓았는지 확인할 수 있다. 조지 R. 스튜어트는 「지명(Names on the Land)」이라는 유명한 논문에서 "26개 주(그가 논문을 쓴 뒤에 알래스카가 편입되었으므로 지금은 27개 주), 18개 대도시, 대부분의 큰 호수와 강"의 정체성을 인디언에게서 찾을 수 있다고 설명했다.⁹⁾ 그의 의견은 사실에 가깝지만 구체적인 부분은 어느 정도 검증이 필요하다. 첫째, 많은 인디언식 지명을 인디언들은 실제로 사용하지 않았다. '인디애나 (Indiana)'가 가장 좋은 예다. '오클라호마'는 의회에서 만들어진 말이었다. 촉토 족의 분위기가 풍기지만 촉토 족은 절대 그런 지명을 쓰지 않았다. 와이오밍(Wyoming)은 학살을 기념하는 1800년대 초기의 감성적인 시 '와이오밍의 거투르드(Gertrude of Wyoming)'에서 유래했다. 이 시는 아주 유명해져서 전국 각지에 지명을 빌려주었으며, 1868년에 언어적으로 아무 상관도 없는 서부 지역의 지명으로 남았다. 그보다 훨씬 더 엉뚱하게도 '아이다호(Idaho)'는 아무런 뜻도 없는 말이었다. 단지 19세기 의원들의 귀에 좋은 인디언 말로 들렸을 뿐이었다.

인디언식 도시 이름은 역사적인 사건이 아니라 19세기에 나라 전체를 휩쓴 낭만주의의 영향 때문이기도 했다. '하이아와타스(Hiawathas)'가 들어가는 수많은 지명의 경우, 16세기의 모호크 족 추장이 아니라 롱펠로의 시에서 그 뿌리를 찾아야 한다. 세미놀 족의 위대한 추장 오세올라(Osceola)는 아이오와 근처에 얼씬도 하지 않았지만 그의 이름을 딴 마을이 그곳에 있다. 인디언식 지명이 역사적으로는 사실이라 해도 그 이름이 사용된 것은 비교적 오랜 시간이 지나서였다. 예를 들어 코네티컷의 아가왐(Agawam)은 근방에 입스위치라는 지명이 생긴 지 200년 뒤에야 지도에 자기 자리를 갖게 되었다.

나라가 서부 쪽으로 확대되면서 지명에 대한 요구가 점점 커졌다. 한동안 옛날식 지명을 새로운 지역사회의 이름으로 사용하는 방식이 유행했다. 특히 최초의 서부 이주민을 받아들인 주들에서 고전적인 지명이 늘어났다. 신시내티, 트로이, 유티카, 아테네, 코니스, 멤피스, 스파르타, 키케로, 카르타고, 카이로, 한니발 등이 그 예다. 뉴욕 주에 있는 한 도시의 주민들은 Sinneken, Sinnegar, Sennicky 등 도시의 철자가 통일되지 않아 몹시 걱정이었다. 그래서 일관성과 역사적인 사실성을 모두 살리기 위해 세네카(Seneca)로 결정했다.

점점 더 유행하게 된 또 다른 방법은 사람 이름을 따서 어떤 장소나 지표의 이름을 정하는 것이었다. 주로 최초의 발견자, 가끔은 존경할 만한 인격을 지닌 사람들이 그 대상이었다. 특히 중서부에는 각 주마다 잊힌 선각자나 19세기 영웅의 이름을 갖고 있는 지역들이 다닥다닥 붙어 있다. 아이오와 주만 보더라도 웹스터, 메이슨, 에임스, 찰스, 그린넬(Grinnell) 등 인명을 딴 지명이 약 200개에 달한다. 미국 지명의 눈에 띄는(눈에 잘 띄지 않을지도 모르지만) 특징은 들어보지도 못한 사람들의 이름을 갖고 있는 도시들이 수없이 많다는 점이다. 프랭클린이나 제퍼슨은 없어도 댈러스라는 대도시는 있다. 분명하지는 않지만 제임스 K. 포크(James Polk)의 부통령이었다가 깊은 물속에 떨어진 돌멩이처럼 역사 속으로 가라앉은 조지 머핀 댈러스라는 사람의 이름을 딴 지명으로 보인다. 클리블랜드(Cleveland: 본래 철자는 Cleaveland)는 코네티컷에 살았던 잊힌 변호사 모세 클리블랜드(Moses Cleaveland)의 이름에서 왔다. 그는 클리블랜드에 땅을 가지고 있었지만 그곳에 가볼 생각은 전혀 하지 않았다. 덴버는 어느 캔자스 주지사의 이름이었다. 그들은 대도시에 이름을 빌려줄 만큼 대단하지 않았지만, 그 도시들은 세월이 흐르면서 점점 더 발전했다.

이 문제에 있어서는 적절한 시기가 가장 중요하다. 불후의 명성을 얻었던 루이스 카스(Lewis Cass)는 1848년 대통령 선거에서 재커리 테일러(Zachary Taylor)에게 패배했지만 아홉 개 주의 여러 도시의 이름으로 남았다. 테일러는 겨우 일곱 개 지역에 이름을 빌려주는 것으로 만족해야 했다. 하지만 그 일곱 개는 역사에 대한 긴 안목이 그에게 선물한 것 이상이었다. 켄터키의 상원의원이자 대통령 선거에서 두 차례 연거푸 고배를 마셨던 헨리 클레이(Henry Clay)는 그 두 사람을 합한 것보다 더 나은 대접을 받았다. 18개 주 이상의 도시에 자기 이름을 남겼기 때문이다. 서부 쪽에서 루이스와 클라크의 기념물을 찾으면 하나도 없지만, 제불론 파이크(Zebulon Pike)는 자신이 올라가거나 근처에 얼씬도 하지 않은(그냥 멀리서 바라보았을 뿐이었다) 산꼭대기에 이름을 남겼다. 미국 역사에 큰 공헌을 하다가 집무실에서 숨진 워렌 G. 하딩 대통령도 뉴멕시코의 한 도시에 자기 이름을 남겼다. 오직 조지 워싱턴만이 자신의 공적에 필적하는 보상을 받았다. 한 개의 주, 미국의 수도, 31개 카운티, 적어도 120개의 지역사회에서 그의 이름을 붙였기 때문이다.[10] 예전에는 그보다 훨씬 더 많았다. 예를 들어, 신시내티는 원래 '포트 워싱턴(Fort Washington)'으로 불렸다.

초기 정착민들은 다른 유럽인들이 이미 이름을 지어놓은 지역에 도착할 때가 종종 있었다. 네덜란드인들이 그들의 거점을 포기하면서 남겨두고 간 뉴암스테르담(Nieuw Amsterdam)도 그랬다. 영국인들은 재빨리 영국의 유서 깊은 도시가 아닌 그곳의 지명을 요크 공작을 기리는 의미로 뉴욕으로 바꾸었다. 하지만 다른 이름들은 약간의 언어적인 수술이 필요했다. Haarlem은 모음이 하나 잘려나갔고, Vlissingen은 Flushing으로 바뀌었으며, Breukelyn은 Brooklyn이 되었다(어느 시기에 Brookland로 발전한 것처럼 보인다).[11] Deutel Bogt는 Turtle Bay(터틀 베이)로, Vlachte Bosch는 Flatbush(플랫버시)로, Thynevly는 Tenafly(테너플라이)로, Bompties Hoek는 Bombay Hook(봄베이 후크)로, Antonies Neus는 Anthony's Nose(앤소니스 노즈)로 바뀌었다. 영국인, 프랑스인처럼 네덜란드인 역시 인도식 이름을 받아들여 자기들 입에 더 맞는 이름을 빚어냈다. 그래서 맨해튼에서 강 건너에 있는 Hopoakan이라는 마을은 Hoboken(호보켄)이 되었다.

　프랑스인들은 더 서쪽으로 진출해 수백 개의 이름을 남겼다. 탐험가인 마르켓과 졸리에는 1673년 한 해 여름 동안 아직까지도 강이나 도시 이름(가끔은 두 가지 모두에 해당하는 이름)으로 남아 있는 11개의 중요한 지명을 기록에 남겼다. 그들이 쓰던 철자와는 사뭇 다르지만, 시카고, 디모인(Des Moines), 위스콘신, 피오리아(Peoria), 미주리, 오세이지(Osage), 오마하, 캔자스, 아이오와, 워배시(Wabash), 알칸소(Arkansas)가 그들이 기록한 지명들이다. 마르켓과 졸리에는 강을 메스콘싱(Mesconsing)으로 기록했다. 이유는 모르지만, 그것은 Quisconsing으로 바뀌었다가 결국 Wisconsin(위스콘신)이라는 영어 이름으로 정착했다. 마찬가지로 Wabash는 Quabasche에서, Peoria는 Peouarea에서 진화했다. Iowa는 엄청나게 긴 Quaouiatonon으로 시작했다. 프랑스인은 이것을 여전히 어려운 Quaouia로 줄였고 영어를 쓰는 정착민들이 마무리를 맡았다.

　마르켓과 졸리에가 지나간 자리에 프랑스 덫 사냥꾼, 무역업자, 탐험가들이 도착했다. 1세기 반 동안 애팔래치아 산맥 서쪽의 많은 미국 땅이 프랑스인의 손에 들어갔다. 미시간(Michigan, 미시강), 일리노이(Illinois, 일리노아), 루이지애나(Louisiana, 루이지아나), 디트로이트(Detroit, 디트로), 배턴루지(Baton Rouge, 바똥 후즈), 세인트루이스(St. Louis, 생 루이), 시카고(Chicago, 시카고)를 비롯한 수많은 지역의 이름들이 그런 사실을 증명한다. 시카고는 '양파 냄새가 나는 곳'이라는 인디언 말에서 유래했고, 배턴루지는 1700년에 한 탐험대가 두 개의 인디언 사냥터를 구분하는 붉은 말뚝(Baton Rouge)을 우연히 발견하고 그곳에 무역 거점을 세웠기 때문에 그렇게 불렸다. 다른 이름들은 확실하지 않다. 디모인이 맨 처음에 무엇을 의미했는지 아는 사람이 없고, 쾨르드앨린(Coeur d'Alene, 페르 달렌느)은 완전히 미궁에 빠져 있다. 그것은 '올빼미의 심장'이라는 뜻인데, 최초의 발견자가 정확히 무슨 생각을 했는지는 알 길이 없다.[12]

자기 흔적을 남기는 것에는 스페인 사람들도 뒤지지 않았다. 흔히 스페인을 남서부와 관련짓지만 어느 한 시기에 스페인이 점령한 미국 땅은 플로리다 키스(Florida Keys)에서 캘리포니아에 이르기까지 대륙의 대부분에 걸쳐 있었다. 한때, 멤피스는 산 페르난도(San Fernando)로, 빅스버그(Vicksburg)는 노갈레스(Nogales)로 불렸다.[13] 하지만 스페인인은 중앙아메리카와 남아메리카를 점령한 채 북아메리카는 거의 쓸모없는 황무지라고 확신하고는 북쪽으로는 거의 진출하지 않았다. 1821년에 스페인이 북미에서 후퇴했을 때, 국경 북쪽의 땅은 흩어진 주둔지 몇 군데와 산타페, 샌안토니오, 세인트오거스틴 이렇게 이름이 알려진 세 개의 도시뿐이었다. 그곳에 모인 시민은 1만 명이 채 안 되었다(대조적으로 멕시코시티의 인구는 15만 명을 훨씬 웃돌았다). 굳이 밝힐 필요는 없지만, 그런데도 불구하고 스페인은 미국 땅에 수백 개의 이름을 남겼다. 그 중에는 미국에서 가장 오래된 비인디언식 미국 지명인 '꽃의 장소' 플로리다가 있다. 후안 폰세 데 레온(Juan Ponce de León)은 1513년 2월 2일에 나중에 미국 땅이 된 곳에 발을 들여놓으며 그런 이름을 붙였다. 선교단을 비롯한 소규모 정착민들이 곧바로 뒤따라 토르투가스(Tortugas : 북아메리카에서 가장 오래된 유럽식 지명), 세인트오거스틴, 애팔첸(Apalchen) 등지에 도착했다. 마지막 지명은 애매한 부락에 지나지 않았지만 경계가 애매한 산악 내륙 지역을 가리키는 이름이 되었다. 그러다 산 자체에 그 이름이 붙어 애팔래치아 산맥이 되었다.

스페인 사람들은 북아메리카에 정착하는 것은 신중한 반면, 그곳의 지명을 붙이는 것에는 인심을 후하게 썼다. 그들에게 산타페는 적어도 공식적으로 'La Villa Real de la Santa Fe de San Francisco(성 프랜시스의 거룩한 믿음이 있는 훌륭한 도시)' 라는 이름으로 불리고, 우리가 로스앤젤레스로 알고 있는 도시는 'El Pueblo de Nuestra Señora la Reina de los Angeles del Río Porciúncula(작은 강 옆 여왕 폐하의 도시)' 라는 음절이 주민 수만큼이나 야심적인 이름으로 불렸다.

로스앤젤레스와 산타페처럼 그런 이름들은 흔히 영어 사용자들의 입에 맞게 축약되거나, 철자가 바뀌거나, 변화되었다. 그래서 아칸소에 있는 L'Eau Froid라는 호수는 로 프라이트(Low Freight)로 바뀌었다. 그리고 노스캐롤라이나의 Mont Beau는 몬보(Monbo)로, Les Monts Verts는 레몬 페어(Lemon Fair)로 바뀌었다. 마찬가지로 Siskiyou Mountains(시스키유 산맥)는 여섯 개의 돌을 뜻하는 프랑스어 씨스 까이유(six cailloux)에서 유래했을 것으로 짐작된다. 텍사스의 와코(Waco)는 스페인어 Hueco로, 키 웨스트(Key West)는 Cayo Hueso로, 미시간의 밥룰리(Bob Ruly)는 Bois Brule에서 출발했다.[14] 캘리포니아의 Miguel Creek은 맥길 크릭(McGill Creek)이 되었다가 결국은 원래대로 돌아갔다. 하지만 영어를 사용하는 정착민들은 철자만 보존하고 발음은 자기 식대로 붙이는 경우도 많았다. 디모인(Des Moines, 데 모아네), 디트로이트(Detroit), 세인트 루이스(St. Louis), 일리노이(Illinois) 등은 비프랑스어 발음을 가진 프랑스어의 분명한 예다. 하지만 비교적 덜 알려진 예도 수없이 많다. 가령 미주리의 Bois D'Arc는 'bodark'로, 루이지애나의 De Blieux, Fortier, Breazale은 각각 "double-you", "Foshee", 'brazil'로 발음된다.[15]

이상한 발음이 외국어에서 유래한 작은 지역 이름에만 국한되는 것은 아니다. 흔히 도시를 창건한 사람들은 이국적인 이름을 고른 다음 그것을 어떻게 발음할지 몰라 더 나은 방법을 생각해냈다. 그래서 미시간의 폼페이

(Pompeii)는 "pom-pay-eye"로, 인디애나의 Russiaville과 Peru는 "roosha-ville"과 "pee-roo"로, 켄터키의 Versailles는 "vur-sales"로, 사우스다코타의 Pierre는 "peer"로, 미주리의 Bonne Terre는 "bonny tar"로, 네브래스카의 Beatrice는 "be-at-riss"로, 버지니아의 Dante와 Fries는 "dant"와 "freeze"로 발음되었다〔프라이스의 경우, 여름에는 "fries"(튀기다), 겨울에는 "freeze"(얼다)라는 우스갯소리도 있다〕.

미국에 지명 짓기의 황금시대가 있다면 아마 19세기 중반일 것이다. 오리건 열풍, 캘리포니아 골드러시, 대륙 횡단 철도로 밤사이에 수백 개의 새로운 마을이 쑥쑥 생겨났다. 철도는 새로운 마을에 내키는 대로 이름을 빌려주었을 뿐만 아니라 기존의 것들까지 바꾸기도 했다. 조지아의 마서스빌(Marthasville)은 1845년에 한 철도 관리에 의해 강제적으로 애틀랜타라는 새로운 이름을 얻었다. H. L. 멩켄의 지적처럼 새로운 기차를 처음 탄 승객들에게 지나치는 역의 이름을 지을 특권이 주어질 때도 있었다.[16] 우체국 관리들 또한 무제한의 자유를 누렸다. 스튜어트에 따르면, 한 관리가 "동네의 모든 어린이와 아기들의 이름을 따서" 서부 전역의 우체국 이름을 지었다는 소문이 있다고 한다.[17]

캘리포니아 탄광촌을 중심으로 도시들이 생겨나고 작명이 비공식적으로 행해지면서 더 생동감 있는 결과가 나타났다. 캘리포니아에서는 Murderer's Gulch(살인자의 골짜기), Guano Hill(새똥 바위 언덕), Chucklehead Diggings(멍청이 광산), Delirium Tremens(술 취한 미치광이), Whisky Diggings(위스키 광산), You Bet(물론이지), Chicken Thief Flat(닭 도둑 평지), Poker Flat(포커 평지), Git-Up-and-Git(일어나 가져가), Dead Mule(죽은 노새), One Eye(외눈박이), Hell-out-for-Noon City(정오에 밖으로 나가는 도시), Puke(구토), Shitbritches Creek(더러운 바지 강)처럼 한동안 특이한 이름이 판을 쳤다.[18] 그런 분위기는 캘리포니아에만 국한된 것이 아니었다. 애리조나의 Tombstone(묘비), 콜로라도의 Cripple Creek(절름발이 강), 워싱턴의 Whiskey Dick Mountain(위스키 딕 산), 와이오밍의 Dead Bastard Peak(죽은 사생아의 봉우리) 등 서부 전체가 셀 수도 없이 많은 각양각색의 이름으로 뒤덮였다. 캘리포니아의 Two Tits(두 개의 젖꼭지), 애리조나의 Shit House Mountain(변소 산)처럼 그 중 유난히 특이한 이름들은 굳이 설명을 할 필요가 없다는 이유로 나중에 조용히 다른 이름으로 바뀌었다. 그쪽 생활이 외로웠기 때문인지 서부에는 우리가 아는 것 이상으로 여자의 젖꼭지를 연상하게 하는 니플 산(Nipple Mountains), Tit Buttes 같은 이름이 많았다. 오늘날까지 살아남은 테톤 산(Teton Mountain)에 유방의 의미가 숨어 있다는 사실은 프랑스어를 말하는 사람들만 알 것이다.

그러나 특이한 지명은 서부 지역만의 특징이 아니었다. 버지니아의 러낸버그 카운티(Lunenberg County)는 한때 Fucking Creek과 Tickle Cunt Branch로 유명했고, 노스캐롤라이나에는 Coldass Creek이 있었으며, 켄터키는 아직도 Sugar Tit으로 유명하다.[19] 다음의 짧은 예가 증명하는 것처럼 이상한 이름은 지리적인 경계도 무색하게 했다.

앨라배마, Who'd A Thought It
알래스카, Eek
아칸소, Greasy Corner, Turkey Scratch
캘리포니아, ZZyzx Springs
플로리다, Two Eggs
아이오와, Zook Spur, What Cheer

켄터키, Rabbit Hash, Bug, O. K.

텍사스, Lick Skillet, Bugtussle, Chocolate Bayou, Ding Dong, Looneyville, Jot 'Em Down, Cut and Shoot

오하이오, Knockemstiff, Pee Pee, Lickskillet, Mudsock

오클라호마, Bowlegs

매사추세츠, Teaticket

미주리, Tightwad, Peculiar, Jerk Tail

미시시피, Hot Coffee, Goodfood

미네소타, Sleepy Eye, Dinkytown

메릴랜드, Bald Friar, Number Nine

네브래스카, Wynot

뉴저지, Brainy Boro, Cheesequake

노스캐롤라이나, Rabbit Shuffle, Stiffleknee Knob, Shoofly

사우스캐롤라이나, East Due West

테네시, Yell, Bugscuffle, Gizzards Cove, Zu Zu

버지니아, Lick Fork, Unthanks, Tizzle Flats

워싱턴, Humptulips, Shittim Gulch

웨스트버지니아, Superior Bottom

위스콘신, Embarrass

눈에 띄는 이름 속에 구구절절한 설명이 필요 없을 때가 많다. 텍사스의 Goodnight은 기억에 남는 저녁이나 자기 전 인사말과는 전혀 상관이 없다. 그냥 굿나이트 씨와 관계가 있을 뿐이다. 텍사스의 Humble과 Oatmeal(오트밀 씨의 이름을 딴 지명), 아이다호의 Riddle도 마찬가지다. 오하이오의 Chagrin Falls는 그 이름이 말해 주는 것처럼 초기의 탐험 실패와는 아무 상관이 없으며, 단지 François Séguin의 성을 잘못 표기한 결과다. 그는 어느 강가에 정착한 프랑스 무역업자로, 마을이 그 강의 이름을 그대로 따라 쓰게 되었다.[20] 동부의 주들에는 특이한 지명들이 술집이나 여관의 이름에 그 뿌리를 두고 있다. King of Prussia, Blue Ball, Bird-in-Hand, Rising Sun, Bishop's Head, Cross Keys 등 펜실베이니아와 버지니아 사이에 이상한 도시 이름들이 무척 많다.

20세기에는 지도에 이름을 올릴 만한 이름을 짓는 이상한, 다행히 가끔 중단되기도 한 유행이 있었다. 과학 분야의 혁신이 그런 유행에 박차를 가하기도 해서 Xray, Radio, Gasoline, Electron, Radium 같은 도시명이 생겨나기도(아니면 기존의 이름을 대신) 했다. 캔자스의 Bee Pee는 오랫동안 꿀벌이 오줌을 누는 방법에 관한 농담을 참고 견딘 뒤에 덜 우스운 이름으로 바꾸기로 결정했고 결국 Chevrolet(체브롤렛)이 되었다.

이름을 바꾸려면 생각보다 더 많은 노력이 필요하다. 적어도 한번은 이름을 바꾸지 않은 지역사회는 거의 없다. 펜실베이니아의 스크랜턴(Scranton)은 여덟 번이나 이름을 바꾸었고 그 중 가장 특이한 이름은 맨 처음의 Skunk's Misery(스컹크의 불행)였다. 때로는 애매한 이유로 이름을 바꾸기도 했다. Screamerville은 Chancellor로, 애리조나의 Swastika는 Brilliant로 바꾼 것이 그 예다. 하지만 그 지역을 좀 더 그럴싸한 곳으로 보이게 하려는 부동산 개발자의 입김이 작용할 때가 많았다. 그래서 캘리포니아의 Willmore City는 Long Beach로, Roscoe는 Sun Valley로, Girard는 Woodland Hills로 바뀌었다. 또한 반누이(Van Nuy)와 할리우드 북쪽 일부가 독립을 선언하면서 각각 Chandler Estates와 Valley Village가 되었다.

이름만 바꾸어도 재산 가치를 15퍼센트까지 끌어올릴 수 있기 때문이었다.[21] 지명을 지을 때는 대체로 듣기 좋은 이름이 우선순위로 여겨진다. 가령 캘리포니아의 글렌데일(Glendale)은 스코틀랜드와 게일 말인 'glen' 과 영국 북부의 'dale' 을 조합해 '계곡과 계곡' 을 뜻하는 이름이 되었다. 실제로 미국의 모든 도시들에는 개발자가 생각하기에 번영하고 균형이 잡히고 매력적인 말로 이름이 지어진 구역이 많다. Wellington Heights, Canterbury Hills, Vista View Estates 등이 그 예다.

19세기 후반에는 미국의 도시, 호수, 산 등 지형물의 이름이 매우 혼란스러웠다. 많은 주에서 다섯 개 이상의 도시 이름이 같아서 우편배달에 혼동을 일으켰다. 한 지역의 수많은 특징들이 두 개 이상의 이름으로 연결되었다. 그래서 샌디에이고 부근의 산은 때로는 Cloud Peak(구름 봉우리)로, 또 때로는 Cuyamaca(구름 뒤를 뜻하는 인디언 말)로 불렸다. 그리고 버지니아의 Alleghany, 뉴욕의 Allegany, 펜실베이니아의 Allegheny처럼 비슷한 철자를 쓰는 곳도 아주 많았다.

1890년 벤저민 해리슨 대통령은 그런 무질서를 바로잡고자 열 명으로 구성된 지명위원회를 구성했다. 위원회는 1929년까지 정식 비서를 채용하지 못할 정도로 계속된 자금난에 시달렸으므로 그다지 큰 권한을 갖지 못했다. 정부 기관에서는 자기들이 정한 철자를 사용하게 할 수는 있었지만 다른 곳에서는 그렇게 할 필요가 없었으므로 처음에는 많은 사람들이 따라주지 않았다. 그러나 대부분의 지역사회들이 좋든 싫든 점점 더 그들의 결정을 수용하기 시작했고, 사람들은 주를 두 개의 글자로 축약해서 쓰는 우체국의 고집에 조용히 따랐다.

위원회는 처음부터 13개의 지도 원칙을 정했다. 그 중 첫 번째는 대체로 지역의 관습을 따르는 것이 최선이라는 매우 신중한 결론이었다. 불행히도 다른 12개의 원칙들은 역사적인 관행에서 벗어날 것을 강조했기 때문에 첫 번째 원칙과 완전히 대조적이었다. 그 중 대표적인 원칙은 지명에서 불필요한 발음은 잘라낸다는 것이었다. 그래서 Coeur d'Alêne(쿠어달렌)은 곡절 억양을 잃어버렸고, San José(산호세)는 스페인어 고유의 파열음을 박탈당했다.[22]
'-burgh'로 끝나는 모든 도시들은 '-burg'로 고치고, '-borough'로 끝나는 도시들은 '-boro'로 읽으라는 지시가 내려졌다. 위원회는 또 'centre'와 같은 비표준 철자는 미국식으로 고치고, 'city'와 'town'은 전체적으로 지명에서 삭제하며, 많은 단어가 포함된 지명은 하나로 연결되게 하라고 명령했다. 그래서 New Castle이나 La Fayette는 Newcastle이나 Lafayette가 되었다. 무엇보다도 어려운 지명은 임의로 고치거나 줄이게 했다. 그래서 오리건의 Popocatepetl Mount나 알래스카의 Nunathloogagamiutbingoi Dunes(오늘날 공식적으로 인정받는 미국 지명 중 가장 긴 23글자로 되어 있다)와 같이 발음하기 힘든 지명들은 지금은 찾아보기 어렵다.

이 모든 것들에 어느 정도 일관성이 있었다면 참을 만했을 것이다. 하지만 슬프게도 위원회는 완전히 무능력해 보였다. 심지어는 자기들 조직의 이름도 짓지 못했다. 처음에 Board on Geographic Names로 시작해서 다시 Geographic Board, Geographical Board, 그리고 지금은 다시 Board on Geographic Names로 바뀌었다.

미국의 지명 철자는 지명 위원회의 결정 때문에 통일성에서 많은 것을 얻지 못하고 고유의 특성과 매력, 그리고 투명성까지 잃었다(외부인들은 Wilkes Barre(윌키스 바)보다는 Wilkes-Barré(윌키스 베레)라는 발음을 선호한다). 위원회의 결정은 줄곧 황당한 변덕을 부렸다. Pikes Peak에는 아포스트로피를 빼고 Martha's Vineyard에는 남겨주었다. El Dorados를 Eldorados로 만든 것처럼 수백 개 마을의 이름을 통합하도록 명령했다. 하지만 Newyork, Losangeles, Cedarrapids를 받아들이려는 사람은 아무도 없었다. 위원회는 인디언식 지명을 수없이 버렸지만 그냥 남겨둔 것도 그만큼 많았다. 그들이 유일하게 잘한 행동은 인종차별적인 명칭을 개선한 것이었다. 그래서 Chinaman's Springs를 Chinese Springs로, Nigger Creek을 Negro Creek으로 바꾸었다. 하지만 그마저도 문제가 드러나고 한참이 지난 1960년대까지도 전체적으로 사용되지 않고 있었다.[23]

그러나 위원회는 '-burg'와 '-boro'로 끝나는 지명 문제에 대해서는 아주 집요해서 지금도 지명 색인을 열심히 찾아야 그 두 가지 어미의 예외를 찾을 수 있다. 가장 분명하고 주된 예는 'pittsburgh'로, 재미있게도 스스로 'pittsburg'로 고친 뒤에야 위원회가 끼어드는 바람에 그 도시 주민 모두가 분통을 터뜨렸다(피츠버그는 어느 스코틀랜드 이주민이 정치가인 윌리엄 피트(William Pitt)의 이름을 따서 지은 지명인데, 그는 그것이 '에딘버러(Edinburgh)'와 비슷하게 '피츠버러'로 발음되기를 바랐던 것이 분명하다). 1891년 위원회는 초기에 내린 결정대로 그 도시를 'Pittsburg'로 부르라고 명령했다. 우체국은 부지런히 그 지시를 따랐지만 다른 사람들은 불만을 터뜨렸다. 피츠버그 대학(the University of Pittsburgh), 피츠버그 증권거래소(the Pittsburgh Stock Exchange), 일간지 「피츠버그 가제트(the Pittsburgh Gazette)」등 그 도시의 주요 기관들은 대부분 그 요구를 수용하지 않았다. 위원회는 20년이나 승강이를 하다가 마침내 결정을 번복했고, 그 도시는 1911년 7월 19일자로 공식적으로 'Pittsburgh'가 되었다.[24]

수백 개의 도시들처럼 수많은 주들도 이름을 바꿨다. 메인 주는 한때 New Somerset이었고, 뉴저지 주는 짧게 Albania였다가 나중에 New Cesarea라는 이름으로도 불렸다. 버몬트는 New Connecticut이었는데, 그곳 주민들이 인위적이고 부자연스러운 Vermont라는 이름을 생각해냈다.

본래 '푸른 산'이라는 의미로 부르려고 했다면 'Les Monts Verts'라고 했어야 한다. 조지 R. 스튜어트에 따르면, 그 이름이 굳이 무엇을 의미한다면 '벌레 산(worm-mountain)'일 것이라고 한다.[25]

하지만 잠시만 생각해 보더라도 많은 주의 이름은 약간씩 이상하다. 미시시피는 미시시피 강의 근원지나 초입이 아닌 고작 한쪽 강둑만 포함하고 있다는 점을 생각하면 의아한 이름이다. 차라리 미주리가 미시시피보다 미시시피 강을 더 많이 차지한다. 생각해 보라. 로드아일랜드는 섬이 아닐 뿐더러 'Rhode'라는 사람이나 사물의 이름을 따서 지어진 이름이 아니다. 네바다는 캘리포니아의 전역을 에워싼 산들의 이름이다. 메인은 왜 그런 이름을 갖게 되었는지 아무도 모른다. 몬태나와 아이다호의 유래도 오리무중이기는 마찬가지다.

이 모든 것들에 대한 해석은 다양하다. 로드아일랜드는 원래 현재 뉴포트가 있는 나라간세트 베이(Narragansett Bay)에 있는 섬만을 지칭하는 이름이었다. 초기 네덜란드 탐험가가 그곳을 'Roodt Eylandt(red island: 붉은 흙 색깔 때문에 붙여진 이름)'라고 불렀다. 로저 윌리엄스가 1636년에 그곳에 '프로비던스 플랜테이션(Providence Plantations)'을 건설한 뒤에 영어 발음에 더 적당한 형태로 진화했다. 그 주의 정식 명칭은 'Rhode Island and Providence Plantations'이다. 메인은 위대하거나 주요하다는 'main'의 고어에서 나왔다. 대서양이 가끔 'Main Sea'로 불리기도 했으며, 그래서 'Spanish Main(남미 카리브 해 인근)'을 항해한다는 말도 있었다. 그리고 명확하지는 않지만 23개 주를 지칭할 때 'mainland(본토)'라는 말을 쓴다. 미주리는 강 이름을 직접 따지는 않았지만 가장 중요한 부분을 차지하는 'Missouri Territory(미주리 통치령)'를 일컬었다. 그리고 미시시피는 다른 곳에 같은 지명이 없기 때문에 붙여진 이름으로 보인다. 그곳이 처음에는 위싱턴으로 불릴 뻔한 적도 있다.

다른 이름이 붙을 뻔한 주들도 많았다. 웨스트버지니아는 카나와(Kanawa), 워싱턴은 컬럼비아, 아이다호는 에스메렐다(Esmerelda), 오로플라타(Oro Plata), 시에라 플라타(Sierra Plata) 혹은 훔볼트(Humboldt)로 불릴 수도 있었다. 네바다는 불리언(Bullion)이나 와슈(Washoe)가 될 뻔했다. 그것들은 대륙회의가 그곳의 특징인 산의 이름을 따서 네바다로 부르기 전에 널리 알려진 이름이었다.

새로운 주에 이름을 붙이는 문제는 처음부터 뜨거운 논쟁을 불러일으켰고 더 중대한 문제에 집중해야 할 사람들의 마음을 온통 빼앗았다. 1784년 토머스 제퍼슨은 서부 지역에 붙이면 좋을 듯한 지명을 목록으로 만들면서 대단한 헛수고를 했다. 그럴싸하게 신고전주의적이지만 화려하기만 하고 실속이 없는 이름들이었다. 그가 지은 이름 중에는 Polypotamia, Assenisipia, Chersonesus, Macropotamia, Metropotamia 등이 있었다.[26]

제퍼슨은 그런 환상적인 이름들을 붙이지는 못했지만 두 번째 제안으로는 어느 정도 큰 성공을 거두었다. 그는 서부의 주들을 바둑판 모양으로 분할하자고 제안했다. 그러면 오리건, 미네소타, 텍사스만 제외한 미시시피 서쪽의 모든 주들은 적어도 두 개의 직선(혹은 직선에 가까운) 경계를 갖고, 콜로라도와 와이오밍 두 곳만 사각형 경계를 가질 수 있었다. 서부의 주들은 내부의 짜임새가 형편없었고, 강과 산 같은 지형적인 특징도 거의 없었다. 육지는 1평방마일, 혹은 640에이커(약 260만 제곱미터)로 분할되었다. 여섯 개 구역이 하나의 중심지를 공유했다. 구역은 다시 16에이커짜리 40개 지역으로 분할되었는데, 이 때문에 '북쪽 40개 지역'이라는 익숙한 농장 표현이 생겨났다. 이런 결정에서 발생하는 한 가지 문제는 둥근 모양의 구체로 인해 사각형의 모서리가 없어진다는 것이었다. 극지방으로 가까이 갈수록 경선이 점점 더 좁아진다. 그래서 지도를 보면 와이오밍의 맨 아래쪽보다 맨 위쪽이 더 좁다. 이 문제를 해결하기 위해 24마일(약 38킬로미터)마다 경선을 조절했는데, 이 때문에 네브래스카와 캔자스 같은 지역에서는 남북 고속도로와 동서 고속도로가 교차하는 지점이 들쭉날쭉해졌다.

지명에 대한 논란은 줄곧 사그라지지 않았다. 콜로라도의 이름으로 거론된 것들 중에는 Colona(콜럼버스의 스페인어인 Colón을 이상하게 여성화한 이름), Jefferson, Franklin, Jackson, Lafayette, Yampa, San Juan, Lula, Arapahoe, Tahosa, Idaho 등이 있었다. 아이다호는 의원들 사이에서 이상할 정도로 인기가 많았다. 아무런 뜻도 없는데 1890년에 마침내 43번째 주의 이름으로 결정될 때까지 31년 동안 끊임없이 후보로 거론되었다. 그 이름이 주인을 찾아가자 다른 이름들이 그것이 차지하고 있던 후보 자리에 오를 수 있었다. 애리조나의 후보로 올라온 이름들 중에는 Gadsonia(개즈던 매입(Gadsden Purchase) 당시 제임스 개즈던이 유명세를 탄 뒤로)와 Pimeria가 있었다. 뉴멕시코에 대해서는 Hamilton, Lincoln, Montezuma, Acoma(오로지 알파벳 순서로 가장 앞서도록 하는 것 외에는 아무 목적 없이 만들어진 이름) 등이 거론되었다.

주의 별명에 관한 이야기는 훨씬 더 거짓말 같다. 그런 별명들이 얼마나 널리 확산되었는지 알아보면 미스터리가 따로 없다. 아이오와 사람이 호카이(Hawkeye)로, 노스캐롤라이나 사람이 타힐(Tarheel)로, 캔자스 사람이 제이호커(Jayhawker)로, 인디애나 사람이 후저(Hoosier)로 불리는 이유를 확실히 아는 사람은 아무도 없다. 우리는 델라웨어가 1840년대 이후로 블루헨 스테이트(Blue Hen State)로 불린다는 사실은 알아도 그 이유는 모른다. 그동안 갖가지 독창적인 해석이 나왔다. 가령 어떤 사람은 후저를 컴벌랜드(Cumberland) 사투리 'hooser'에서 유래했다고 설명했다. 하지만 증거가

분명한 설명은 없었고 상상에서 나온 추측일 때도 많았다.[27]

과거에 버림받은 별명을 활용하는 주들도 많았다. 아칸소는 핫 워터 스테이트(Hot Water State)와 투스피크 스테이트(Toothpick State)로, 조지아는 비저드 스테이트(Buzzard State), 구버 스테이트(Goober State), 크래커 스테이트(Cracker State)로 불렸다. (조지아 크래커(Georgia Cracker)의 크래커는 바싹 구운 과자와는 아무 관계가 없다. 옥수수가루를 만들기 위해 옥수수를 부수는 행위에서 나온 말일 뿐이다.) 미주리는 한때 퓨크 스테이트(Puke State)로, 일리노이는 석커 스테이트(Sucker State)로, 몬태나는 스텁-토 스테이트(Stub-Toe State)로 널리 알려졌지만 역시 그 이유를 아는 사람은 아무도 없다. 그러나 요즘 미주리에서 내건 'Show Me State'라는 표어의 유래는 잘 알려져 있다. 이 표현은 외부인이 경멸적으로 만든 것으로 미주리 사람들이 너무 어리석어서 모든 것들을 하는 방법을 배워야만 한다는 의미를 담고 있다. 그런데 미주리 주민들은 오히려 그것을 칭찬으로 받아들이고는 그것이 자기들 관점에서 '예리한 주의력'을 암시한다고 믿었다.

짐작했겠지만 각 주의 의회는 툭하면 그럴싸한 별명을 만들어낸다. 심지어는 속셈이 뻔히 드러날 위험이 있는 것도 아랑곳하지 않을 때가 있다. 뉴저지는 한동안 자칭 '미국의 스위스(Switzerland of America)'였다. 아칸소는 '환상의 주(Wonder State)'로 불리고 싶어 했다. 뉴멕시코는 가장 강력한 자기도취의 늪에라도 빠졌는지 여러 번에 걸쳐 '희망의 땅(Land of Heart Desire)', '기회의 땅(Land of Opportunity)', '기쁨의 땅(Land of Delight Makers)', '마법의 땅(Land of Enchantment)'이라는 별명을 붙였다.

영예로운 별명을 위해서라면 정면으로 맞붙어 싸울 경쟁자들이 적지 않았다. 항상 그런 문제의 선두에 서 있는 지역은 Tree Planters State(인디애나), Wheat State(캔자스), Blizzard State(사우스다코타), Hog and

Hominy State(테네시), Iodine State(사우스캐롤라이나), Mosquito State(뉴저지), 그리고 화려함의 극치인 Land of Dakotas(노스다코타) 등이 있다.

◈◈◈

더 간단하게는 개인의 이름도 마찬가지였다. 초기 식민지 시대의 생활에서 눈에 띄는 특징은 보통 사람들이 자기 이름의 철자를 쓰는 방식이었다. 예를 들어 월터 롤리(Walter Raleigh) 경은 셔츠를 갈아입듯이 성의 철자를 Rawleyghe, Rawley, Ralegh로 수시로 바꾸었다.* 그의 친구들과 동료들은 훨씬 더 혼란스러워서 그를 Ralo, Ralle, Raulie, Rawlegh, Rawlighe, Rawlye를 비롯해서 65가지의 비슷한 이름으로 불렀다. 그런데 정작 그가 절대 쓰지 않은 철자는 요즘 사람들이 그를 가리킬 때 가장 많이 쓰는 Raleigh이다. [28]

에이브러햄 링컨의 조상들은 초창기 교회와 재산 문서에 Lyncoln, Linccolne, Linkhorn 등으로 기록되어 있다. 제퍼슨은 Giffersonne, Jeffreson으로, 앤드류 잭슨은 Jaxon, Jackeson, Jakeson, Jakson의 형태로 남아 있다. 매사추세츠(초기 식민지 시대에 제작된 동전에는 Masathusets로 찍혀 있는데, 이 역시 정자법의 변화에 의한 결과다)의 초대 주지사인 존 윈스롭(John Winthrop)은 때로는 자신의 이름을 Wyntropp으로 표현했다. 이는 그가 자기 이름을 어떻게 발음했는지 보여 주는 철자다. [29] 또한 초기 식민지의 기록들은 Mayo와 Mayhew, Smith와 Smythe, Moore와 Muir 등 여러

* 거의 모든 철자들이 그의 이름에 대한 현대 미국 발음인 "rawly"가 현대 영국식 발음인 "rally"보다 더 원음에 충실하다는 사실을 말해주고 있다.

철자로 표현되었음직한 이름으로 넘쳐났다. 이는 그처럼 바쁜 시대에는 철자나 발음을 일관되게 사용하는 것에서 별다른 이익이나 목적을 찾으려는 사람이 거의 없었다는 사실을 말해 준다.

초기 정착민들은 이상한 철자를 썼기 때문에 그만큼 발음도 특이했다. 유력한 집안이 성을 이상하게 발음하는 특이한 성향을 갖고 있던 버지니아에서는 더욱 그랬다. 그래서 Sclater를 "Slaughter"로, Munford를 "Mumfud"로, Randolph를 "Randall"로, Wyatt를 "wait"로, Devereaux를 "deverecks"로, Callowhill을 "Carroll"로, Higginson을 "Hickerson"으로, Norsworthy를 "Nazary"로, Taliaferro를 "Tolliver"로 발음했다. 그보다 훨씬 더 이상한 것은 "Granger"로 발음했다는 Crenshaws다. Enroughty 계통의 한 집안은 발음을 "Darby"로 바꾸어서 "Enruffty"로 발음하는 집안과 차별화하기도 했다. 이처럼 정도를 벗어난 발음들은 대부분 영국에서 왔으며 유별난 전통으로 소중히 여겨진 것 같다. 하지만 어색한 발음이 오늘날까지도 잘 보존된 영국과는 달리 미국의 발음은 점점 더 철자와 일치되어서 존 윌키스 부스(John Wilkes Booth)의 선조들은 자기들의 이름을 south보다는 truth와 같은 운으로 발음하기 시작했다.

이런 관행은 북미에서는 그다지 흔하지 않았지만 완전히 없었던 것은 아니다. 14대 대통령인 뉴햄프셔의 프랭클린 피어스(Franklin Pierce)는 평생 자신의 이름을 "Purse"로 발음했지만 그처럼 발음상의 규칙을 약간 이탈한 경우도 드물었다. 뉴잉글랜드 사람들은 자기들의 이름에 창의적인 의욕을 발휘해서 자식들에게 고결한 이름을 지어주는 것에서 큰 위안을 찾았다. 메이플라워호 승객들 중에는 Love and Wrastle Brewster, Resolved White, Humility Cooper, Desire Minter, Remember Allerton 등이 있었다. 우리가 아는 한 그런 이름들은 메이플라워호에 탄 어린이들에게만 찾아볼 수 있다. 다시 말해 1620년에 그런 유행이 처음 생겨난 셈이다. 물론, 기록이 변변치 않기 때문에 장담할 수는 없다. 윌리엄 브레드포드는 메이플라워호의 승객들을 망라한 '완벽한' 명단을 작성해서 모든 남자들과 어린이들, 하인들의 이름을 기록했지만 그 여행의 부수적인 존재라고 생각했는지 여자들의 이름은 몇 명만 집어넣었다. 그래서 우리는 크리스토퍼 마틴의 두 하인의 이름은 알아도 그의 아내 이름은 무엇인지 알 수가 없다. 여자들은 결혼과 함께 성을 포기하므로 가까운 사람들과 함께 있을 때가 아니면 처녀 때 이름을 버리고 적어도 윌리엄 브레드포드와 같은 외부 사람들에게 간단히 '마틴 부인'이나 '존스 부인'으로 알려졌다.

초기에 설명적인 이름은 Faith(신의), Hope(희망), Love(사랑), Charity(동정심), Increase(증가), Continent(대륙)와 같은 미덕에 국한되었다. 하지만 한 세대도 지나기 전에 청교도 부모들은 자식들에게 적극적으로 정의를 알리는 이름을 지어주기 시작했다. Flie-Fornication, Misericordia-Adulterina, Job-Raked-Out-of-the-Ashes, Small-Hope, Praise-God, Fear-Not, The Lord-Is-Near 등이 그 예다. 이름이 점점 더 치어리더의 구호를 닮아갔기 때문에 초기 정착민들 중에는 Fight-the-Good-Fight-of-Faith Wilson, Be-Courteous Cole, Kill-Sin Pemble, 그리고 가장 듣기 좋은 Safely-on-High Snat과 같은 이름을 가진 사람들이 있었다. 가끔 성경을 따르려는 욕구가 Mahershalalhasbaz, Zaphenathpaneah, Zerubbabel, Mene Mene Tekel Upharsin 등의 위압적인 이름으로 나타나기도 했다. 때로는 부모들이 하나님의 지혜를 추도 의심하지 않으며 눈을 감고 성경책의 한 부분을 선택하는 바람에 Maybe Barnes, Notwithstanding Griswold 같은 엉뚱한 이름이 나오기도 했다.[30]

이런 특별한 이름들은 자연스럽게 눈에 띄지만 실제로는 그렇게 많지 않았다. 신중하게 통계를 내보면 청교도 어린이의 4퍼센트 정도만 특이한 이름을 얻었다는 사실을 알 수 있다. 대부분의 아이들은 수줍음을 많이 타는 나이가 될 때까지만 우리가 상상할 수 없는 이름으로 불렸다. 그래서 사라, 엘리자베스, 메리 이 세 가지의 이름이 1600년대 매사추세츠 베이 식민지에 살았던 청교도 여성들의 이름의 반 이상을 차지했다.[31] 부모들이 모험적인 이름을 지으려고 할 때는 일반적으로 성경을 숭배할 뿐만 아니라 선조를 기리기 위해서였다. 유명한 성직자이자 작가인 코튼 마서(Cotton Mather)의 이름도 생활에 유용한 면이 아니라 자기 어머니 마리아 코튼의 이름을 따서 지어졌다(그런데 남편의 이복 여동생의 이름도 인크리즈 마서(Increase Mather)였기 때문에 어머니와 고모의 이름을 모두 가져온 셈이다).[32] 18세기가 저물 무렵에는 특이한 이름을 거의 쓰지 않는 동시에 성을 통일하려는 분위기가 일었다. 지금도 그렇지만 영국에서는 Lea/Leigh/Lee, More/Mohr/Moore, Coke/Cook, Cooper/Cowper, Smith/Smythe(내가 아는 사람 중에 Shmith도 있다)처럼 비슷한 성을 많이 썼다. 하지만 미국에서는 일찍부터 이름이 간단한 철자로 표준화되는 경향이 있어서 Browne은 대개 Brown으로, Hull은 Hall로, Newsholme은 Newsom이 되었다.[33]

비영어권 국가에서 온 이주민들 역시 초기부터 자기들의 이름을 미국의 사회에 편리하게 고쳤다. 프랑스 위그노 교도 난민이었던 폴 리비어(Paul Revere)의 아버지는 아폴로 르바르(Apollos Rivoire)라는 이름으로 미국에 도착했다.[34] 매사추세츠 혁명을 주도했고 보도인 대학을 설립한 제임스 보도인(Jame Bowdoin)은 Pierre Baudoin의 아들이었다. 『최후의 전쟁(Last Stand)』으로 유명한 조지 암스트롱 커스터(George Armstrong Custer)는 유서 깊은 Köster 집안 출신이다. 록펠러(Rockefeller)는 Roggenfelder에서, 웨스팅하우스(Westinghouse)는 Wistinghausen에서 시작되었다. 버펄로

빌 코디(Buffalo Bill Cody)의 성은 Kothe에서 유래했으며, 후버(Hoover) 대통령의 성은 Huber에서 왔다.[35]

이런 변화가 비교적 간단하게 이루어진 경우도 많았다. Langestraet는 Longstreet으로, Wannemacher는 Wanamaker로, Schumacher는 Shoemaker로, Jung은 Young으로, Schmidt와 Müller는 Smith와 Miller로, Braun은 Brown으로, Grün은 Green으로, Blum은 Bloom으로, Fjeld는 Field로, Koch는 Cook으로, Nieuwhuis는 Newhouse로, Pfoersching은 Pershing으로, Jansson · Jansson · Jonsson은 Johnson으로, Olesen과 Olsson은 Olsen으로 쉽게 바뀌었다. 가끔은 약간의 독창성이 가미되어 Bon Coeur는 Bunker가, Wittenacht는 Whiteneck가 되었다. 어원이 별 다른 도움이 되지 않을 때는 직접적인 번역이 가장 편리한 해결책이었다. 그래서 그린리프 휘티어(Greenleaf Whittier)의 경우에는 프랑스어 푀이유배르(Feuillevert)가 Greenleaf로 진화했다. 그러다 보니 미국인의 성이 그 유래와는 거리가 먼 앵글로 색슨 계통과 같은 성격을 띠게 되었다. 예를 들어 밀러와 존슨은 영국보다 미국에 훨씬 더 많은데, 이는 비슷하면서도 다른 독일인과 스칸디나비아인의 이름에서 변화했기 때문이다.

19세기 후반에는 편하게 적응하는 게르만 족보다 남동부 비주류 민족의 이주민이 점점 더 증가했다. 영어의 감각과 발음에 대한 적응성이 훨씬 떨어지는 이름을 가진 사람들이 미국 해안에 상륙하기 시작했다. Krzyanowski, Szybczyński, Mikolajezyk, Gwzcarczyszyn과 같은 폴란드 이름들은 Barun이나 Olesen보다 언어적으로 훨씬 더 큰 문젯거리였다.[36] krĉ, Chrt, Hnát, Srch 등의 체코어처럼 가장 짧은 동부 유럽인의 이름들조차 쉽게 동화되기를 거부하는 것 같았다. 게다가 헝가리인처럼 성을 앞에 쓰는 사람들도 있었고, 미국인처럼 성에 집착하지 않는 사람들도 있었다. 때로는 외국 이름이 영어로 번역될 수가 있어서 Kowalczyk라는 폴란드 이름과 Kovář라는 체코 이름이 스미스가 되었다. 긴 이름은 보통 가지치기가 되어 Pappadimitracoupoulos 같은 그리스 이름이 어쩔 수 없이 Pappas가 되었고, Mikolajezyk 같은 폴란드 이름은 Mikos로 변했다(가끔은 마이클같이 눈에 띄지 않는 이름으로 더 순화되었다).

옛 이름을 과감히 털어버리고 미국 분위기가 물씬 풍기는 근사한 새 이름을 짓는 사람들도 있었다. 그래서 이탈리아 권투선수 안드레아 케리글리오네(Andrea Chiariglione)가 미국 권투선수 짐 플린(Jim Flynn)이 되었다. 때로는 한 가족의 구성원 중에서도 새로운 이름을 택하는 사람이 있는가 하면, 자신의 문화적 유산을 끝까지 지키는 사람이 있기도 했다. 한 형제인 소설가 시어도어 드라이저(Theodore Dreiser)와 작곡가 폴 드레서[Paul Dresser: '워배시 강둑에서 (On the Banks of Wabash)' 작곡]가 그런 경우였다.[37]

유대인 이주민들은 정체성 문제를 더 복잡하게 받아들였다. 더 넓은 세상에서, 가령 쇼 비즈니스에서 활동하고자 하는 사람들에게 유대식 이름은 확실히 장애가 될 수 있었다. 그래서 이즈라엘 벌라인(Israel Baline)이 어빙 벌린(Irving Berlin)으로, 멘델 벌링거(Mendel Berlinger)가 밀턴 벌(Milton Berle)로, 네이션 번바움(Nathan Birnbaum)이 조지 번즈(George Burns)로 바뀌었다. 이는 유대인들에게 새삼스런 문제는 아니었다. 레비 박사라는 사람은 법정에 자신의 이름을 설리번(Sullivan)으로 바꾸어 달라고 탄원했다가 한 달 뒤에는 다시 킬패트릭(Kilpatrick)으로 고칠 수 있게 해 달라고 사정했다. 멩켄은 새뮤얼 페피스가 레비 박사에 관해 쓴 일기의 한 부분을 이렇게 인용했다. "법정에서 이유를 묻자 그는 환자들이 자신에게 '전에는 이름이 무엇이었냐?' 고 물어본다고 대답했다. 이름이 다시 바뀐다면 환자들의 질문에 '설리번' 이라고 대답할 것이라고 말했다."[38] 유대인들은 성에 그다지 집착하지 않는 편이었다. 오스트리아와 독일 일부 지역에서 온 사람들은 성을 쓰게 된 지가 불과 60~70년밖에 되지 않았다. 그들의 성은 흔히 오줌을 고상하게 표현한 Geldwässer(황금 물), Wanzenknicker(이 잡는 사람), Eselkopf(바보)처럼 말하기가 민망한 것들이었다.

이름을 순화할 수밖에 없게 만드는 환경과 간단한 미국식 이름의 편리함에도 불구하고 수많은 사람들은 고집스럽게 자기 것을 지켰다. 그들은 이름의 운명과 지리적 위치가 어떤 관계가 있든 아랑곳하지 않았다. 미식축구의 역사에 관한 책의 색인만 슬쩍 들여다보아도 Dick Modjelewski, Ed Abbatticchio, Knute Rockne, Bronsilaw "Bronko" Nagurski, Fred Benirschke, Harry Stuhldreder, Zeke Bratkowski, W. W. Heffelfinger, Jim Kiick, Dan Pasquariello, Alex Wojchiechowicz 등 고집스러운 비미국식 성들이 눈에 띈다. 나는 미국 역사의 다른 부분에서도 그와 같은 민족적인 다양성을 찾을 수 있다고 장담한다.

그러나 미국인들 중에는 원래의 성을 지키는 쪽을 좋아하지 않는 부류도 있었다. 물론 노예로 미국에 온 흑인들이었다. 그들은 신세계에서 너무 큰 자유를 빼앗겼으므로 정체성의 혼란을 겪었다. 노예들은 거의 기독교식 이름을 원했다. 그들은 자유로운 몸이 되면 흔히 전 주인의 성을 따랐다. 하지만 그들이 주인의 성을 따르는 것에 그다지 큰 관심이 없었다는 사실은 상식적으로, 그리고 증거를 통해 알 수 있다. 그래선지, 남부의 노예주인들 사이에서 가장 흔한 성인 핑크니(Pinckney), 랜돌프(Randolph), 루틀리지(Rutledge) 등은 희한하게도 현대 흑인의 성에서만 찾을 수 있다. 자유를 얻은 대부분의 노예들은 존슨, 존스, 스미스, 로빈슨과 같이 순수한 미국인의 성이나 영웅의 성을 따서 자신의 성으로 삼았다. 따라서 아프리카계 미국인 중에는 워싱턴, 제퍼슨, 브라운(노예제 폐지주의자 존 브라운의 성을 따서), 하워드(남북전쟁 직후 몇 년 동안 해방 흑인 관리국의 책임자였던 O. O. 하워드 장군의 성을 따서)가 비교적 많다. 그런데 이상하게도 링컨의 성을 가진 흑인은 그렇게 많지 않다는 것은 정말 모를 일이다.

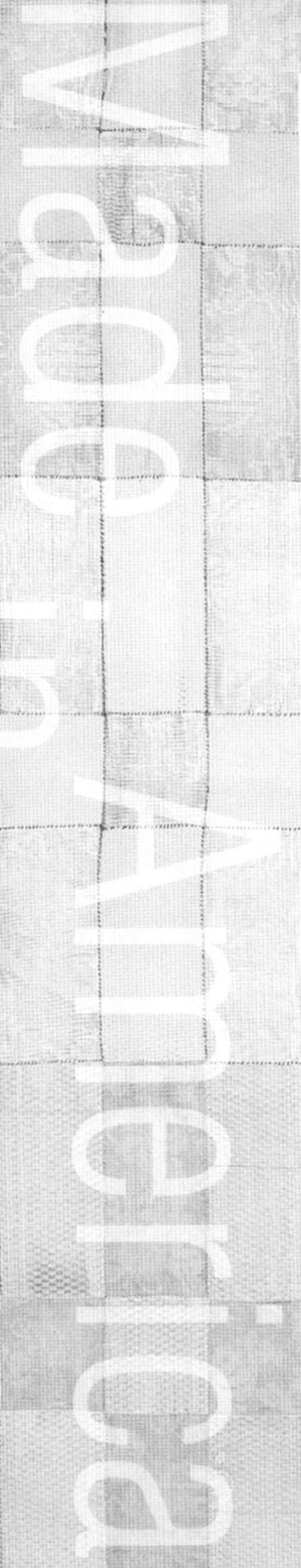

제8장

서부 개척은 명백한 사명

In 1993, according to an international business survey, the world's most valuable brand was Marlboro, with a value estimated at $40 billion, slightly ahead of Coca-Cola. Among the other top ten brands were Intel, Kellog's, Budweiser, Pepsi, Gillette, and Pampers. Nescafe and Bacardi were the only foreign brands to make top ten, underlining American dominance. Why companies like Coca-Cola suffer palpitations when they see a passage like this (from John Steinbeck's The Wayward Bus): "Got any coke?" another character asked. "No," said the other proprietor. "Few bottles of Pepsi-Cola. Hav... ...coke for a month…… It's the same stuff. You can' ...1993, according to an international business... ...e brand was Marlboro, with a value esti... ...of Coca-Cola. Among the other top ten ...ser, Pepsi, Gillette, and Pampers. Nes... ...brands to make top ten, under-li... ...like Coca-Cola suffer palpita-ti... ...m John Steinbeck's The Way-war... ...r asked. "No," said the ot... ...ven't had any coke for a mon... ...them apart." In 1993, ac... ...world's most valuable bran... ...llion, slightly ahead of Coca-Co... ...el, Kellog's, Budweiser, Pepsi, Gillett... ...u Bacardi were the only ...brands to make top ten, underlining American dominance.

MADE IN
AMERICA

1803년 토머스 제퍼슨은 수지가 맞는 역사적인 거래 한 건을 성사시켰다. 1에이커(약 0.4헥타르)에 약 3센트씩 쳐서 미시시피 강에서 로키 산맥 사이의 북미 대륙 대부분을 프랑스로부터 구입한 것이었다. 이로써 미국 땅이 단번에 두 배로 불어났다.

새로운 영토를 살펴보고 자료를 수집할 사람을 임명하는 것은 자연스러운 순서였다. 사실, 제퍼슨은 이미 그 일을 끝내가고 있었다. 루이지애나 구입이 현실적으로 논의되기 몇 달 전부터 메리웨더 루이스(Meriwether Lewis)에게 서부 영토를 탐지하는 불법 원정대를 이끌고 "상업적인 목적을 위해 미국 대륙을 가로지를 가장 직접적이고 실용적인 수로를" 찾도록 지시했다.[1] 서부의 대부분이 미국의 손에 들어왔다는 소식을 들었을 즈음, 루이스는 이미 세인트루이스의 절반을 지나고 있었다.

루이스는 몬티첼로에서 제퍼슨의 보살핌을 받으며 자랐다. 어느 전기 작가의 말을 빌면, 제퍼슨에겐 아들과 다름없는 존재였다. 루이스는 원정대를 이끌겠다는 뜻밖의 선택을 할 만큼 비범한 사람이었다.[2] 군에서 복무한 적은 있지만 오지 여행에는 익숙하지 않았다. 게다가 지난 2년 동안 백악관에서 제퍼슨의 개인 비서로 일하며 아주 순탄한 생활을 해 온 터였다. 학력이 짧아 생물학이나 지도 제작에 대해 아는 바가 없었고, 인디언 말도 몰랐다. 더욱 안심할 수 없는 것은 그가 '건강염려증'으로 조울증을 앓고 있다는 사실이었다. 그는 원정대를 함께 이끌 사람으로 친구인 윌리엄 클라크를 선택했다. 클라크는 유명한 집안 출신임에도 불구하고(형이 독립전쟁 사령관 조지 로저스 클라크였다) 루이스보다 배움이 짧았고 자신이 시골뜨기라는 것을 온몸으로 보여 주는 사람이었다. 하지만 진지하고 활동적이고 용감했다. 둘은 놀랍게도 지도자로서 완벽한 짝을 이루었다.

1804년 5월 14일 그들은 32명의 군인, 열 명의 시민, 한 명의 노예(클라크 대령의 하인인 요크), 안내와 통역을 맡은 쇼쇼니(Shoshone) 족 소녀 사카가웨아(Sacagawea)와 그녀의 갓난아기, 다른 두 명의 통역사, 루이스의 개 스캐넌(Scannon)으로 구성된 오합지졸을 이끌고 미주리를 출발했다. 원정대는 약 2년 반 동안 미지의, 때로는 적대적인 지역을 약 13,000킬로미터 가까이 여행했다. 그러다 보니 대원 한 명이 맹장 파열로 숨지는 사고도 발생했다.

광활한 북미 지역을 탐험한 백인은 그들이 처음은 아니었다. 1680년에 이미 800명의 프랑스 모피 사냥꾼이 서부에서 활약했고, 1804년에는 미주리 강의 불규칙한 지형을 따라가면 프랑스와 영국 무역업자들과 모피 사냥꾼들을 쉽게 찾을 수 있었다.[3] 1792년과 1793년 사이에는 알렉산더 매켄지(Alexander Mackenzie)라는 영국인이 캐나다 쪽 로키 산맥을 넘어 영국령 컬럼비아로 여행을 했으며, 그런 과정에 최초로 태평양 육로에 도달한 유럽인이 되었다. 루이스와 클라크가 도착했을 때는 이미 많은 사람들이 바다를 통해 서부 해안에 도착한 뒤였다. 북서 태평양 인디언들은 영어로 친구를 가리키는 말이라고 굳게 믿고 진심을 담아 "son-of-a-pitch"라고 말하며 그들의 도착을 환영했다.⁴⁾ 루이스와 클라크는 다리에 조잡한 문신을 새긴 '조나단 보맨(Jonathan Bowman)'이라는 인디언 여자를 만났다.⁵⁾ 1801년, 탐험가 매켄지는 『북미 대륙을 지

메리웨더 루이스와 윌리엄 클라크는 토머스 제퍼슨의 명령으로 원정대를 이끌고 미국 오지를 탐험하고 지도를 제작했다.

나 몬트리올에서 얼어붙은 태평양까지의 항해』라는 유명한 책을 냈다. 책에서 그는 영국이 미국의 서부를 선점해야 하고 그곳에 기회가 있다고 주장했다. 제퍼슨이 루이스와 클라크 원정대를 발기한 것도 그런 엄청난 기대 때문이었다.

두 탐험가는 부지런하게 지나치는 모든 곳에 이름을 붙이고, 지도를 그리고, 조사했으며, 지금까지도 널리 읽히는 그들의 유명한 일기에 발견한 모든 것들을 기록했다. 클라크의 끔찍한 글자와 변덕스런 문법을 특별한 애정으로 대하지 않는다면 그의 기록을 읽어내는 것은 무척 힘들다. 그의 첫 일기는 이렇게 시작한다. "우리는 미주리의 부드러운 미풍을 받으며 행진했다."⁶⁾ 그의 직접적인 묘사와 특이한 문장은 위험한 모험을 생동감 있게 만들어준다.

서부 개척은 명백한 사명 **211**

25일 일요일 청명한 아침, 밤사이에 강물이 36센티미터나 불었다. 남자들은 참피나무를 많이 찾아 엄청난 양의 벌꿀을 모았다. 11시에 소키(Sauckee) 족 24명이 세인트루이스에서 와서 먹을 것을 달라고 했다. …… 구터지(Guterge: 원래 철자는 Goodrich였다)가 달걀(판독 불가)을 가지고 돌아왔고, 윌라드는 열 명의 원주민을 데려왔고, 힌지스 조지 섀넌은(Hinges George Shannon)은 커다란 메기 세 마리를 잡았다. 오늘 밤에는 모기가 극성이다.[7]

그의 불분명한 글 솜씨 덕에 circumference는 secumpherance가, rheumatism은 rhumertism이 되었다. Missouri는 Missouris, Missouries, Missourie 중 되는 대로 썼는데 같은 줄에 두 가지의 철자가 등장할 때도 있었다. 황무지에서 대원들을 안내한 영웅적인 인디언 소녀 사카가웨아는 "스퀘어"라고 부르며 교묘하게 언급을 피했다. 철자를 형편없이 쓰기는 마찬가지인 루이스는 더 대담한 문체로 일기를 썼다. 두 사람은 이전에 기록되지 않은 동물, 식물, 지형적 특징에 대해 거의 천 개의 용어를 만들어냈다. 178종의 식물과 122종의 동물을 발견했는데, 그 중에는 회색곰, 큰꼬리여우를 비롯해 여러 종의 창꼬치, 메기, 다람쥐도 있었다. 미국 역사에서 그들보다 더 많은 이름을 지은 탐험가나 과학자는 일찍이 없었다.

영어에 기록되지 않은 용어 가운데 대평원(great plains), 프라이리 도그 [Prairie dog: 클라크는 땅쥐(ground rat)라고 부르는 쪽을 선호했다], 땅에 파놓은 비밀 구멍을 뜻하는 저장 땅굴(cache: 프랑스 모피 사냥꾼들에게서 유래한 말이 분명한데 클라크는 이를 carsh라고 썼다) 등이 있었다. 그들이 쓴 단어 중에는 이해하기 어려운 것도 있다. small wolves(작은 늑대)란 단어는 나중에 멕시코-스페인 계통의 코요테[Coyote: 나우아틀(Nahuatl) 말로

coyotl]로 바뀌었다. 그들은 명칭이 있지만 알려지지는 않은 특징적인 지형에 일일이 이름을 붙였다. 가령 옐로스톤(Yellowstone)은 프랑스 모피 사냥꾼들이 지은 Roche Jaune을 글자 그대로 번역한 지명이었다. 그러나 그들이 남긴 지명은 비교적 오래 살아남지 못했다. 미주리 강의 지류에 '박애의 강(Philanthropy River)'이라는 고상한 이름을 붙였지만 그것도 오래가지 못했다. 나중에 지나던 사람이 '악취가 나는 강(Stinking Water)'이라는 이름으로 고쳐 불렀다. 루이스 강은 나중에 쇼쇼니(Shoshone) 강이 되었고, 필로소피 강(Philosophy River)은 윌로 강(Willow Creek)이 되었다.

　루이스와 클라크는 통역사를 세 명이나 데려갔지만 원주민들과의 의사소통에서 잦은 어려움을 겪었다. 한번은 회의에서 통역한 내용을 옆 사람에게 전달하는 과정에서 루이스의 영어가 프랑스어, 미니타리 족의 말, 쇼쇼니 족의 말을 거쳐 마침내 네스퍼스 족의 말로 통역되었다. 인디언들은 손짓발짓으로 가장 필요한 신호를 있는 그대로 주고받으며 어려움을 극복했다. 탐험가들 역시 운이 굉장히 좋았다. 특히 아주 긴장된 상황에서 원주민들을 대면하는 동안 사카가웨아는 대립하던 인디언 전사들 중 한 명이 자기 오빠라는 사실을 알게 되었다.

　원정이 끝난 뒤에 제퍼슨은 루이스를 루이지애나 지역의 총책임자로 임명했다. 탐험이 끝난 지 불과 3년이 지난 1809년 10월, 위대한 탐험가는 테네시의 나체스 트레이스(Natchez Trace)에 있는 그라인더스 테이번(Grinder's Tavern)이라는 시골 여관에서 아주 특이한 상황에서 죽음을 맞이했다. 심각한 '건강염려증'으로 고통을 받았던 것이 분명한데, 이상하고 편집증적인 행동을 하기 시작해서 급기야는 여관 주인이 딴채로 피난을 갈 정도였다. 루이스는 몇 시간 동안 중얼거리며 소리를 질렀다. 그날 밤 총소리와 함께 침묵이 내려앉았다. 아침에 루이스는 머리와 몸에 심한 자해를 가한 상태로 발견되었지만 아직 의식은 남아 있었다. 그는 주인에게 고통에서 벗어나게 해 달라고 사정했지만 거절당했다. 친구이자 동료인 윌리엄 클라크는 조금 더 나았다. 그는 글자 쓰는 법을 배우지 않았지만 미주리 지역의 총독이 되어 훌륭하게 통치했다.

거의 한 세기 동안 루이스와 클라크의 과학적이고 언어적인 성과는 대부분 묻혀 있었다. 그러다 1893년이 되어서야 엘리엇 쿠스(Elliot Coues)라는 연구자이자 자연주의자가 필라델피아에 있는 미국철학협회의 벽장 속에 있던 두 사람의 글을 발견하게 되었다. 그가 그들의 일기에 해석을 붙여 펴내면서 두 사람은 마침내 자연주의자, 지도제작자, 민족학자로 인정받게 되었다.[8]

제퍼슨은 미국인이 서부의 광대한 지역으로 이주하려면 1,000년은 걸릴 것이라고 생각했지만[9] 19세기의 거대한 이주 물결과 토크빌(Tocqueville)을 크게 매료시킨 "열정적인 성격"은 예상하지 못했다.[10] 미국인들은 처음부터 어디든 오래 머물지 않았다. 제임스타운은 건설된 지 한 세기도 못 채우고 유령의 도시가 되었다. 주도가 한 번 이상 바뀌지 않은 주가 거의 없었다. 독립전쟁과 1812년의 전쟁까지 대략 35년 동안 원래의 13개 식민지 중 여덟 개가 정부 소재지를 옮겼다. 서쪽으로 갈수록 주도의 위치가 더 자주 바뀌었다. 인디애나는 빈시니스(Vincennes)에서 코리던(Corydon)으로 주도를 옮겼다가 결국은 인디애나폴리스에 정착했다. 일리노이는 카스카스키아(Kaskaskia)에서 반달리아(Vandalia)를 거쳐 스프링필드로 갔다.[11] 영국 영어로 국경을 뜻했던(지금도 그렇지만) 'frontier(변경)'는 미국에서 미개척 지역과 문명지역 사이의 유동적인 경계라는 새로운 의미를 갖게 되었다.

사람들은 희망에 부풀어 도시를 세웠다가 상황이 나빠지면 아무런 망설임 없이 버리고 떠났다. 1831년 에이브러햄 링컨은 일리노이의 뉴샐럼(New

Salem)으로 갔다. 6년 뒤 인근 생가몬(Sangamon) 강의 무역이 저조해지자 그를 비롯한 모든 사람들이 그곳을 버리고 더 희망적인 곳을 찾아 뿔뿔이 흩어졌다. 서부 전역에서 도시가 섰다가 무너졌다. 시카고와 밀워키 같은 도시들이 번영하는 동안 수많은 다른 도시들이 소리 없이 사라졌다. 아이오와 한 곳만 해도 한 세기 동안 2,205개의 마을이 폐허로 변했다.[12]

1800년대 이전에 'city'는 대규모 지역사회를 뜻하는 말이었다. 그러나 19세기 미국에서는 아무리 작아도 마을을 가리켰다. 지금도 미국에는 네브래스카의 Republican City(인구 231명), 아이오와의 Barnes City(266명), 일리노이의 Rock City(286명)처럼 지나친 야심을 드러내는 city들이 많다. 하지만 미국에서는 작은 부락도 가끔은 하룻밤 사이에 도시가 되었다.

대표적인 신흥도시는 포트 디어본(Fort Dearborn)이라는 미시간 호숫가의 소도시였다. 1832년만 해도 주민의 수가 100명을 넘지 않았다. 60년 뒤 시카고로 이름이 바뀐 그곳은 100만 명의 주민이 거주하는 세계 최대의 곡물 시장이 되었다.[13] 역사상 그렇게 빠르고 크게 성장한 마을도 없었다. 다니엘 부어스틴(Daniel Boorstin)은 이렇게 말한다. "인류가 100만 명으로 이루어진 도시 사회를 구성하려면 적어도 100만 년은 걸린다. 시카고 사람들은 한 세기도 안 걸려 그런 위업을 달성했다."[14] 그렇게 짧은 기간에 그처럼 많은 사람이 살게 된 것은 '풍선 구조 공법(balloon frame construction)'이라는 이상한 이름이 붙은 시카고 특유의 발명 덕분이었다. 그것은 가벼우면서도 단단한 뼈대를 붙여 고정시킨 다음 제자리에 끼워 올리는 건축 공법이었다. 시카고의 어거스틴 테일러(Augustine Taylor)가 1833년에 발명한 이 혁신적인 건축 공법은 개선의 여지가 없을 정도로 완벽해서 지금도 미국의 주택 건설에 보편적으로 이용되고 있다. '풍선 구조'는 테일러가 지은 이름이 아니었다. 그 주인공은 지나치게 가벼운 구조와 그로 인한 취약성 때문에 그 방식을 탓하던 목수였다.[15] 테일러가 그 공법을 이용해 시카고 최초의 교회를 지을 때 모든 사람들이 바람만 한번 휙 불어도 건물이 천막처럼 날아가 버릴 것이라고 생각했다. 두말 할 필요도 없지만, 그들의 예상은 빗나갔고 곧이어 그 공법을 모방한 건물이 곳곳에 생겨나기 시작했다.

미국인에게 '서부'는 늘 변화하는 곳이라는 개념으로 자리 잡았다. 1790년에 처음으로 실시된 전국 설문조사에서 400만 미국 인구의 95퍼센트가 동부 연안에서 힘겹게 사는 것으로 드러났고, 그들에게 서부는 새로운 어떤 곳이었다. 1820년까지만 해도 서부는 애팔래치아 산맥에서 많이 벗어난 곳이 아니었다. 당시 켄터키에는 「미국 서부의 엄중한 감시인(Argus of Western America)」이라는 유력 일간지가 있었다. 19세기 중반에도 찰스 디킨스 같은 연대기 작가는 로키 산맥에서 천 킬로미터 넘게 떨어진 세인트루이스까지만 탐험하고 서부를 보았다고 주장했다.

우리도 알고 있지만, 서부로의 이동은 '오리건 열풍(Oregon Fever)'이 시작된 1840년대 중반부터 본격화되었다. 수많은 정착민들은 영국이 자국 영토라고 주장하기도 한 북서부 지역을 개척하려는 정부의 열정에 자극받았다. 그들은 20년 전에 모피 사냥꾼들이 다져놓은 길을 따라 오리건 산길(Oregon Trail)의 맨 끝에서 새로운 삶을 시작했다. 1845년에 「데모크라틱 리뷰(Democratic Review)」에 실린 편집장의 글은 서부 개척을 지지하는 미국의 새로운 태도를 여실히 보여 주었다. "매년 늘어나는 수백만 명의 무한한 발전을 위해 하나님이 주신 대륙으로 퍼져 나가는 것은 우리의 명백한 사명이다."[16] 서부 개척은 꼭 붙잡아야 할 기회일 뿐만 아니라 하나의 소명이었던 것이다.

오리건 산길은 조금 잘못된 말이다. 먼저, 그것은 윤곽이 뚜렷하게 정비된 길이라는 점에서 산길이 아니었다. 너비는 들쭉날쭉하지만 풀이 무성한 초원을 가로지르는, 눈에 금방 띄는 길게 뻗은 길이었다. 처음 몇 년 동안은 그 길을 따라 오리건으로 가는 사람이 비교적 적었다. 그 길은 로키 산맥을 지나면 갑자기 방향이 바뀌면서 캘리포니아의 금광 지역으로 이어진다.

덜컹거리며 초원을 건너는 커다란 포장마차들의 긴 행렬은 서부 개척을 주제로 한 많은 영화가 우리 머릿속에 심어 놓은 영상이다. 어느 역사학자의 말을 빌면 "그런 견고한 마차는 오리건이나 캘리포니아까지 긴 여행을 하기에는 지나치게 무겁다."고 한다.[17] 그런 마차들은 화물을 싣고 서쪽으로 향하기는 했지만 온 가족을 실어 나르는 경우는 거의 없었다. 서부 이주민들은 더 가볍고 더 쓸모 있고 훨씬 더 날렵한 마차인 '프레이리 스쿠너(prairie schooner)'를 이용했다. 말이 아니라 말보다 초원을 건너는 고된 여행을 훨씬 더 잘 견뎌낼 수 있는 노새나 황소가 끄는 마차였다. 할리우드가 만들어낸 또 하나의 신화는 인디언의 공격을 받을 때마다 마차들이 둥글게 모인다는 것이다. 하지만 그런 일은 없었다. 원형 대열을 만들려면 너무 힘들고 시간이 많이 걸리므로 다 모이기도 전에 적의 손에 죽을 것이 뻔하다는 간단한 이유 때문이었다.

마차는 영화에서처럼 무명(canvas)으로 덮여 있었지만, 무명이란 말은 거의 쓰이지 않았다. 그 천은 19세기에 '능직(twill)'으로 더 흔하게 알려져 있었다. '포장마차 행렬(wagon train)'이란 말 역시 사용되었지만(1849년에 처음 기록되었다), 그다지 적절한 용어는 아니었다. 마차들은 주로 16킬로미터 너비의 부채꼴 모양의 대열을 만들어 여행했다. 먼지와 앞선 마차의 바퀴 자국을 피하기 위해서였지만 방어에 좋은 원형 대열을 만들 때는 또 다른 걸림돌이었다.

초기의 많은 정착민들은 실수를 하지 않아도 앞으로 어떤 일을 당하게 될

지 알 수 없었다. 19세기의 30년을 넘길 때까지도 서부에 대해 너무 무지해서 지도에는 멀트노마(Multnomah), 로스 몽고스(Los Mongos), 부에나벤투라(Buenaventura) 등 풍문으로 떠돌거나 상상으로 만들어진 강들이 많았다. 팀파노고스(Timpanogos)라는 거대한 내륙해도 있었다. 서부로 간 사람들은 자기들이 아직도 미국 땅에 있다고 생각하지 않았다. 남북전쟁 무렵까지도 미국은 동부 쪽 주들을 가리켰기 때문에 흔히 이런 말이 오갔다. "이곳(오리건) 사람들은 미국으로 돌아가는 문제에 대해 이야기하고 있다." "우린 미국으로 갈 것이다. 멋지고 근사한 옷을 입고서." 〔각각 1857년 「뉴욕 트리뷴」, 1860년 「로키 마운틴 뉴스」에서 발췌.〕

그들의 눈에 새롭게 비친 풍경은 새로운 단어가 필요할 정도로 놀라웠다. 1806년부터 '대평원(great plains)'이라는 말이 쓰였지만 미주리 서편의 초원은 '불모지(the barrens)'나 간혹 '대소택지(the great dismal)'라고 불렸다. 그러다 프랑스어 '프레리(prairie)'가 그것들을 대신하기 시작했다. 프랑스 고어로 초원을 뜻하는 프레리는 새로운 단어는 아니었다. 그것은 식민지 시대부터 줄곧 미국에서 사용되었는데, 원래는 숲에 둘러싸인 탁 트인 야생의 땅 한 구획을 뜻했다. '사막(desert)'이라는 말 역시 서부의 특별한 환경에 맞게 변화했다. 그것은 원래 사람이 살지 않는 장소를 통칭하는 말이었다(버려진 상태라는 deserted에서 유래). 그래서 1834년에 처음 기록된 'The Great American Desert(미국 대사막)'는 잡목이 무성한 남서부의 불모지뿐만 아니라 비교적 비옥한 북부의 초지를 모두 아우르는 말이었다. 지금 우리가 접근하기 어려운 오지라고 생각하는 지역은 당시에는 그렇게 황폐하지 않았던 셈이다. 서부의 이주민이 도착했을 때 남서부는 무성한 풀로 덮여 있었고 쉽게 지나갈 수 있었다.[18] 그러나 무척 위험한 곳들도 많았다. 한 이주민 무리는 1849년에 지름길을 이용해 캘리포니아로 가다가 아주 위험한 지역을 발견하고 'Death Valley(죽음의 계곡)'라는 이름을 붙였다.

서부의 전통적인 역마차는 영화와 텔레비전 프로그램에 오랫동안 등장했지만 적극적으로 운행된 기간은 10년 정도에 불과했다. 첫 운행은 오버랜드 우편회사(Overland Mail Company)가 일주일에 두 번씩 세인트루이스에서 캘리포니아를 오가기 시작한 1858년에 이루어졌다. 그 회사의 콩코드 역마차(역마차가 개발된 지역인 뉴햄프셔 콩코드의 이름을 따서)는 처음부터 우편물과 화물을 운반할 뿐만 아니라 승객도 수송하는 것을 원칙으로 삼았다. 그들은 정원을 아홉 명으로 정하고 서쪽 여행은 한 사람에 200달러, 동쪽 여행은 150달러를 받았다(동쪽 여행은 대체로 편도이기 때문에 비용이 저렴했다). 상황이 순조로울 때면 여행은 3주보다 조금 더 걸렸다. 1866년 오버랜드 우편회사는 웰스 파고 회사(Wells, Fargo & Company)에 매각되었지만 3년 뒤에 최초의 대륙횡단 철도가 개통되면서 역마차의 운행이 중단되기에 이르렀다.

포니 익스프레스(Pony Express)는 그보다 수명이 훨씬 더 짧았다. 이 회사는 1860년 4월 3일에 첫 운행을 시작하면서 미주리의 세인트조셉(St. Joseph)에서 캘리포니아 세크라멘토(Sacramento)까지 우편물을 최대한 빨리 운송한다는 계획을 갖고 있었다. 마부가 교대로 하루 평균 80에서 130킬로미터를 달리며 우편 가방이나 당시에 더 흔하게 불린 '배낭(mochila)'을 운반했다(가끔 한 번도 쉬지 않고 480킬로미터를 가기도 했다). 평균적으로 75명의 마부가 미주리와 캘리포니아 사이의 3천여 킬로미터를 열흘 반나절 만에 오갈 수 있었다. 놀라운 일이었지만 경제적으로는 바보짓이었다. 마부, 말, 중간 역을 준비하고 유지하는 것은 매우 큰 비용이 드는 사업이었다. 이 회사의 투자자들은 70만 달러를 쏟아 부었지만, 우편물 1온스에 5달러씩 매겨도 투자비용을 조금도 회수할 수 없었다. 1861년 말, 포니 익스프레스는 새로 개통된 전신과 감당할 수 없는 비용 때문에 19개월을 넘기지 못하고 도산하고 말았다.

캘리포니아까지 육로를 이용하면서 감수해야 할 위험과 불편이 싫은 사람들의 대안은 바다를 이용하는 것이었다. 먼저, 파나마에서 배를 타고 멕시코 만을 지나 말을 타고 80킬로미터 너비의 파나마 지협[Isthmus of Panama: 당시에는 다리엔 지협(Isthmus of Darien)으로 불렸다]을 건넌 다음 태평양 연안으로 가는 배를 잡아타는 방법이 있었다. 그러나 교통수단을 갈아탈 수 있는 기회가 불확실해서 몇 주 동안 후덥지근한 날씨 속에서 황열병의 위험에 노출된 채 중앙아메리카에 붙들려 있는 일이 허다했다. 또 다른 방법은, 배를 타고 케이프 혼(Cape Horn)을 돌아 25,000킬로미터를 항해하는 것이었다. 더러운 환경에서 여섯 달에서 그 두 배의 시간을 버텨야 하는 여행이었다. 어떻게 가든, 캘리포니아에 도착하려면 위험과 불편을 견뎌야 했다.

그렇지만 사람들은 멈추지 않았다. 특히 그곳에서 금이 발견된 1848년 이후에는 더욱 그랬다. 황금 열풍이 시작된 지 4년 동안 캘리포니아 인구는 2만에서 22만 5천 명에 약간 못 미치는 수로 불어났다. 그동안 2억 2천만 달러어치의 금이 채굴되거나 강물에서 사금이 채취되었다. 황금 열풍은 행운의 소수를 부자로 만들어주었을 뿐만 아니라 언어에도 활기를 불어넣었다. pay dirt(사금이 묻힌 곳), pan out(금이 나오다), to stake a claim(소유권을 주장하다), to strike it rich(횡재하다) 등 당시에 생겨난 많은 말들이 곧바로 일상어로 자리 잡았으며,[19] 금덩어리를 찾아 땅을 파는 것과는 거리가 먼 뜻으로 쓰였다.

황금 열풍이 가져온 수많은 부작용 중 한 가지는 1850년대 캘리포니아에서 질긴 무명 천막과 작업복이 발명되었다는 점이었다. 발명자는 천막을 만들려고 무명천(혹은 능직)을 싣고 서부로 갔다가 광산촌의 거친 생활을 견딜 바지에 대한 수요가 훨씬 더 크다는 사실을 알게 된 리바이 스트라우스(Levi Strauss)였다. 그것을 '청바지(jean)'라고 부른 사람은 그가 아니었다. 1850년대의 'jean'은 옷이 아닌 천의 종류를 가리켰으며, 그것이 처음 직조된 이탈리아의 도시 제노바(Genoa)에서 유래한 말이었다. 데님〔프랑스의 도시에서 만들어진 서지 드 님(Serge de Nîmes)에서 유래〕 바지가 청바지로 널리 알려진 것은 20세기가 되어서였고 1940년대까지만 해도 사람들은 그것을 리바이스(Levi's)라고 불렀다.

캘리포니아로 가는 길은 동에서 서로만 연결된 것은 아니었다. 중국에서도 수천만 명이 몰려들었다. 황금 열풍이 불어 닥친 초기에는 캘리포니아에 325명의 중국인이 살았지만 2년 뒤에는 25,000명으로 불었다. 그 후 30년 만에 12배인 30만 명으로 증가해 인구의 10분의 1을 차지했다. 중국의 정치적 혼란으로 인해 광둥 지방에 있는 여섯 개의 작은 부락에서 온 사람들이 대부분이었다. 그들에게 미국은 '감산(金山)', 곧 황금 산이었다.[20]

서부의 중국인들은 전혀 알 수 없는 이유로 '조니스(Jonnies)'로 불렸고 아주 모욕적인 대접을 받았다. 적은 돈을 받으면서도 힘든 일을 마다하지 않았고 외모로도 쉽게 동화되지 못했기 때문에 툭하면 공격을 받거나 살해당했다. 자기들끼리 단결을 해도 그다지 안전하지 못했다. 1885년 와이오밍의 로크 스프링스(Rock Springs)에서 한 무리가 500명의 중국인이 모여 사는 부락에 침입해서 그들이 싫다는 이유만으로 28명을 살해했다. 중국인에 대한 편견이 너무 심해서 서부의 몇몇 법정에서는 그들에게 정당방어권조차 용납하지 않았다. '기회가 전혀 없다(He doesn't have a Chinaman's chance)'는 서부 특유의 표현이 생겨날 정도였다.

우리가 서부를 연상할 때 가장 많이 떠올리는 많은 용어들이 전부 그곳에서 생겨난 것은 아니다. 애비게일 애덤스(Abigail Adams)는 셰이즈 폭동(Shays's Rebellion)에 가담한 사람을 가리켜 '폭도(desperado)' 란 말을 썼는데, 이 말이 서부의 무법자를 뜻하게 된 것은 그보다 훨씬 뒤였다.[21] '취사용 마차(chuck wagon: chuck은 음식을 뜻하는 속어에서 유래했으며, 토하다는 뜻의 upchuck으로 살아남았다)' 는 서부에서 널리 이용되게 되었다. 디트로이트의 스터드베이커 회사(Studebaker Company)가 가장 인기 있는 모델을 제작하기도 했다. 원래 취사용 마차는 사람들이 오리건 산길에 대해서는 꿈도 꾸기 전에 켄터키에서 생겨난 말이었다. son of a gun(악당), to bite the dust(쓰러지다) 등은 초기 이주민들이 미국으로 가져온 영국 말이었다. posse(민병대)는 중세부터 영어에 있던 말이었다. absquatulate(종적을 감추다), rambunctious(난폭한)처럼 서부의 활기 찬 생활방식에 따라 자연스럽게 생겨난 듯 보이는 과장된 말들은 뉴잉글랜드 시대 훨씬 이전부터 있었다.[22] 마찬가지로 'John B.' 라고도 불린 '카우보이모자(stetson)' 는 동부의 혁신적인 산물이었다. 그것을 만든 존 배터슨 스테트슨(John Batterson Stetson)은 그 모자가 말을 탄 남자만의 전유물이 될 것이라고는 상상도 하지 못한 필라델피아 사람이었다.

'카우보이' 역시 오래된 말로써 독립전쟁 당시에 영국 왕실을 지지하는 사람들을 깎아내리는 말로 처음 쓰였다. 그것이 현대적인 의미를 갖게 된 것은 1867년부터다. 조셉 맥코이(Joseph McCoy: 진짜라는 뜻을 가진 the real McCoy라는 표현의 근거가 되었다는 의견이 분분하지만, 이는 잘못이다)라는 사업가는 치셤 산길(Chisholm Trail)을 통해 텍사스에서 캔자스 애빌린(Abilene)의 철도 종점까지 소를 몰고 갈 카우보이를 채용하기 시작했다. 그는 대단한 성공을 거두었고 1870년대에는 그 벽지에서(1885년까지 목우 도시를 뜻하는 cow town이란 말이 없었다) 1년에 50만 두의 소를 수출했다.

목장 주인들은 자기 소와 남의 소를 구분하기 위해 상표를 사용하기 시작했는데, 이것이 그들만의 난해한 은어로 발전했다. 한쪽으로 기운 글자는 lazy, 글자 아래의 선은 bar, 직선이 아닌 곡선으로 쓰인 글자는 running으로 불렸다. 이것들을 바탕으로 Lazy X Bar, Running W 등 수많은 목장 이름이 만들어졌다.[23] 1890년대 초에는 와이오밍에 5,000가지, 몬태나에 12,000가지를 비롯해서 말그대로 수없이 많은 상표가 있었다. 출판업자가 해마다 상표 책을 찍어내어 큰돈을 벌 정도였다. 표식이 찍히지 않은 소는 '매버릭(maverick)'이라고 불렸다. 이는 자기 소를 상표화하지 않은 새뮤얼 A. 매버릭이라는 어느 텍사스 목장 주인의 이름에서 유래했다. 서부 역사학자들은 그가 이상한 사람이었거나 게으른 사람이었거나 그도 아니면 낙인이 찍히지 않은 소는 모조리 자기 것이라고 주장하려는 뻔뻔한 사람이었는지를 두고 오랫동안 논쟁했다.[24]

할리우드는 서부는 카우보이들만 사는 곳이었다는 인식을 우리의 뇌리에 새겨놓았다. 비율로 따진다면 카우보이 한 명에 농부 천 명 정도였다. 정점에 달한 시기에도 카우보이는 1만 명을 넘지 않았으며, 그들 중 4분의 1은 흑인이나 멕시코인이었다(그 나머지 직업군의 비율은 19세기까지도 그다지 높지 않았다).[25]

우리가 흔히 상상하는 카우보이의 모습은 가상의 인물 같은 두 명의 동부 사람이 만들어낸 것이었다. 먼저 프레더릭 레밍턴(Frederic Remington)이라는 화가가 있었다. 활동적이고 초현실적인 그의 그림은 대부분 생생한 상상력을 바탕으로 한 작업실 작품이었다. 그는 진짜 카우보이 모습을 한 번도 보지 못했다. 말에 올라탈 수 없을 정도로 뚱뚱했던 그가 말을 타고 인디언 전투에 뛰어들었을 리 만무했다. 게다가 그가 처음 서부 여행을 했을 때는 카우보이 시대가 거의 막을 내리고 있었다.

모닥불 근처의 생활과 거리가 멀기로는 그의 절친한 친구 오웬 위스터(Owen Wister)도 마찬가지였다. 레밍턴이 무명천을 이용했다면, 그는 종이에다 카우보이들의 신화를 담았다. 카우보이들은 1880년대에 이미 싸구려 소설에서 영웅으로 등장하기 시작했다(프렌티스 잉그레이엄이라는 사람이 처음 개척한 분야로 보인다). 하지만 카우보이가 진정으로 미국적인 인물이 된 것은 1902년에 위스터가 『버지니아 사람(The Virginian)』을 발표하면서부터였다(위스터는 cow-boy로 쓰기를 고집했다). 위스터는 진정한 dude(멋쟁이: 유래를 찾을 수 없는 이 말은 동부에서는 훨씬 전부터 쓰였지만 1883년부터 서부 지역에서만 사용되었다)였다. 부유한 필라델피아 가문 출신에 인기 여배우 패니 캠블(Fanny Kamble)의 손자였고, 하버드의 파이·베타·카파 클럽(성적이 우수한 재학생과 졸업생으로 구성된 모임-옮긴이)의 회원이었으며, 테디 루스벨트의 절친한 친구이기도 했던 그는 매우 고상한 성격의 소유자였다. 그는 먼지 이는 산길을 이용하지는 않았지만 레밍턴과는 달리 직접 서부를 여행했다. 당시 그의 부모는 신경분열 치료를 위해 여성 보호자 두 명을 딸려 보냈다.

위스터는 이름 없는 영웅의 등장, 영웅과 악당 사이의 극적인 총격전, "비열한 자식!(When you call me that, smile!)"이라는 표현 등 카우보이 소설에 나오는 많은 관습을 소개했다. 하지만 그의 주된 업적은 소설을 쓰기 위해 카우보이를 존경스러운 인물로 만들었다는 것이었다. 위스터는 지금은 잊혀진 『린 맥린(Lin McLean)』이라는 소설을 썼지만 이를 바탕으로 『버지니아 사람』이라는 커다란 결실을 맺었다. 서부로 간 어느 동부 사람(물론 이름이 없다)의 이야기는 수백만 미국인, 특히 소설의 독자층인 교육받은 이들의 심금을 울렸다. 이 소설은 발매 넉 달 만에 5만 부, 총 300만 부가 팔렸으며, 7년 동안 15쇄를 발행했다. 게다가 10년 동안 브로드웨이의 연극으로 공연되었고, 마침내 화제의 영화로 제작되기에 이르렀다.

서부에 대한 신화는 전혀 카우보이답지 않은 호팔롱 캐시디(Hopalong Cassidy)를 만든 C. J. 멀포드(Mulford), 서부에 대해서는 아는 바가 없지만 그것을 기꺼이 좋은 이야기의 소재로 삼은 뉴욕의 치과의사 제인 그레이(Zane Grey) 같은 작가들이 쓴 유명한 소설에서 더욱 굳어졌다.[26] 최초의 서부 영화인 〈대열차 강도(The Great Train Robbery)〉가 1903년에 나왔다. 1920년대에는 서부 영화가 할리우드 영화 중 거의 3분의 1을 차지했다. 하지만 서부극은 1950년대에 텔레비전에서 진정한 절정을 맞았다. 최고의 절정기였던 1959년 미국의 시청자들은 텔레비전 네트워크에서 방영되는 28편의 서부 연속극 중에서 골라잡아 하룻밤에 평균 네 편씩 볼 수 있었다.[27]

주로 쓸쓸한 평원에서 소를 몰며 생활하고 목욕과 면도, 그리고 애빌린 같은 도시에서 하룻밤을 보내는 것에 가장 열광하는 이 서부의 인물들이 그런 유명한 상상의 주인공이 된 것은 정말 이상한 일이다. 서부 역사가 윌리엄 W. 새비지 주니어(William Savage Jr.)도 이렇게 말했다. "목장 사업과 카우보이의 생활은 전설로 만들어질 만한 재료가 아니었다. …… 카우보이는 용기, 명예, 기사도 정신, 개인주의 등 많은 것들을 상징했지만 실제로 그 중 근거가 있는 것은 거의 없다."[28]

그들이 서로를 향해 총질을 하며 많은 시간을 보내지 않은 것만큼은 확실하다. 도지 시티(Dodge City)가 세계에서 가장 크고 시끌벅적한 목우 도시가 되고 10년 동안 불과 34명이 악명 높은 부트 힐 공동묘지(Boot Hill Cemetery)에 묻혔을 뿐이었다. 게다가 자연사한 사람들이 거의 전부였다. 'OK 목장의 결투(OK Corral)' 같은 사건이나 와일드 빌 히콕 같은 살인자가 유명해진 것은 너무도 기상천외했기 때문이었다. 총을 맞은 사람들은 십중팔구 다시 일어나지 못했다. 그런데도 적어도 한 명의 등장인물이라도 허벅지나 어깨에 총을 맞고 몸을 심하게 뒤틀며 계속 총을 쏘는 장면이 없는 서부 영화는 드물었다. 한 비평가는 이렇게 말했다. "사람들이 인간의 어깨가 구멍 나지 않는 타이어 같은 자연 치유적인 재료라고 생각할지도 모른다."[29] 실제로 19세기의 총알은 너무 느리고 물러서 희생자의 몸속을 깨끗하게 관통하지 못했다. 대신 당구공처럼 통통 튀겨서 주먹으로 종이를 친 것 같은 구멍을 남겼다. 그것들이 기적처럼 중요한 장기를 건드리지 않는다고 해도 희생자는 커다란 충격과 과다 출혈로 금세 죽는다.

무법천지인 서부의 환경에서는 다른 지역보다 믿음과 선의가 부족했다. 다니엘 부어스틴의 말처럼, 원래 일상적인 친구보다 훨씬 더 믿음이 깊은 관계를 뜻했던 'pardner'란 말이 1850년경 캘리포니아의 금광 지대에 유입된 것은 우연이 아니었다.[30] 강을 오가는 배의 절도범이나 사기꾼이 있으면 가까운 모래사장에 내려놓고 알아서 도시로 가게 했을 정도로 정의가 엄격하고 신속하게 실현되었지만 그곳에는 최소한의 정의만 존재했다. 육지를 기반으로 하는 악당들은 이른바 '인민재판(kangaroo court)'으로 처벌되었다. 그것은 정당한 법 절차의 정교한 부분에 연연하지 않는 단발성 회합이었다. 'kangaroo court'라는 이상하고 재미있는 말은 호주의 유대류 동물이 있을 리 없는 텍사스에서 시작되었고, 1849년에 처음 기록되었다. 미국에 소개되기까지는 전혀 알려지지 않았으므로 호주와는 아무 관련이 없는 듯하다. 아마 캥거루처럼 교수대를 향해 폴짝 뛰는 범죄자를 연상해서 나온 말일지도 모르지만 어디까지나 추측일 뿐이다.

서부에서 시작된 또 다른 말들 중에는 가짜를 뜻하는 bogus, 소란스럽다는 뜻의 rip-roaring, 모이는 장소라는 뜻의 joint, 잘 믿지 못하는 사람을 뜻하는 piker[미주리의 파이크 카운티(Pike County) 주민을 뜻한다는 말도 있지만 유료고속도로를 뜻하는 turnpike에서 유래했을 가능성이 더 크다], 오도가도 못하는 처지를 뜻하는 to be caught between a rock and a hard place, 콜트식 권총을 뜻하는 six shooter, 총격전을 뜻하는 gunplay, 노상강도를 뜻하는 holdup, 사기꾼을 뜻하는 crook을 비롯해서 dying with throat trouble, the big jump 등 20세기까지 살아남지 못했던 표현들이 있었다. bogus는 유래를 전혀 모르고 crook은 어렴풋이 추측만 할 수 있다. 아마 양치기의 지팡이가 곧지 않고 굽었다는(bent) 사실과 관계가 있는 듯한데 (19세기에는 bent가 범죄자를 가리키는 흔한 형용사로 쓰였고 아직도 영국에 남아 있다), 기록에 남은 증거는 없다.

우리가 카우보이나 자주색 세이지 식물 주변의 생활과 밀접하게 연관시키는 많은 표현들은 훨씬 나중까지도 서부에 등장하지 않았다. 노랫말 "가자, 귀여운 송아지야, 어서 가자(git along, little dogy, git along)."의 어미 없는 송아지를 뜻하는 dogy는 1903년까지도 쓰이지 않았다.[31] 감옥을 뜻하는 hoosegow(교도소)란 말은 1920년까지도 없었다. bandit(강도)보다 banditti란 말이 더 흔하게 쓰였다. bounty hunter(현상금 사냥꾼), gunslinger(권총을 가진 악한), to have an itchy trigger finger(당장 방아쇠를 당기고 싶어) 등은 모두 할리우드 대본작가들의 창작품이다.[32]

서부에서 생겨난 스페인어와 비교하면 카우보이, 광부 등 서부 미국인을 가리키는 표현들이 생겨난 것은 결코 우연이 아니었다. 어느 한 시기에는 그런 말들이 100가지를 훨씬 웃돌았다. 그 중 가장 눈에 띄는 것이 lasso(올가미 밧줄, 1819), sombrero(챙이 넓은 모자, 1823), patio(안뜰, 1827), corral(가축우리, 1829), lariat(밧줄을 뜻하며 la reata에서 유래, 1831), canyon(협곡, 1834), plaza(대광장, 1836), burro, stampede, rodeo(각각 작은 당나귀, 우르르 몰려옴, 목우를 몰아오는 것, 1844), bonanza(풍부한 광맥, 1844), bronco와 pronto(각각 야생마, 신속히, 1850), alfalfa(잔돈, 1855), cinch(cincha에서 유래, 말의 등짐을 묶는 끈, 1859), pinto(얼룩빼기, 1860), vigilante(자경단원, 1865) 등이다.[33]

  이 단어들은 생성되기까지 시련을 겪어야 할 때가 많았다. caballerangero는 wrangler(카우보이를 뜻하는 다른 말)로, vamos는 vamoose(뺑소니치다)로, 말 그대로 소몰이꾼을 뜻하는 vaquero는 buckhara, bakkarer, backayro, buccahro 등 수많은 변화를 거쳐 마침내 buckaroo라는 영어로 정착했다. ten gallon hat은 10갤론(약 37리터)의 액체를 담을 수 있는 모자(그러려면 크기가 대형 빨래통만 해야 한다)가 아니라 끈으로 장식한 모자를 말한다. 스페인어 galón은 끈을 뜻한다.

  스페인어가 영어 철자로 정착되기 위해 시간이 필요한 경우도 있었다. bronco는 1920년대가 되어서야 조던 자동차의 한 유명 광고에 이런 식으로 등장했다. "래러미(Laramie) 서쪽 어딘가에 야생마를 길들이고 올가미를 던지는 소녀가 있지요. 내가 무슨 말을 하고 있는지 잘 아는 소녀랍니다." 최초의 카우보이 영화배우인 G. M. 앤더슨 역시 자기 팬들에게 Broncho Billy로 불렸는데, 이는 그 단어가 가끔 철자대로 발음되었다는 증거다. 반면에 멕시코 계통의 스페인어 rancho에서 유래한 rancher는 본래대로 "ranker"로 발음되기도 했다.

  영어를 쓰는 초기의 남서부 이주민들 역시 타코스(tacos), 엔칠라다(enchilada), 토르티야(tortilla) 같은 스페인과 멕시코의 합작 요리를 처음 접했다. '나초(nacho)'는 그 음식을 아주 잘 만든 이그나시오(Ignacio)라는 사람의 이름을 따서 지어진 이름이라고 하지만 신빙성이 없는 이야기다. 멕시코 전쟁 때 유행한 행진곡에 "Green grow the rushes(초록색이 몰려오네)"

라는 가사가 있어서 멕시코인이 미국인을 'gringo'라고 부르기 시작했다는 오래된 이야기도 분명 사실이 아니다. gringo는 18세기에 스페인에서 널리 쓰였던 말이다. 그리스라는 뜻의 'Griego'의 변형어로 우리가 "It's Greek to me(무슨 소린지 못 알아듣겠어)."라고 쓰듯이 알아들을 수 없는 외국 말을 가리킨다.[34]

카우보이와 목장 주인들에 의해 스페인어 표현들과 한 덩이가 된 많은 말들도 오래전부터 영어에 들어와 있었다. 1759년의 adobe와 mesa, 1792년의 calaboose(지하 감옥 calabozo에서 유래), 1808년의 mustang(길 잃은 동물을 뜻하는 mesteño, 혹은 mestengo에서 유래) 등이 그 예다. 이처럼 초기에 들어온 단어들 중에서 가장 복잡한 것이 바로 maroon이다. 몇 가닥의 밧줄이 하나로 꼬인 상태를 뜻하는 이 단어는 스페인어 cimarrón(산꼭대기에 사는 사람이라는 뜻)에서 시작했는데, 원래는 서인도제도의 도주한 노예를 가리켰다. 그러다가 그런 노예들의 자손을 뜻하게 되었고, 마지막으로 자포자기한 상태라는 의미로 발전했다. [스페인 사람들 역시 머스코기언(Muskhogean) 인디언 부족을 가리킬 때 cimarrón을 썼다. 머스코기언은 시머론 리버(Cimarron River)라는 이름에서 유래한 세미놀(Seminole) 인디언의 다른 이름이다.] 그러나 프랑스인들은 시마론을 밤(chestnut)을 뜻하는 marron으로 바꾸었다가 maroon 형태의 영어로 전해주었다. 이때의 의미는 밤과 같은 색깔과 포기하는 행동이라는 두 가지였다. 언어는 그런 복잡한 과정을 거치며 발전하기도 한다. 그보다 훨씬 덜 복잡하게 변화한 단어인 el lagarto(도마뱀)는 영어의 alligator(악어)가 되었다.

더 북쪽에서는 프랑스인 모피 사냥꾼들이 정착민들에게 유용한 단어들을 많이 전해 주었다. 가령 gopher(땅다람쥐), rendezvous(집결 장소), peak[산꼭대기: 프랑스어 픽(pic)에서 유래], badlands[황무지: 프랑스어 모베즈 떼르

(mauvaises terres)에서 그대로 번역된 단어], park 등이었다. park에 담긴 '산의 계곡'이라는 의미는 콜로라도의 Estes Park처럼 몇몇 지명으로 살아남았다. 스페인어와 마찬가지로 많은 프랑스어 단어들이 서부 이주민보다 훨씬 앞서 영어에 안착했다. 그 예로 chute(폭포, 1804), butte(우뚝 솟은 고립된 산, 1805), picayune(5센트 동전, 1805), coulee(하류, 1807), depot(역, 1832), to sashay(미끄러지듯이 걷다, 1836) 등이 있다. 그런 단어들 역시 복잡한 변형 과정을 거쳤다. 'lagniappe(경품)'는 주로 뉴올리언스의 프랑스인들이 썼는데, 사실은 페루의 케추안 인디언들 사이에서 'yapa'란 말로 시작되었다. 스페인어는 그것을 'ñapa'라는 말로 썼다. 프랑스인들이 스페인어에서 빌려온 것을 다시 미국인이 프랑스어에서 가져다 쓰게 된 것이다.

영어를 쓰는 서부 정착민들은 서로 총싸움을 많이 하지 않았지만 버펄로에게는 총질을 엄청나게 했다. 1830년과 1895년 사이에 대평원을 누비던 7천만 마리의 버펄로가 800마리로 줄었고, 그 대부분이 동물원이나 관광객을 위한 공연에 동원되었다. 비슷한 시기에 200만에 달하던 인디언들 역시 전쟁, 질병, 땅과 생계 수단을 잃은 데 따른 굶주림 때문에 9만 명으로 줄 정도로 어마어마한 수가 죽었다.

인디언이 비참한 대접을 받았다고 말하는 것으로는 그들이 받은 모욕의 정도를 고스란히 전달하지 못한다. 그들은 가장 황폐하고 황량한 땅에 정해진 인디언 거주 지역(reservation, 1789년에 나온 미국 영어로 원주민을 가두는 장소라는 뜻)이 북적거릴 때까지 살던 곳에서 쫓겨나고 이동하는 일을 반복했다. 1886년에 아파치 족 추장 제로니모(Geronimo)가 항복하면서 미국과 인디언의 전쟁이 막을 내렸지만 그들에 대한 부당한 대우는 거기서 끝나지 않았다. 인디언들은 1887년과 1934년 사이에 8,600만 에이커(약 3,500만 헥타르) 땅을 더 빼앗겼다. 하워드 진의 지적대로 미국은 인디언과 400가지의

조약을 맺고는 그 모두를 어겼다. 인디언은 1924년까지도 미국 시민이 되지 못했다.[35]

오늘날에는 그곳에 얼마나 많은 인디언이 사는지 아무도 모른다. 우리가 아는 것이라고는 얼마나 많은 사람들이 자신을 인디언이라고 생각하느냐가 전부다. 물론 그 두 가지는 다른 문제다. 1990년의 통계에 따르면 1980년의 통계에 비해 거의 40퍼센트가 증가한 약 200만 명의 미국인이 인디언이라고 주장했다. 이는 인구 증가에 따른 결과는 분명 아니었다.[36]

오늘날 미국에는 약 300여 부족이 남아 있지만 예전에 존재했던 언

제로니모는 미국 역사상 가장 마지막까지 미국 정부에 극렬하게 대항한 아메리칸 인디언의 지도자로 그가 항복함으로써 사실상 인디언과 미국 정부의 전쟁이 막을 내렸지만 인디언 원주민에 대한 미국 정부의 부당한 처우는 계속되었다.

어적 다양성은 대부분 자취를 감추었다. 국립 인디언 박물관의 두안 킹은 "요즘 사용되는 원주민 언어는 200가지 정도에 불과하며 그 중 80가지에서 100가지가 앞으로 한 세대가 끝나기 전에 사라질 것으로 보인다."고 말했다.[37] 그 중 소멸 위험이 가장 큰 언어는 맨던어(Mandan: 1991년에 여섯 명의 사용자만 남았다)와 오세이지어(Osage: 다섯 명의 사용자만 남았다)다. 영화 〈늑대와 함께 춤을〉에 나오는 라코타어(Lakota) 역시 사라질 위기에 처한 듯하다. 앞으로는 영화 제작자에게 조언을 해 줄 원주민 화자를 찾을 수 없게 될지도 모른다.

서부 개척은 명백한 사명 **231**

불과 반세기 만에 새로운 나라는 서부를 집어삼키고 광대한 대륙으로 뻗어나갔지만 그만큼 원주민 문화는 치명적인 대가를 치러야 했다. 수백만 미국 원주민들에게 '명백한 사명'은 서부에 사람을 살게 하는 것이 아니라 그곳에서 사람을 쫓아내는 것이었다.

인종 용광로-미국 이민

In 1993, according to an international business survey, the world's most valuable brand was Marlboro, with a value estimated at $40 billion, slightly ahead of Coca-Cola. Among the other top ten brands were Intel, Kellog's, Budweiser, Pepsi, Gillette, and Pampers. Nescafe and Bacardi were the only foreign brands to make top ten, underlining American dominance. Why companies like Coca-Cola suffer palpitations when they see a passage like this (from John Steinbeck's The Wayward Bus): "Got any coke?" another character asked. "No," said the other proprietor. "Few bottles of Pepsi-Cola. Hav— coke for a month……. It's the same stuff. You can' — 1993, according to an international business — brand was Marlboro, with a value esti— of Coca-Cola. Among the other top ten —ser, Pepsi, Gillette, and Pampers. Nes— brands to make top ten, underli— like Coca-Cola suffer palpita-ti— m John Steinbeck's The Way-ward — r asked. "No," said the ot— ven't had any coke for a mo— them apart." In 1993, ac— world's most valuable bran— llion, slightly ahead of Coca-Co— el, Kellog's, Budweiser, Pepsi, Gillett— …u Bacardi were the only brands to make top ten, underlining American dominance.

MADE IN
AMERICA

1830년대 초 미국과 영국의 면화 무역량은 한 번에 천 대의 선박을 동원할 정도로 어마어마했고, 대서양을 항해하는 선박의 상당수가 리버풀로 면화를 실어 나르는 일에 매달렸다. 문제는 대부분의 배가 텅 빈 채 돌아온다는 것이었다. 배 주인들은 돌아오는 길에 실을 편리한 화물을 궁리하다가 특별한 것을 떠올렸다. 바로 사람이었다.

그들은 배가 승객용이 아니라는 사실, 대양을 한 번 횡단하려면 트라코마나 악성 발진티푸스(19세기의 대서양 횡단과 너무도 밀접한 병이어서 'ship fever'로 불렸다) 같은 병으로 핏물이 고이고 악취가 진동하는 짐칸 한 가득 인간 화물을 싣고 석 달은 가야 한다는 사실은 신경도 쓰지 않았다. 사람들은 경비만 적당하다면 어떤 어려움을 겪고서라도 미국에 가려고 했다. 승객들을 한 곳에 몰아넣고 문명의 편리 면에서는 아무것도 제공하지 않은 것치곤 싸지도 않은 요금에 딱히 불평을 할 수도 없는 상황이었다. 19세기 중반의 '3등실(steerage: 배의 조타실 옆에 있어 그렇게 불렸으며 굉장히 시끄러웠다)' 편도 탑승권은 리버풀에서 뉴욕까지는 12달러, 더블린에서 출발하면 10달러였다. 아주 비참하게 사는 사람이 아니라면 어떻게 해서든 마련할 수 있는 돈이었다.[1]

수백만 명이 배를 탔다. 1820년대에는 15만 명이던 미국 이주자의 수가 10년마다 꾸준히 증가해 1830년대에는 60만 명, 1840년대에는 170만 명, 1850년대에는 230만 명을 기록했다. 물론 이 모든 일은 인구가 크게 부족한 미국에서 일어나고 있었다. 1845년에서 1855년 사이 10년 동안 300만 명의 이주민들이 인구가 2천만 명에 불과한 미국에 도착했다. 1830년에서 1850년 단 20년 만에 미국의 외국인 이주민 비율이 100명 중 한 명에서 열 명 중 한 명으로 늘어났다.

일찍이 그렇게 많은 수의 사람들이 대대적인 탈출을 감행한 적은 없었다. 미국뿐만 아니라 호주, 아르헨티나, 뉴질랜드 등 희망을 보여 주는 곳이면 어디든 가리지 않았다. 하지만 가장 많은 사람들이 미국을 선택했다. 1815년에서 1915년 사이에 미국은 3,500만 명의 이주민을 받아들였는데, 이는 노르웨이, 스웨덴, 오스트리아, 아일랜드, 덴마크, 스위스의 현재 인구와 맞먹는 수이다. 독일에서는 700만 명, 이탈리아와 아일랜드에서는 각각 약 500만 명(오늘날에는 아일랜드에 150만 명이 더 많이 산다), 러시아에서는 330만 명, 스칸디나비아에서는 250만 명, 그리스, 포르투갈, 터키, 네덜란드, 멕시코, 카리브 해, 중국, 일본에서 수십만 명이 도착했다. 캐나다조차 1815년과 1860년 사이에는 25만 명, 1920년대에는 약 100만 명의 이주민을 보냈다.[2] 스웨덴, 노르웨이, 아일랜드 같은 작은 나라와 이탈리아의 시칠리아, 메조지오르노(Mezzogiorno) 같은 도시들에게 그 정도 숫자는 인간 자원의 대규모 유실을 의미했다. 특히 아일랜드는 그런 현상이 심각했다. 1807년에는 인구 밀도가 유럽에서 가장 높았지만 1860년대에는 가장 낮은 나라가 되었

다.³⁾

　이주민들은 대양을 건너고 나면 집단 거주지로 모여들었다. 1815년에서 1860년 사이에 도착한 노르웨이 이주민들은 거의 대부분 위스콘신, 미네소타, 아이오와, 일리노이 이 네 개 주에 정착했다. 마찬가지로 네덜란드 이주민들의 3분의 2는 미시간, 뉴욕, 위스콘신, 아이오와로 갔다. 때로는 자기들끼리 일부러 서로 뭉치기도 했다. 19세기 초반에 형성된 몇몇 독일인 사회는 자기들이 영향력을 발휘하고 다스릴 의도로 특정 지역에 집중적으로 이민을 감행해 이루어진 경우다. 어느 독일인은 펜실베이니아가 "시청과 법정에서 아름다운 독일어 대화가 오가는 완벽한 독일인의 주"가 되기를 꿈꾼다는 말로 많은 이들의 생각을 대변했다. 펜실베이니아뿐만 아니라 텍사스, 미주리, 위스콘신에도 주의 전부 혹은 적어도 중요한 부분을 식민지화하려는 간절한 희망이 있었다.⁴⁾

　공업 도시에서도 이주민 집단이 지나치게 결집하는 경향이 있었다. 1910년 일리노이의 철강 도시 헝그리 할로우(Hungry Hallow)는 불가리아인 15,000명의 터전이었다. 동시에 서부 펜실베이니아의 카네기 강철 공장 노동자 14,300명 중 12,000명이 동부 유럽에서 이주한 사람들이었다.⁵⁾

　도시에 정착한 이주민들 중에는 농업에 종사했던 이들이 많았다. 그래서인지 아일랜드, 폴란드, 이탈리아 이주민들은 힘들이지 않고 정착했다. 하지만 우리는 그들이 대부분 고향을 떠나기 전에 시골에서 살았고 5층짜리 건물이나 수많은 사람들이 바글거리는 모습을 한 번도 보지 못했다는 사실을 곧잘 잊어버린다. 그들은 많은 인구에 기죽지 않을 만큼 많은 수로 도착했다. 1851년 한 해만도 25만 명의 아일랜드인이 미국에 왔고 그들 중 대부분이 뉴욕이나 보스턴에 정착했다. 1855년에는 아일랜드 태생이 뉴욕 인구의 3분의 1을 차지했다.⁶⁾ 19세기 후반에 접어들면서 북부 유럽의 이주 물결이 조금씩 누그러지자 동부 유럽의 유대인들이 그 공백을 채웠다. 1880년과 1900년 사이에 유럽 거주 유대인의 약 3분의 1이 미국으로 건너갔고, 이들 역시 거의 뉴욕에만 정착했다.[7]

19세기가 저물 무렵, 뉴욕은 역사상 유례가 없는 가장 큰 국제도시가 되었다. 500만 명의 시민 중 80퍼센트가 외국 태생이거나 이주민의 자녀였다.[8] 플로렌스, 제노바, 베니스의 인구를 모두 합친 것보다 더 많은 이탈리아인, 더블린을 제외한 전 지역의 인구보다 더 많은 아일랜드인, 키에프보다 더 많은 러시아인이 뉴욕에 살았다. 허먼 멜빌이 지적했듯이 "미국은 국가라기보다는 세계"였던 셈이다. 1908년 이스라엘 장윌(Israel Zangwill)이라는 영국의 한 시온주의자는 이민 경험에 관한 희곡을 썼는데, 그 덕분에 미국에는 그런 현상을 설명하는 용어가 하나 생겼다. 바로 '인종 용광로(Melting Pot)'였다.

엘리스 섬(Ellis Island)에 도착해서 눈을 휘둥그레 뜨고 헤매는 이주민의 모습은 〈대부〉에서 〈카인과 아벨〉에 이르기까지 수많은 영화와 책으로 재탄생된 유명한 심상이다. 그들은 어두컴컴한 복도로 몰려가 신체검사와 면접이라는 두려운 절차를 거쳐야 한다. 그러고 나면 아무 생각도 없는 것 같은 우락부락한 이민국 관리에게서 뜻도 모르는 새 이름을 받은 뒤에 햇볕 속으로 걸어나가 마침내 자신이 신세계에 도착했다는 사실을 실감한다. 그런데 이 마지막 부분만 제외하면 실제와 완전히 달랐다.

먼저 1897년까지만 해도 이민자들은 엘리스 섬이 아니라 예전에 오페라하우스였던 배터리(Battery)의 캐슬 가든(Castle Garden)을 통과했다. 이민 시설이 엘리스 섬으로 이전된 지 한참 지날 때까지도 3등실 승객들만 그곳에 내렸다. 1등실과 2등실 승객은 배에 탄 채로 심사를 받았다. 엘리스 섬(18세기에 그곳을 소유했던 새뮤얼 엘리스의 이름을 딴 지명)은 우리가 상상하는 것만큼 우울하고 쓸쓸한 곳이 아니었다. 오히려 최고의 건강 시설, 맨해튼 남단의 아름다운 전경과 자유의 여신상을 볼 수 있는 옥상 정원을 갖추고 억류된 소수의 사람들에게 좋은 음식을 제공하는 아름답고 근사한 복합 단지였다. 「뉴요커」에 따르면 청동 샹들리에와 이탈리아 장인이 29,000개의 타일을 직접 붙여 만든 둥근 천장이 있는 등록 사무소는 "뉴욕에서 가장 으리으리한 장소"였다.[9] 이민국 담당 관리들은 고된 일과에 시달렸다. 하루 5천 명, 가장 전성기였던 1907년에는 엘리스 아일랜드 수용 한도의 네 배인 100만 명을 심사했을 정도였다. 하지만 그들은 효율적이고 신속하게, 그리고 동정심을 갖고(많은 사람들이 이민자였다) 맡은 일을 처리했다.[10]

입국 거부 대상자의 범주는 창녀, 정신병자, 일부다처주의자, 무정부주의자, 혐오감을 주거나 전염병을 앓는 사람, 생활보호자가 될 가능성이 높은 사람 등 90여 가지에 달했다. 그러나 신청자의 2퍼센트만이 거절당했고 탐탁지 않은 이름을 받은 사람이 극히 드물었기 때문에 입국 거부에 관한 개념은 별다른 의미가 없었다. 그들은 싸늘하고 무감각한 곳과 거리가 먼, 부유하고 효율적이고 보통 사람을 존중하는 황홀한 세계에 발을 디딘 것이다. 많은 사람들은 지상 낙원에 도착했다고 진심으로 믿었다.

이민자들은 맨해튼에 도착하자마자 미국의 경이로움을 더 잘 보여 주는 것들을 만났다. 가끔 친절하고 스스럼없고 고향에서는 구경도 할 수 없었던 말쑥한 옷차림을 한 사람들이 알아들을 수 없는 말로 접근하기도 했다. 이 즉석 친구들, 일명 '도주자(runner)'들은 아주 너그럽게 새로 온 이민자들에게 일자리나 숙소를 찾도록 도와주거나 심지어는 한사코 짐 가방을 들어주겠다고 고집을 부렸다. 이민자는 한눈을 팔다가 정신을 차리면 새로 사귄 친구가 어느새 짐 가방을 들고 사라져버렸다는 것을 깨닫는다. 그러고는 비로소 새 땅에서 가장 중요한 인생 교훈을 배우게 된다. 도착한 첫날에 어떤 식으로든 도둑을 맞지 않는 이민자는 별로 없었다.

수백만 명의 하류층 이민자들은 대부분 로어 이스트사이드(Lower East Side)의 1평방 마일 지역에 정착했다. 대개 더럽기 짝이 없는 환경에서 25명이 창문도 없는 방 하나를 함께 썼다. 1860년대에는 뉴욕시 인구의 4분의 3에 해당하는 약 1,200만 명이 37,000채의 건물에 아등바등하며 살았다. 19세기 말에는 로어 이스트사이드의 인구 밀도가 봄베이 빈민가보다 훨씬 더 높았다.[11] 이런 상황을 개선하기 위해 침실마다 창문을 하나씩 달 것을 요구하는 법 조항이 신설되었다. 그 결과로 등장한 것이 통풍관이었다. 통풍관은 원칙적으로는 훌륭한 아이디어였지만 자연스럽게 쓰레기와 오물을 버리는 공간이 되었으므로 침실은 전보다 훨씬 더 더럽고 병균으로 들끓었다.

범죄, 성매매, 구걸, 질병 등 사회적인 병폐를 알리는 모든 요소들이 지금은 상상할 수 없는 수준으로 존재했다(살인은 아니다. 살인률은 그때보다 지금이 열 배는 더 높다). 19세기 중반의 아일랜드인의 보스턴 이민에 관한 연구를 보면, 그들이 평균적으로 미국에서 불과 14년 동안 생존했다는 사실을 알 수 있다. 1888년 이탈리아인 거주지의 유아 사망률은 천 명당 325명이었다. 다시 말해, 신생아의 3분의 1이 1년을 넘기지 못한 셈이다.[12]

플러그 어글리스(Plug Uglies), 데드 레비츠(Dead Rabbits), 바워리 브호이스(Bowery B'hoys) 같은 이름의 폭력단이 거리를 활개 치며 절도와 습격(mugging: 1863년에 생긴 미국 말로 yoking으로도 불렸다)을 일삼았지만 별다른 처벌을 받지 않았다. 뉴욕은 1845년부터 경찰을 배치했으나, 그것은 19세기가 저물도록 부패하고 비효율적인 조직으로 남아 있었다. 19세기 경찰을 대표할 만한 인물은 알렉산더 '클러버(Clubber)' 윌리엄스 경감이었다. 그는 358번이나 부정 혐의에 연루되었지만 한 번도 해임되거나 징계를 받지 않았다. 부정부패에는 재주가 남달라 은퇴할 무렵에는 코네티컷에 요트

한 대와 집 한 채를 장만했고 현금도 30만 달러나 모았다.[13]

　상황이 그런 만큼 많은 이주민들이 유럽으로 도망치듯 되돌아간 것은 그리 놀라운 일도 아니다. 어느 시기에는 해마다 미국에 도착한 이탈리아인 백 명 중 73명이 도로 가버렸다. 아마 전체 이주민의 3분의 1은 고향 땅을 다시 밟았을 것이다.[14]

　그런데도 분위기는 언제나 서쪽을 향해 있었다. 유럽인들의 정착 유형은 한 무리가 빈민가에 정착하고 한 세대 정도가 흐르면 흩어지고 다시 새로운 이주민 무리가 그곳을 점령하는 것이었다. 따라서 아일랜드인이 파이브 포인츠(Five Points) 지역의 거점을 버리면 이탈리아인이 곧바로 그 자리를 채웠다. 마찬가지로, 러시아인과 폴란드인이 옛 독일인 마을을 차지하기도 했다. 하지만 이탈리아인들은 그보다 더 나은 쪽으로 변화했다. 제노바 출신의 이주민들은 벡스터 스트리트(Baxter Street)를 따라 모여 살았고, 시칠리아 출신의 이주민들은 엘리자베스 스트리트에 대규모 공동체를 형성했다. 칼라브리아 사람들은 멀베리 벤드(Mulberry Bend)라는 인근 마을에 결집했다. 스위스 티치노(Ticino)와 오스트리아 근방의 티롤(Tyrol)에서 온 알프스 출신 이탈리아인들은 거의 변함없이 69번가에 모여 살았다.

　이주민 무리는 자기들만의 극장, 신문, 도서관, 학교, 모임, 상점, 술집, 예배 장소를 가지고 있었다. 독일인들은 1850년에 133가지의 독일어 신문 중에서 하나를 선택할 수 있었고 그 중 「뉴욕 스타츠 자이퉁(New York Staats-Zeitung)」과 「신시내티 폴크스블라트(Cincinnati Volksblatt)」 같은 신문은 영자 신문 못지않게 규모와 영향력이 대단했다.[15] 1930년대에 이디시 말을 쓰는 뉴욕 시민들은 수십 개의 일간지 중 하나를 선택했다. 그 중 하나인 「주이시 데일리 포워드(Jewish Daily Forward)」는 125,000부를 찍었다. 노르웨이 사람들조차 전국적으로 인쇄되는 모국어로 된 신문을 40종이나

가지고 있었다. 따라서 미국에서 영어 한마디 벙긋하지 않아도 평생을 살 수 있었으며, 실제로도 그런 일이 심심찮게 있었다.

예를 들어 네덜란드어는 네덜란드가 미국 대륙에서 퇴각한 지 200년 뒤 19세기가 한참 지날 때까지도 뉴욕의 시골에서 널리 쓰였다. 유명한 노예폐지론자이자 여권운동가, 그리고 강연자인 소저너 트루스(Sojourner Truth)는 올버니의 네덜란드 거점에서 노예로 자라 성인이 될 때까지도 네덜란드어만 썼다.[16] 레이븐 I. 맥데이비드 주니어(Raven McDavid Jr.)는 "1941년까지도 모국어만 할 줄 아는 (네덜란드 출신의) 사람들이 허드슨 밸리의 변두리에서 살았다."고 말했다.[17]

네덜란드는 미국에서 잠시 정치적인 영향력을 미쳤을 뿐이지만 그들의 언어는 어마어마한 유산으로 남았다. 미국인들은 네덜란드인을 처음 만났을 때부터 그들의 말을 자유롭게 가져다 썼다. 1654년의 blunderbuss(나팔총), 1660년의 scow(나룻배), 1703년의 sleigh(썰매) 등이 그 예다. 18세기 중반부터는 네덜란드 단어가 미국 영어에 무더기로 유입되었다. stoop(현관), span(한 뼘), coleslaw(다진 양배추 샐러드), boss(상사), pit(과일의 씨앗), bedpan(간이 변기), bedspread(침대 덮개, 이전에는 counterpane으로 쓰였다), cookie(과자), waffle(벌집 모양 과자), nitwit(멍청이), 전형적인 미국식 의문문 how come?(네덜란드어 hoekom을 그대로 번역한 영어), poppycock(허튼소리: 무른 똥을 뜻하는 pappekak에서 유래), dunderhead(바보), kit and caboodle(이것저것 모두 다)의 caboodle(무리) 등이다. [네덜란드어의 Boedel은 가재도구를 뜻하는 단어다. 하지만 그것이 서아프리카어의 kabudu와 비슷하다는 J. L. 딜라드(Dillard)의 말도 참고하기 바란다.][18]

네덜란드어에서 유래한 미국 영어 중 특히 많이 쓰이는 두 개가 있다. 바로 1773년에 미국 영어에 처음 기록된 Santa Claus(St. Nicholas와 형태가 비숫한 Sinter Klaas에서 유래)와 Yankee(영어 Johnny의 축약형과 같은 Janke나 원래 약한 욕으로 쓰인 John Cheese를 뜻하는 Jan Kees에서 유래했을 것으로 추정)다.

네덜란드어는 완전히 새로운 의미를 얻을 때가 많았다. 아무도 안 볼 때 입에 사탕을 슬쩍 집어넣는다는 뜻의 'snoepen'은 영어의 'snoop'으로 바뀌어 염탐을 하거나 참견을 잘한다는 뜻을 갖게 되었다.[19] 인형을 뜻하는 'docke'는 'doxy'로 바뀌어 헤픈 여자를 가리키는 말이 되었다. 악의 없는 상인을 뜻하는 'hokester'는 'huckster'로 바뀌어 완전히 믿을 수 없는 사람을 뜻하게 되었다. 네덜란드에서 'doop'는 소스의 종류다. 그러나 미국에서는 1807년에 같은 뜻의 dope로 쓰이다가 정신적으로 모자란 사람(1851)에서 윤활유(1870년대), 아편(1889), 마약의 총칭(1890년대), 말의 경기 성과에 영향을 주기 위한 약품(1900) 등을 거쳐 내부 정보(1910)에 이르기까지 수많은 뜻을 갖게 되었다. 그런 과정에서 dope fiend(마약 상습 사용자, 1896), dope addict(마약 중독, 1933) 같은 합성어도 나왔다.

선원들의 접촉을 통해 영어로 유입된 네덜란드 단어들도 있었다. 이는 네덜란드가 한때 바다에서 영향력을 행사했음을 보여 주는 증거다. 그런 단어들은 hoist(높이 올리다), bumpkin(원래는 앞부분이 뾰족 튀어나온 짧은 막대를 뜻했는데 어쩌다 시골뜨기라는 뜻을 갖게 되었는지는 불분명하다), bulwark(성채), caboose(열차의 승무원차, 원래는 배의 주방), freebooter(약탈자), hold(배의 짐칸), boom(돛을 펴는 하활), sloop(외돛배) 등이 있다.

네덜란드어가 증명하듯이 한 집단의 언어적 영향력은 구성원의 수와 큰 관련이 없다. 아일랜드인은 수백만 명이 미국에 왔지만 아주 적은 단어만을 남겼다. 대표적인 것으로는 smithereens(작은 파편), lallapalooza(모범으로 삼을 만한 걸작), speakeasy(무허가 주점), hooligan(난동을 부리는 관객, 허풍선이를 뜻하는 게일어 uallachán에서 유래), slew(진창) 등이 있다.[20] 또한 그들은 한두 가지의 미묘한 의미적 차이, shall과 will의 차이를 영국보다 더 일상적으로 다루고 이전에는 생략하던 상황에 정관사를 붙이는 습관도 전해 주었다. 그래서 영국인은 감기(flu)나 홍역(measles)에 걸리면 병원(hospital)으로 가지만 미국인들은 그 감기(the flu)와 그 홍역(the measles)을 앓고 그 병원(the hospital)에 간다.

스칸디나비아 이민자들은 그보다 훨씬 더 적은 유산을 남겼다. gravlaks(연어 요리인 그라브락스), smorgasbord(바이킹 요리) 같은 몇 가지 음식 관련 단어와 lutfisk(생선 요리), lefse(팬케이크) 등 중서부 위쪽 지방과 게리슨 케일러(Garrison Keillor)의 책 외에는 거의 알려지지 않은 지역 방언을 제외하면 그들의 언어적 영향력은 보잘것없었다.

이탈리아인은 그보다는 약간 더 생산적이었다. 하지만 그들 역시 스파게티, 파스타, 마카로니, 라비올리, 피자 같은 요리 이름을 보급하는 데서 벗어나지 못했다. ciao(안녕), paparazzo(파파라치) 등 일상적인 영어로 쓰이는 요리와 관계가 없는 이탈리아 단어들은 이민자들을 통하지 않고 훨씬 나중에 유입되었다.

반대로 독일어는 미국의 토양에서 꽃을 피웠다. 독일인들은 1683년에 필라델피아 부근에 독자적인 공동체인 독일인 마을(Germantown)을 세웠을 만큼 식민지 초기부터 미국에 건너와 있었다. 하지만 이주민은 두 번에 걸쳐 도착했는데, 두 번 다 처음에는 비교적 적었던 수가 나중에는 어마어마하게 불어났다. 1차 시기인 1749년에서 1754년까지 5년 사이에는 약 9천 명이 도착하기 시작해서 미국 혁명기 즈음에 대부분 정착을 마무리 지었다.[21] 1830년에서 1850년까지의 2차 시기에는 더 많은 이주민들이 세인트루이스, 신시내티, 시카고, 밀워키, 클리블랜드, 버펄로, 뉴욕 같은 도시 지역에 집중적으로 정착했다. 그 중 몇몇 지역에서 독일인의 문화적 영향력은 대단한 수준을 넘어 지배적이었다. 「휴스턴 포스트」의 한 사설 기자가 제1차 세계대전으로 "독일은 외부 영토를 모두 잃었다지만 밀워키, 세인트루이스, 신시내티는 예외인 듯하다."고 쓸 정도였다.[22]

이주 초기에 영어에 유입된 독일어 단어는 몇 가지밖에 없다. 대표적인 것은 sauerkraut(소금에 절인 양배추, 1776), pretzel(비스킷의 일종인 프레첼, 1824), dumb(우둔한, 1825)이다. 미국에 정착한 대부분의 독일 단어는 2차 이주 기간 동안이나 직후에 만들어졌다. to loaf와 loafer(각각 빈둥거리다, 게으름뱅이, 1835), ouch(아야, 1839), bub(젊은 친구, 1839), pumpernickel(호밀빵, 1839), fresh(새로운, 1848), kindergarten(유치원, 1852), nix(없음, 1855), shyster(거짓말을 뜻하는 scheisse에서 유래했을 것으로 추정, 1856), check(계산서, 1868), hoodlum(폭력배: 바이에른 사투리 hodalump에서 왔을 가능성이 크다, 1872) 등이 그 예다. 그보다 더 천천히 동화된 단어는 delicatessen(가공식품, 1889), kaput(망가진, 1895), fink(알랑거리는 사람, 혹은 비열한 사람을 뜻하는 shmierfink에서 유래, 1892), kaffeeklatsh(커피 모임, 1903), hockshop(전당포, 1903), scram(도주, 1920) 등이다. 독일인들은 재채기를 한 뒤에 'gesundheit(건강 조심하세요!)'라고 말하고, 떠날 때 'so long(안녕)'이라는 인사를 하고, 강조를 할 때 말끝에 'how'를 쓰고(그렇고말고!, 확실해!), 단어 끝에 비공식적인 모임을 뜻하는 'fest'를 덧붙이는(songfest, foodfest, slugfest, talkfest 등) 습관을 미국인에게 전했다.

많은 독일어 단어들은 약간의 수정을 거쳐 영어에 적절한 철자로 변했다. 그래서 autsch는 ouch(아야)로, krank는 cranky(아픈)로, zweiback은 zwieback(빵의 일종)으로, schmierkäse는 smearcase(희고 부드러운 치즈)로, leberwurst는 liverwurst(간소시지)로 바뀌었다.

양적인 면에서 독일어에 뒤지지 않지만 사회적으로 약간 덜 확산된 언어는 이디시어(Yiddish: 유대 독일어인 중세 고지 독일어 jüdisch diutsch에서 유래)로, 약 1880년부터 동부 유럽의 유대인들에 의해 미국으로 전파되었다. 이디시어는 독일어에 뿌리를 두고 있지만 히브리어의 특징을 가지고 있고 히브리어처럼 오른쪽에서 왼쪽으로 쓴다. 12세기 초의 중부 유럽에 있던 유대인 강제 거주 지역에서 시작되었다. 유대인들은 유럽 전역으로 진출하면서 이디시어를 계속 사용했고 아랍어, 히브리어, 다양한 슬라브어와 로마어에서 차용한 말들로 이디시어를 더욱 풍성하게 만들었다. 19세기 후반 이디시어는 미국 이주민의 4분의 1인 1,100만 명의 모국어였다.

유대인은 독일인과 마찬가지로 뚜렷하게 구분되지만 문화적으로 훨씬 더 다른 집단이 각각 다른 시기에 미국으로 건너왔다. 1차 시기에는 스페인과 포르투갈 출신의 소규모 세파르디(Sephardic: 히브리어로 스페인 사람을 뜻함) 집단이 17세기와 18세기에 걸쳐 이주했다. 다음으로 1820년대와 1880년대 사이에 대규모 아시케나지 유대인(Ashkenazi Jews: 독일, 폴란드, 러시아계 유대인으로 성서에 나오는 인물 아스그나스의 이름에서 유래함) 집단이 서부 유럽, 특히 독일에서 이주했다. 그리고 마지막으로 1880년에서 1920년 사이에 동부 유럽, 특히 폴란드와 러시아의 유대인들이 미국에 도착했다.

앞서 도착한 두 집단의 구성원들은 대체로 교육을 많이 받고 부유했으며 미국 생활에 잘 적응했다. 미국 업계와 자선업계에서 유명한 구겐하임(Guggenheim), 쿤(Kuhn), 롭(Loeb), 셀리그먼(Seligman), 쉬프(Schiff), 르비손(Lewisohn), 모겐소(Morgenthau), 스페이어(Speyer) 등의 이름은 첫 번째와 특히 두 번째 집단에서 그 기원을 찾을 수 있다. 그러나 마지막 이주 집단은 헐벗고 굶주린 사람들이었다. 그들 중 적어도 4분의 1은 읽거나 쓸 줄 몰랐다. '상류층 유대인'에게 이 새로 도착한 유대인들은 당혹스런 존재였다. 그래서 그들을 '야만인'이 나 '아시아인(Asiatic: 인종을 가리킬 때는 경멸적으로 쓰인다)'이라고 부르고 이디시어를 쓰는 것을 가난과 무지의 상징으로 여겼다.[23]

그러나 미국의 개념을 현재의 상태로 재정립한 장본인은 다름 아닌 가난한 동부 유럽 사람들이었다. 그들은 할리우드 건설을 도왔고 마르크스 형제(Marx Brothers)에서 작곡가인 조지 거슈윈(George Gershwin)과 어빙 벌린(Irving Berlin)에 이르기까지 우리가 가장 소중히 여기는 창조적인 재능을 지닌 이들을 낳았다. 거슈윈과 벌린은 뉴욕의 음악 본거지인 틴 판 앨리(Tin Pan Alley)에서 경력을 쌓기 시작했을 것이다. 두 사람은 각각 '스와니(Swanee)'와 1908년의 히트작 '이들, 바이올린으로 래그타임을 연주해요(Yidl with Your Fiddle, Play Some Ragtime)'를 작곡했다. 작가 마빈 겔핀드(Marvin Gelfind)는, 벌린의 곡이 "동화라는 과정이 무엇인지를 잘 보여 준다."고 말했다.[24]

조지 거슈인(1898.9.26~1937.7.11). 현대 음악이라 불리는 20세기 전반에 있어서 미국적인 성격과 수법을 가장 잘 발휘시켰다고 평가 받는 작곡가다. 유대계의 러시아 이민자인 가난한 장사꾼의 아들로 뉴욕 주 브루클린에서 태어났다.

주류 영어에 크고 작은 영향을 미친 이디시어 단어를 꼽아보면 kibbitz(말 참견하다), schmaltz(몹시 감상적인 음악), schlemiel(잘 속는 사람), schlock(저속한), keister(엉덩이), nosh(간식), phooey(쳇), mashuggah(미친), schmo(멍청이), schnozzle(코), to schlep(나르다), chutzpah(철면피), schikse(여성 기독교도), bagel(빵의 일종), pastrami(훈제 쇠고기), glitch(가벼운 실수를 뜻하는 glitschen에서 유래) 등이 있다. 아울러 이디시어 표현은 "I should live so long(오래 살아야지)", "I should worry(조금도 상관없다), get lost(길을 잃다), "I'm coming already(다 왔어)", "I need it like I need a hole in the head(그런 건 전혀 필요 없다)" 등 이루 헤아릴 수 없이 많다.*

많은 이디시어 단어에는 미묘한 의미의 차이가 있기 때문에 유머를 가미하지 않으면 실질적으로 번역을 할 수가 없다. 이는 이디시어에 관한 논의에서 늘 빠지지 않는 특징이다. 가령 chutzpah는 사전에 '뻔뻔스러움'으로 설명되어 있지만 소년이 부모를 죽여 놓고 법정에 가서 자신이 고아가 되었으니 선처를 부탁한다는 오래된 우스갯소리를 모르는 사람은 그 미묘한 뜻을 제대로 알아들을 수 없다.

1930년에 백인의 35퍼센트가 외국 태생이거나 적어도 외국에서 태어난 부모를 둘 정도로 이주민의 규모가 커졌다.[25] 그들이 경제, 편견, 편리의 삼박자 때문에 같은 민족이 모여 사는 곳에서 벗어나지 않았는데도 미국이 언어별 구역으로 쪼개지지 않은 것은 정말 신기한 일이다. 하지만 거기에는 몇 가지 이유가 있었다. 먼저 앞에서 살펴보았듯이 대부분의 사람들이 동화될 수 있고 경제적 상황이 허락하는 곳으로 이동했다. 뉴욕의 헤스터 스트리트(Hester Street) 주변 지역은 몇 세대 동안 이디시어를 쓰는 곳으로 남아 있었지만 언어 사용자들은 계속해서 바뀌었다. 외국 이주민들은 대부분 영어를 배우기도 전에 더 넓은 세상으로 이동했다. 특히 어린이들은 많은 수가

---

* 그러나 독일어, 네덜란드어, 이디시어가 매우 비슷하기 때문에 한 가지 단어를 한 가지 언어 영역에 속한다고 말할 수 없다는 사실을 알아야 한다. spook와 dumb은 네덜란드어나 독일어에서 유래했으나, nosh · schlemiel · phooey는 독일어에서 유래한 이디시어로 미국 영어에 유입되었다. 따라서 두 가지 언어에서 모두 영향을 받은 단어들이 많다.

부모의 언어로 말하거나 민족적 뿌리를 인정하기를 거부했다. 1927년에 「타임」은 노년층 유대인들이 어린 세대들이 이디시어를 알아듣지 못한다고 불평하고 있다고 지적했다.[26] 비슷한 시기에 H. L. 멩켄은 이렇게 썼다. "클리블랜드와 시카고 같은 도시에서는 부모의 모국어를 아는 척이라도 할 수 있는 폴란드, 헝가리, 크로아티아계 이민 2세대는 드물다."[27]

어린이들은 부모의 언어를 배우지 않으려고 할 뿐더러 "낯선 사람 앞에서 자기 나라 말로 말하는 부모에게 투정을 부렸다."[28] 몰드윈 앨런 존스(Maldwyn Allen Jones)도 이렇게 말했다. "수많은 이민 2세대들은 미국식 교육으로 부모와 문화적으로 멀어지고 미국인이 되고 미국인으로 인정받는 것만을 원한다. 고의적으로 자신의 유산을 버리려고 애쓰는 것이다. 자신의 성을 저버리고 미국의 옷, 말, 관심사를 받아들이는 것은 선조들이 상황을 개선하려다 거부당한 방법이었다."[29]

1918년 시어도어 루스벨트는 "모든 이주민들은 5년 안에 영어를 배우지 못하면 미국을 떠나야 한다."고 선언했다. 그래서 거의 모든 사람이 그렇게 했다. 1930년에 시행된 통계에 따르면, 외국 태생의 미국인 1,340만 명 중에서 87만 명이 실용 영어를 배울 의사를 갖고 있었다. 또한 아직 배우지 못한 사람들은 대부분 최근 이주민이거나 임시 체류자(특히 많은 이탈리아인들이 고향에서 일할 농장이 없는 시기에 미국으로 건너갔다), 혹은 영어를 배우기에는 나이가 너무 많다고 생각하는 사람들이었다. 본토박이가 아닌 수많은 도시 주민들은 영어를 모르면 허둥대면서도 배우지 않는 쪽을 택했다. 부조화의 문제가 존재할 수밖에 없었다. 1930년에는 독일인 이주민의 경우에는 3퍼센트만이 영어를 쓰지 않았지만 폴란드인의 13퍼센트, 이탈리아인의 16퍼센트(이탈리아 여성의 경우는 25퍼센트 이상이었다)는 언어적으로 소외된 채로 살았다.[30] 하지만 그 중 최악의 수치도 한 세대가 가기 전에 미미한 수치로 떨어지게 된다.

이주 집단이 섞여 사는 일이 불가피한 도시 지역에서, 같은 언어권의 공동체가 잠식당하는 것은 어쩔 수 없는 현상이었다. 하지만 완전히 격리된 공동체는 어떻게 되었을까? 19세기 말에는 중시부 전역에 특정 언어를 쓰는 집단들만 살아가는 도시나 구역이 수백 개나 형성되어 있었다. 아이오와의 예를 들면, 엘크 혼(Elk Horn: 덴마크인들 거주), 펠라(Pella: 네덜란드인들 거주), 아마나 콜로니스(Amana Colonies: 독일인들 거주) 등이 있었다. 이 지역의 주민들은 같은 민족이었고 미국인으로 동화시키려는 일반적인 압력을 효과적으로 피할 수 있을 만큼 고립되어 있었다. 그들이 라디오를 듣고 외부인과 대화를 하기 위해 영어를 배운다 할지라도 개인적 영역에서는 모국어를 사용했을 거라고 예상할 것이다. 그러나 거의 예외 없이 그들은 그렇게 하지 않았다. 1930년대에 그런 도시들에서 영어는 주요한 언어였을 뿐만 아니라 유일한 언어이기도 했다. 심지어는 텍사스나 위스콘신에 '클라이네도이칠란트(Kleinedeutschland)' 혹은 작은 독일을 건설하려고 미국에 온 독일 이주민들조차 결국은 투쟁을 포기했다. 오늘날 그런 도시에서 선조의 언어를 몇 마디라도 아는 사람을 찾기란 하늘의 별따기다.

단 한 집단만큼은 상당수의 구성원이 영어의 유혹을 간신히 물리쳤다. 그들은 '펜실베이니아 네덜란드어'로 잘못 알려진 이상한 사투리를 쓰는 사람들이다. 그 이름은 역사적인 산물이다. 18세기 초부터 19세기 말에 이를 때까지 미국 영어의 'dutch(네덜란드어)'는 네덜란드와 그 근교의 언어뿐만 아니라 외국, 특히 독일까지 전해져서 독일어를 뜻하는 'deutsch'와 혼동을 일으켰다.

독일인은 윌리엄 펜(William Penn)의 권유로 펜실베이니아에 도착했다. 그는 독일인의 금욕적인 종교 원칙이 자신의 퀘이커교 신앙과 잘 맞아떨어질 것이라고 믿었다. 결국 펜실베이니아 인구의 3분의 1에 해당하는 약 10만 명의 독일인 이주민들이 메노파(Mennonite), 슈웬켄펠터(Schwenkenfelder), 던카드교(Dunkards), 모라비아교(Moravians), 암만파(Amish) 등 약간씩 관련이 있는 다양한 종교의 신도들로 구성되었다. 특히 고지 독일어의 라인강 서부 사투리를 말하는 사람들이 암만파 교도였다. 그런데 그 고지 독일어는 많은 사람들이 펜실베이니아 네덜란드어로 알고 있는 언어로 발전했다. 펜실베이니아 네덜란드인은 그 언어를 '무더시프루흐(Mudderschprooch)'라고 부른다. 그러나 학자들과 알 만한 사람들은 '펜실베이니아 독일어'라고 부른다.

1세기 반 동안 펜실베이니아 독일어는 학자들에게 무시당했다. 1924년 마르쿠스 바흐만 람베르트(Marcus Bachman Lambert)가 17,000단어를 수록한 『펜실베이니아 독일어 방언에 관한 비영어 단어 사전(Dictionary of the Non-English Words of the Pensylvania-German Dialect)』을 출판했다. 그제야 그 언어에 대한 관심이 빗발치기 시작했다. 안타까운 일이지만 펜실베이니아 독일어는 지금도 학술적 관심사로는 비교적 무시당하고 있다. 격리된 상태에서 존재하는 사투리가 언어에 어떤 영향을 미치는지를 가르쳐주는 예가 드물기 때문에 안타까운 일이다. 언어학자이자 역사학자인 C. 리처드 빔(Richard Beam)은 이렇게 말했다. "달나라 여행과 외국 영토 파괴에 수십억 달러를 쓰는 시대에 북미 대륙에 있는 가장 오래되고 큰 독일어권 이주지역 언어에 대한 사전 한 권 제작할 몇 백 달러를 조달하는 것이 이렇게 힘들 줄이야."[31]

펜실베이니아 독일어는 일상적인 구어 사투리며 표준 독일어와 형태와 개념에서 크게 다르기 때문에 철자법에서 심각한 문제를 일으킨다. 간단히 말하면 거의 모든 문장에서 여러 가지 철자가 쓰인다. 다음과 같이 똑같은 문장을 세 종류로 쓸 수 있다.

```
Die Hundstage kumme all Jahr un bleibe sechs……
Die hoons-dawga cooma alla yohr un bliva sex……
Die Hundsdaage kumme alle Yaahr un blwewe sex……[32]
```

펜실베이니아 독일어는 오랜 세월 고립되는 동안 주류 독일어에서 점점 더 멀어지게 되었다. 많은 단어들이 영어의 영향을 받은 흔적을 가지고 있지만 고대 독일어나 사투리 형태를 보존하고 있으며, 아직 형성되는 과정을 겪는 것들도 있다. 표준 독일어와의 차이는 다음의 예로 확인할 수 있다.

펜실베이니아 독일어	표준 독일어	영어
aageglesser	Brillen	eyeglasses
bauersleit	Bauern	farmers
bauerei	Bauernhöfe	farms
elfder	elf	eleven
feierblatz	Kamin; Feuerplatz	fireplace
eensich ebbes	etwas; irgend etwas	anything
Febber	Februar	February
dabbich	ungenschickt	clumsy
alde daage	Alter	old age

Schtaagefensich	zick zack	zigzag
Grischtdaag	Weihnachten	Christmas
Nei Yarick	New York	New York

펜실베이니아 독일어의 두드러진 특징은 매우 구체적인 단어가 많다는 점이다. 다른 언어라면 긴 절을 이용해 전달해야 할 개념과 상황을 단 한 단어로 표현할 수 있다. 다음의 예를 살펴보자.

> fedderschei: 편지 쓰기가 귀찮은 상황
> aagehaar: 안쪽으로 자라 눈을 자극하는 눈썹
> dachdrops: 지붕에서 떨어지는 물
> aarschgnoddle: 항문 부근의 털에 묻은 똥 찌꺼기(휴, 도대체 이런 단어가 왜 필요했을까?)

펜실베이니아 독일어는 전성기를 맞은 19세기에는 캐나다, 중서부 위쪽 지방, 먼 남부 지방의 공동체까지 퍼졌다. 빔에 따르면 "오늘날 그것은 독일과 미국의 독특한 민속 문화의 유물로 남았으며, 급속도로 문화 변용의 수단이 되었다."[33] 현재 펜실베이니아의 리하이(Lehigh), 레바논(Lebanon), 버크스(Berks) 카운티 주민의 4분의 1에 해당하는 16,000명 정도가 펜실베이니아 독일어를 쓰는 것으로 추정되는데, 그들의 전통은 빠른 속도로 자취를 감추고 있다.[34]

～

　지난 200년 동안 미국은 이민을 어떻게 받아들였을까? 그들의 생각을 가장 잘 드러내는 태도를 한 가지 꼽는다면, 부모나 조부모 세대에는 이민이 현명하고 앞을 내다보는 행동이었지만 이제는 멈출 때가 되었다고 믿는다는 것이다. 새로운 세대들은 항구나 국경을 거쳐 밀려들어오는 어마어마한 외국인들이 미국 사회를 혼란에 빠뜨리고 결국은 망하게 할 것이라고 생각한다.

　19세기로 들어설 무렵, 토머스 제퍼슨은 약간 푸념이 섞인 질문으로 이민 제한에 대한 요구에 대응했다. "황무지의 미개인들도 이 땅에 도착한 우리의 선조들을 환대했건만, 우리가 고통을 피해 도망쳐온 불행한 사람들을 과연 거부해야 할까요?" 하지만 이주민의 "끝없는 방종"이 미국을 "이질적이고 모순되고 혼란스러운 곳"으로 만들어서는 안 된다는 생각은 갖고 있었다.[35]

　이주민들은 초기부터 놀라운 행동으로 특유의 별명을 얻었다. 흔히 외국인에 대한 초기의 별명은 약간 모욕적이거나 — 독일인을 'cabbagehead'나 'krauts(소금에 절인 양배추를 좋아하는 식성 때문에)'라고 부르는 것처럼 — 애정을 우회적으로 표현하는 경우가 많았다. 특히 아일랜드인의 경우는 그런 현상이 두드러졌다. 떠들썩하게 술을 마시는 것을 유난히 좋아하고 수준 높은 의식이 부족한 그들은 좋은 의미의 수많은 단어들을 나쁜 의미로 만들었다. 그래서 경찰서는 Irish clubhouse, 일륜차는 Irish buggy, 벽돌은 Irish confetti, 까만 눈의 여자는 Irish beauty였다.

　그러나 시간이 지날수록 그런 단어들은 점점 더 추해지고 날카로워졌다. 그래서 chink, dago, polack, spic, hebe 등 말다툼에서나 오가는 거친 단

음절이나 2음절 단어가 되었다. 이 중에서 몇 개는 미국에서 흔하게 사용되기 오래전부터 영어에서 나돌았던 단어였다. 폴란드인을 뜻하는 Polack은 엘리자베스 시대에 쓰였고 『햄릿』에도 등장한다. 중국인을 뜻하는 Chink는 호주에서 생긴 것 같다. 유대인을 뜻하는 Sheeny는 런던 동쪽 끝 지역에서 생겨나 1824년에 처음 기록되었지만 유래는 알려지지 않았다. 1917년에 처음 기록된 미국 영어 kite는 Levinski 같은 유대인 이름 끝 글자 '-ki'에서 온 것으로 추정된다. Bohemian과 Hungarian을 합성한 듯한 Bohunk 역시 1900년대 초에 미국에서 생겨난 단어다. 라틴아메리카인을 뜻하는 Spic은 멘켄이 "no spik Inglis"에서 따온 단어라고 한다. 멋쟁이를 뜻하는 나폴레옹 시대의 표현인 guappo에서 파생된 wop는 이탈리아에서 건너온 것이지만 신세계에서는 어울리지 않는 다른 뜻으로 일반화되었다(외국인, 특히 이탈리아 사람을 가리킨다. wop이 여권이 없다는 뜻의 without passport의 준말이라는 이론은 완전히 틀렸다.)

지리적인 위치와 인종차별적인 단어는 전혀 일치하지 않았다. Guinea는 18세기 말에 아프리카인을 설명하는 단어로 시작했다가 1880년대에는 이탈리아인을 뜻하게 되었다. Dago는 Diego의 축약형으로 처음에는 스페인인을 가리켰지만 차츰 이탈리아인, 그리스인, 멕시코인, 그리고 1880년대에는 가무잡잡한 피부를 가진 외국인으로 보이는 모든 이를 뜻했다. greaser(멕시코, 스페인계 외국인, 1836)와 최근의 greaseball(라틴아메리카계 외국인, 특히 멕시코인)도 마찬가지였다. 지금은 비교적 흔하게 쓰이지 않는 단어들도 많다. 일본인을 뜻하는 skibby(음란하다는 뜻의 sukebei에서 유래했을지도 모른다는 추측이 있다), 전문가들이 gook(피부가 검은 외국인)의 유래가 되었다고 믿는 필리핀인이라는 뜻의 gugu 등이 그 예다.

19세기가 끝날 무렵까지도 미국은 흑인과 인디언에 대한 인종주의적 반감을 공식적으로 드러내지 않았다. 하지만 1882년에는 중국인의 이주를 공식적으로 거부하고 이미 이주한 이들에게는 시민권과 보호권을 금지하는 중국인 배척법(Chinese Exclusion Act)을 시행하면서 그 범주를 확대했다. 1908년 신사협정(Gentlemen's Agreement)으로 알려진 조치를 통해 일본인 이주민들까지도 배척의 대상에 포함되었다. 20세기 초에 접어들어 수십 년 동안 동양인들은 격리된 학교에 다녀야 했고, 재산을 소유하지 못한 채 지주들에게서 심한 학대를 받았다.[36] 1950년대 초에는 아시아 국가들에 대한 이민 제한을 두고 인색하게도 최소한의 인원수를 정했다. 일본은 185명, 중국은 105명, 한국과 필리핀은 각각 100명으로 정해졌다.

하지만 1890년대부터 유럽의 빈곤 지역 출신의 이주민이 쇄도하면서 인종차별주의는 더 철저하고 맹렬하고 광범위해졌다. 미국인보호협회(American Protective Association), 이민억제연맹(Immigration Restriction League) 같은 이민 반대 단체들이 생겨났고, 수많은 사람들이 동참했다. 메디슨 그랜트(Madison Grant)의 『위대한 인종의 소멸(The Passing of the Great Race)』(무제한적 이주가 국민성을 어떻게 희석하고 퇴보시켰는지 '과학적으로' 설명한다) 같은 책들은 베스트셀러가 되었다. 미국인보호협회의 윌리엄 J. H. 트레이너(William Traynor)는 "무지한 스페인인과 폴란드인, 훈족과 슬라브족"을 비롯해서 미국의 해안을 차지한 "유럽의 더러운 쓰레기들"에게 투표권을 주는 것에 반대한다면서 나라 안 분위기를 대변했다.[37] 그런 감정은 대중뿐만 아니라 저명인사들에게도 영향을 주었다. 이민억제연맹의 지지자들 중에는 하버드, 스텐포드, 조지아 공대, 시카고 대학, 와튼 경영 스쿨 학장들의 이름이 포함되어 있었다.[38]

많은 이들이 금세기의 계몽한 대통령으로 생각하는 우드로 윌슨(Woodrow Wilson)조차 1902년에 『미국인의 역사(History of American

People)』에 이렇게 썼다. 최근 이민의 특징은 "이탈리아 남부의 하류층과 헝가리, 폴란드 천민의 대규모 이주"이다. 그들은 모두 기술이나 에너지, "민첩한 사고력을 발휘할 의지가 전혀 없다." 그는 중국인은 "시민보다는 노동자로 받아들이기에 더 적당하다."며 그 시대에서는 다소 우호적으로 말했다.[39]

뉴올리언스에서 이탈리아인 몇 명이 흑인과 공모를 했다는 이유로 공격을 당하자, 시어도어 루스벨트 대통령은 공개적으로 안타까움을

루스벨트(1858.10.27~1919.1.6). 미국의 제26대(1901~1909) 대통령으로 러일전쟁을 종식시킨 공로로 미국인 최초로 노벨 평화상을 탔다.

표시했다. 하지만 여동생에게 보낸 편지에는 "충분히 있을 법한 일"이라고 생각한다고 썼다. 그리고 그 사건에 대해 항의를 하는 "여러 스페인 외교관들" 때문에 피곤하다는 모욕적인 말도 덧붙였다.[40] 존경받던 산아 제한 운동가 마거릿 생어조차 여성들에게 운명을 통제할 권리를 부여하자는 주장이 아니라 인종 개량을 신중하게 고려해 하층민을 줄이자는 비현실적인 주장에 동참했다. 그녀는 이렇게 썼다. "적합한 아이들을 늘리고, 적합하지 않은 아이들은 줄이는 것, 이것이 바로 산아 제한이다."[41] 그때만큼 미국 사회 전반에 걸쳐 옹졸함과 편견이 가시화되거나 유행하거나 널리 퍼진 적은 이전에도 이후에도 없었다.

1907년 의회는 미국이 천민들에 의해 잠식되고 있다는 커져가는 불안을 표출하기 위해 딜링엄 위원회(Dillingham Commission)라는 조직을 만들었

다. 이 위원회가 제출한 42권의 보고서에는 기본적으로 1880년 이전의 이주민은 나쁘지 않다는 내용이 담겨 있었다. 그들은 주로 북부 유럽 출신의 이민자들로 성실하고 단정하고 믿을 만하고 대부분 청교도들이었기 때문에 동회가 잘 되었다. 그러나 1880년 이후에 미국으로 들어온 남동부 유럽의 이주민들은 배움이 없고 투박하고 게으르고 대체로 청교도가 아니었다. 위원회는 독일과 스칸디나비아 출신의 이주민은 농장을 구입하고 미국 사회의 생산적인 구성원이 된 반면에 나중에 온 이주민은 자선 물품을 받아가기만 하고 산업 생산의 걸림돌로 행동한다고 주장했다.

위원회가 뉴욕시에서 체포된 용의자의 77퍼센트가 외국 출신이고, 그 중 80퍼센트가 구호를 받고 있다는 사실이 그 증거라고 지적했다. 아울러 이주민 중에서 빈곤층의 수가 압도적인 정도가 아니라 거의 전부를 차지한다고 덧붙였다.[42] 위원회 조사관들은 뉴욕의 주거 상황을 파악하는 동안 빈민가 아파트에 사는 본토박이 백인은 단 한 명도 찾지 못했다. 위원회는 유럽 남동부 출신의 이주민은 실업률을 높이고 임금을 낮추었다는 결론을 내렸다. 실제로는 모든 증거가 그 반대의 결론을 뒷받침하고 있다. 미국이 산업 강국이 될 수 있었던 것은 낮은 임금을 받으면서도 일터에 붙어 있는 비숙련 노동력이 바탕이 되었기 때문이다.[43] 미국의 산업계는 반세기 넘게 쥐꼬리만 한 임금을 지불하면서 외국인 노동자를 마음껏 이용했다. 혹여 임금 인상이나 근로 조건 개선을 원하는 노동자들이 있으면 모두 해고하고 고분고분한 새로운 이주민을 채용했다. 그러고는 이제 와서 그들이 가난하고 이질적이라고 비난하고 있는 것이었다. 위원회는 범죄의 길로 들어서거나 구호를 원하는 사람들이 전체 이주민의 작은 일부일 뿐이며 그들 대부분이 성실하고 생산적이며 법을 잘 지키는 시민임을 무시했다.

미국은 불합리성에 완전히 물든 채, 이주민뿐만 아니라 모든 종류의 반체

제적인 행동에 대해 조금의 참을성도 보여 주지 않았다. 1918년의 보안법(Sedition Act)은 특히 정부의 지출이나 심지어는 YMCA를 비판하는 것을 불법으로 규정했다.[44] 시민 자유의 기준이 바닥으로 곤두박질치면서 경찰은 질서를 어지럽히는 것으로 보이는 사람들뿐만 아니라 감옥으로 면회를 하러 간 사람들까지 잡아들였다.

1917년에는 부적합한 이주민을 추려내기 위해 읽기와 쓰기 능력을 검사하는 제도가 생겼다. 미래에 대한 희망이 있는 이주민들은 이제 최소한 30개의 단어를 읽을 수 있다는 것을 보여 주어야 했다. 그런데 이상하게도 그 단어들은 꼭 영어가 아니어도 괜찮았다. 30개의 크로아티아 단어를 읽을 수 있는 크로아티아인이 그렇지 않은 다른 크로아티아인보다 미국생활을 더 잘할 준비가 되었다고 판단하는 이유에 대해 당국은 아무런 설명도 하지 않았다.

그 무렵, 항구에서 입국 이주민이 대답해야 할 질문은 훨씬 더 날카롭고 교묘해졌다. 1921년에 미국에 도착한 G. K. 체스터턴(Chesterton)은 꼬치꼬치 캐묻는 질문에 너무 당황했다고 한다. 나중에 그는 이렇게 회상했다. "나는 악랄한 아랍인이 통치하는 요르단과 등을 돌렸다. 그곳에서는 경찰이 산적 같아서 산적이 정말 어떻게 생겼는지 궁금할 정도였다. 하지만 그들은 내게 샤리프(이슬람 지도자)의 권력을 무너뜨리기 위해 왔는지 물어보지 않았다. 시민권의 윤리적 바탕에 대한 내 개인의 의견에 대해서는 전혀 관심이 없었다."[45] 1924년 마침내 이민할당제가 도입되었고 미국의 개방 정책은 역사 속으로 사라졌다.

하지만 그 무렵, 전국의 이주민들은 자신들에 대한 편견이 잘못되었다는 것을 열심히 증명하고 있었다. 특히 동부 유럽 출신의 유대인들은 교육과 자기 계발의 본보기가 되었다. 1927년 뉴욕의 변호사 2만 명 중 3분의 2가 유대인이었다.⁴⁶⁾ 게다가 수천 명이 학문, 음악, 희곡, 언론, 의료, 작곡, 연예 등 자신들에게 제약이 없는 모든 활동 분야에서 두드러진 활약을 하고 있었다. 그들은 자신들이 게으르다는 40년 세월의 편견에 맞서 '억척스럽게' 일하는 사람들임을 온몸으로 보여 주었다.

많은 대학에서 유대인의 입학 자격을 제한하는 조용한 움직임이 일었고 (아시아인들이 고등교육 기관을 점령하고 있는 현대의 불안 심리와 맥을 같이 한 다), five-o'clock anti-semitism(5시 반유대주의)이라는 신종 표현이 생겨났다. 낮 시간 동안에는 유대인들과 함께 일할 수 있어도 밤에 그들과 어울리는 것은 어림도 없다는 뜻이다. 유대인들은 그때부터 적어도 30년은 더 미국 주류사회로부터 아무렇지 않게 소외당해야 했다. 그들은 1960년대까지도 유대인 금지 골프장, 대학의 남학생과 여학생 클럽 등 비유대인들의 요새에 진입하겠다는 희망을 버려야 했다.

그러나 유대인에 대한 차별은 소수 인종 중에서 가장 눈에 띄면서 가장 소극적인 형태의 흑인 차별에 비하면 아무것도 아니었다. 흑인이 가장 적은 수로 미국에 들어왔고 스웨덴인, 시칠리아인, 폴란드인 등 국가나 민족 단위의 이주민 수를 웃도는 정도였다는 사실을 알면 누구나 놀랄 것이다. 흑인 노예를 실은 최초의 화물이 카리브 해에 도착한 1505년과 노예제도가 신세계의 마지막 거점인 브라질에서 불법화된 1888년 사이에 약 1,200만 명의 아프리카 흑인들이 대서양을 건넜다. 그러나 그 많은 수는 브라질과 카리브 해로 향했다. 그 중 5퍼센트에 해당하는 50만 명만이 미국으로 수입되었다.⁴⁷⁾

흑인의 출산을 장려한 것은 순전히 경제적인 이유 때문이었다. 그들은 1775년에 이미 버지니아 인구의 40퍼센트, 노스캐롤라이나, 메릴랜드, 조지아 인구의 30퍼센트, 그리고 사우스캐롤라이나 인구의 60퍼센트 이상을

차지했다.[48]

　사람들은 그들이 당한 신체적 학대에 대해서는 약간 부풀려 생각하고 있을지도 모른다. 당시의 기준으로 그들은 대부분 적당하게 먹고 입었다. 노예 주인이 자기 재산을 잘 관리하려고 애쓰는 것은 당연한 일이었다. 하지만 흑인들이 당한 정신적 고통은 말로 다 설명할 수 없다. 주인이 자유를 주지 않고 구속하는 정도가 아니라 가장 기본적인 인간의 존엄성을 무시했기 때문에 미국의 노예제도는 유례를 찾아볼 수 없을 정도로 악랄한 것이었다. 데이비드 해켓 피셔(David Hackett Fischer)는 버지니아를 찾은 한 여행객이 "어떤 여자가 남자 노예를 발가벗겨 놓고 성기를 꼼꼼하게 살펴본 뒤에 돈을 지불하는 모습을 보고 소스라치게 놀랐다."는 이야기를 한다.[49] 여자 노예가 주인과 감독의 성적인 노리개 취급을 당하는 것은 예사였다. mulatto(혼혈아: 원래는 작은 노새를 뜻하는 스페인 말)가 없는 농장은 거의 없었고, 외지에서 남부를 찾은 손님들이 주인과 꼭 닮은 밝은 피부의 노예와 마주치고 놀라는 일이 잦았다. (토머스 제퍼슨의 오랜 정부였던 샐리 헤밍스도 죽은 아내의 배다른 흑인 자매였다.)

　노예들의 약 4분의 1은 배우자와 강제로 헤어져야 했다. 지금도 가슴 아픈 일이지만, 어머니와 자식이 헤어지는 일도 다반사였다. 당시에 흔히 볼 수 있었던 광고는 이런 것이었다. "NEGROES FOR SALE(흑인 판매)- 여자 흑인 24살, 아이 8살, 3살. 원하는 대로 하나씩, 아니면 한꺼번에 구입 가능."[50] 흑인 노예들은 인간 이하의 취급을 받는 자신들의 상황을 여러 가지 방법으로 한탄했다. 노예가 부르던 노래 한 곡에도 그들의 처지가 담겨 있다.

우리가 빵을 구우면

그들은 우리에게 딱딱한 껍질을 주네

우리가 곡식을 체로 치면

그들은 우리에게 쭉정이를 주네

우리가 냄비에서 찌꺼기를 걷어내면

그들은 우리에게 국물을 주네

그러고는 이렇게 말하지

흑인은 그걸로 충분하다고[51]

그들은 어디를 가나 완전히 무시당하는 위치에서 벗어나지 못했다. 어떤 종류의 배움도 반항을 부추기는 자극제로 간주되었다. 조엘 챈들러 해리스(Joel Chandler Harris)는 소설 속 인물 엉클 리머스(Uncle Remus)의 입을 통해 이렇게 말했다. "흑인 손에 철자 책을 쥐어주면 곧바로 일손을 잃을 걸요. 막대기 하나만 줘보세요. 1분 만에 이 주와 미지긴(Midgigin) 주 사이에 있는 모든 학교보다 흑인에게 더 많은 걸 가르칠 수 있다고요."[52] 흑인에게 농장 울타리 밖의 세상에 관한 지식은 극히 제한되어 있었다. 프레더릭 더글러스(Frederick Douglas)는 자서전에서 자유를 얻을 때까지 뉴욕과 매사추세츠에 대해서는 들어본 적도 없었다고 증언했다.[53]

그들은 간신히 자유로운 몸이 된 뒤에도 민주주의의 열매를 제대로 맛보지 못했다. 1820년 미국은 233,000명의 흑인에게 자유를 주었지만 그것은 진정한 의미의 자유가 아니었다. 백인 노동자들은 흑인과 나란히 일하거나 그들을 견습생으로 받기를 거부했다. 따라서 출세는 둘째 치고 적당한 일자리를 구하기도 어려웠다. 아이오와, 일리노이, 인디애나는 자유를 얻은 흑인의 정착을 허용하지 않았다. 흑인들은 정착할 수 있는 곳에서조차 차별을 당했고 침묵하며 고통을 이겨내야 했다. 흑인에게 눈덩이를 던져도 괜찮다는 것을 모르는 아이가 없었다. 흑인들은 가장 불만스런 상황에서도 인신 보호와 재판을 받을 권리, 혹은 자신의 무고를 증명할 권리가 없었다. 그들이 백인을 상대로 증언을 할 수 있는 곳은 어디에도 없었다.

북부에서는 노예제도를 혐오하는 분위기가 만연했지만 극히 소수의 괴벽스런 이상주의자들만이 노예제 폐지를 기회 균등의 시작이라고 생각했다. 링컨조차 스티븐 더글러스와 논쟁을 벌이면서 자신의 생각을 분명히 밝혔다. "나는 지금도, 그리고 지금까지 단 한 번도 어떤 식으로든 백인과 흑인의 사회적이고 정치적인 평등을 찬성하지 않습니다. …… 흑인에게 투표권이나 배심원 자격을 주거나, 공직에 나가거나 백인과 결혼을 할 자격을 주는 것 역시 마찬가지입니다."[54]

사람들은 흑인이 맛있는 음식이 있고 노래를 부르며 춤출 기회만 있으면 만족할 만큼 낙천적이고 천진하다고 생각했다. 1830년대 중반, 토머스 D. 라이스(Thomas Rice)가 유행시킨 '짐 크로우(Jim Crow)'라는 노래에 그와 같은 대중적인 심상이 고스란히 들어 있다.

> 거기 신사 숙녀분 모두 이리 와서 들어봐요
> 나는 지금 막 터키-호에서 왔어요
> 지금부터 노래 하나 하려고요
> 내 이름은 짐 크로우예요

우리가 주목할 것은 그런 오래된 심상이 증명되어 온 과정이다. 1940년대가 한참이나 지날 때까지도 「타임」은 흑인을 '피커니니(pickaninny)'라고 불렀고 흑인이 우물에 빠지거나 말에서 떨어진 이야기를 흥밋거리 토막기

사로 냈다. 할리우드는 스테핀 펫칫(Stepin Fetchit), 벅윗 토머스(Buckwheat Thomas) 같은 배우들처럼 발을 질질 끌고 눈알을 굴리는 소심하고 멍청한 역할만 흑인에게 주었다. 1950년대에는 그런 판에 박힌 역할이 아모스 앤 앤디(Amos 'n' Andy)와 〈잭 베니 쇼(Jack Benny Show)〉의 충직한 로체스터(Rochester) 같은 텔레비전 등장인물에게로 확대되었다. 한편 더 넓은 광고의 세계에서 만날 수 있는 사람은 언트 제마이머(Aunt Jemima)가 거의 유일했다. 이 아줌마는 백인에게 팬케이크를 구워주는 것만큼 인생에서 즐거운 일은 없다고 생각하는 뚱뚱하고 낙천적인 흑인으로 나왔다. 다른 곳에서는 흑인을 볼 일이 아예 없었다. 노스캐롤라이나의 메이베리(Mayberry)라는 가상 마을을 배경으로 찍은 〈앤디 그리피스 쇼(Andy Griffith Show)〉의 이야기조차 백인만 사는 세상에서 벌어지는 듯했다.

혹인을 더 심하게 취급하는 몇몇 상황에서는 요즘 사람들이 깜짝 놀랄 정도로 무시하는 분위기가 조성되었다. 1949년 전국적으로 유통되는 신문의 한 과학 담당 칼럼니스트는 흑인이 너무 두꺼운 입술 때문에 체질적으로 cart와 horse 같은 단어의 'r' 발음을 할 수 없다는 이야기를 젊은 독자들에게 진지하게 알렸다. 흑인은 학문적인 관심도 받지 못했다. 『아프리카와 미국의 흑인(The Negro in Africa and America)』(1902)과 『미국인의 생활 속의 흑인(The Negro in American Life)』(1926)같이 그들을 중심으로 쓰인 소수의 책들은 몇 가지 예외를 빼면 흑인이 지적인 활동을 할 수 없다는 것을 기정사실로 다루었다. 그들의 특이한 언어 습관도 수준 낮은 정신 능력과 심리 때문에 벌어진 불가피한 결과라는 주장도 있었다. 『미국인의 생활 속의 흑인』에서 걸러(Gullah) 사투리를 다룬 다음 발췌 내용도 그렇다.

조심하지 않고 대충 말하는 걸러 사투리는 몇몇 초기 정착민들이 쓴 농부들의 영어에서 시작되었다. …… 어색한 모양으로 최대한 혀를 감고 특이한 아프리카 단어를 섞어 납작코와 두꺼운 입술을 통해 말로 내보냈다.[55]

여기서 내가 강조하고 싶은 것은 이것이 학술적인 책이라는 점이다. 대부분의 저명한 언어학자들은 흑인들이 언어 혁명에 최소한의 능력도 보여 주지 못했다고 생각했다. 조지 필립 크랩(George Philip Krapp)은 『미국 영어(The English Language in America)』에서 이렇게 주장했다. "흑인을 통해 언어에 유입된 미국의 단어는 미미하다. …… 춤의 종류인 juba와 banjo, hoodoo, voodoo, pickaninny 등 영어에 어원을 두지 않은 몇몇 단어를 목록에 넣는 것은 낭비일 뿐이다."[56] 그리고 오늘날 미국의 모든 아프리카계 미국인의 사투리 중에서 가장 풍부하고 인상적이며 가장 순수한 민족성을 풍긴다고 여겨지는 걸러에 대해서, 크랩은 이렇게 말했다. "영어가 아닌 다른 언어에서 유래한 단어는 극소수며, 어쩌면 거의 없다고 말해도 무방하다."

많은 학자들은 흑인이 쓰는 거의 모든 말이 영어에 뿌리를 두고 있다고 주장했다. 크랩도 재즈가 옛 영어 사투리에 쓰인 단어라고 설명했다. 또 다른 학자는 한때 흑인을 뜻하던 일상적인 단어인 'moke'가 어둠을 뜻하는 아이슬란드 단어인 'möckvi'에서 유래했다고 주장했다.[57] 여덟 살 꼬마도 흑인들이 수천 킬로미터나 떨어진 추운 섬에서 시작된 말을 찾아서 썼을 리 없다는 것을 알 텐데, 그런 사실은 안중에도 없었다. 그들에게 중요한 것은 흑인 외의 다른 근거에서 유래를 찾아야 한다는 것뿐이었다.

로렌조 다우 터너(Lorenzo Dow Turner)라는 흑인 학자와 군나르 미르달(Gunnar Myrdal)이라는 스웨덴 사람이 1940년대에 흑인의 말을 연구하기 시작할 때까지만 해도 진지한 학문적인 조사는 전혀 이루어지지 않았다. 터너와 미르달은 사우스캐롤라이나 시아일랜드(Sea Island)에 살고 있는 약 25만 명의 사람들이 아직도 쓰고 있는 걸러 사투리의 특징을 정리했다. 요약하면 그것은 서아프리카 언어에서 그 유래를 찾을 수 있으며 멀리 있는 브라질과 아이티처럼 신세계의 다른 사투리에도 나타나는데, 확실히 영국 사투리에서 유래하지는 않았다는 것이다. 터너는 『걸러 사투리에 담긴 아프리카 언어(Africanisms in the Gullah Dialect)』(1949)에서 6천 개에 달하는 걸러 단어가 서아프리카 단어와 일치한다고 밝혔다.58)

무엇보다도 터너와 미르달은 주어진 환경에 적응하는 사람, 글자 그대로 '두 눈을 크게 뜨고 있는' 사람을 뜻하는 올로프(Wolof) 족의 'hipikat'가 hepcat, hip 같은 다양한 단어들의 어원일 가능성을 보여 주었다.59) 아프리카에 분명한 기원을 둔 단어들을 더 꼽아보면 chigger, gumbo, banjo, jitter, cola, yam, zombie, juke, goober, tote, okra, boogie-woogie 등이 있다. 단, 이 중에서 banjo, chigger, gumbo를 비롯한 많은 단어들이 매개 언어를 통해 걸러진 뒤에 미국에 도착했다.

테디 루스벨트의 명언 "말은 부드럽게 하되 큰 매를 들고 다녀라(speak softly and carry a big stick)."조차 아프리카 속담에 그 뿌리를 두고 있는 것으로 보인다. 마찬가지로 '성조기의 행진(Yankee Doodle Dandy)'은 수리남(Surinam)의 노예 노래와 너무 흡사하다.

Mama Nanni go to town	엄마 나니가 시내에 가서
Buy a little pony	작은 조랑말 한 마리를 사요
Stick a feather in a ring	반지에 깃털을 꽂고

Calling Masra Ranni[60]　　　　마스라 라니라고 불러요

Yankee Doodle went to town
A-riding on a pony
Stuck a feather in his hat
And called it macaroni.(성조기의 행진 가사)

아프리카에 뿌리를 둔 것으로 추정하는 다른 단어로 bogus, banana, gorilla, funky, phony, jazz 등이 있는데, 모두 단정하기는 어렵다. 재즈는 미국 어원학에서 가장 뜨거운 논쟁이 오가는 단어다. 초창기 래그타임 드럼 주자인 찰스 워싱턴의 별명인 '채즈(Chaz)'나 무용 발동작의 하나인 '샤세(Chasse)'에서 유래했다는 주장이 있다. 또 다른 사람들은 아프리카나 서인도제도의 다양한 표현과 연관 짓는다. 어느 경우가 됐든, 남부에서는 그 말이 흑인과 백인을 통틀어 성관계를 묘사할 때 처음 사용되었다. 그것이 음악의 종류라는 개념을 가지고 세계적으로 쓰이기 시작한 것은 제1차 세계대전이 끝난 뒤였다. 아프리카 계통의 미국 단어들 중 꽤 많은 수가 지금은 사라진 성적인 의미를 가지고 있었다. '부기우기'는 원래 매독을 뜻했던 것으로 보인다. 사악하다는 뜻의 아프리카어 dzugu에서 유래한 juke는 영어에서도 같은 의미를 가지고 있었다. 하지만 나중에는 매음굴로 통하다가 1930년경에는 생음악을 연주하는 싼 술집인 juke joint를 뜻하게 되었다. jukebox(주크박스)는 1937년에 나온 말이다. 위대한 코넷 연주자인 W. C. 핸디(Handy)가 만들었거나 유행시킨 blues(블루스)는 원래 '강력한 성적인 의미'를 가지고 있었다고 한다. 하지만 멩켄은 그런 자신의 주장을 더 자세

하게 설명하지는 못했다.[61] rock 'n' roll도 같은 경우다.

　미국의 흑인에 의해 만들어져 더 넓은 세계로 여과되었다고 확신하거나 추정하는 신조어들이 많다. 그 중에 to blow one's top, gimme five(악수), high five(축하하기 위해 손바닥을 마주치는 행동), ragtime〔확실하지는 않지만 불완전한 당김음(ragged syncopation)에서 생겨났을 것으로 추측하며 1896년에 처음 기록되었다〕, bad(좋은 의미의 반대로), cool(근사한), def(훌륭한), to get down(즐거움을 느끼다), case(개인의 일: get off my case-내 일에 상관마), square(지루한 사람), lighten up(휴식), right on(완전히 옳은), uptight(형식적인), jive(재즈, 스윙), to chill out(침착해지다), to bad mouth(말을 잘 안 듣다), geek(괴짜) 등이 있다. 그 외에 주로 흑인이 사용하는 단어와 표현도 수십, 수백 가지는 된다. hood(이웃), dippin'(시끄러운), to beam on(무례하게 바라보다: you beam on my girl?- 내 여자를 왜 흘깃거려?), honkey(백인: 확실하지는 않지만 중동부 유럽 출신의 미숙한 노동자를 뜻하는 Bohunk의 축약형 hunky에서 유래했을 가능성도 있다), blood(같은 흑인), 411(믿을 만한 정보: 전화번호를 안내하는 전화회사 번호에서 유래), fess(거짓 약속) 등이 그 예다.

　마지막으로 흑인을 가리키는 말에 대해 생각해 보기로 하자. negro는 검은색을 뜻하는 스페인과 포르투갈 말이며, 1555년에 처음 영어에 기록되었다. nigger는 1587년에 생겼으며, 처음에는 경멸적인 말이 아니라 단순히 negro를 다르게 발음한 말일 뿐이었다. 나이지리아어로 둘째아들을 뜻하는 sambo 역시 처음에는 경멸적인 말이 아니었다. Uncle Tom은 물론 해리엇 비처 스토의 유명한 소설 『톰 아저씨의 오두막(Uncle Tom's Cabin)』에서 나왔다. 그러나 그 말이 흑인 노예라는 일반적인 의미로 쓰인 것은 1922년이 되어서였다.

흑인은 black이나 조금 더 정중하게 colored로 불리다가 1880년대부터는 negro로 더 많이 불리게 되었다. 1909년에는 미국 유색인종 발전 협회(The National Association for the Advancement of Colored People)가 설립되었다. 이 단체는 스스로 이름을 선택할 수 있었음에도 불구하고 첫 자를 대문자로 써서 negro를 표기하도록 하는 운동을 전개했고, 그것을 흑인에 대한 정식 명칭으로 인정했다. 1930년, 정부의 인쇄국만 제외하고 미국 내의 거의 모든 매체가 Negro를 썼다.[62]

해리엇 비처 스토(1811.6.14~1896.7.1). 미국의 사실주의 작가로 노예찬성론자인 아버지와는 달리 흑인 노예들에 대해 깊은 연민을 가지고 있었다. 1852년 발표된 해리엇 비처 스토의 「톰 아저씨의 오두막」은 수백만 명의 심금을 울렸고, 미국 남북전쟁의 한 이유가 되었다. 링컨이 그녀를 만났을 때 "당신이 이 엄청난 전쟁을 일으킨 작은 여인이로군요!"라고 말했다는 일화는 유명하다.

black은 1960년대 초기에 부활해서 1970년 무렵에는 Negro를 거의 대신하기 시작했다. 그즈음 African-American, Afro-American, Afri-American, Afra-American 등 다른 명칭들도 생겨났다.[63]

제 10 장

떠나는 것이 좋았던 시절-미국 여행

In 1993, according to an international business survey, the world's most valuable brand was Marlboro, with a value estimated at $40 billion, slightly ahead of Coca-Cola. Among the other top ten brands were Intel, Kellog's, Budweiser, Pepsi, Gillette, and Pampers. Nescafe and Bacardi were the only foreign brands to make top ten, underlining American dominance. Why companies like Coca-Cola suffer palpitations when they see a passage like this (from John Steinbeck's The Wayward Bus): "Got any coke?" another character asked. "No," said the other proprietor. "Few bottles of Pepsi-Cola. Hav— — coke for a month……. It's the same stuff. You can' — 1993, according to an international business — e brand was Marlboro, with a value esti— of Coca-Cola. Among the other top ten — ser, Pepsi, Gillette, and Pampers. Nes— brands to make top ten, underli— like Coca-Cola suffer palpitati— m John Steinbeck's The Wayward — r asked. "No," said the ot— ven't had any coke for a mo— them apart." In 1993, ac— world's most valuable bran— llion, slightly ahead of Coca-Co— el, Kellog's, Budweiser, Pepsi, Gillett— …u Bacardi were the only brands to make top ten, unuerlining American dominance.

MADE IN
AMERICA

18 15년 1월 8일, 앤드류 잭슨 장군이 지휘하는 미군이 뉴올리언스 전투에서 영국군을 대파했다. 그것은 결정적인 승리였으며, 1812년에 시작된 전쟁이 겐트 조약(Treaty of Ghent) 체결로 포트와인과 브랜디가 오가는 가운데 우호적으로 종결된 지 2주가 지난 시점이었다. 하지만 양쪽 군대는 그 사실을 전혀 모르고 있었다. 그 바람에 이미 끝난 전쟁에서 2천 명이 넘는 병사들이 격렬하게 싸우다 죽은 것이다.[1]

지금 이 이야기를 꺼내는 이유는 미국 건국 초기에는 의사소통이 고질적인 문젯거리였다는 사실을 지적하기 위해서다. 바람이 좋지 않을 때는 대서양을 건너려면 몇 달이 걸렸다. 존 스미스와 일행이 제임스타운을 건설하기 위해 출발한 1606년 12월, 그의 점잖은 표현대로 바람이 너무 "순조롭지 않아" 영국 땅이 시야에서 사라지는 데만도 6주가 걸렸다. 메이플라워호의 경우처럼 순항을 한다면 8주나 9주 정도에 대서양을 건널 수 있었다. 그러나 6~7개월이나 걸린 경우는 전례가 없었다.[2]

그런 상황에서는 음식이 썩고 식수에 소금기가 돌았다. 선장이나 선주가 악독할 때는 처음부터 음식이 상해 있을 때가 많았다. 그러면 항해일지는 불길한 내용으로 가득했다. 절망에 빠진 한 선원은 이렇게 적었다. "더위와 습기 때문에 과자에까지 벌레가 들끓는다. 오, 하나님, 도와주소서. 많은 사람들이 벌레를 안 보려고 어스름밤까지 기다렸다가 비스킷으로 죽을 끓여 먹고 있다."3) 개인위생은 상상도 할 수 없는 지경이었다. 이가 "너무 많아 몸에서 훑어 내릴" 정도였다.4) 상황이 너무 절박할 때면 선원들은 항해를 거부하고 '파업'을 하거나 돛을 내려 저항감을 표시했다. 노동을 거부한다는 뜻의 'to strike'라는 현대식 표현은 그렇게 생겨났다.5)

선원들은 그래도 상황을 도전적으로 받아들였지만 항해의 위험에 익숙하지 않은 승객들은 고통을 견디지 못하는 경우가 많았다. 1618년 겨울 레이든(Leyden)에서 버지니아로 가는 배 한 척이 180명의 승객을 태우고 출항했다. 배가 신세계에 도착했을 때는 거의 50명이 사망한 뒤였다.6) 1741년에 벨파스트를 출발한 시플라워호(Sea-Flower)의 승객들은 굶주림에 지친 나머지 시체의 살을 뜯어먹었다. 초기 식민지 시대의 신세계 이주에 있어서 이주민을 찾는 문제보다 목적지 도착 전후로 그들을 살리는 문제가 훨씬 더 심각했다.

대서양은 소식을 전하는 문제에서도 큰 장벽이었다. 11월에 보스턴에서 편지를 부치면 이듬해 봄 전에 런던에 도착하는 일이 드물었다. 1745년 런던의 무역위원회는 노스캐롤라이나 주지사에게 매우 불쾌한 어투로 3년 동안 답장이 없는 이유를 설명해 달라는 편지를 썼다.7) 수입에 관한 중요한 소식이 지연될 때도 많았다. 미국에서는 인지조례 시행이나 철병이 시작된 지 두 달이 지나도록 까마득히 모르고 있었다. 1789년 7월에 바스티유가 무너졌지만 갓 취임한 워싱턴 대통령은 가을까지도 그 소식에 캄캄했다.

미국 안에서도 상황은 다르지 않았다. 편지가 목적지를 찾아가지 못할 때가 잦았고 제대로 도착한다 해도 답장을 받으려면 1년을 꼬박 기다리는 일이 허다했다. 편지의 서두는 늘 이전 편지의 운명에 대한 이야기로 시작했다. 1776년에 필라델피아의 토머스 제퍼슨이 버지니아의 윌리엄 랜돌프에게 쓴 편지도 마찬가지였다. "랜돌프 경에게, 경이 8월에 보낸 편지는 이미 받았고, 11월 24일에 보낸 편지도 지금 막 도착했어요. 아무래도 10월에 보냈다는 편지는 잘못된 것 같군요."[8]

그런 어려움에는 충분한 이유가 있었다. 미국에는 혁명이 시작되고 한참 뒤까지도 변변한 이름을 가진 고속도로 하나 없었다. 기존의 도로는 인디언의 산길보다 약간 더 많았고 그나마 너비가 40센티미터 이상인 것은 찾아보기 어려웠다. 게다가 언제 인디언 무리와 마주칠지 모르는 위험이 늘 따랐다. 평화로운 시기에도 벌판 한가운데서 그런 일을 당하고 싶은 사람은 아무도 없었다. 내슈빌에서 나체즈까지 이어진 800킬로미터 전체가 위험한 나체즈 트레이스(Natchez Trace: 여기서 trace는 '선'을 가리켰다)도 그런 길 중의 하나였다. 그 길은 원래 미시시피에서 짐을 실은 뗏목을 타고 물건을 모두 판 다음 뗏목을 모두 부수고 걸어서 돌아오던 뱃사공들이 부르던 이름이었다. 더 발전한 동부에서도 그런 길은 강둑에서 자취를 감추거나 어지러운 갈림길에 묻히는 게 보통이었다. 그때는 표지판, 지도 등 길 잃은 여행자에게 필요한 것들에 대해서는 거의 무지했다(1789년에야 최초의 지도책이 나왔다). 제퍼슨은 2차 대륙회의에 참석하기 위해 버지니아에서 필라델피아로 여행하면서 직선 노선을 안내해 줄 사람을 두 번이나 고용해야 했는데, 그것이 나중에는 미국인들이 애용하는 길이 되었다.[9] 19세기가 한참 지날 때까지 지도 내륙에서 1톤의 화물을 50킬로미터 떨어진 곳까지 운반하려면 대서양 너머로 1톤의 화물을 운반하는 데 드는 것만큼의 비용이 들었다.[10]

길에 대해서는 말할 것도 없이 사람들은 바다를 건너 여행을 하거나 아예 떠날 생각을 하지 않았다. 말을 타지 못했던 새뮤얼 애덤스는 쉰이 될 때까지도 매사추세츠에서 한 발짝도 벗어나지 않았다. 그렇다고 그의 행동이 특별히 잘못되었다고는 할 수 없었다.[11] 1750년에는 매사추세츠 전역을 통틀어 6인승 마차가 전부였다.[12] 그 시대 사람의 말에 따르면, 버지니아에는 많은 사람들이 짐마차 외에는 사륜마차를 한 번도 보지 못했으며 그마저도 자주 구경할 수 없었다고 한다.[13]

상황이 그런 만큼 미국 영어에 세련되지 못한 시골뜨기를 뜻하는 단어가 많이 생긴 것은 놀라운 일이 아니다. 어원이 불확실한 yokel이란 단어는(독일어 Jacob의 애칭인 Jokel에서 유래했을 것으로 추정된다) 1812년에 미국 영어에 유입되었다. Richard의 간접 축약형인 hick은 훨씬 더 오래 되어서 영국에서는 14세기부터 쓰였고, 미국에서는 초기부터 흔하게 쓰였다. 비슷한 유형의 단어로 hayseed, bumpkin, rube(Reuben에서 유래), country jake, jay(도시의 거리를 어떻게 건너는지도 모르는 무지한 사람을 뜻하는 jaywalker가 이 단어에서 유래했다) 등이 있었다. 다소 놀랍지만 hillbilly는 1904년까지도 미국 영어에서 발견되지 않다가 1930년이 되어서야 널리 사용되었다. 1905년에는 그런 무식한 시골뜨기들이 the sticks(오지)에서 나왔다고 한다. 이 표현은 벌목꾼들이 오지의 숲을 가리킬 때 쓴 속어에서 유래했다. (더 최근의 것은 숲을 뜻하는 필리핀 말 boondocks로 1944년에 처음 영어로 기록되었다. boonies는 1965년이 되어서야 생겨났다.)

18세기가 끝날 무렵까지도 미국의 진정한 도로는 100킬로미터 길이의 필라델피아와 랭캐스터 턴파이크(turnpike는 1678년에 영국에서 생긴 단어다. 길을 막고 있는 장대, 혹은 pike 앞에서 요금을 지불해야 통과할 수 있기 때문에 그런 이름이 붙었다), 보스턴과 뉴욕 사이의 보스턴 포스트 로드(Boston Post

Road), 다니엘 분(Daniel Boone)이 켄터키 지방에서 개척한 와일더니스 로드(Wilderness Road), 필라델피아와 코네스토가(Conestoga) 강 초입을 연결하는 그레이트 로드(Great Road)가 전부였다. 그레이트 로드를 지나가려고 만든 포장마차는 처음에는 freighter로 불렸다. 나중에는 마차를 만든 장소인 펜실베이니아의 마을 이름을 빌려 코네스토가로 불렸다. 그 마을은 유선형 담배로도 유명했다. 그것은 자연스럽게 코네스토가 담배로 불렸지만 곧바로 stogy(혹은 stogie)라는 짧은 이름으로 바뀌었다. 그리고 서로 짜기라도 한 듯이, 그레이트 로드를 오가는 코네스토가 운전자들의 애용품이 되었다.[14] 코네스토가 마차의 특징은 제동장치와 길게 뺄 수 있는 '발판'이 왼쪽 편에 설치되었다는 점이다. 그것을 거기에 설치한 이유가 뭔지는 모르지만 오래전부터 알려지지 않았다. 운전자들은 결국 왼쪽에 앉아 오른쪽 길을 따라 운전했는데, 그래야 시야를 가리지 않고 길 전체를 볼 수 있었다. 미국인들이 왼쪽 길을 따라 운전하는 오랜 영국식 습관을 버린 이유가 그 때문인지도 모른다.

독자들이 들으면 놀랄지도 모르지만, 미국의 도로는 20세기의 산물이었다. 미국은 많은 도로를 만드는 대신 몇 개 안 되는 도로에 수많은 이름을 붙이는 일에 열중했다. 미국 최초의 진정한 장거리 고속도로인 국도(National Road)는 컴벌랜드 로드(Cumberland Road), 그레이트웨스턴 로드(Great Western Road), 엉클 샘스 로드(Uncle Sam's Road), 오하이오 로드, 일리노이 로드 등으로 다양하게 불렸다. 이 도로는 1811년에 메릴랜드의 컴벌랜드에서 시작해서 200킬로미터 떨어진 웨스트버지니아의 휠링(Wheeling)으로 이어졌다. 그러다 다시 펜실베이니아, 오하이오, 인디애나를 거쳐 1800년대 중반에는 일리노이의 반달리아까지 뻗어나갔다가 갑작스럽게 증기선과 철도에 자신의 역할을 넘겨주었다. 이 도로의 많은 부분은 이후 70년이 지난 뒤에야 '하이웨이 40번'으로 불렸다. 그때까지도 미국에는 고속도로의 시대가 오지 않았다.

기존의 고속도로는 드물었을 뿐만 아니라 위험하고 불편하고 느렸다. 초기의 마차(coach는 마차로 유명한 헝가리의 도시 Kocs에서 유래했다. 이 말이 어쩌다 미식축구 선수를 훈련하는 사람을 뜻하게 되었는지는 미지수다)는 편리와는 거리가 멀었다. 1804년에야 눈에 띄는 특별한 발명품인 타원형 용수철이 나왔지만 훨씬 나중까지도 운송수단에 잘 사용되지 않았기 때문이다. 최고의 도로는 쓰러진 나무를 나란히 눕혀 코듀로이처럼 울퉁불퉁한 효과를 주도록 만든 통나무 길이었다. 이 길은 승객에게 심한 고통을 주었지만 다른 한편으로는 아주 희귀한 존재였다. 주로 황야 전체에 거친 통나무들이 깔려 있었다. 듣기에는 그럴싸하지만 당시의 기술로는 나무 그루터기를 쉽게 제거할 수 없었다. 미국 고속도로의 자랑인 국도에서조차 건설업자들은 무릎보다 약간 낮은 38센티미터 높이의 그루터기를 남겨놓았다. 매일같이 용수철 장치가 없는 마차에 앉아 돌멩이, 떨어진 나뭇가지, 나무 그루터기 위를 덜컹거리며 지나가는 상황을 상상해 보라. 19세기 미국의 장거리 여행이 어땠을지 약간은 짐작할 수 있을 것이다.

그 여행의 특색은 국도를 달리던 가장 성공한 역마차 회사인 '셰이크 거트 라인(Shake Gut Line: 내장을 흔드는 노선)'의 솔직한 이름에 어느 정도 반영되어 있다. 〔셰이크 거트의 가장 쟁쟁한 경쟁사는 준 벅 라인(June Buck Line)으로, 경쟁사들이 6월의 벌레보다 더 빨리 사라질 것이라고 악담을 했기 때문에 그렇게 불렸다. 하지만 그들의 예상은 빗나갔다.〕 마차는 승객을 사정없이 흔들었을 뿐만 아니라 전복되는 일도 잦았다. 폴 존슨은 "1829년에 뉴욕에서 신시내티까지 갔다가 다시 돌아온 한 사람이 마차가 아홉 번이나 전복되었다는 말을" 전해 주었다고 했다.[15]

그러니 철도가 마차의 대안적인 운송수단으로 이용되기 시작하면서 사람들이 모두 그쪽으로 몰린 것은 전혀 놀랍지 않은 일이었다. 그렇지만 초기의 기차 역시 너무 느리고 불편하고 위험했다. 차량들은 정밀한 장치 없이 사슬로만 연결되어 항상 어긋나 있었기 때문에 운 나쁜 승객들은 서로 부딪치기 일쑤였다. 전방을 바라보는 승객들은 더운 날씨에도 어쩔 수 없이 창문을 닫아놓고 앉아 있어야 했다. 그렇게 하지 않으면 기관차(locomotive: 모든 종류의 운동을 뜻하는 말로 1657년에 생겼지만 1815년에 철도 기관을 가리키는 말로 처음 사용되었다)가 뒤쪽을 향해 내뿜는 증기에 실려 오는 '눈물(eyedrops)'이라고 농담 삼아 불리는 뜨거운 석탄 가루로 고생을 하기 때문이었다. 화재, 탈선, 고장의 가능성이 늘 존재했으며 19세기 말까지는 음식도 큰 위험 요인이었다. 새로운 단어인 '식당차(dinning car)'가 영어에 쓰인 1868년까지도 승객들은 중간 역에 내려 20분 만에 음식을 입안에 밀어 넣어야 했다. 이런 중간 역은 쓸쓸한 외딴 곳에 있을 때가 많아서 주인들은 자기 손으로 구할 수 있거나 그럭저럭 만들 수 있는 음식을 제공했다. 네브래스카 시드니에서 음식을 먹는 승객들은 닭고기 스튜로 추정되는 음식을 먹었는데, 그것의 주재료는 프레리도그(마멋의 일종)였다.[16] 하지만 그것이라도 먹을 수 있어 운이 좋았다고 말하는

증기 기관에서 구동력을 얻어 움직이는 증기 기관차의 역사는 철도의 역사와 그 궤를 같이한다. 철도망의 신장과 더불어 급속히 성장해서 수백 마력의 힘으로 화물과 여객을 수송했으나 디젤기관차가 등장하면서 점차 쇠퇴해서 1970년경 이후 주요산업국가에서 사라졌다.

사람들도 있었다.

철도는 그런 불편에도 불구하고 선풍적인 인기를 끌어 수많은 사람들에게 난생 처음 고향을 떠날 기회를 안겼다. 한 통계에 의하면 1835년에 철도를 타고 이동한 인원이 불과 5년 전에 다른 모든 수단을 이용해 여행한 인원의 50배에 달했다. 철도를 이용한 이동 거리는 1830년에 영점에서 시작해 1860년에는 지구를 한 바퀴 도는 거리보다 더 긴 5만 킬로미터에 육박했고,[17] 1890년에는 30만 킬로미터 이상을 기록했다. 철도는 미국인의 여행을 완전히 장악해서 4세대 동안 'road'가 곧 철도로 통할 정도였다.[18] 지금 우리가 도로라고 부르는 것은 산타페 트레일(Santa Fe Trail)처럼 'trail'로 더 많이 알려져 있었다(road의 뜻이 고속도로로 남아 있었던 영국에서 railroad는 railway가 되었다).

기차 여행이 시작되면서 역마차가 순식간에 사라진 것은 당연한 결과였다. 기차는 빠르고 점점 더 편안해졌을 뿐만 아니라 가격도 저렴했다. 한쪽 해안에서 반대편 해안으로 가려면 평균 시속 약 30킬로미터로 달려(직선 노선을 이용하면 시속 50킬로미터를 훌쩍 넘었다) 8일에서 10일 정도 걸렸다. 오마하에서 새크라멘토까지 편도 요금은 1등석이 100달러(새로 나온 풀먼(Pulman)식 차량의 침대칸을 이용하려면 하룻밤에 4달러를 더 내야 했다], 2등석이 75달러, 3등석이 40달러였다.

원래 '풀먼 호텔 차량'으로 불린 풀먼식 차량은 조지 M. 풀먼의 이름을 따서 지어졌다. 그는 1865년에 침대차를 개발했고, 1868년에는 식당차를 개발했다. 풀먼은 12,000명의 노동자들을 수용하기 위해 일리노이의 풀먼(지금은 시카고에 속한 지역)에 시범 공동체를 만들었다. 노동자들은 사옥에 살면서 회사가 운영하는 상점에서 물건을 샀는데, 그런 과정에서 소득의 대부분을 회사로 되돌려주었다. 풀먼의 하역부들이 거의 다 흑인이었던 사실은 진보한 채용 방식의 결과가 아니라 짜디짠 임금의 부산물이었다. 하역부를 무조건 '조지'라고 부르던 관행은 풀먼의 이름에서 유래했을 것으로 추정된다.[19]

일반인들이 널리 사용한 철도 용어는 caboose(승무원차), iron horse(기관차), cow catcher(장애물 제거를 위해 기관차 앞에 다는 장치), jerkwater town(지선 열차가 서는 작은 마을), to feather bed(과잉으로 고용하다), to ball the jack(급히 가다), to ride rails(엄하게 처벌하다), to ride gravy train(쉽게 큰돈을 벌다) 등이었다. gravy train(일 하지 않고도 편히 지낼 수 있는 자리)은 돈을 잘 벌거나 너무 많은 세금을 내지 않아서 좋았다. 이것은 놀랍게도 1945년까지도 기록에 남지 않은 단어였다. to feather bed는 필요 이상으로 많은 인력을 고용한다는 뜻으로 역시 최근에 나온 말이다. caboose는 그보다 훨씬 더 오래되었다. 네덜란드의 kabuis에서 시작된 이 단어는 철도에 쓰이기 훨씬 전부터 배의 여러 부분, 그 중에서도 특히 주방을 가리킬 때 쓰였다. jerkwater town은 말 그대로 기차에서 밧줄로 물을 긷는 외딴 지역에 있는 장소였다. 빨리, 혹은 무모하게 움직인다는 뜻을 가진 to ball the jack은 유래가 불확실하지만 전진 신호인 high ball과 관련이 있는 것으로 보인다.

철도 여행과 간접적으로 관련된 또 다른 단어 두 개는 bum과 hobo다. hobo는 1891년에 워싱턴 엘린스버그의 한 신문에 처음 등장했지만, 어원에 대해 분명히 설명한 사람은 아무도 없다. 'homeward bound'의 반대말이거나, 'Ho! Beau!'의 파생어와 관련이 있다는 주장도 있다. Ho! Beau!는 부랑자를 뜻하는 말로 들리지만 실제로는 19세기 철도 노동자들에게 흔한 호칭이었고 기차를 타는 사람들에게 익숙해졌을 것이다. 방랑자를 뜻하는 bum은 게으름뱅이와 쓸모없는 사람을 뜻하는 독일어 bummler의 축약형으로 보인다.

　우리는 도시의 인구 밀집을 자동차와 시대적인 현상과 연관시키지만 자동차가 다니기 훨씬 전부터 말이 끄는 교통수단이 도시를 점령하고 있었다. 1864년 뉴욕시는 정체를 해결하기 위해 센트럴파크를 관통하는 3킬로미터의 지하 터널을 뚫고 'subway(지하도)'라는 이름을 붙였다. 영국에서는 subway가 아직도 지하 통로의 의미로 쓰인다(노숙자를 위한 공용 주택이라고 비꼬는 사람도 있을 것이다). 하지만 미국에서는 29년 동안만 그 의미로 쓰이다가 1893년에 생긴 도시의 지하철도를 가리키는 이름이 되었다.[20] 자동차도 나름의 결점이 있을지도 모르지만, 적어도 파리를 끌어모으거나 짐을 내리기 위해 돌아다니게 만들지는 않았다.

　지금은 상상도 할 수 없지만, 말의 오물은 20세기가 한참 지날 때까지도 골치 아픈 문제였다. 1900년 뉴욕 로체스터의 담당 공무원들은 시내에 있는 말들이 1년 동안 배출하는 오물이 1평방 에이커를 53미터나 뒤덮을 만한 양이라고 계산했다. 말들은 비위생적인 환경에서 살고 궂은 날씨에도 뛰어다녀야 했으므로 파리를 끌어모을 뿐만 아니라 때로는 파리처럼 죽기도 했다. 20세기로 접어들면서 뉴욕 거리에서 1년에 15,000마리의 말이, 시카고 거리에서 12,000마리의 말이 죽었다.[21] 말의 사체가 며칠 동안 방치되기도 했다. 도시에는 파리, 오물, 김이 피어오르는 시체가 항상 주변에 널려 있었다.

　따라서 케이블카와 시가 전차의 출현은 혜택이라기보다는 기적에 가까웠다. 케이블카는 앤드류 스미스 홀리디(Andrew Smith Hallidie)라는 스코틀랜드 이주민이 완성한 것이다. 그는 자신의 성공을 확신했고 케이블 만드는 회사를 운영했다. 케이블카는 계속 움직이는 지하의 케이블에 걸린 채 이동했다. 무슨 이유로든 걸쇠가 풀리는 일이 잦았던 것 같은데, 그런 사고가 생

자동차가 도로를 주름잡기 전 차량을 위쪽 전선에 연결해서 다닌 시가 전차는 많은 사람들의 사랑을 받았다.

기면 케이블카는 탈주 차량이 되어 갈피를 못 잡고 빙글빙글 돌다가 너무 느리거나 굼떠서 길을 막고 있는 것들을 모조리 깔아뭉개고 지나갔다. 이런 상황은 발전소가 전체 시스템을 끄도록 통제될 때까지 계속되었다.[22] 독자도 짐작하겠지만 그것은 결코 이상적인 교통수단이 아니었다. 그런데도 케이블카는 잠시나마 아주 큰 인기를 끌었다. 지금은 미국에서 유일하게 샌프란시스코에 남아 있는데, 옛날과 똑같은 운행 방식을 고집하고 있다. 1900년에는 그 도시에 177킬로미터의 노선과 600대의 차량이 있었으나, 1980년에는 16킬로미터가 약간 넘는 노선에 차량은 겨우 40대만 남았다.

케이블카를 한물가게 만든 것은 시가 전차(trolley car, 혹은 초기에 쓰인 철자대로 trawley car)였다. 'trolley car'는 차량을 위쪽 전선에 연결하는 방식이 troller였기 때문에 그렇게 불렸다. troller는 움직인다는 뜻의 영국 사투리 troll에서 유래했다. 전차 방식은 다른 방식에 비해 설치하기 쉽고 운행

비용도 저렴했으므로 매우 많은 사랑을 받았다. 지금은 미국이 한때 세계 최고의 공공 교통수단을 보유하고 있었다는 사실을 아는 사람이 거의 없다. 20세기로 접어들면서 베를린은 유럽에서 가장 광범위한 시가 전차 노선을 보유했지만, 미국에서 따진다면 22번째에 불과했다.[23] 미국은 전성기를 누린 1922년에 2만 킬로미터 이상의 시가 전차 노선을 운영했다. 독자들이 들으면 놀랄지도 모르지만, 미국에서 가장 큰 시가 전차 노선은 로스앤젤레스에 있었다.

시가 전차는 미국의 생활방식을 바꾸었다. 먼저 도시 근교 생활의 장을 열었다. 9만 명도 안 되었던 브롱크스(Bronx)의 인구가 시가 전차의 도입으로 몇 년 사이에 20만 명으로 불었다.[24] 1902년 뉴욕의 시내 전차만 해도 연간 10억 명의 승객을 실어 날랐다. 도시는 더 크고 붐비고 혼잡해졌으며, 그 결과 1890년대에 'rush hour(교통 혼잡 시간)'와 'traffic jam(교통 체증)'이라는 신조어 두 개가 등장했다.

그러나 시가 전차는 즐거움을 느낄 기회를 주기도 했다. 사람들은 처음으로 말로만 듣던 도시의 이곳저곳을 구경할 수 있었다. 전차 회사들은 수익을 올리기 위해 종점에 놀이공원을 건설하기 시작하면서 오락을 제공할 가능성을 알렸다. 지금은 쇼핑몰이 들어선 필라델피아 시내에서 19킬로미터 떨어진 자리에는 윌로 그로브 파크(Willow Grove Park)도 있었다.

시가 전차는 인기를 누렸음에도 불구하고 큰 수익을 내지는 못했다. 1921년 미국에서 가장 큰 규모의 시가 전차 노선 300개는 투자비용 15억 달러에 총 2,500만 달러의 수익을 올렸는데 한 노선으로 따지면 8천 달러에 불과했다. 그러다 개인 차량과 초창기에 trackless trolleys(궤도 없는 전차)로 불린 버스 같은 다른 교통수단의 증가로 시내 전차의 운명은 종지부를 찍게 되었다. 1922년과 1932년 사이에 미국의 시내 전차 노선은 거의 반으로 줄었다. 같은 시기에 '내셔널 시티 라인스(National City Lines)' 라는 회사(제너럴 모터스와 석유, 고무 회사들로 구성된 연합 회사)가 전차 노선을 사들여 버스 노선으로 바꾸기 시작했다. 1950년 내셔널 시티 라인스는 로스앤젤레스, 필라델피아, 볼티모어, 세인트루이스를 포함한 100여 개 도시의 전차 운행을 중단했다. 그들의 행동은 명백한 불법이었고 결국 법정에 소환되어 범죄 음모에 가담했다는 혐의를 받았다. 그렇다면 이 중대한 범죄에 매겨진 벌금은 얼마였을까? 새 버스 한 대 값도 안 되는 단돈 5천 달러였다.

ぐゞ

담합한 회사에 미국의 공공 교통이 몰락하게 된 책임을 물 수도 있지만 진정한 범죄자는 자동차였다. 아니, 더 구체적으로 말하면 그것에 대한 사람들의 시들지 않는 집착이었다. 역사상 그렇게 빨리 인간의 마음을 사로잡고, 세상을 보는 방식과 행동하고 움직이는 방식을 급격하게 바꾼 발명품도 없었다. 세계 어디서나 도시의 풍경을 바라보면 우리가 사는 세상이 얼마나 자동차에 대한 필요에 지배당하고 있는지 알 수 있다. 하지만 불과 1세기 전만 해도 이 시대의 기적에는 이름조차 없었다.

자동화된 탈것은 우리 생각보다 더 오래전부터 돌아다니고 있었다. 1770년에 니콜라스 퀴뇨(Nicholas Cugnot)라는 프랑스 사람이 'Fardier(운반차)'로 불리는 증기식 자동차를 가지고 있었다. 이 차는 시속 3.2킬로미터로 (보행 속도보다 훨씬 더 느리게) 파리 시내를 느릿느릿 기어 다녔다. 그러나 대부분의 전문가들은 최초의 진정한 실용 자동차는 독일 기술자 고틀리프 다임러(Gottlieb Daimler)가 만들었다는 사실에 동의한다. 그는 딸 이

메르세데스. 최초의 실질적인 자동차는 독일인 고틀리프 다임러가 개발한 자동차였다. 그는 자신의 딸의 이름을 따서 그 차에 메르세데스라는 이름을 붙였다.

름을 따서 그 차를 '메르세데스(Mercedes)'라 불렀다. 다임러의 발명을 몰랐던 또 다른 독일인 칼 벤츠(Karl Benz)는 거의 동시에 아주 흡사한 모양의 자동차를 두 번째로 발명했다. 하지만 그 무렵 미국에서 자동차의 개념은 이미 특허가 나온 상황이었다. 조지 B. 셀든(George Selden)이라는 발빠른 특허 변호사는 선견지명을 갖고 1879년에 'road engine(도로 기관)'이라는 매우 추상적인 탈것에 대한 특허를 획득했다. 셀든은 움직이는 탈것을 한 번도 만들어본 적이 없는, 한마디로 뛰어난 발명가도 영감을 얻은 공상가도 아니었다. 그는 어디까지나 새로 알려지기 시작한 기술에 대해 특허를 받아 두면 무궁무진한 기회가 생길 것이라는 사실을 재빨리 예측한 기회주의자였기 때문에 최초의 특허 보유자가 될 수 있었다. 1879년에는 '도로 기관'에서 아무런 수익이 나지 않았으므로 셀든은 16년 동안 갖은 편법을 써서 특허 발행을 연기했다. 그리고 마침내 시장이 형성된 뒤에는 17년 동안 손 하나 까딱하지 않은 기술에 대한 사용권을 받아 챙겼다. (그는 특허 변호사라는 명예를 지키기 위한 노력도 별로 하지 않았다. 그의 특허가 만료되자마자 특허법이 바뀌었다.)

우리 생활의 중요한 요소인 그 기계를 'automobile'이라고 부르게 된 것은 정말 우연이었다. 그것이 언어 피라미드의 꼭대기에 오를 때까지 수십 가지 이름이 나왔다가 사라졌다. 초기에 자동차를 뜻한 다른 이름들 중에는 self-motor, locomotive car, autobat, autopher, diamote, autovic, self-propelled carriage, locomotor, horseless carriage, motor buggy, stink chariot(아마 자동차를 별로 좋아하지 않는 사람이 지은 이름인 것 같다) 등이 있었다. 그리고 있는 그대로 간단하게 'machine'이라고도 불렸는데, 이는 오랜 세월 동안 스스로 움직이는 차량을 총칭하는 말로 쓰였던 것 같다. 그리스와 라틴어가 섞인 프랑스 말인 automobile은 처음에는 형용사로만 쓰였고, 차량뿐만 아니라(an automobile carriage) 스스로 움직이는 다른 장치(automobile torpedo)를 설명하기도 했다. 그러다 1899년에 명사로 정착했고 곧바로 일반적으로 차량을 가리키는 말로 굳어졌다. 물론 반대가 아예 없지는 않았다. 「뉴욕타임스」는 "반은 그리스어이고 반은 라틴어인 말이 너무 상스러워서 인쇄하기도 껄끄럽다"며 automobile을 못마땅하게 여겼다.[25] 그 해가 가기 전에 그 단어는 'auto'로 짧아졌다. 라틴어 'carrus(이륜마차)'에서 유래한 'car'는 1896년에 처음으로 automobile을 대신하는 말로 사용되었다. 하지만 16세기부터 영어에서 여러 종류의 마차를 뜻하는 단어로 쓰였던 터였다. 1910년부터 car가 automobile을 대신할 말로 대중에게 인식되기 시작했다.

초기의 기술 발전은 거의 독일에서만 이루어졌지만 최초의 대규모 자동차 제조업자는 프랑스 사람이었다. 따라서 자동차와 관련된 많은 프랑스 단어들이 영어에 유입되었다. chassis(차틀), garage(차고), chauffeur(운전사), carburetor(기화기), coupé(2인승 차), limousine(대형 고급 승용차) 등과 automobile도 거기에 속한다. 'chauffeur'는 기선의 화부를 뜻하는 단어였는데 자동차 운전사를 가리킬 때도 약간 경멸적인 의미로 쓰였다. 'limousine'은 원래 프랑스 리무진 지역의 양치기들이 입는 무거운 망토를 가리키는 단어였다. 바깥 공기에 노출 된 채 앉아 있어야 했던 초기의 운전사들이 이 망토를 걸쳤는데, 이 단어가 운전사에서 차로 점점 옮겨갔다. 그리고 1902년에는 영어 단어가 되어 있었다.[26]

가장 많은 미국인들이 알고 있는 최초의 자동차는 칼 벤츠가 설계한 것으로 1893년에 열린 시카고 세계 박람회에 전시되었다. 그 해가 가기 전에 매사추세츠 스프링필드에 사는 찰스와 J. 프랭크 더리어(Duryea) 형제는 미국 최초의 휘발유 차를 선보였지만 온 국민은 거들떠보지도 않았다.

역사적으로 차보다 더 빠르고 놀랍게 성장한 획기적인 기술도 없었다. 그것은 다른 어느 곳보다 특히 미국에서 크게 발전했다. 1898년 미국을 통틀어 실용화된 자동차는 30대도 안 되었다. 그러나 10년이 약간 넘는 시간 동안 미국에는 700대의 자동차뿐만 아니라 700개의 자동차 공장이 생겼다. 1899년의 처음 넉 달 만에 미국의 투자자들은 새로운 자동차 회사의 설립 자본으로 3억 8,800만 달러를 지원했다.[27]

각계각층에서 사람들이 모여들었다. 존 F. 다지와 호레이스 E. 다지(Horace Dodge)는 디트로이트 기계 상점을 운영했다. 데이비드 D. 뷰익(Buick)은 배관 소모품을 만들었다. 스티드베이커(Studebaker)는 세계에서 가장 큰 규모로 말이 끄는 자동차를 제작했다. 포프(Pope), 윈튼(Winton), 램블러(Rambler)는 모두 자동차 제조업자로 출발했다. 놀랍게도 최초의 제조업자들 중에는 중서부와 특히 미시간 출신이 무척 많았다. 올즈모빌(Oldsmobile)의 창시자인 랜섬 올즈는 랜싱, 데이비드 D. 뷰익과 헨리 포드는 디트로이트, 제너럴 모터스를 창립한 윌리엄 C. 듀런트(Durant)는 플린트 출신이었다. 이런 사실은 디트로이트가 자동차 도시가 되는 데 한몫을 했다. 팩커드(Packard), 뒤센베르그(Duesenberg) 같은 초창기의 유명한 이름들뿐만 아니라 지금은 완전히 잊힌 회사들도 수십 개였다. 그런 회사들 중에는 패스파인더(Pathfinder), 마몬(Marmon), 헤인스(Haynes), 프리미어(Premier), 맥파랜드(McFarland), 맥스웰(Maxwell), 브리스코(Briscoe), 렉싱턴(Lexington), 릭커(Ricker: 1890년대 말에 시속 40킬로미터가 넘는 세계 최고 속도를 선보였다) 등이 있었다.*

초기의 자동차에는 탐험의 의미를 되새기려는 듯 탐험가의 이름이 많이 붙었다. 드 소토(De Soto), 허드슨, 라 살(La Salle), 캐딜락[프랑스 귀족 앙트완느 드 라 모드 캐딜락(Antonine de La Mothe Cadillac)의 이름을 따서 지어졌다. 그는 디트로이트를 건설할 만큼 많은 돈을 가지고 있었다는 사실을 제외하면 거의 잊힌 인물이다] 등이 그 예다. 그러나 구매자들은 블랙 크로우(Black Crow), 버그모빌(Bugmobile), 애버리지맨스카(Average Man's Car), 댄 패치(Dan Patch), 로열 메일(Royal Mail), 론 스타(Lone Star), 프리미어(Premier), 베이비 그랜드(Baby Grand), 허프모빌(Hupmobile), 로코모빌(Locomobile) 등 아쉽게도 지금은 사라진 화려한 이름들 중 하나를 선택할 수 있었다.

그러나 이런 분위기에서 자동차의 성공이 얼마나 어려운지 상상하는 것은 쉽지 않았다. 1900년의 자동차는 비쌌을 뿐만 아니라 무시무시했다.

---

* 그러나 증기자동차의 속도에 비하면 아무것도 아니었다. 스탠리 스티머(Stanley Steamer)는 1906년에 시속 204킬로미터의 속도를 냈다. 불행히도 증기차는 신뢰성이 낮고 폭발하기 쉬운 단점을 가지고 있었다.[20]

어느 비평가는 이렇게 꼬집었다. "폭발할까 무서워 사람을 앉힐 수도 없다." 수백 킬로그램의 변덕스런 금속덩어리를 통제하는 것은 겁나는 일이었으며, 많은 사람들이 그 사실을 분명하게 알고 있었다. 사교계의 명사였던 스터이브산트 피시 부인은 엔진 스위치를 커자마자 만약을 대비해 옆에서 대기하고 있던 하인을 치는 사고를 냈다. 그런데 차를 후진하다가 멍한 표정으로 비틀거리며 일어나고 있던 하인을 한 번 더 쓰러뜨렸다. 너무 당황한 그녀는 허겁지겁 변속기어를 바꾸다가 마지막으로 그 불쌍한 남자를 깔아뭉개고 말았다. 피시 부인은 집안으로 줄행랑을 쳤고 다시는 차 근처에 얼씬도 하지 않았다.[29] 그 하인이 자동차의 시대를 맞아 어떻게 적응하며 살았는지에 대해서는 알려진 바가 없다.

20세기 초만 해도 주유소, 교통 표지판, 지도, 보험 정책, 운전 면허증, 주차장 등 자동차 사회를 지탱하기 위해 필요한 기본 요소들이 전혀 갖추어지지 않았다. 자동차가 필요하지 않은 것은 아니었지만 그것을 타고 갈 만한 장소가 없기 때문에 운전이 무의미했다. 1905년까지도 미국에는 시골 지역에 1킬로미터짜리 포장 고속도로 하나 없었다. 기존의 도로는 표지판도 없는 흙길이어서 우기에는 늪지로 변했다. 그래서 다른 계절에는 바퀴 자국이 깊게 패여 있었다. 네브래스카나 캔자스 지역에서 운전을 한다는 것은 아무도 지나가지 않은 허허벌판을 건너는 것과 같았다.

장거리 여행을 하는 사람들은 영웅 아니면 미치광이거나 둘 다일 때가 많았다. 포드 자동차 회사가 설립된 1903년, 버몬트의 호레이쇼 넬슨 잭슨(Horatio Nelson Jackson) 박사는 크로커(Crocker)라는 이름의 기계공, 버드라는 개(동행들과 함께 여행 내내 보호 안경을 썼다)와 함께 2기통짜리 덮개 없는 윈턴(Winton) 자동차를 타고 처음으로 대륙을 횡단했다. 로키 지역을 운전하려고 시도한 사람들은 유일하게 갈 수 있는 방법은 후진뿐이며, 그렇게 하지 않으면 연료가 엔진에서 흘러나온다는 사실을 알았다. 적당한 길뿐만 아니라 미래도 없었다. 연방 정부는 각 주들이 해결해야 할 문제라며 고속도로 건설비용을 지원하지 않았고, 주들은 또 일시적인 유행일지도 모르는 것에 돈을 쓰려 하지 않았다. 1912년 미국의 20개 주는 고속도로 건설에 단한 푼도 쓰지 않았다.

그러나 고속도로가 없다고 해서 멈출 수는 없는 노릇이었다. 1900년대에 8천 대였던 미국의 자동차는 1910년에는 50만 대, 1915년에는 2백만 대로 증가했다. 기반 시설도 나타나기 시작했다. 1901년에는 자동차 번호판도 등장했다. 4년 뒤 실버너스 F. 바우저(Sylvanus Bowser)가 실용적인 주유기를 발명했고 선견지명으로 그것을 'filling station(주유소)'이라고 불렀다(하지만 1920년대까지도 gas station을 가리키는 일반적인 용어가 아니었다). 같은 해 세인트루이스의 오토모빌 가솔린 컴퍼니(Automobile Gasoline Company)가 최초의 주유소 연쇄점을 열었다. 이 무렵 사람들은 일상적으로 'gasoline'을 'gas'로 줄여 부르고 있었고, 전국 방방곡곡에서 거스 에드워즈(Gus Edwards)의 '나의 즐거운 올즈모빌을 타고(In My Merry Oldsmobile)'를 즐겨 불렀다.

> 나와 함께 떠나요, 루실
> 나의 즐거운 올즈모빌을 타고
> 우리가 날아갈 인생의 도로 위로
> 우리 함께 신나게 달려요

아주 흥미로운 단어 하나가 새롭게 나타났다. 아직 모든 사람이 autobubbling(유쾌한 질주를 뜻한다. 활기가 넘치지만 수명이 짧은 단어로

1900년에 등장했다)을 할 여유가 없었지만 많은 사람들이 비슷한 종류의 표현들을 주고받았다. roadhog(난폭운전자, 원래는 자전거를 타는 사람들을 가리키는 말로 1893년에 생겨났다), self-starter(자동시동기가 달린 자동차, 1894), station wagon(차체가 길고 뒤쪽에 문이 있고 짐을 실을 수 있는 공간이 있는 자동차, 1904), spark plugs(점화 장치, 1908), joy ride(폭주, 1909), motorcade(자동차 행렬, 1913), car crashes(자동차 충돌, 1915), blowouts(파열, 1915), to step on the gas(속력을 내다, 1916), to jaywalk(교통 위반을 하다, 1917), jalopy(낡은 자동차, 1924), to hitchhike(지나치는 차를 얻어 타는 도보여행, 1925), rattletrap(고물 자동차, 1929) 등이었다.[30] 사람들은 1910년에 이미 서로 껴안고 사랑을 나누기 위해 주차를 했다. 시간이 지나면서 자동차 운전과 관련해서 더 부정적인 언어 현상이 나타났다. 1930년에는 speeding ticket(속도위반 딱지)이, 1931년에는 double parking(이중 주차)이, 1935년에는 parking meters(주차 계량기)가 등장했다. (최초의 주차 계량기는 오클라호마 시에 있었다.)

너무 갑작스럽게 나타나 유래를 추측하기 어려운 단어들도 있다. 초기에는 jolopy, jaloopy 등 다양한 철자로 쓰인 'jalopy(고물 자동차)'는 설명이 아예 불가능한 단어다. 'Tin Lizzie(T형 포드 자동차의 애칭으로 값싼 소형 자동차를 가리킨다, 1915)'와 'flivver(값싼 소형 자동차, 1920)'도 마찬가지다. flivver는 헨리 포드의 T형 모델을 가리키기 전에 실패한다는 의미로 널리 쓰인 적이 있다. 메리 헬렌 도한(Mary Helen Dohan)은 해리 리온 윌슨(Harry Leon Wilson)의 1917년 소설 『레드 갭의 러글스(Ruggles of Red Gap)』에 'human flivver'라는 말이 나온다고 지적했다.[31] 하지만 그것이 어디서 유래했으며 왜 실패한 차를 가리키게 되었는지에 대해서는 아무런

첫 번째 포드 모델 T. 1908년부터 1927년까지 포드 자동차 회사에서 제조, 판매한 자동차로, "미국의 자동차 시대를 열다"라는 말이 있을 정도로 자동차의 대중화를 이끈 역사적인 자동차 모델이다. 획기적인 공정과 싼 가격으로 단숨에 미국인들의 마음을 사로잡았다.

해명도 하지 못했다. 스튜어트 버그 플렉스너(Stuart Berg Flexner)에 의하면 'Tin Lizzie'는 Lizzie가 하녀의 이름으로 흔하게 쓰였기 때문에 지어진 이름이라고 한다. 하녀와 모델 T는 둘 다 검었고 일요일마다 가장 최고로 보였기 때문이었다.[32] 또 한때 썰매의 한 종류로 많이 쓰인 'lizzard'와 관련이 있을지도 모른다는 주장도 있다.

1915년에 200만 대였던 자동차는 1920년에는 1,000만 대로 늘었다. 미국을 제외한 전 세계의 자동차를 모두 합친 것보다 많은 수였다. 미시간만 해도 영국과 아일랜드를 합한 것보다 더 많은 자동차를 보유하고 있었다. 캔자스에는 프랑스보다 더 많은 자동차가 있었다. 그로부터 5년도 채 되지 않아 미국은 전 세계 자동차의 85퍼센트를 생산했으며, 자동차 산업은 첫 출발을 한 지 25년도 안 되어 미국 최대의 산업으로 자리 잡았다.

이런 결과에 대해서는 단 한 사람 헨리 포드와 이름이 좀 이상하게 지어진 모델 T에게 공을 돌려야 한다. 포드는 초창기에 생산된 차에 단어의 첫 글자를 되는 대로 갖다 붙였다. 이유는 모르지만 알파벳 순서를 그대로 붙이는 것을 아주 싫어했다. 그는 첫 8개 모델에 A, B, C, F, K, N, R, 그리고 T를 붙였다. 1908년 10월 1일에 나온 모델 T는 최초로 대중화된 자동차였다. (19년 뒤 그는 모델 T 생산을 중단하고 나온 후속 차량의 이름을 모델 U가 아닌 모델 A로 지었다.)

자동차가 세상에 나온 지 불과 4년 뒤인 1912년, 미국의 도로를 달리는 자동차의 4분의 3이 모델 T였다.[33] 포드는 1913년에 이동식 'assembly line(조립 공정)'이라는 개념을 세상에 소개하기도 했다. 이름은 그가 지었지만 착상은 그의 것이 아니었다. 조립 공정은 야채 통조림에서 육류 도매에 이르는 수많은 산업 분야에서 수십 년 동안 이용되고 있었지만 '연속 제조 공정'이나 '유동 생산'이라는 이름으로 불리고 있었다. 포드는 그 개념을 훨씬 더 큰 규모의 제작 공정에 적용했던 것뿐이다.[34] 그는 혁신적인 방식을 도입하는 동시에 "검은 색만 유지한다면 원하는 색을 마음대로 선택할 수 있다."는 명언을 되풀이하며 차의 기본을 지켰다. 덕분에 모델 T의 생산에 드는 시간을 1910년에 14시간에서 1913년에는 단 두 시간으로 줄이는 동시에 가격을 큰 폭으로 내렸다.[35] 최초의 모델 T는 850달러였고 이듬해에는 950달러로 올랐다. 그러나 포드의 새롭고 효율적인 생산 공정과 대량 생산으로 인한 원가 절감으로 가격은 계속 떨어졌다. 그리고 1916년에 나온 신형 모델 T는 345달러에 불과했다. 하지만 그것은 보통 사람의 형편으로는 부담스러운 돈이었다. 결국 새로운 결재 방식이 나오면서 'installment plan(할부 판매)', 'time payment(분할 지불)', 'one-third down(3분의 1 계약금)', 'down payment(계약금)', 파산을 부르는 영원한 유혹 'Buy Now, Pay Later(신용 거래)' 등 꺼림칙한 신종 표현들이 한꺼번에 등장했다.

최초의 모델 T가 출시되기 한 달 전에 자동차 산업의 또 다른 위대한 이름, 제너럴 모터스가 탄생했다. 플린트 로드 카트 컴퍼니(Flint Road Cart Company)라는 이름으로 시작한 이 회사는 윌리엄 크레포 '빌리' 듀런트 (Willaim Crapo 'Billy' Durant)에 의해 창립되었다. 그는 친구가 "감정, 기질, 정신적 균형 면에서 어린아이"라고 설명할 정도로 변덕스런 인물이었다. 기술에 대한 지식이 전혀 없었으며, 뛰어난 발명가도 발 빠른 사업가도 아니었다. 듀런트는 그냥 위대한 축재자일 뿐이었다. 그는 자동차 제조업체뿐만 아니라 자동차 산업과 별다른 관련이 없는 기업까지 마구잡이로 사들였다. 샘슨 시브-그립 트랙터 컴퍼니(Samson Sieve-Grip Tractor Company: 불안한 발판 위에서 고삐로 운전하기 때문에 농부들이 말과 비슷하다고 생각한 트랙터를 제작했다)와 나중에 프리지데어(Frigidaire)가 된 1인 냉장고 회사들도 그에 속했다. 그가 인수한 자동차 제조업체들은 뷰익, 올즈모빌, 캐딜락, 시보레 등 유명한 이름을 갖게 되었다. 그러나 카터카(Cartercar), 세리단 (Sheridan), 스크립스-부스(Scripps-Booth), 오클랜드 같은 이름들은 별로 입지를 굳히지 못했다. 그는 자신의 말대로 성공이 실패를 능가하도록 "모든 종류의 차를 선보이는 것"을 전략으로 삼았다. 하지만 성공이 항상 실패를 압도하지는 못했다. 그는 1910년에 제너럴 모터스에 대한 경영권을 잃었고 1916년에 복직했다가 1920년에 다시 회사를 떠나야 했다. 1936년에는 훨씬 더 큰 투자 실패로 도산을 했고 단돈 250달러의 자산을 남기고 100만 달러의 부채를 떠안게 되었다.[36]

곁에 있던 유능한 사람들은 그의 오만한 성격을 견뎌내지 못하고 다른 곳에서 재능을 발휘했다. 월터 크라이슬러는 그를 떠나 크라이슬러 코퍼레이션을, 헨리와 윌프레드 리랜드(Wilfred Reland)는 링컨을, 그리고 찰스 내쉬(Charles Nash)는 내쉬-램블러(Nash-Rambler)를 세웠다. 다른 사람들은 사소한 문제로 해고되었다. 1911년 듀런트는 스위스 기계공이자 레이싱 선수인 루이스 시보레를 채용했다. 두 사람 모두에게 불행한 일이었다. 듀런트는 담배 피우는 것을 무척 싫어했는데 시보레는 취직하자마자 담배를 물고 듀런트의 사무실을 어슬렁거렸다. 듀런트는 자기 마음에 드는 것은 오로지 그 스위스 기계공의 이름밖에 없다는 결론을 내리고 그를 잘라버렸다. 시보레는 함정에라도 빠진 것처럼 그 이후로는 시야에서 완전히 사라졌다. 하지만 듣기 좋은 그의 이름은 살아남아 자동차 역사에서 가장 위대한 이름의 하나가 되었다. (듀런트는 시보레의 상표도 만들었다. 그는 파리 호텔방에 발린 벽지의 문양을 조심스럽게 떼어낸 뒤에 상표로 제작하도록 미술 부서에 맡겼다.)

20세기가 시작되면서 두 가지가 분명해졌다. 미국에는 더 나은 도로가 반드시 필요하지만 정부가 그 비용을 대지는 않을 것이라는 사실이었다. 겉보기에 막다른 골목으로 성큼 걸어 들어간 사람은 역사를 통틀어도 유례를 찾을 수 없는 최고의 수완가 칼 그레이엄 피셔(Carl Graham Fisher)였다. 그는 자전거와 자동차 경주 선수였고(한동안 3킬로미터 이상의 세계 자동차 속도 기록을 보유했다) 인디애나폴리스 500 고속도로를 건설한 대단한 사업가였다. 또한, 자신의 사업을 홍보하기 위해 인디애나폴리스에서 가장 높은 두 개의 건물 사이에 설치한 줄을 따라 자전거를 타고 건너간 적이 있을 정도로 물불을 가리지 않는 패기에 찬 인물이었다. 그의 행운은 프레스트-오-라이츠(Prest-O-Lites)라는 사동차 전조등 회사에서 시작되있다. 초기의 자동차는 충분한 전력이 없어 전조등을 충전해서 따로 설치해야 했다. 그의 명성은 미국 최초로 바다를 연결하는 고속도로에서 시작되었다.

1912년 피셔는 뉴욕과 샌프란시스코 사이에 자갈을 깐 2차선 도로를 천만 달러의 기부금으로 건설하자는 제안을 내놓았다. 수천 명의 사람들이 돈을 보냈다. 우드로 윌슨 대통령은 애국심에서 5달러를 기부했지만 헨리 포드는 한 푼도 내놓지 않았다. 1915년이 되자 시공을 할 수 있을 만큼 많은 돈이 모였다. 그러나 문제가 두 가지 있었다. 먼저, 고속도로를 뭐라고 부르느냐가 문제였다. 좋은 이름은 사람들의 지지를 불러일으키는 데 중요한 요소였다. 피셔가 제안한 이름은 'Coast-to-Coast Rock Highway'였지만 어딘지 모르게 활력이 부족했다. 피셔는 'Jefferson Highway', 'Ocean-to-Ocean Highway', 그리고 'American Road'를 저울질하다 결국은 '링컨 하이웨이'로 결정했다. 많은 남부 사람들은 탐탁지 않게 생각했겠지만 애국적인 분위기를 풍기는 이름이었다. 두 번째 문제는 많은 기부금을 받았지만 5,500킬로미터에 달하는 고속도로를 건설하기에는 충분하지 않다는 것이었다. 피셔는 '식생 구간(seedling miles)'이라는 것을 구상했다. 어딘가에 좋은 도로를 1킬로미터 정도 닦는다는 생각은 이상하게 보일지도 모르지만 피셔는 사람들이 매끈한 고속도로를 한번이라도 맛보면 모두 진수성찬을 원할 것이라고 생각했다. 곧바로 고속도로 구간에 들어가는 모든 마을들이 솔깃하게 들리는 식생 구간을 유치하려고 열정적으로 돈을 모았다. 이때 새로운 표어가 내걸렸다. "먼저 미국을 보라(See America First)."

1923년, 세계 최초의 대륙횡단도로인 링컨 하이웨이가 공식 개통되었다. 그리고 40년 동안 매일 자동차와 트럭의 행렬이 시원하게 뻗은 길에 서 있는 수백 개의 작은 마을들에(대부분 도시는 피해 지나갔다) 상업과 더 크고 생동하는 세상의 열풍을 불어넣었다. 링컨 고속도로는 우편엽서가 자랑스럽게 선전했듯이 순식간에 미국의 주요 도로가 되었다.

　마침내 연방 정부가 각 주를 연결하는 고속도로 건설비용을 대기로 결정했다. 하지만 그 문제는 우선순위가 너무 낮아 여유 시간에 처리할 일로 농림부 장관에게 떠넘겨졌다. 디트로이트와 뉴올리언스를 연결하는 제퍼슨 하이웨이, 미시간의 베이 시와 플로리다를 연결하는 딕시 하이웨이, 펜실베이니아를 가로지르는 윌리엄 펜 하이웨이 등 연방 정부의 지원으로 대규모 도로들이 건설되었다. 딕시 하이웨이는 피셔의 머리에서 나온 결과물이었고 이번에는 애국심보다는 자신의 이익이 발상의 동기였다. 1910년대 말 피셔는 한동안 링컨으로 불리기를 바랐던 마이애미비치가 최고의 휴양지가 될 수 있다는 생각에 사로잡혔다.

　많은 사람들이 그것을 미친 발상이라고 생각했다. 누구나 알듯이 플로리다는 어디나 벌레가 들끓는 질척한 늪지였다. 하지만 피셔는 자신의 딕시 하이웨이를 통해 바깥세상과 연결되는 이상적인 도시를 구상했다. 외딴 늪지에 휴양지를 건설하는 비용과 계획은 분명 만만치 않은 일이었지만 피셔는 고집을 꺾지 않았다. 그리고 1926년에 시범 공동체를 대부분 마무리하고, 호텔, 카지노, 골프장, 요트장, 로마식 호화 수영장(어울리지 않게 네덜란드식 풍차가 서 있었다) 건설을 완료했다. 하지만 그때 마침 불어닥친 허리케인이 그것들을 모조리 쓸어버렸다. 그 충격이 간신히 복구되자마자 이번에는 주식 시장이 붕괴하면서 휴양지 시장마저 위축하고 말았다. 물론 마이애미비치는 성공적이었지만 칼 그레이엄 피셔는 그렇지 못했다. 그는 자신이 무(無)에서 건설한 그 도시의 길가에 면한 초라한 집에서 일생을 마쳤다.[37]

　지칠 줄 모르는 피셔가 플로리다 남부에서 운명을 시험하고 있을 무렵, 농림부 장관은 미국의 도로에 몇 가지 규정을 만들어야겠다고 결심하고 있었다. 그래서 팔각형의 빨간색 멈춤 표시, 철도 통과 구역의 X 표시와 같이 도로 표지판을 통일하기로 했다. 그리고 지금까지 남아 있는 각 주 사이의 연결 도로에 번호를 매기는 체계를 세웠다. 남북 방향의 고속도로는 홀수, 동서 방향은 짝수로 정했다(주요 대륙횡단 도로에는 10의 배수가 붙었다). 원래의 이름은 가차 없이 버려졌다. 덕분에 고속도로가 주는 낭만의 많은 부분이 단번에 사라졌다. 불과 2년 전에 완공된 링컨 하이웨이는 U. S. Route 30이 되었고, 딕시 하이웨이는 아무런 느낌도 없는 Route 25로, 윌리엄 펜은 Route 22가 되었다. 가장 유명하다고 할 만한 Route 66은 원래의 이름을 잃는 설움을 겪지 않았다. 도로의 이름을 바꾸던 시기인 1926년에야 시공되어 원래부터 이름이 없었기 때문이었다. Route 66의 수치는 연방 고속도로 분과가 시카고의 미시간 애비뉴에서 시작해 산타모니카의 오션 애비뉴에 이르는 장장 3,500킬로미터 도로에 세워진 방패꼴 표지판을 모두 제거한 1985년까지 계속되었다. 결국 위대한 고속도로가 하루아침에 이름도 없는 뒷길이자 연결 도로가 되고 말았다.

ೞೞ

독자들도 예상하듯이, 오래지 않아 자동차 산업과 관련이 없는 사람들이 더 많은 도로를 건설하려는 미국의 욕심을 이용해 돈을 벌 수 있다는 사실을 알게 되었다. 1920년대 중반, 새로운 표현이 생겨났는데 바로 'drive-in(드라이브인)'이었다.

사실 드라이브인은 자동차 시대의 전유물은 아니었다. 20세기를 전후해서 약국 앞에 이륜마차를 위한 소다수 통을 세워두는 것이 잠시 유행을 탄 적이 있었다. 하지만 그런 발상이 효과를 거두려면 장기적인 이동성을 가진 내부 연소 기관이 필요했다. 최초의 현대식 드라이브인은 피그 스텐드(Pig

Stand)에 있었던 것으로 알려져 있다. 로이스 헤일리(Royce Hailey)라는 사람의 창작품인 바비큐 화덕이 있는 곳이었다. 1921년 9월에 댈러스와 포트워스 사이의 고속도로를 따라 영업을 시작한 피그 스텐드는 큰 인기를 끌어 눈 깜짝할 사이에 남부의 주들과 캘리포니아 전역에 생겨났다. 1924년 창립자인 앨런과 화이트의 이름을 딴 A&W라는 경쟁사가 영업을 시작했다. 그것이 미국 문화에 미친 커다란 영향은 'tray girls(접시 소녀)'의 등장이었다. 그들은 고객의 차까지 음식을 갖다 줌으로써 잠깐이라도 엉덩이를 떼야 할 필요 때문에 생기는 심적인 불편을 덜어주었다.[38]

고속도로는 식당, 도로변 여관, 불결한 싸구려 식당(greasy spoons: 1925년에 처음 기록으로 남음) 등 값싸고 편한 서비스의 본거지가 되었다. 1930년대 초에 뉴욕과 뉴헤이븐 사이의 고속도로를 조사한 결과 평균 280미터마다 주유소가 있고 560미터마다 식당이나 간이식당이 있는 것으로 드러났다.[39] 모든 주요 고속도로에는 일리노이 링컨의 피그 힙(Pig Hip) 식당이나 근처 스프링필드의 코지 도그 드라이브인[Cozy Dog Drive-In: 1949년에 중서부의 별미인 '콘도그(corn dog)'를 만든 것에 대한 자부심이 대단하며, 자체적으로는 콘도그를 '크러스티커(crusty cur)'라고 부른다] 같은 명소가 있었다. 루트 66에는 그 두 가지가 모두 있었다. 이런 명소들 중에는 크게 성공해서 켄터키 코빈의 딕시 하이웨이에 있는 서비스테이션 카페(Servistation Cafe)같이 전국적인 체인점으로 성장한 곳도 있었다. 1929년에 할랜드 샌더스(Harland Sanders)가 창업한 이 식당은 켄터키 프라이드치킨으로 발전하거나, 1945년 일리노이 몰라인(Moline)에 창립된 데이리 퀸(Dairy Queen)으로 발전했다.*

고속도로의 먹는 장소들은 넘쳐났지만 특별히 걱정되는 예측불가능한 일이 있었다. 1929년, 하워드 존슨이라는 매사추세츠의 어느 젊은 약국 주인은 미국의 자동차 운전자들이 원하는 것은 안전하면서도 믿을 수 있는 음식을 일관성 있게 제공받는 거라고 생각했다. 그리고 더 안전하고 위험이 적은 체인점을 운영하는 프랜차이즈 방식을 떠올렸다. 1940년 125개에 달하는 하워드 존슨의 식당이 동부의 해안을 따라 들어섰고, 그 중 3분의 2는 존이 '에이전트(agent)'라고 부른 점주들이 소유한 식당이었다. 그의 식당은 편안한 신식민지적인 양식으로 지어졌다. 창문마다 덮개가 설치되었고 둥근 지붕에는 바람개비가 달렸으며, 2층의 지붕창은 건물에 아늑한 분위기를 더하는 역할을 했다. 복잡한 주차장과 지나가는 차들의 시선을 끌기 위해 설계된 밝은 오렌지색 지붕만이 그곳이 시골 의사나 넉넉한 시민의 집이 아니라는 사실을 말해 주었다. 존슨이 가장 중점적으로 시도한 혁신은 식당 사업을 표준화한 것이었다. 그가 '성경'이라고 부른 운영 방식은 1인분에 들어가는 프렌치프라이의 개수에서 컵에 커피를 어느 정도 부어야 하는지(컵 맨 끝 2.5센티미터의 8분의 3이내)에 이르기까지 모든 것들을 지정했다. 맥도날드의 레이 크록은 그런 세부적인 것에 대한 집착을 그대로 모방해 큰 성공을 거두었다.

운전자들은 자주 음식을 먹어야 하는 만큼 잠을 잘 곳도 필요했다. 1910년대 말과 1920년대 초에는 통나무 야영장이나 모텔이 나타나기 시작했다. U Like Um Cabins(음, 당신은 통나무집을 좋아하는군요), Kozy Kourt(코지 코트), Para Dice(파라다이스)같이 글을 모르는 사람이 지은 것 같은 어색한 이름의 개별 통나무집들은 보통 반원 모양으로 배치되어 있었다.[40] 그러다 1925년 무렵에는 수천 개의 야영장이나 모텔들이 시내의 호텔과 비교도 할

---

* 샌더스는 1940년대까지도 인디애나의 농장 일꾼이었던 것 같다. 하지만 이름도 아름다운 켄터키 주지사 루비 라푼(Ruby Laffoon)에 의해 명예 대위로 임명되면서 자신의 역량을 되찾았다. 그는 턱밑 수염을 길렀고 그 후로 남부 신사의 태도와 복장에 큰 영향을 미쳤다.

수 없는 가격인 하루 2~3달러를 받고 방을 빌려주었다. tourist camp, motor court, 그리고 심지어는 autel 등 야영장과 모텔에서 변형된 숙소들도 나타나기 시작했다. 하지만 최초의 '모텔'이라고 할 만한 곳은 캘리포니아 샌 루이스 오비스포(San Luis Obispo)의 루트 101에 있는 마일스톤 모텔(Milestone Mo-tel)로, 1925년 12월 12일에 문을 열었다. [모텔 인(Motel Inn)이라는 상호로 아직도 영업을 하고 있다.] 그 말은 몇 달 전에 「호텔 먼슬리(Hotel Monthly)」라는 잡지에 처음 등장했는데, '모터 호텔(motor hotel)'도 같은 잡지에서 신고식을 치렀다.[41] 1940년대 무렵에는 모텔이 거의 모든 지역에서 옛날의 '코트'나 '캠프'를 몰아냈다.

초창기부터 손님들이 편하게 쉬려고 온 것은 아니었다. 관찰력이 뛰어난 FBI의 J. 에드가 후버(Edgar Hoover)는 미국의 모텔을 가리켜 "살인 숙소"이자 "범죄의 온상"이라고 심각하게 언급했다.[42] 모텔들이 온상(hotbed)이라는 말은 과장된 표현이었겠지만, 적어도 뜨거운 침대라는 말은 맞다. 1935년 서든 메소디스트 대학의 사회학과 학생들은 주말 동안 댈러스에 있는 모텔들의 출입자를 은밀히 조사한 뒤에 38개 모텔을 이용한 2천 명의 고객 중 대부분이 가짜 이름을 남겼고 그들 중 적어도 4분의 3이 불륜 관계라는 사실을 알아냈다. (그렇다면 나머지 4분의 1은 무엇 때문에 그곳에 갔으며, 누가 그곳에서 무엇을 하는지 조사원들이 어떻게 파악했느냐의 의문이 남는다.) 따라서 어마어마한 돈이 '뜨거운 침대'나 '그렇고 그런 사이'의 거래에 들어갔다. 댈러스의 한 모텔은 24시간에 16번, 다시 말해 90분에 한 번씩 특별실을 빌려준 것으로 드러났다.

1948년 미국의 모텔은 26,000개에 달했다. 불행히도 그 중 대다수가 어둡고 초라했다. 케몬스 윌슨(Kemmons Wilson)이라는 테네시의 부유한 사업가는 가족 휴가 기간 동안 묵었던 모텔들의 수준이 너무 실망스러워 그것을 대신할 수 있는 것을 찾기로 결심했다. 1952년 그는 멤피스의 서머 애비뉴(Summer Avenue)에 밝고, 깨끗하고, 세심하게 공들인 시설을 지어 싱글 침대 방은 4달러, 더블침대 방은 6달러를 받았다. 그는 모텔하면 떠오르는 좋지 않은 느낌을 피하기 위해 '홀리데이 인'이라는 이름을 붙였다. 오래지 않아 홀리데이 인은 이틀하고 반나절 만에 한 개씩 생겨났다. 1954년 하워드 존슨은 같은 사업에 발을 들였고, 곧이어 힐튼과 쉐라톤 같은 대형 호텔 체인점들이 호텔 시장에서 강세를 이루었다.

하지만 당시에는 시장에서 통용되던 대로 '부부 모텔(ma-and-pa motel)'이라는 개인 소유의 여관도 호황을 누렸다. 50년대는 'moderne(현대풍)'으로 알려진 양식으로 산뜻하게 지은 L자형의 좋은 개인 모텔이 유행한 시기였다. 그런 모텔들은 수영장, 에어컨, 냉장고, 킹사이즈 침대, 동전을 넣는 바이브로-메틱(Vibro-Matic) 안마기 등 고객의 집에 있는 것보다 훨씬 더 좋은 고급품들을 점점 더 많이 제공했다. 그래선지, 슬리피 할로우(Sleepy Hollow), 레스트웰 마노(Restwell Manor), 드림랜드 인(Dreamland Inn), 메모리 레인 모텔(Memory Lane Hotel) 등 안마기만큼이나 안락한 이름들을 가진 곳들이 많았다.

1925년 여인숙이 모텔로 발전하고 있을 무렵에 또 다른 명물이 미국의 도로변에 첫선을 보였다. 바로 버마 셰이브(Burma Shave) 광고판이었다. 1920년대 초에 탄생한 버마-셰이브는 붓질이 필요 없는 최초의 면도 크림이라는 혁신적인 상품으로 효과도 정말 좋았다. 하지만 독특한 광고판이 고속도로를 따라 생겨나기도 전에 어디론가 자취를 감추었다. 그 이름은 성공에 아무런 도움도 되지 못했다. 수염을 부드럽고 짧게 깎게 해 주는 면도 크림과 인도차이나 반도의 한 나라를 동일시하는 사람은 거의 없었다. (버마 셰이브는 버마나 적어도 말레이 반도에서 가져온 성분이 든 미얀마-비타(Burma-

Vita)라는 약제로 만든 후속 상품이기 때문에 붙은 이름이었다.]

1925년에 한 회사의 외판원은 독특한 문구로 운전자들을 상대로 광고를 하는 주유소들이 점점 늘어난다는 사실을 알았다. 예를 들어 'GAS AHEAD!(기름 먼저)', 'CIGARETTES!(담배)', 'EATS!(먹어요)', 'STOP HERE!(여기서 멈춰요)' 등이 그랬다. 그는 그런 광고판들이 효과가 있는 것 같아서 그 아이디어를 자기 회사에 응용했다. 버마-셰이브는 시험 삼아 본사 근처의 미네소타 고속도로 두 군데에 광고판을 세웠다. 처음에 세운 것들은 특이해서 눈길을 확 잡아끌었다. 한 광고판에는 이런 내용이 적혀 있었다. "면도솔이여 안녕!/ 반 파운드/ 반 달러/ 피부에 아주 좋아요/ 약국에 가면 있어요/ 얼굴에 생기를/ 전쟁은 끝/ 버마-셰이브." 1930년대 초 그 회사는 전문 분야를 찾아냈는지 한술 더 떠 지나가는 운전자들에게 다음 문구로 재미를 선사했다.

면도솔/ 곧 만나실 거예요/ 동쪽으로 가보세요/ 거기 박물관에 있지요/ 버마-셰이브(1930)

그 남자는/ 색소폰을 연주하지요/ 아무 말도 하지 않지만/ 콧수염에 생채기가 났어요/ 그래서 여자에게 차였답니다/ 버마-셰이브(1933)

그 남자에게는 반지가 있죠/ 아파트도 있어요/ 하지만 그녀는 그의 턱을 만져보았죠/ 그건/ 바로 그것이었어요/ 버마-셰이브(1934)

턱수염을/ 깎을 때는/ 반 넘게/ 뿌리를 남겨두지 마세요/ 버마-셰이브(1934)

프랭크 로섬 주니어(Frank Rowsome Jr.)는 공황기에 광고로 재미를 선사한 '도로변의 시' 버마 셰이브 광고판에 대한 특별한 애정으로 이렇게 말했다. "너무도 진귀해서 실제로 매매 품목이 될 정도였다."[43] 버마-셰이브는 이례적이었다. 광고판은 평균 18초 동안 지나가는 운전자들의 시선을 끌었는데, 다른 종류의 도로 광고판과는 비교도 할 수 없을 만큼 긴 시간이었다. 그들은 효과적으로 상품을 알렸을 뿐만 아니라 고속도로의 안전과 전쟁 채권 같은 시기적절한 명분을 내세워 회사의 이타적인 이미지를 사람들에게 심어 주었다.

60에는/ 곡선을 돌지 마세요/ 우리의 고객을/ 잃을지도 모르니까요
학교 앞에서는/ 천천히/ 지나가세요/ 미래에 면도를 할 어린이들이/
잘 자라게 해 주세요

회사는 새로운 시를 계속 생각해낼 수가 없어서 전국 각지에서 경연대회를 열어 우승자들에게 100달러의 상금을 주기 시작했다. 지원자가 가장 많은 때는 한 해에 5만 명이 몰리기도 했다. 그 시기에 나온 몇 가지 광고 문구는 무척 인상적이었다. "대리인이/ 도시 사람보다/ 농장에/ 더 많은 피해를/ 줄 수 있어요." 무시무시한 분위기를 풍기는 것들도 있었다. "그녀의 자동차는 80킬로미터로 달렸죠/ 사람들이 여자의 시체를/ 치웠죠.", "그는 성냥불을 켰어요/ 휘발유 통을 점검하려고요/ 그래서 사람들은/ 그를 이렇게 부르죠/ 살갗이 벗겨진 프랭크라고."

장소는 세심하게 선정되었다. 평평하고 직선이고 다른 광고판이 없는 곳이라야 했다. 중서부가 가장 적당했지만 애리조나, 네바다, 뉴멕시코, 매사추세츠 이렇게 네 개 주를 제외한 모든 주에 광고판이 출현했다. 광고판의 수와 회사의 수익은 1955년에 절정에 달했다. 시속 96킬로미터 이상으로 달리면 광고판을 아무리 멀리 떨어뜨려 놓아도 읽기가 어렵고 또 세련되어

보이지 않았다. 1960년 한 해 동안 광고판 대여와 유지에 드는 비용이 20만 달러에 달했고, 2차선 고속도로는 점점 더 찬밥 신세가 되고 있었다. 미국이 2차선 고속도로의 나라에서 벗어난 1963년, 마지막 버마-셰이브 광고판이 철거되었다. 황금시대는 그렇게 저물었다.

❦

1919년 미 육군은 메릴랜드의 미드(Meade) 캠프에서 대륙 건너 샌프란시스코로 트럭 호송대를 보냈다. 목적은 그 여행이 가능한지 파악하는 것이 전부였다. 여행은 시속 11킬로미터의 속도로 두 달 걸려 끝났다. 호송을 맡은 젊은 장교는 드와이트 D. 아이젠하워였다. 그는 35년 뒤에 대통령이 되어 어느 위원회에 미국의 운송수단의 필요성에 대해 연구하도록 지시했다. 케네스 T. 잭슨의 말처럼, "그 위원회는 뒤죽박죽인 고속도로 상황의 대안은 전혀 고려하지 않고 국가 정책의 큰 흐름을 자동차와 트럭에 도움이 되는 쪽으로 바꾸었다."⁴⁴⁾ 그다지 놀라운 일도 아니었는데, 그 위원회의 위원장이 다름 아닌 제너럴 모터스의 이사였다. 1956년 아이젠하워는 위원회의 제안에 따라 저 유명한 주간 고속도로 건설법(Interstate Highway Act)에 서명했다. 이로써 68,000킬로미터의 슈퍼 고속도로의 막이 열렸고 미국이 교통 예산의 75퍼센트를 고속도로에, 1퍼센트에 못 미치는 돈을 대도시 대량 수송 수단에 쓰는 시대가 시작되었다.

1956년에는 고속도로가 이미 여기저기에 건설되어 있었다. 최초의 다차선 고속도로는 1920년대에 개통된 24킬로미터 길이의 브롱크스 리버 파크웨이(Bronx River Parkway)였다. 당시로서는 위험하기 짝이 없는 시속 56킬로미터가 제한 속도였다. '파크웨이'는 의미심장한 말이었다. 그것은 중산층이 여가를 즐길 목적으로 만들어진 도로였었다. 때문에 상업용 차량은 운행을 할 수 없었고 트럭과 버스의 통행을 막기 위해 교량에서 엄격하게 통행을 제한했다. 넉넉한 숲, 부드러운 곡선, 그리고 나무를 심은 중앙 분리대가 도로의 미적인 면을 한층 끌어올렸다. 광고판, 주유소를 비롯한 도로변의 잡다한 것들은 철저히 배제되었다. 그것은 고속도로라기보다는 자동차를 운동시킬 수 있는 숲속의 아늑한 공간이었다.

파크웨이를 건설한 위대한 인물은 뉴욕시의 공원 감독관 로버트 모제스(Robert Moses)인데 얄궂게도 그는 운전을 할 줄 모르는 사람이었다. 그는 롱아일랜드까지 이어진 메도브룩 파크웨이(Meadowbrook), 헨리 허드슨 파크웨이(Henry Hudson Parkway), 타코닉 리버 밸리(Taconic River Valley)를 가로지르는 타코닉 파크웨이 같은 도로들의 건설을 감독했다. 1940년에서 1950년 사이에 건설된 타코닉 파크웨이는 미국 역사상 가장 아름다운 고속도로였을지는 모르지만 이미 시대에 뒤떨어진 작품이었다. 1950년 무렵의 미국인들은 운전을 재미있는 활동으로 보지 않았다. 그저 재미를 찾을 수 있는 곳으로 데려다줄 수단일 뿐이었다. 이런 새로운 운전 양식으로 새로운 것이 필요하게 되었다. 바로 슈퍼 고속도로였다.

미국 여행과 관련해서 질기게 남아 있는 신화들 중 하나는 초창기에 흔히 불렸듯이 '익스프레스 하이웨이'가 독일의 '아우토반'을 본떠 건설되었다는 것이다. 하지만 실상은 그 반대였다. 히틀러의 도로 담당관 프리츠 토트(Fritz Todt) 박사는 1930년대에 미국으로 건너와서 한창 건설되고 있던 아름다운 공원 도로(parkway)를 연구했다. 그리고 커다란 포부를 안고 가방 가득 메모지를 넣은 채 독일로 돌아갔다. 사람들이 슈퍼 고속도로와 처음 접촉할 수 있었던 것은, 1939년에 열린 뉴욕 세계 박람회에서 크게 인기를 끈 노먼 벨 게데스(Norman Bel Geddes)의 퓨처라마(Futurama) 전시품 덕분이었다. 그 전시품은 25년 뒤인 1964년의 세상을 보여 주기 위해 설계되었다. 마을과 도시, 시골이 늘씬한 다차선 고속도로로 연결되었고 그것을 따라 작은 차들이 빠른 속도로 원활하게 이동하는 모습을 표현한 대규모 미니어처였다. 그것은 미래를 예측하고 있었다. (퓨처라마 역시 언어적인 영향력을 가지고 있어서 Shop-o-rama, Fisherama, 심지어 Kosherama, Striperama, 그리고 마침내 Cinerama 같은 합성어를 만들어냈다.)

펜실베이니아 턴파이크(Pennsylvania Turnpike)의 개통으로 1년도 안 돼 벨 게데스의 꿈이 실현되었다. 그것은 해리스버그 서쪽에서 피츠버그 동쪽을 연결하는 260킬로미터 길이의 도로였다. 대공황 때 실업자를 구제할 목적으로 시공된 이 도로는 1940년 10월 1일에 개통되었다. 첫 여섯 달 동안에는 속도 제한이 없었다. 운전자들은 1.5달러의 요금을 내고 두 시간 반 만에 도로 전체를 주행할 수 있었고 그 시간의 반은 옛 링컨 하이웨이에서 소요되었다. 입체 교차로, 출입 차선, 서비스 구역 등 곧 미국 전역에서 익숙해질 특징들 덕분에 첫 해에 그 시대의 기적을 경험하게 된 240만 운전자들이 놀라움과 기쁨을 동시에 느꼈다.

펜실베이니아 턴파이크가 개통된 지 두 달 뒤에 3천여 킬로미터 떨어진 곳에서 최초의 진정한 프리웨이가 개통되면서 미국의 자동차 여행은 또 다른 역사적 전기를 맞았다. 그 장소가 로스앤젤레스인 것은 두말 할 필요도 없다. 시장이 테이프를 자르고 고위 인사들을 가득 태운 차량의 행렬이(너무 흥분했는지 그 중 세 대가 충돌했다) 12킬로미터의 아로요 세코 파크웨이(Arroyo Seco Parkway) 위를 지나갔다. 아로요 세코는 약간 촌스러운 이름에도 불구하고 공원 도로라기보다는 많은 차량이 고속으로 이동할 수 있도록 설계된 날렵하면서도 분명한 목적을 가진 8차선의 중추적인 도로였다. 거기에 즐거움이 개입될 여지는 없었다. 1930년에「아메리칸 시티」라는 잡지에서 처음 인용된 '프리웨이'의 시대가 시작된 셈이었다. 그런 사실을 알기라도 하는 듯, 아로요 세코는 곧바로 패서디나 프리웨이(Pasadena Freeway)로 이름이 바뀌었다. 역설적으로, 그것은 지역민들이 교외로 빠져나가도록 하기보다는 시내로 쇼핑족들을 유혹하기 위한 조치였다. 1945년 무렵에는 그런 도로들이 '익스프레스웨이(expressway)'라는 이름으로 불리기도 했다.

로스앤젤레스가 불규칙하게 뻗어나간 것은 전쟁 후에 프리웨이가 무분별하게 확대되었기 때문이라고 해석하는 사람들이 많다. 사실은 로스앤젤레스가 이미 불규칙적으로 뻗어나가 있었기 때문에, 멀리 떨어진 지역들을 이어줄 적절한 수단인 프리웨이가 생겼다고 보는 게 맞다. 그 도시가 무계획적으로 뻗어나갈 수 있었던 것은 전 세계에서, 아니 최소한 미국에서 가장 훌륭한 대중 교통망을 갖추고 있었기 때문이다. 로스앤젤레스의 철도와 자동차를 위한 선로와 도로망은 수천 킬로미터에 달했다.

서부 해안 지역의 프리웨이는 적어도 처음에는 아주 천천히 발전했다. 1947년에도 캘리포니아의 프리웨이는 30여 킬로미터에 불과했다. 그때 주 상원의원 랜돌프 콜리어(Randolph Collier)가 등장하면서 이레카(Yreka)라는 시골 마을에서, 아니면 로스앤젤레스만큼이나 먼 곳에서도 캘리포니아에 진입할 수 있게 되었다. 그는 40년 동안 캘리포니아 고속도로 계획을 지원했다. 프리웨이 건설을 장려하는 데 그치지 않고 철도 교통(그가 "토끼 운송수단"이라고 불렀던)에 대한 지원을 계속 막았다. 그 덕에 1950년대 중반에는 캘리포니아 대부분의 지역에 프리웨이가 깔렸다. 오늘날에는 로스앤젤레스 전체 부지의 3분의 1은 자동차를 위한 부지로 넘어갔고 로스앤젤레스 카운티 교통위원회는 시 당국보다 더 많은 예산을 가져가고 있다(1991년에 45억 달러).[45]

얼마 지나지 않아 모든 도시에 프리웨이가 생겼다. 그런 과정에서 보스턴의 파괴적인 다운타운 아터리(Downtown Artery)는 오랜 이웃들을 단절시켰고, 필라델피아의 스쿨킬 익스프레스웨이[Schuylkill Expressway: 흔히 '슈어 킬(Sure-Kill)'로 불린다]는 아름다운 페어몬트 파크(Fairmont Park)를 망가뜨렸다. 심지어는 뉴올리언스의 명소인 프렌취쿼터(French Quarter)의 심장부를 관통하는 프리웨이를 건설하려는 계획이 세워진 적도 있었다.

도시의 모습을 바꾸어 나가는 프리웨이로 인해, 새로운 주간 고속도로가 도시들을 연결해 주었던 옛 2차선 도로에 영향을 주었다. 미국은 제2차 세계대전에 정신을 빼앗기지 않았다면 훨씬 일찍부터 슈퍼 고속도로망을 확보했을 것이다. 실제로 프랭클린 딜러노 루스벨트는 그런 계획을 염두에 두고 있었다. 그는 공공사업으로 전국적인 고속도로망을 건설하려고 마음먹었다. 1950년대, 아이젠하워는 고속도로가 미국의 국방력을 향상할 수 있는 잠재력이라고 믿었다. 그래서 대륙 안에서 탄도 미사일을 운반하기 위한 교량과 터널 건설 계획을 세웠다. 미국은 1956년부터 25년 동안 주간 고속도로에 1,180억 달러를 지출했다. 필 패턴(Phil Patton)의 말처럼 그것은 "뉴딜의 마지막 계획이자 최초의 우주 계획"이었다.[46]

20년도 채 걸리지 않아서 미국의 현대적인 주간 고속도로가 수천 개의 마을에 생겨났다. 그러자 2차선 도로 시설을 이용할 필요가 없어졌고 머지않아 이용할 수도 없게 되었다. 나이트-이-나이트 모터 코트(Nite-E-Nite Motor Court), 듀 드랍 인(Dew Drop Inn) 같은 터무니없는 이름을 가진 모텔, 네온사인을 깜박이며 미트로프와 으깬 감자를 유난히 즐겨 내놓는 도로변 식당, 그리고 달랑 두 대의 주유기를 가지고 있는 시골 오두막같이 편안한 주유소들이 모두 사라져갔다. 오늘날에는 서부 네브래스카의 옛 링컨 하이웨이 혹은 루트 30을 이용하는 사람이 거의 없어서 깨진 도로 틈 사이로

잡초가 무성하게 자라고 있다. 와이오밍과 경계를 이루는 도로는 아예 사라져서 인터스테이트 80번 도로의 흰색 콘크리트 아래로 무참히 묻혔다. 그리고 루트 66, 딕시 하이웨이를 비롯한 과거의 위대한 도로들처럼 사람들의 뇌리에서 사라지고 말았다.

무엇을 먹을까?
-미국의 음식

In 1993, according to an international business survey, the world's most valuable brand was Marlboro, with a value estimated at $40 billion, slightly ahead of Coca-Cola. Among the other top ten brands were Intel, Kellog's, Budweiser, Pepsi, Gillette, and Pampers. Nescafe and Bacardi were the only foreign brands to make top ten, underlining American dominance. Why companies like Coca-Cola suffer palpitations when they see a passage like this (from John Steinbeck's The Wayward Bus): "Got any coke?" another character asked. "No," said the other proprietor. "Few bottles of Pepsi-Cola. Hav___ ___ coke for a month……. It's the same stuff. You can'___ ___ 1993, according to an international business ___ ___ ___ le brand was Marlboro, with a value esti___ ___ of Coca-Cola. Among the other top ten ___ ___ ser, Pepsi, Gillette, and Pampers. Nes___ ___ brands to make top ten, underli___ ___ like Coca-Cola suffer palpita___ ___ m John Steinbeck's The Way___ wa___ ___ asked. "No," said the ot___ ___ ven't had any coke for a mor___ ___ them apart." In 1993, ac___ ___ world's most valuable bran___ ___ llion, slightly ahead of Coca-Co___ ___ el, Kellog's, Budweiser, Pepsi, Gillett___ ___ Bacardi were the only brands to make top ten, unuerlining American dominance.

**MADE IN
AMERICA**

최초의 필그림들에게는 신세계에 널린 먹을거리가 아주 천천히 눈에 띄었다. 뉴잉글랜드의 숲은 오리, 칠면조, 자고, 사슴, 자두, 버찌, 버섯, 갖은 견과류와 장과류 등 풍부한 자원으로 넘쳐났으며, 물은 물고기들로 그득했다. 하지만 그들은 염장 돼지고기(salt horse로 불렸다)와 염장 생선, 소고기, 건빵(곰팡이, 바구미, 심지어는 인간의 이도 뚫지 못할 정도로 딱딱했다), 말린 완두콩을 포함한 콩류 등 점점 줄어드는 비축 식량 이외에는 먹을 생각을 하지 않았다. 한 역사가의 말을 빌면, "그 땅에서 나는 낯선 열매를 먹어보려고 하기보다는 풍요 속에서 굶어죽는 쪽을 선호했다."고 한다.[1] 또 다른 사람은 이렇게 말했다. "최초의 정착민들은 풍요의 땅에 도착해놓고도 굶어죽을 뻔했다."[2]

바닷가재는 너무 흔해서 "가장 어린 소년도 골라잡아 먹을 수 있었지만" 그렇게 하는 사람은 아무도 없었다. 존 윈스롭(John Winthrop)은 고향에 보낸 편지에서 그렇게 좋아하는 양고기가 없어 굴, 오리, 연어, 조개같이 보잘

것없는 음식만 먹고 있다고 슬퍼했다. 그들은 대합과 홍합은 입에도 대지 않고 돼지에게 먹였다. 영국의 밀이 뉴잉글랜드의 토양과 기후에 맞지 않다는 사실을 알았다. 농작물 재배를 시도했지만 깜부깃병으로 연이어 실패했다. 두 세기 중 태반은 밀이 사치품으로 여거졌을 것이다. 완두콩 재배도 실패했는데, 이는 뉴잉글랜드의 기후 때문이 아니라 정착민들의 서툰 농사 기술 때문이었다. 비축해둔 식량이 점점 줄어드는데다 사냥꾼으로서의 기질도 부족했던 모자라고 미숙하고 전혀 준비되지 않은 이 작은 이주민 집단의 미래는 정말 암담해 보였다.

다행히 인디언들이 그들을 구했다. 신세계의 인디언은 훨씬 이전부터 유럽인보다 훨씬 더 잘 먹고 있었다. 이 본토박이 미국인들은 약 2천 가지의 음식을 즐겼는데, 이는 구세계의 가장 부유한 주민들조차 상상할 수 없었던 가짓수였다. 신세계에만 있는 특별한 음식 중에는 흰 고구마, 땅콩, 호박과 그 사촌인 애호박, 감(persimmon: 초기 정착자들은 putchamin으로 기록했다), 아보카도, 파인애플, 초콜릿, 바닐라, 카사바(타피오카의 원료), 고추, 해바라기, 토마토 등이 있었다. 물론 이 모두가 전 지역에 알려진 것은 아니었다. 유럽에 있었던 식물들도 신세계에서는 훨씬 더 다양했다. 미국산 깍지콩은 훨씬 더 속이 알차고 맛이 좋았고 곧바로 유럽에서 자라던 잘 썹히지 않는 다른 품종을 대신하게 되었다. 마찬가지로 유럽인들은 버지니아에서 야생으로 자라던 통통하고 맛있는 딸기를 발견하고 맛을 본 뒤로는 그때까지 알고 있던 잘 뭉개지는 작은 딸기는 완전히 잊어버렸다. 인디언들은 몸에 좋은 음식을 먹었다. 부유한 유럽인들도 괴혈병에 걸리면 약해진 잇몸에서 이가 떨어져나가는 것을 무기력하게 지켜보던 시절에 인디언들은 음식을 골고루 먹어야 건강해질 수 있다는 사실을 알고 있었다.

하지만 무엇보다도 그들의 농사법은 유럽의 농부들이 경쟁할 수 없을 만큼 정교했다. 옥수수 사이에 콩을 심는 방법을 경험으로 터득하고 있었다. 그렇게 하면 같은 크기의 토지에서 더 많은 수확을 올릴 수 있을 뿐만 아니라 옥수수가 가져가는 질소를 보충할 수 있었다. 결과적으로 유럽인들은 수확이 좋은 해에도 겨우 먹고살았지만, 인디언들은 늘 풍족하게 살았다. 이런 사실은 뉴잉글랜드의 한 부족이 갑작스럽게 찾아온 무기력한 손님 100명을 반 년 동안 도와줄 식량을 충분히 가지고 있었다는 사실로 충분히 입증된다.

인디언이 개척자들에게 준 가장 중요한 선물은 옥수수였다. 물론 그들을 쫓아내지 않은 것만 해도 큰 선물이었다. 옥수수는 중부 멕시코의 테와칸 밸리(Tehuacán Valley)에서 야생초로 자라기 시작했을 것으로 보인다. 제멋대로 자라는 야생초를 오늘날 우리가 아는 속이 꽉 차고 영양가 높은 식재료로 만든 것은, 식민지 시대 이전의 가장 위대한 업적일지도 모른다. 옥수수는 거의 모든 지역에서 잘 자랐고 1620년에는 신세계 전 지역에서 안정적으로 재배하는 작물이 되었다. 영국에서는 아직도 그런 것처럼, 초기 이주민들에게 'corn'은 흔하게 볼 수 있는 곡물을 모두 일컫는 말이었다. 그래서 그들은 스페인 이름〔서부 인디언 타이노(Taino) 족의 말로 mahiz〕을 빌려 썼다. 하지만 'maize'는 그곳에서만 자라는 곡물이었기 때문에 corn이 점점 옥수수만을 뜻하게 되었다. 옥수수는 약 7천 년이라는 오랜 세월 동안 길들여졌으므로 지금은 인간의 손에 전적으로 자기 존재를 의지하고 있다. 껍질이 열매를 감싸고 있어 알맹이마다 든 씨를 스스로 보호한다. 옥수수는 식민지 시대에도 이주민의 상식 이상으로 손이 많이 가는 식물이었다. 초기 이주민들은 다른 곡물처럼 낟알을 뿌렸다가 옥수수가 잘 자라지 않아 실패하고 말았다. 옥수수는 낟알을 하나씩 땅에 묻고 어분으로 만든 비료를 뿌려주어야만 잘 자란다는 사실을 귀띔해 준 것은 인디언이었다.

17세기 초에는 신세계의 많은 음식들이 이미 유럽에 알려져 있었다. 하지만 초기 이주민들에게도 알려진 것은 아니었다. 초기 필그림들은 신세계의 두 가지 음식인 토마토와 감자에 대해 들어는 보았지만 먹어보지는 않았던 것 같다. 더구나 그것들은 처음 찾은 동부 해안에는 없었기 때문에 맛볼 기회가 없었다. 그러나 동부 해안의 인디언들은 고구마를 먹었기 때문에 약 두 세기 동안 미국인들은 고구마를 감자로 잘못 알고 살았다.

감자는 16세기에 스페인을 통해 영국으로 건너갔지만 왕비의 요리사가 덩이줄기는 버리고 잎만 요리하는 바람에 그 진가를 보여 주지 못했다. 영국인들은 그런 잘못된 요리법을 한참 동안이나 고수했다. 그 전만 해도 감자는 한 세기가 넘도록 관상용 식물로 철저한 관리를 받으며 자랐다. 그러다 마침내 식재료로서의 무한한 가능성을 인정받기 시작했다. 아일랜드인은 감자에 특별한 애정을 쏟았다. 적당한 쓰임새 때문이 아니라 아일랜드 땅에서 잘 자랄 수 있는 몇 안 되는 식용작물의 하나이기 때문이었다.

감자는 영국제도의 다른 곳에는 거의 알려지지 않았다. 1719년이 되어서야 보스턴의 미국 식민지에서 처음 기록으로 남았다. 토머스 제퍼슨이라는 버지니아의 점잖은 농부가 감자 재배를 시도했을 무렵이었다. 그가 아일랜드 감자라고 불렀던 감자는 비로소 북미 전역에서 가능성 있는 음식으로 주목을 끌기 시작했다. 제퍼슨은 프렌치 프라이드 포테이토를 처음 대접한 사람으로 보인다.* 덩이줄기에 독이 있고 오랫동안 고통스럽게 죽는 것을 피하려면 한참을 삶아야 한다고 생각하는 사람이 많았으므로 그것은 과감한 행동이었다. 1800년대가 한참 지날 때까지도 다른 방법으로는 감자를 먹으려는 사람이 없었다. 그 무렵에 스페인인이 가져간 모종 두 종에서 재배된

---

* 'French fries' 라고 해서 꼭 프랑스 사람의 발명품이라는 것은 아니다(그럴 수도 있지만). 'french' 에는 얇고 줄무늬가 들어가게 자른다는 뜻이 있기 때문이다. 예를 들어 쇠고기 안심의 줄무늬를 두고 'frenched' 한 것이라고 말하기도 한다.[3]

감자가 유럽 전체의 감자 산출량이었다. 이런 유전적인 다양성 부족이 19세기 아일랜드의 처참한 감자 마름병의 원인이 되었을 가능성이 높다. 아일랜드인을 미국으로 이끈 데는 그런 피해가 분명한 역할을 했다. 우연히도 감자의 또 다른 말인 'spud'는 감자를 파내는 삽의 종류에서 유래한 말이다. 이 말은 중세에 나오기는 했지만 1840년대부터 감자만을 뜻하게 되었다.

신세계 토마토(다른 많은 음식 이름처럼 나와틀어 'tomatl'에서 유래했다)의 역사는 감자의 역사와 아주 비슷하다. 토마토는 스페인인이 남아메리카에서 유럽으로 가져갔다. 처음에는 독이 들었다고 알려져 두 세기 동안 장식으로만 쓰이다가 이번에도 바지런한 토머스 제퍼슨에 의해 빛을 발하게 되었다. 기록상으로 그는 1781년에 처음으로 토마토를 'tomata'라고 불렀다. 토마토는 원산지에서도 19세기가 한참 지날 때까지 위험한 외래 식물로 여겨졌다. 가짓과의 식물이기 때문에 그처럼 주의를 하는 것도 어쩌면 당연했다.

그러나 이주민들은 동부 해안을 따라 넘쳐나는 신세계의 음식인 칠면조 (turkey)에 익숙해졌다. 누구든 미국 토종의 새가 어떻게 하다 6천여 킬로미터나 떨어진 나라의 이름을 갖게 되었는지 궁금할 것이다. 메이플라워호가 항해를 시작하기 약 80년 전에 영국에 처음 나타난 칠면조는 터키에서 온 것으로 잘못 알려졌다. 실제로는 1519년 에르난 코르테스(Hernán Cortés)의 멕시코 원정 이후에 스페인에 소개되었다가 다시 영국으로 유입되었다. 유럽의 다른 많은 나라들도 칠면조의 이름을 붙이는 과정에서 비슷한 지리적인 실수를 저질렀다. 프랑스 사람들은 칠면조가 인도에서 왔다고 생각하여 'poulets d'Inde'라고 불렀는데, 이것이 현대 프랑스어 딩동 (dindon)의 시초였다. 독일인, 네덜란드인, 스웨덴인의 추측은 훨씬 더 어긋나서 칠면조를 각각 Kalekuttisch Hün, kalkoen, kalkon이라고 불렀다.

1620년대에 접어들면서 칠면조는 유럽에 널리 알려졌다. 하지만 오랫동안 근동에서 유래했다고 인식되었으므로 필그림들은 새로운 땅에 넘쳐나는 칠면조를 보고 무척 놀랐다. 또 다른 미국 토종 음식인 돼지감자(Jerusalem artichoke)도 그와 비슷한 언어상의 오해를 일으켰다. 그것은 엉겅퀴(artichoke)와는 거리가 멀었고 오히려 해바라기속의 뚱딴지 뿌리와 더 가까웠다. 'Jerusalem'은 해바라기를 뜻하는 이탈리아 말 'girasole'이 변형되었을 뿐이다.

이주민들은 인디언들의 끈질긴 가르침을 받은 끝에 호박 같은 토종 작물에 익숙해졌고 또 그것들을 좋아하게 되었다. 호박(pumkin)은 처음에는 '멜론'을 뜻하는 옛 프랑스 말로 불렸다. 이주민들은 혼동해서 애호박을 'pompions'라고 부르기도 했다. 호박파이는 1623년에 필그림이 두 번째 추수감사절에 처음 맛본 뒤로 큰 인기를 끌었지만 훨씬 뒤까지도 오늘날의 철자로 확립되지 않았다. 그러다 1796년에야 최초의 미국 요리책에 호박파이가 등장했다. 그것은 『미국의 고아 아멜리아 시몬스(Amelia Simmons)가 지은 미국과 모든 생활수준에 적합한 미국 요리법, 혹은 음식, 생선, 가금, 야채 드레싱 기술, 그리고 파테, 과자, 파이, 타트, 푸딩, 커스터드, 설탕조림, 플럼에서 플레인 케이크까지 모든 종류의 케이크를 만드는 최고의 비법』이라는 길고 긴 제목이 달린 얇은 책이었다. 1600년대 중반까지도 호박파이는 흔히 '호박푸딩'으로 불렸다. 당시에 푸딩은 맨 윗부분이 바삭하지 않은 파이를 뜻했다.

인디언들은 이주민들에게 새로운 음식뿐만 아니라 특별한 요리법도 알려주었다. 서코테쉬(succotash), 클램 차우더(clam chowder), 하머니(hominy), 콘 폰(corn pone), 크랜베리 소스, 조니케이크(johnnycake), 보스턴식 구운 콩과 브런즈윅식 스튜는 모두 인디언식 요리다. 버지니아에서 스미스필드 햄을 발명한 장본인은 백인 정착민이 아닌 인디언이었다.[4] 청교도들은 인디언의 끝없는 조언과 지원을 받으면서도 풍미가 없는 담백한 식단을 고집했다. 고기와 야채는 양념을 치지 않고 그대로 쪄진 뒤에 미적지근한 상태로 식탁에 올랐다. 한때 그들이 재배에 성공하려고 열을 올렸던 완두콩은 끼니때마다 나왔고 대개 차가운 상태로 나왔다. 주요 식사는 정오에 차려졌고 디너(dinner)로 불렸다. 스프와 관련된 말인 서퍼(supper: 실제로 당시에는 souper로 쓰이기도 했다)는 간혹 빵 한 조각이 곁들여지는 적은 양의 스프일 때가 많았고 잠자리에 들기 직전에 먹는 식사였다. 런치(lunch)는 스낵(snack)의 경우처럼 아직도 유래가 자세히 알려지지 않은 개념이다. 초기 정착민들에게 스낵은 개가 먹는 음식을 뜻했다.

조니케이크가 'journey cake'의 줄임말로 여행을 떠날 때 준비하는 음식이라는 주장도 있다. 그러나 그것은 옥수수 빵의 일종이고 옥수수 빵만 여행용 음식일 리는 없기 때문에 신빙성이 낮은 설명이다. 또한 그것이 '쇼니케이크(Shawnee cake)'의 변형이라는 주장도 있다. 뉴잉글랜드에서는 조니케이크라고 불리기 오래전에 'jonakin' 혹은 'jonikin'으로 불렸는데, 이는 조니케이크가 그보다 더 오래전에 잊힌 인디언 말에 기반을 둔 잘못된 어원이라는 것을 암시한다.[5] 여행을 위해 만들어진 두 가지 미국 토속 음식은 페미컨(pemmican)과 소고기포(jerked beef)였다. 소고기포는 이름은 그래도 무엇을 잡아당기거나 비틀어(jerk) 만드는 음식은 아니었다. 그것은 페루 지역 인디언 말을 스페인식으로 차용한 'charqui'에서 유래했다. 뜻이 완전히 다른 'jerky'는 스페인어와 어원적으로 더 가깝지만 실제로는 훨씬 뒤에 미국 영어에 유입되었다. 'jerked beef'는 18세기 초에 식민지에 완전히 정착했다. jerky는 1850년이 되어서야 고개를 내밀었다. 페미컨은 그보다 더 직접적으로 크리 부족의 'pimikân'에서 유래했다.

필그림들은 자연스럽게 수많은 구세계 요리들을 신세계로 들고 갔다. 그 중에는 플러머리(flummery: 밀가루나 옥수수 가루로 만든 단 음식으로 아직도 영국에서는 blancmange라고 불리는 담백한 음식으로 남아 있다), 로블로리(loblolly: 당밀로 약간의 풍미를 가한 오트밀 죽), 프루먼티(frumenty: 우유 밀죽), 호케이크(hoecake: 우유 밀죽의 또 다른 종류), 버구(burgoo: 우유 밀죽의 한 종류), '귀여운 머펫 아가씨(Little Miss Muffett)'라는 동요에 나오는 수수께끼의 합성어 커즈 앤 웨이(curds and whey: 기록상으로 커즈는 우유의 응고물이고 웨이는 치즈를 만들 때 생기는 수분이라고 한다) 등이 있었다. 커즈는 또 다른 달콤한 요리 실라버브(syllabub)를 만들 때 쓰이기도 했다.

푸딩은 후식(dessert: 최근에 프랑스어에서 유입된 말로 "duh-zart"로 발음되었다)인 블랙 푸딩(black pudding)이나 블러드 푸딩(blood pudding)에서 즉석 푸딩(hasty pudding)에 이르기까지 더 넓은 범위의 요리를 뜻했다. 크렌베리는 처음에는 craneberry나 cramberry, 혹은 싱싱할 때는 통통 튀길 수도 있기 때문에 bounceberry로도 불렸다. gooseberry fool(구스베리를 흐물흐물하게 끓여 크림과 설탕을 탄 요리-옮긴이)의 fool은 고체 크림을 뜻했다. plum duff(건포도가 든 푸딩-옮긴이)의 duff는 dough(밀가루 반죽)의 다양한 발음 중 하나일 뿐이다. 청교도들이 네덜란드에 있는 동안 알게 된 '도넛(doughnut)'에는 지금처럼 구멍이 뚫리지 않았고, 밀가루 반죽을 작은 공 모양(당시에는 nut이라고도 불렸다)으로 만들어 튀긴 것이었다. 그들은 밀가루나 옥수수가루로 만든 과일 푸딩인 doughboy 혹은 dowboy도 먹었다.

플리머스 항구에 소가 처음 도착한 1624년까지 식민지에 공급된 가축은 염소 대여섯 마리, 돼지 쉰 마리, 비슷한 수의 닭이 전부였다. 그러나 1630년대 중반에 접어들면서 상황은 크게 호전되었다. 매사추세츠의 인구가 4천 명을 넘어서면서 식민지는 1,500마리의 소, 4천 마리의 염소, "셀 수 없이 많은 돼지"를 확보했다. 소는 주로 유제품을 생산하는 역할을 했다. 고기는 오랫동안 돼지고기로만 이용되었다. 실제로 남부에서는 'pork'와 'meat' 가 구분 없이 사용되었다.

시간이 지나면서 미국의 보통 사람들이 먹는 음식은 크게 구미를 당기지 않더라도 건강에 도움이 되는 쪽으로 달라졌다. 당시에는 여자들이 천을 짜고, 비누와 양초를 만들고, 저장할 수 있는 것이라면 모조리 소금에 절이는 등 하루 종일 지치도록 일을 했다. 그런 환경에서 음식의 질이 낮고, 토머스 제퍼슨의 말처럼 대부분의 사람들이 "제대로 못 먹는" 것은 당연한 일이었다. 그런데도 18세기 말에는 거의 모든 사람들이 풍족했고 구세계의 방문자들은 가난한 집에서 먹는 음식의 규모에 대해 한마디씩 했다. 부자들의 집에서는 음식이 다채로웠고 초기의 기준으로 이색적이었다. 마운트 버논에는 조지 워싱턴의 어머니가 쓴 요리책이 보관되어 있는데, 거기에는 다양한 음식의 종류와 mushrump, hartichoke pie, fryckecy of chicken, lettice tart 같은 특이한 철자가 많이 등장한다.

혁명기 무렵에는 사람들이 오후 2시에서 4시 사이에 식사를 했다. 감자와 완두콩을 곁들인 소금에 절인 소고기, 구운 달걀이나 달걀부침, 샐러드, 여러 가지 단 음식, 푸딩, 치즈에 이어 마지막으로 패스트리가 일반적인 메뉴였다. 모든 음식에는 요즘 같으면 식탁에서 일어서지도 못하거나 일어서더라도 움직이지 못할 정도로 많은 양의 술이 들어갔다.[6] 그들은 유럽의 방문자들이 입을 벌린 채 다물지 못할 정도로 많은 고기를 먹었다. 1800년대 초의 보통 미국인들은 1년에 80킬로그램이 넘는 고기를 먹었는데, 이는 1세기 뒤의 사람들이 먹은 것보다 20킬로그램이 더 많은 양이었다. 하지만 보관상의 문제로 신선한 고기는 여전히 즐기지 못했다. 도시 사람들조차 마당에서 닭을 키웠고 돼지 한두 마리는 길거리에서 음식 찌꺼기를 찾아 돌아다니게 내버려두었다. 19세기를 훌쩍 넘길 때까지도 뉴욕을 찾은 사람들은 브로드웨이를 헤매는 돼지 때문에 교통이 위험하다는 이야기를 했다. 기후가 더 낮은 북부에서도 여름이면 소고기와 돼지고기가 곧잘 상했고 닭고기는 더 빨리 변했으며 우유는 한 시간만 놓아두어도 마실 수 없었다. 상류층에서도 상한 음식은 일상적인 위협의 대상이었다. 워싱턴의 집에서 열린 디너파티에 초대받은 한 손님은 음식과 관련해서 약간 심술궂은 태도로 워싱턴의 아내 마사를 언급했다. 식사 중에 크림이 상한 것을 알아차린 워싱턴 장군이 셰리 트라이플(sherry trifle: 백포도주를 뿌린 스펀지케이크에 휘핑크림을 바른 후식-옮긴이)이 담긴 접시를 한쪽으로 조심스럽게 치웠지만, 약간 둔한 마사가 그것을 쉴 새 없이 퍼먹고 있었다는 것이다. 아이스크림은 비교적 안전한 음식이었다. 그것은 1740년대에 메릴랜드 주지사의 연회에 초대받은 한 손님이 그 새로운 디저트에 대해 "가장 맛있게 먹었다."고 쓰면서 미국에서 처음 언급되었다.

토마스 제퍼슨의 메모 습관을 지나치다고 할 사람도 있겠지만, 그는 가장 완벽하면서도 가장 특징적인 식민지 시대 농부의 일대기를 우리에게 남겼다(그는 8년 동안 새로운 국가를 운영하는 데 도움을 주는 동안 틈을 내어 워싱턴 시장의 노점에서 처음부터 마지막까지 팔린 37가지의 야채를 일일이 조사했다). 감자와 토마토의 예로 미리 살펴보았지만 제퍼슨은 쉬지 않고 음식을 실험했으며 미국인들이 전혀 들어보지 못한 수많은 식물을 재배했다. 그 중에 가지, 자두나무, 사보이 양배추, 사탕무, 꽃양배추, 꽃상추, 치커리(그는 succory라고 불렀다), 브로콜리, 샐러리, 호박의 한 종류인 심링(cymling)처럼 별난 것들도 있었다. 그가 늘 한탄했지만 맛좋은 와인을 만들 수 있는 품질 좋은 포도만은 제대로 키우지 못했다.[7]

다른 이민자들은 그보다 덜 모험적이었지만 양으로 보상을 받았다. 부유한 가정에서는 여덟 가지에서 열 가지의 고기나 생선, 갖은 야채, 대여섯 가지의 후식을 먹었고 많은 양의 포도주와 흑맥주, 럼주, 맥주, 혹은 마데이라를 곁들여 마셨다. 제퍼슨은 백악관에 입성한 첫 해에 와인 구입에만 2,800달러를 썼는데, 이는 많은 사람들이 평생 구경하는 돈보다 더 많았다.

농부들의 음식은 거의 다 집에서 키우는 것들로 만들어졌다. 1787년에 뉴잉글랜드의 한 부유한 자작농이 식재료 구입에 쓴 돈이 1년에 10달러를 넘지 않을 정도였다. 구입 품목에는 소량의 차나 커피, 많은 양의 소금, 그리고 아마 당밀도 포함되었을 것이다. 다른 부분은 모든 가족들이 자급자족에 의지했다.

1800년대 중반, 많은 미국인들은 외국의 비평가들이 경기를 일으킬 정도로 많은 양을 먹었다. 런던의 「더 타임스」 통신원은 "홍차와 토스트, 달걀 스크램블, 싱싱한 청어, 야생 비둘기, 돼지 발, 토스트에 올린 울새 두 마리, 굴"로 이루어진 "보통" 미국인의 아침식사를 놀라운 어투로 기록했다. 그는 그 정도가 가벼운 식사에 속한다는 듯이 암시했다.[8] 그런 거창한 아침식사에 대해 회의적인 어투로 묘사한 것이 맞다면, 사실 모든 사람이 그렇게 잘 먹은 것은 아니었다. 실제로 많은 도시민들은 잘 먹지 못했다. 쥐꼬리만 한 임금으로 여유가 없기도 했지만 신선한 음식은 대체로 위험하다는 인식 때문이기도 했다. 19세기 중반까지도 사과나 배를 비롯해서 거의 모든 과일과 야채는 위험하다고 여겨졌다. 야채나 과일을 무모하게 먹는 사람은 장티푸스, 이질, 콜레라에 걸려 곧바로 죽으려고 작정한 것과 다름없다는 생각이 널리 퍼져 있었다.[9] 콜레라가 퍼지는 동안 도시의 위회는 의례적으로 과일과 샐러드 판매를 중단시켰지만 비교적 안전한 시기에도 대부분의 사람들은 식물성 음식(잘 익힌 감자는 예외였다)을 지역사회의 허약한 구성원, 특히 비타민을 섭취해야 하는 어린이에게 먹이는 것은 경솔한 짓이라고 생각했다. 그 때문에 부유한 가정에서도 영양실조로 인한 질병을 피해가지 못했다.

상반되는 주장도 더러 있었지만 우유 역시 위험한 음식으로 알려져 있었다. 빨리 상하는데다 현대의 위생 기준으로 거의 무책임하게 처리되고 배달되기 때문이었다. 오염된 우유를 마시고 '우유병'이나 '경련'으로 죽은 사람의 이야기가 늘 입에 오르내렸다.

19세기가 지날수록 음식으로 인해 잘 먹는 극소수와 그렇지 못한 대다수, 두 부류로 나뉘어졌다. 얼마 지나지 않아 계층 사이에 적대감이 불거지기 시작했다. 명문가 출신의 뉴욕 시민 마틴 반 뷰렌(Martin Van Buren)은 1840년에 대통령 자격을 박탈당했다. 적수인 휘그당의 일원이 한 유명한 연설에서 백악관에서 딸기, 꽃양배추, 셀러리 같은 진귀한 고급 음식을 먹는다며 그를 공격한 것도 한 가지 원인이었다. (뷰렌은 뒤이은 대통령 취임식에서 무뚝뚝한 윌리엄 헨리 해리슨이 외투를 입지 않겠다고 버티다가 폐렴에 걸려 갑작스럽게 사망했을 때 복수를 한 것처럼 개운함을 느꼈을 것이다. 해리슨 대통령은 불과 30일 정도 재임했는데, 그 중 대부분의 시간 동안 혼수상태에 빠져 있었다.) 가난한 미국인들도 다양한 과일과 야채에 대해 알게 되었다. 하지만 당시의 언어를 보면 그들이 그런 것들로 무엇을 해야 할지 잘 몰랐다는 사실을 알 수 있다. 감자의 예만 해도 그렇다. 『역사적 원칙에 입각한 미국 영어 사전 (Dictionary of American English on Historical Principles)』에는 감자 커스터드, 감자 차우더, 감자 옥수수 빵, 감자 푸딩, 심지어는 감자 커피 같은 특이한 19세기 음식이 기록되어 있다. 아마도 그들은 실험적으로 혹은 어쩔 수 없이 그런 음식들을 먹었을 것이다. 그것들은 미국인의 식탁에서 그리 오래 살아남지 못했다.

19세기에는 비교적 적은 수의 새로운 음식이 미국 영어의 어휘에 유입되었다. 예를 들어 pretzel(1824), pumpernickel(1939), liverwurst(1869), tutti-frutti(1876), spaghetti(1880) 등이었다. 미국인이 음식을 먹는 유형에도 변화가 일어나 특히 외식이 잦아졌다. 1820년대 이전만 하더라도 외식은 여행자에게만 국한된 것이었다. 호텔과 여인숙에서도 식사를 할 수는 있었지만 일반인이 즐기며 음식을 먹을 만한 장소나 그런 곳을 설명할 마땅한 이름도 없었다. 그러다 1827년에 프랑스에서 새로운 단어와 개념이 미국으로 건너왔는데, 바로 'restaurant'였다.

1827년 스위스계 델-모니코 형제가 자신의 이름을 따서 차린 뉴욕의 델모니코는 미국 최초의 레스토랑이었다.

스위스 출신의 지오반니(Giovanni)와 피에트로 델-모니코(Pietro Del-Monico) 형제가 뉴욕시의 배터리 구역에 커피와 패스트리 가게를 연 것도 바로 그해였다. 식당은 크게 성공해서 1831년에는 조카인 로렌조(Lorenzo) 까지 합세했다. 열아홉 살이었던 로렌조는 식당경영에 아무런 경험도 없었지만 음식과 관련된 일에는 소질을 타고 났다. 요리는 전혀 하지 않았지만 채 동이 트기도 전에 도시의 주요 상점에 도착해서 식재료를 구입한 덕분에 가장 신선한 제품을 만들 수 있었다. 이는 지금은 일상적이지만 당시만 해도 아무도 하지 않는 행동이었다. 그는 델-모니코의 패스트리 가게를 미국 최고의 식당으로(실제로는 여러 개의 식당이었다. 식당이 자주 장소를 옮겼기 때문에 한 번에 네 군데에서 영업을 한 적도 있었다) 탈바꿈시켰다. 또한 미국의 식사에 그때까지만 해도 부족했던 품격을 가미했다. 그들의 식당은 하이픈(-)을 뺀 델모니코로 이름을 바꾸고 엉겅퀴와 마요네즈[미노르카의 항구 마혼(Mahón)에서 유래한 이름이다]10)에서 프리카세(fricassee: 가늘게 썬 고기로 만든 스튜 옮긴이)에 이르는 이국적인 요리를 미국인에게 소개했다. 아울러 처음에는 '랍스터 아 라 웬버그(lobster à la Wenburg)'로 불린 '랍스터 뉴버그(lobster newburg)'라는 새로운 요리를 발명하기도 했다. 그것은 존경받는 고객인 벤 웬버그의 이름을 딴 요리였다. 하지만 웬버그가 식당에서 꼴사나운 언쟁으로 품위를 떨어뜨리자, 그 요리의 철자가 갑작스럽게 바뀌는 사태가 벌어지기도 했다. 델모니코가 만든 요리 중에는 그와 비슷한 변화를 겪은 것이 또 있다. 폭스홀 킨(Foxhall Keene)이라는 사람의 이름을 딴 '치킨 아 라 킨(chicken à la Keene: 주사위 꼴로 썬 닭고기에 크림과 셰리 소스를 가미한 요리-옮긴이)'은 세월이 흐른 뒤에 'chicken à la King(치킨 아 라 킹)'으로 바뀌었다(사소한 이유 때문인 듯하다).

이윽고 델모니코의 성공에 자극을 받아 여기저기에 많은 식당들이 생겨났다. 1870년대에는 뉴욕시에만 5천 개가 넘는 식당이 생겼고 라 메이슨 도레(La Maison Dorée), 루이스 셰리스(Louis Sherry's), 리초스(Lüchows) 등 다수가 유럽 최고의 식당에 견줄 만한 수준을 자랑했다. 새로운 식당과 함께 '월도프 샐러드(Waldorf salad)', '에그 베네딕트(egg Benedict)' 같은 새로운 요리도 등장했다. 두 가지 모두 1890년대에 월도프-아스토리아(Waldorf Astoria)에서 만들어졌다. 에그 베네딕트는 새뮤얼 베네딕트라는 사람을 위한 숙취 해소용으로 탄생했다. 네덜란드 소스 속에 둥둥 떠다니는 반숙 달걀이 숙취로 고생하는 사람에게 어떤 효과가 있을지는 아무리 생각해도 의문이지만.11)

많은 이주민들 중에서도 특히 이탈리아인들은 신세계에서 발판을 다지려면 식당사업만 한 것이 없다는 사실을 알게 되었다. 가족이 운영하는 식당인 트라토리(trattorie)는 대도시의 거리 모퉁이마다 자리를 잡았다. 그 중 몇몇은 뉴욕의 마마 레오네스(Mama Leone's)와 사르디스(Sardi's), 시카고의 콜리시모스(Colisimo's) 같은 대규모의 유명한 식당으로 성장했다. 하지만 뉴욕의 스프링 스트리트에 있는 G. 롬바르디(Lombardi's)처럼 대부분의 소규모 식당들은 역사 속으로 사라졌다. 하지만 초기에 그 식당을 소유한 한 사람만은 1905년에 남다른 선견지명으로 지금까지도 미국인의 사랑을 받는 음식인 피자를 소개했다.[12]

많은 이탈리아 '전통' 요리는 사실은 신세계의 창작품이다. 크림소스 스파게티에 닭고기를 곁들인 '치킨 테트라치니(chicken tetrazzini)'는 이탈리아 출신 소프라노 루이자 테트라치니의 이름을 빌렸지만 뉴욕에서 처음 만들어진 요리다. '시저 샐러드(Caesar salad)'는 멕시코 티후아나(Tijuana)에서 유래했으며, 시저 카르디니(Caeser Cardini)라는 식당에서 처음 만든 요리다. 카르디니가 늦은 밤에 배고픈 손님들이 몰려오자 남은 재료를 모아 잽싸게 요리를 만들었다는 이야기도 있다. 페투치네 프리마베라(fettucine primavera)는 원래 뉴욕에 있는 르 시르크(Le Cirque) 식당의 주방에서 탄생했다. 비엘 파미지아나(veal parmigiana), 클람스 포실리포(clams Posillipo), 페투치네 알프레도(fettucine Alfredo), 심지어는 스파게티와 미트볼까지도 미국인의 식성을 만족시키기 위해 만들어진 요리들이다. 한 작가는 이런 글을 남겼다. "1950년대의 이탈리아식 미국 음식은 거의 모두가 이탈리아 사람들에게 생소했다. 토리노에서 온 사업가는 시카고의 이탈리아 식당에서 메뉴판을 열심히 훑어보고도 무슨 말인지 전혀 이해하지 못할 것이다."[13]

큰 사랑을 받은 다른 '외국' 음식들의 상황도 다를 게 없었다. 러시아 사람에게는 러시안 드레싱이, 프랑스 사람에게는 프렌치드레싱이 생소한 음식이었다. 비시스와즈(vichyssoise: 닭 육수에 감자, 양파, 부추 등을 넣은 크림 수프-옮긴이)는 프랑스가 아닌 뉴욕에서 1910년에 만들어졌고, 리더크란츠 치즈(Liederkranz: 향이 강한 치즈의 종류-옮긴이)는 독일도, 오스트리아나 스위스도 아닌 뉴욕의 먼로(Monroe)에서 1892년에 만들어졌다. (어느 지역의 합창단을 기념하는 그 이름은 '노래하는 무리'라는 뜻을 가지고 있다.) 칠리 콘 카르네(chilli con carne: 소고기와 콩, 칠리를 넣어 만든 매운 멕시코풍의 수프-옮긴이)는 신세계에서 전해지기 전까지는 스페인에 없었다. 솔즈베리 스테이크(salisbury steak: 햄버그스테이크-옮긴이)는 대성당으로 유명한 영국의 도시와 아무런 상관도 없으며(미국인 J. H. 솔즈베리 박사의 이름을 딴 요리다), 스위스 스테이크(swiss steak: 두드려서 연하게 만든 소고기로 만든 스테이크-옮긴이) 역시 알프스 근방에도 가지 않았다. 잡채(chopsuey: '잡다한 것'이라는 뜻의 광둥어)는 중국이 아닌 샌프란시스코에서 1800년대 말에 생겨났다. 하지만 이름 자체는 1903년이 되어서야 기록에 처음 남게 되었다. 포춘 쿠키는 1920년대에 로스앤젤레스에서 처음 생겼다. 1927년에는 차우멘(chowmein: 갖은 고기, 해산물, 야채로 요리한 중국식 요리-옮긴이)이 처음 등장했다. 하지만 'chow'란 말은 1856년에, 어조가 더 강한 '차우차우(chowchow)'는 1857년에 이미 기록으로 남아 있었다.[14]

미국이 점점 더 도시화되면서 더 많은 사람들이 주된 식사를 저녁에 하게 되었다. 아침과 저녁 사이의 공백을 메우기 위해 새롭게 나타난 기본 현상이 바로 점심이었다. 'lunch'와 'luncheon(lunchon, lunchen, lunchion, lunching으로도 쓰인다)'은 1500년대 이후로 줄곧 영어에 존재하던 말이었다. 원래는 'a luncheon of cheese(치즈 한 덩어리)'처럼 음식의 덩어리를 가리켰다. 햄 한 조각을 뜻하는 스페인어 'lonja'에서 유래했을 가능성도 있다. 그 말은 오랫동안 하인들이나 쓰는 투박한 말로 여겨졌지만, 미국에서는

'런치'가 당당한 지위를 차지하게 되었다. 상황 판단이 빠른 사업가들은 수백만 명의 사무실 직원들이 매일 빠르고 간편하고 값싼 음식을 원한다는 것을 알았다. 그 결과, 그런 요구에 부응할 새로운 식당들이 속속 생겨났다. diner(식당차, 1872), lunch counter(간이식당, 1873), self-service restaurant(셀프서비스 식당, 1885), cafeteria(간이 구내식당, 1890년대), automat(자동판매기, 1902), short-order restaurants(즉석요리 식당, 1905) 등이 그것들이다.

그런 움직임은 1872년에 로드아일랜드의 프로비던스(Providence)에서 시작되었다. 당시 월터 스콧(Walter Scott)이라는 사람이 샌드위치, 삶은 달걀 등 간단한 음식을 실은 차를 「프로비던스 저널」 사무실 밖에 세워두었다. 시내의 모든 식당이 오후 8시에 문을 닫기 때문에 경쟁자가 없어 사업은 날로 번창했다. 식당차는 순식간에 시내 곳곳에 나타났다. 45년 뒤에 스콧이 은퇴할 무렵 프로비던스에만도 50명의 경쟁자가 있었다. 식당차들은 'lunch wagon'으로 불렸는데, 그들이 만들지 않는 단 한 가지가 '런치'였으므로 어울리지 않는 이름이 분명했다. 몇몇 사람은 더 정확하게 'night lunch wagon'이나 'night cafe'라는 이름을 쓰기도 했다. 주민들이 자기 집 밖에서 음식을 파는 것을 불평하자 모든 도시에 식당차 운영을 금지하는 법이 제정되었다. 그러자 식당차 주인들은 빈자리로 차를 끌고 가서 바퀴를 떼버린 뒤에 식당이라고 주장하는 묘안을 떠올렸다. 식당은 아무런 제약도 받지 않았기 때문이었다. 1920년대에는 몇몇 회사가 대량으로 음식을 만드는 으리으리한 식당을 만들었는데, 이것이 또 'diner'로 알려졌다. 식당차는 매력적인 사업이었다. 구입을 하고 유지하는 비용이 저렴했고 어느 곳에나 차를 세울 수 있었다. 게다가 장사가 여의치 않으면 언제라도 트럭에 싣고 다른 곳으로 이동할 수 있었다. 몫이 좋은 식당차 한 대가 1년에 12,000

달러의 수익을 올렸는데, 이는 1920년대에는 제법 큰돈이었다. 미국의 식당과 관련해서 가장 풀리지 않는 미스터리는 식당차가 기차의 식당차로 만들어졌다는 이야기다.

주인은 'cafetiria'로 썼지만, 처음 'cafeteria'로 불린 식당은 1890년대에 시카고에서 문을 열었다. 그 말은 쿠바식 스페인어에서 유래했으며, 1925년까지도 끝에서 두 번째 음절에 강세를 넣는 스페인식으로 발음되었다. 카페테리아는 단명하기는 했지만 큰 인기를 끌어 비슷한 형태의 말들을 크게 유행시켰다. washeteria(동전을 넣고 사용하는 세탁실), groceteria(셀프 서비스 식품점), caketeria(제과점), drugeteria(약국), bobateria(이발소), beauteria(미장원), chocolateria(초콜릿 가게), shaveteria(면도점), smoketeria(흡연실), hardware-ateria(철물점), garmenteria(의류점), furnitureteria(가구점), 심지어는 casketeria(장의사)와 의미가 약간 중복되는 restauranteria 등이 등장했다.

'자동판매 식당'은 작은 창문 뒤에 음식을 모아두고 필요한 동전을 홈에 쌓아놓은 간이식당으로, 미국이 아닌 스웨덴에서 처음 생겼다. 실제로는 반세기 동안 스웨덴에서 유행하다가 혼과 하다트라는 사람들이 1902년에 필라델피아에서 문을 열어 규모는 작지만 짭짤한 이윤을 남기는 사업체로 발전시켰다.

luncheonette(가끔 lunchette로도 불렸다)는 1920년경에 미국 영어에 유입되었는데, '-ette'로 끝나는 말을 유행시키는 데 한몫을 했다. kitchenette(부엌), dinette(한구석에서 식사할 수 있는 자리), roomette(침대차 1인실), bachelorette(독신여성 전용 아파트), drum majorette(여성 악대장), 심지어는 주차위반을 단속하는 여자 경관을 뜻하는 parkette와 여자 부동산 중개인을 뜻하는 realtyette라는 말도 생겨났다.[15]

식당에서 일하는 웨이트리스와 hash slinger(1868년부터 생겨난 미국식 영어로 웨이터를 의미함)는 자신들이 나르는 음식과 손님에 대한 알 수 없고 우스꽝스러운 은어들을 많이 만들어냈다. 1920년대에 간이식당에서 일하려면 Noah's boy가 햄 한 조각이며(성경에서 함(Ham)이 노아의 자식이므로), burn one이나 grease spot이 햄버거를 가리킨다는 것쯤은 알아야 했다. 또한 He'll take a chance나 clean the kitchen은 손님이 다진 고기 요리를 주문했다는 것, Adam and Eve on a raft는 토스트에 반숙 달걀 두 개를 올리는 것, cat's eyes는 타피오카 푸딩, bird seed는 시리얼, whistleberry는 구운 콩을 뜻했으며, 손님이 버터 바른 토스트를 주문했다는 것을 dough well done with cow to cover라며 괜히 어려운 말로 표현했다. 너무 오래 기다린 음식은 growing a beard(수염 기르기)라고 표현했다. 이런 약칭들 중 다수가 주류에 편입되어 베이컨, 상추, 토마토가 들어간 샌드위치는 'BLT'라고 줄여 불렸고, 달걀에 대해서는 over easy(양쪽 다 익히는 것), sunny side up(한쪽만 익히는 것)이라고 했으며, hold the mayo(마요네즈는 빼주세요)의 예처럼 'hold'란 단어도 썼다.

   보통 빠르고 저렴하고 만족스러운 외식은 도시 노동자들에게는 일상이 되었으며, 제조업자들에게는 큰 사업이 되었다. 미국의 식당은 1910년과 1925년 사이에 40퍼센트나 증가했다. 1925년에 배고픈 뉴욕 시민은 17,000개의 식당 중 하나를 골라잡을 수 있었는데, 이는 10년 전보다 두 배나 늘어난 수였다.[16] 심지어는 약국도 그런 대열에 동참했다. 1920년대 초, 보통 약국들이 벌어들인 수익의 60퍼센트는 소다수 판매에서 발생했고, 결국은 약을 끼워 파는 식당이 되고 말았다.[17]

   미국인의 음식 문화가 점점 활기를 띠자 감각적인 즐거움이 퇴보했다고 믿는 사람들 사이에서 경종이 울렸다. 19세기 후반 잘못된 음식을 먹으면 나라의 기강이 흔들린다는 신념을 가진 철두철미한 사람들의 무리가 나타났다. 다른 사람들이 식욕에 대해 좀더 포용적인 태도를 견지한 반면, 한 사람은 식사조절협회를 세워 그런 문제를 해결하려고 했다. 가장 대표적인 사람이 실베스디 그레이엄 목사였다. 그는 케첩과 겨자를 먹는 것은 정신이상적인 행동이며, 육류 섭취는 호르몬의 불균형을 일으켜 남성이 온순한 여성의 기질을 갖게 만든다고 믿었다. 많은 사람들이 그의 말을 신봉했다. 19세기 중반에는 온 나라가 그의 무미건조한 조리법을 따라했고, 그의 식사규칙을 강조하는 그레이엄 기숙사에서 생활하는 사람도 수천 명이나 되었다. 그가 미국인의 음식에 기여한 것 중 가장 오래까지 전해진 한 가지는 그레이엄 크래커(통밀가루로 만든 직사각형의 얇은 과자-옮긴이)다.

호레이스 플레처는 음식을 한입 먹을 때마다 32번씩 씹어야 한다는 개념을 세상에 알린 장본인이다. 영양학자가 아니라 수입업자였지만 1903년에 출판해 큰 성공을 거둔 『영양의 기초(The ABC of Nutrition)』로 자신의 이론을 널리 알렸다.

음식과 도덕적 결백을 연결하는 미국인의 오랜 집착이 낳은 결정판은 안식일 재림교의 의사 존 하비 켈로그로부터 시작되었다. 그는 1876년에 미시간의 배틀 크릭(Battle Creek)에 있던 망해가는 웨스턴 헬스 리폼 연구소(Western Health Reform Ins.)를 인수해서 메디컬 앤 서지컬 새니타리움(Medical and Surgical Sanitarium)으로 이름을 바꾸었다(그러나 사람들에게는 배틀 크릭 새니타리움이나 더 간단히 켈로그로 알려졌다). 그러고는 이상야릇하지만 곧 인기를 끈 치료법을 소개했다. 어쩌면 그 둘이 완전히 무관하지는 않을지도 모른다.

저체중의 환자들은 침대에 누워 배 위에 샌드백을 올린 채 하루 26번의 식사를 해야 했다. 열량을 불필요하게 소비하지 않기 위해 양치질도 직원이

해 주었다.[18] 고혈압 환자는 매일 6킬로그램 정도의 포도만 먹어야 했다. 쉽게 분별할 수 없는 질병을 가진 사람들은 몇 달 동안 휠체어에 앉아 글루텐 과자, '요거트라는 불가리아식 유제품' 같은 실험적인 음식을 먹을 수밖에 없었다. 켈로그 자신도 특이한 버릇을 가지고 있었다. 화장실 변기에 앉아 있을 때나 자전거를 타고 잔디 위를 돌면서 육식과 자위행위(다른 악영향을 가져오는)의 해악에 관한 긴 논문을 불러주었다. 그의 특이한 성격에도 불구하고, 아니 어쩌면 그것 때문인지는 몰라도 켈로그의 '건강 사원'은 날로 번창했다. 건강 사원은 엘리베이터, 룸서비스, 자체 관현악단이 있는 종려나무 온실 같은 고급 편의시설을 갖춘 견고한 복합 단지로 성장했다. 테디 루스벨트와 존 D. 록펠러는 열정적이고 아낌없는 후원자였다.

켈로그는 거의 평생 동안 얇게 자른 아침식사용 곡물을 발명하는 데 몰두했다. 그러던 어느 날 밤 꿈속에서 조리법이 보였다. 그는 잠옷 바람으로 부엌으로 달려가 밀가루를 끓여 가늘고 길게 만 다음 오븐에 구웠다. 그것은 맛이 있을 뿐만 아니라 건강에도 좋을 정도로 아주 특별했다. 하지만 켈로그 박사의 환자들은 그것을 충분히 구입할 수 없었다. C. W. 포스트란 젊은이는 켈로그의 요양소에서 휠체어에 무기력하게 앉아 아홉 달 동안 허송세월을 하다가 갑자기 크리스천 사이언스에 빠져 그곳을 떠나버렸다. 포스트가 유일하게 들고 나간 것은 켈로그 박사의 시리얼에 담긴 상업적 잠재성에 대한 깊은 신뢰였다. 그는 켈로그로부터 사용권을 얻지 못하자 직접 만들기로 결심했으며 단기간에 미국 최대의 갑부 대열에 끼게 되었다. 포스트가 만든 대표적인 시리얼은 그레이프 너츠(Grape-Nuts: 포도나 땅콩이 전혀 들어가지 않았는데도 그런 이름이 붙었다)와 포스트 토스티스(Post Toasties) 혹은 엘리야의 만나(Elijah's Manna: 1908년까지 이 이름으로 불렸다)였다.

아침식사용 시리얼을 만드는 방법이 아주 간단하다는 인식이 확산되자 그것을 모방하는 사람들이 수없이 생겨났다. 20세기 초에는 배틀 크릭에 적어도 44개의 회사가 아침식사용 시리얼을 대량으로 생산했다. 그립 너츠(Grip Nuts), 헬로 빌로(Hello Billo), 몰트 호(Malt-Ho), 플레이크 호(Flake-Ho), 콘 큐어(Korn Kure), 트리아비타(Tryabita), 트리아추와(Tryachewa), 오치나(Oatsina), 에덴 푸드(Food of Eden), 오렌지 미트(Orange Meat: 그레이프 넛츠처럼 오렌지는 들어가지 않았다) 등이었다.[19] 이 제품들은 하나같이 건강식품으로 팔렸다.* 그레이프 너츠에는 봉지마다 '건강한 나라로 가는 길(The Road to Wellville)'이라는 제목의 삽화가 그려진 광고 전단이 들어 있었다. 그것은 밀과 보리 낟알이 든 과자를 매일 먹으면 죽은 두뇌와 신경 세포가 복구되고 건강한 적혈구가 생성된다고 설명했다. 짧지만 시리얼에 열광하던 그 시기에는 원한다면 누구나 떼돈을 벌 수 있었다. D. D. 마틴이라는 감리교 전도사는 부엌 화로에서 건강에 좋은 유동식을 만들어 퍼포(Per-Fo)란 이름을 붙이고 눈 깜짝할 사이에 10만 달러어치를 팔았다. 우습게도 배틀 크릭에서 켈로그의 발명품으로 돈을 벌지 못한 단 한 사람은 바로 켈로그 자신이었다. 그는 자신이 발명한 콘플레이크를 출시한 1907년에야 당연히 누렸어야 할 명예와 부를 얻기 시작했다.

건강 증진 문제는 모든 음식의 주제가 되었다. 청량음료 제품으로 유명한 목시(Moxie)는 1885년에 보스턴에서 목시 너브 푸드 컴퍼니(Moxie Nerve Food Company)라는 이름으로 창립되었다. 닥터 페퍼(Dr Pepper)도 같은 해에 창립된 회사다. 근사해서가 아니라 어디까지나 건강한 음식을 만드는 곳처럼 보인다는 이유로 그런 이름이 붙었다. 인간의 약점을 적극적으로 보완하지 못하는 식품은 매출을 기대할 수 없을 것 같은 시기가 한동안 이어졌

---

* 나중에 나온 시리얼들과 비교하면 확실히 맞는 사실이었다. 1953년에 나온 켈로그의 슈거 스맥스(Sugar Smacks)의 설탕 함량은 무려 56퍼센트나 되었다.

다. 퀘이커 오츠(Quaker oats: 아침식사용 시리얼 제품_옮긴이)는 신경과민과 변비를 억제하는 것으로 알려졌다. 플라이시만스 이스트(Fleischmann's Yeast)는 신경과민을 완화하고 변통을 좋게 할 뿐만 아니라 소화불량, 피부 이상, 충치, 비만과 위장 파괴라는 무시무시한 질병을 크게 개선한다고 했다. 플라이시만은 몇 가지 효능을 덧붙여가며 줄기차게 주장을 되풀이했다. 1938년, 연방 통상 위원회는 그 중 어떤 효능도 뒷받침할 근거가 없으므로 허위 광고를 중단하라는 명령을 내렸다.[20]

그런 상황에서 미국인들이 정크 푸드에 열광하기 시작한 것은 조금 납득하기 어려운 현상이었다. 'junk food'란 말은 1973년까지도 미국 영어에 없었지만 그 개념은 오래전부터 존재했다. 그러다 음식 역사의 대대적인 혁신, 곧 식용 고체 초콜릿의 개발과 함께 그 말이 나오기 시작했다.

초콜릿은 신세계의 식품인데도 불구하고(마야와 아스텍 사람들은 초콜릿을 너무나 중요하게 생각해서 코코아를 돈으로 사용했을 정도였다) 오랜 시간이 지나서야 미국인 식단의 중심에 서게 되었다. 그것은 혁명기 직전까지만 해도 식민지 미국에 알려지지 않았으며, 그 이후에도 음료수로만 통용되었다. 처음에는 초콜릿이 너무 생소하게 여겨졌고 chockolatta, chuchaletto, chocholate, chockolatto 등 철자와 발음도 다양했다. 그러다 마침내 18세기 말에 원래의 나와틀 인디언의 말인 xocólatl과 비슷하게 정착했고, 그 음을 빌려 cocoa(처음에는 3음절 co-co-a로 발음되었다)가 되었다.[21] 막대 초콜릿은 1840년대에 영국에서 발명되었으며, 밀크 초콜릿은 약 30년 뒤에 스위스에서 처음 만들어졌다. 그러나 미국에서는 밀턴 스테이블리 허쉬(Milton Stavely Hershey)가 1903년에 막대 모양의 5센트짜리 '허쉬'를 세상에 소개할 때까지 전혀 인기를 끌지 못했다. (가격은 67년 동안 5센트에 머물렀지만 크기에 비해서는 비싼 편도 아니었다. 제2차 세계대전 이후 25년 만에 크기가 12분의 1로 줄어 1970년에는 초콜릿으로 만든 신용카드처럼 보이기 시작했다. 그러다 크기가 다시 커지면서 가격도 올랐다.)

미국의 사업가들에는 흔한 일이지만 밀턴 허쉬 역시 성공을 예측하지 못했다. 그는 정식 교육을 초등학교 4학년 때까지만 받았고 10년 동안 싸구려 캔디를 만드는 영세업자로 살다가 중년의 어느 날 느닷없이 캐러멜로 벼락부자가 되었다. 캐러멜의 등장은 19세기 말에 전국을 휩쓴 획기적인 사건이었다.

1900년 허쉬는 캐러멜 사업을 100만 달러에 매각했다. 주급으로 10달러를 받으면 후한 임금으로 치던 시기였다. 그는 밀크 초콜릿을 만드는 매우 독창적인 공정에 관심을 돌리기 시작했다. 이 새로운 사업은 대규모의 즉각적인 성공으로 이어졌다. 그는 3년 만에 고향인 중부 펜실베이니아의 데리 교회 부근에 시범 공동체를 건설하고 초콜릿 애비뉴, 코코아 애비뉴 같은 거리를 만들었다. 새로운 마을의 이름으로 율리킷(Ulikit), 초코코아(Chococoa), 퀄리티텔스(Qualitytells) 등을 생각했지만, 결국은 허쉬코코(Hersheykoko)로 결정했다. 우체국은 지금으로서는 알 수 없는 이유로 그 이름을 허용하지 않았고, 대신 평범하면서도 적당해 보이는 '허쉬'로 정하게 했다. 허쉬 마을은 세계에서 가장 큰 초콜릿 공장뿐만 아니라 몇 개의 공원, 배를 탈 수 있는 호수, 박물관, 동물원, 프로 아이스하키 선수단, 그리고 허쉬 소유의 은행, 가게, 사무실과 같은 일상적인 시설을 구비한 것으로 유명했다.

허쉬는 그 마을을 개인 소유지로 운영했다. 거리를 다니다가 게으름을 피우는 노동자를 만나면 그 자리에서 해고했고, 지역 극장에서 상영하는 영화를 독단적으로 검열했다(아마 예리한 감각을 발휘했을 것이다). 그러나 재산의 대부분인 6,600만 달러(요즘 가치로 17억 달러 정도)를 들여 소년들을 위한 세계 최대의 고아원(남아만 들어갈 수 있는 고아원으로 여아는 다른 곳으로 가야 했다)을 짓는 등 많은 자선사업에도 참여했다.

최초의 진정한 막대사탕, 곧 초콜릿 성분을 함유한 사탕은 스쿼럴 브랜드(Squirrel Brand) 땅콩사탕이었다. 그것은 1905년에 출시되어 잘 팔렸지만 1912년에 구구 클러스터가 나오는 바람에 곧바로 자취를 감추었다. 그러나 막대사탕의 황금시대는 1920년대였다. 그 바쁜 10년 동안 몇 가지 전통적인 사탕이 탄생했다. 1920년에는 오 헨리(Oh Henry!)와 베이비 루스(Baby Ruth)가, 1923년에는 밀키웨이(Milky Way)와 버터핑거스(Butterfingers)가, 1925년에는 미스터 굿바(Mr. Goodbar)가, 1930년에는 스니커스(Snickers)가 데뷔전을 치렀다. 베이비 루스는 본래 캔디 케이크(Kandy Kake)로 불렸지만 1920년에 커티스 캔디(Curtiss Candy) 회사에 의해 이름이 바뀌었다. 그 회사는 베이브 루스 막대사탕의 이름이 1920년의 야구 영웅이자 뜨거운 감자였던 베이브 루스(Babe Ruth)와는 아무 상관이 없으며, 그로버 클리블랜드 대통령의 딸 이름을 따왔을 뿐이라는 주장을 굽히지 않았다. 미국인의 마음을 사로잡은 그 예쁘장한 여자아이에게 베이비 루스라는 사랑스런 별명이 붙긴 했지만 그것은 20년도 더 된 일이었다. 베이비 루스는 16살에 죽어 1920년에는 이미 저세상 사람이었으므로 변하지 않는 맛을 광고하기에는 적당하지 않았다.[22] 커티스의 주장이 사실인지 어떤지는 모르지만, 막대사탕의 이름으로 베이비 루스보다는 오 헨리가 더 이상하다. 오 헨리는 시카고에 있는 조지 윌리엄슨 사탕 공장의 여공들에게 시시껄렁한 농담을 해서 '어머, 헨리!' 라며 핀잔을 듣던 활달한 청년의 이름을 딴 것이라고 전해진다.

1920년대에 환호하는 국민들에게 선보인 수백 가지 사탕 중에는 빅 디어로스(Big Dearos), 팻 엠마스(Fat Emmas), 밀크 넛 로프(Milk Nut Loaf), 그리고 특이한 베지터블 샌드위치(Vegetable Sandwich)가 있었다. 야채에 초콜릿을 입힌 베지터블 샌드위치는 "변비를 없앤다"는 진지한 광고가 곁들여져 판매되었다. 독자들도 예상하겠지만, 미국 어린이들이 변비를 중요하게 생각할 리 없었으므로 베지터블 샌드위치는 곧바로 시장에서 자취를 감추었다. 더 믿을 수 없는 제품은 치킨 디너 막대사탕이었다. 그것은 김이 모락모락 나는 닭고기 구이가 나오는 저녁식사에서 풍겨지는 건강식의 느낌을 전달하려는 의도에서 붙여진 이름이었다. 초콜릿으로 만든 5센트짜리 땅콩과자를 건강식으로 격상시킬 만큼 풍부한 상상력을 가진 사람은 거의 없었다. 하지만 치킨 디너는 너무나 잘 팔렸고 1960년대까지도 살아남았다. 어찌된 일인지, 이 제품들 중에서 'candy bar(막대사탕)'로 알려진 것은 하나도 없었다. 그 말은 1943년에야 기록에 남기 시작했다.

1920년대에는 많은 사랑을 받은 수많은 간식 제품이 선을 보이기도 했다. 그 중에는 1920년의 굿 유머(Good Humor), 이듬해의 에스키모 파이(Eskimo Pie), 1924년의 팝시클스(Popsicles), 1926년의 밀크 더즈(Milk Duds)와 호스티스 케이크스[Hostess Cakes: 1930년에 트윈키스(Twinkies)로 이름이 바뀌었다], 1928년의 더블 버블 검(Duble Bubble Gum) 등 미국인의 군것질 종목에서 영원한 버팀목 역할을 한 것들이 있었다. 더블 버블 검은 프랭크 H. 플리어(Flank Fleer)의 발명품이었다. 그는 처음에 풍선껌을 만들었다가 완전히 실패했다. 입안에서 녹아 달라붙고, 풍선을 불면 얼굴에 붙어 떨어지지 않는 단점 때문이었다. 하지만 초기에 만든 치클츠(Chiclets)로 이미 많은 돈을 벌었다. 1920년대에 줄기찬 성공을 거둔 것은 에스키모 파이였다[원래는 아이오와 오나와(Onawa)의 고등학교 교사이자 부업으로 아이스크림 영업을 하던 발명자가 지은 이름은 아이스크림 바(I-Scream-Bar로 불렸다). 에스키모 파이는 선풍적인 인기를 끌어 발매된 지 석 달도 안 되어 하루 100만 개가 팔렸고 그 여파로 카카오 씨앗의 시장 가격이 50퍼센트나 치솟았다.

하지만 그 모든 것은 1920년대에 불현듯 나타나 순식간에 정상에 오른 식단의 거성과 비교하면 초라한 성적이었다. 물론 햄버거가 그 주인공이다. 햄버거가 어디서 처음 만들어졌는지는 아무도 모른다. 프랑크푸르트에서

햄버거는 1920년대 등장해서 미국인들의 마음을 사로잡은 대표적인 미국의 음식이 되었고, 수많은 패스트푸드 레스토랑과 음식점에서 지금까지도 많은 이들의 사랑을 받는 식단으로 자리 잡았다.

프랑크푸르트 소시지가, 볼로냐에서 볼로냐 소시지가 들어온 것처럼 독일 함부르크에서 미국으로 건너왔다는 추측만 할 뿐이다. 하지만 그것은 함부르크에는 전통적으로 그런 음식을 만든 적이 없다는 사소한 사실을 고려하지 않은 추측이다. 햄버거가 미국인의 식단에서 뗄 수 없는 중요한 역할을 해 온 것은 사실이다. 하지만 그것이 언제 처음 만들어졌고 왜 그렇게 불리게 되었는지 말해 줄 근거는 매우 불확실하다. 그러나 햄버거의 원산지에 관한 주장도 끊이지 않는다. 비교적 강력한 후보는 위스콘신의 시모어(Seymour)와 뉴욕의 햄버그였다. 이 두 지역은 1885년에 햄버거가 탄생한 장소로 꼽힌다. 시모어 시는 찰스 내그린(Charles Nagreen)이란 사람에게 햄버거를 처음 만든 공로를 돌리고 스스로 '햄버거의 고향'이라고 부른다. 하지만 그런 주장을 지지하는 사람들은 내그린이 머나먼 독일의 한 도시를 기념하기로 결심한 이유를 대보라는 질문을 받으면 곧바로 꿀 먹은 벙어리가 된다. 그런 면에서 조금 더 설득력 있는 곳은 뉴욕의 햄버그인 듯하다. 햄버그 시민들은 프랭크와 찰스 멘치스(Menches) 형제가 1885년에 에리

카운티 페어(Erie County Fair)에서 영감을 받아 햄버거를 만들어냈다고 믿고 있다.

그 두 가지 주장에게는 미안하지만, 햄버거의 어원을 따지면 요리는 몰라도 이름은 그보다 더 빨리 생겨났다는 사실을 알 수 있다. 1836년이나 1837년에 이미 델모니코의 메뉴에 햄버그스테이크라는 음식이 등장한 증거가 몇 가지 있다. 처음으로 그 이름이 분명히 등장한 것은 1884년 2월 16일자 「보스턴 저널」이었다. 거기에 "우리는 닭을 잡아 삶았다. 닭이 식으면 다져서 햄버그스테이크를 만든다."는 글이 쓰여 있었다. 햄버그라는 말이 처음부터 자주 쓰인 것으로 보아 그 무렵에 햄버그스테이크가 이미 많이 알려져 있었음이 분명하다. 아쉽게도 쇠고기를 다지지 않고 잘랐다는 점, 차게 식혀 먹었다는 점 등에서 오늘날 우리가 알고 있는 요리와는 사뭇 달랐다는 사실을 알 수 있다. 어쨌든 '햄버그스테이크'가 1889년 무렵에 '햄버거스테이크'로 널리 불렸다는 것만큼은 분명하다[워싱턴 왈라왈라(Walla Walla)의 한 일간지에 처음 언급되었는데, 당시에 전 국민이 햄버거스테이크를 먹었음을 알 수 있다]. 그러다 1901년쯤에 '햄버거'로 불렸으며 그때부터 다진 쇠고기를 석쇠에 구운 동글납작한 모양의 요리를 의미하게 되었다.

하지만 아직도 빵 사이에 고기가 들어간 음식과는 거리가 멀었다. 다진 쇠고기 덩어리를 그대로 식탁에 차려 나이프와 포크를 사용해서 먹었기 때문이다. 둥근 빵에 넣어 내놓는 발상을 처음 한 사람이 누구인지는 아직도 알려지지 않고 있으며 증명할 방법도 없다. 하지만 늘 그렇듯이 자기가 원조라고 주장하는 이들은 많다. 코네티컷의 뉴헤이븐에 루이스 런치(Louis' Lunch)라는 식당이 있다. 그 식당은 1900년부터 진정한 의미의 햄버그스테이크를 만들었다고 주장하지만 까다로운 사람들은 그들이 둥근 빵이 아니라 구운 빵 위에 고기를 올려(그곳에는 지금도 그런 요리가 나온다) 내놓았기 때문에 강하게 부인한다. 한편 루이스빌의 캘린 식당(Kaelin's Restaurant)은 1934년에 최초의 치즈버거를 만들었고 그 이름도 직접 지었다고 주장한다. 그처럼 적극적인 주장을 하는 식당들이 전국적으로 많을 것이다. 어떤 경우든 1910년경에 지금 우리가 햄버거라고 생각하며 숭배하는 음식이 널리 소비되었고 그 이름도 흔하게 사용되었다는 사실은 확실하게 확인할 수 있다. 그렇지만 그때까지만 해도 미국인의 심장과 위장에 체질적으로 맞는 식단으로 자리 잡은 것은 아니었다.

 초기의 햄버거는 오래되거나 미심쩍은 고기를 편하고 빠르게 처리할 수 있는 즉석 요리로 취급되었으므로 소비자는 그것을 조심해서 먹어야 할 음식이라고 생각했다. 캔자스의 위치타(Wichita)에서 두 명의 기업가가 나타난 1921년이 되어서야 비로소 햄버거는 명성을 드높이기 위한 힘찬 발걸음을 내딛기 시작했다. 문제의 사람들은 보험회사의 이사로 일한 E. W. '빌리' 잉그램(Ingram)과 즉석음식 전문 요리사 월터 A. 앤더슨으로 세상에 신선한 고기를 쓰는 고급 햄버거를 공급하는 대단한 활약을 했다. 그러나 당시에는 신선한 고기를 구하기가 쉽지 않았다. 그들이 증기로 익힌 햄버거는 가격이 5센트였고 크기도 작은 편이었다. 다진 쇠고기 500그램으로 햄버거 18개를 만들어냈으니 개당 30그램에도 못 미쳤다. 그런데도 사람들은 언뜻 보면 약간 과장을 섞어 자연석으로 지은 성 같은 작은 식당으로 벌떼처럼 몰려들었다. 그들은 그곳을 화이트 캐슬(White Castle)이라고 불렀다. 그러고는 흰색이 순결과 청결을, 성이 영원성과 안전성을 상징한다는 설명을 덧붙였다.

 앤더슨과 잉그램은 세 가지 음식으로 큰 성공을 거두면서 패스트푸드 업계의 전설이 되었다. 제한된 식단을 제공한 것은 빨리 만들 수 있고 잘하는 것에 집중하기 위해서였다. 그들은 항상 그런 원칙을 지켰기 때문에 위생적인 면에서 확신을 주었다. 또한 눈에 띄고 선명한 모양으로 건물을 설계해서 몇 블록 떨어진 곳에서도 금방 알아볼 수 있게 했다. 화이트 캐슬은 순식간에 전국으로 퍼져나갔다. 곧이어 화이트 타워, 화이트 다이아몬드, 로열 캐슬, 화이트 크레스트 등의 모방품들이 곳곳에 생겨났는데, 그 중 몇 개의 식당은 지금까지도 운영되고 있다고 한다. 패스트푸드의 시대가 도래했지만 30년 동안 계속 되리라는 사실을 예측한 사람은 아무도 없었다. 'fast food'라는 말은 1954년에 처음 등장했다(형용사형은 3년 전부터 이미 사용되고 있었다). 'takeout food(포장 음식)'라는 말은 훨씬 더 늦게 나왔으며 1962년에 처음으로 기록에 남았다.[23]

손으로 들고 다니는 음식이 주는 즐거움에 관한 이야기를 끝내기 전에 1900년대 초에 생겨난 다른 두 가지 단어를 짚고 넘어가야겠다. 먼저 'hot dog'가 있다. H. L. 멘켄이 "도살장의 쓰레기로 가득한 탄약통"이라며 특이한 정의를 내린 핫도그는 1800년대 초부터 미국인의 일상으로 자리 잡았다. 그러나 'farnkfurter'나 'wienerwurst(비엔나소시지를 가리키며 1867년에 이미 wienie로 불렸다)'라는 이름으로도 불렸다. 유명 만화가 T. A. '테드' 도건(Dorgan)이 1900년대 초에 길쭉한 빵 안에 닥스훈트가 들어 있는 그림을 그렸을 때부터 지금의 이름처럼 불렸고 열광적인 인기를 얻었다. 그것은 기쁨이나 찬성의 뜻으로 외치는 '핫도그!'가 유행어로 전국을 휩쓸었던 사실에서도 도움을 받았다.

도건은 cat's pajamas(아주 멋진 것), yes man(윗사람의 말에 늘 동조하는 사람), skiddoo(떠나다), you said it(바로 그거야), drugstore cowboy(카우보이처럼 입고 다니는 건달), 이탈리아인 과일 장수에게서 듣고 자신의 만화에 사용한 yes, we have no bananas 등 수많은 유행어를 만들어냈다. 그것은 전국적인 유행어가 되었고(사람들이 어떤 상황에서 그 말을 사용했는지 궁금하지만) 곧바로 '나는 마블 홀에 사는 꿈을 꾸었네(I Dreamt That I Dwelt in Marble Halls)'에서 표절한 노래에 쓰이면서 널리 사랑받았다.[24] (놀랍게도 엄청나게 많은 단어가 만화를 통해 미국 영어가 되었다. heebie-jeebies, hot mama, hotsy-totsy, horsefeathers 등은 모두 W. B. '빌리' 디벡(DeBeck)이 바니 구글(Barney Google)과 스너피 스미스(Snuffy Smith)와 더불어 만화에서 만들어내거나 유행시킨 말들이다.) '훌리건'은 「해피 훌리건(Happy Hooligan)」이라는 만화를 통해 미국인에게 알려졌다. 'Keeping up with the Joneses(존스네 따라잡기, 남들 하는 만큼 하기)'는 I. 베첼러(Bacheller)가 1911년에 그린 만화에서 나온 표현이다. 「뽀빠이」 만화는 'goon(불량배)'과 'jeep(지프차)'란 말을 유행시켰다.

핫도그가 영어에 자리를 잡을 무렵 많은 사랑을 받은 또 다른 간식이 빛을 발하기 시작했다. 바로 아이스크림콘이었다. 아이스크림이 1904년에 열린 루이스 월드 박람회에서 처음 등장했다는 것은 흔히 알려진 사실이다. 들리는 이야기에 따르면, 와플 장수와 아이스크림 장수가 커다란 광장에서 나란히 장사를 하다가 두 상품을 합치면 들고 다닐 수 있는 매력적인 물건을 만들 수 있겠다고 생각했다. 게다가 접시와 숟가락을 같이 내놓아야 하는 번거로움과 비용과 위생적인 문제를 해소할 수 있으니 일석이조였다. 하지만 안타깝게도 아이스크림콘은 1904년에도 이미 있었다. 이탈로 마르치오니(Italo Marchiony)라는 이탈리아계 미국인이 이미 10년 전에 특허를 따놓은 상태였기 때문이다. 단언할 수는 없지만 아이스크림콘이 박람회에서 많은 인기를 끌었다고 추측할 수 있다고 해서 그 자리에서 발명되었다고는 할 수 없다. 어쨌든 'ice cream cone'은 1909년까지도 일반적인 용례에 기록되지 않았다.

이번에는 술 이야기를 해 보자. 우리의 청교도 조상들에 관한 잘못된 고정관념 중 하나는 그들이 술을 피했다는 것이다. 하지만 그들은 좋은 술이나 그다지 좋지 않은 술도 좋아했다. 초기에 결혼식이나 대규모 사교 모임에서 많이 마셨던 술은 단연 '색 포스(sack posset)'였다. 에일 맥주나 와인처럼 손쉽게 구할 수 있는 술과 아무도 마시고 싶어 하지 않을 응고시킨 우유의 덩어리를 섞어 만든 것이었다. 'sack'이라는 이름은 천으로 만든 가방과는 아무 상관이 없다. 그것은 마르다는 뜻의 라틴어 'siccus'에서 온 말이다.

식민지 시대의 미국인들은 모험적으로 시식을 하지 않았을지는 몰라도 세계 여기저기서 거리낌 없이 술을 가져다 마셨다. 술을 가리키는 말들의 외국 어원을 살펴보면, 'julep(줄렙: 위스키에 설탕, 박하 등을 넣은 술—옮긴이)'은 아랍어 'julab'에서 유래했고, 'sangría(상그리아: 18세기의 미국에서는 sangaree로 불렸다. 적포도주에 레모네이드 등을 섞어 차게 마시는 술—옮긴이)'는 피를 뜻하는 스페인어에서, 'toddy(토디: 위스키에 뜨거운 물, 설탕, 레몬을 섞은 술—옮긴이)'는 야자수의 수액을 뜻하는 힌디어 'tāṛē'나 'tāṛī'에서, 'beer(맥주)'는 독일어 'bēor'에서 유래했다(원래 '마시다'는 뜻의 라틴어 bibere에서 온 말이다).

초기의 식민지 주민들은 우유와 맥주를 계란에 섞는 것처럼 어울리지 않을 것 같은 재료를 섞는 것을 특히 좋아했다. 그러고는 그 결과물을 설명하는 이름도 다양하게 붙였다. mum(독한 맥주), perry(페리 주: 배를 발효시킨 술—옮긴이), switchel(스위첼: 식초를 넣은 칵테일—옮긴이), metheglin(머세글린: 벌꿀 술), egg pop(에그팝), balderdash(볼더대시: '허튼소리'라는 단어에서 유래했다), cherry bounce(체리 바운스), 수많은 종류의 flip(플립: 맥주나 브랜디에 달걀, 향료, 설탕 등을 넣어 따듯하게 만든 술–옮긴이), cock ale(칵 에일) 등이 그 예다. 칵 에일은 닭고기 수프와 맥주를 섞은 특이한 음식으로 '칵테일(cocktail)'의 원료를 가리키기도 한다. 칵테일은 명백한 미국 영어다. 1806년에 뉴욕 허드슨의 한 일간지에 처음 등장했는데, 칵 에일과 비슷한 것은 어디까지나 우연인 듯하다. 칵 에일은 인기 있는 술이 결코 아니었다. 모험의 시대에도 닭고기 수프를 펀치 잔에 넣을 생각을 하는 사람은 거의 없었다. 게다가 두 단어 사이에는 알려진 연관성이 전혀 없다. 그렇다면 칵테일은 어디서 유래했을까? 스튜어트 버그 플렉스너(Stuart Berg Flexner)에 따르면 그 말은 프랑스어로 삶은 달걀을 담는 컵을 뜻하는 '코꿰띠에(coquetier)'에서 시작된 것이 거의 확실하다. 코꿰띠에는 달걀 컵에 혼합 음료를 대접한 뉴올리언스의 한 약사의 이름이었다. 상상력이 좀 부족한 사람들은 그것이 수탉의 꼬리와 관련이 있다고 말한다. 그러나 수탉의 꼬리가 왜 술을 뜻하게 되었는지는 설명하지 못한다. 그보다 더 야심적이고 공상적인 이론은 칵테일이 멕시코의 옥소로틀 왕의 딸을 위해 만들어졌다는 것이다. 그 딸의 이름은 소치틀(Xochitl)로, 스페인어로 '콕텔(Coctel)'로 번역된다.[25] 이 단어는 공교롭게도 시에라리온의 키로(Kiro)어의 단어인 'kaktel(꼬리에 치명적인 독침이 달린 전갈)'과 아주 비슷하다. 내가 아는 한 지금까지 어느 학자도 제기하지 않았던 가능성은, 그것이 꼬리가 말려 올라갈 정도로 독한 술을 가리킬지도 모른다는 것이다. 그 말은 미국에서 술과 관련해서 처음 쓰이기 시작한 때와 거의 비슷한 시기에 영국에서는 말과 관련된 뜻으로(잡종말의 꼬리 cock을 잘랐다고 해서 잡종이라는 뜻으로–옮긴이) 쓰였다. 어쨌든 칵테일은 처음 생겼을 때만 해도 지금처럼 세련된 의미를 전혀 가지고 있지 않았다. 1820년대에는 켄터키의 아침식사가 "칵테일 석 잔과 담배 한 입"으로 정의되었다.[26]

18세기에 미국에서 가장 강한 술은 럼이었다. 럼은 유래가 분명하지 않은 'rumbullion'의 줄임말이다. 그러다 18세기 말에 접어들면서 새로운 술 버번이 재빨리 그 자리를 꿰찼다. 버번은 1794년에 일어난 위스키 혁명의 부산물이었다. 당시 연방 정부는 국산 호밀 위스키에 지나친 세금을 부과했다. 그러자 증류주 제조업자들은 세금을 피하기 위해 켄터키로 가서 술을 만들었다. 켄터키는 아직 주로 승격되지 않았으므로 과세를 면할 수 있을 것이기 때문이었다. 그들은 호밀 수확에 실패하자 대신 옥수수로 술을 만들었다. 그러자 다행히도 흔치 않은 부드러운 술이 탄생했다. 그들은 자기들이 정착한 마을 이름을 그 술에 붙였다. 하지만 현재 우리가 알고 있는 버번과 같은 것은 아니었다. 증류주 제조업자들이 참나무통에 술을 숙성시켜 현대의 버번 특유의 부드러운 빛깔과 냄새를 띠게 한 것은 1820년대가 지난 뒤였다. 켄터키에 버번 카운티가 있지만 그곳에서는 버번이 제조되지 않는다(적어도 법적으로는). 버번이 인기가 있었다고 말하는 것으로는 그 위력을 충분히 설명할 수 없다. 1830년대에 미국의 일반인은 1년에 23리터의 버번을 마셨는데, 이는 요즘 음주량의 24배에 해당한다.

술을 마시는 장소를 뜻하는 '살롱(saloon)'은 1848년까지도 기록에 오르지 않고 있었지만 이상하게도 술집 주인을 뜻하는 'saloon keeper'는 18세기부터 있던 말이었다.[27] 프랑스어 살롱(salon)에서 온 그 말은 원래는 넓은 방이나 회관을 뜻했다. 1855년에 처음 쓰인 'bootleg(밀매)'는 미국 서부에서 유래했다. J. L. 딜라드에 따르면 대담한 상인들이 장화 속에 넣을 수 있도록 납작한 병에 술을 담아 인디언에게 불법으로 판매했다고 한다.[28] 내가 그것에 대해 반박할 이유는 없지만, 그런 식으로 운반할 수 있는 술의 양은 극히 미미했을 것으로 보인다. 확실히 불법 주류를 숨길 편하고 널찍한 장소는 마차였을 것이다. 따라서 나는 그 말이 은유적인 표현이 아니었을까 추측한다.

'rot'으로 줄여 쓰는 'rotgut(질 낮은 술)'은 1819년에 나온 말이다. 술을 너무 많이 마시는 사람들은 신경과민과 떨림증을 겪는다. 한동안 독한 술은 'jitter sauce'로, 독한 술을 지나치게 마시는 사람은 'jitterbug'로 통했다. jitterbug는 1934년에 캡 캘로웨이(Cab Calloway)가 무도곡의 한 종류를 가리키면서 부활했다(지르박으로 알려진 춤곡). 술 중독자는 'skid road(목재 반출 통로)'에서 생을 마감할 운명을 맞았다. 이는 서부의 벌목장에서 유래한 말이다. 서부에서는 채집된 나무를 skid road라는 길을 따라 굴러 운반했다. 이 말은 나중에는 벌목장 부근에서 생겨난 가난한 동네를 가리키는 말로 바뀌었는데, 잘못 알아들은 동부사람들이 'skid row(빈민굴)'로 부르기 시작했다.[29]

미국인들이 점점 술고래가 되면서 19세기 초에 금주 운동이 활발하게 벌어졌고 그와 함께 'teetotal(절대적으로 금주하는)'이라는 신조어가 생겨났다. 그 말이 어디서 유래했는지는 아무도 모르지만, 늘 그렇듯이 주장이 분분하다. 가장 유력한 가설은 'total abstinence(절대 금주)'의 'total'을 익살스럽게 강조하는 말일 뿐이라는 것이다. 그 말은 1827년에 열린 뉴욕 금주 회의에서 처음 사용되었고 1830년대에는 영국과 미국에서 모두 흔하게 쓰였던 것으로 보인다.

'booze(술)'는 1890년에 『웹스터 사전』에 처음 올랐는데, 이 단어가 초서 시대 이래 약간 교양 없는 말로 사용되고 있었다는 점을 생각하면 놀라운 일이었다. 1890년보다 훨씬 이전에도 쓰였지만 기록에는 남지 않았던 것 같다. 맨해튼(manhattan), 하이볼(highball), 행오버(hangover), 다이키리(daiquiri), 진 리키(gin rickey)는 모두 1890년대에 주목을 끌었다. 다이키리는 독한 럼이 제조되던 쿠바의 다이키리(Daiquiri)라는 지역 이름에서 유래했다. 진 리키는 리키 대령이라는 사람을 기념하는 술이 분명한 듯하지만 그 이상의 내용은 알려진 바가 없다. '탐 콜린스(Tom Collins)'의 어원도 애매하기는 마찬가지다. 멩켄에 따르면 그 술은 "유명 바텐더"의 이름에서 유래했다고 하지만 안타깝게도 그 사람의 정체에 대해서는 아무런 설명도 해 주지 않았다.

술과 관련된 말은 한동안 잠잠하다가 1920년 1월 16일에 부정적인 세 용어가 갑자기 미국인의 의식에 자리 잡았다. '헌법 수정 제18조(Eighteenth Amendment)', '금주법(Volstead Act)', '주류 판매 금지(Prohibition)'가 그것들이었다. 첫 번째는 나머지를 가능하게 한 헌법의 수정 조항, 두 번째는 처벌 조건을 제정한 법, 세 번째는 전체 주류 사업을 포괄하는 용어였다. 주류 판매 금지는 미국인의 습관에 미친 영향에 비해 아주 쉽게 법으로 제정되었다. 프레더릭 루이스 앨런도 이렇게 말했다. "미국은 자발적이 아니라, 거의 멍하게 그것을 받아들였다."[30] 금주 운동에 참여한 극소수를 포함한 많은 사람들은 주류 판매 금지법이 강한 술에만 영향을 주고 맥주처럼 약한 술은 괜찮을 것이라고 생각했다. 하지만 그들의 예측은 크게 빗나갔다.

새로운 법은 식당들, 특히 시장의 고급 업소들에 큰 피해를 주었다. 술 판매 수익을 고스란히 포기할 수밖에 없게 된 많은 사람들은 가게 문을 닫거나 생명을 담보로 내놓고 남모르게 독주를 파는 수밖에 없었다. 1921년 델모니코는 차보다 약간 더 자극적인 음료를 제공한 대낮의 무도회에 비밀 수사관이 다녀간 뒤로 떠들썩한 단속을 당하는 돌이키지 못할 수모를 겪었다. 그리고 100주년 기념일을 눈앞에 둔 1923년 5월 21일에 그동안의 힘겨운 투쟁을 포기하고 말았다. 미국의 유명 식당 수십여 개도 같은 운명을 맞았다.

포도주 제조업자들은 무해한 포도 농축액을 만드는 수밖에 없었다. 물론, 그것을 원하는 사람은 아무도 없었다. 하지만 그들은 대담하게도 "경고: 발효가 되어 포도주로 변함"이라는 글이 적힌 상표를 붙인다고 법에 저촉되지 않는다는 사실을 안 뒤로 마음의 평정을, 그리고 과거의 부를 되찾았다. 그 상표에는 부주의한 소비자가 건강에 좋은 음료를 다리를 후들거리게 하는 음료로 만들 수 있는 과정이 자세하게 설명되어 있었다. 헌법 수정 18조의 제약에서 제외된 성찬용 포도주 역시 깜짝 판매고를 올렸고 몇몇 냉소적인 사람들은 그것이 열렬한 소비로 이어질 리는 없다고 말했다. 1925년과 1939년 사이에 미국의 포도주 소비는 실제로 세 배로 뛰었고, 10만 에이커(약 4만 헥타르)에 불과했던 캘리포니아의 포도밭이 금주법 시행 이후에는 70만 에이커(약 28만 헥타르)로 늘어났다.[31]

그보다 더 위선적인 행위로 이어지거나 더 널리 무시당한 법도 없었다. 사람들은 계속, 그리고 과거 어느 때보다도 더 많은 술을 마셨다. 금주법 이전만 해도 뉴욕에는 허가받은 술집이 1,500개가 있었는데, 금주법 말기에는 불법 술집이 3천여 개에 달했다. 디트로이트에는 주류 밀매점이 2만 개나 있었고 무허가 술집도 많이 알려지게 되었다. 보스턴은 4천 개의 불법 술집으로 점잖은 편이었지만 그것은 금주법 시행 전에 매사추세츠에서 영업하던 인가된 술집의 네 배에 해당하는 수였다. 그 법을 심각하게 받아들이는 사람은 거의 없었다. 1930년 한 언론인은 하원 사법 위원회에 증인으로 나서 디트로이트의 한 술집에서 열린 활기 넘치는 파티에 참석했다고 증언했다. 그리고 그곳에서 미시간 주지사, 디트로이트 경찰 서장, 네 명의 순회 판사들이 신나게 술을 마시며 실오라기 하나 걸치지 않고 후치쿠치(hootchy-kootchy: 밸리 댄스를 일컫는 속어. cooche-coochee에서 유래한 신조어)를 추는 젊은 여자들의 춤을 구경했다는 것이다. 그들은 아마 지-스트링(G-string)도 걸치지 않았을 것이다. 왜냐하면 1936년에야 몸을 가리는 그 작은 천 조각이 스트리퍼들에게 알려졌기 때문이었다. 지-스트링이란 말은 아주 가느다란 바이올린의 G선에 빗대어 나온 표현이라는 주장이 있다. 하지만 실제로 그것의 어원은 훨씬 더 고상하다. 19세기에 지-스트링은 인디언이 허리에 두르는 천을 묶을 때 사용한 가죽 끈으로 'geestring(더 복잡하면서 지금은 사용되지 않는 인디언 단어를 민간에서 간단하게 빌려 썼을 것으로 보인다)'이었다.

이 모든 것들이 금주법, 혹은 더 정확하게 볼스테드 법(Volstead Act)을 종잇장으로 만들어버렸다. 의회는 법률을 강화하기 위해 500만 달러를 지출했고 미국의 국경에 밀수업자들이 접근하지 못하도록 막기 위해 1,520명의 요원을 채용해 약 20킬로미터마다 한 명씩 배치했다.[32] 사소하지만 묘하게도 긴 시간 동안 전해진 신화 중 하나는 허버트 후버 대통령이 금주법을 '고귀한 실험'이라며 고집스럽게 옹호했다는 것이다. 실제로 그가 금주법을 두고 "고귀한 동기와 장기적인 목적으로 시행된 위대한 사회적, 경제적 실험"이라고 말한 적은 있다. 하지만 그 둘은 분명 틀린 말이며 금주법을 강력하게 인정한다는 암시도 없다. 사실 그가 칭찬한 것은 금주법 자체가 아니라 몰래 술을 만들어 전국에 판 사람들의 동기였다. 사실 후버가 그런 말을 한 1928년의 선거 운동 시점에서 금주법은 이미 명백한 재앙으로 드러났다.

금주법은 술꾼들에게는 불편했지만 많은 어휘를 만들어냈다. bootlegger(주류 밀매자), speakeasy(무허가 술집), hip flask(바지 뒷주머니에 넣는 위스키 병) 등 불법 행위와 관련된 많은 단어들이 일상어가 되었다. 'the real McCoy'란 표현도 마찬가지였다. 이 말은 훨씬 전부터 쓰이기는 했어도 금주법의 표어였다. 맥코이가 누군지, 혹은 무엇인지 아는 사람은 아무도 없다. 지금은 잊혔지만 솜씨 좋은 주류 밀매자였다는 것에서 마카오에서 나는 아편과 관련이 있다는 것까지 온갖 주장이 난무한다. 하지만 어느 특정한 주장을 뒷받침할 만한 사실적인 증거는 없다.

금주법의 부정적인 면은 gangster(19세기에는 범죄 조직이 아닌 정치 조직의 일원을 뜻했다), moll(영어 고어로 여자를 뜻하다가 갑작스럽게 범죄단의 여성 단원을 가리키게 되었다), racket(1812년부터 암거래라는 뜻으로 쓰이다 사멸한 뒤에 1927년에 부활했다)과 같은 단어들에 새로운 의미를 부여하기도 했다. 특히 범죄자들에게 차의 중요성이 커지면서 getaway car(도주차량)와 to be taken for a ride(속다)라는 표현이 나왔다.

양조업자들은 포도 재배업자들만큼 편한 시기를 보내지 못했다. 자포자기의 심정이 된 그들은 실낱같은 희망을 품고 니어비어(near beer: 알코올 성분이 0.5퍼센트 이하의 약한 맥주. 목욕물을 near ice라 부르는 것과 흡사하다), 하우디(Howdy), 체로 콜라(Chero-Cola), 리시에이티드 레몬(Lithiated Lemon: 나중에 7UP으로 발전했는데, 7온스짜리 병에 들어 있어서 그렇게 불렸다) 같은 음료를 생산하기 시작했다.

믿을 만한 출처에 따르면 음료수는 1825년이나 1838년에 필라델피아에서 향을 가미한 소다수가 처음 등장한 이래 미국의 전통이 되었다. 19세기 동안 루트 비어(root beer), 사르사파릴라(sarsaparilla), 진저비어(ginger beer), 스프러스 비어(spruce beer) 등 무알코올성 음료가 점점 더 인기를 끌었다. 하지만 자유의 여신상과 셜록 홈즈가 세상에 등장한 중요한 해인 1886년에야 미국의 대표적인 음료수가 탄생했다. 당시 애틀랜타에는 '글로브 오브 플라워 코프 시럽(Globe of Flower Cough Syrup)'과 '프렌치 와인 코카(French Wine Coca)' 등 변변찮은 발명으로 특허를 딴 전력이 있는 존 스타이스 팸버튼(John Styth Pamberton)이라는 약사가 있었다. 그는 자기 집 뒷마당에서 무쇠 통에다 콜라 열매, 코카 잎, 카페인 등 이상한 재료를 넣은 다음 낡은 배에서 가져온 노로 휘휘 저어 혼합 음료를 만들었고, 그것을 코카콜라라고 불렀다.

오늘날까지 미국문화의 가장 대표적인 브랜드로 자리 잡은 코카콜라는 약사인 존 팸버튼이 자기 집 마당에서 콜라 열매와 여러 가지 재료를 혼합해 만든 것이 시초였다.

경리직원으로 글씨를 아주 잘 썼던 프랭크 로빈슨은 코카콜라 회사가 오늘날까지도 사용하는 미끈한 이탤릭체 로고를 그렸다. 팸버튼은 자신의 발명품이 갈증을 풀어주는 청량음료로서 세상의 사랑을 듬뿍 받으리라고는 예상하지 못하고 그저 숙취와 상체 질병에 효과가 있는 강장제라고만(강한 최음제 성분이 있다는 느낌도 풍겼다) 생각했다.[33] 그 때문에 안타깝게도 코카콜라의 진정한 가능성을 보지 못했다. 1887년, 그는 이상하게 구체적이면서 짧은 안목으로 산정한 283.29달러에 회사 지분의 3분의 2를 매각하고 말았다. 코카콜라를 돈을 벌어줄 음료로 보고 그 가능성에 투자한 사람은 애틀랜타의 또 다른 약사 아사 G. 캔들러(Asa Candler)였다. 19세기가 저물기 직전에 그는 코카콜라의 소유자로부터 2천 달러에 제조법을 사들였고 효과적인 광고로 떼돈을 벌었다. 1919년, 회사는 다시 매각되었다. 새로운 소유자는 애틀랜타 사업가 협회였다. 그 결과 캔들러가 지출한 2천 달러는 2,500만 달러로 불어났다.

코카콜라의 성공은 자연스럽게 모방품을 양산했고 곧이어 미국의 구매자들은 Co Kola, Coke-Ola, Coke, Koke, Klu-Ko Kola, Afri-Cola, Okla-Cola, Carbo-Cola, Sola Cola, Pepsi-Cola, 그리고 심지어는 Celery-Cola 같은 경쟁적인 상표의 음료를 맛볼 수 있었다. 많은 이들이 코카콜라의 유명한 이름과 이탤릭체 상표뿐만 아니라 독특한 병까지 모방했다. 코카콜라는 그들을 모두 고소했다. 1926년에는 자기 상표를 보호하기 위해 7천 번이나

법에 호소했고, 한 번은 대법원까지 간 적도 있었다. 결국 도전자들을 대부분 물리쳤고 1930년에는 또 다른 이름인 'Coke'에 대한 독점 사용권을 따냈다. 코카콜라 회사는 두 개의 이름으로 세계적인 대성공을 거두었다.[34]

코카콜라가 유일하게 짓누르지 못한 경쟁자는 1898년에 칼렙 D. 브래덤(Caleb Bradham)이 발명한 펩시콜라였다. 그런 이름이 붙은 것은 소화불량(dyspepsia)을 다스리기 위해 만들어졌기 때문이었다. 펩시콜라 회사는 초창기에 두 번 파산을 했지만 콜라를 자연스럽게 주문할 수 있는 피자헛, 타코 벨 등 다각화 정책 덕분에 지금은 코카콜라보다 더 큰 회사가 되었다. 또한 1985년에 '뉴 코크(New Coke)'를 소개하면서 심각한 결과를 초래한 코카콜라처럼 제조법을 함부로 변경하지 않는 훌륭한 감각을 가지고 있었다(코카콜라에서는 마케팅 참패가 전통이랄 수 있다. 한 번은 코카콜라 향이 나는 담배를 출시했다가 뉴 코크에 버금가는 결과를 낳았다).

코카콜라는 잦은 실패에도 불구하고 펩시콜라가 따라잡을 수 없는 미국 문화의 상징이라는 명성을 오랜 기간 누렸다. 1950년에 이미 미국 문화의 지상 점령을 대변하는 단어인 '코카-식민지화(Coca-Colonization)'의 탄생을 이끌었다. 오늘날 코카콜라는 195개국에 팔리고 있으며(184개국이 회원으로 가입한 유엔보다 더 많은 추종자를 거느린 셈이다) 'O. K.'에 이어 세계적으로 가장 많이 알려진 영어로 통하고 있다. 19세기에 생겨난 O. K.라는 표현에 대해서는 다음 장에서 살펴보기로 하자.

제 12 장

대중화된 사치
-미국의 쇼핑 문화

In 1993, according to an international business survey, the world's most valuable brand was Marlboro, with a value estimated at $40 billion, slightly ahead of Coca-Cola. Among the other top ten brands were Intel, Kellog's, Budweiser, Pepsi, Gillette, and Pampers. Nescafe and Bacardi were the only foreign brands to make top ten, underlining American dominance. Why companies like Coca-Cola suffer palpitations when they see a passage like this (from John Steinbeck's The Wayward Bus): "Got any coke?" another character asked. "No," said the other proprietor. "Few bottles of Pepsi-Cola. Ha────── coke for a month……. It's the same stuff. You can'────── 1993, according to an international business ────── brand was Marlboro, with a value esti────── of Coca-Cola. Among the other top ten ────── er, Pepsi, Gillette, and Pampers. Nes────── brands to make top ten, under- li────── like Coca-Cola suffer palpita- ti────── m John Steinbeck's The Way- war────── r asked. "No," said the ot────── ven't had any coke for a mo────── them apart." In 1993, ac────── world's most valuable bran────── llion, slightly ahead of Coca-Co────── el, Kellog's, Budweiser, Pepsi, Gillet────── ──u Bacardi were the only brands to make top ten, underlining American dominance.

MADE IN
AMERICA

18,46년 아일랜드에서 뉴욕으로 이주한 알렉산더 스튜어트라는 사람은 브로드웨이에서 마블 드라이-구즈 팰리스(Marble Dry-Goods Palace)라는 사업을 시작했다. 그리고 그 과정에서 아주 새로운 것을 세상에 소개했다. 바로 백화점이었다. 그때까지 어느 기업도 한 지붕 아래에서 다양한 상품을 한꺼번에 내놓는 발상은 엄두도 내지 못했다. 알렉산더의 사업은 크게 번창했다. 그리고 얼마 지나지 않아 브로드웨이의 전체 거리를 점령하고 2천 명의 직원을 두게 되었다. 하지만 그것으로 만족하지 않았다. 1862년 스튜어트는 근처에 8층 건물을 세워 A. T. 스튜어트의 캐스트 아이언 팰리스(Cast-Iron Palace)라고 이름 붙였다. 그것은 한동안 세계에서 가장 큰 소매점의 입지를 지켰다.

그와 비슷한 수십 개의 백화점이 생겨났다. 예를 들어, 시카고의 필드, 라이터 앤코(Field, Leiter, & Co.: 나중에 마셜 필드로 바뀌었다), 보스턴의 조던 마시(Jordan Marsh), 필라델피아의 존 워너메이커(John Wanamaker), 디

A. T. 스튜어트 백화점 내부. 아일랜드 출신의 알렉산더 스튜어트는 하나의 점포에 다양한 상품을 판매하는 백화점의 개념을 미국에 처음 도입했다.

트로이트의 허드슨(Hudson), 뉴욕의 R. H. 메이시(Macy), E. V. 호워트(Haughwout), 로드 앤 테일러(Lord & Taylor) 등이 있었다.

그런 장소들이 언제부터 '백화점(department store)' 이라 불렸는지는 알려져 있지 않다. 그 말은 1893년에 처음 「하퍼스 매거진(Harper's Magazine)」에 등장했다. 하지만 다음 문맥으로 볼 때 당시에 이미 널리 쓰이고 이해되고 있었던 것이 분명하다. "그들(브루클린 상점들)은 뉴욕에서 가장 크고 좋은 백화점들과 비견된다."[1]

적어도 백화점이 수백만 미국 도시민들의 쇼핑 습관을 바꾼 것만큼은 부인할 수 없다. 궁전을 뜻하는 '팰리스(palace)' 란 말은 그런 새로운 상점들과 견줄 때 과장된 표현이 결코 아니었다. 그들은 유래 없는 다양한 물건들뿐만 아니라 소비자들이 그동안 경험하지 못한 편안함, 호화로움, 즐거움을 제공했다. 그것이 가능해진 데는 세 가지 원인이 있었다. 주철 건축 공법이 발전하면서 탁 트인 실내 공간을 설계할 수 있게 되었고, 안전 엘리베이터를 도입함으로써 상점을 위쪽으로 확장할 기회가 생겼으며, 무엇보다도 미국인의 주머니가 두둑해졌기 때문이었다.

이전의 소매점들과 비교하면 이들 새로운 상점들은 공간이 널찍하고 여유로웠으며 놀라울 정도로 많은 것들을 구비하고 있었다. 그들은 처음부터 식당, 차 마시는 장소, 휴게실 등 많은 편의시설을 갖춤으로써 고객이 필요한 용무를 보기 위해 다른 곳으로 갈 필요를 없앴다. 스튜어트의 백화점은 1850년대에 이미 패션쇼와 오르간 연주로 쇼핑객들을 즐겁게 해 주고 있었다. 수많은 사람들이 놀라운 목소리로 말했듯이, 하루 종일 그곳에서 시간을 보낼 수 있을 정도였다. 그러나 백화점을 진정으로 차별화한 것은 누구에게나 개방된 최초의 대형 상업 기업이라는 점이었다. 에밀 졸라의 말처럼 그것은 "대중화된 사치품"이었다.[2] 보통의 비서나 점원은 도시에서 살면서도 평생 고급 호텔이나 식당, 콘서트장이나 오페라 하우스 안, 아니면 최신 유행 모자를 파는 가게에 기웃거리기 어려웠다. 하지만 그런 사람도 백화점에서 사람의 마음을 유혹하는 고상하고 희망적인 분위기를 경험하고, 업계에서 '부유층(carriage trade)'이라 부르는 사람들이나 자기 차로 백화점에 갈 만큼 부유한 사람들과 동등하게 어울릴 수 있었다.

백화점은 고객용 승강기(세계 최초의 영구적인 안전 엘리베이터는 1857년에 뉴욕의 호위트 백화점에 설치되었다), 전기 조명, 공중전화, 에스컬레이터(너무 신기하고 놀라워서 머리가 어지러워질해지는 사람들을 위해 꼭대기 층에 간호사가 대기하고 있는 곳도 있었다) 등 당대의 진기한 것들을 수백만 명에게 처음 선보였다. 19세기가 저물 무렵, 백화점의 서비스는 무한대에 가까워졌다. 우체국, 도서관 분점, 분실물 센터, 미용실, 옥상 정원, 응급실, 안내소, '심신이 지친 고객을 위한 조용한 공간', 심지어는 자체 라디오 방송국까지 갖추었다. 게다가 요금을 전혀 받지 않고 떨어진 단추를 꿰매주고, 찰과상에 반창고를 발라주고, 길 잃은 아이를 달래주고, 온갖 질문에 답해 주었다. 강의, 콘서트, 연극 공연을 제공하는 곳도 있었다. 그리고 대개 신상품 사용법을 시범으로 보여 주었다. 어느새 쇼핑은 사회적인 경험으로 자리 잡아가고 있었다.

1900년 마셜 필드는 하루 25만 명의 손님을 받으면서 8천 명의 직원을 거느린 시카고 최고의 고용주가 되었다. 필라델피아의 워너메이커(Wanamaker) 백화점은 하루 24시간 주문을 받았다. 그곳의 크리스털 티룸(Crystal Tea Room)은 한 번에 만 명의 손님을 수용할 수 있었다. 미국은 두 팔 벌려 '과시적 소비(conspicuous consumption)'라는 개념을 끌어안았다. 그 말은 1899년에 사회학자 토스타인 베블렌이 『여가 계층에 관한 이론(Theory of the Leisure Class)』에서 처음 소개한 말로 그 이후로 훨씬 더 많이 쓰이고 있다.

특히 한 남자가 백화점의 현대적인 외관에 큰 영향을 미쳤다. 위스콘신 주민인 헨리 G. 셀프리지(Henry Selfridge)는 1879년 마셜 필드에서 재고품을 관리하다가 곧바로 출세가도에 올랐다. 그가 처음 한 행동은 상품을 높은 선반에서 내려 고객들이 들여다보고 만지고, 비평가들이 말했듯이 좀도둑질(이는 절대 생소한 것이 아니었다. 'shoplift'는 1680년부터 줄곧 영어에 있었다)을 하기 편하게 진열대와 판매대 위에 올려놓는 것이었다. 셀프리지가 이룬 많은 혁신들 중에는 지하 특설매장, 연간 할인 행사, 상품권, 고객에게 크리스마스 전날까지 물건을 살 수 있는 날이 며칠 남았는지 알려주는 서비스, 밤에도 1층의 진열창을 밝혀 산책하는 사람들이 다음날 구매 계획을 세우도록 자극하는 방법, 지금은 세계적으로 보편화된 1층 출입구 옆에 향수와 화장품 진열대를 설치하여 좋은 냄새를 풍기는 동시에 지나가는 사람들을 유혹하는 전략 등이 있었다.

셀프리지는 마셜 필드에서 퇴직한 뒤에 영국으로 건너가 런던에서 나이 쉰에 자기 이름을 내건 백화점을 창립했다. 영국의 많은 관측자들은 고급 상품 판매는 영국에서 절대 성공하지 못할 것이라고 장담했다. 하지만 그것은 번성했을 뿐만 아니라 옥스퍼드 거리를 영국 제일의 쇼핑 거리로 탈바꿈시켰다. 셀프리지는 지나치게 백화점에만 집착했다. 그는 영업사원의 날카로운 연필에서 치아 상태에 이르기까지 사사건건 관여했다. 그러나 1918년에 아내가 죽으면서 셀프리지의 성격이 갑자기 바뀌었다. 그는 나이트클럽에 나가기 시작했고 돌리 시스터즈(Dolly Sisters)라는 헝가리 출신 보드빌(음악을 곁들이는 짧은 희극-옮긴이) 스타들을 만나 사업을 등한시했다. 경주마를 사고 몬테카를로에서 도박을 하다가 큰돈을 잃는가 하면, 전세 비행기로 돌리 자매가 먹을 아이스크림 상자와 그들의 애완견이 먹을 닭 가슴살을 실어 날랐다. 게다가 영국 남해안에 있는 성을 한 채 구입했고 부근에 1,500만 달러를 들여 방 250개가 딸린 사유지를 지을 계획을 세웠다.

셀프리지는 10년 동안 800만 달러를 날렸다. 불행히도 그 돈이 전부 그의 것은 아니었다. 그는 돌리 자매와 함께 원하는 것을 돈 한 푼 안 내고 가져다 쓰면서 자신의 점포에 지운 빚을 갚지 못했다. 그리고 결국은 셀프리지의 이사회에서 불명예 퇴진을 했고 연간 25,000달러의 연금을 받게 되었다 (나중에는 12,000달러, 이후에 다시 8,000달러로 깎였다). 하지만 그 돈으로 200만 달러의 빚을 갚아야 할 처지였다. 1947년 5월 8일, 셀프리지는 거의 궁핍한 상태로 죽었고 사람들의 기억에서 완전히 사라진 인물이 되었다.[3]

프랭크 W. 울워스(Frank Woolworth)는 셀프리지보다 자기 돈을 더 잘 지켜낸 사람이었다. 셀프리지가 잘 팔리지 않는 물건으로 돈을 벌기 위해 지하 특설 매장을 만들었다면 울워스는 오로지 지하 특설 매장만 있는 건물을 지을 생각이었다. 그는 1879년에 뉴욕 유티카에 최초의 울워스 점포를 열었다. 모든 물건이 5센트에서 10센트 정도였는데, 지금은 그렇지 않지만 당시로서는 놀라운 사업이었다. 그의 점포는 성공으로 이어졌고 1900년에 울워스는 59개의 점포를 거느리고 500만 달러 이상의 연간 매출을 올렸다. 1913년, 그는 큰 부자가 되어 뉴욕에 1,350만 달러를 들여 울워스 빌딩을 지었다.[4] 그 무렵 사람들은 '할인 판매대(Bargain Counters: 1888년에 처음 사용된 표현)' 와 '파이브 앤 텐스(five and tens)', 혹은 '파이브 앤 다임스(five and dimes, 1905)'에서 물건을 샀다.

실제로는 전국이 그런 상황은 아니었다. 1900년대가 한참 지날 때까지도 미국은 대체로 농촌 국가로 남아 있었다. 농장 가족들과 작은 마을의 주민들은 다른 사람들처럼 소비하고 소유하고 싶었지만 물건을 살 방법이 없었다. 1872년, 외판원으로 일했던 몽고메리 워드(Montgomery Ward)라는 사람은 우편으로 물건을 파는 아이디어를 떠올렸다. 그래서 공식 명칭은 농민 공제 조합(Patrons of Husbandry)이지만 '그레인지(Grange: 고대 영어로 어원적으로는 grain과 관련이 있으며 농장을 뜻한다)'로 더 잘 알려진 농민 단체에 자신의 의견을 제시했다. 그리고 양자 사이에 장기적이고 수익성 높은 관계가 형성되었다. 그레인지는 미래의 고객을, 워드는 제품을 공급했다. 그 둘의 조합은 크게 성공했다. 10년을 약간 넘긴 시간 동안 종이 한 장으로 시작된 워드의 제품 목록이 1만 종에 가까운 물품으로 늘어나 수천 명의 농촌 소비자들에게 새로운 선택과 가능성의 세계를 열었다.[5] 10여 년 동안 그들은 시장을 거의 독점했다. 하지만 1886년에 시카고의 두 사람이 협력 관계를 형성하면서 나중에 거대한 몽고메리 워드를 소규모 상점으로 여겨질 정도로 큰 소매점을 운영하기 시작했다.

그들의 이름은 리처드 시어스(Richard Sears)와 알바 로벅(Alvah Roebuck)이었다. 그러나 로벅은 그다지 적극적인 동업자가 아니어서 1893년에 모든 권리를 매각했다. 시어스 로벅 앤 코(Sears Rowbuck, & Co.)는 기본적으로는 몽고메리 워드와 같은 서비스를 제공했지만 훨씬 더 철두철미했다. 그들의 제품 소개장은 생동감이 있었고, 선전 문구는 더 상세했고, 제품은 점점 더 저렴해지면

시어스 광고 전단. 리처드 시어스와 로벅이 운영한 소매점은 워드보다 나중에 시작했지만 훨씬 상세하고 생생한 광고 전단으로 소비자들을 끌어당겼고 집과 가구 일체까지 판매할 정도로 다양한 품목을 다루었다.

서도 사람들의 구미를 끌어당겼다. 1900년 무렵 시어스, 로벅 앤 코는 규모에서 워드를 앞질렀고 1906년에는 괄목할 성장을 이루어 주문이 하루에 900자루씩 쌓였고, 그 주문량을 처리하기 위해 2천 명의 직원을 고용했다. 그리고 우체국, 철도회사, 전신회사가 시어스, 로벅 앤 코의 시카고 본사에 지점을 열 정도로 방대한 사업체로 성장했다.[6] 1900년대 초에는 압정에서 자동차에 이르기까지 거의 모든 것들을 시어스에서(자연스럽게 시어스로 불렸다) 구입할 수 있었다. 심지어는 집과 가구 일체도 살 수 있었다. 반년 동안 수령되는 시어스의 상품 안내장 수가 한 해의 절정에 달했다. 노스다코타(North Dakota) 주민들은 시어스를 너무 사랑한 나머지 마을 이름을 시어스, 로벅 앤 코의 이름을 따서 세로코(Seroco)로 다시 지었다. 미국 체신청이 고친 지명을 허용했다면 그들은 더 적극적으로 행동했을지도 모른다.

1885년부터 약 25년 동안 미국 소매업에서 또 다른 중요한 요소가 생겼다. 그것은 바로 상표명이었다. 물론 스미스 브라더스 코프 드롭스(Smith Brothers Cough Drops, 1866), 암 앤 해머 베이킹 소다(Arm & Hammer Baking Soda, 1867), 아이보리 비누(Ivory Soap, 1878) 등 훨씬 전에 등장한 상표명이 몇 개 있었다. 하지만 19세기 말과 20세기 초에 걸쳐 특히 식품 산업에서 다음과 같은 유명 제품들이 한꺼번에 쏟아져 나왔다. 모턴 솔트(Morton Salt, 1885), 코카콜라(1886), 로그 캐빈 시럽(Log Cabin Syrup, 1887), 앤트 제미마 팬케이크 가루(Aunt Jemima, 1889), 시레디드 위트(Shredded Wheat, 1892), 크림 오브 위트(Cream of Wheat, 1893), 투치 롤스(Tootsie Rolls, 1896)와 크래커 잭(Cracker Jack, 1896), 젤-오 젤라틴(Jell-O, 1897), 펩시콜라와 캠벨스 수프(Campbell's Soup, 1898), 피그 뉴턴스(Fig Newtons, 1900), 애니몰 크래커스(Animal Crackers: 원래 크리스마스 신상품으로 출시될 예정이었으며 나무에 걸 수 있는 끈 손잡이가 달려 있었다, 1902), 포스트 토스티스(Post Toasties, 1904), 플랜터스 피너츠(Planters Peanuts, 1906), 선키스트 과일(Sunkist, 1907), 라이프 세이버스(Life Savers)와 원래 크리스포(Krispo)로 하려고 했으나 같은 상표명이 있어서 이름이 바뀐 크리스코(Crisco, 1911), 오레오 과자(Oreo, 1912) 등이었다.

　　이 모든 것들은 주로 내셔널 비스킷 컴퍼니가 특허를 받은 이너실(In-er-Seal: 철자가 잘못 표기되는 경우가 많았다)과 같은 안전한 포장지의 개발 덕분에 가능했다. 제조업체들은 내용물을 신선하게 보존할 뿐만 아니라 상자와 큰 통에 담아 대량으로 판매하면서 작은 개별 포장지로 공급할 수도 있게 되었다. 포장이 성공과 실패의 갈림길에 놓여 있는 경우가 많았다. 시인 하트 크레인(Hart Crane)의 아버지인 클래런스 크레인(Clarence Crane)은 1911년에 라이프 세이버스(가운데에 구멍이 있는 사탕—옮긴이)를 만들어 약사 친구의 알약 제조기에 올려 구멍을 냈다. 하지만 종이 포장지에 넣은 박하사탕이 변질되고 포장지를 붙이는 풀냄새에 향이 사라지는 바람에 실패를 하고 말았다. 나중에 뉴욕의 한 사업가가 그 회사를 인수해서 박하사탕을 은박지에 싼 뒤에야 라이프 세이버스는 비로소 날개를 달게 되었다. 그가 처음 투자한 1,500달러는 10년 만에 330만 달러로 불어났다.

어원으로 볼 때 이 시기의 수수께끼 중의 하나는 '오레오'란 이름의 유래다. 내셔널 비스킷 컴퍼니[일명 나비스코(Nabisco)]의 문서 보관 직원들은 오레오가 세계에서 가장 많이 팔린 과자이고, 매년 60억 개 이상이 생산되며, 미국에서는 과자 구입에 지출되는 1달러 중 10센트가 오레오를 사는 데 쓰인다는 사실 등 오레오에 관한 모든 정보를 제공할 수 있다. 심지어는 최초의 오레오 비스킷(당시에는 이렇게 불렸으며, 요즘은 오레오 초콜릿 샌드위치 쿠키로 불린다)이 언제 어디서 팔렸는지도[1912년 3월 6일에 뉴저지의 호보켄에 있는 S. C. 투센(Thuesen) 식료품점에서] 알려줄 수 있다. 그러나 그 이름이 어떻게 만들어졌는지는 모른다. 금을 뜻하는 프랑스어(or)나 언덕을 뜻하는 그리스어(oreo)와 관련이 있다고도 하지만 어느 영업직원이 아무 뜻 없이 듣기 좋게 만들어낸 말일 가능성이 더 크다. 어쨌든 당시에는 아무도 그 비밀을 기록할 생각을 하지 못했고 그 상표의 어원은 영원히 밝혀지지 않았다.[7]

식품을 비롯한 가정용품이 낱개로 포장되어 더 편리하게 들고 다닐 수 있게 되었다. 이제 누군가가 그런 물건을 판매할 새로운 방법을 고안하는 것은 시간문제였다. 1916년 테네시 멤피스의 클라렌스 손더스(Clarence Saunders)는 새로운 사업을 생각해내고 '셀프 서빙 스토어(Self-Serving Store)'라는 이름으로 특허를 냈다.

미국에는 오랫동안 식료품점을 비롯한 유사 업종이 있었는데, 그 기간은 쇼핑 용어가 영국과는 약간 다른 형태를 띨 만큼 길었다. 영국인은(지금도 그렇지만) grocer's, baker's, stationer's 등 단수 소유격으로 소매점을 언급했다. 하지만 미국인은 네덜란드어와 독일어의 영향을 받았는지 grocery, bakery, bindery, wiggery 등 식민지 시대부터 소매점에 'y' 어미를 붙이는 경향이 있었다. grocery store는 1774년에 처음 기록에 등장했지만 그 이전부터 쓰이던 말이었다.

미국에서 처음 유명세를 탄 식료품 판매 업체는 1859년에 창립된 그레이트 애틀랜틱 앤 퍼시픽 티 컴퍼니(Great Atlantic and Pacific Tea Company: 이하 당시에 불리던 대로 A&P로 통칭)였다. 이름으로 알 수 있듯이 그 회사는 차 수입 업체로 출발했지만 1865년부터 이미 식료품을 취급하고 있었다. A&P는 제1차 세계대전이 발발할 무렵 미국 전역에 2천 개의 점포를 두었지만, 모두 점원이 높은 선반에서 물건을 가져다주는 구식 가게들이었다.[8] 클라렌스 손더스는 자신이 소유한 멤피스 점포의 모든 것을 바꾸어 '피글리-위글리(Piggly-Wiggly)'라고 불렀다. 그는 왜 그렇게 이상한 이름을 붙였냐는 질문을 받으면 "사람들의 호기심을 자극하니까요!"라고 대답했다. 손님들은 회전식 십자문을 지나 바구니를 들고 물건을 고른 다음 물건을 '확인'하고 포장하는 '정리, 확인' 책상에 도착한다. 이 획기적인 발상에 흥분한 「뉴욕타임스」의 한 기자는 손님들이 "선반 양쪽의 통로를 어슬렁거리면서 물건을 고른 다음 나갈 때 계산을 하는" 과정을 묘사했다. 그 점포의 숨은 동기는 고객에게 편의를 제공하는 것보다는 제1차 세계대전으로 인한 종업원 부족에 대처하는 것이었다. 하지만 얼마 지나지 않아 손님들이 빵을 눌러보고 수프 통조림을 만져보는 것을 좋아한다는 사실이 분명해지면서 그 발상은 대대적인 선풍을 일으켰다. 그 결과 1929년에 전국적으로 3천 개의 피글리-위글리가 생겨났다. 피글리-위글리는 1930년대에 절정을 이루었지만

6천 개의 매장을 가진 구식의 A&P보다는 수가 훨씬 적었다. 피글리-위글리의 방식을 모방한 다른 점포들은 식품을 파는 곳과는 거리가 먼 이름을 가지고 있는 경우가 많았다. 그 중에는 험프티 덤프티, 힝키 딩키(Hinky Dinky), 알파 베타(Alpha Beta), 지트니 정글(Jitney Jungle), 불 마켓(Bull Market), 자이언트 타이거(Giant Tiger) 등이 있었다.[9]

A&P는 1936년에 미시간의 입실런티(Ypsilanti)에 진정한 슈퍼마켓이라 부를 수 있는 점포를 처음 열었다. 그 무렵의 손더스는 선수가 아니었다. 1923년에 주식 시장에 뛰어들었다가 피글리-위글리에 대한 경영권을 잃은 뒤였다. 그 뒤로 훨씬 더 야심적이지만 결과적으로는 무모한 케이두즐 마켓(Keydoozle Market: Key Does All) 계획에 전념했다. 그것은 손님이 견본 제품 옆의 구멍에 열쇠를 끼우면 원하는 물건을 살 수 있는 자동 식품점이었다. 그 장치 뒤에서는 달가닥거리는 소리를 내는 기계와 빙글빙글 돌아가는 컨베이어 벨트가 집으로 들고 갈 수 있도록 가방에 담긴 물건을 골라 계산대까지 옮겨주었다. 이 방식은 한 번도 제대로 운영되지 못했으며, 클라렌스 손더스의 이름 역시 더 이상 들을 수 없게 되었다.[10]

손더스의 점포는 한 가지 중요한 면에서 구식의 식료품점과 전혀 차이가 없었다. 그 점포들은 넓이가 약 140제곱미터 정도로 통로가 서너 개에 불과했다. 따라서 사람들은 최초의 진정한 슈퍼마켓을 만든 공로를 마이클 쿨렌(Michael Cullen)에게 돌린다. 그는 1930년에 뉴욕의 자메이카에 '식료품 도매점' 혹은 '식품 매장'을 열었고, 두 가지 이름을 편하게 사용했다. 그것이 미국 최초의 대형 식품점은 아니었다. 샌프란시스코에는 1923년에 이미 4,350대의 자동차를 주차할 수 있는* 넓이 6,300제곱미터 규모의 식품점인

---

* 놀라울 정도로 많은 숫자지만 소매업의 역사에 관한 대부분의 책들이 같은 이야기를 하고 있다. 요즘도 그만한 차를 수용할 수 있는 쇼핑센터는 그리 많지 않다.

크리스털 팰리스가 있었다. 하지만 쿨렌의 매장에는 저녁 시간 영업, 셀프서비스, 시끌벅적한 광고, 잘못 쓰인 철자를 고치고 싶은 충동을 일으키는 상호 등 업계의 표준이 된 몇 가지 특색이 있었다. 쿨렌 역시 자기 매장을 킹 쿨렌(King Kullen)이라고 불렀다. 'supermarket'이라는 말을 맨 처음 쓴 회사는 1933년에 상호를 등록한 신시내티의 앨버스 슈퍼마켓(Albers Super Market)이었던 것 같다.[11] 1930년대에는 늘어나는 상품을 고객들이 담고 다닐 수 있도록 쇼핑 카트가 등장했다. 휴스턴의 한 식품 매장은 한동안 물건을 담을 수 있는 바구니가 달린 유모차를 제공했다. 그리고 1936년에야 오클라호마의 실번 골드만(Sylvan Goldman)이라는 매장 주인이 현대식 쇼핑 카트를 발명해서 '바구니 운반차(basket carrier)'라고 불렀다. 이로써 손님들은 많은 양을 한꺼번에 구매할 수 있게 되었다. (처음에는 손님들이 그 새로운 장치에 눈길도 주지 않았다. 골드만이 10여 명을 고용해 하루 종일 물건을 사는 척하면서 그것을 밀고 다니게 한 뒤에야 다른 사람들도 따라하기 시작했다.)

수적으로 볼 때, 슈퍼마켓은 비교적 느리게 시장에 침투했다. 1955년에 미국의 36만 개 식품점의 95퍼센트가 영세한 구멍가게이거나 '소형 슈퍼마켓(superette)'으로 알려진 소규모 점포였다. 슈퍼마켓은 식품 매장의 5퍼센트에 불과했지만 이미 미국 식품 판매량의 반을 차지하고 있었다. 오늘날의 슈퍼마켓은 적어도 200만 달러의 연간 매출을 달성하는 점포로 정의된다.[12] 독자들도 관심이 있을지 모르지만, 보통의 슈퍼마켓 고객이 어느 통로로 들어갈지 고민하는 데 걸리는 시간은 20초, 어느 특정한 물건을 구매하겠다는 결심을 하는 데 걸리는 시간은 4초에 불과하다.[13]

슈퍼마켓은 미국인의 구매 방식뿐만 아니라 식습관까지 바꾸었다. 여성의 사회 진출이 증가하면서 간편한 식품이 어느 때보다도 중요한 역할을 하기 시작했다. 냉동식품은 버즈 아이(Birds Eye)라는 소규모 회사가 개발했다. 밥맛을 떨어뜨릴 것 같은 그 회사의 명칭은 매사추세츠 글로체스터(Gloucester)의 자연주의자 클라렌스 버즈아이(Clarence Birdseye)의 이름에서 유래했다. 그는 얼음낚시를 하던 중에 우연히 순간 냉동식품의 잠재성을 깨달았다. 최초의 버즈 아이 냉동식품은 1930년에 출시되었지만 당시에는 그런 이름으로 불리지 않았다. 처음에는 'frozen'이 고기의 경화 같은 변질을 의미한다는 생각을 유발할 수도 있으므로 '살짝 얼린 식품(frosted food)'이라는 이름으로 판매되었다. 그러나 얼마 지나지 않아 사람들이 frosted란 말에 훨씬 더 혼란스러워한다는 사실이 분명해졌다. 그것이 부분적으로만 얼었다는 뜻인지, 아니면 얼음 같은 것에 싸여 있다는 뜻인지 헷갈렸기 때문이었다. 결국 frozen food라는 이름이 다시 쓰이게 되었다. 버즈 아이가 처음 생산한 서리 앉은, 혹은 언 식품은 육류 18종, 해산물 3종, 채소류 2종, 과일류 3종이었다. 미국의 주부들은 1월 중순에 광고에 나오는 "내년 여름에 수확하는 것만큼이나 신선한 6월의 완두콩"을 살 수 있게 되었다.

  냉동 조리 식품은 제2차 세계대전 직전에 나왔다. 처음 나온 상품은 거짓말 같은 조리된 콩이었다. 곧바로 치킨 아라킹과 롭스터 뉴버그같이 훨씬 더 이국적인 음식도 살 수 있게 되었다. 냉동식품을 이용한 최초의 저녁식사는 1945년에 군인들의 식탁에 차려졌으며 1년 뒤에 그 개념은 '스트라토 밀스(Strato Meals)'라는 이름으로 민간에 공급되었다. 그리고 초기의 또 다른 경쟁업체가 '프리지디너스(Fridgedinners)'를 만들었고, C. A. 스완슨 앤 선스 오브 오마하(Swanson & Sons of Omaha)는 1954년에 출시한 'TV 브랜드 디너스(TV Brand Dinners)'로 승승장구했다.[14]

  교외 생활은 슈퍼마켓을 번성하게 했을 뿐만 아니라 수백만 명의 현대 생활에서 없어서는 안 될 쇼핑몰의 발전에도 영향을 미쳤다. 쇼핑몰의 역사는 아주 길다. 지붕이 달린 유럽식 상가인 '아케이드(arcade: 이탈리아어로 아치를 뜻하는 arcata에서 유래했다)'가 대표적인 형태였다. 1819년에 런던의 버링턴 아케이드(Burlington Arcade)를 시작으로 브뤼셀의 갈레리스 세인트 허버트(Galeries Saint Hubert)와 성당처럼 생긴 밀라노의 갈레리아 비트리오 엠마누엘레(Galleria Vitttorio Emanuele)가 곧이어 생겨났다. 마크 트웨인은 이 갈레리아에 흠뻑 매료되어 그곳에서 행복하게 여생을 보내겠다고 선언하기도 했다. 유행은 즉시 대서양을 건넜다. 1830년대에 로드아일랜드 프로비던스에 웨이보셋 아케이드(Weybosset Arcade)가 생겨나면서 미국의 대도시들은 으레 한두 개의 대표적인 쇼핑센터를 갖추게 되었다.

아케이드는 미국의 소매업에서는 우연하게 생겨난 현상이 절대 아니었다. 대부분의 미국인에게 쇼핑은 백화점과 사무실이 밀집한 시내의 건물 1층에 입주한 소규모 매장을 뜻했다. 이런 매장들은 대개 명칭에 있어 특별한 유행을 거칠 때가 많았다. 1920년대에 시작된 '-eria' 어미의 유행은 10년 만에 '-orium' 어미의 유행으로 바뀌었다. 그래서 suitatorium, shavatorium, corsetorium, hairitorium, shoetorium, pantatorium, 심지어는 hot-dogatorium까지 유행했다. 그러고는 다시 '-rama(shop-a-rama, hair-o-rama)'와 '-ette(washerette, superette, drugette)'가 잠시 유행하다가 1950년대에 접어들면서 이상한 어미에 심취하는 현상이 사라졌다.

미국인들이 점점 더 교외로 빠져나가자 업계도 자연스럽게 그 뒤를 따랐다. 곧이어 주거 지역마다 이발소, 구멍가게, 약국 등 소규모 사업체들이 번잡한 전차 정류장 옆에 줄지어 들어서며 쇼핑센터의 모양을 갖추게 되었다. 이처럼 교외에 밀집한 초기의 상가들은 shopping strips(쇼핑 거리), string streets(한 줄로 이어진 거리), taxpayer blocks(납세자 거리: 잠시 토지를 활용하기 위해 계획되는 경우가 많았기 때문에 그렇게 불렸다. 상인들은 더 큰 상가를 지을 수 있을 때까지 땅에 대한 세금을 낼 수 있을 만큼 수익을 올리겠다는 희망을 품었다) 등의 이름으로 다양하게 불렸다.

거리, 삼각지, 광장 등 점포 밀집지역이 크게 확산되었으므로 누가 미국에서 처음으로 진정한 쇼핑센터를 세웠는지에 대한 논란은 결론이 나지 않는다. 1907년에 에드워드 H. 부턴(Edward Bouton)이라는 볼티모어의 사업가가 주차 공간을 확보하기 위해 거리에서 약간 들어간 지점에 6층짜리 건물을 올려 롤랜드 파크(Roland Park) 쇼핑센터라고 이름 붙였다. 국립 명소 등재소(The National Register of Historical Places)는 1916년에 일리노이 레이크 포리스트(Lake Forest)에 지어진 마켓 스퀘어(Market Square)를 최초로 계획된 쇼핑몰이라고 인정했다.[15] 1922년에 대규모 주택 개발 사업의 일환으로 J. C. 니콜라스가 지은 캔자스시티의 컨트리클럽 플라자에 영예를 안기는 사람들도 있다. 그곳은 보행자 전용 구역이 마련된 최초의 건물이었지만 점포가 거리를 내다보는 매우 고리타분한 구조를 갖고 있었다. 1931년에 지어진 댈러스의 하이랜드 파크 쇼핑 빌리지(Highland Park Shopping Village)는 건물 뒷부분을 거리에 면하게 함으로써 처음으로 쇼핑객과 운전자를 완전히 분리했다. 롤랜드 파크 쇼핑센터를 제외한 초기 건물들은 대부분 '쇼핑센터'나 '몰'이 아닌 더 편한 이름으로 불렸다. 하이랜드 파크 쇼핑 빌리지, 서버번 스퀘어(Suburban Sqaure: 1928년에 펜실베이니아 애드모어에 지어졌다), 햄프턴 빌리지(Hampton Village: 1941년 세인트루이스)처럼 'square'나 'village'라는 단어를 상호에 붙이는 것이 보통이었다.

그러나 쇼핑센터는 근본적으로 1950년대의 특색이 된 현상이었다. 제2차 세계대전이 끝날 무렵 미국의 쇼핑센터는 여덟 곳에 불과했으며 1949년까지도 10여 곳 정도에 그쳤다. 그러다 1950년에 시애틀에 노스게이트 센터(Northgate Center)가 들어섰고, 이듬해에 매사추세츠 프래밍엄(Framingham)에 쇼퍼스 월드(Shoppers' World)가 생겨나면서 비로소 수문이 열렸다. 그 이후로 전국 각지에 쇼핑센터가 들어섰다. 1956년에 「비즈니스 위크」는 "범람하는 쇼핑센터"라는 기사를 1면에 실었다. 1956년에 불과 두 달 동안 미국에 개장한 쇼핑센터가 8년 동안 개장된 수보다 더 많다며 놀라운 어조로 지적할 정도로 그 발전 속도는 대단했다.[16]

쇼핑센터의 포괄적인 의미랄 수 있는 '몰(mall)'은 1967년까지도 기록에 오르지 않았다. 그 단어에는 재미있는 역사가 담겨 있다. 원래 16세기와 17세기에 유럽에서 유행한 경기에서 유래했다. 이탈리아어로는 '팔라 어 마글리오(palla a maglio: 방망이로 공을 치는 것)'로, 프랑스어로는 '팔레마유(pallemaille)'로 불렸던 그 말은 영어에서는 '펠멜(pall mall)'이 되었다. 그것은 풀이 무성한 오솔길을 따라 나무 공을 굴리다가 둥근 테두리 속으로 쳐 넣는, 골프와 크로켓을 섞어놓은 것 같은 경기였다. 이 경기는 18세기 중반에 들어서면서 인기를 잃었지만 런던 거리에 두 개의 이름을 남겼다. 폴몰(Pall Mall)과 몰(당시에는 '멜'로 불렸을 것으로 추측한다)이라고 불리는 가로수 길(parallel avenue)이었다. 몰은 품위 있는 산책을 연상시키는 말로 변모했다. 1784년 몰은 산책에 좋은 장소, 특히 워싱턴 D. C. 중심부같이 넓은 풀밭을 뜻하는 적당한 이름으로 미국 어휘 사전에 자리를 잡았다.

현대적인 쇼핑센터의 윤곽과 분위기에 기여한 사람은 미국인이 아니라 빅토르 그루엔(Victor Gruen)이라는 빈 출신의 남자였다. 그는 1938년의 독일-오스트리아 합병을 피해 단돈 8달러를 들고 미국에 도착했다. 그는 12년 만에 미국의 선두적인 도시 계획가가 되었다. 놀랍게도 그루엔의 목표는 새롭고 효율적인 쇼핑 방법을 창안하는 것이 아니라 유럽의 도심에서 느낄 수 있는 느긋한 상류층 사람들의 분위기를 미국에 도입하는 것이었다. 쇼핑센터, 혹은 그가 즐겨 말한 '쇼핑 타운(shopping town)'은 이웃들을 위한 모임 장소가 되어야 했다. 사람들이 천천히 걸어 다니며 친구를 만나고 커피나

아이스크림을 먹으며 노닥거리다가 내키면 물건도 살 수 있는 지역사회의 중심지인 셈이었다. 그루엔은 자신이 교외의 확장을 둔화시키고 자동차를 억제할 제도를 설계하고 있다고 확신했다. 하지만 그의 생각은 너무나 잘못된 것이었다.

그는 1960년대에 발간한 『미국의 쇼핑 타운(Shopping Towns USA)』이라는 책에 이렇게 썼다. "우리는 유럽 도심의 상업 광장에서 화려하고 자극적이고 상업적으로 붐비는 도시의 장면을 예민하게 관찰해야 한다. 그러면 우리의 새로운 쇼핑 도시들의 열린 공간이 지역사회의 생활에 어떤 영향을 미칠 수 있는지 이해할 수 있다."[17] 그는 쇼핑센터를 체계화했고 사람들이 오갈 수 있도록 가장자리에 대형 상점을 두는 아이디어를 생각해냈다. 쇼핑객들이 차에서 내려 직접 걷게 하려는 의도가 담긴 아이디어였다. 그는 사회적인 교류를 촉진하고 공동체 의식을 함양하기 위해 의자, 분수, 혹은 한두 개의 조각상을 갖춘 전략적인 장소를 고집했다.

1956년 영국의 소설가 올더스 헉슬리(Aldous Huxley)는 'spending spree(돈을 흥청망청 쓰는)' 라는 아주 요긴한 말을 만들었다.[18] 당시 그루엔의 이상적인 야심은 미니애폴리스 교외의 에디나(Edina)에 있는 사우스데일 센터(Southdale Center)의 건설과 함께 구체적인 모습을 갖추어가고 있었다. 2천만 달러의 비용으로 지어진 그곳은 세계 최대의 쇼핑센터이면서 당대 상업의 경이로운 사건이었다. 거의 모든 주요 신문사와 잡지사에서 나온 기자들은 10에이커(약 4헥타르)에 달하는 실내 쇼핑 구역을 보고 깜짝 놀랐다. 5,200대의 차를 주차할 수 있는 45에이커(약 18헥타르)의 주차장이 구비된 72층짜리 그 건물은 미국의 거의 모든 쇼핑몰이 모방하는 본보기가 되었다. 그루엔은 사우스데일에 이어 비슷한 매장들을 지었다. 디트로이트 부근의 노스랜드와 이스트랜드 쇼핑센터, 미니애폴리스 근처의 사우스랜드 쇼핑센터, 산호세의 밸리 페어(Valley Fair), 산린드로(San Leandro)의 베이 페어 센터(Bay Fair Center), 캘리포니아 레돈도 비치(Redondo Beach)의 사우스베이 쇼핑센터(South Bay Shopping Center) 등이다.

쇼핑몰 설계는 과학이 되었다. 몰 기획자들은 회의에서 레일리의 '소매 중력의 법칙(Law of Retail Gravitation: 기본적으로 사람들을 이동시키기 위해 여러 상점을 섞어놓는 것)'과 '최적의 위치적 등시성(optimal positional isochrones: 쇼핑센터로 가장 좋은 위치가 고속도로 인터체인지 부근이라는 또 다른 방식)' 같은 새로운 개념에 대해 의논했다. 어느 누구도 사람들이 어슬렁거리거나 교류를 하도록 자극하는 아이디어에 대한 생각은 하지 않았다. 그래서 사람들이 앉아 기대지 못하도록 등받이 없는 의자가 설치되었고, 음식점의 식탁은 10분 정도 지나면 불편함을 느낄 만큼 비좁게 만들어졌다. 사람들이 사려 깊은 관리자가 설치한 편안한 의자에 앉아 카푸치노를 마시며 신문을 읽거나 조르르 물 흐르는 소리를 내는 분수 옆에서 장기를 두는 광경을 꿈꾼 빅토르 그루엔의 이상향은 결코 실현되지 못했다.

쇼핑센터는 마을을 변화시켰을 뿐만 아니라 효율적으로 창조하기도 했다. 뉴저지의 파라머스(Paramus)는 고등학교도, 시내도, 산업이나 사무실도 없는 죽어가는 소도시였다. 그러다 루트 4를 따라 '메이시의 가든 스테이트 플라자(Macy's Garden State Plaza)'와 '앨리드 스토어스 버겐 몰(Allied Stores' Bergen Mall)'이라는 두 개의 쇼핑센터가 생겼다. 10년도 안 되어 파라머스의 인구는 네 배 이상 불어나 25,000명에 이르렀고 소매업 매출도 500만 달러에서 1억 2,500만 달러로 늘어났다. 일리노이의 샴버그(Schaumburg)에도 똑같은 일이 벌어졌다. 1956년, 그곳의 인구는 130명이었다. 그러다 두 가지 사건이 일어났다. 오헤어(O'Hare)가 시카고의 주요 공항이 되었고, 20만 평방미터에 이르는 우드필드 쇼핑센터가 문을 열었다.

1978년 샴버그의 인구는 400배 가까이 늘어나 5만 명이 되었고, 21세기가 다가올 무렵에는 시카고 다음으로 일리노이 주에서 두 번째로 큰 도시가 되었다.[19]

쇼핑센터가 호황을 이루면서 시내는 죽기 시작했다. 미국의 전후 경제 호황이 절정을 이룬 1948년과 1954년 사이에 13개 대도시의 시내 소매업자들은 평균적으로 4분의 1의 손실을 입었다.[20] 상점과 사무실이 교외로 빠져나가면서 시내는 더 활기를 잃었다. 디트로이트의 허드슨 백화점은 1953년에 1억 5,300만 달러였던 연매출이 1981년에는 4,500만 달러로 줄어들자 곧바로 폐업을 했다. 놀랍게도 그들은 디트로이트에 부를 안겨준 자동차 산업의 희생자였다.[21] 시어스는 1983년에 시카고의 스테이트 스트리트에 있던 본점의 문을 닫았다. 미국 전역에서 살아남은 도심의 백화점들은 상업적인 논리라기보다는 자존심이나 세금 감면 조치에 의한 결과였다.

1980년대 초 미국에는 2만여 개의 대형 쇼핑센터가 있었으며, 전체 소매업의 60퍼센트 이상을 차지했다. 그들은 인력의 8퍼센트, 곧 900만 명의 직원을 고용해서 국민 총생산의 13퍼센트인 5,860억 달러의 매출을 올렸다.[22] 1992년에는 쇼핑센터의 수가 두 배로 늘어났으며, 일곱 시간에 하나 꼴로 새로운 점포가 문을 열었다. 37억 평방미터의 미국 땅이 쇼핑센터였고, 그 중 3분의 2는 최근 20년 사이에 지어진 것들이었다.[23] 쇼핑센터들은 수적으로 늘었을 뿐만 아니라 새로운 형태로 변모하기도 했다. 그 중 하나는 '지역의 대규모 중심지'로 적어도 37만 평방미터의 쇼핑 공간을 갖춘 시내보다 더 큰 쇼핑센터였다. 1990년에는 이런 곳이 2천 군데에 달했다. 약간 거부감이 들긴 하지만 또 다른 형태의 쇼핑센터는 '힘의 중심지'로 알려졌다. 이들은 벽으로 둘러싸이지 않은 단지로 보통 중앙 주차장 주위에 U-자 형태로 지어졌으며 적어도 한 개의 'category killer(단일 품목을 파는 할인점)' 점포를 가지고 있었다. 가령, 인근의 경쟁자들을 물리치기 위해 특별한 물건을 저렴한 가격에 대량으로 판매하는 토이저러스나 서큐트 시티(Circuit City) 등이 입점했다.

쇼핑센터에서 물건을 사는 것은 미국 최대의 여가 활동이었다. 400만 평방미터의 소비자를 위한 공간을 갖춘 미국 최대의 매장인 몰 오브 아메리카 오브 미니어폴리스〔Mall of america of Minneapolis: 500만 평방미터에 달하는 세계 최대의 매장인 캐나다의 웨스트 에드몬턴 몰(West Edmonton Mall)보다는 훨씬 작다〕는 영업을 시작한 첫 해에는 그랜드 캐니언보다 더 많은 사람들이 방문할 것으로 예상했다.[24] 1990년대 초 미국인들은 한 달에 평균 12시간을 쇼핑몰에서 보냈다. 수면, 식사, 일, 텔레비전 시청을 제외한 활동 중에서 가장 많은 시간을 쇼핑에 쓴 셈이다.[25]

그렇다면 쇼핑몰을 처음 시작한 빅토르 그루엔은 어떻게 되었을까? 그는 자신이 만들어놓은 결과에 질겁해서 서둘러 빈으로 돌아갔고 1980년에 좌절한 채 숨을 거두었다.

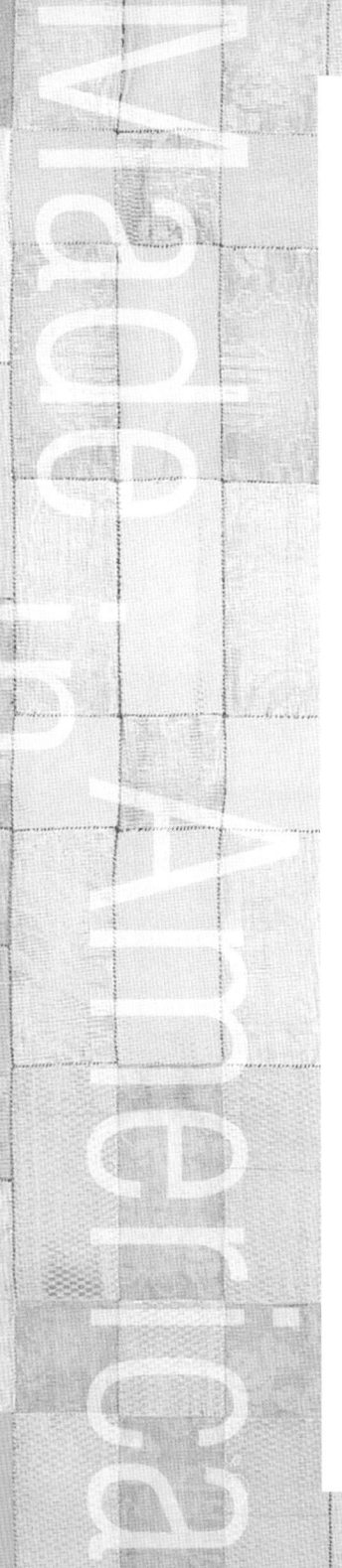

제 13 장

예절과 그 외의 문제들

In 1993, according to an international business survey, the world's most valuable brand was Marlboro, with a value estimated at $40 billion, slightly ahead of Coca-Cola. Among the other top ten brands were Intel, Kellog's, Budweiser, Pepsi, Gillette, and Pampers. Nescafe and Bacardi were the only foreign brands to make top ten, underlining American dominance. Why companies like Coca-Cola suffer palpitations when they see a passage like this (from John Steinbeck's The Wayward Bus): "Got any coke?" another character asked. "No," said the other proprietor. "Few bottles of Pepsi-Cola. Hav...... coke for a month……. It's the same stuff. You can'...... 1993, according to an international business ...... e brand was Marlboro, with a value esti...... of Coca-Cola. Among the other top ten ...... ser, Pepsi, Gillette, and Pampers. Nes...... brands to make top ten, underli...... like Coca-Cola suffer palpita...... m John Steinbeck's The Way-war...... r asked. "No," said the ot'...... ven't had any coke for a mo...... them apart." In 1993, ac...... world's most valuable bran...... llion, slightly ahead of Coca-Co...... el, Kellog's, Budweiser, Pepsi, Gillett...... u Bacardi were the only brands to make top ten, underlining American dominance.

MADE IN
AMERICA

영국인이 영어 사용 문제로 미국인을 싫어했다면, 그들의 습관에 대해서는 치를 떨 만큼 끔찍하게 싫어했다. 윌리엄 코벳의 『미국 생활(A years Residence in the United States of America)』, 해리엇 마틴의 『미국 사회(Society in America)』, 디킨스의 『미국인의 비망록(American Notes)』, 프랜시스 트롤로프의 『미국인의 가정생활(Domestic Manners of the Americans)』, 프랜시스 라이트의 『미국 사회와 태도에 관한 고찰(Views of Society and Manners in America)』, 토머스 해밀턴의 『미국 사람들과 태도(Men and Manners in America)』 등 19세기에 나온 많은 책들에서 영국인들은 이상하게도 유독 미국인의 생활과 습관에 집착했다.

토머스 해밀턴은 특유의 문체로 이렇게 썼다. "승객들에 대해 진실을 말할 수밖에 없다. 나는 인간의 모습에서 그처럼 역겨운 것을 본 적이 없다. 그들의 품행과 태도는 그야말로 혐오스럽다."[1] 윌리엄 코벳은 이런 의견을 내놓았다. "미국인은 천성이 게으르고 속임수로 살 궁리를 한다." 프랜시스 트

예절과 그 외의 문제들 **381**

롤로프는 사사건건 따지고 들었다. "일상적인 식탁 예절이 전혀 없다. 음식을 집어 게걸스럽게 먹고, 말과 발음이 이상하고 투박하고, 더럽게 침을 튀겨 옷을 오염시키고, 칼로 음식을 먹으면서 칼날 전체를 입안에 집어넣을 것 같은 무시무시한 행동을 서슴지 않고, 나중에는 주머니칼로 이를 청소하는 경악할 행동 때문에 구세계의 장군, 대령, 소령과 함께 있다는 생각이 전혀 들지 않는다. 식사 시간은 그저 즐기는 시간일 뿐이라는 느낌을 지울 수 없다."[2] 그리고 미국인들에게는 "훌륭한 예절과 품위가 대체로 결여되어 있다."고 생각했다.

급하고 상스러운 미국인의 식사 습관은 끊이지 않는 주제였다. 이사벨라 루시 버드(Isabella Lucy Bird)는 1856년에 이렇게 말했다. "미국인들이 얼마나 허겁지겁 식사를 하는지에 대해서는 말도 하기 싫다. 우리 옆집 사람은 내가 수프 접시를 차리는 동안 어느새 이것저것 배부르게 집어먹고 자리에서 일어난다."

대체로 호의적인 관찰자인 로버트 루이스 스티븐슨은 네브래스카의 노스 플랫(North Platte)에서 놀라운 일을 겪었다. 같이 식사를 하던 사람이 일행에게 우유 주전자를 건네 달라고 부탁했다가 물건을 전달하는 일은 종업원에게나 요구하라는 핀잔을 들었다. 남자가 말했다. "그냥 우유 좀 달라고 말했던 것뿐인데." 그 말에 다른 남자가 대꾸했다. "달라고 했을 뿐이라고? 나 참! 그런 일을 해 주는 대가로 월급을 받는 사람은 내가 아니라 종업원일세. 자넨 식탁 예절을 좀 배워야겠군. 좋아, 내가 가르쳐주지!" 스티븐슨도, 그리고 우유를 달라던 사람도 다행스럽게 생각했겠지만, 그의 위협은 실행에 옮겨지지 않았고 식사는 조용히 끝났다.[3]

미국인들이 담배를 씹다가 타구 쪽을 겨냥해서 가래를 뱉다가 침을 떨어뜨리는 습관도 수많은 비난을 샀다. 디킨스는 『미국인의 비망록』에서 미국의 양원에 대해 이렇게 썼다. "양탄자가 깔끔하게 깔려 있지만, 점잖은 의원들에게 모두 제공된 타구를 대체로 관리하지 않아 상태가 엉망이며, 사방으로 올이 풀리고 축축한 상태를 얼마나 개선해야 하는지는 설명할 방법이 없다." (방금 설명을 다 해 놓고 그렇게 말하고 있다.)

확실히 그렇기는 했다. 미국인들에게는 세련된 태도가 부족한 경향이 있었다. 프랑스 왕세자 루이 필립(Louis Philippe)은 1797년에 미국을 방문했던 이야기를 실망스럽게 털어놓았다. 당시 그는 침실용 변기를 요구했는데 주인이 그런 것이 없으니 창문을 자유롭게 사용해도 좋다고 말했다고 한다.[4] 미국인들은 위생 수준을 끌어올리려고 노력할 때조차 사회적 관습에 대한 오해를 확연히 드러냈다. 나다니엘 트레이시(Nathaniel Tracy)라는 초급 장교는 방문 중인 프랑스 장교들을 접대하라는 임무를 받았다. 그는 프랑스인들이 기묘한 식습관을 갖고 있다는 막연한 생각에 근처 습지로 부하들을 보내 개구리를 한 자루 잡아오게 했다. 그러고는 그 개구리를 몽땅 삶아 수프에 띄워 대접했다.

미국인이 한동안 유럽에서 사용되던 포크에 익숙해지기 시작한 것은 최근 들어서였다. [초기에 그것을 얼마나 어색하게 받아들였는지는 '갈고리 숟가락(split spoon)'이라는 말에서 짐작할 수 있다.] 신세계 사람들은 포크가 도입되기 전에는 끝에 고기를 찌를 수 있는 작은 침이 두 개 달린 나이프, 숟가락, 손가락을 이용해서 식사를 했다. 그들은 오른손으로 음식을 잘라 입으로 가져가는 데 익숙했다. 그래서 다른 나라 사람들에게는 이상하게 보이지만 포크를 왼손에서 오른손으로 바꿔 쥐는 법을 연습했다.[5] 하지만 1840년대 중반까지도 많은 미국인들이 포크에 대한 개념 때문에 고생을 했다. 당시에 베스트셀러였던 예절 안내서인 『훌륭한 태도의 기술(The Art of Good Behavior)』 역시 이런 말로 그런 상황을 조용히 인정했다. "가능하면 나이프를 입속에 집어넣어서는 안 된다."

그 책은 "손가락이 너무 번들거릴 때는 빵조각에 먼저 닦으라."고 가르치는 프랑스의 책 같은 유럽의 예절 지침서들을 보면, 그들의 저녁 식사 자리의 수준을 짐작해 볼 수 있다고 말했다.[6]

약 1840년대까지도 미국인의 위생과 교양 수준이 대체로 낮았다는 사실만큼은 분명하다. 어느 역사가의 말처럼, 19세기가 한참 지날 때까지도 많은 미국인들의 생활이 "구식"에 머물러 있었다.[7] 대부분의 미국인들은 현대의 기준으로 지독하게 가난했다. 1800년에 시행된 델라웨어 농부들에 관한 조사를 보면, 16퍼센트만이 헛간을 가지고 있었고 말 한 마리를 키우는 집도 절반에 불과했다. 말 한 마리 살 형편도 안 되는 농부는 위생적인 음식에 돈을 쓸 여력이 없었다. 미국에서는 1760년의 'bathing-house(목욕탕)'와 1791년의 'bathing room(화장실)' 등 영국과 비슷한 시기에 청결과 관련된 단어 몇 가지가 생겨났다. 하지만 상황적으로 그런 진기한 것들은 부유층들만 누릴 수 있었다.

중산층에게도 목욕은 1800년대에 접어들 때까지 진기한 경험이었다. 18세기가 저물 무렵, 엘리자베스 드링커(Elizabeth Drinker)라는 여자는 일기장에 방금 28년 만에 처음으로 목욕을 했다고 기록했다. 그녀의 어투에서 목욕을 한 지 사반세기가 흘렀다는 사실을 전혀 특별하게 여기지 않는다는 것을 알 수 있다.[8] 욕조는 1820년대가 되어서야 상업적으로 유통되기 시작했으며, 처음 반세기 동안에는 'bathing tub'으로 불렸다. 'bathtub'은 1870년 마크 트웨인의 소설을 통해 처음 기록에 남았다.

욕조가 유통되기 시작했을 무렵, 변기 역시 실내를 향한 길고 느린 여행을 시작했다. 처음에는 욕실과 떨어진 작은 방에 설치되었고 영국식으로 'water closet'으로 불렸다. 그러나 존 퀸시 애덤스가 백악관에 그것을 처음 설치하고 난 뒤부터 '퀸시(quincy)'라는 명칭으로 잠시 유행하기도 했다. 'bathroom'은 1836년에 처음 기록되었지만 '화장실 휴지(toilet paper)'는 이상하게도 1880년 전까지 등장하지 못했다. 1880년에는 'washroom'이란 말도 생겨났으며 1900년에는 더 은유적으로 'rest room'으로 불렸다.

미국은 문명의 이기에서 느린 출발을 했지만 1840년대에는 유럽을 비롯한 세계 다른 나라들을 앞지르고 있었다. 묘하게도 바로 그 무렵은 미국인의 생활에 대한 영국인의 비판이 최고조에 달한 시점이었다. 백화점과 식당들은 유럽에서는 적어도 다음 반세기 동안 경험하지 못한 대규모의 대중적 사치와 편리를 중산층에게 제공했다. 미국인들이 더 호화롭고 빠르고 화장실까지 갖춘 기차를 갖게 되었을 때 유럽인들은 꽉 찬 방광을 참아내든지, 아니면 짧은 여행을 하는 것으로 만족해야 했다. 미국에서는 도시의 거리들이 밤에 더 휘황찬란해졌고, 무엇보다도 호텔의 품격이 단연 돋보였다.

밤을 보내는 장소를 뜻하는 'hotel'은 놀랍게도 미국에서 생겨난 말이다. 프랑스어의 'hôtel'은 큰 구조물을 뜻하지만('시청'을 뜻하는 'hôtel de ville'처럼) 미국인들은 18세기부터 여관을 설명할 때 그 말을 사용하고 있었다.[9] 미국 최초의 대규모 호텔은 1826년에 지어진 볼티모어의 시티 호텔이다. 3년 뒤에는 보스턴의 트레몬트 호텔(Tremont Hotel)이 문을 열었다. 곧이어 전국에 호화로운 호텔들이 생겨났다. 뉴욕의 애스터 하우스(Astor House), 신시내티의 버넷 하우스(Burnet House), 뉴올리언스의 세인트 찰스 하우스(Saint Charles House), 내슈빌의 맥스웰 하우스(Maxwell House) 등이었다.

이 건물들은 중앙난방, 용수철 침대, 엘리베이터(뉴욕의 피프스 애비뉴 호텔(Fifth Avenue Hotel)이 1859년에 처음 엘리베이터를 갖추었다), 그리고 19세기 말에는 전기 조명과 전화 등 모든 종류의 편의시설이 발전하는 계기를 마련했다. 엘리베이터는 백화점을 변화시킨 것처럼 호텔도 변화시켰다. 예전만 해도 위층에 있는 방에 대해서는 할인을 해 주어야 했다. 가방을 끌고 수많은 계단을 올라가고 싶은 승객은 거의 없었기 때문이었다. 그러다 엘리베이터 덕분에 어느 날 갑자기 위층 방에 더 많은 요금이 매겨지기 시작했다. 오티스 엘리베이터 컴퍼니의 광고 문구가 기분 좋게 속삭이는 동안 손님들은 "깨끗하고 상쾌한 공기와 탁 트인 전망을 즐기고, 온갖 종류의 소음, 먼지, 냄새에서 벗어날 수 있었다."[10] 가장 비판적인 외국 비평가조차 미국의 호텔에 대한 불평을 할 수 없었다. 프랜시스의 아들인 소설가 앤서니 트롤로프는 큰 감동을 받아 여행서의 한 장을 신세계의 혁신들 중 가장 놀라운 호텔에 대해 썼다.[11]

벽난로, 인공조명 같은 주택의 편의 시설 역시 유럽보다 훨씬 더 나았다. 물론 미국의 혹독한 기후 때문에 부유층조차 안락함을 누리기는 힘들었지만. 그래서 1866년 1월에 사업가 조지 템플턴 스트롱은 벽난로와 온갖 난방장치를 동원해도 집안 온도를 섭씨 3도 이상 올릴 수 없다며 안타까워했다.[12] 그런데도 외국의 비평가들은 참을 수 없을 정도로 덥고 답답한 미국 가정에 대해 쉬지 않고 언급했다. 매사추세츠의 영국 총영사는 좋은 미국의 주택에 "지하실의 거대한 용광로가 틈새와 관을 통해 밤낮으로 더운 공기를 방마다 올려 보내 무심결에 찾아간 사람들은 질식할" 정도라며 놀라워했다.[13]

참기 어렵기는 여름도 마찬가지였다. 열기를 제거할 효과적인 방법이 없을 뿐만 아니라 마을에는 적당한 위생 시설도 없었다. 주택과 동물들이 늘어감에 따라 파리나 모기를 비롯한 곤충들이 지금은 상상도 할 수 없을 정도로 들끓었다. 그러나 그맘때는 적어도 음식은 보관할 수 있었다. 1840년대에는 많은 중산층 가정들이 '아이스박스(1839년에 처음 기록된 미국 영어)'의 도움을 받으면서 얼음 산업이 방대해졌다. 얼음은 겨울에 뉴잉글랜드의 연못에서 덩어리로 잘라져 얼음 창고에 저장되었다. 새로운 단열재가 개발되면서 가장 더운 여름에도 얼음이 녹으면서 발생하는 손실이 10퍼센트를 넘지 않았다. 19세기 중반에는 보스턴에서만 1년에 15만 톤의 얼음을 선적했고 그 중 일부는 인도와 중국까지 수출되었다.

더 나은 조명 시설에도 변함없는 관심이 이어졌다. 1700년대 말까지도 조명은 수지 양초와 고래 기름에 한정되어 있었지만 둘 다 비효율적이었다. 요즘 나오는 전구 한 개의 밝기를 내려면 양초 100개가 필요할 정도였다. 게다가 대부분의 가정들이 감당할 수 있는 수준을 넘어섰다. 1800년대 초까지도 평균적인 미국인 가정은 해가 저물면 칠흑 같은 어둠에 휩싸였다. 중산층의 조명 시설은 1783년에 조도가 높고 덜 깜빡거리는 아르강 등(Argand Lamp: 스위스 발명가의 이름을 땄다)이 발명되면서 극적으로 개선되었다. 다음 단계는 캐나다인인 에이브러햄 게스너(Abraham Gesner)가 1858년에 발명한 등유였다.[14]

그러나 커다란 변혁은 가스와 함께 찾아왔다. 가스는 처음에는 거리를 밝히는 데 사용되었다. 볼티모어에서는 파리나 베를린보다 앞선 1816년에 이미 가스등이 쓰였다. 그러나 가스의 먼지, 냄새, 휘발성 때문에 남북전쟁 이후까지도 가정용으로는 안전하게 사용할 수 없었다. 이런 문제가 해결되자 가스는 전국을 휩쓸었다. 가스 배출구, 혹은 'gasolier(가스등 샹들리에)' 하나가 양초 열 몇 개의 밝기와 맞먹었다. 1895년의 평균적인 중산층 가정은 19세기 중반에 비해 20배 밝았다고 추정된다.[15] 그러나 가스는 아무리 청소를 잘하고 안전하게 만들어도 더럽고 위험하기는 마찬가지였다. 불쾌하고 생명에 지장을 줄지도 모르는 증기를 방출하므로 공기를 정화시키기 위한 특별한 통풍구가 필요했다. 환기가 잘 되는 가정에서도 가스등에서 나오는 이산화탄소와 연기가 책, 커튼, 벽지, 재질이 연한 가구뿐만 아니라 사람의 눈, 폐, 옷에 큰 피해를 입혔다.

정말 필요한 것은 전기였다. 조명뿐만 아니라 실용적이기만 하다면 미국인들이 얼마든지 구입하려고 하는 다른 수십 가지의 기구에도 전기는 필요했다. 진기가 발명되기 이전에는 노동력을 절감하는 장치들이 비웃음의 대상이 되고 있었다. 한 제조업자는 엉성한 진공청소기를 발명했다. 거기에는 사용자가 신발처럼 신는 공기통 두 개가 달려 있었다. 사용자가 방안을 걸어 다니는 동안 공기통은 먼지와 부스러기를 빨아올리는 흡입 작용을 했다. 독자도 짐작하겠지만, 그것은 아무런 효과가 없었다. 전기가 발명되기 이전에 나온 또 다른 물건은 가스로 열을 가하는 쇠와 '워터 위치(Water Witch)'라는 기괴한 장치였다. 그것은 압력을 가한 물로 작동되었는데, 발명가의 설명에 따르면 카펫의 먼지를 흡입할 뿐만 아니라 머리카락을 말리거나 통증이 있는 근육을 마사지할 때도 쓸 수 있다고 했다.[16]

1882년 토머스 에디슨이 상업용 전기를 공급하면서 가정용 전기의 가능성도 열렸다. 1880년대 중반 무렵에는 뉴욕시에서 가장 부유한 200가구가 5천 개의 전구, 혹은 에디슨의 회사가 지칭한 대로 '전기 등(electric lamp)'이 내뿜는 빛을 감상할 수 있게 되었다. 하지만 최고 부유층들만이 그런 특별한 혜택을 누릴 수 있었다. 그도 그럴 것이 전구 한 개의 가격이 일반 근로자의 반일치 소득과 맞먹는 1달러였고, 한 시간 쓸 때마다 20센트의 비용이 들어갔기 때문이었다.[17] 가정용 전기가 모든 사람들에게 적합한 것도 아니었다. 코닐리어스 밴더빌트 부인은 수천 달러를 들여 전기를 설치했다가 벽, 바닥, 천장이 심하게 훼손되는 바람에 골치를 앓았다. 그러다 전기로 작은 화재가 발생하자(잘못 사용한 것이 원인이었을지도 모른다) 새로 설치한 전선을 모조리 뜯어내라고 지시했다.[18]

그러나 실외에서는 문제가 달라졌다. 미국은 한밤에 세계에서 가장 밝은

뉴욕의 대표적인 위락지구 코니아일랜드에 있는 루나파크의 야경. 코니아일랜드는 1923년 육지와 연결되고 1965년 철도까지 연결되면서 맨해튼의 대표적인 휴양지가 되었다.

나라가 되었다. 1890년대의 브로드웨이는 눈부신 전등(대부분 광고용 상품이었다) 때문에 "위대한 백색의 거리(Great White Way)"로 묘사되었다. 그 불빛을 보려고 각지에서 사람들이 몰려들었다. 그 중에는 맨해튼 비치와 그곳의 호텔들을 밝히는 세계 최초의 번쩍거리는 광고판도 있었다. 높이 15미터, 너비 24미터의 그 광고판은 한 줄씩 불이 들어온 뒤에 규칙적으로 깜박거리다가 원형의 불을 반복해서 뿜어냈다. 그야말로 현대 기술의 기적 같았다. 하지만 실제로는 맨 꼭대기의 조종실에서 사람이 직접 손으로 작동하는 것이었다.

1910년 브로드웨이에는 진정한 전기 기술의 기적인 광고판이 세워졌다. 노먼디(Normandie) 호텔의 옥상에서 7층 높이로 세워져 2천 가지 색깔의 전구를 박아놓은 광고판은 32초 동안 마차가 달리는 모습을 보여 주었다. 빠른 채찍질과 날아다니는 먼지까지 보일 정도로 섬세하고 완벽하게 표현했다. 사람들이 그것에 너무 열광하자 경찰 한 분대가 그 지역에 배치되었다. 그들은 맨해튼 도심이 마비되지 않고 보행자와 교통이 원활하게 이동할 수 있도록 관리하는 임무를 맡았다.[19] 사람들의 눈길을 가장 많이 끈 것은 단연 코니아일랜드의 루나 파크(Luna Park)에 있는 전구들이었다. 20만 개의 전구가 장식 문양과 탑의 윤곽, 그리고 놀이공원의 첨탑을 따라 설치된 그곳은 한밤의 동화나라를 방불케 했다.[20] 지금도 사진으로 보면 정말 근사하다.

1896년 전기는 생활 깊숙이 침투해서 사람들은 그것을 두고 '주스(juice)'라는 표현을 익숙하게 쓰고 있었다. 그러나 가격이 여전히 사람들의 접근을 막고 있었다. 1910년, 열 가구 중 한 가구만이 전기를 사용했다. 그러나 1930년에는 미국 가정의 70퍼센트, 다시 말해 약 200만 가구에 전기가 들어왔다. 전 세계를 모두 합친 것보다 더 많은 수였다. 전기 설비가 완료될 때까지 오랜 시간이 걸린 시골 지역을 제외하면 그 비율은 훨씬 더 높았을 것이다. 미국의 농촌 가정은 1946년이 되어서도 절반 정도만이 전기를 사용했다. (하지만 10분의 1의 가정에만 실내에 수세식 변기가 설치되어 있던 때였다.)

전기가 점점 더 널리 쓰이게 되자 전기 제품이 시장에서 선을 보이기 시작했다. 싱어는 1889년에 최초의 전기 재봉틀을 소개했다. 1891년에는 전기 선풍기가, 1893년에는 전기 다리미가, 그리고 1902년에는 '불 없는 조리기(fireless cooker)'로도 불린 전기 화로가 나왔다. 또한 1909년에는 전기세탁기, 1910년에는 전기 토스터, 1918년에는 전기 식기 세척기가 선을 보였다. 1917년 미국의 주부들은 50종의 전기 제품 중에서 하나를 선택할 수 있게 되었고 또 열정적으로 그것을 실천했다. 그해 미국인들은 전기 제품 구입에 1억 7500만 달러를 지출했다.[21] 10년이 약간 더 지날 무렵에는 그 수치가 한 해에 24억 달러로 늘어났다.[22]

새롭고 빠르게 변화하는 전기제품 시장은 작은 기업들에게 번창할 수 있는 기회를 주었다. 제너럴 일렉트릭이 자동 세탁기에 관한 아이디어를 내놓았을 때, 가정용 제품을 제조해본 경험이 전혀 없던 벤딕스(Bendix)라는 작은 회사는 그것을 재빨리 포착해 10년 만에 미국 최대의 전기제품 제조업체가 되었다. 프리지데어(Fridgidaire)라는 제너럴 모터스의 작은 자회사도 같은 일을 겪었다. 그들은 가정용 냉장고 시장이 열리는 것을 보고 그 아이디어를 성공적으로 활용해 널리 이름을 알렸다.[23] 냉장고에 관한 아이디어는 낯설었을지도 모르지만 그 단어는 그렇지 않았다. 냉장고란 말은 1611년부터 영어에 있었고 냉각에 사용되는 다양한 종류의 그릇과 방을 가리킬 때 사용되었는데, 1824년부터는 음식을 차갑게 유지하는 상자를 가리킬 때 쓰였다.[24]

놀랍게도 냉장고는 가장 나중에 인기를 얻은 대중적인 전기제품이었다. 프리지데어는 1918년에 생산을 시작했지만 첫 제품은 볼품없이 비싸기만 했다. 가장 싼 가격이 고급 자동차 한 대 값과 맞먹는 900달러였다. 1921년이 되어도 미국에서 단 5천 대만 제작되었다. 하지만 그 이후로는 상황이 달라졌다. 1931년 무렵에는 해마다 100만 대의 냉장고가 생산되었으며, 대공황이 절정에 다다른 1937년에는 300만 대 가까이 생산되었다.[25]

그러나 라디오만큼 성공적인 상품도 없었다. 'radio'는 원래 'radio receiver'의 형태로 1903년에 영어에 유입되었다. 그전에는 'radiophone (무선 전화, 1881)'이나 'radioconductor(무선 전도체, 1898)'와 같은 특별한 형태가 있었다. 1921년에야 「뉴욕타임스」가 그 특별한 새로운 매체를

"wireless telephony(무선 전화)"라고 불렀다. 다른 사람들은 'loud speaking telephone(시끄럽게 말하는 전화)'이나 그냥 간단히 'wireless(무선 장치: 주로 영국에서 그렇게 불렀다)'라고 불렀다. 유명 골프장인 딕스무어(Dixmoor)는 일요일 아침에 골프를 치는 회원들에게 교회의 예배를 중계해 주기 위해 골프장 주변에 무선 스피커를 설치하면서 그것을 간단히 'telephone'이라고 불렀다. 통신 수단이자 일반 대중의 오락 수단을 뜻하는 '라디오'는 1922년에야 영어 단어에 유입되었다. 사람들이 그것을 '라디오'나 '레이디오' 중에서 어느 쪽으로 발음할지 결정하기까지 10년은 걸렸다.

1920년 말까지도 미국의 개인용 무선 수신기는 모두 손수 만든 것들이었다. 광석 라디오의 부품이라고 해야 고작 전선 몇 개, 오트밀 상자, 이어폰, 그리고 광석 조각이 전부였다. 초기의 상용 제품은 부피가 크고 비쌌으며 전파를 맞추기가 여간 어렵지 않았다. 라디오계의 대사건은 1921년 7월 2일에 열린 뎀시(Dempsey)와 카펜티어(Carpentier)의 권투시합이었다. 그러나 예정과는 달리 실제로는 방송에 무선 송신 장치가 사용되지 않았다는 것이 조금 이상하다.

지금으로서는 헤비급 권투 시합 같은 큰 행사가 어떻게 1920년대에 열릴 수 있었는지 이해하기 어렵지만 뎀시와 카펜티어의 시합은 대단한 규모를 자랑했다. 「뉴욕타임스」가 첫 13면을 시합 보도에 할애할 정도였다(세계 대전 종료를 알리는 기사는 1면의 작은 공간만을 차지했다). 시합 전날에는 신문 1면에 "타임스퀘어 시합을 중계하는 라디오폰"이라는 표제가 붙었다. 신문은 뉴저지 시합장의 링 바로 앞에 있는 조작자가 '무선 전화 송신 장치'에 말을 할 것이며, 그의 중계가 곧바로 몇몇 도시의 시청과 타임스퀘어의 뉴욕타임스 빌딩 밖에 모인 군중에게 전달될 것이라고도 밝혔다. 신문의 표제에는 '라디오'라는 말이 적혀 있었지만 기사 내용 중에는 그 단어가 한 차례도 언급되지 않았다.

시합 당일 타임스퀘어에는 10만 명의 관중이 운집했다. 하지만 기술적인 장애로 무선 송신 장치 대신 종이테이프가 사용되었다. 그런데도 군중들은 뉴저지에 있는 무선 장치의 기적으로 생생한 내용을 듣고 있다고 생각했다.[26] 신속한 장거리 언어 통신이라는 개념은 커다란 충격이었고 전국에서 라디오 구매 열풍이 일었다. (경기 결과를 덧붙이면, 뎀시가 4회에 카펜티어를 때려눕혔다.)

1922년부터 불과 3년 만에 400만 대의 라디오가 평균 55달러에 팔렸다. 1922년만 하더라도 500가구 중 단 한 가구만이 라디오를 보유했다. 그러다 1926년에는 20가구에 한 가구, 1920년대 말에는 거의 포화상태에 이르렀다. 라디오 매출은 1922년에 6천만 달러, 1929년에는 8억 5천만 달러에 이르렀다.[27] 라디오 열성팬들은 전문 잡지를 탐독했고 정보를 교환하고 재생 회로, 소디언 튜브, 그라임스 반사회로, 루프 안테나, 회전 스파크, 진공관 무선 수신기 같은 용어들이 자유롭게 오가는 동아리를 만들었다. 라디오 제조업체들은 하루아침에 거대 기업으로 성장했다. 라디오 돌풍이 일어난 어느 해에는 라디오 코퍼레이션 오브 아메리카(Radio Coperation of America)의 주식이 85.25달러에서 549달러로 뛰었다. 1928년 모토로라라는 작은 회사가 자동차용 수신기를 발명한 뒤로 차 안에서도 방송을 들을 수 있게 되었다.[28]

라디오와 텔레비전 방송국이 왜 'W'나 'K'로 시작하는 호출 신호를 쓰는지 궁금한 독자들도 있을 것이다. 그 이유는 1912년에 런던에서 열린 국제회의에서 그 글자들이 미국의 방송 전파로 정해졌기 때문이다. 미국은 A, N, W, K 이렇게 네 개의 호출 신호를 받았다. 그 중 A와 N은 해군과 육군에, 나머지 두 개는 대중 방송에 할당되었다. 많은 예외가 있지만 일반적으로 W는 미시시피 동쪽에 있는 방송국에, K는 서쪽에 있는 방송국에 지정되었다. 고정되지는 않았지만 보통 세 개의 글자로 이루어진 호출 신호는 오래된 방송국을 의미한다. 지금의 거의 잊힌 낡은 표어들이 가끔 방송국 호출 신호로 부호화되기도 했다. 「시카고 트리뷴」이 소유한 WGN은 'World's Greatest Newspaper(세계 최고 신문)'를 뜻하고, 마이애미의 WIOD는 'Wonderful Isle of Dreams(멋진 꿈의 섬)'의 약자다.

최초의 방송가들은 모스 부호를 사용하는 햄 조작자들이었다. 하지만 1910년대에는 실험적인 방송국들이 전역에 나타났다. 웨스팅하우스(Westing House)가 1920년에 펜실베이니아 이스트 피츠버그에 개국한 KDKA는 미국 최초의 진정한 라디오 방송국이라는 차별성을 가지고 있다. 하지만 그런 영광은 호출 신호 없이 산호세 엔지니어링, 와이어리스 칼리지가 운영한 방송국에 돌아가기도 한다. 이 방송국은 1909년에 지역 호텔의 로비에 설치한 수신기를 통해 정해진 시간에 뉴스 보도와 음악을 전송하기 시작했다. 그러다 샌프란시스코로 이전되어 KCBS가 되었다. 초기 방송국들은 대부분 초보 수준에 지나지 않았다. KDKA는 책임 기술자의 어린 아들들(그다지 재능이 있어 보이지 않는)이 연주하는 음악을 내보내는 것으로 유명했다. 초기에 웨스팅하우스가 설립한 또 다른 방송국인 뉴어크의 WJZ는 웨스팅하우스 공장 여자 화장실의 칸막이된 공간에서 방송을 했다. 그곳이 공장 건물에서 가장 조용했기 때문이었다. 이 초기 방송국들이 대부분 저출력 방송을 했다고 말한다면 있는 그대로의 표현이 아닐지도 모른다. 당시의 많은 송신기에는 전구 한 개보다 더 낮은 와트수가 사용되었다.[29]

그러나 1920년대 중반에 이르러 라디오는 더욱 전문화되기 시작했고, 처음으로 KDKA의 해럴드 W. 알린(Harold Arlin) 같은 유명 인사를 배출했다. 지금으로서는 알 수 없는 이유로 알린을 비롯한 대부분의 방송인들은 보

는 사람도 없는데 턱시도를 입고 저녁 방송을 했다.[30]

1926년, RCA, 제너럴 일렉트릭, 웨스팅하우스는 내셔널 브로드캐스팅 컴퍼니(레드와 블루로 알려진 두 개의 방송망으로 구성되었다)를 설립하기 위해 한 자리에 모였다. 그리고 1년 뒤, 컬럼비아 포노그래프 브로드캐스팅 시스템(Columbia Phonograph Broadcasting System: 나중에 '포노그래프'는 이름에서 탈락했다)이 탄생했다. 초창기에는 라디오의 가치를 높이기 위한 노력이 있었다. 1920년대와 1930년대 초, 정부는 202곳의 교육 방송국에 특허를 내어주었지만 1936년에는 그 중 80퍼센트인 164개가 문을 닫거나 상업 방송으로 전환되었다. 한 라디오 역사가는 다소 장황하게 그런 상황을 설명했다. "따라서 라디오 스펙트럼(무선 통신에서 사용할 수 있는 파장의 범위-옮긴이)은 처음 사용된 이후 위태로운 20년을 거치면서 인간 자원을 발전시킬 수 있는 능력을 증명할 기회를 제대로 갖지 못했다."[31]

라디오의 자원 발전 능력이 충분히 발휘되지 않았다고는 하지만, 텔레비전에 비하면 아무것도 아니었다. 사람들은 텔레비전을 비교적 최근의 발명품이라고 생각한다. 하지만 실제로 실용화된 시기를 따진다면 라디오와 거의 비슷하다. 단지 정착하기까지의 시간이 더 걸렸을 뿐이다. 1880년대에 이미 실용적인 텔레비전을 만들기 위해 필요한 이론이 알려졌다. 그러나 정작 필요한 진공관은 아직 발명되지 않은 상태였다.[32] television이란 단어는 1907년에 나왔지만 초기에는 일렉트릭 아이(electric eye), 아이코노스코프(iconoscope), 이미지 디섹터(image dissector), 일렉트릭 텔레스코프(electric telescope), 텔레바이저(televisor), 픽처 라디오(picture radio), 비주얼 와이어리스(visual wireless), 일렉트릭 비전(electric vision), 라디오 비전(radio vision) 등 다양한 이름으로 불렸다.

텔레비전은 다른 기술과는 달리 다양한 분야의 수많은 발명가들이 만들어낸 합작품이었다. 미국의 허버트 아이브스(Herbert Ives), 찰스 젠킨스(Charles Jenkins), 영국의 존 로지 베어드(John Logie Baird), 러시아의 보리스 로징(Boris Rosing) 등이 그들이다. 1925년 찰스 젠킨슨은 윤곽과 그림자보다 더 섬세한 것을 방영하는 최초의 실용 텔레비전을 공개 실험했다. 넉 달 뒤에는 스코틀랜드 출신의 베어드가 음향이 나오는 유사한 모델을 소개했다.

벨 텔레폰이 1927년 4월에 뉴욕에서 새로운 방식을 공개할 때까지도 텔레비전은 사람들의 시선을 그다지 끌지 못했다. 세로 5센티미터, 가로 7.5센티미터의 신용카드만 한 크기의 화면에서 상무장관 허버트 후버가 워싱턴에서 하는 짧은 격려 연설 뒤에 뉴저지 위퍼니(Whippany)의 AT&T 스튜디오에서 만든 오락 방송이 잠깐 나왔을 뿐이기 때문이다. 오락이라고 해봐야 처음에는 아일랜드식 농담을 하다가 뜬금없이 흑인 분장을 하고 '흑인' 농담을 하는 가벼운 희가극이 고작이었다. (사람들이 처음부터 그것이 사소한 재미를 위해 만들어진 매체라는 것을 본능적으로 알았다는 사실이 흥미롭다. 베어드가 1928년에 런던에서 최초의 컬러 송신기를 소개했을 때 시청자들은 혀를 계속 내미는 사람의 모습만 보았다.)

「뉴욕타임스」는 아주 흥미로운 표제를 붙여 이 대단한 사건에 1면의 많은 지면과 20면 전체를 할애했다.

텔레비전 실험에서
멀리 있는 사람의 목소리를 들을 수 있을 뿐만 아니라
그 모습을 볼 수도 있어

마치 사진이 걸어 나오듯이

워싱턴에서 후버의 얼굴이
선명하게 보여

　기자는 "한마디, 한마디가 다 들리고 화자의 입술 모양과 표정 변화까지 화면에 완벽하게 똑같이 나타났다."며 놀라움을 감추지 못했다. 그러나 텔레비전의 미래에 대해서는 의심스럽게 평가했다. "그것에 미래가 있다면 대체로 대중적인 오락에 머물 것으로 보인다. 사건이 일어나자마자 시청자에게 특보를 알리고, 스튜디오에서 제작된 소리와 그림이 곧바로 에테르 전파를 통해 극적이고 음악적인 움직임을 보여 준다."[33]

　1928년 베어드는 처음으로 런던 부근의 한 스튜디오에서 대서양 건너 뉴욕의 하츠데일(Hartsdale)로 보내는 방송을 시도했다. 이듬해에는 뉴욕의 스키넥터디(Schenectady)에서 미국 최초의 '정규 텔레비전 방송국'인 복잡한 이름의 W2XCW가 설립되었다. 방송이라고 해봐야 일주일에 신원을 알 수 없는 사람이 말하거나 웃거나 담배를 피우는 모습이 담긴 30분짜리 프로그램 세 개를 내보내는 것이 전부였다. 물론 그것을 보는 사람은 아무도 없었다. 1929년 말 미국에는 26개의 방송국이 생겼다. 하지만 뉴욕의 W2XBS(WNBC의 전신) 같은 대기업이 운영하는 방송국들만 1930년대를 버티고 살아남을 수 있었다. 미국에는 텔레비전 산업을 홍보할 여력이 별로 없었다. 대공황으로 시장이 부족했고 정부가 1941년까지 광고 방송을 허용하지 않았기 때문이었다.

　많은 사람들은 1939년에 개최된 뉴욕 세계박람회에서 텔레비전을 처음 보았다고 기억한다. 「뉴욕타임스」는 "사람들이 가만히 앉아서 화면을 뚫어져라 봐야 하는데, 미국의 보통 가족들은 그럴 시간이 없다."는 이유로 텔레비전이 라디오의 쟁쟁한 경쟁상대가 되지 못할 것이라고 예측하면서 늘 그

랬던 것처럼 부족한 선견지명을 새삼 확인시켰다.[34]

1939년은 최초의 텔레비전 수상기가 시판된 해이기도 하다. 하지만 볼거리는 여전히 없었다(당시 영국에서는 BBC가 창립 10주년을 기념하고 있었다). 미국에서는 전쟁을 치르는 동안 뉴욕, 시카고, 필라델피아, 로스앤젤레스, 스키넥터디 다섯 개 도시에 아홉 개의 텔레비전 방송국이 생겼을 뿐이었다. 변변찮은 프로그램을 볼 수 있는 텔레비전 수상기도 7천 대에 불과했다. 예를 들어 1944년 가을, 수요일과 토요일 밤에는 미국 전역에 방송되는 프로그램이 전혀 없었다. 목요일에는 CBS만 방송을 했다. 15분짜리 뉴스, 방송이 가능한 지역에서만 시청할 수 있는 1시간짜리 프로그램, 그리고 〈쇼핑을 가는 부인(Missus Goes a Shopping)〉이라는 30분짜리 쇼가 전부였다. 미국의 시청자들은 일요일에는 듀몽 랩스(DuMont Labs)의 〈스릴스 앤 칠스(Thrills and Chills)〉와 〈어윈 셰인의 텔레비전 워크숍(Irwin Shane's Television Workshop)〉을 볼 수 있었다.[35]

전쟁이 끝나면서 미국의 텔레비전은 겨우 마음껏 활개를 칠 수 있었다. 1947년, 미국 가정에 보급된 텔레비전 수상기의 수가 17만 대로 치솟았다. 같은 해에 〈텔레비전 인형 극장(Puppet Television Theater)〉이라는 프로그램이 처음 등장했다. 1년 뒤에 그 프로그램이 〈하우디 두디(Howdy Doody)〉라는 이름으로 바뀌면서 텔레비전이 처음으로 사람들의 사랑을 받게 되었다.

라디오는 1949년까지도 5천만 달러 이상의 수익을 올리고 있었지만 텔레비전은 2,500만 달러의 손실을 기록하고 있었다.[36] 그러나 1950년대로 접어들면서 텔레비전은 전국적으로 열렬한 사랑을 받게 되었다. 1951년에 광고주들이 그런 분위기에 돈을 투자하기 위해 몰려들었다. 맥그리거 스포츠웨어(McGregor Sportswear)는 활동적인 남성을 위한 새로운 운동복 '비디오스(Videos)'를 발표하기 위해 「라이프」에 전면 광고를 실었다. 그리고 양면으로 입을 수 있는 '비자 버사 재킷', '호스트 트리 스렛 재킷', 그것과 함께 입는 '듀로신 호스트 캐주얼 재킷', '듀로신 호스트 라운지 슬랙스' 등이 텔레비전 앞에서 입도록 디자인되었다는 것을 두드러지게 광고했다. 곧이어 사람들은 시선을 텔레비전에 고정한 채 냉동식품을 올려놓고 먹을 간이 탁자를 사기 시작했다. 드디어 미국은 'couch potatoes(아무것도 하지 않고 텔레비전만 보는 사람들을 일컬음)'의 나라가 되는 길에 들어섰다. 물론 그 표현은 한참 뒤부터 사용되었다. (그 말은 1980년 12월 30일에 「아메리칸 뱅커(American Banker)」라는 잡지에 처음 등장한 것으로 추정하지만 정황상 적어도 캘리포니아에서 쓰이고 있었던 것으로 보인다.)[37]

1952년 텔레비전 보급률은 5년 전보다 105배가 증가한 1,800만대에 육박했다. 텔레비전 역사에서 중요한 날은 1953년 1월 19일 월요일이었다. 그날 루실 볼(Lucille Ball)(미국의 대표적인 시트콤 〈왈가닥 루시(I Love Lucy)〉에서 루시 역을 맡은 여배우)이 텔레비전에서 '리틀 리키(Little Ricky)'를 낳았다(공교롭게도 같은 날 그녀는 아들 데시 아나즈 주니어(Desi Arnaz Jr.)를 낳았다).[38] 최초의 텔레비전 방송망은 NBC, CBS, ABC(NBC 블루 라디오 네트워크에서 발전했다)와 지금은 거의 잊혔지만 1930년대와 1940년대를 주도한 전자 회사 듀몽 랩스(DuMont Labs)가 운영했다. 이 회사는 1955년에 단 두 편의 쇼만 방영하면서 텔레비전 방송국으로 살아남기 위해 노력했지만 결국 1957년에 문을 닫았다. 그러나 회사 자체는 메트로미디어로 이름을 바꾼 이후로 텔레비전과 라디오 방송국 체인으로 살아남았다.

초기의 많은 텔레비전 프로그램은 주로 라디오에서 표절한 것들이었다. 〈론 레인저(The Lone Ranger)〉, 〈유콘의 프레스턴 상사(Sergeant Preston of the Yukon)〉, 〈스카이 킹(Sky King)〉, 〈밋 더 프레스(Meet the Press)〉, 〈퀸

포 어 데이(Queen for a Day)〉, 〈스톱 더 뮤직(Stop the Music)〉, 〈건스모크(Gunsmoke)〉는 모두 라디오 쇼 프로그램이었다. 물론 시각적인 매체로 전환되는 과정에서 배역이 달라지기도 했다. 라디오에서 보안관 맷 딜론(Marshal Matt Dillon) 역을 맡은 땅딸막한 윌리엄 콘래드는, 텔레비전에서는 제임스 아니스(James Arness)라는 날씬한 인물로 교체되었다. 그보다 더 두드러진 변화는 유명한 〈64달러 질문(The $64 Questions)〉을 라디오에서 표절한 프로그램이었는데, 수익이 천 배나 증가하면서 텔레비전의 빠르고 놀라운 부의 축적을 입증했다. 그 쇼는 인기를 끄는 것에 그치지 않은 일대 사건이었다. 리처드 S. 맥커친(McCutchen)이라는 마린 콥스(Marine Corps)의 선장이 64,000달러 상금을 탔을 때, 관련 기사가 「뉴욕타임스」 1면에 실릴 정도였다. 1950년대 중반에는 〈도토(Dotto)〉, 〈트웬티원(Twenty One)〉, 〈틱택 도우(Tic Tac Dough)〉, 〈네임 댓 튠(Name That Tune)〉(초창기 참가자 중 해병대 장교 존 글렌은 25곡을 정확하게 맞춰 15,000달러의 상금을 탔다), 〈64,000달러 챌린지($64,000 Challenge)〉 등 적어도 대여섯 개의 퀴즈쇼가 방송되었다. 거의 모두가 한 가지 방식을 고수했는데, 승자는 상금을 받느냐 아니면 모두 잃을 위험을 감수하느냐를 선택하는 고통스러운 결정을 그 다음 주까지 미뤄야 했다. 이는 한 주 동안 이발소와 술집에서 격렬한 논쟁을 일으켰을 뿐만 아니라 다음 방송 시간에 시청자들을 텔레비전 앞으로 끌어 모았다.

문제는 참가자들이 프로그램에서 답답할 정도로 늦게 대답을 함으로써 흥미진진한 분위기를 방해한다는 것이었다. 몇몇 쇼의 프로듀서들은 이 문제를 해결할 수 있는 간단한 방법을 하나 생각해냈다. 바로 속임수를 쓰는 것이었다. 그들은 매주 정답을 말하는 참가자들을 선별했는데, 그 중에는 뉴저지의 존경받는 목사와 대학교수도 있었다. 그랬더니 결과를 예측하기가 훨씬 더 쉬워졌다. 그러나 안타깝게도 성공의 맛을 본 참가자들은 프로듀서가 자신들의 시대가 끝났다는 결론을 내리면 몹시 기분이 상했다. 〈트웬티원〉에 참가한 허버트 스템펠(Herbert Stempel)이라는 사람은 프로듀서가 "실패했다"고 말하자 모든 사실을 폭로했다. 그러자 다른 퀴즈쇼의 참가자들도 정답을 미리 들었다고 겸연쩍게 시인했다. 그것은 그런 쇼들의 마지막을 예고했다. 그렇지만 '$64,000 Question'이라는 표현은 이상하게도 생명력이 길어서 영국 같은 나라에서 아직도 쓰이고 있다. 하지만 그 유래에 대해 모르고 쓰는 사람들이 대부분이다.

1950년대의 호경기에는 전기 분야의 또 한 가지가 대단한 발전을 이루었다. 바로 가정용 에어컨이었다. 공기 조절 방식은 이미 오래전에 나와 있었다. 1902년 20살의 코넬 신입생인 윌리스 캐리어(Willis Carrier)가 개발한 것이었다. 우리도 알듯이 캐리어는 그것을 에어컨디셔너가 아닌 '공기 냉각 장치(apparatus for cooling air)'라고 불렀다. 에어컨디셔너는 4년 뒤에 스튜어트 크레머(Stuart Cramer)라는 노스캐롤라이나의 직물 기술자가 만든 말이었다. 그는 직물 공장의 기온이 아니라 습도를 조절하기 위한 장치를 발명했다.[39]

1920년대의 에어컨디셔너는 병원과 영화관 등 특수한 용도로 널리 사용되고 있었다. 하지만 매우 비싸고 실외기를 설치해야 하는 부담 때문에 대부분의 가정과 사무실 건물에서 사용하기에는 부적절했다. 1940년대 말까지도 캐리어가 '공기 상자(Atmospheric Cabinet)'라고 이름 붙인 가정용 공기 조절 장치는 피아노를 세워놓은 것만큼 컸고 피아노 크기의 물건이 그렇듯 소음이 심하고 비용도 높았다. 1951년에는 작은 창문형 모델이 개발되면서 관련 산업이 도약을 하기 시작했다. 1952년에 가정용 모델의 판매액이 2억 5천만 달러에 이른 뒤로 에어컨 산업은 단 한 번도 뒤로 주춤하지 않았다.

오늘날 미국인은 에어컨을 돌리는 전력에만 연간 250억 달러를 쓰고 있는데, 이는 중간 규모 국가의 국민 총생산을 웃도는 액수다.

창문형 에어컨이 신고식을 한 지 3년이 지날 무렵, 또 다른 가정용 전기제품인 전자레인지가 등장했다. 처음에는 '레이더레인지(Radarange)'로 불렸던 전자레인지는 복잡한 냉각 장치가 많이 필요했기 때문에 무게가 300킬로그램을 넘었고 음식을 제대로 조리하지도 못했다. 전자레인지로 이름이 바뀌어 판매된 최초의 제품은 타판(Tappan)에 의해 1955년에 생산되었지만, 그 말은 1960년대 말이 되어서야 대부분의 미국인들에게 익숙해졌다. 전자레인지는 성능이 더 좋아지고 부품도 작아졌을 뿐만 아니라 미국 여성들의 사회 진출이 증가하면서 마침내 적절한 가정용 제품으로 선보이기에 이르렀다.[40]

가정용 기구와 제품의 보급으로 1960년대에는 통조림 따기, 양치질, 오렌지 주스 짜기, 칠면조 저미기 등 대부분의 일상적인 가사를 근육을 거의 사용하지 않고서도 해치울 수 있게 되었다. 가전제품들은 더 다양화되고 혁신적이기를 포기하는 대신 더 복잡해졌다. 부엌에서 쓰는 믹서에조차 온갖 버튼이 줄줄이 박혀 있었다. 끝도 없이 출시되는 제품 중에는 사용자가 쓸 수 있는 버튼이 16개나 달린 것도 있었다. 그러나 어느 실무자의 솔직한 말처럼 "거품을 만드는 것 외에는 별다른 쓰임새가 없었다." 버튼에 이름을 붙이는 것은 영업적인 문제일 뿐만 아니라 언어적인 문제이기도 했다. 수잔 스트레서(Susan Strasser)가 가정생활의 역사에 관해 쓴 『끝나지 않는 일(Never Done)』에서 한 제조업자는 "여덟 명이 조금씩 더 강하게 발음되는 다섯 글자로 된 말을 생각해내느라 이틀 밤을 꼬박 새웠다."고 회상했다.[41]

얄궂게도 노동력을 줄일 수 있는 그런 기구들이 쏟아져 나왔다고 해서 여가 시간이 눈에 띄게 늘어난 것도 아니었다. 호칭이 잘못되긴 했지만, 요즘

'집에서 노는 엄마' 들은 50년 전보다 더 많은 시간을 집안일을 하며 보낸다. 가사노동 시간도 일주일에 약 52시간이나 된다.[42] 수많은 가전제품의 도움을 받고 있기는 하지만 그로 인해 증가된 생산성은 주택의 규모가 더 커지고, 생활양식이 다양해지고(요즘 주부들의 증조모들만 해도 미니밴으로 아이들을 실어 나르지 않았고, 식료품도 배달시켰을 것이다), 집안의 청결에 대한 기준이 더 철저해졌기 때문에 별다른 효과를 내지 못하고 있다.

의미 있는 여가생활은 사실은 현대에 생겨난 개념이다. 'sightseeing(관광)' 은 1847년에, 'vacation(휴가)' 은 1878년에야 나온 단어다. 그때에도 그 둘은 소위 잘나가는 극소수의 기분전환을 위한 행위였다. 수백만의 사람들에게 휴가는 신혼여행, 혹은 1900년대 무렵까지 불린 대로 'bridal tour' 때 평생 단 한 번 경험하는 사치였다. 'honeymoon' 은 1954년부터 영어에 있었지만 원래는 결혼생활 첫 달이라는 의미만을 갖고 있었다. 이것이 집에서 멀리 떠나는 여행과 관련 있는 단어가 된 것은 19세기 중반 이후부터였다.

'weekend(주말)' 는 그보다 훨씬 나중에 나온 개념이다. 이 단어는 1879년에 영국에서 쓰이기 시작했지만 1930년대까지도 미국 영어의 어휘에 속하지 않았다. 1900년대가 한참 지날 무렵, 대부분의 사람들은 일주일에 6일, 총 60시간을 일했기 때문에 '주중(Monday-to-Friday)' 과 '주말' 은 그들에게 별다른 의미가 없었다. 일주일에 5일, 40시간 노동은 헨리 포드가 한 말이라는 주장을 가끔 접하는데, 사실 그것은 1923년에 철강 산업에 도입된 말이었다. 포드는 1926년부터 그 말을 썼고, 국민의 나머지가 그 시간 동안 일을 하게 된 것은 대공황이 닥친 뒤부터였다. 줄어드는 수요에 대처할 가장 쉬운 방법이 노동시간을 줄이는 것이었기 때문이다.[43] 오전 9시부터 오후 5시 근무는 1940년대 초에 대부분의 미국인들에게 표준 근로 시간이 되었다.

그리고 'nine to fiver(9시에 출근해서 5시에 퇴근하는 월급쟁이)'는 1959년에야 처음 기록에 남았다.

몇몇 연구에 따르면, 요즘 미국인들이 일주일에 40시간이 표준이 된 이후의 어느 때보다도 더 열심히, 혹은 더 오래 일한다고 한다. 줄리엣 B. 쇼어(Juliet Schor)는 『과로하는 미국인(Overworked American)』에서 여가시간의 양은 1973년 이후로 40퍼센트 가까이 줄었다고 밝혔다.[44] 사람들이 잔업이나 부업을 하려고 애쓰기 때문이라는 것이다. 아니면 단순히 직장에 대한 충성심을 보여 주려는 사람들도 있다. 구조조정, 인원삭감, 조기퇴직, 강제전근, 의제해고, 타부서 배치 등 「이그제큐티브 리크루터 뉴스(Executive Recruiter News)」가 1991년에 찾아낸, 완곡하게 표현된 40여 종의 해고 방식〔그 중에서 디지털 이큅먼트 코퍼레이션(Digital Equipment Corporation)의 '강제 방법론(involuntary methodologies)'은 의미를 짐작할 수조차 없는 가장 무시무시한 말이었다〕의 느닷없는 희생자가 되고 싶지 않아서였다.[45]

전반적으로 오늘날의 일반적인 미국인은 20년 전보다 1년에 163시간을 더 일한다. 남자는 98시간, 여자는 305시간이나 더 일하고 있다.[46] 청소, 요리, 양육을 포함해서 일주일에 평균 80시간을 일해야 하는 맞벌이 엄마들은 특히 더 많은 짐을 떠안고 있다. 당연할지도 모르지만 일, 직장과 관련된 최근의 신조어들은 거의 다 부정적이다. workaholic(워커홀릭: 일 중독증, 1968), 3-o'clock syndrome(오후만 되면 졸음이 오는 증상, 1980), information overload(정보과다, 1985), sick building syndrome〔빌딩질환 증후군: 열악한 환경에 따른 일반적인 불쾌감을 뜻하며 「인더스트리 위크(Industry Week)」에 처음 실렸다, 1983)〕, time squeeze(시간 압박, 1990) 등이다.

쇼어에 따르면 미국의 평균 성인은 일과 가사를 처리한 뒤, 일주일에 16시간 30분의 여가시간을 즐긴다고 한다. 하지만 평균 미국인들이 텔레비전 시청에 일주일에 28시간 이상을, 쇼핑에 세 시간을, 섹스, 식사, 사교 활동에 적어도 몇 시간을 투자하려고 애쓴다는 연구 결과가 있다는 사실을 감안한다면 그 주장이 의심스럽기도 하다.

분명한 것은 미국인들이 선진국인 다른 나라의 성인들보다 더 많은 시간과 기간 동안 일하고 있다는 사실이다. 미국의 평균적인 제조업체 직원들은 프랑스나 독일의 직원들에 비해 휴가와 공휴일이 더 짧다. 결과적으로 1년에 8주를 더 직장에서 일하며 보낸다.[47]

미국인의 근면성 덕분에 1인당 생산성과 서비스는 1948년보다 두 배나 높아졌다. 이론상으로는 미국의 모든 국민이 적어도 하루 네 시간, 혹은 1년에 6개월을 일하면 우리 부모들이 누린 것과 동일한 생활수준을 유지할 수 있다. 선진국 중에서 미국은 유일하게 생산성 증가로 인한 여가시간 증가라는 효과를 얻지 못했다. 대신 소비성 품목만 늘어났다.[48] 독자들이 편하게 생각할지는 모르지만, 노동력 절감을 위한 가전제품을 집안 가득 채워 넣고도 전보다 더 피곤한 것은 모두 그 때문이다.

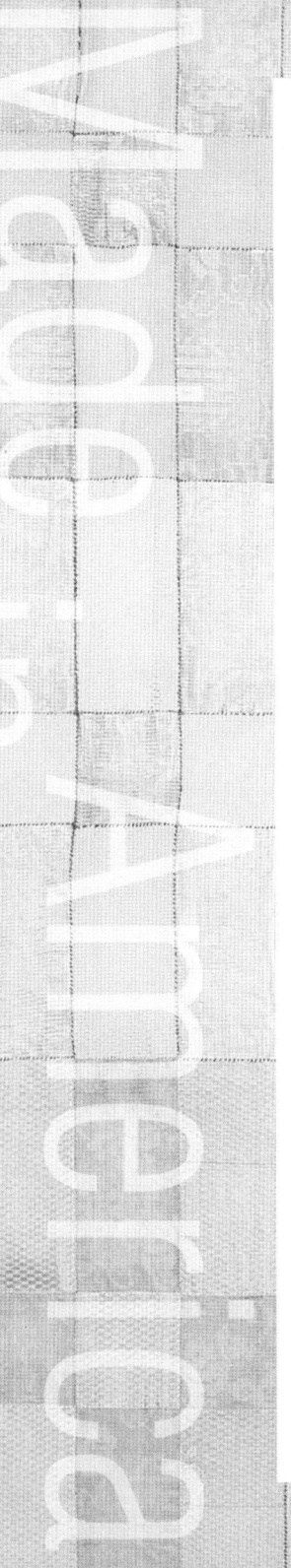

제 14 장

광고의 시대가 도래하다

In 1993, according to an international business survey, the world's most valuable brand was Marlboro, with a value estimated at $40 billion, slightly ahead of Coca-Cola. Among the other top ten brands were Intel, Kellog's, Budweiser, Pepsi, Gillette, and Pampers. Nescafe and Bacardi were the only foreign brands to make top ten, underlining American dominance. Why companies like Coca-Cola suffer palpitations when they see a passage like this (from John Steinbeck's The Wayward Bus): "Got any coke?" another character asked. "No," said the other proprietor. "Few bottles of Pepsi-Cola. Hav─ ─ coke for a month······. It's the same stuff. You can' ─ 1993, according to an international business ─ e brand was Marlboro, with a value esti─ of Coca-Cola. Among the other top ten ─ ser, Pepsi, Gillette, and Pampers. Nes─ brands to make top ten, under─ li─ like Coca-Cola suffer palpita─ ti─ m John Steinbeck's The Way─ war─ r asked. "No," said the ot─ ven't had any coke for a mon─ them apart." In 1993, a─ world's most valuable bran─ llion, slightly ahead of Coca-Co─ el, Kellog's, Budweiser, Pepsi, Gillet─ ─a Bacardi were the only brands to make top ten, underlining American dominance.

MADE IN
AMERICA

1885년, 조지 이스트먼(George Eastman)이라는 청년이 뉴욕의 로체스터에 이스트먼 드라이 플레이트 필름 컴퍼니(Eastman Dry Plate and Film Company)를 설립했다.[1] 31살에 불과한 이스트먼은 적당하지만 많다고도 할 수 없는 주당 15달러의 보수를 받는 은행의 말단 직원이었다. 사업 경험도 전혀 없었다. 하지만 그는 사진 촬영에 열정적으로 몰입하면서 간편하고 비전문적인 카메라를 개발하면 큰돈을 벌 수 있겠다는 확신을 얻게 되었다. 그러려면 당시에 출시되던 조작이 어렵고 복잡한 덩치 큰 카메라와는 완전히 다른 것이 필요했다.

이스트먼은 발명품을 완성하기 위해 3년 동안 줄기차게 노력했다. 그 동안에 상업용 사진작가들이 쓰는 건판을 만들며 생활비를 벌었다. 그러다 1888년에는 놀라울 정도로 단순한 카메라를 제작했다. 길이 16.5센티미터, 폭 8센티미터의 검은색 상자의 한쪽에는 버튼과 필름 감개가 달려 있었다. 이스트먼은 그 기계를 '디텍티브 카메라(Detective Camera)'라고 불렀다.

셜록 홈즈가 미국 독자들에게 막 상륙한 시기였으므로 'detective(탐정)'라는 이름은 완벽했다. 아주 작고 간편해서 탐정처럼 눈에 띄지 않게 사용할 수 있음을 암시하는 이름이었다.[2]

그 카메라에는 피사체를 볼 수 있는 창도, 초점을 맞추는 기능도 없있다. 사진사(초기의 'photographist'가 'photographer'로 정착되기까지는 시간이 좀 걸렸다)는 그냥 카메라를 앞쪽에 대고 잘 나오기만을 바라며 옆에 달린 버튼을 눌렀다. 필름 한 통에 100장의 사진이 나왔다. 필름이 다 돌아가면 주인은 현상을 위해 걱정 반 설렘 반으로 카메라를 통째 로체스터에 맡겼다. 그리고 새 필름이 장착된 카메라를 돌려받으면서 직경 6.3센티미터 정도의 동그랗고 앙증맞은 사진 100장도 함께 받았다. 물론 사진이 모두 잘 나왔으리라는 기대도 잊지 않는다.

하지만 그런 기대가 무너질 때도 있었다. 이스트먼이 처음에 사용한 필름은 종이로 만들어져 잘 찢어졌기 때문에 현상하기 전에 감광제를 조심해서 벗겨 내야 했다. 그러던 중에 뉴저지 뉴어크(Newark)의 한니발 굿윈(Hannibal Goodwin)이라는 65세의 감독교회 목사가 셀룰로이드 필름을 발명했다. 진정한 아마추어 발명가의 시대였다. 이제 비로소 아마추어 사진이 신뢰성 있는 사업으로 각광받기 시작했다. 굿윈은 자신의 발명품을 필름이 아니라 'photographic pellicule(사진용 얇은 막)'이라고 불렀다. 그리고 발명가들이 그렇듯 마땅히 받아야 할 인정도, 금전적인 보상도 없이 이스트먼과 비싼 법정 투쟁을 하며 몇 년을 보냈다. 결국 굿윈이 죽은 지 몇 년이 지난 뒤에야 이스트먼은 그의 특허를 이어받은 회사에 500만 달러를 지불하라는 명령을 받았다.

1888년 9월 이스트먼은 카메라의 이름을 '코닥(Kodak)'으로 바꾸었다. 아무 뜻도 없는 이상한 이름이었다. 1888년에, 그것도 대박을 터뜨린 제품에 그런 이름을 붙일 사람은 아무도 없었다. 당시 영국에서는 특허 명세서에 상표명과 상품명에 대한 설명을 자세하게 적어야 했다. 덕분에 우리는 이스트먼이 어쩌다 그런 독창적인 이름을 생각해냈는지 알 수 있다. 이스트먼은 자신의 특허 명세서에 그 이유를 시원시원하게 설명하고 있다. "첫째, 짧다. 둘째, 발음이 틀릴 일이 없다. 셋째, 사진 분야의 다른 이름과 겹치지 않아서 '코닥' 외에는 다른 것이 떠오르지 않는다."[3] 그로부

조지 이스트먼(1854.6.12~1932.3.14). 코닥카메라의 창립자. 1884년 롤 필름 제작에 성공했고, 1888년 누구나 사용할 수 있을 정도로 간편한 코닥카메라를 개발하여 카메라를 대중화시키는 데 기여했다.

터 4년 뒤 이스트먼의 회사는 이스트먼 코닥 컴퍼니로 이름이 바뀌었다.

1895년 코닥은 매우 비싼 가격에도 불구하고 10만 대 이상이 팔려나갔고 이스트먼은 떼돈을 벌었다. 카메라 한 대가 25달러, 현상 비용을 포함한 필름 한 통이 10달러였다. (이스트먼은 침실 12개를 포함해 방이 37개나 딸린 호화주택에서 어머니와 함께 평생 독신으로 살았다.) 곧이어 사람들은 여기저기서 '스냅사진(snapshot)'에 관한 이야기로 꽃을 피웠다. 그것은 원래 짧은 시간에 총을 쏘는 행위를 뜻하는 영국의 사격 용어였다. 사진과 관련된 의미는 영국의 천문학자 존 허셸(John Herschel) 경에 의해 가미되었다. 그는 'positive(양화)'와 'negative(음화)'를 사진과 관련된 의미로 처음 사용한 사람이기도 하다.[4]

이스트먼은 처음부터 성공한 모든 소비재 회사들의 특징으로 꼽을 수 있는 세 가지의 핵심 전략을 개발했다. 첫째, 대중시장을 노렸다. 비싼 가격에 적게 파는 것보다는 싼 가격에 많이 파는 것이 더 유리하다고 생각했다. 둘째, 자신의 제품을 더 좋고 저렴하게 만들기 위해 끈질기게 노력했다. 1890년대 사람들은 그런 방식을 매우 비정상적으로 여겼다. 성공한 제품이 있다면 누구나 그것을 최대한으로 이용하려고 했다. 경쟁자가 약간 더 나은 것을 들고 나오면 아예 매입해버리거나 장기적인 특허권 공방, 혹은 치졸한 방법으로 상대의 기를 눌러 버리면 그만이었다. 따라서 기존 제품을 구식으로 만드는 신제품을 만드는 일은 절대 하지 않는다. 그런데 이스트먼은 그렇게 했다. 1890년대 말에 걸쳐 코닥은 점점 더 싸고 멋진 카메라를 잇달아 소개했다. 1896년에는 12달러에 불과한 불스 아이(Bull's Eye), 1898년에는 날씬한 기종으로 유명한 폴딩 포켓 코닥(Folding Pocket Kodak), 그리고 1900년에는 작은 상자 모양의 획기적인 브라우니(Brownie)가 나왔다. 이 브라우니 기종은 가격이 1달러였고, 필름 한 통도 15센트에 불과했다(그러나 한 통으로 찍을 수 있는 사진이 여섯 장뿐이었다).

무엇보다도 이스트먼의 특징은 광고에 어마어마한 투자를 한다는 점이었다. 그는 1899년 한 해만도 75만 달러라는 전례가 없는 거금을 광고에 들였다. 더욱이 그것은 명확하고 눈길을 끌며 신뢰를 주는 훌륭한 광고였다. 이 회사의 첫 광고문인 "버튼을 누르기만 하세요. 나머지는 우리가 해드려요."는 단점을 장점으로 바꾸었다. 필름을 직접 넣거나 빼는 번거로운 일도 코닥이 대신 해 주었다. 1905년에는 또 다른 유명한 광고문이 등장했다. "이스트먼이 아니면 코닥이 아닙니다."[5]

코닥의 성공은 다른 사업가들의 눈길을 끌었다. 그들도 지속적으로 제품을 개량하고 개선하는 개념의 강점을 발견하기 시작했다. 특히 AT&T와 웨스팅하우스는 기존의 제품을 대체하는 위험을 무릅쓰고라도 계속해서 신제품을 개발하기 위해 연구소를 설립했다. 그리고 너도나도 할 것 없이 광고를 하기 시작했다.

　20세기로 접어들 무렵의 광고는 이미 뿌리 깊은 현상이 되어 있었다. 신문들은 1700년대부터 광고를 싣기 시작했고 잡지도 곧바로 그 뒤를 따랐다. (벤저민 프랭클린이 도망간 노예의 행방을 찾기 위해 1741년에 처음 잡지 광고를 낸 것은 유명한 일화다.)[6] 1850년에는 최초의 '광고대행사(advertising agency)'인 미국신문광고대행사(American Newspaper Advertising Agency)가 출현했다. 하지만 창조적인 판촉 광고를 기획하기보다는 광고 공간을 구입하는 역할만 해 주는 회사였다. 현대적인 의미로 최초의 광고대행사는 1869년에 필라델피아에서 창립된 N. W. 에이어&선즈(Ayer&Sons)였다. 'advertise(광고)'에는 본래 뉴스를 방송하거나 보급한다는 뜻이 담겨 있었다. 따라서「에드버타이저」라는 19세기의 신문은 많은 광고가 아니라 많은 뉴스를 가지고 있다는 의미를 함축하고 있었다. 그것은 1800년대 초에 접어들면서 특정한 상품이나 서비스에 관한 정보를 전달한다는 개념을 갖게 되었다. "Jos. Parker, Hatter"라는 신문 공고는 시장에서 모자를 사려고 할 때는 조스 파커에 가면 된다고 알려주는 역할을 했다. 필요한지도 모르고 구매 의사도 없는 대중에게 물건을 사라고 설득한다는 뜻의 광고는 현대에 들어와서야 생겨났다.

　1890년대가 되자 사방에서 광고가 출몰했다. 신문, 잡지, 광고게시판(billboards: 1850년부터 사용된 미국 영어), 건물의 한쪽, 운행 중인 전차, 종이 가방, 심지어는 종이 성냥에서도 광고를 볼 수 있었다. 특히 1892년에 발명된 종이 성냥은 3년도 안 되어 광고 매체로 광범위하게 사용되었다.

　광고주들은 일찌감치 좋은 광고 문구의 중요성을 간파했다. 우리 귀에 익숙한 광고 문구 중에는 생각보다 훨씬 더 오래된 것들이 많다. 아이보리 비누의 "99 44/100 percent pure(순도 99 44/100 퍼센트)"는 1879년부터 나온 문구다. 슐리츠(Schulitz)는 1895년부터 "the beer that made Milwaukee famous(밀워키를 명소로 만든 맥주)"라는 문구로 광고를 했다. 이듬해에는 하인즈의 "57 varieties(57종의 제품이 있어요)"가 나왔다. 모턴 솔트(Morton Salt)는 1911년부터 "When it rains, it pours(비가 와도 뭉치지 않아요)"를, 미국화훼협회(American Florist Association)는 1912년부터 "Say it with flowers(꽃으로 말해요)"를 광고에 사용했다. 그리고 커피를 처음 선보인 맥스웰하우스 호텔의 이름을 딴 맥스웰하우스 커피의 "good to the last drop(마지막 한 방울까지 맛있다)"은 1907년부터 변함없이 우리 곁에 있다. (테디 루스벨트가 커피를 마시고 "마지막 한 방울까지 맛있군."이라고 말한 데서 유래했다고 한다. 그의 말은 '그럼, 마지막 한 방울이 이상할 수도 있나요?'라고 물어보고 싶게 만든다.)

광고 문구가 약간씩 달라질 때도 있었다. 코카콜라는 "상쾌한 휴식을 주는 음료"라는 말을 쓰다가 1929년에는 "상쾌한 휴식"이 훨씬 더 간결하고 기억에 남는다는 사실을 깨달았다. 광고 문구 하나가 제품의 성공을 완전히 뒤바꾸기도 했다. 우드베리 패이셜 솝(Woodbury Facial Soap)은 "눈에 잘 띄는 코의 모공"을 손질하는 효과적인 방법으로 광고를 하다가 "The skin you love to touch(만지고 싶은 피부)"라는 문구를 쓴 뒤부터 수백만의 마음을 사로잡았다.[7] 광고 문구의 가장 큰 장점은 좋은 결과를 내려고 정확하게 제품을 설명할 필요가 없다는 것이다. 하인즈도 정확하게 '57종의 제품'을 만든 것이 아니었다. 그 문구는 창립자인 H. J. 하인즈가 그 숫자의 발음을 좋아한다는 이유 하나로 만들어졌다. 그는 진실성을 고려해야 한다는 생각에 얽매이지 않고 자신이 생산하는 모든 제품에 그 문구를 붙였다. 하지만 제품 종류는 1896년에 이미 57종을 훨씬 웃돌고 있었다. 하인즈는 한동안 제품 종류를 57가지로 맞추려고 애쓰다가 1969년부터는 아예 전략을 완전히 포기하고 그 문구를 쓰지 않았다.

  1900년대 초 광고주들은 또 다른 영구적인 판촉 방법을 찾아냈다. 그것은 처음부터 'giveaway(경품)'라고 불렸다. 고객들은 어떤 제품을 하나 사면 그에 대한 보상을 기대하는 저항할 수 없는 유혹에 익숙해지게 되었다. 상품, 공짜 책(겉으로는 행복의 전반적인 개선에 몰입하지만 제조업자의 제품 중에서 약간 변장한 떨이 상품일 때가 많다.), 공짜 견본품, 혹은 반짝거리는 동전 같은 것을 이용한 환불을 받거나 기분이 좋아질 다른 것을 받을 수도 있었다. 그 중 대표적인 것은 『가장 궁금한 요리책(The Vital Question Cook Book)』이라는 두꺼운 책으로 가벼운 식사에 도움이 된다고 광고되었다. 하지만 그것은 곡물만 들어가는 요리가 112쪽에 걸쳐 소개된 책이었다. 하지만 "곡물 비스킷 젤리가 들어간 사과 샌드위치", "곡물 비스킷 토스트에 크림이 들어간 시금치" 등 많은 요리가 실망스러웠다. 곡물 한쪽에 매일 먹는 음식을 떠 넣고는 온갖 과장된 이름을 붙인 것이 전부였다. 그런데도 그 회사는 『가장 궁금한 요리책(The Vital Question Cook Book)』 400만 부를 단골들에게 배포했다.

  그러나 20세기 광고의 최대 혁신은 미국 소비자의 약점을 찾아서 이용하면서 시작되었다. 그것은 바로 '불안 심리'였다. 그 방법을 맨 처음 알아 챈 사람은 최초로 안전면도기를 발명하고 1900년대 초에 가장 집요하게 광고를 한 '킹 질레트'였다. 초기의 광고는 대부분 질레트 자신의 특징을 살렸다. 공들여 다듬어 칫솔처럼 만든 코밑수염과 기름을 듬뿍 바른 머리는 대사업가가 아닌 파리 웨이터의 모습을 따온 것 같았다. 그는 "간편할까요? 그렇고말고요!"라며 안전면도기가 얼마나 다루기 쉽고 편리한지 경쾌하게 한

마디 한 뒤에 문제의 핵심을 찔렀다. "이 면도기를 쓰면 다른 사람들이 사용한 솔, 비누 등의 이발소 물건들이 당신의 얼굴에 접촉해서 발생할지도 모르는 위험을 피할 수 있습니다."

그것은 완전히 새로운 판촉 방식이었다. 질레트의 광고는 소비자들이 전에는 필요할 거라고 미처 생각지도 않은 제품이 존재할 뿐만 아니라, 그 제품을 사용하지 않으면 전에는 알지도 못했던 피부 질환을 앓게 될 가능성이 매우 높다는 것을 효과적으로 알렸다. 그 두 가지의 조합은 거부할 수 없는 힘을 가지고 있었다. 질레트 면도기의 가격은 노동자들의 평균 주급의 반이나 되는 5달러였지만 수백만 개가 팔렸다. 킹 질레트가 거부가 된 것은 당연한 결과였다. 〔안타깝지만 그것도 잠시였다. 그는 당대의 많은 사람들과 마찬가지로 인류의 완전성이라는 개념에 완전히 사로잡혀 『인간의 표류(The Human Drift)』라는 책을 쓰는 데 너무 많은 에너지를 쏟아 부었다. 그러다 결국 회사의 경영권과 대부분의 재산을 잃고 말았다.〕[8]

1920년대에는 광고주들이 너무나 기술을 갈고 닦은 덕에 잡지 한 권을 집어 든 소비자들의 느닷없는 질문 폭격을 받기 일쑤였다. "영어로 이런 실수를 하시나요?", "당신의 머리는 정밀 조사를 받을 때가 되지 않았나요?", "손님들이 돌아가면 그들을 초대한 것이 후회스럽나요?"(사교성이 없어서), "자연이 당신의 뺨에 장미를 놓지 못했나요?", "이번 크리스마스에는 당신 집에 빅트롤라(Victrola: 축음기의 상표명―옮긴이)가 있을까요?"* 1920년대는 그야말로 불안의 시대였다. 한 광고는 전 골프 챔피언을 "지금은 과거를 그리워하는 구경꾼일 뿐"이라고 묘사했다. 그가 자신의 이를 소홀히 관리했기 때문에 실력을 잃어버렸다는 것이었다. 스코트 티슈는 절망적인 표정으로

---

* 1920년대의 가장 유명한 광고는 질문을 하는 대신 독자의 궁금증을 이용했다. "그들은 내가 앉으니 웃더군요. 하지만 내가 연주를 시작하자······." 이것은 1925년에 미국 음악학교(U. S. School of Music)가 내건 문구다.

공원 벤치에 앉아 있는 사업가를 그려놓고 대담한 제목을 붙였다. "중대한 사업 문제-모두 까칠한 화장실 휴지 때문에 생기죠." 광고는 그림 아래에 이런 설명을 붙여놓았다. "뉴욕의 한 대형 병원에서 일하는 유명한 전문가는 40대 전체 남녀의 65퍼센트가 직장 질환으로 고생하고 있다고 추정합니다. '열악한 화장실 휴지도 한 가지 원인'이라고 말합니다." 이 광고를 보고 불안하지 않을 사람이 있을까? 심지어는 이렇게 질문하는 광고도 있었다. "당신은 라디오를 안전하게 구입할 수 있나요?" 뱃속 문제는 가장 흔한 목표물이었다. 살 헤파티카(Sal Hepatica) 제조업자들은 이렇게 경고했다. "우리는 회의로, 파티로 달려갑니다. 하루 종일 걸어 다니죠. 운동은 거의 하지 않고 과식을 합니다. 결국 신체의 기능을 손상시켜 체내에 음식물을 너무 오래 간직하게 되죠. 그렇게 되면 독이 생성되어 내성 중독을 일으킵니다."[9]

미국의 소비자들은 내성 중독의 위협에 더해 새롭게 만들어진 다른 질환에 따른 문제에 직면했다. 치조농루, 구취(halitosis: 1874년에 의학 용어로 만들어졌지만 1922년부터 "친한 친구도 당신과 말하지 않을 것"이라는 리스터린의 슬로건을 통해 알려졌다), 무좀, 표피 박리, 발가락 비늘증, 철 결핍증, 비타민 결핍증(vitamin은 1912년에 처음 생겨났지만 1920년대에 광고주들이 아주 과학적으로 들린다고 생각했다. 1920년에야 일반적인 어휘에 포함되었다), 위하수, 구취, 건선 등이었다. 그러나 개인에게 중대한 질병인 '암내(body odor)'를 과학적으로 정의하게 된 것은 10년이 지난 뒤였다. body odor는 본래 1933년에 라이프부이(Lifebuoy) 비누 제조업자가 만들어낸 말이다. 그것은 사회적으로 너무 커다란 파장을 일으켰으므로 곧바로 'B. O.'라는 준말로 은밀하게 쓰이기 시작했다.

흰 가운을 입은 미국 연구소의 기술자들은 이 새로운 증상들을 정의했을 뿐만 아니라 기적처럼 치료제도 개발했다. 사람들이 신경과민에 시달린 이 바쁜 10년 동안 발명되거나 가장 큰 인기를 끈 제품은 큐텍스(Cutex: 표피 박리 치료제), 빅스 바포 럽(Vick's Vapo Rub), 제리톨(Geritol), 세루탄(Serutan: 해설자가 늘 약간 당황스럽게 강조하듯이 "Natures를 거꾸로 쓴" 이름이다. 제품 이름을 거꾸로 쓰면 효과가 더 있기라도 한 것 같다), 녹스제마[Noxzema: 습진을 없애라(knocks eczema)는 말처럼 들린다)], 프레퍼레이션 H, 뮤린 안약, 닥터 숄의 발 치료제(Dr. Scholl's Foot Aids)* 등이다. 당시는 기적의 시대였다. 심지어는 올드 골즈(Old Golds) 담배를 피우면 흡연으로 인한 기침을 치료할 수 있었다. 광고가 약간은 거짓말을 섞어 떳떳하게 자랑했듯이 그 담배에는 "기침을 유발하는 성분이 전혀" 없다고 했다. (L&M 담배는 1953년까지도 "의사가 처방한 바로 그 담배!"라는 광고를 냈다.)

1927년 미국의 광고는 연간 15억 달러의 매출을 올리는 산업으로 성장했다. 광고업자들은 대단한 존재로 여겨져 광고 계획을 지휘할 뿐만 아니라 제품의 이름까지 정해 달라는 요청을 받았다. 예를 들어 헨리 N. 맥키니(McKinney)라는 광고업자는 케즈 슈즈(Keds Shoes), 카로(Karo) 시럽, 메도 골드(Meadow Gold) 버터, 유니다 비스킷(Uneeda Biscuits) 등의 제품명을 직접 지었다.[10] 제품명을 지을 때는 특정한 소리를 선호하는 경향이 있었다. 아침식사용 곡물은 대체로 '-ies'로 끝났고(Wheaties, Rice Krispies, Frosties), 세탁용 가루비누와 세제는 절제된 단음절이 보통이었다(Lux, Fab, Tide, Duz). 어미로 어떤 제품의 발전 과정을 짐작할 수 있는 경우가 많았다. 1920년대와 1930년대 초에 나온 제품의 이름은 주로 '-ex'로 끝난 반면에(Pyrex, Cutex, Kleenex, Windex), '-master'로 끝나는

---

* 숄 박사는 실존 인물이었다. 윌리엄 숄은 실제로 의사였으며 발 건강을 위해 열정적으로 노력했다. 지금도 숄 박사의 고향 마을인 인디애나의 라 포트에서는 그를 매우 자랑스럽게 여기고 있다.

제품명(Mixmaster, Toastmaster)은 대개 1930년대 말이나 1940년대 초에 나왔다.[11] 1932년의 글로 코트(Glo Coat) 마루 왁스의 출현과 함께 미국 업계가 틀린 철자에 집착하는 이상하고도 고질적인 습관이 시작되었다. 이 유행은 1935년의 리얼레몬(ReaLemon) 주스, 1947년의 레디휩(Reddi-Wip) 휘프드 크림을 비롯해서 수백 개의 이름으로 번졌다. 테스티 프리즈(Tastee-Freeze), 드라이브인에서 토이저러스(Toys 'Я' Us) 외에도 Kwik, E-Z, 'U' 가 들어가는(While-U-Wait의 예처럼) 수많은 것들이 있었다. 1940년대 말에는 '-matic' 을 붙이는 유행도 잠깐 있었다. 그래서 자동차 제조업체들은 자동차 부속품에 Seat-O-Matic 레버, Cruise-O-Matic 변속기, 심지어는 Ezy-Matic 자동차용 시트와 같은 이름을 붙였다. 특정한 제품명을 고집하는 회사들도 있었다. 예를 들어 듀폰은 '-on' 으로 끝나는 단어를 유독 좋아했다. 그래서 화학 성분과는 아무 상관없이 갑자기 떠오르는 대로 지어진 나일론(nylon)에 이어 레이온(Rayon), 데이크론(Dacron), 올론(Orlon), 테플론(Teflon) 등 많은 제품들이 나왔다. 최근 이 회사는 타이벡(Tyvek), 케블라(Kevlar), 손타라(Sontara), 콘두라(Condura), 노맥스(Nomex), 제모레인(Zemorain) 등의 합성어를 내놓으며 '스타트랙' 시대로 접어들었다.

상품명은 사주들에게 아주 중요했다. 산업계는 더 나은 '결과' 를 얻기 위해 끝없이 노력하는 과정에서 우리에게 많은 걱정거리를 안겨주었다. 그들이 자신들의 상품명을 보호하는 데 커다란 불안을 겪었다는 점을 생각하면 우리도 조금은 위로받을 수 있을 것이다.

상품명을 보호하는 문제에는 심각한 모순이 있다. 모든 사업체가 시장을 점유할 제품을 만들고 싶어 하는 것은 당연하다. 하지만 한 제품이 시장을 지나치게 점유하면 대중은 제품명과 제품 자체를 혼동할 수도 있다. 손님이

'서모스 브랜드의 보온병'이 아니라 '서모스'를 찾는 경우가 생긴다는 것이다. 그러면 그 용어는 포괄적인 명칭이 되어 제조업자는 상표 보호에 실패하게 된다. 광고와 상표에 "타바스코는 매킬헤니 사가 만든 후추 소스의 상표로 등록되어 있다."처럼 피해망상증에 걸린 듯한 내용이 적혀 있는 것도 모두 그 때문이다. 또한 코카콜라가 이런 글을 보고 울렁증을 앓고 있는 이유이기도 하다〔존 스타인벡의 『제멋대로 가는 버스(The Wayward Bus)』에서 발췌〕.

"콜라 있어?"
한 사람이 물었다.
"아니."
주인이 대답했다.
"펩시콜라는 몇 병 있는데. 콜라 안 산 지 한 달은 됐어. …… 둘 다 같은 거니까. 구분도 잘 안 돼."[12]

특허(patent)와 상표(trademark), 그리고 상표와 상호(trade name)만큼 헷갈리는 것도 없다. 특허는 17년 동안 상품의 이름과 그 제조 방법을 보호한다. 따라서 1895년부터 1912년까지 아침식사용 곡물을 만드는 회사는 시레디드 휘트 컴퍼니(Shredded Wheat Company)밖에 없었다. 하지만 특허는 제조자로 하여금 상품의 비밀을 알릴 것을 요구한다. 특허가 소멸되는 시점에 경쟁사들이 모방할 수 있도록 하기 위해서다. 때문에 간혹 특허의 보호를 받지 않으려는 회사들도 있다. 가령, 코카콜라는 한 번도 특허를 받은 적이 없었다.[13] 상표는 사실상 상품의 이름, 곧 '특정 물건의 이름(brandname)'이다. 상호는 제조자의 이름이다. 따라서 '포드'는 상호이고, '토러스(Taurus)'는 상표다. 상표는 이름뿐만 아니라 로고, 도안 등 여러 가지 상징과 묘사를 모두 포함한다. 예를 들어 MGM 영화사의 사자는 상표다. 특허와는 달리 상표는 영원히, 혹은 적어도 제조자가 원하는 동안 계속 보호된다. 오랫동안 제조자들은 그런 영속성 때문에 불이익을 받는다고 생각했다. 미국은 영국보다 거의 1세기가 지난 1870년에 대법원이 위헌 판결을 내릴 때까지도 상표법을 시행하지 않았다. 그래서 미국의 기업들은 1881년에야 영구적으로 상표를 보호하기 시작했다. 요즘 미국에는 약 100만 개 이상의 상표가 등록되어 있고 해마다 약 3천 개 정도가 늘어나고 있다.

좋은 상표는 가치를 따질 수 없을 정도로 중요하다. 무적인 것처럼 보이는 상표도 가끔 휘청거리다가 사라진다. Pepsodent, Rinso, Chase & Sanborn, Sal Hepatica, Vitalis, Brylcreem, Burma-Shave는 한때 소비자 인식도에서 최고 순위를 달렸지만 지금은 유명무실해져서 업계에서 '유령 상표'라고 불리는 처지가 되었다. 유령 상표란 생산은 되고 있지만 홍보가 거의 되지 않아서 소비자의 기억에서 사라진 상표를 말한다. 그러나 대체로 시장에서 우위를 점령한 제품은 웬만하면 그 지위를 잃지 않는다. 1925년에 미국의 선도적인 상표를 소유한 회사들의 22개의 제품군 중 19개의 제품군은 아직도 그 상표를 그대로 사용하고 있다. 과자 상표 '나비스코(Nabisco)', 아침식사용 시리얼 상표 '켈로그', 페인트 상표 '셔윈 윌리엄스(Sherwin Williams)', 통조림 과일 상표 '델몬트', 껌 상표 '위글리(Wrigley)', 재봉틀 상표 '싱어', 비누 상표 '아이보리', 수프 상표 '캠벨', 면도기 상표 '질레트' 등이 그 예다. 오늘날 큰 성공을 거둔 상표 중에서 우리의 조부모나 심지어 증조부모가 모르는 것이 거의 없을 정도다. 잘 정착한 상표는 스스로 생명을 이어가는 힘을 가지고 있다. 「이코노미스트」는 이렇게 지적했다. "소비자들은 제너럴 일렉트릭이 식품 분쇄기 생산을 중단한 지 20년이 지난 지금까지도 그 회사가 해당 분야에서 2위를 달린다고 인식하고 있다."[14]

정착된 상표가 정말 중요하기 때문에 미국에서는 해마다 16,000종의 신제품 중 불과 5퍼센트만이 완전히 새로운 상표를 달고 나온다. 나머지는 'Tide with Bleach', 'Tropicana Twister Light Fruit Juice' 등 기존 제품의 이름을 변형한 것들이다. 식상할 정도도 이름이 다양한 제품군이 있다. 미국의 아침식사용 시리얼은 220종이나 된다. 한 국제 기업 연구에 따르면, 1993년에 세계에서 가장 비싼 상표는 추정 가치 400억 달러로 '코카콜라'를 근소한 차이로 앞지른 '말보로'였다. 그 외 10위 안에 든 상표는 '인텔', '켈로그', '버드와이저', '펩시', '질레트', '팸퍼스(Pampers: 1회용 기저귀 상표)'였다. 해외 상표로는 '네스카페'와 '바카르디(Bacardi: 주류 상표)'가 10위를 기록하며 미국 시장을 선도하고 있음을 증명했다.[15]

상표를 정하려면 엄청난 노력이 필요하다. 제너럴 푸드(General Foods)는 '드림휩(Dreamwhip)'을 결정하기 전에 2,800개의 이름을 검토했다.[16] (인공 휘프트 크림에 붙일 이름을 열 개만 생각하려고 해 보면 얼마나 힘든 과정이었을지 짐작할 수 있을 것이다.) 포드는 2만 개 이상의 자동차 이름을 두고 고심하다가 '에드셀(Edsel)'로 결정했다(그런 노력에 항상 보상이 따르는 것은 아니라는 사실을 증명한 예다). 스탠더드 오일(Standard Oil)은 그와 비슷한 수의 이름을 검토한 뒤에 '엑슨(Exxon)'을 선택했다. 그러나 순간적인 아이디어가 큰 성공으로 이어진 경우도 있다. 워시번 크로스비 컴퍼니(Washburn Crosby Company: 제분회사로 나중에 제너럴 밀스(General Mills)에 흡수되었다)의 한 이사는 '베티 크로커(Betty Crocker)'를 갑작스럽게 생각해냈다. Betty는 완전하고 진실해 보였고, Crocker는 얼마 전에 죽은 아끼는 동료 이사를 기리기 위한 것이었다. 처음에 그 이름은 고객의 요구에 대해 조언이나 정보를 적은 답장에 서명할 때만 사용되었다. 하지만 1950년대에 베티 크로커가 자신만만하게 웃는 얼굴이 50종 이상의 식품에 나타나기 시작했다. 열렬한 추종자들은 베티가 나오는 요리책을 구입할 뿐만 아니라 제너럴 푸드 본사에 있는 베티의 '부엌'을 찾아가기도 했다.

사람들이 왜 특정 상표를 사는지 알아낼 때도 많은 노력이 필요하다. 광고주와 시장 조사자들은 구매 습관에 숨은 잠재된 성향을 알아내기 위해 연대분석법(conjoint analysis technique), 개인 충동 유형(personal drive patterns), 가우스 분포(Gaussian distributions), 차원 분열 도형(fractals) 같은 용어를 주고받는다. 예를 들어 그들은 새로운 주소지로 이사를 한 사람들의 40퍼센트가 치약 상표를 바꾼다거나, 보통의 고객이 슈퍼마켓에 갈 때마다 14번의 충동적인 구매 결정을 내린다거나, 쇼핑객의 62퍼센트가 가격이 싼 마요네즈가 좋다는 사실을 알면서도 최고급 제품을 산다거나, 단 24퍼센트만이 냉동 야채를 분별없이 좋아한다는 것을 알고 있다.

상표를 보존하려면 언어와 철자 문제에 세심한 관심을 기울여야 한다. 먼저, 이름은 명사여야 할 뿐만 아니라 적당한 형용사도 들어가는 것이 좋다. 다시 말해 제품이 어떤 것인지 설명하는 이름이어야 한다는 것이다. '크리넥스 미용 티슈', 'Q-팁 면봉', '젤로-O 젤라틴 디저트', '카페인이 없는 산카 브랜드' 등이 그 예다. 주로 자동차 등의 특정 제품은 예외다. 제너럴 모터스가 '자가 추진하는 자동차 캐딜락'이라고 굳이 설명할 필요가 없는 것은 그 때문이다. 어떤 경우든 제품의 기능을 노골적으로 설명하지 않더라도 그것이 무엇인지는 암시해야 한다. 그래서 '코퍼톤(Coppertone: 구릿빛 피부를 뜻하는 선크림 상표)'은 좋고 '코퍼탠(Coppertan)'은 나쁘다.

그러고 보면 상황이 얼마나 모순인지 모른다. 제조업자들은 어떻게 해서

든지 편하게 쓰는 말로 제품의 이름을 지은 다음, 광고를 할 때는 그런 의도가 전혀 없다는 것을 암시하기 위해 총력을 기울여야 한다. 상표법이 확정되기 전까지도 광고주들은 대중이 자사의 제품을 편하게 사용하도록 적극적으로 홍보했다. 코닥은 상표를 아주 애매한 동사로 바꾸어 소비자들에게 '당신이 가는 곳마다 코닥'을 소개했다. 그러나 지금은 절대 그렇게 하지 않는다. 아메리칸 서모스 프로덕트 컴퍼니(Thermos Product Company)는 "서모스는 흔히 쓰는 말"이라고 자랑하다가 커다란 대가를 치렀다. 요요를 처음 만든 도널드 F. 덩컨 Inc.는 자사의 상표를 보호하지 못했다. 그 이유 중 하나는 광고 문구에 대문자를 쓰는 것을 소홀히 했기 때문이었다. 그 회사의 광고 문구 중에서 "요요(yo-yo)를 모르신다면……"은 덩컨이 상업 용어를 쓰지 않았다는 것을 말해 주었다. 덩컨은 또한 "덩컨이 아니면 요요도 아닙니다."라고 선언하는 기본적인 실수를 저질렀다. 겉보기에는 합리적인 주장인 것 같지만 법원은 독자들로 하여금 그 제품을 일반적인 것으로 생각하게 만들었다고 판결했다.[17] 코닥은 이미 오래전에 "이스트먼이 아니면 코닥이 아니다."라는 광고를 하지 않고 있었다.

수많은 제품들이 경영자의 혼동과 부주의로 상표를 잃어버렸다. 아스피린, 리놀륨, 요요, 서모스, 셀로판, 마그네시아 밀크(milk of magnesia), 미미어그래피(mimeography), 라놀린(lanolin), 셀룰로이드, 드라이아이스, 에스컬레이터, 시레디드 휘트, 케로신(kerosene), 지퍼(zipper) 등이 그 예다. 이 모두가 한때는 대문자로 시작했고 엄청난 돈을 벌어줄 가치를 지니고 있었다.

1941년 7월 뉴욕의 텔레비전 방송국 WNBT-TV는 아무런 예고도 없이 정규 방송을 중단하고는 째깍거리는 브로바(Bulova) 시계를 보여 주었다. 시계는 60초 동안 똑딱거리다가 사라지고 다시 정규 프로그램이 방영되었다. 대단하지는 않았지만 그것은 최초의 텔레비전 광고였다.

'commercial'이란 단어와 개념은 벌써부터 사용되고 있었다. 초기부터 사용된 용어인 광고는 1922년 8월 28일에 뉴욕의 WEAF 라디오 방송국에서 처음 방송을 탔다. 광고주에 따라 10초, 15초 정도로 나왔다. 라디오 광고가 처음부터 인기를 끈 것은 아니었다. 처음 두 달 동안 WEAF의 방송 시간 판매액은 550달러에 불과했다. 그러나 1920년대 중반으로 접어들면서 광고주들은 방송시간을 사려고 몰려왔을 뿐만 아니라 자기들의 제품에 해당 프로그램의 이름을 붙였다. 가령, 럭키 스트라이크 아워(The Lucky Strike Hour), A&P 집시즈(Gypsies), 럭스 라디오 시어터(The Lux Radio Theater) 등이었다.[18] 많은 것들이 라디오 방송에 너무 잘 어울려서 1930년대 초에는 많은 광고주들이 그 프로그램에 대해 미적이고 생산적인 통제를 하게 되었다. 가장 인기 있는 쇼 프로그램 중 다수가 실제로 광고대행사의 손을 거쳤고 당연하지만 그들은 광고주의 제품을 원고에 호의적으로 언급하는 기회를 놓치지 않았다.

1950년대에 텔레비전이 부흥하면서 라디오 시대의 관행은 자연스럽게 새로운 매체로 옮겨갔다. 광고주들은 프로그램 제목에 자기들의 이름을 넣었다. 〈택사코 스타 시어터〉, 〈질레트 캐발케이드 스포츠〉, 〈체셔필드 사운드오프 타임〉, 〈U. S. 스틸 아워〉, 〈크래프트 텔레비전 시어터〉, 〈세비 쇼〉, 〈알코아 아워〉, 〈포드 스타 리뷰〉, 〈딕 클라크 비치넛 쇼〉 등이 그 예다. 그리고 눈길을 확 사로잡는 조합인 〈럭스-쉴츠 플레이하우스〉는 얇은 소형 비누와 맥주가 편안하게 어울려 사는 듯한 느낌을 주는 것 같다. 광고가 프로그램 제목을 점령하는 현상은 공식 제목이 "당신의 카이저 딜러가 제공하고 '바이라인'의 베티 퍼니스가 주연하는 카이저 프레이저의 〈신비 여행〉" 프로그램의 등장으로 병적으로 최고조에 달했다.[19] 광고주들은 더 이상 프로그램 원고를 쓰지 않았지만 그 내용을 좌우했다. 가장 악명 높은 것은 1959년의 뉘른베르크 재판의 〈플레이하우스 90〉이었다. 당시 광고주인 미국가스협회는 원고에서 가스 오븐과 유대인 가스실에 관한 언급을 모두 제거하려고 애썼다.

1940년대의 광고 상품이 과학적인 것 같은 이름이었다면 1950년대의 광고 상품은 점점 더 비밀 요소에 의존했다. 글림 치약에는 GL-70이라는 비밀 성분이 들어갔다.* GL-70이 무엇인지 말해 줄 실마리는 전혀 없다. 하지만 광고에 따르면 그것은 악취를 풍기는 박테리아뿐만 아니라 "그것이 만들어 내는 효소까지 없애준다."고 한다.

은근슬쩍 틀린 글자를 쓰는 습관이 광고에도 침범하면서 많은 이에게 실망을 안겨 주었다. 윈스턴은 "윈스턴은 담배가 그래야 하는 것처럼 맛이 좋습니다(Winston tastes good like a cigarette should)."라는 문구를 쓰며 담배를 광고하기 시작했다. 시드니 J. 해리스 같은 유명한 칼럼니스트는 세상이 어떻게 변해가고 있는지를 주제로 쓴 기사에서 분통을 터뜨렸다. 교육을 받은 사람이라면 'as a cigarette should'로 해야 맞다는 점을 지적했다. 하지만 주사위는 이미 던져졌다. 1958년, 포드는 선더버드 선라이너(Thunderbird Sunliner)를 타면 "편하게 여행할 수 있어요(travel smooth)"

---

* 나는 조사를 위해 글림 제조사인 프록터 앤 갬블에 편지를 보내 GL-70이 무엇인지 물어보았다. 하지만 홍보부서는 내가 어린 시절 동안 입에 물고 있었던 것을 새삼 궁금해하는 나를 이상하게 생각하는지 답변을 거부했다.

라고 광고했고('smooth'는 'smoothly'의 오류-옮긴이), 에이스 콤(Ace Combs)은 "멋있게 빗어요(comb it handsome)"라며 구매자를 유혹했다('handsome'은 'handsomely'의 오류-옮긴이). 이는 "당신에게 정말 잘 맞는 팬티스타킹(pantyhose that fits you real comfortable: 'real'은 'really'의 오류-옮긴이)"처럼 요즘까지도 이어지는 유행으로 그 외의 다른 문법적인 오류는 열거하자면 너무 많아서 지칠 정도다.

우리는 1920년대의 광고 전략에 미소를 지을지도 모른다. 그것은 '위하수'와 '발가락 비늘'의 위협으로 사람들에게 겁을 주었다. 하지만 실제로 그런 창조적인 조작은 약간 더 세련되었을 뿐 여전히 계속되고 있다. 「뉴욕타임스 매거진」은 1990년에 한 광고 카피라이터가 핸드크림의 인상적인 이름을 생각해내기 위해 어떤 말을 썼는지 보도했다. 그녀는 '산소를 이용한 보습 크림(oxygenating moisturizers)'이라는 특별하고 건강하게 들리는 이름을 만들었다. 그리고 "당신의 피부를 촉촉하게 하는 작은 산소 방울"이라는 글을 덧붙였다. 그러자 이 광고는 그 회사의 연구개발 부서로 넘어갔고, 그들은 그 문구에 맞는 제품을 만들라는 지시를 받았다.[20]

그런 광고 전략에 홀딱 넘어가는 사람은 자기 자신을 탓해야 한다. 켄터키 프라이드치킨이 '오리지널' 치킨에 이어 '엑스트라 크리스피' 치킨을 같은 가격에 출시했을 때 판매 실적이 저조했다. 그러나 광고대행사가 '엑스트라 크리스피'를 고급 상표로 홍보하고 가격도 올리도록 설득하고 나자 매출이 치솟았다. 그런 말을 이용한 최면 효과는 모피 산업에도 큰 도움을 주었다. 죽은 동물을 뒤집어쓰는 것을 좋아하는 사람들에게는 염색한 사향뒤쥐의 털이 훌륭한 모피지만 그 이름은 좀 촌스럽다. 그것을 해결하는 방법은 이름을 '허드슨 실(Hudson Seal)'로 바꾸는 것이었다. 모피 재료에 바다표범의 털이 한 올이라도 들었는지는 중요하지 않았다. 그 이름이 근사해 보였는지 어마어마한 매출을 기록했다.

   미국의 광고에서 진실은 특별히 두드러진 특성과는 거리가 멀었다. 1970년대 초, 시보레는 "시대를 앞서가는 109가지 장점"을 갖고 있다며 셰빌 광고를 시작했다. 자세히 들여다보면 이 109가지 자랑스러운 특징에는 백미러, 후진등, 밸런스 휠 등 다른 차에서도 기본적으로 설치되는 부품이 포함되어 있다는 것을 알 수 있었다. 포드는 '한정판' 머큐리 모나크를 정상 가격보다 낮은 250달러에 출시했다. 그러나 동일 모델의 자동차에서 250달러어치의 부품을 빼서 그렇게 할 수 있었다는 사실이 밝혀졌다.[21]

   이처럼 정도를 벗어난 방법이 광고에서 허용되는 규칙을 더 강화하도록 이끌었을까? 전혀 그렇지 않았다. 1986년에 윌리엄 러츠가 『더블스피크(Doublespeak)』에서 예로 든 것처럼, 보험회사인 존 핸콕은 "진실한 사람들은 진실한 상황에서" 자신의 재정 문제를 허심탄회하게 상의한다는 내용의 광고를 시작했다. 한 기자가 그 진실한 사람들과 이야기를 나누고 싶다고 요청하자 회사의 대변인은 그들은 배우이며 "그런 의미에서 진실한 사람들"이 아니라고 시인했다.[22]

   1982년 대통령 선거 기간 동안 공화당 국가 위원회는 레이건 대통령이 "공약을 지키지 못하도록 애쓰는 어리석은 사람들이 있지만" 연방 근로자들에 대한 생계비 지급을 늘리는 정책을 선전하는 텔레비전 광고를 내보냈다. 그 정책은 1975년 이후로 이미 법으로 규정되어 있었고 레이건이 세 번이나 반대했다는 주장이 나왔을 때, 한 공화당 간부는 이렇게 답변했다. "대체 언제부터 광고가 정확했다는 거죠?"[23] 그 말이 정답이었다.

   언어적인 측면에서 오늘날 광고주들이 직면하는 가장 흥미로운 도전은 점점 더 다문화로 변해가는 사회에서 상품을 파는 것일지도 모른다. 스페인어는 특히 문제가 많다. 많은 지역에서 널리 쓰일 뿐만 아니라 다른 형태로 많이 쓰이기 때문이다. 브라운 슈거(Brown Sugar)는 뉴욕에서는 '아주카르 네그라(azucar negra)'이고, 마이애미에서는 '아주카르 프리에타(azucar prieta)', 텍사스의 많은 지역에서는 '아주카르 모레나(azucar morena)', 그리고 다른 많은 지역에서 '아주카르 파르도(azucar pardo)'다.[24] 결국 혼란을 피하기 어렵다.

주류 스페인어에서 '비코스(bichos)'는 곤충을 뜻한다. 하지만 푸에르토리코에서는 고환을 뜻한다. 따라서 살충제 제조업체가 곤충 박멸을 약속하지만 푸에르토리코 소비자들은 기절까지 하지 않는다 해도 최소한 불쾌한 기분을 느낄 것이다. 제빵업자가 '운 볼로 데 판(un bollo de pan)'으로 제품 이름을 지었다가 스페인어를 쓰는 쿠바의 마이애미 주민들에게는 그것이 여성의 비밀스런 부분을 가리킨다는 사실을 알았을 때도 같은 상황이 벌어졌다. 퍼두 치킨(Perdue Chickens)의 "거친 남자가 더 부드러운 치킨을 만든다."는 광고는 스페인어로 "성적으로 흥분한 남자가 관능적인 치킨을 만든다."는 덜 남성적인 내용으로 번역되었다.[25]

그래도 걱정할 필요는 없었다. 제품이 날개 돋친 듯이 팔렸으니까.

제 15 장

황금알 산업, 영화의 침공

In 1993, according to an international business survey, the world's most valuable brand was Marlboro, with a value estimated at $40 billion, slightly ahead of Coca-Cola. Among the other top ten brands were Intel, Kellog's, Budweiser, Pepsi, Gillette, and Pampers. Nescafe and Bacardi were the only foreign brands to make top ten, underlining American dominance. Why companies like Coca-Cola suffer palpitations when they see a passage like this (from John Steinbeck's The Wayward Bus): "Got any coke?" another character asked. "No," said the other proprietor. "Few bottles of Pepsi-Cola. Hav͏̈͏̈ coke for a month······. It's the same stuff. You can͏̈͏̈ 1993, according to an international business ness͏̈ e brand was Marlboro, with a value esti͏̈ of Coca-Cola. Among the other top ten ͏̈ser, Pepsi, Gillette, and Pampers. Nes͏̈ brands to make top ten, underli͏̈ like Coca-Cola suffer palpita-ti͏̈ m John Steinbeck's The Way-war͏̈ y asked. "No," said the ot͏̈ ven't had any coke for a mon͏̈ them apart." In 1993, ac͏̈ world's most valuable bran͏̈ llion, slightly ahead of Coca-Co͏̈ el, Kellog's, Budweiser, Pepsi, Gillett͏̈ ͏̈u Bacardi were the only brands to make top ten, underlining American dominance.

MADE IN
AMERICA

하나가 또 다른 것을 부르는 예가 하나 있다. 1877년 철도 재벌 리랜드 스탠포드(Leland Stanford)는 사업 친구와 함께 술을 마시며 자신의 캘리포니아 종마 사육장의 베란다를 거닐고 있었다. 두 사람의 대화는 전속력으로 달리는 말이 네 발을 한꺼번에 땅에서 떼느냐, 안 떼느냐의 궁금증으로 이어졌다. 스탠포드는 뗀다는 쪽으로 확신을 갖고 25,000달러 내기를 걸었다. 문제는 달리는 말의 다리를 아무리 열심히 관찰해도 말이 공중에서 순간적으로 멈추는지 잘 분간할 수 없다는 것이었다(더구나 베란다에서 술을 여러 잔 마셨기 때문에 그러고도 남았다). 스탠포드는 답을 찾기 위해 주임 기술자 존 D. 아이작을 불렀고, 그는 다시 사진사 이드워어드 머이브리지(Eadweard Muybridge)에게 부탁했다.

머이브리지는 별난 행동을 하는(본명은 훨씬 더 평범한 에드워드 머거리지(Edward Muggeridge)였다) 유명한 풍경 사진사였다. 그는 1877년에 세상을 떠들썩하게 만든 재판에서 아내의 정부를 살해한 혐의를 벗으면서 더 큰 유명세를 치렀다. 아이작과 머이브리지는 경마장을 따라 24대의 카메라와 전선을 설치해 달리는 말의 사진을 연속해서 찍었다. 그것은 일석이조의 효과를 가져왔다. 달리는 말이 땅에서 발 네 개를 한꺼번에 그것도 꽤 긴 시간 동안 들어 올린다는 사실을 분명하게 증명했을 뿐만 아니라 동영상 촬영의 시작을 알렸기 때문이었다.[1]

18세기 말에도 동영상이 있기는 했다. 주로 배경이 잘린 컷아웃 실루엣(cutout silhouette), 원판이나 원통 같은 간단한 장치에 그려진 그림 등이었다. 그런 그림의 뒤쪽에 빛을 비추고 돌리면 벽이나 스크린에 움직이는 영상이 찍혔다. 그런 초기의 장치들은 원시적이기는 했지만, 페나키스토스코프(phenakistoscope), 애니메토스코프(animatoscope), 소머트로프(thaumatrope), 펜타스코프(phantascope), 스트로보스코프(stroboscope) 등 과학적으로 인상적인 다양한 이름을 가지고 있었다. 그런 장치들의 독특한 이름에서 영감을 받은 머이브리지는 직접 영사기를 만들어 주프락시스코프(zoopraxiscope)라고 불렀다. 곧이어 뮤타스코프(mutascope), 키네마토스코프(kinematoscope), 시어트로그래프(theatrograph), 프로젝토스코프(projectoscope) 등 유사한 장치들이 시장에 쏟아져 나오기 시작했다.

그 모든 장치에는 똑같은 결점이 있었는데, 근본적으로 사진을 순차적으로 연결해야 한다는 것이다. 이는 많은 카메라가 필요하고 대상의 움직임을 세심하게 조절해야 하는 과정이었다. 정말 필요한 것은 움직이는 필름이었다. 토머스 에디슨은 자신이 그것을 만들거나, 아니면 적어도 그것을 만들 사람을 키울 정도는 되어야겠다고 생각했다. 그는 W. K. L. 딕슨이라는 젊은 직원에게 그 일을 맡겼다. 딕슨(나중에 할리우드 최초의 스튜디오인 바이오그래프를 창립했다)은 경쟁자의 기계를 연구하고 문제점을 파악한 다음 곧바로 세계 최초의 완전한 동영상 장치를 고안했다(진정한 영화의 아버지는 딕슨이라고 해야 할지도 모른다). 그 카메라는 '키네토그래프(kinetograph)', 영사기는 '키네토스코프(kinetoscope)', 필름은 '키네토폰스(kinetophones)'로 불렸다. (이름을 굳이 밝히는 이유는 영화사에 관한 책들이 그것들을 혼동하는 경우가 있기 때문이다.) 딕슨이 발명한 장치 중에서 새로운 것은 전혀 없었다. 단지 기존의 기술을 창의적으로 결합했을 뿐이다.

에디슨은 활동사진을 대중이 공유할 수 있는 것이 아닌 가전 오락 장비 정도로 생각했다. 최근에 발명한 축음기의 부수적인 용도로 사용하는 것이 근본적인 목표였다. 초기의 활동사진 중에는 소리가 나오는 것들도 있었다. (유성 영화의 발전을 굼뜨게 한 것은 동시 녹음이 아니라 음향 증폭 문제 때문이었다.) 그는 모든 것이 일시적 유행으로 끝날지도 모른다고 생각했고 큰 확신도 없었기 때문에 그동안 막대한 비용을 들였으면서도 국제 특허에 드는 비용 150달러를 아끼기로 결심했다.[2]

1894년 4월 14일 뉴욕의 브로드웨이에서 딕슨이 만든 새로운 장치의 첫 공개 실험이 진행되었다. 사람들은 25센트의 입장료에도 아랑곳하지 않고 신기하고 새로운 '핍쇼(peepshow: 들여다보는 구경)'를 놓치지 않으려고 건물 주변에서 길게 줄을 섰다.[3] (발명은 새로운 것이었지만 이름은 그렇지 않았다. 'peepshow'는 1861년에 키네마스코프 접안 장치를 언급할 때 처음 사용되었다.) 각 활동사진은 15미터 정도의 순환 필름을 통해 투시되며 1분 정도, 가끔은 16초 정도로 짧게 지속되었고 그만큼 줄거리가 있을 가능성이 낮았다. 움직이는 영상을 기록하는 카메라가 230킬로그램 정도였고 요즘의 냉장고만 했다는 사실은 대본의 출현을 더욱 방해하는 요소로 작용했다. 결국 최초의 키네토폰 필름은 짧은 희극, 엉덩방아, 춤추는 곰, 깜짝 인기를 끈 〈프레드 오트의 재채기(Fred Ott's Sneeze)〉(프레드 오트는 에디슨의 직원이었다)라는 짧지만 생동감 있는 얼굴 모습 등 단순한 오락물로 구성되었다. 이는 최초로 저작권을 가진 활동사진이었다.

　키네토스코프의 단점은 한 번에 한 사람만 볼 수 있다는 것이었다. 에디슨은 의지가 없어선지, 능력이 없어선지 몰라도 그 잠재성을 알아보지 못했다. 그래서 남보다 유리하게 출발한 이점을 활용하지 못한 채 활동사진을 여러 사람이 볼 수 있게 해 줄 영사기 사냥에서 곧바로 뒤처지고 말았다. 경쟁 기계가 사방에서, 특히 에디슨이 특허 확보에 실패한 덕분에 특허권 문제가 없는 유럽에서 출현했다. 더 흥미로운 발전 중에 루이 아임 오거스틴 르 프랭스(Loius Aimé Augustine le Prince)라는 발명가는 1890년에 움직이는 필름을 스크린에 투영시키는 완벽하게 개선된 방식을 선보여 초대받은 관객들을 깜짝 놀라게 함으로써 잠깐이지만 파리를 흥분시켰다. 르 프랭스는 그런 성공적인 공연을 한 직후에 무슨 이유에선지 홀연히 집을 떠나 다시는 나타나지 않았다. 파리의 또 다른 발명가인 장 르로이(Jean Leroy)라는 사람은 비슷한 장치를 내놓고 갈채를 받았다가 역시 수수께끼처럼 자취를 감추었다.[4] 1895년까지도 영사 필름의 문제를 해결하는 사람이 아무도 없었다. 그러다 개별적으로 개발된 세 가지의 활용 가능 장치가 연달아 나왔다. 하나는 시네마토그래피(cinématographe)로 오거스트와 루이 루미에르(Auguste, Louis Lumière) 형제에 의해 발명되었다('루미에르'가 프랑스어로 '빛'을 뜻하므로 딱 맞아떨어지는 이름이다). 이때부터 영화를 뜻하는 프랑스어와 영어 단어가 발전했다(각각 ciméma와 cinema). 그뿐만 아니라 cinematography(영화촬영법), cinematographer(영화촬영기사), 그리고 훨씬 나중에 Cinerama(시네라마: 대형 스크린에 세 대의 영사기를 동시에 돌려 파노라마 같은 효과를 주는 장치-옮긴이)가 생겨났다. 그 단어는 초창기에 미국에서도 가끔 사용되었지만 철자를 주로 'kinema'로 썼다. 한편 독일에서는 막스(Max)와 에밀 스클라다노브스키(Emile Skladanowsky) 형제가 비오스코프

(Bioskop: 영사기)를 개발했는데, 이 단어는 미국 영어에서 '바이오스코프'가 되었다. 영국에서는 로버트 폴이 시어트로그래프(Theatrograph) 혹은 애니매토그래피(Animatographe)를 발명했다. 이는 기술적으로 다른 두 개만큼 정교했지만 인기를 끌지 못한 채 경쟁에서 뒤처지고 말았다.

마침내 에디슨은 필름 산업에 돈을 투자해야 한다는 생각을 하게 되었다. 독자적인 영사기를 발명할 수 없었으므로 최선의 대안을 찾았다. 영사기 하나를 구입해서 자기가 발명했다고 주장한 것이다. 그 기계는 원래 C. 프랜시스 젠킨스(Francis Jenkins)와 토머스 아맷(Thomas Armat)의 발명품이었다. 에디슨이 발명한 것이라고는 '비타스코프(Vitascope)'라는 이름뿐이었다. 젠킨스와 아맷은 에디슨의 키네토폰을 바탕으로 영사기를 만들었지만 성능을 크게 향상시켰다. 그 중 한 가지는 작은 릴을 추가해서 필름에 여유 공간을 주는 것이었다. 미국인 발명가 오트웨이(Otway)와 그레그 라담(Greg Latham)의 이름을 따서 지어진 이 '라담 루프(Latham loop)'는 대단해 보이지는 않아도 영화 역사에 큰 획을 그었다. 라담 루프 이전에는 필름이 너무 자주 끊어져 길이가 1분이 넘는 영화를 만드는 것이 불가능했다. 하지만 라담 루프는 필름에 가해지는 장력을 줄여 30미터 이상의 필름을 만들 수 있게 해 주었다. 마침내 줄거리가 있는 영화 제작이 가능해진 것이다.

이 새로운 발명품이 처음 대중에게 공개된 것은 1896년 4월 23일이었다. 34번가와 브로드웨이 사이에 있는(현재 메이시 백화점 자리) 코스터 앤 비알 뮤직홀(Koster & Bial's Music Hall)에서 열리는 라이브 쇼의 막간에 그것을 이용한 영화가 상영되었다.[5] 에디슨은 상영에 필요한 필름을 충분히 갖고 있지 않았기 때문에 루미에르 형제의 초기 작품 몇 점을 불법으로 복제했다.[6] '활동사진(motion picture)'이란 단어는 1891년에 생겨났지만 처음부터 많이 사용되지는 않았다. 초기 영화는 '실물 영상(life portrayal)'이나

'기계적으로 재생산된 극장 오락(mechanically reproduced thearter entertainment)'이라고 불렸다. 그러나 사람들은 1896년 말부터 활동사진으로, 1900년대 초부터는 거의 전역에서 '영화(movie)'로 줄여 불렀다[1920년대까지도 '영화 연극(movie play)'이라고 부르는 사람들이 있었다]. 사진을 찍는 사람은 카메리스트(camerist)로 불렸는데, 1905년에 이르러서야 '카메라맨'이라는 말이 생겨났다.

최초의 진정한, 곧 줄거리가 있는 영화는 에드윈 S. 포터의 〈대열차강도(The Great Train Robbery)〉였다. 포터는 뉴저지 패터슨의 에디슨 스튜디오에서 잡역부이자 카메리스트로 일하다가 제작 담당자로 승진한 사람이었다. 11분 길이에 14개의 장면이 들어간 〈대열차강도〉는 정교한 편집과 속도뿐만 아니라 내용 면에서 가히 혁명이라 할 만했다. 그것은 최초의 진정한 영화이자 최초의 서부극이었다(western이라는 말은 1928년까지도 일반화되지 않았다). 게다가 폭력적인 범죄로 흥미를 유발할 수 있다는 가능성을 개척한 최초의 영화였다.[7] 영화는 선풍적인 인기를 끌었다. 그것이 그 시대 사람들의 눈에 얼마나 놀랍고 신기하고 흥미로웠는지 현대인은 상상도 할 수 없을 것이다. 등장인물 중 한 명이 카메라를 향해 총을 쏘면 많은 관객들이 몸을 움찔거리고 숨을 헐떡였다. (독자가 삼차원 입체 영화를 처음 보았을 때의 느낌을 생각해 보면 웃을 일도 아닐 것이다.) 심지어는 기절하는 사람도 있었다. 그 영화는 누구나 한 번쯤 꼭 보아야 하는 것이 되었다.

영화는 하룻밤 사이에 유행에서 충동의 대상이 되었다. 1905년 '상점 극장(store theater: 빈 상점에서 상영되었기 때문에 그렇게 불렸다)'이나 5센트만 주면 30분 동안 이용할 수 있었던 '5센트 극장(nickelodeon)'으로 사람들이 모여들었다. 5센트 극장은 1888년 이후로 1인용 상영관을 가리켰지만 피츠버그에 세워진 최초의 전용 극장은 5센트 극장이 아닌 '니콜렛(Nicolet)'이라는 이름을 내걸었다. 니콜렛이 개관하고 2주도 채 안 되었을 때 아침 8시부터 자정까지 사람들이 몰려와 한창 유행이던 에드윈 포터의 〈대열차강도〉를 관람했다. 그 결과, 극장 주인은 일주일에 천 달러의 수익을 올렸다. 1906년에 천 개였던 미국의 5센트 극장이 1907년에는 5천 개로 늘어났다. 영화는 초당 16개의 프레임이 돌아가는 속도로 설계 되었지만 5센트 극장 운영자들은 속도를 약간만 높이면 더 많은 영화를 상영할 수 있다는 사실을 일찌감치 깨달았다.

수백만 명에게 5센트 극장에 가는 것은 중독과 같았다. 1908년 뉴욕시의 영화극장(movie theater: 그전부터 있었던 말이었으며, 1914년에는 movie house란 명칭이 가세했다)은 법정 비영업일인 일요일을 포함해 매일 20만 명의 관객으로 붐볐다. 영화를 보지 않는 많은 사람들은 그런 현상을 재앙 혹은 심상찮은 일로 보았다. 영화의 다소 아슬아슬한 부분도 한 가지 원인이었다. 예를 들어 1894년에 에디슨이 키네토폰을 처음 선보인 지 두 주도 지나지 않았을 때 어느 도전적인 기회주의자가 〈열정적인 춤을 추는 돌로리아(Doloria in the Passion Dance)〉라는 핍쇼를 제의했다. 그것은 현대의 기준으로는 그다지 새롭지 않지만 〈프레드 오트의 재채기〉보다는 확실히 나은 작품이었다. 또 다른 원인은 영화가 지나치게 많은 하층 이주민을 유혹한다는 것이었다(언어 문제 때문에 대화가 많이 필요한 다른 오락은 그들에게 적합하지 않았다). 하층 이주민들이 즐거워하는 것이면 무엇이든 의심을 받았다. 하지만 어딘지 모르게 영화를 보러가는 것이 비도덕적인데다 사람을 게으르게 만든다는 인식이 있었다. 당국은 초기의 영화관을 갑작스럽고 자발적으로 단속하기도 했다. 1908년에는 뉴욕 시장인 조지 B. 맥릴런(McLellan)이 자기 마음에 들지 않는다는 이유 하나로 시내 550개 영화관에 대해 일제히 영업 중지를 명령했다.[8]

'movie'란 단어는 약간 불미스러운 어조를 띠기 시작했다. 1912년에는 에사네이(Essanay)라는 스튜디오가 더 나은 이름을 지어줄 팬들을 모집했다. 최종적으로 선정된 이름은 '포토플레이(photoplay)'였다. 그것은 활동사진을 가리키는 단어로는 환영받지 못했지만 매우 성공적인 잡지의 이름이 되었다.⁹⁾ 〔할리우드가 'movie'란 단어를 이상하리만치 경멸한 사실은 'The Academy of Motion Picture Arts and Sciences(영화예술과학아카데미)'라는 가장 유명한 기관의 과장된 이름에서 알 수 있다.〕

수십 개의 단어와 표현이 영화라는 새로운 산업과 함께 생겨났다. mob scene(영화에서 군중이 나오는 장면, 1908), screen(영사막, 1910), flashback(회상 장면, 1912), close-up(근접 촬영, 1913), to pan(파노라마 효과를 위해 카메라를 상하좌우로 회전하는 것, 1915), double bill(동시상영, 1917), fade in과 fade-out(음향이나 영상이 점점 뚜렷해지거나 희미해지는 효과, 1918), movie star(영화배우, 1919), dissolve(화면이 겹쳐지면서 장면이 바뀌는 효과, 1920), silver screen(은막, 1924), documentary(다큐멘터리, 1926), trailer(예고편: 1920년대 초기에는 주요 필름에 붙은 필름을 가리켰으므로 그렇게 불렸다) 등이 그 예다. 막간에 필름에 삽입되는 대화나 지문이 들어가는 프레임은 처음에는 '캡션(caption)'이라고 불렸지만 1913년에는 'subtitle(설명자막)'이나 'title(자막)'로 주로 쓰였다. 'comes the dawn(새벽이 오고 있어)', 'Meanwhile, back at the ranch(그런데 한편)'과 같이 너무 자주 쓰여서 일상용어가 되어 버린 자막들도 있었다.¹⁰⁾

그 외에 무대에서도 많은 영화 용어들이 나왔다. 'slapstick(익살극)'은 원래 희가극 용어였다. 무대 위에서 엉덩방아를 찧는 우스꽝스러운 동작을(이를 pratfall이라고 한다. prat은 엉덩이를 뜻하는 옛 속어다) 강조하기 위해 무대 밖에서 막대 두 개를 부딪치는 동작에서 유래한 말이다. 1875년에 처음 기록된 'ham actor(풋내기 희극 배우)'는 원래 화장을 지울 때 콜드크림이 아닌 돼지기름을 써야 했던 무명 배우를 가리켰다. 곧이어 이류 배우는 'hamfatter'로 불리다가 1902년에는 간단히 'ham'이 되었다. 무대 배경을 바꾸는 사람을 뜻하는 'grip(무대 담당자)'은 처음부터 무대에서 쓰이던 말이었다. 그들은 배경과 기둥을 잡고(grip) 이동했기 때문에 그렇게 불렸다.

1925년 영화는 미국에서 가장 인기 높은 오락물이자 15번째로 규모가 큰 산업이 되었다. 사람들은 할리우드에서 출세하는 꿈을 꾸었다. 그런데 영화 제작과는 아무 관계도 없는 먼지 날리고 지명조차 잘못된 캘리포니아 남부의 변두리 지역이 어쩌다 대중의 뇌리에 오락산업의 본고장으로 굳건히 자리 잡게 되었을까? 여기에는 긴 사연이 있다.

먼저 이름부터 살펴보자. 할리우드에는 '거룩한(holly)' 것이나 '숲(wood)'이 없다. 원래는 하비 헨더슨 윌콕스(Harvey Henderson Wilcox) 부부의 목장이 있던 자리로 카후엔가 밸리(Cahuenga Valley)로 불렸다. 할리우드라는 낭만적인 이름은 윌콕스 부인이 동부로 여행을 갔다가 돌아온 뒤에 지어졌다. 그 부인은 기차에서 처음 만난 사람과 이야기를 나누다가 그의 여름 별장 이름에 완전히 반했다. 그래서 자신의 목장 이름을 바꾸기로 결심했는데, 그것이 바로 할리우드였다. 그때가 1887년이었다.

하지만 1908년과 1913년 사이에 또 다른 일이 생겼다. 네스터(Nestor), 바이오그래프(Biograph), 맥 세네츠 키스톤 스튜디오(Mack Sennett's Keystone Studio) 같은 수많은 소규모 독립 영화사들이 캘리포니아 남부로 이동하기 시작했다. 비싼 조명 시설 없이 1년 내내 영화를 찍을 수 있는 날씨를 찾으려는 목적도 있었지만 여덟 개의 스튜디오를 (불가피하게) 거느린 토머스 에디슨이 만든 조합인 모션 픽쳐 페이턴트 컴퍼니(Motion

오늘날 영화산업의 메카로 불리는 할리우드는 원래 토머스 에디슨이 만든 모션 픽쳐스 페이턴트 컴퍼니의 물리적인 위협을 피하기 위해 소규모 스튜디오들이 캘리포니아 남부로 이동하면서 생기기 시작했다.

Pictures Patents Company)의 법적이고 물리적인 위협을 피하기 위한 목적이 더 컸다. MPPC는 수년 동안 영화 산업을 독점하려고 열을 올렸고, 경쟁업체들이 자기 조합에 가입해 면허료를 지불하도록 하는 공격적인 전략을 썼다. 그들이 생각하는 협상이란 야구방망이를 든 폭력단을 보내는 것이었다. 결국 소규모 영화사들이 갈 곳은 5천 킬로미터 떨어진 먼 해안 지방이었다.

실제로는 1911년에 네스트 영화사 하나만 할리우드에 정착했다. 지역 주민들은 아무렇게나 지어진 영화 촬영소와 수상한 배우들이 갑자기 나타나자 너무 화가 나서 영화사가 더 생겨나는 것을 막을 법을 정했다. 그래서 지금까지도 할리우드에는 영화 산업 단지가 없다. 이듬해부터 컬버 시(Culver City), 에덴데일(Edendale), 보일 하이츠(Bolye Heights), 버뱅크

(Burbank), 산타 모니카(Santa Monica) 등 사실상 할리우드를 제외한 주변 지역을 영화사가 모조리 점령하기 시작했다. 세실 B. 데밀(Cecil DeMille)이 선셋 불리바드(Sunset Boulevard)와 바인(Vine)의 변두리에서 〈스쿼맨(The Squaw Man)〉을 찍은 1913년까지도 할리우드는 시골 벽촌이었고, 이름 없던 할리우드 불리바드는 먼지만 날리던 도로였다.[11] 그러나 1915년에는 '할리우드'란 말이 영화 산업과 동일시되면서 주변 지역들이 앞다투어 자기들과 그곳의 마법을 연관시키려고 했다. 아이반호와 프로스팩트 파크(Prospect Park)는 이스트할리우드로, 랜커심(Lankershim)은 노스할리우드로 통합되었다.[12] 그에 뒤질세라 로렐우드(Laurelwood)는 스튜디오 시티(Studio City)로 이름이 바뀌었다.

영화, 특히 영화배우(movie star: 1919년에 생겨난 말) 하면 자연스럽게 떠오르는 남부 캘리포니아의 또 다른 지역 베벌리힐스 역시 이름을 즉흥적으로 바꾸었다. 그곳의 이름은 부동산 개발업자에 의해 1907년에 처음 지어졌다. 그는 3,200에이커의 주택 개발지(당시에는 단 한 채만 있었지만)를 자신의 고향인 매사추세츠의 비벌리를 따서 베벌리힐스라고 불렀다. 그곳은 메리 픽포드(Mary Pickford)와 더글러스 페어뱅크(Douglas Fairbank)가 1920년에 결혼을 해서 픽페어라는 이름을 붙인 저택으로 이사를 한 뒤로 특히 배우들에게 인기를 끌었다.

1917년 모션 픽처스 페이턴트 컴퍼니는 불법 조합이라는 선고와 함께 해산 명령을 받았다. 그 일은 문제도 아니었다. 그 무렵 할리우드(지금부터는 이 용어를 총칭적으로 쓰려고 한다)에는 거의 모든 영화 산업이 집결되어 있었다. 가장 미국적인 현상이 비-미국인에 의해 거의 전부 이루어졌다는 것은 흥미로운 일이다. 맥 세넷(Mack Sennett)과 메리 픽포드(둘 다 캐나다인이었다)를 제외해도 초기의 영화사는 매우 비슷한 배경을 가진 소수의 사람들에 의해 운영되었다. 동유럽 출신의 가난하고 교육을 받지 못한 유대인들은 1880년대에 유럽을 떠나 신세계에서 막노동을 하고 있었다. 그러다 갑자기, 내 생각에는 거의 본능적으로, 20세기로 접어든 10년 동안 하던 일을 버리고 5센트 극장 산업에 뛰어들었다.

메트로-골드윈-메이어의 루이스 B. 메이어는 리투아니아 출신의 고물상이었다. 헝가리 태생으로 패이머스 플레이어스 스튜디오(Famous Players Studio)의 소유주인 아돌프 주커(Adolf Zukor)는 문지기를 하다가 나중에는 모피를 팔았다. 골드윈 픽처 컴퍼니(Goldwyn Picture Company)의 새뮤얼 골드윈은 장갑을 파는 바르샤바 출신의 영업사원이었다. 유니버설을 창립한 칼 레믈(Carl Laemmle)은 위스콘신 오시코시에서 옷가게를 운영한 독일인이었다. 윌리엄 폭스(본명은 빌헬름 프리드(Wilhelm Fried)였다)는 폭스 픽처스를 창립하기 전에 의류 산업에 종사했다. 21세기 프로덕션 창립자인 조셉 M. 솅크(Schenk)는 러시아 태생으로 장터에서 호객 행위를 하며 약을 팔았다. 앨버트, 해리, 잭, 샘, 이 네 명의 워너 형제는 폴란드에서 건너와 온갖 잡일을 했다. 연예 사업과 관련된 사람은 아무도 없었다. 그러나 20세기에 접어들면서 본능적인 신호에 답이라도 하듯이 일제히 뉴욕으로 이주해서 5센트 극장 사업에 참여했다. 몇 명은 극장 휴게실 주인으로, 또 몇 명은 영화 제작자로 변신했다. 1920년대에는 그들의 머릿속에서 또 다른 신호가 울렸는지 모두가 할리우드를 향해 몰려갔다.

새뮤얼 골드윈과 메트로-골드윈-메이어(MGM)와 관련해서 큰 혼란이 있었다. 골드윈은 MGM의 가운데 이름과 같았지만 그 회사와 전혀 상관이 없었다. 1924년, 그는 메트로 스튜디오와 루이스 B. 메이어에 자신의 회사를 매각한 뒤에 그들이 자신의 이름을 쓰고 있다는 사실을 알고 깜짝 놀랐다. 하지만 당시로서는 어떻게 할 도리가 없었다. 사실 골드윈 픽처스 컴퍼니는 그의 이름을 따서 지어진 것이 아니라 오히려 그 반대였기 때문이다. 그의 본명은 슈무엘 겔프피시(Schmuel Gelbfisz)였다. 하지만 처음 미국으로 건너간 뒤로 30년 동안은 조금 생각 없이 자신을 새뮤얼 골드피시로 소개했다. '골드윈'은 스튜디오를 공동으로 설립한 새뮤얼 골드피시와 에드거 셀윈(Edgar Selwyn)의 이름을 조합해 만든 명칭이었다. 그는 자신의 이름을 어항에 비유해서 놀림을 받는 것에 지쳤던지 1918년부터는 회사의 이름으로 자신을 소개하기 시작했다. 그는 MGM 매각 이후에 법정에 가서 골드윈이라는 이름으로 영화를 계속 만들 수 있도록 허가를 받아야 했다.

사실 골드윈이 영어의 미묘한 뉘앙스를 완전히 터득하지 못했다고 말하기가 약간 조심스럽다. 그가 말했다는 많은 표현들이 의심스럽기 때문이다. 그는 메시지가 있는 영화를 만들고 싶어 하는 자신만만한 감독에게 "메시지를 보내고 싶으면 웨스턴 유니언(Western Union : 미국의 전신전보 업체)에 전화해 보라."고 말한 적이 절대 없었다. 그가 실제로 한 말은 "I was on the brink of abscess(종기가 나기 직전이었어요).", "Gentlemen, include me out(신사 여러분, 나를 밖으로 넣어주세요).", "You've bitten the hand of the goose that laid the golden egg(당신은 황금알을 낳은 거위의 손을 물었어요)." 등이었다. 그는 자신이 저작권을 획득한 어느 브로드웨이 작품이 "매우 유해한(caustic) 극"이라는 경고를 받고 이렇게 응수했다. "돈(cost)이 얼마가 들어도 상관없어." 그리고 함께 해변을 산책하던 친한 친구가 "저 갈매기들(gulls) 좀 보게."라고 말하자 골드윈은 걸음을 멈추고 심각한 표정으로 대답했다. "아니, 자네, 저 새들이 수컷이 아니란 걸 어떻게 알았나?" 그는 발음이 복잡한 이름에 대해 늘 특별한 선물을 준비해 두고 있었다. 그래서 머빈 르로이(Mervyn LeRoy)를 '모이피(Moiphy)' 르로이로, 프레스턴 스터

지스(Preston Sturges)를 프레스턴 '스터지언(Sturgeon: 철갑상어)'으로, 언스트 페그트(Ernst Fegte)를 '패고티(Faggoty: 동성애의)'라고 불렀다.[13]

영화라는 지극히 미국적인 매체를 점령한 외국인은 제작자들뿐만이 아니었다. 그들 중에는 감독, 작곡가, 미술 감독, 연주자, 배우들도 많았다. 예를 들어 1938년에 나온 영화 〈로빈 후드의 모험〉의 배우는 호주인 에롤 플린과 영국인 바실 레스본이었다. 그리고 감독은 헝가리아인 마이클 커티스, 음악 감독은 체코인 에리히 볼프강 코른골드, 미술 감독은 폴란드인 안톤 그로트였다. 초기에 할리우드 열풍을 일으킨 사람들 중 단 몇 명의 배경을 살펴보자. 존 포드는 아일랜드, 그레타 가르보는 스웨덴, 찰리 채플린·알프레드 히치콕·캐리 그랜트는 영국, 윌리엄 와일러는 알사스(Alsatian), 빌리 와일더는 헝가리, 프랭크 카프라는 이탈리아(출생지), 프레드 지네만과 에리히 폰 스트로하임은 오스트리아, 언스트 루비치(Ernst Lubitsch)는 독일에서 온 사람들이었다. 구성 면에서는 이보다 더 국제적이고, 결과 면에서 이보다 더 미국적인 산업은 일찍이 없었다.

세월이 흐르는 동안 스튜디오는 끝도 없이 생겨나고 변화했다. 뮤추얼(Mutual), 릴라이언스(Reliance), 키스톤(Keystone)은 트라이앵글 영화사로 변신했다. 이 회사는 미국 최고의 감독인 D. W. 그리피스(Griffith), 맥 세네트(Mack Sennett), 토머스 H. 인스(Ince)를 거느리고 있었음에도 불구하고 얼마 가지 못해 망하고 말았다. RCA와 키스 오피엄(Keith Orpheum) 극장 체인은 RKO를 설립했다. 조셉 솅크의 20세기 영화사와 윌리엄 폭스의 폭스 영화사는 20세기-폭스로 합병되었다. 중도에서 떨어져 나간 회사도 많았다. 스타, 바이오그래피, 제너럴 필름, 심지어는 에디슨 컴퍼니도 그런 신세를 면치 못했다. 그러나 할리우드는 화려함, 모험, 도덕적 확신이 뒤섞인 특유의 미국적인 색채로 세상을 물들이면서 점점 더 강력해졌다.

　이름을 아직 바꾸지 않은 배우가 있으면 영화사가 할리우드의 통일된 분위기에 잘 맞는 이름으로 바꾸어주었다. 이름을 바꾸는 이유도 가지가지였다. 특징이 너무 없어서, 너무 이국적이어서, 충분히 이국적이지 않아서, 너무 길거나 짧아서, 너무 민족적이어서, 유대계 쪽 냄새가 너무 강해서 등등. 대개 영화사 사장이 개명을 주도했다. 존 웨인이 메리언 모리슨(Marion Morrison)이고, 주디 갈랜드(Judy Garland)가 프랜시스 검(Gumm)이며, 메리 픽포드가 촌스러운 글래디스 스미스(Gladys Smith)라고 누가 상상이나 했을까? 중학교 공작 교사의 이름을 딴 스팽글러 알링턴 브루(Spangler Arlington Brugh)는 로버트 테일러로 이름을 바꾸자마자 일약 스타덤에 올랐다. 아치 리치(Archie Leach)는 식료품을 배달하는 소년으로 그냥 살았을지도 모른다. 하지만 캐리 그랜트가 되자 전 세계인이 흠모하는 남자가 되었다. 도리스 카펠호프(Doris Kappelhoff)는 어린 동생을 돌보는 90킬로그램의 초콜릿 중독자였다. 그러나 도리스 데이가 되면서 쿼터백과 사귀기 시작했다. 심지어 귀여운 모타이머 마우스(Mortimer Mouse)조차 1923년에 처음 등장하고 불과 4년 뒤에 미키로 이름을 바꾸었다.

　영화 초창기에는 배우들이 굳이 이름을 바꿀 필요가 없었다. 적어도 팬들이 상관하지 않는 한 개명이 허용되지 않았기 때문이다. 1920년대까지도 남녀 배우들은 광고지에 전혀 등장하지 않았다. 몇 년 동안 메리 픽포드는 '리틀 메리'로, 플로렌스 로렌스는 '바이오그래프 걸' 정도로만 알려져 있었다. 그러던 중 제작자들은 관객들이 특정한 얼굴과 심지어는 특정한 영화 제작 방식에 호기심을 갖는다는 사실을 알게 되었다. 그래서 주연 배우들뿐만 아니라 감독과 가끔은 카메라맨들까지 광고를 하기 시작했다. 매력을 한껏 살리기 위해('섹시한 매력'이라는 말은 1940년대까지도 일반적으로 사용되지 않았다)

미키마우스와 미니마우스. 월트 디즈니가 제작한 애니메이션 캐릭터로 월트 디즈니 회사의 상징이나 마찬가지로 존재다. 미키마우스뿐만 아니라 미키의 여자친구 미니마우스도 스타덤에 올랐고, 그들은 수많은 만화영화와 상품에 응용되어 전 세계에서 가장 각광받는 캐릭터 상품이 되었다.

이름을 바꾼 최초의 여배우는 신시내티 출신의 테오도시아 굿맨(Theodosia Goodman)이었다. 1914년 윌리엄 폭스사의 직원이 거무스름하고 이국적인 용모에 더 잘 어울리는 이름을 찾아주었다. 그는 '아랍(Arab)'과 '죽음(death)' 같은 단어를 이리저리 끼워 맞추다가 테다 바라(Theda Bara)라는 이름을 떠올렸다. 곧이어 모든 영화사들이 이름 바꾸기에 열중하기 시작했다. 다른 사람의 이름으로 불후의 명성을 얻은 배우를 꼽는다면 다음과 같다 (오른쪽이 본명이다).

루돌프 발렌티노　　　　　　　로돌포 드안톤굴라존
크로포드　　　　　　　　　　　루실 르 수에르

알 졸슨	아사 욜슨
버트 라	이시도어 라르하임
폴 무니	무니 바이센프론트
길버트 롤랜드	루이스 안토니오 다모소 데 알론소
로렌 바콜	베티 진 퍼스크
토니 커티스	버나드 슈와즈
잭 베니	존 케벨스키
바바라 스텐윅	루비 스티븐스
베로니카 레이크	콘스턴스 오클먼
수잔 헤이워드	에디스 머레너
프레드릭 마치	프레데릭 비켈
돈 아미치	도미닉 아미키
레드 버튼스	아론 치와트
에드 윈	이사야 에드윈 레오폴드
멜빈 더글러스	멜빈 헤셀버그
커크 더글러스	이수르 데니엘로비치 뎀스키
리 J. 콥	레오 자코비
준 헤이버	준 스토베누어
리타 헤이워드	마가리타 카르멘 칸시노
진저 로저스	버지니아 맥매스
미키 루니	조 율 주니어
제인 와이먼	사라 제인 폴크스
존 가필드	줄리어스 가핑클
준 앨리슨	엘라 제이스먼

대니 케이	데이비드 다니엘 카민스키
스털링 헤이든	스털링 W. 릴리아
록 허드슨	로이 시어러
시드 카리스	툴라 엘리스 핑클리아
트로이 도나휴	멀리 존슨
앤 밴크로프트	안나 마리아 이탈리아노
제리 루이스	조셉 레비치
딘 마틴	디노 그코세티
텝 헌터	앤드류 아서 켈름
버지니아 마요	버지니아 존스
W. C. 필즈	W. C. 더킨필드
클리프턴 웹	웹 파밀리 홀랜벡
도로시 라무어	도로시 코메이어
헤디 라마	헤드윅 키슬러
월터 매튜	월터 마타샨스카야스키
보리스 칼로프	윌리엄 프랫

어째서 보리스 칼로프가 윌리엄 프랫보다 더 나은지는 잘 모르겠다.

 1926년 새로운 용어 두 개가 탄생했다. 폭스사의 '무비톤(movietone)' 과 워너브라더스의 '비타폰(vitaphone)' 과 함께 비로소 음향 영화 시대가 열렸다. 두 가지 모두 말소리를 제외한 음악과 음향 효과를 활용했다. talkies(대사가 나오는 영화: 초기에는 speakies로 불렸다)' 는 이듬해에야 〈재즈 싱어(The Jazz Singer)〉와 함께 등장했는데, 그마저도 대사는 일부분만 나왔다. 대사가 전체적으로 들어 있는 최초의 영화는 1928년의 폭력물인 〈뉴욕의 불빛(The

Lights of New York》)이었다. 하지만 음성 재생 수준이 나빠서 자막도 함께 올라갔다. 음성을 입힌 영화는 많은 인기를 끌었지만 만들기가 무척 까다로웠다.

　1920년대와 1930년대에 걸쳐 영화 산업이 발전하면서 할리우드가 만드는 영화의 종류를 설명하는 용어들이 훨씬 더 많이 생겨났다. 긴장감이 계속 이어지는 영화(cliffhanger), 눈물을 나오게 만드는 신파조 영화(weepy, sobby, tearjerker), 공포 영화(spine-chiller), 서부 영화(western), 연작 영화(serial) 등이 그 예다. 그 외에 역할의 종류를 뜻하는 말도 있었다. 잘 우는 등장인물은 tear bucket, 멜로드라마의 여배우는 finger-wringer, 악당은 baddy였고, 1933년 무렵부터 야한 여배우를 가리켜 bombshell이라고 했다.

　많은 영화 용어들, 특히 cinemaestro(영화의 거장)와 cinemactress(여배우) 같은 합성어와 laff(코미디 영화)와 pix(영화) 같은 단음절 단어는 영화 산업의 성경격인 일간지 「버라이어티(Variety)」에 의해 만들어지거나 널리 알려졌다. 그 중 많은 것들이 사라졌다. 서부극을 뜻하는 oats opera, 성공을 뜻하는 clicko, 실패를 뜻하는 eight ball, 그리고 bookritic을 비롯한 많은 단어들은 초기에 사장되었지만 수십 개는 널리 사용되었다. 그 중에서 whodunit(추리영화), tie-in(동시상영영화), socko(대성공), rave(감상평), flopperoo(대실패), palooka(얼간이: 유래가 불확실한 단어다), belly laugh(포복절도), newscaster(뉴스 아나운서), to scram(도주하다), pushover(식은 죽 먹기) 등을 꼽을 수 있다.

　한편 무대 뒤에서도 점점 더 알 수 없는 장비들이 생겨나면서 신조어를 몰고 왔다. scrim, flag, gobo, skypan, inky dink, century stand, flying rig, match box, lupe 등이었다. gobo는 검은 영사막을 뜻하는데, 왜 그런

이름이 붙었는지 아는 사람이 아무도 없는 것 같다. skypan은 큰 조명, inky dink는 작은 조명, match box는 훨씬 더 작은 것을 뜻한다. scrim은 조명을 분산하는 장치다. 장비를 다루는 사람들은 focus puller, juicer, Foley artist, gaffer, best boy, supervising drape, inbetweener, wrangler, post-punch superviser, swinggang 등 그 못지않게 특이하고 재미있는 이름으로 불렸다. gaffer는 전기 책임자다(godfather의 변형어로 원래는 노인을 폄하하는 단어였다). best boy는 전기 책임자의 수석 조수이며, juicer는 전기 장치를 옮기는 사람들을 가리켰다. Foley artist는 효과음을 맡은 사람으로 주먹을 날릴 때 '퍽!' 하는 소리를, 총알이 튀어 다닐 때는 '펑!' 하는 소리를 냈다. '폴리 아티스트'는 위대한 음향 녹음가인 잭 폴리를 기념하는 이름이다. supervising drape는 천이나 양탄자 등 움직이지 않는 물건을 맡는 사람이다. inbetweener는 동화 제작자의 조수로 주요 동작 사이의 그림을 그리는 사람을 가리킨다. swing gang은 밤새 무대를 새로 짓거나 부수는 일을 한다. wrangler는 동물이나 살아있는 것들을 다룬다. 지금까지 cockroach wrangler가 크레디트에 오른 영화가 적어도 한 편 이상은 된다. 독자들도 짐작하겠지만 직업의 이름은 직업 자체보다 더 인상적이다. 아마 post-punch superviser만큼 인상적인 이름도 없을 것이다. 그들은 주로 필름을 복사하는 일을 담당했다.

 그렇게 많은 직업이 생겨났으니 오늘날 크레디트가 끝도 없이 나오는 것은 이상한 일도 아니다. 지금까지 크레디트가 가장 길었던 영화는 〈누가 로저 래빗을 모함했나?(Who Framed Roger Rabbit?)〉로 장장 6분 30초나 걸렸다. 763명의 창조적인 미술 담당자, 기술자를 비롯한 영화에 기여한 사람들의 이름이 올랐지만 정작 제시카 래빗의 목소리를 연기한 캐슬린 터너(Kathleen Turner)의 이름은 명단에서 제외되었다.

영화배우의 이름을 올리는 순서를 결정하는 데도 엄청난 노력과 감정이 관여했다. 이름을 배역 위에 올릴지, 배역보다 더 크게 쓴다면 몇 배 정도로 할지 결정해야 했다. 폴 뉴먼과 스티브 맥퀸이 〈타워링(The Towering Inferno)〉에 출연했을 때 누구의 이름을 맨 위에 올릴 것인지를 두고 대리인들과 제작자들이 길고 지루한 협상을 벌였다. 결국 뉴먼의 이름을 비교적 잘 보이는 왼쪽에 두는 대신 맥퀸의 이름보다 약간 아래에 배치하는 쪽으로 의견을 모았다. 이런 관행은 그 후로 줄곧 영화 포스터와 광고물에 지루할 정도로 많이 활용되었다. 1956년, 오토 프레밍거(Otto Preminger)는 〈황금 팔을 가진 남자(The Man with the Golden Arm)〉를 발표할 때 "오토 프레밍거가 제작한 영화"라고 소개해서 할리우드를 깜짝 놀라게 했다. 그 전까지는 그런 대담성을 보인 사람은 아무도 없었고, 그 이후로 그렇게 해서 실패한 사람은 거의 없었다. 가끔 감독이 촬영을 마친 필름을 보다가 너무 화가 난 나머지 영화에서 자신의 이름을 삭제하고 싶은 경우도 있었다. 감독 협회는 그런 주인 잃은 영화를 완전한 허구의 인물인 앨런 스미시(Allen Smithee)에게 떠넘기는 방법을 떠올렸다. 결국 그는 〈고스트 하우스(Ghost Fever)〉, 〈학생 시체(Student Bodies)〉, 〈모건 스튜어트의 귀가(Morgan Stewart's Coming Home)〉, 〈공포의 도시(City in Fear)〉, 휘트니 휴스턴 비디오 등 20여 편의 작품을 감독하게 되었다.[14] 그러나 영화 크레디트의 결정판은 1929년 작품 〈말괄량이 길들이기(The Taming of the Shrew)〉였다. 더글러스 페어뱅크와 메리 픽포드가 주연한 이 영화에는 인상적인 글이 들어갔다. "원작: 윌리엄 셰익스피어, 대사 추가: 샘 테일러."[15] 가장 성질이 많이 난 크레디트가 나온 영화라면 아마 1974년의 〈테이킹 오브 펠햄 123(The Taking of Pelham 123)〉일지도 모른다. 뉴욕 지하철 납치 사건을 다룬 영화의 맨 마지막에는 이런 글이 올라왔다. "이 영화는 뉴욕 교통국의 도움을 전혀 받지 않고 제작되었습니다."

적어도 오스카와 황금 조각상이 그런 이름을 갖게 된 유래를 살짝이라도 언급하지 않고서는 할리우드와 관련된 어휘에 관한 설명을 마쳤다고 할 수 없다. 어떤 창조적인 분야에서도 그보다 더 어원에 대한 주장이 분분한 단어는 없을 것이다. 가장 그럴듯한 이야기는 마거릿 헤릭(Margaret Herrick)이 조각상의 이름을 지었을 것이라는 추측이다. 모션 픽처스 미술과 과학 아카데미의 사서였던 마거릿은 견본을 보고 이렇게 말했다. "어머, 꼭 우리 오스카 삼촌 같아요(기록에 따르면 그의 성은 피어스라고 한다)."16) 어쨌든 분명한 사실은 필름 위에서 긴 칼을 쥐고 나체로 서 있는 남자의 모습은 MGM의 미술 감독 케드릭 기본스(Cedric Gibbons)의 낙서에서 시작했을지도 모르며, 최초의 시상식이 1929년에 열렸다는 것이다.

거의 반세기 동안 거침없는 성장을 하고 난 1949년, 할리우드의 실무자들은 충격에 휩싸였다. 영화 관람객이 한해 만에 9천만 명에서 7천만 명으로 줄었기 때문이었다. 1950년에 접어들면서 문제는 더 심각해졌고 미국인들은 텔레비전의 편리성으로 영화관을 등지기 시작했다. 실망한 영화사들은 영화의 장점을 최대한 살리려고 노력했다. 그 중 하나가 천연색을 사용하는 방법이었다. 컬러 영화는 허버트 캘머스(Herbert Kalmus) 박사가 '테크니컬러(Technicolor)'라는 기법을 발명한 1917년부터 이미 가능한 상태였다. 최초의 테크니컬러 영화는 1922년에 MGM이 제작한 〈바다의 희생(Toll of the Sea)〉이었다. 하지만 그 방법은 비용이 너무 들었기 때문에 거의 활용되지 못했다. 1947년에는 영화의 10분의 1만이 컬러였다. 1954년에는 반이 훨씬 넘었다. 할리우드 영화사들의 또 다른 불황 대처법은 자기 배우가 새로운 매체에 출연하는 것을 막는 것이었다. 또한 텔레비전 방송국들이 자기들의 필름 자료실에 접근하지 못하게 차단했다. 그러다 오래된 영화가 텔레비전에 방영되면 돈을 벌 수 있지만 금고에 처박아두면 그럴 수 없다는 사실을 알게 되었다.

영화사들에게 필요한 것은 텔레비전이 감히 경쟁할 수 없는 새로운 기술과 초대형 히트작이었다. 1952년 9월, 세계는, 아니면 적어도 뉴욕 브로드웨이 극장의 관객들은 '시네라마'라는 새롭고도 놀라운 방식을 접하게 되었다. 그것은 곡선 영사막, 입체 음향 효과, 세 대의 영사기를 활용해서 관객들에게 코니아일랜드의 롤러코스터를 타거나 그랜드 캐니언을 아슬아슬하게 건너는 것 같은 아찔한 기분을 느끼게 해 주었다. 사람들은 그것을 아주 좋아했다. 하지만 시네라마는 어쩔 수 없는 단점을 가지고 있었다. 세 개의 영상이 합쳐지는 자리에 구불구불한 선이 나타나고 그것을 상영할 극장이 없다는 것이었다. 극장 하나를 시네라마 상영관으로 바꾸려면 75,000달러가 들었다. 그것은 대부분의 극장이 감당할 수 없는 비용이었다. 문제는 또 있었다. 시네라마는 이야기가 있는 작품에는 적합하지 않았다. 〈이것이 바로 시네라마(This is Cinerama)〉, 〈시네라마 휴일(Cinerama Holiday)〉, 〈시네라마 남해안 탐험(Cinerama South Seas Adventure)〉과 같이 소수에 불과한 시네라마는 주로 긴장이 연속되는 소재로 만들어졌다. 1962년 마지막 자구책으로(당연하지만 대형 영사막과 영사기에 많은 돈을 투자한 극장 소유주들은 그것들을 계속 사용하고 싶어 했다) 줄거리가 있는 영화 두 편이 제작되었다. 〈서부는 어떻게 정복되었을까(How the West Was Won)〉와 〈그림 형제의 놀라운 세계(The Wonderful World of the Brothers Grimm)〉였다. 하지만 관객들은 18미터짜리 영사막으로 멀리 떨어진 등장인물들이 나누는 대화를 들으려면 고개를 연신 돌려야 하는 것을 좋아하지 않았다. 지금도 사용할 수 있는 시네라마 영사막은 세계에서 영국 브레드포드에 단 하나 남아 있다.

시네라마가 탄생한 해에 3차원 영화도 나왔다. 최초로 나온 〈브와나 데빌(Bwana Devil)〉이라는 영화는 역사상 최악의 영화라 할 만했다. 관객이 빨간색과 초록색 렌즈가 하나씩 붙어 있는 특수한 폴라로이드 안경을 쓰면 조금씩 겹치는 영상들이 하나로 모여 입체 영상을 만들어냈다. 그것은 처음에는 '내추럴 비전(Natural Vision)'으로 불렸는데, 생명은 짧았지만 1953년 한 해에만 69편의 내추럴 비전 영화가 나올 만큼 대대적인 인기를 끌었다. 사람들은 〈검은 호수의 생명체(The Creature from the Black Lagoon)〉, 〈페더 리버 공격(The Charge at Feather River)〉 같은 인기 영화를 보러 몰려갔다. 그리고 짐배의 삿대가 자신들을 향해 날아오고, 특별히 인상적인 한 장면에서는 등장인물이 자기들의 얼굴에 침을 뱉는 등 진짜인지 가짜인지 모를 긴장감을 즐겼다. 이 영화는 처음에는 무척 유망해 보였기 때문에 특히 히치콕의 〈다이얼 M을 돌려라(Dial M for Murder)〉를 포함한 매우 훌륭한 영화들이 입체 영상으로 제작되었다. 하지만 유행이 너무 짧게 끝나는 바람에 〈다이얼 M〉을 포함한 대부분의 영화가 일반적인 방식으로 개봉되었다.

얼마 지나지 않아서 특별해 보이는 새로운 기술이 들어가지 않은 영화를 보는 것이 불가능할 정도가 되었다. 비스타라마(Vistarama), 비스타비전(Vista Vision), 슈퍼스코프(Superscope), 내추라마(Naturama), 아로마라마(Aroma-Rama)와 스멜오비전(Smell-O-Vision) 등의 기술이 앞다투어 선을 보였다. 독자들도 짐작하겠지만 마지막 두 가지 기술의 경우에는 극장에서 일정한 간격으로 적당한 향수를 뿌렸다. 그런데 문제는 냄새가 금방 빠지지 않고 묘하게 뒤섞인다는 것이었다. 그래서 향수 살포기 근처에 앉은 관객들은 온갖 향수가 계속 뿜어져 나온다는 사실을 알고 그다지 달가워하지 않았다.

〈성의(The Robe)〉. 진 시몬스, 리처드 버튼, 빅터 메이처가 주연한 1953년 작품 〈성의〉는 세계 최초의 시네마스코프 영화였다. 사진은 프로듀서 앞에서 비공개 상영하고 있는 장면이다.

시네라마 데뷔 1년 뒤에 20세기-폭스는 조금 더 세련되고 속임수가 확실히 덜 들어간 기술을 들고 나왔다. 이 '시네마스코프(CinemaScope)'에 필요한 것은 특수 굴절 렌즈가 달린 카메라 한 대뿐이었다. 최초의 시네마스코프 영화는 〈성의(The Robe)〉였다. 시네마스코프 영사막의 너비는 일반 영화 영사막의 약 두 배였으며 입체감을 주기 위해 약간 휘어져 있었다.[17] 시네마스코프의 막강한 도전자는 토드-AO〔제작자인 마이클 토드(Michael Todd)와 개발자인 아메리칸 옵티컬 컴퍼니(American Optical Company)의 이름을 따서 지었다〕였지만 성공한 쪽은 시네마스코프였다. 1955년 도입 2년 만에 세계적으로 2만 개 이상의 영화관이 시네마스코프 시스템을 설치했다.[18] 이제 할리우드는 끝없는 발전을 기약하고 있었다.

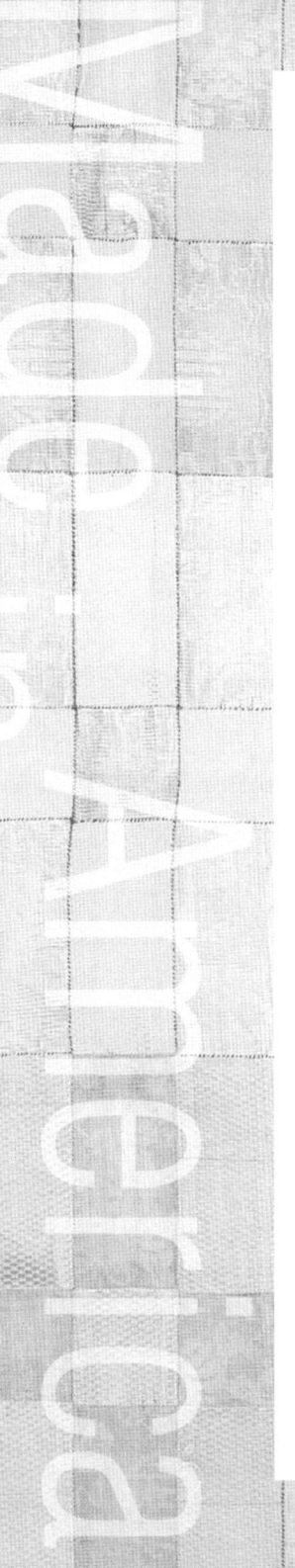

제 16 장

스포츠와 놀이의 즐거움에 빠진 미국

In 1993, according to an international business survey, the world's most valuable brand was Marlboro, with a value estimated at $40 billion, slightly ahead of Coca-Cola. Among the other top ten brands were Intel, Kellog's, Budweiser, Pepsi, Gillette, and Pampers. Nescafe and Bacardi were the only foreign brands to make top ten, underlining American dominance. Why companies like Coca-Cola suffer palpitations when they see a passage like this (from John Steinbeck's The Wayward Bus): "Got any coke?" another character asked. "No," said the other proprietor. "Few bottles of Pepsi-Cola. Ha…… coke for a month……. It's the same stuff. You can … 1993, according to an international business … e brand was Marlboro, with a value esti… of Coca-Cola. Among the other top ten … ser, Pepsi, Gillette, and Pampers. Nes… brands to make top ten, underli… like Coca-Cola suffer palpita… m John Steinbeck's The Way-war… asked. "No," said the ot… ven't had any coke for a mon… them apart." In 1993, ac… world's most valuable bran… llion, slightly ahead of Coca-Co… el, Kellog's, Budweiser, Pepsi, Gillett… u Bacardi were the only brands to make top ten, unuerlining American dominance.

MADE IN
AMERICA

우리는 대개 청교도가 이주한 뉴잉글랜드의 생활이 그다지 즐겁지 않았을 것이라고 생각한다. "놀이로 재충전하지 않고 일만 하는 지루한 일상 속에서 엄숙하게 예절을 지키며 움직이는 슬픈 표정의 사람들"은 역사가 존 앨런 크라우트(John Allen Krout)가 1929년에 뉴잉글랜드 주민의 생활에 관해 이야기한 전통적인 관점이다.[1]

실제로 꼭 그렇지는 않았다. 청교도들은 쾌활했다고 말할 수는 없지만, 그렇다고 즐거움을 꺼리지도 않았다. 담배를 피우고 술을 마셨으며 어느 누구 못지않게 경기와 시합을 좋아했다. 특히 걷기 경주와 레슬링같이 몸으로 하는 운동이나 궁술처럼 유용한 기술을 연마하는 활동이 인기가 많았다. 인크리즈 매더(Increase Mather: 식민지 정부 활동에 참여한 청교도 목사)는 여가 활동을 "위대한 의무"라고 표현했고, 하버드대는 학생들이 '타당한(lawful)' 경기에 참여하는 것을 허용했을 뿐만 아니라 적극적으로 장려했다.[2]

'lawful'은 중요한 뜻을 가진 단어다. 청교도들이 좋아하지 않았던 것은 게으름이나 불경을 조장할 수 있는 활동으로, 제법 많은 것들이 있었다. 그들이 금기했던 오락은 고리던지기, 나인핀(아홉 개의 공을 사용하는 볼링), 론 볼링(풀밭에서 하는 볼링), 스툴볼(크리켓의 일종), 셔플보드(배 위에서 주로 하는 원반 밀어치기) 등이었다. 주사위와 카드로 하는 놀이는 말할 것도 없었다. 놀이, 오락, '춤과 몸을 흔드는 행동', '그 외의 교묘한 기술'도 피해야 할 것들이었다. 5월 축제와 심지어는 크리스마스조차 질색했다. 흡연은 지정된 장소에서만 허용했다. 코네티컷은 주민들이 "길거리에서 공개적으로 담배를 피우거나 들판이나 숲에서 피우는 것"을 금지하는 법령을 제정했다.[3] 일요일에는 여가활동을 일체 하지 말아야 했다. 심지어는 산책도 허용되지 않았다. 조용히 앉아 있기만 해도 수모를 당할 수 있었다. 어느 운 나쁜 부부는 "주일에 사과나무 아래에 나란히 앉아 있었던" 죄로 치안판사에게 끌려갔다.[4]

이상하게도 그 중 칼뱅주의의 원칙을 계승한 것은 어느 하나도 없었다. 칼뱅 자신이 일요일 오후에 신나게 볼링을 하는 것을 좋아했다고 알려졌기 때문이다. 아메리카 대륙으로 건너오기 이전의 상황 중에서 필그림들이 왜 그렇게 오락을 공격적으로 금기했는지 말해 줄 수 있는 단서는 전혀 없다.

뉴잉글랜드에서 왜 그런 일이 일어났는지 이해하려면 청교도에 관해 공통적으로 가지고 있는 두 가지의 개념을 재조명해야 한다. 그 중 하나는 그들이 종교의 자유를 얻기 위해 아메리카로 이주했다는 고정관념이다. 하지만 종교의 자유는 그들이 가장 원하지 않는 것이기도 했다. 고향 땅에서 오랫동안 박해를 받은 그들이 아메리카에서 원한 것은 오로지 그와 똑같이 편협한 제도를 독자적으로 확립할 기회였다. 또 하나의 오해는 뉴잉글랜드 식민화는 근본적으로 종교적이었다는 믿음이다. 사실 초기의 청교도들은 철저하게, 혹은 불편할 정도로 소수였다. 수많은 초기 필그림들을 아메리카로 이끈 것은 종교적인 열정이 아니라 더 나은 삶에 대한 희망이었다. 1630년과 1640년 사이에 매사추세츠로 이주한 16,000명의 경우, 청교도는 네 명 중 한 명에 불과했다.[5] 메이플라워호 승객도 60명 중 한 명에서 40명 중 한 명꼴로 종교인보다는 일반인이 더 많았다. 이런 두 가지 문제는 청교도의 영혼에 강력한 영향을 미쳤다. 그들은 처음부터 신세계에서 열정적으로 도덕적 권위를 세웠다. 그 결과 자신들의 우월성을 해칠 수 있다고 믿는 활동에 너무 예민하게 집착했다.

하지만 그들이 게으름을 혐오하는 데는 실용적인 이유도 있었다. 황무지에 공동체를 세우는 사업은 너무나 중차대해서 많은 여가 활동을 허용하지 않았다. 그러나 많은 비-청교도 정착민들은 연장을 내려놓고 갖은 핑계를 대고서라도 놀고 싶은 마음을 드러냈다. 그래서 1621년 크리스마스에(상륙한 지 정확히 1년 뒤에) 통치자인 윌리엄 브레드포드는 "거리에서 드러내놓고 노닥거리면서 막대기를 던지고 스툴볼을 하는" 불경한 이들을 찾아 놀이기구를 압수했다. 그가 화가 난 것은 자기 종파가 인정하지 않는 휴일을 축하했기 때문이 아니라 생존을 위해 써야 할 시간과 활력을 무자비하고 위험하게 낭비했기 때문이었다.

그런 염려가 유독 뉴잉글랜드에만 있었던 것은 아니었다. 버지니아에서도 외지인들은 복지와 안전에 열중하는 주민이 거의 없는 것을 보고 깜짝 놀랐다. 1611년에 보급품을 들고 도착한 토머스 데일은 얼마 되지도 않는 주민들이 볼링을 하며 노는 것을 보았다. 그러자 곧바로 버지니아 의회는 뉴잉글랜드와 아주 유사한 금지 법령을 내렸다. 도박, 술에 취하는 것, 안식일을 지키지 않는 것, 심지어는 '지나친' 옷차림을 하는 것을 불법으로 규정했다. 전부 천국으로 가는 좁은 길을 걸어가는 데 도움이 되고자 하는 바람보다는 유혹에 빠지기 쉬운 공동체의 질서와 규율을 세우고자 하는 필요에서 비롯된 것들이었다.

청교도들은 휴일을 축하하는 것이 마땅하다고 생각할 때는 느긋하게 쉬었다. 최초의 추수감사절 축제는 사흘 동안 계속되었다. 그들은 배불리 먹고 마셨으며 크로켓과 비슷한 스톤볼, 달리기, 높이뛰기, 팔씨름, 과녁 맞추기, 멀리던지기 시합을 했다. 단지 1621년 10월부터 11월 첫째 주 사이의 어느 기간이었다는 것 외에 최초의 추수감사절이 정확히 언제였는지는 전혀 알려져 있지 않다. 그것은 연중 전통행사로 인정받지도 않았다. 그 이듬해에 추수감사절 행사가 열린 것 같지는 않으며, 플리머스 식민지는 17세기가 끝날 때까지도 정기적인 명절 행사를 시작하지 않았다. 뉴잉글랜드의 나머지 지역의 경우에는 약 1780년대에 들어서서야 추수감사절이 연중행사가 되었다. 미국 전체로 볼 때 추수감사절은 1863년에 링컨 대통령에 의해 처음 공휴일로 지정되었다. 그가 선택한 날은 8월 6일이었다. 이듬해에는 11월 마지막 목요일로 임의로 변경되어 지금까지 이어지고 있다. 예외적으로 대공황 시절의 짧은 기간 동안 상점들이 크리스마스 특수를 누릴 여유를 주기 위해 7일 앞당겨지기도 했다.[6]

미국에서는 크리스마스도 변덕스럽게 시작했다. 특히 청교도들이 이교도의 축제라며 (완전히 틀린 말은 아니지만) 경멸했기 때문이다. 그들이 1659년에 크리스마스를 탄압하기 시작하면서 뉴잉글랜드에서는 1800년대까지도 크리스마스를 축하하지 못했다.[7] 현재 우리가 즐기는 크리스마스 축제가 여러 지역의 풍습을 모아놓은 만물상이 된 데는 그런 이유도 있었다.

크리스마스와는 본질적으로 아무 관련이 없는 선물을 주는 풍습은 네덜란드에서 유래된 것이다. 그곳에서는 중세부터 성 니콜라스 데이인 12월 6일에 아이들에게 선물을 주는 풍습이 있었다. 성 니콜라스는 소아시아 출신으로 수수께끼의 인물이다. 그가 몸을 팔아 살아갈 처지에 놓인 젊은 세 여인에게 황금이 담긴 가방을 건네준 것을 비롯해서 수많은 선행을 베풀었다는 이야기가 있다. 시간이 흐르면서 이 세 개의 가방은 세 개의 황금공으로 발전했고, 나중에는 복잡한 논리의 도약을 거쳐 전당포를 상징하게 되었다. 니콜라스와 그가 주는 선물은 18세기 후반 네덜란드에서 유래되어 가장 가까운 영국 국교회의 휴일인 12월 25일로 변형되었다. 그와 동시에 지금은 완전히 세속화된 산타클로스라는 인물이 이상하게도 아기 예수를 뜻하는 'Christkindlein'과 결합했고, 이것이 다시 'Kris Kringle'이라는 이름으로 불렸다.

크리스마스트리 장식과 안부 카드를 보내는 풍습은 독일에서 전해졌는데, 빅토리아 여왕의 독일인 남편 알베르트 공이 시작한 것으로 알려져 있다. 그러다 19세기로 접어들면서 크리스마스 전통이 되었다. 미국에서 크리스마스트리가 처음 언급된 것은 1846년이었다. 캐럴(어원으로 성가대를 뜻하는 choral과 관련이 있다), 겨우살이, 호랑가시나무, 굵은 장작은 모두 영국에서 왔는데, 대부분 기원전부터 살아남은 것들이다. (굵은 장작을 뜻하는 yule 자체는 색슨족 이주 이전의 게르만어며 지금은 사라진 이교도의 축제를 기념하는 단어다.)

미국인이 크리스마스를 어떻게 대하고 축하했는지는 오랫동안 미궁 속에 빠져 있었다. 메이시 백화점이 선물을 사려고 야단법석을 떠는 사람들을 위해 크리스마스이브 자정까지 문을 열어 놓는 풍습은 1867년으로 거슬러 올라간다. 하지만 나무를 장식하는 풍습은 무척 늦게 시작되어 1880년에도 어느 장식품 제조업자가 F. W. 울워스에게 자신의 재고를 25달러에 몽땅 사달라고 설득할 정도였다. (울워스는 10년도 안 돼 주문량을 80만 달러로 올렸다.)[8]

다른 공휴일도 비교적 최근까지 정해지지 않았다. 처음에는 장식의 날(Decoration Day)로 불린 전몰장병 기념일(Memorial Day)은 1868년부터

산타클로스. 산타클로스는 1822년 뉴욕의 신학자 클레멘트 무어가 쓴 '성 니콜라스의 방문'이라는 시를 통해 순록이 끄는 썰매를 타고 다니는 모습으로 등장했다. 뚱뚱하고 인심 좋은 할아버지의 모습은 토머스 나스트라는 19세기의 만화가가 20년 동안 잡지에 성탄절 삽화를 그리면서 완성한 것이고, 산타클로스가 코카콜라 선전에 등장한 1930년대 이후부터 현재처럼 빨간 옷을 입게 되었다고 한다.

시작되었다. 노동절은 1894년까지도 없었다. 재향군인의 날(Veterans Day: 1954년까지 'Armistice Day'로 불렸다)은 1918년부터 시작했고 콜럼버스 기념일은 1934년에야 제정되었다. 놀랍게도 미국에는 공식적인 국경일이 없다. 각 주가 휴일을 선포하는 권한을 갖고 있기 때문이다. 대통령은 국회의 동의를 받아 "법정 공휴일"을 선포할 수 있다. 하지만 이는 컬럼비아 특별구와 연방 정부 공무원들에게만 적용되며 다른 지역에서는 공식적인 제재가 없다. 미국의 국경일과 관련해서 더 이상한 점은 오직 새해 첫날만 술을 흥청망청 마신다는 사실이다. 다른 지역에서는 술잔치가 일주일 이상 이어지는 것쯤은 보통이다. 쾌락을 경계하는 영국인들도 12월 26일을 '상자의 날(Boxing Day: 그날 음식이나 선물이 담긴 상자를 하인들에게 주는 풍습이 있어서 그런 이름이 붙었다)'로 정해 크리스마스를 이틀 연휴 명절로 만들었다. 그리고 자연스럽게 늘어난 이 기간 동안 술을 진탕으로 마신다.

미국이 유흥을 공식적으로 제재하지 않았더라도 사람들은 개인적인 출구를 찾았을 것이다. 초기 아메리카 식민지를 통치한 사람들은 전국 각지에서 유흥에 빠지려는 충동을 억제하려고 노력했지만 성공하지 못할 때가 많았다. 드문드문 있는 축제일이 아니라도 원하는 사람이면 누구라도 닭싸움, 개싸움, 곰 곯리기, 과도한 음주, 도박을 즐겼다. 경마 역시 버지니아를 중심으로 널리 인기를 끌었다. 그러나 평평한 땅과 비밀이 어느 정도 보장되는 장소를 찾기가 쉽지는 않았다. 제임스타운 외곽에 경마에 안성맞춤인 4킬로미터 정도의 쭉 뻗은 길이 있었다. 그곳이 무허가 경마장으로 폭발적인 인기를 끌면서 힘은 달려도 단거리에서 엄청난 속도를 내는 경주마가 새로 개량되기도 했다.[9] 경마는 많은 단어를 생성해서 미국 어휘를 살찌웠다. 그 중에는 frontrunner(선두 주자), inside track(경기장 안쪽 트랙, 유리한 위치), to win by a nose(간발의 차이로 이기다), sure thing(승리가 확실함), also-ran(등외로 떨어진 말, 낙오자), bookie(마권업자) 등이 있었다. 하지만 몇 개는 시간이 좀 지난 뒤에야 널리 사용되었다. 가령 'bookie'는 1885년 전까지는 기록에 남지 않았다.[10]

애팔래치아 지역에서는 특히 잔인한 성격의 레슬링(wrestling 혹은 wrassling)이 초기부터 인기를 끌었고, 그 야만성과 인기는 금세기까지도 변하지 않았다. 그 지역에 정착한 많은 사람들은 컴벌랜드와 웨스트모어랜드 레슬링의 본거지인 영국 북부 출신이었다. 바이킹 시대에 시작된 레슬링은 오늘날까지도 영국 레이크 지방과 그 언저리에서 지역 축제 같은 행사에서 많은 인기를 얻고 있다. 시합이 벌어지면 남자 선수 두 명이 선 자세로 서로를 껴안는다. 두 사람은 가끔 괴성을 지르며 힘을 쓰기도 하지만 한참 동안 기회를 노리며 꼼짝도 않고 서 있다가(그동안 구경꾼들은 생각에 잠긴 척하면서 졸 수도 있다) 상대를 땅에 쓰러뜨리려고 안간힘을 쓴다. 영국에서는 아직도 그렇지만 그것은 신사적인 경기였다. 그러나 컴벌랜드와 웨스트모어랜드 레슬링은 켄터키와 버지니아의 거칠고 척박한 환경으로 옮겨와서는 무척 공격적인 경기로 변했다. 무기를 쓰지 않는 한 물고, 할퀴고, 눈알을 후벼 파고, 발로 차는 등 모든 것이 허용되었다. 선수들은 눈알을 더 잘 파내려고 손톱을 길게 기르는가 하면 상대를 더 잘 물어뜯기 위해 이를 예리하게 갈고 나오기도 했다.

피셔는 두 사내의 경기에 관한 이야기를 자세히 설명한다. 만약 비위가 약한 독자라면 지금부터 두 단락은 대충 읽고 넘어가고 싶을지도 모르겠다. 시합에서 승자가 양쪽 엄지로 상대의 눈알을 후벼 파면 일찌감치 경기의 주도권을 잡게 된다. "눈알을 잃은 선수는 고통으로 소리를 지르지만 아무런 불평도 하지 못했다." 한 목격자는 이렇게 기록하고 있다. 하지만 그는 경기를 포기하지 않는다. 상대가 자기 코를 물어뜯고 귀를 찢어발길 때가 되어서야 겨우 몸조심을 해야 한다는 것과 얼굴의 중요한 부분을 잃어버린 것을 핑계로 경기를 포기했다.[11]

자연히 이 시합에는 큰돈이 오갔다. 미국인들은 청교도의 윤리에도 불구하고 초기부터 돈을 걸고 내기를 하는 거역할 수 없는 충동을 이겨내지 못했다. 초기의 도박 행태는 우리에게 많은 단어를 남겼는데, 지금까지도 일반적으로 사용되고 있다. 싸거나 질이 나쁘다는 의미의 'tinhorn'은 chuck a luck(혹은 chutter-luck : 주사위 세 개로 하는 내기)과 hazard(주사위 놀이) 같은 게임에서 주사위를 흔들 때 사용하는 같은 이름의 금속통에서 유래했다. 'pass the buck'은 누가 패를 나누어주거나 밑돈을 낼 차례인지 기억하기 위해 사슴뿔로 만든 칼을 전달하는 행위에서 유래했다. 따라서 달러를 뜻하는 속어인 'buck'과는 어원적으로 아무런 관계가 없다. 도박에 대한 미국인의 열정은 'you bet I do(당연하지)', 'you bet your life(그렇고 말고)' 같은 표현으로 더 많은 언어에서 'bet'을 흔한 말로 만들었다. 19세기 초의 외국인들은 그런 표현들을 미국 말의 뚜렷한 특징으로 꼽았다. 마크 트웨인은 조 툴의 아내에게 그의 죽음을 알려야 하는 어느 서부 사람의 이야기를 들려준다. "조 툴이 여기 삽니까?" 서부 사람이 물었다. 조의 아내가 그렇다고 대답하자 그가 말한다. "설마 그럴 리가요!(Bet you he don't!)"[12]

 미국 혁명기 무렵까지 가장 인기가 많았던 카드 게임은 휘스트(whist: 유래는 알 수 없지만 whisk와 관련이 있을 가능성이 높다), 브래그(brag: 내기에 허세가 필요하기 때문에 그렇게 불렸다), 머긴스(muggins: 한때 유행했던 표현으로 잘 속는 사람이나 운명의 희생자라는 뜻으로 확대되었다) 등이었다. 19세기가 저물 무렵, 그 모든 것들은 1713년에 영국에서 처음 언급된 게임인 '파로(faro)'에 밀려났다. 파라오(pharaoh: 파로 카드 한 벌 중 한 장에 파라오 그림이 그려져 있었다. 이는 나중에 '킹 오브 하트'로 발전했다)에서 파생된 파로는 도구, 점수, 내기, 어휘 면에서 무척 복잡한 게임이었다. 각 카드마다 애매한 의미의 이름이 있었다. 첫 번째는 'soda card', 두 번째는 'loser', 마지막 카드는 'hock'였다. 그래서 'from soda to hock(처음부터 끝까지)'과 'to be in hock(저당 잡히다, 곤경에 빠지다)'라는 표현이 생겼다.[13] 점수는 'case'라는 주판 모양의 도구에 기록을 했다. 여기서 'an open and shut case(복잡하지 않고 단순한 것)'라는 표현이 생겨난 것으로 보인다. 'to break even'과 'to play both ends against the middle' 역시 파로에서 유래했고, 모조 화폐를 '칩(chip)'이라고 부르는 관행도 마찬가지다(그전에는 체크(check)라고 했다). 따라서 to cash in one's chips(칩을 현금으로 바꾸다, 죽다), to be in the chips(매우 부유하다), a blue-chip investment(안전한 투자) 등 chip이 들어가는 많은 표현들이 지금은 사라진 이 파로 게임에 기원을 두고 있다.[14]

 시간이 흐르면서 '포커(poker)'가 파로의 자리를 대신하기 시작했다. 포커라는 이름의 기원에 대해서는 의견이 분분하다. 그 중 '포호스피엘(pochspiel)'이라는 유사한 독일 게임에서 유래했다는 것이 가장 설득력이 있다. 게임에서 돈을 걸 의사가 없는 사람은 '폴카'로 발음되는 'poche'를 외쳤을 것이다.[15] 'poke'나 'puck(아이스하키에서 사용하는 검은 원반의 이름에서 유래한 영국 방언으로 '치다'는 뜻이 있다)'과 어느 정도 관련이 있을 것이라고 추측하는 사람들도 있다. 또 어떤 사람들은 '악마'를 뜻하는 노르웨이와 덴마크어 'pokker'와 관련이 있으며, 영국 민화에 등장하는 '퍽(Puck)'도 그것에서 유래했다고 추측한다. 어쨌든 포커(poker)는 1848년에 처음 기록된 미국 영어다. 초기에는 흔히 'poko'나 'poka'로 불렸다.

포커에서 영어의 중심으로 자리 잡은 많은 용어 중에는 거래를 뜻하는 deal(예를 들어 business deal: 사업상의 거래), jackpot(카드 게임에서 계속 거는 돈, 횡재), penny-ante(하찮은, 시시한), to stand pat(보수적인), just for openers, four-flusher(꼭 필요한 다섯 장이 아닌 네 장을 같은 패로 만들려고 하는 사람) 등이 있다. jackpot은 유래가 불명확하다. 'jack'은 같은 이름의 카드를 가리키거나 돈을 뜻하는 속어일 수도 있다. 아니면 jackhammer(수동 착암기), jackknife(휴대용 칼), jackboot(긴 장화), jackass(수탕나귀), jack-in-the-box(뚜껑을 열면 인형이 튀어나오는 장난감), jack-o'-lantern(호박 초롱), jack-of-all-trades(만물박사), jackrabbit(산토끼), jackstraw(나무·뼛조각 등을 상 위에 쌓아 놓고 다른 것은 움직이지 않게 한 가지만을 뽑아내는 놀이), jackdaw(갈가마귀), jackanapes(건방진 아이), lumberjack(벌목꾼), car jack(자동차를 들어 올릴 때 쓰는 도구) 등과 같이 이유는 알 수 없지만 단어를 이루는 한 요소로 'jack'이 널리 쓰이는 경우에 속할지도 모른다. 지금까지 알려진 바로는 이중 어느 단어에도 특별한 의미를 가진 'jack'이 없다. '잭'이라는 말이 사람들의 마음에 들었던 게 분명하다.

딜라드에 따르면 하나, 둘, 셋을 뜻하는 ace, deuce, trey 역시 뉴올리언스의 프랑스 출신 도박꾼들의 영향으로 미국어가 되었다. 'trey'의 경우에는 그의 말이 맞는지도 모르지만 앞의 두 단어는 중세 영국에서 흔히 쓰였으며 노르만 시대에 만들어졌을 가능성도 있다. 'ace'는 화폐의 기본 단위인 라틴어 'as'에서, 'deuce'는 2를 가리키는 라틴어 'duos'에서 유래했다. 그러나 뉴올리언스의 프랑스인 도박꾼들은 수명이 긴 또 다른 도박 용어 'to shoot craps(주사위 노름을 하다)'를 남겨주었다. 뉴올리언스에서는 영국인이 'harzard'라고 부르는 게임을 'crab'이라고 했는데, 그것이 시간이 흐르는 동안 'crap'으로 바뀌었다. 이는 어원적으로 배설물을 뜻하는 속어와는 아무 관련이 없다. 프랑스인들은 'keno'라는 단어도 남겼다(다섯 개짜리 한 벌을 뜻하는 quine에서 유래). 이것은 한때 큰 인기를 끌었던 빙고의 초기 형태로 이름 외의 언어 유산을 전혀 남겨놓지 않았다.

언어적 영향력 면에서 더 생산적인 단어는 그보다 훨씬 나중에 미국에 소개되었다. '브리지(bridge)'는 1890년대에 러시아와 중동에서 유입되었다. 물론 강을 건너는 다리와는 아무런 관계가 없고, 포고(布告)를 알리러 다니는 사람을 뜻하는 러시아어 'birich'에서 유래했다. 브리지 탁자에서 세상으로 전해진 표현으로는 'bid(끗수를 선언하다, 값을 매기다)', 'to follow suit(남과 똑같은 패를 내다, 남이 하는 행동을 따라하다)', 'in spades(단연코, 확실히)', 'long suit(넉 장 이상 짝 지워진 패, 장점)', 'to renege(다른 패를 내다, 약속을 어기다)' 등이 있다.[16]

브리지 게임이 미국에서 자리를 잡을 무렵, 미국 토박이 게임 장비 '슬롯머신'이 탄생했다. 1890년대에 이미 여러 종류의 슬롯머신이 나왔지만 1910년에 밀스 노벨티 컴퍼니(Mills Novelty Company)라는 모험적인 회사가 껌 자동판매기를 소개할 때까지는 제대로 인정을 받지 못했다. 이 자동판매기에서는 순서 없이 돌아가는 바퀴 세 개에 그려진 맛의 껌이 나왔다. 맛은 체리, 오렌지, 자두 세 가지였는데, 이들은 지금까지도 슬롯머신의 상징으로 통한다. 각 바퀴에는 "1910 과일 껌"이라고 적힌 막대가 끼워져 있었는데, 지금처럼 세 개가 모두 같은 그림이 나오면 많은 동전이 나왔다. 또, 요즘과 마찬가지로 어느 한 곳에 레몬이 나오면 배당금은 전혀 없었다. 'lemon'이 실망스럽거나 하찮은 것을 뜻하는 이유도 그 때문이다. 껌보다는 배당금이 더 사람들을 유혹하는 슬롯머신의 성격 때문에 제조업자들은 배당금만 나오는 기계를 만들기 시작했다. 슬롯머신은 도박이 합법적으로 행해지는 모든 지역에 등장했으며, 1950년대가 되어서야 'one-armed bandit(외팔이 강도, 도박용 슬롯머신)'라고 불리게 되었다.[17]

도박의 인기 때문이었을까, 앤 애보트(Anne Abott)라는 뉴잉글랜드의 신앙심 깊은 젊은이가 1843년에 건전한 대안으로 보드 게임을 발명했다. 체스와 체커처럼 보드 게임 역시 몇 세기 동안 거의 모든 문화권의 사람들이 즐겼다. 하지만 진짜 세계를 상징하는 곳에서 누가 먼저 길을 찾아가는지 경쟁하는 오락물이 발명된 적은 한 번도 없었다. 애보트는 그 게임을 통해 즐거움을 줄 뿐만 아니라 올바른 생활을 할 수 있도록 도와주고 싶었다. '행복의 저택(The Mansion of Happiness)'으로 불린 그 게임에서 참가자들은 퍼저리(Perjury: 서약을 깨뜨림), 로버리(Robbery: 도둑질), 임모디스티(Immodesty: 무례), 인그래티튜드(Ingratitude: 은혜를 모름), 드렁큰니스(Drunkenness: 술주정뱅이)처럼 길에 있는 함정을 피해가며 영원한 구원을 찾아 게임판 위를 여행해야 했다. 위험이 가득한 길을 따라 말을 옮기는 아이디어는 1843년에는 무척 획기적이었으므로 애보트에게 많은 돈을 벌어주었을 뿐만 아니라 수많은 모방꾼들에게 영향을 주었다.

밀턴 브래들리(Milton Bradley)라는 또 다른 청년은 1860년에 '체커드

인생 게임(The Checkered Game of Life)'이라는 첫 히트작을 만들었다. 역시 도덕적으로 건전한 그 게임은 전부는 아니지만 애보트의 고상한 오락물에 영향을 받은 것이 분명했다. 그러나 진정한 행운은 체커, 체스, 백개먼, 도미노 같은 여덟 가지 게임을 들고 다니기 간편한 작은 상자에 포장하는 방법을 생각해냈을 때 찾아왔다. 그것은 남북전쟁 당시 군인들 사이에서 큰 인기를 끌었다.

그보다 더 큰 혁신을 가져온 사람은 미국 게임 산업에서 두 번째로 선풍을 일으킨 파커 브라더스(Parker Brothers)를 만든 조지 스윈튼 파커(George Swinton Parker)였다. 매사추세츠 세일럼에서 덕망은 높지만 가세가 기우는 집안에서 태어난 파커는 보드 게임의 개념을 좋아했지만 미래의 구원보다는 즉각적인 만족이 주는 보상을 더 원했다. 1883년, 불과 열여섯의 나이에 부자가 되는 길을 개척해나가는 것을 목표로 삼는 '뱅킹(Banking)' 게임을 만들었다. 미국인의 상상력을 사로잡은 새로운 게임이 탄생하는 순간이었다. 작가 피터 앤드류가 더 정확하게 설명하고 있다. "가장 건전한 사람이 다음 세상에서 가장 기쁨을 얻는 대신, 이 게임에서는 가장 영리한 사람이 가장 많은 돈을 번다."[18]

파커는 두 형제와 함께 가족 규모의 회사를 세계 최대 게임 기업으로 키웠다. 직접 100종류의 게임을 발명했다. 사실, 더 정확하게 말하면 기본적으로 똑같은 게임을 바탕으로 100가지의 변종을 만들었다. 그들은 세계적인 행사나 기술적인 혁신을 선보여 사람들의 상상력을 사로잡았다. 가장 인기 있는 게임 중에는 '클론다이크(Klondike)', '파이크의 픽 오어 버스트(Pike's Peak or Bust)', '모터 캐리지 게임(The Motor Carriage Game)', '워 인 쿠바(War in Cuba)', '더 시즈 오브 하바나(The Siege of Havana)', '필리핀 워(The Philippine War)' 등이 있다(게임 플레이어에게 죽음과 파괴는 상상의 돈을 모으는 것만큼이나 거부할 수 없는 유혹이었다).

그러나 실제로 돈을 벌어준 게임을 발명한 사람은 파커나 회사와 관련된 사람이 전혀 아니었다. 대공황 초기에 펜실베이니아 저먼타운(Germantown)에서 온 계약 영업사원인 찰스 대로우(Charles Darrow)라는 사람이 그 주인공이었다. 그는 식탁 위에 방수포 한 장을 펼쳐놓고 도안을 그린 다음 '모노폴리(Monopoly)'라는 이름을 붙였다. 그리고 모노폴리 게임판에 등장하는 장소에 자기가 가장 좋아하는 휴양지인 애틀랜틱 시티의 거리 이름을 따서 붙였다. 그 중 '마빈 가든(Marvin Garden)'만이 애틀랜틱시티가 아닌 인근의 마게이트(Margate) 지역에 있는 장소였고 'Marven'으로 표기되었다. 사실과 다른 또 한 가지는 게임판에 나오는 철로인 '쇼트 라인(Short Line)'이 실제로는 지역의 버스 회사의 이름이었다는 점이다.

1934년 대로우는 모노폴리를 파커 브라더스에 제안했다. 그 회사의 경영진은 그 게임을 열심히 해 보았지만 별다른 인상을 받지 못했다. 그들은 "52가지의 근본적인 실수"가 있다는 결론을 내렸다. 그 중 하나는 결승점, 즉 가시적인 최종 목표가 없다는 것이었다. 그들에게는 게임판을 계속 돌아다닌다는 것이 무척 우습게 보였다. 또한, 저당권과 변동 수익이라는 혼란스러운 사업만 다루고 있었다. 전체적으로 규칙이 너무 복잡하고 게임 시간이 너무 많이 걸렸다. 그들은 게임이 잘 팔리지 않을 게 분명해 보였으므로 정중히 돌려보냈다.

대로우는 끄덕도 하지 않고 몇 가지 게임을 직접 만들어 필라델피아의 워너메이커 백화점에 보냈고, 그곳에서 폭발적인 반응을 이끌어냈다. 파커 브라더스는 그 사실을 알고 그 게임을 만들기로 결정했다. 그리고 첫 해에 게임 세계에서는 어마어마한 수치인 모노폴리 100만 세트를 팔았으며, 그것은 이후로 줄곧 미국 보드 게임의 베스트셀러 자리를 놓치지 않고 있다. 대로우는 게임에 대한 신념을 증명해 보이고 난 뒤에는 시골로 가서 난초를 재배하며 재산을 관리했다. 그리고 1967년에 눈을 감았다.

모노폴리는 1930년대 초에 광풍을 일으켰지만 그런 인기는 1820년대 이후 미국인의 생활을 대표하는 특징이었다. 이때부터 광풍(craze)이란 단어가 갑작스럽게 확산된 광기라는 의미를 갖게 되었다(이전에는 금이 가거나 부러진 것을 뜻했다). 광풍의 특이한 점은 보통 다른 곳에서 시작해서 대단한 열정과 위세로 미국에 자리를 잡기 때문에 마치 처음부터 미국에서 시작된 것처럼 보인다는 것이다. 19세기에 엄청난 광풍을 일으킨 롤러스케이트도 그런 예에 속한다. 그것은 네덜란드에서 발명되어 1863년에 미국에 소개되었다.

유럽인들이 자갈길을 불안하게 비틀거리며 가는 동안 미국인들은 시카고의 카지노와 샌프란시스코의 올림피안 클럽 롤러스케이팅 링크 같은 널찍한 스케이트장을 짓고 있었다. 그런 장소들은 반들거리는 회백색과 담갈색 바닥에 천 명의 인원을 한꺼번에 수용할 수 있었다. 흔히 자체 연주단을 거느렸고, 입장객들은 그들의 연주에 맞춰 '필라델피아 트위스트', '리치몬드 롤(Richmond Roll)', '피켓 펜스(Picket Fence)', '듀드 온 휠스(Dude on Wheels)' 같은 최신 미국산 춤을 출 수 있었다.

자전거도 매우 비슷한 과정을 거쳤다. J. I. 스타센(Stassen)이 1869년에 'bicycle'이라는 말을 지어내기 전까지 바퀴 두 개 달린 탈것은 'velocipede', 'dandy horse', 'draisine', 'boneshaker' 등 여러 가지 이름으로 불렸다. 특히 'boneshaker'는 적당한 이름이었다. 초기의 자전거는 바퀴와 안장이 나무로 된 데다, 지금보다 훨씬 더 울퉁불퉁한 길을 달려야 했기 때문이었다. 또한 앞으로 가려면 발로 땅을 밀거나 복잡한 페달 장치를 이용해야 하는 모델이 대부분이었다. 브레이크가 달려 나오는 제품도 거의 없었다. 한마디로, 초기의 자전거는 안전하지도, 편안하지도 않았다. 그런데도 폭발적인 인기를 끌었다.

사람들은 당시의 표현대로 'wheeling(자전거 타기)'에 열광하기 시작했다. 곧바로 자전거와 관련된 전문용어가 생겨났다. 가장 열정적으로 사랑을 받은 말은 'scorching'과 'freewheeling'이었다(가끔 경쾌하게 'freeling'으로 줄여 불리기도 했다). 자기만 생각하고 남은 안중에도 없는 폭주족들은 'road hog(난폭 운전자)'로 불렸다. 다른 도로 이용자들을 놀라게 하는 것도 그들의 능력이었다. 그래서인지 인기 있는 어느 모델의 이름도 '서프라이즈'였다. 어떤 지역에서는 말 주변을 지날 때는 속도를 늦추고 자전거에서 내릴 뿐만 아니라 안전을 확인한 뒤에 계속 운행해야 한다는 내용의 법을 통과시키기도 했다.[19]

1882년에 이미 사람들은 자전거를 익숙하게 'bike'로 표현하고 있었다. 자전거의 인기는 대단해서 1885년에는 신시내티의 한 카드회사가 그런 분위기를 틈타 돈을 벌 생각까지 하게 되었다. 그렇게 해서 '바이시클(Bicycle)'이라는 상표의 카드가 나오게 되었다. 1880년대 중반, 자전거는 스포츠가 누릴 수 있는 최고의 인기를 구가했다. 하지만 1888년에 존 던롭(John Dunlop)이라는 스코틀랜드 사람이 발명한 공기 타이어에 이어 가벼운 동체, 손 제동장치, 변속 장치, 안전 사슬 등 다른 발전이 잇따르자 자전거의 인기는 하늘 높은 줄 모르고 치솟았다.

그런 인기에는 여성이 유쾌하게 즐길 수 있는 몇 안 되는 놀이의 하나라는 사실이 큰 몫을 차지했다. 하지만 몇몇 당국자들은 그것이 너무 유쾌하다는 점이 마음에 들지 않았다. 예를 들어 「조지아 내과와 외과 저널(Georgia Journal of Medicine and Surgery)」은 여성이 자전거를 타는 것은 옳지 않다고 생각했다. 다리의 운동과 안장의 골반에 가해지는 압력 때문에 "지금까지 어린 소녀들이 몰랐던 기분"을 느끼게 할 수 있기 때문이라는 이유에서였다.[20] 「휠먼(Wheelman)」이라는 잡지는 자전거 타기가 여성을 위한 건강한 활동이라는 주장을 지지했지만 여성 독자들에게 불쾌한 당부를 하는 것을 잊지 않았다. "속옷을 갈아입을 때까지 식탁 앞에 앉을 생각을 하지 말기를."

1895년, 미국의 도로는 천만 대의 자전거로 붐볐고 제조업자들은 아주 다양한 자전거를 생산하고 있었다. 이름도 'Sociable', 'Quadrant', 'Rudge Triplet Quadricycle', 'Coventry Convertible Four in Hand' 등 쾌활하면서도 유혹적이었다. 자전거 열풍은 영원할 것처럼 보였다. 하지만 10년도 안 되어 사람들은 모든 미국인이 가장 열망하는 자동차에 완전히 마음을 빼앗기면서 자전거는 영원히 한구석으로 밀려나고 말았다.

20세기의 첫 20년 동안 광풍의 세계는 비교적 조용했다. 하지만 1920년대로 접어들면서 미국은 잃어버린 시간을 메웠다. 그 역동적인 10년 동안 전 국민을 사로잡은 행사 중에는 춤 겨루기, 깃대 위에 오래앉아 있기 시합(우승자는 '난파선'으로 불린 앨빈 켈리로, 볼티모어의 한 깃대 꼭대기의 위험한 의자 위에서 23일 7시간을 앉아 있었다), 미인 선발 대회, 전국 자동차 경주 대회, 'bunion derbies(엄지발가락에 염증을 일으키는 경주)'로 알려진 전국 도보 경주 대회, 미니 골프 등이 있었다.

처음에는 'dwarf golf(난쟁이 골프)'로 불렸던 미니 골프는 1927년에 탄생했다. 당시 가넷 카터(Garnet Carter)라는 개발가가 테네시의 룩아웃 마운튼(Lookout Mountain)에 페어랜드(Fairland)라는 휴양 호텔을 지었다. 그리고 기계 장치로 장애물을 완비한 미니어처 골프장도 갖추었다. 처음에는 어린이를 위한 시설로 만들 계획이었지만 놀랍게도 어른들이 그곳으로 몰려들었다. 카터는 그 가치를 깨닫고 톰 섬 골프(Tom Thumb Golf)라는 회사를 설립해 공장에서 골프장을 생산하기 시작했다. 불과 3년 만에 25,000개의 톰 섬 골프장이 미국 전역에 설치되었다.[21]

이 시기에 세 가지 형태의 가정용 놀이가 미국 영어에 유입되었다. 그 중 하나는 마작('mahjong' 혹은 'mah-jongg')으로 1922년부터 전국을 휩쓴 중국 놀이였다. 만주어로 마작은 가장 중요한 패에 그려진 그림인 '참새'를 뜻했는데, 특히 '유행의 최첨단을 걷는 사람들(smart set: 마작이 미국에 들어왔을 때와 거의 비슷한 시기에 나온 말)' 사이에 특히 인기를 끌었다. 사람들은 마작 한 벌에 500달러를 주고 구입했는데, 이는 포드 모델 A보다 더 비싼 가격이었다. 어떤 사람들은 집을 중국식으로 장식하기까지 했으며, 분위기를 맞추려고 자신과 손님이 입을 비단 옷을 구입했다. 1920년대에 '남쪽 바람(South Wind)'과 '붉은 용(Red Dragon)'의 차이를 모르거나 '퐁(Pung!)', '초(Chow!)', '벽을 무너뜨려라(Broke the wall!)'라고 외치는 것을 모르면 사람들과 사귈 엄두를 내지 말아야 했다.[22]

그보다는 덜 유행했지만 그만한 영향력을 가지고 있었던 것이 '위자(ouija: 점판. 'yes'를 뜻하는 프랑스어와 독일어의 합성어다)'였다. 위자판에는 질문에 대한 답으로 글자와 숫자를 가리키는 작은 화살표가 있는데, 애호가들은 거기에 손을 올려놓고 기다린다. 19세기쯤 처음 나왔지만(시기와 장소에 대해서는 여러 주장들이 크게 엇갈린다), 미국에서는 1920년대에「볼티모어 선(Baltimore Sun)」이 위자 편집인을 따로 둘 정도로 유행했다. 위자는 많은 사람들이 즐기는 놀이였다가 1940년대에 사라지기 시작했다. 하지만 가끔 갑자기 사람들의 입에 오르내리거나 1956년의 사건처럼 뉴스에 등장하기도 했다. 당시 헬렌 다우 팩(Helen Dow Peck)이라는 상속

녀의 후손들은 자기들의 할머니가 전혀 모르는 사람인 존 게일 포브스 (John Gale Forbes)에게 상당한 재산을 남겼다는 놀라운 사실을 알게 되었다. 40년 전에 위자판의 화살표가 그 사람의 이름을 알려주었다는 것이 상속 이유였다. 다행히 그런 사람이 없었으므로 후손들은 돈을 물려받을 수 있었다.[23]

1920년대에 유행한 가정용 놀이 삼종 세트의 마지막은 생명력이 가장 길었던 '크로스워드 퍼즐'이었다. 처음에는 'word-cross'로 불렸던 크로스워드 퍼즐은 1913년에 「뉴욕 월드」의 영국인 직원이 발명했다. 그러나 1924년에 사이먼 앤 슈스터(Simon & Schuster)라는 작은 회사가 크로스워드 퍼즐 책을 낼 때까지는 큰 인기를 끌지 못했다. 그것은 마작, 위자와 마찬가지로 단번에 전국적인 광풍을 일으켰다. 볼티모어와 오하이오 철도회사가 크로스워드에 푹 빠진 승객들의 편의를 위해 객차 안에 사전을 비치해 둘 정도였다. 하지만 앞의 둘과는 달리 지금까지 한 번도 인기를 잃은 적이 없었다. 요즘도 미국에서는 크로스워드 퍼즐이 텔레비전 시청을 제외하고 앉아서 할 수 있는 가장 인기 있는 놀이다.

크로스워드 퍼즐, 위자, 마작이 미국인의 눈길을 끌고 있을 무렵, 야구가 '전 국민의 놀이'로 알려지게 되었다. 하지만 실제로는 이미 거의 한 세기 동안 사랑을 받고 있었다. 야구가 언제, 어디서 처음 시작되었는지는 아무도 모른다. 영국의 어린이 놀이인 '라운더스'에서 발전했다는 주장도 있다. 타자가 공을 맞춘 다음 베이스를 재빨리 돈다는 점에서 야구와 아주 흡사하기 때문이다. 하지만 문제는, 야구가 하나의 운동 경기와 이름으로 미국인의 생활 속에 확고하게 뿌리내린 1856년까지도 『옥스포드 영어 사전』에 라운더스가 나타나지 않았다는 사실이다(라운더스가 야구에서 발전했을 가능성을 점치는 사람은 아무도 없는 것 같다).

분명한 것은, 야구의 기원을 메이플라워호보다 훨씬 더 이전까지도 추적할 수 있다는 사실이다. 크리켓은 16세기에 영국에서 시작되어 미국에서는 19세기까지도 흔히 행해졌다. 이는 막대로 공을 치는 경기의 원조로 보인다. 하지만 그 후 2세기에 걸쳐 영국과 미국 모두에서 '팁캣(tipcat)', '비틀배틀(bittle-battle)', '스틱볼(stick ball)', '원 올드 캣(one old cat)', '투 올드 캣(two old cat)', '쓰리 올드 캣(three old cat)', '베이스(base)' 혹은 '야구(baseball)' 등이 잇따라 등장했다.* 모두 막대기나 주걱 모양의 도구로 공을 쳐서 수비에게 잡히거나 밀려나기 전에 정해진 길을 도는 규칙을 적용하는 경기였다. 야구에 관한 최초의 언급은 미국이 아니라 영국에서 발견되었다. 1744년에 런던에서 출판된 『작고 예쁜 포켓북, 귀여운 선생님 토미와 아름다운 폴리 양의 즐거움을 위해(A Pretty Little Pocket Book, Intended for the Amusement of Little Master Tommy and Pretty Miss Polly)』라는 동화책에서였다.[24] 그러나 이 무렵 미국에서는 구기 종목이 이미 정착되어 있었다. 미국의 놀이 문화에서 '방망이'가 처음 언급된 것은 1734년이었고, 18세기에 걸쳐 구기 종목과 필요한 장비에 관한 언급이 많았다. 예를 들면, 보스턴 대학살의 원인은 영국 군대를 위협한답시고 "나무 방망이"를 휘두른 사람에게도 일부 있었다고 한다. 그리고 1778년에는 밸리포지(Valley Forge)의 군인들이 "베이스를 하며" 시간을 보냈던 것으로 알려져 있다.[25]

19세기 초, 미국의 구기 종목들은 대부분 '타운볼(town ball)'이라는 일반적인 형태로 정착된 것으로 보인다. 타운볼은 '매사추세츠 게임'과 '뉴욕 게임'이라는 비슷한 종류로 나뉘어 있었다. 'inning', 'shortstop',

---

* 크리켓이라는 재미있는 이름은 공이 나무에 부딪힐 때 나는 소리를 묘사하는 옛 프랑스어 'criquet'에서 유래했다. 귀뚜라미를 뜻하는 'cricket' 역시 이 'criquet'에서 비롯되었다.

'outfielder' 같은 야구 용어의 다양한 어원을 보면 현대의 야구 경기가 어느 특정한 스포츠의 자연적인 산물이 아니라 다양한 경기의 요소를 빌려오고 흡수함으로써 형성되었다는 사실을 알 수 있다. 문제는, 이런 다양한 요소들을 하나의 경기로 통합한 사람이 도대체 누구냐는 것이다.

전통적인 정답은 애브너 더블데이(Abner Doubleday)다. 데이비드 해켓 피셔에 따르면, "더블데이는 1840년 이전에 여러 가지 규칙 체계들 중 하나를 체계적으로 분리한 것 같다." 피셔는 더블데이가 야구를 발명한 것은 아니라면서 이렇게 덧붙였다. "몇몇 수정주의자들의 말처럼 그의 조합이 터무니없지도 않았다."[26]

사실 그것은 완전히 수수께끼였다. 더블데이 전설에 대한 책임은 궁극적으로 앨버트 굿윌 스폴딩(Albert Goodwill Spalding)에게 있었다. 그는 뛰어난 야구선수이자 눈치 빠른 사업가였지만 분별력 없는 역사가이기도 했다. 스폴딩은 야구 선수로서 짧지만 눈부신 경력을 갖고 있었다. 보스턴 레드 스타킹, 시카고 화이트 스타킹에서 활약한 다섯 시즌 동안 241승 60패를 기록했으며 야구 최초로 200승 투수가 되었다. 나중에 그는 시카고에 스포츠 용품점을 열어 세계 최대 스포츠용품 제조업자로 성장했다. 1903년에는 떼돈을 벌었고 야구 추종자들 사이에서는 신과 같은 권위를 가진 인물이 되었다.

첫 현대판 월드시리즈, 라이트 형제의 첫 비행, 헨리 포드의 첫 번째 모델 A가 선을 보이기도 했던 그해, 저명한 「베이스볼 가이드(Baseball Guide)」의 편집자 헨리 채드윅(Henry Chadwick)은 야구의 역사에 관한 짧은 기사

---

* 채드윅의 다른 업적 중에는 야구 점수 체계를 확립했다는 것도 있다. 스트라이크아웃을 'K'로 표기하는 수수께끼 같은 관행을 우리에게 남긴 장본인이 바로 그다. 초기 야구에서는 스윙을 한 사람을 '스트럭(struck)' 당했다고 했다. 채드윅은 자신의 점수판 여기저기에 있는 'S' 때문에 혼란스러워지자 'struck'의 마지막 글자인 'K'를 쓰기로 결심했다.

를 썼다. 그리고 야구의 기원을 라운더스와 크리켓으로 추정했다.* 애국심이 강한 스폴딩은 야구가 미국에서 시작되지 않았을지도 모른다는 주장을 굴욕적으로 받아들였다. 그는 2년 동안 그 문제로 마음을 졸이다가 1905년에 여섯 명으로 이루어진 조사 위원회를 구성했다. 위원장은 내셔널 리그의 회장인 A. G. 밀스(Mills)로, 공교롭게도 최근에 사망한 애브너 더블데이의 30년 지기였다. 1907년, 위원회는 아무 증거도 없이 1839년에 더블데이가 쿠퍼스타운(Cooperstown)에서 야구를 창안했다는 내용의 보고서를 발표했다. 밀스는 자세한 증거를 제시하라는 압박을 받자 앨버트 그레이브스(Albert Graves)라는 '덕망 있는 신사'에게서 이야기를 들었다고 밝혔다. 그의 말을 아무런 의심 없이 받아들인 것이었다. (그레이브스는 얼마 지나지 않아 정신 병원에 들어갔다.)

조금이라도 그 문제에 대해 생각해 본 사람이라면 그레이브스의 말이 앞뒤가 맞지 않는다는 사실을 알 수 있다. 먼저, 더블데이는 1839년에 쿠퍼스타운이 아닌 웨스트포인트(West Point)에 있었으며, 무엇보다도 그의 가족이 1837년에 쿠퍼스타운을 떠났다. 더블데이는 죽을 때가 되어 67권의 일기를 남겼는데 그 중 야구에 관한 내용은 전혀 없었다. 마지막으로, 밀스의 이야기를 믿는다고 해도, 더블데이는 30년 동안 친한 친구의 생계와 관련된 야구를 자신이 창안했다는 말을 단 한 번도 하지 않았다. 그 문제는 너무 터무니없어서 23년 뒤에 쿠퍼스타운의 사업가 스티븐 C. 클라크가 대규모 호텔을 지을 때까지 그 누구의 관심도 받지 못했다. 그 호텔에는 손님이 거의 없었는데, 때마침 대공황이 불어닥친데다 쿠퍼스타운에 볼 일이 있는 사람이 별로 없었기 때문이었다. 클라크는 쿠퍼스타운에 필요한 것은 사람들의 관심이라고 생각하고 더블데이 보고서를 찾아내 메이저리그로 하여금 야구 명예의 전당을 설립하도록 유도했다. 나머지는 알려진 대로다. 초대 커미셔

너인 케네소 마운틴 랜디스(Kenesaw Mountain Landis)는 더블데이가 야구를 창안하지 않았다는 사실을 알면서도 계획을 그대로 추진했는데, 이를 뒷받침할 근거는 충분하다.[27] 지금은 명예의 전당조차 더블데이가 야구의 탄생과 관련이 있다고 거들지 않는다.

굳이 누군가가 야구를 만들었다고 말한다면 뉴욕 니커보커 클럽의 회원 알렉산더 카트라이트(Alexander Cartwright)를 꼽을 수 있다. 그는 1845년에 '뉴욕 게임'으로 알려져 있던 타운볼을 바탕으로 규칙을 만들었다. 기본적으로 카트라이트의 야구는 오늘날의 야구와 매우 흡사하다. 한 팀이 아홉 명의 선수로 구성되었고, 내야에는 약 27미터 간격으로 떨어진 베이스가 다이아몬드 모양으로 배치되어 있었다. 그리고 스트라이크를 세 번 당하면 아웃이고, 아웃을 세 번 당하면 공격권이 상대편으로 넘어갔다.

그러나 세부적으로는 카트라이트와 그의 직계 후배들이 참여한 경기는 차이가 많았다. 먼저 외야수들은 뜬 공뿐만 아니라 땅에 한번 닿아 튀어 오른 공을 받거나, 뛰어서 공으로 직접 때려(실패할 가능성이 가장 많지만 외야수들에게 가장 큰 즐거움을 주는 방법이다) 상대 선수를 실격시킬 수 있었다. 선수들은 1890년대까지도 보호용 장갑을 끼지 않았다. 그전까지는 맨손이나 가끔 모자로 공을 받았다. 투수는 지금보다 타자와 더 가까운 위치에 서 있었고 공이 아래쪽으로 포물선을 그리며 날아가게 던졌다. 그리고 '타자(batter: 1824년에 나온 신조어)'가 마음에 드는 투구를 찾을 때까지 계속 공을 던져야 했다. 1887년 말까지도 투수는 타자가 지시하는 방향으로 공을 주어야 했다.[28] 그리고 마운드가 아닌 사각형으로 표시된 위치에 서 있었다(여기서 '강판당하다'는 뜻의 'to be knocked out of the box'라는 표현이 생겨났다). 그러나 방향을 약간 조절하는 것 정도는 허용되었으므로 초창기부터 투수들은 커브, 싱커 등 공기역학을 이용한 공을 던질 수 있었다[커브 공은 브루클린 익셀셔즈(Brooklyn Excelsiors)의 W. A. '캔디' 커밍스와 프린스턴의 에드먼드 데이비스가 1860년대 중반에 처음 선보인 것으로 보인다].

타자도 처음에는 'striker'로, 1856년 이후로는 'batsman'으로 불렸다. 가끔 'catcher-out'으로 불린 '포수(catcher)'는 홈 플레이트에서 15미터 뒤쪽에 서 있었고, 1890년대에 포수 마스크가 나오기 전까지는 파울팁 범위 바깥에서 조심스럽게 기다렸다. 1856년에 야구 문서에 처음 기록된 'umpire(심판)' 역시 홈에서 1루까지의 선 바깥에 안전하게 서 있거나 앉아 있었다. 당시에는 지금보다 심판 판정을 훨씬 덜 신뢰했다. 중요한 시합에는 심판의 판정을 심사하는 일을 하는 중재자가 있었다. (덧붙이자면, 'umpire'는 하전입자처럼 선행하는 부정관사에 'n'이 붙는 많은 단어 가운데 하나다. 중세 영어에서 'apron'이 처음에는 'napron'이었던 것처럼 'umpire'는 'noumpere'였다.) 1866년과 그 이후로 약 10년 동안 1루와 2루 사이의 외야를 맡은 'right shortstop(오른쪽 유격수)', 혹은 'right shortfielder'라는 열 번째 선수가 있었다. '야구 클럽(baseball club)'은 1855년에, '야구 시합(baseball match)'은 1856년에 기록에 남았지만 두 단어의 개념과 단어 자체는 훨씬 이전부터 쓰였다. 처음에는 '홈'으로 불렸던 '홈런' 역시 1856년부터 사용되었다. 초기 선수들은 'baseballist'로 불렸으며, 'baseballer'라는 단어는 1886년에야 생겨났다.

유니폼 역시 확연히 달랐다. 예를 들어 카트라이트의 니커보커 클럽은 흰색 상의와 파란색 바지를 입고 납작한 밀짚모자를 썼는데, 활발하고 씩씩한 선수라기보다는 마네의 '풀밭 위의 점심'에 나오는 게으른 예술애호가처럼 보였다. 실제로도 그들은 선수가 아닌 심미주의자 같았다. 초기의 팀들은 상류층의 배타적인 친목 모임으로 시작되었는데, 지금까지 야구단이

'클럽'으로 불리는 것도 그 때문이다. 경기는 대개 사교 모임이 끝난 뒤에 부수적으로 열렸다. 그런 다음 두 가지 일이 벌어졌다. 클럽 사이의 경쟁은 점점 더 민감해지고 과열되었다. 야구 경기가 대중 속으로 확산되었으며, 육체노동자가 주식중개인과 하급 관리자보다 체력과 지구력에서 크게 유리하다는 사실이 분명해졌다. 처음에 노동자들은 자기들끼리만 시합을 했다. 보스턴 커먼(Boston Common)의 노동자 경기는 근로 시간을 방해하지 않기 위해 새벽 5시에 시작했다. 하지만 머지않아 상류층 팀들이 그들을 보수를 받는 부정 참가자로 조용히 채용했다. 야구는 'hippodroming(뇌물을 받고 경기를 포기하는 것)', 'revolving(더 나은 보수를 받기 위해 팀을 옮겨 다니는 것)' 같은 단어가 하나의 용어로 굳어지는 동안 건전한 성격을 잃기 시작했다.

1859년에 발족된 전미 야구선수 협회(National Association of Base Ball Players: 모든 클럽이 뉴욕 지역에서 모였으므로 'national'은 약간 과장된 표현이었다)는 아마추어 정신과 신사적인 행동을 강조했다. 하지만 그들은 그 두 가지 다 갖추지 못했다. 1860년에 이미 브루클린 익셀셔즈는 짐 크레이튼(Jim

1860년대 이후 미국의 대중적인 스포츠로 자리 잡은 야구는 점점 규모가 커져서 이 시대 미국의 국기처럼 여겨지는 경기다. 거액 연봉과 대중적인 명예와 인기가 결합되면서 선수들의 약물 복용이 심각한 문제로 대두되기도 했다.

Creighton)이라는 강속구 투수에게 보수를 지급했다. 뉴욕 뮤추얼(New York Mutual)은 경기 관람에 10센트의 입장료를 부과했고 자기들끼리 수입을 나눠 가졌다. 당시에는 경기 규칙이 항상 공정하게 지켜진 것도 아니었다. 중요한 경기에서는 어느 한 팀의 구단주가 자기 개를 시켜 플라이 볼을 쫓아가는 외야수를 놀라게 한 뒤에야 승부가 정해졌다.

1869년 미국 최초의 공식 프로 팀인 신시내티 레드 스타킹스가 탄생했다. 이 팀은 연중 57승 무패 1무승부를 기록했고, 15,000명이나 되는 관중 앞에서 경기를 했다.[29] 2년 뒤 레드 스타킹스의 단장인 해리 라이트는 구단주와의 불화 끝에 자기 팀과 이름을 보스턴에 넘겨버렸다. 이 때문에 메이저 리그에는 똑같은 이름을 가진 두 팀이 생기게 되었다.

야구는 점점 더 직업화되어 같은 뜻이 중복된 리그 얼라이언스(League Alliance)를 포함해 많은 리그와 연맹이 결성되었다. 1877년에는 최초의 진정한 메이저리그인 내셔널 베이스볼 리그(National Baseball League)가 생겨났다.[30] 1901년에는 과거 웨스턴 리그에 뿌리를 둔 아메리칸 리그가 뒤를 이었다. 초기의 프로 팀으로는 필라델피아 애슬레틱스(Philadelphia Athletics), 트로이 헤이메이커스(Troy Haymakers), 브루클린 애틀랜틱스(Brooklyn Atlantics), 디트로이트 울버린스(Detroit Wolverines), 포트웨인 케키옹가스(Fort Wayne Kekiongas: 뜻이 불명확한 인디언 말), 워싱턴 올림픽스(Washington Olympics), 하트포드 다크 블루스(Hartford Dark Blues), 클리블랜드 스파이더스(Cleveland Spiders) 등이 있었다. 이 마지막 팀은 1899년 내셔널 리그에서 20승 134패라는 역대 최악의 기록을 남긴 것으로 유명하다. 뉴욕에만 뮤츄얼스, 하이랜더스, 할렘스(Harlems), 고덤스(Gothams), 퍼트넘스(Putnams), 이글스가 있었다. 장소와 명칭이 별다른 의미가 없는 경우도 있었다. 하트포드는 1877년에 브루클린에서 경기를 했다. 한 팀이 페넌트 레이스(pennant race: 말 그대로 우승기를 차지하기 위한 시합이었기 때문에 그렇게 불렸다)에서 탈락하면 대개 시즌이 끝날 때까지 다른 지역을 돌아다니는 것을 마다하지 않았다. 설령 상대팀이 나타난다고 해도 그런 수고가 항상 소득이 있었던 것은 아니다. 그래서인지, 트로이 헤이메이커스가 1881년 시즌 마지막 경기를 치를 때 남아 있는 유급 선수는 12명에 불과했다.

팀들은 끊임없이 창단되고 개혁되었으며, 많은 팀들이 해체되었다. 어떤 팀들은 이름을 갈아치웠고, 계속 이름을 바꾸는 팀도 있었다. 시카고 컵스는 1876년에 화이트 스타킹스[나중에 찰스 코미스키(Charles Comiskey)가 건너편 지역의 경쟁 팀 이름으로 가져다 썼다]로 출발했다. 그러나 1887년과 1905년 사이에 콜츠, 블랙 스타킹스, 오펀스, 카우보이스, 러프 라이더스, 리크루츠, 파나마스, 제피어스, 내셔널 등 공식적이거나 비공식적인 별명을 전전하다가 1905년에 이르러 결국 컵스로 마무리를 지었다. 브루클린의 한 팀은 한 해 여름 동안 네 명의 선수가 결혼을 한 뒤로 브라이드그룸스(Bridegrooms)라는 이름을 지어 부르다가 결국은 다저스, 더 구체적으로 트롤리 다저스(Trolley Dodgers)로 이름을 바꾸었다. 그것은 선수가 아니라, 전차(trolley)를 잽싸게 피해 다니며 겨우 구장에 도착한 대담한 팬들을 가리키는 이름이었다. 피츠버그 앨러게니스(Alleghenys)는 지리적으로 적합하지 않다고 해도 두운을 맞춘 것 같은 파이어리츠(Pirates: 해적이라는 뜻)로 바뀌었다. 보스턴 비니터스(Beaneaters)는 보스턴 브레이브스(Braves)가 되었다. 보스턴 레드 스타킹스는 필그림스(Pilgrims)나 서머세츠(Somersets)로 알려졌다가 결국은 뿌리를 되찾아 레드 삭스가 되었다. 뉴욕 뮤추얼스는 선수들의 유니폼 색깔에 따라 그린 스타킹스 혹은 초콜릿 스타킹스라는 별명으로도 불렸다.

최초의 월드 챔피언십 시리즈는 1884년에 시작했고 1889년에 월드 시리즈로 이름이 짧아졌다. 하지만 앞서 이야기한 대로 최초의 진정한 월드 시리즈는 1903년에야 시작되었다. 당시 새로 결성된 아메리칸 리그에서 갑자기 부상한 보스턴 서머세츠(Somersets)가 아홉 시즌 가운데 최고의 시리즈에서 피츠버그 파이어리츠를 눌렀다. 사실 그것은 우습게 과장된 표현이었다. 그 시리즈가 세계적이지도 않을뿐더러 미국을 대표하지도 않았기 때문이다. 1903년, 워싱턴 D. C. 남쪽이나 세인트루이스 서쪽에는 메이저리그 팀이 하나도 없었다. 이런 상태는 애슬레틱스, 자이언츠, 다저스가 서쪽으로 진출하기 시작한 1950년대까지 계속되었다.[31]

1880년대와 1900년대 사이에 미국인이 야구에 대해 점점 더 열광하자 작곡가를 비롯한 대중 예술에 종사하는 다른 사람들이 관심을 갖기 시작했다. 이들이 초창기에 창조적으로 노력한 것들 중 대부분은 잊혔지만 두 가지는 오래 살아남았다. 첫 번째는 1888년에 어니스트 로렌스 세이어(Ernest Lawrence Thayer)라는 신문사 직원이 소품으로 쓴 '타석에 선 케이시(Casey at the Bat)'라는 시였다. 세이어는 대중 시를 짓는 사람이 아니었다. 그는 부유한 뉴잉글랜드 가정에서 태어나 하버드에서 눈부신 경력을 쌓았고 거기서 『람푼(Lampoon)』을 편집했고 우등으로 졸업했다. 그에 대한 기대는 대단했다. 하지만 그는 부모를 계속 실망시키면서도 친구인 윌리엄 랜돌프 허스트(William Randolph Hearst)가 제안한 「샌프란시스코 이그재미너(Sanfrancisco Examiner)」의 고정 유머작가 일을 받아들였다. '타석에 선 케이시'는 13연으로 이루어진 의사 영웅시로, 머드빌의 강타자 케이시가 자신의 팀이 4대 2로 지는 8회말 주자 1루와 3루 상황에서 영웅으로서의 자신의 역할을 끝내 다하지 못하는 장면을 생생하게 기록하고 있다.* 이 시는 다음의 유명한 행으로 끝을 맺는다.

어느 곳에서는 사람들이 웃고 있고 또 어느 곳에서는 아이들이 외
친다
하지만 머드빌에는 기쁨이 사라졌다. 강타자 케이시가 삼진 아웃을
당하고 말았다.

이 시는 1888년 6월 3일에 발표되어 별다른 반응을 못 얻었다. 세이어는 5달러를 받았는데, 몇 주 뒤에 있었던 일이 아니라면 그렇게 끝났을 것이다. 미국의 반대쪽에서 윌리엄 드울프 호퍼(William DeWolf Hopper)라는 연예인이 뉴욕 자이언츠와 시카고 화이트삭스가 초대된 한 공연에서 주연을 맡게 되었다. 이 사실을 안 호퍼의 친구는 최근 서부로 여행을 갔다가 「이그재미너」에서 오려두었던 그 시를 주머니에서 꺼내 많은 선수들이 섞여 있는 관중들에게 읽어주면 좋겠다고 말했다. 호퍼의 낭송은 히트를 쳤고, 대단한 인기를 끌었기 때문에 나중에는 시낭송 순서가 공연의 일부가 되었다. 호퍼는 은퇴할 무렵에 계산을 해보니 자신이 그 시를 1만 회 이상 낭송했다는 것을 알았다.[32] 세이어는 자신의 창작물로 더 이상의 돈을 받지 못했고 다시는 이렇다 할 시를 쓰지 않았다.

1908년 두 번째의 독창적인 작품이 미국의 문화 보물 상자에 들어가게 되었다. 통속 작곡가인 잭 노워스(Jack Norworth)와 앨버트 폰 틸저(Albert von Tilzer)는 단숨에 곡 하나를 쓰고 '날 야구장으로 데려가줘요(Take me Out to the Ball Game)'라는 제목을 붙였다. 그 노래는 곧바로 대성공을 거두었다. 사람들은 야구 초창기의 열광적인 팬인 케이티 케이시(Katie Casey)라는 여자가 노래의 주인공이라는 사실을 잘 모르고 있으며, 다음과 같은 노

* 거의 모든 사람들이(분명 세이어를 포함한) 케이시의 삼진 아웃으로 경기가 끝났다고 추측한다. 실제로는, 머드빌이 홈팀이고 '1회를 더 뛸 수 있으므로' 공격 기회가 한 번 더 있었다.

래의 앞부분을 아는 사람도 별로 없다.

> 케이티 케이시는 야구팬이죠
> 열이 나도 몸이 안 좋아도
> 가진 돈을 탈탈 털어
> 홈팀 선수들을 응원하죠
> 어느 토요일 케이티의 씩씩한 애인이
> 쇼를 보러 가자고 전화했을 때
> 케이티는 잘라 말했죠
> "싫어요, 당신이 할 일을 말해 줄게요."

그런 다음 이상할 정도로 전염성이 강한 후렴이 이어진다.

> 나를 야구장으로 데려가줘요
> 관중들이 있는 곳으로 데려가줘요

이 노래의 특이한 점은 또 있다. 바로 노래를 만든 두 사람 모두 야구장에 한 번도 가보지 않았다는 것이다.

야구는 19세기에 기나긴 성장기를 거치는 동안 방대한 어휘를 생산했다. 그 중 지금도 우리가 쓰고 있는 단어는 walk(포볼에 의한 출루), goose egg(0점, 1866), fungo(수비 연습을 위한 타구, 1867), double play(병살타, 1867), bunt(번트, 1872), bullpen(불펜: 구원투수 연습장, 1877), shutout(셧 아웃: 완봉, 1881), bleachers(외야석, 1882), raincheck(우천 교환권, 1884), southpaw(왼손잡이 투수, 1885), charley horse(운동선수의 팔다리 근육통,

1888), fan(팬: 지지자, 1890년대), doubleheader(더블헤더: 두 팀이 하루 두 번 하는 시합, 1896), to play ball(협력하다, 1901) 등이다. 그러나 이는 최소한의 예일 뿐이다. 전부 나열하면 몇 쪽은 필요할 것이다.* 1938년에는 '안타'와 관련된 단어만 해도 Texas Leaguer(텍사스 리거: 내야와 외야 사이에 떨어지는 안타), squib(배트의 손잡이나 끝부분에 맞아 공이 힘없이 날아가는 타구), nubber(내야에 떨어진 약한 타구), banjo(제대로 맞지 않았지만 안타로 연결된 타구), stinker, humpie, drooper(이상 텍사스 리거와 같은 뜻) 등 100개 이상의 용어가 기록될 정도였다.33)

그 용어들 중에서 어원이 알려진 경우도 가끔 있다. 'southpaw'는 「시카고 타임스」의 찰스 시모어(Seymour)의 작품이다. 시카고의 오래된 웨스트사이드 구장에서는 투수들이 서쪽에 있었고, 왼손잡이 투수는 남쪽(south)에 있는 팔(paw)로 공을 던져 타자를 상대했기 때문에 생긴 말이다. 'bleachers'는 시카고의 또 다른 스포츠 기자가 만든 말이다. 그는 지붕이 없는 관중석에 앉을 수밖에 없어 햇볕에 '노출된' 사람들을 가리킬 때 그 말을 썼다.34) 멘켄은 'charley horse'란 말이 '절뚝거리며 걸었던' 볼티모어 오리올스(Orioles)의 찰리 에스퍼(Esper)라는 선수에게서 비롯되었다고 본다. 하지만 플렉스너는 에스퍼가 선수 생활을 하기 6년 전부터 이미 그 말이 사용되고 있었다고 지적한다.35) 1925년에 나온 'banjo hit'는 저지시티 자이언츠의 스눅스 다우드(Snooks Dowd)라는 매력적인 별명을 가진 선수가 만든 말이다. 제대로 맞지 않은 공이 밴조처럼 '팅' 소리를 내는 데서 착안했을 것이다.

---

* 가장 완벽한 것을 꼽는다면 H. L. 멘켄이 『미국의 언어(The American Language)』 2차 증보판에 엮어 놓은 목록이다. 그 책을 보면 알겠지만, 멘켄이 야구 용어의 어원을 추적하면서 참고한 중요한 정보원 중 한 사람이 바로 내 아버지 빌 브라이슨이다.

나머지 용어들은 어원이 불확실하다. 'bullpen'은 불 더햄(Bull Durham)의 담배 광고가 붙어 있던 자리라고 해서 생긴 말이라고 하지만, 이는 기록상의 증거 없이 사람들 사이에서 전해지는 이야기일 뿐이다. 어쩌면 소(bull)를 가둬놓던 장소(pen)와 비슷하기 때문에 그렇게 불렸는지도 모른다. 어쨌든, 1877년에「신시내티 인콰이어러(Cincinnati Enquirer)」가 처음 사용했을 때의 불펜은 투수가 대기하는 곳이 아니라 팬들이 몰려 있는 곳을 가리켰다. 그러다 1910년에야 투수들이 몸을 푸는 곳을 뜻하게 되었다. 열광적인 지지자를 뜻하는 'fan'은 'fanatics(열광하는 사람)'의 준말로 추정되지만 확실하지는 않다. 멘켄은 그 말이 'to fancy someone's chances(누군가가 승산이 있다고 믿다)'의 예처럼 'fancy'에서 시작되었다고 주장한다. 아무튼, 초기에는 지지자들을 팬이 아닌 'crank'라고 불렀다. 응원으로 홈팀의 사기를 올렸기(crank up) 때문이다. 몸 풀기, 혹은 연습 경기를 뜻하는 'fungo'는 완전히 미궁에 빠진 용어다. 채드윅의『야구 용어(Base Ball Reference)』1867년 판에 처음 쓰였을 때부터 어원에 관한 설명을 전혀 찾을 수 없었다. 그러다 1938년에 다시 기록에 남았다. 선수들이 연습용 플라이 볼을 좇아가는 선수들이 왜 그 공들을 '텁수룩하다'고 표현했는지, 논쟁에 참여하는 사람들을 왜 '대황 잎(rhubarb)'을 먹고 있다고 표현했는지 알 길이 전혀 없다. 'rhubarb'는 1946년으로 거슬러 올라가 북부의 방송인 레드 바버(Red Barber)에게서 유래했다는 주장도 있지만 그 나머지에 대해서는 설명되지 않고 있다.

야구는 미국에서 독창적인 말을 생산해낸 비옥한 땅이다. 눈에 띄는, 혹은 얼핏 보기에 황당한 최근의 신조어 중에는 홈런을 친다는 뜻의 'to dial 8'과 좋은 강속구를 뜻하는 'Linda Ronstadt'가 있다. 'dial 8'은 고객이 장거리 전화를 할 때 8번을 누르게 하는 호텔의 관행에서 시작된 말이다. 조금 더 복잡하지만 'Linda Ronstadt'는 린다 론스타드가 부른 '블루 바이유(Blue Bayou)'에서 시작했다. 'blew by you(당신이 날려버린)' 강속구라고 하면 그 뜻을 더 잘 이해할 수 있을 것이다.

야구 용어 중에는 새로 생긴 것 같지만 그렇지 않은 경우가 많다. 1991년 「USA 투데이」는 메이저리그에서 잠깐 활약한 선수를 가리키는 'cup of coffee(지명된 사람에게 다른 것을 할 시간이 거의 없기 때문에 그렇게 불렀다)', 높이 뜬 공을 가리키는 'can of corn'을 '최신 용어'로 소개했지만 둘 다 1920년대부터 널리 사용되었던 말이었다.[36]

야구가 신사들의 여가활동에서 전 국민의 심심풀이 놀이로 변화되기까지의 오랜 시간 동안 또 다른 운동이 그것의 확고한 명성에 도전하기 시작했다. 물론 그것은 축구, 혹은 다른 나라 사람들이 미식축구라고 알고 있는 경기다. 'football'은 1486년부터 영어에 있던 단어였다. 초기에는 주로 이웃 마을 사람들이 멀리 떨어진 두 지점 사이에서 공기를 넣은 동물의 방광을 차거나 밀고 가는 시합으로 해마다 열렸다. 이것이 점점 더 조직화되어 두 종류의 주요 경기로 발전했다. 바로 럭비(rugby: 1864년에 처음 경기가 열린 학교의 이름을 따서 지어졌다)와 축구(soccer: 영국 대학의 속어에서 유래했고 1891년 이후부터 쓰였다)였다. 'soccer'는 북미 이외의 지역에서는 거의 쓰이지 않았다.

미식축구는 미국에 처음 생겼을 때는 운동이라기보다는 적법한 폭력에 가까웠고 중세 영국의 동네 운동과 흡사했다. 1840년경 예일에서 처음 시작되어 신입생이 저돌적이고 무차별적으로 밀어붙이는 시합으로 시작되었고 그 중심에 임시로 만든 공이 있었다. 그런 시합이 끝나면 「뉴욕 포스트」는 걱정스런 기사를 냈다. '남학생들이 서로 부딪쳐 넘어지고 옷이 찢어졌다. 눈덩이가 붓고, 얼굴은 멍투성이에 피로 얼룩지고, 셔츠와 외투가 걸레처럼 찢어졌다." 예일과 하버드는 심각한 부상과 혼란스러운 상황에 깜짝 놀라 1860년대에 미식축구를 금지했다.

학생들은 해마다 열리는 떠들썩한 시합에서 럭비로 관심을 돌렸다. 처음에는 영국의 규칙을 사용했지만 갈수록 독자적인 형식을 만들어나갔다. 그러나 offside(오프사이드), fair catch(페어 캐치), halfback(하프백), scrimmage(스크리미지: scrummage라고 하기도 하며 격투를 뜻하는 영국 방언에서 유래했다. 요즘은 scrum으로 줄여 쓰인다) 등 많은 용어는 그대로 썼다. 어느 정도는 질서를 유지하기 위해 노력하지만 여전히 무질서하고 위험한 경기였다. 1878년 친구들과 선배들로부터 신적인 존재로 대접받았을 법한 월터 캠프(Walter Camp)라는 예일대 학생은 경기의 성숙도를 높이기 위해 몇 가지 규칙을 제안했다(그가 이끈 예일대 팀이 한 시즌에 상대편을 482대 3으로, 또 다른 시즌에 698대 0으로 압승을 거두었다). 기본 규칙으로는 팀의 선수를 11명으로 제한하고 양편에게 공을 5야드(약 4.5미터) 이동하기 전에 세 번의 기회(혹은 다운)가 주어졌다. 이로써 5야드 간격의 흰색 선이 그려졌고, 1897년에는 미식축구장을 뜻하는 'gridiron'이라는 말이 생겨났다.

1880년 무렵부터 미식축구와 럭비가 영원히 갈라졌고, 1890년에는 예일대가 자체 경기에 4만 명의 관중을 끌어들였다. 그때까지도 계속 변화하는 규칙들이 있었다. 센터는 손으로 공을 잡지 않고 발로 쿼터백에게 도로 찼다. 1904년까지도 터치다운 점수가 필드골보다 높지 않았다. 1906년에야 전방 패스에 관한 규정이 성문화되었다.[37] 그때도 그 가능성을 정말로 이해하는 사람이 아무도 없었다. 드물지만 그것이 적용되었을 때는 쿼터백이 리시버에게 단거리 패스를 느리게 던졌다. 그러면 리시버는 방향을 돌려 공을 들고 뛰었다. 1913년에 노트르담 대학의 쿼터백 거스 도레이스(Gus

Dorais)와 동료 선수인 크누트 로크니(Knute Rockne)가 달리는 리시버와 충돌하기 전까지 아무도 그런 생각을 하지 못했다. 하지만 그 충돌로 노트르담은 아미(Army)를 35대 13으로 이겼고 그 시합은 스포츠 역사의 전설로 남았다.

캠프의 개선에도 불구하고 미식축구는 여전히 폭력적이고 위험했다. 1902년에는 12명의 미국인 선수가 사망했다. 1905년에는 그 수가 71명으로 늘어났다. 설상가상으로 학교들이 직업 선수들을 고용하기 시작했다. 페이지 스미스는 이렇게 적었다. "한 명이 여러 개의 이름으로 13년에 걸쳐 아홉 개 학교에서 선수로 뛰었다."[38]

프로 미식축구는 1900년대 초에 탄광과 공장 지역에서 성장했다. 팀 이름도 피츠버그 스틸러스(Steelers), 그린베이 '미트' 패커스(Meat Packers)처럼 대체로 그 지역의 산업을 반영했다. 뉴욕 자이언츠 프랜차이즈는 1925년에 단돈 500달러에 팔렸다. 1950년대와 텔레비전 시대가 되어서야 프로 미식축구는 거대하고 열성적인 팬들을 끌어들이기 시작했다.

풋볼은 T-formation(T자형 공격 대형, 1931), play-off(결승시합, 1933), handoff(패스, 1940년대 초), quarterback sneak(1940년대 초) 등 방대한 단어를 생산했다. 그러나 놀랍게도 주류 영어에 유입된 미식축구 용어는 거의 없다. 그나마 몇 개 예를 들면 to blindside(기습 공격을 하다), cheap shot(비열한 언동), game plan(작전계획), jock(운동선수, 보호용 의류를 뜻하며 본래 16세기 영국 속어로 남자의 성기를 가리키는 jockstrap에서 유래했다) 등이다.[39]

대학에서 미식축구의 인기가 높아지던 시기에 줄기차게 사랑을 받게 된 또 다른 운동이 생겨나고 있었다. 1891년 가을 제임스 네이스미스(Naismith)라는 캐나다 청년은 매사추세츠 스프링필드의 국제 YMCA 훈련

학교의 진행 요원으로 막 참여했다. 그는 신체 접촉을 하지 않고 체육관에 손상을 입히지 않으며 모든 참가자에게 움직일 기회가 주어지는 실내경기를 고안하라는 지시를 받았다. 그가 창안한 경기는 농구(basketball)로, 1912년 무렵까지 'basket ball'로 불렸다. 네이스미스는 체육관 양쪽 끝에 복숭아 바구니를 걸고 경기에 축구공을 이용했다. 1891년 12월에 열린 첫 경기에는 아홉 명으로 구성된 두 팀이 참여했는데 사람들의 이목을 끌지는 못했다. 최종 점수도 1대 0이었다.[40]

농구는 여가시간을 활용하는 놀이로 각광을 받으며 출발했다. 무엇보다도 돈 안들이고 쉽게 시작할 수 있었기 때문이다. 3년 만에 한 회사가 농구공을 생산했으며, 많은 농구 관련 용어가 발전하기 시작했다. 예를 들어 1893년에는 '자유투', 혹은 당시에 불리던 대로 'free trial for goal'이란 말이 생겼다. 1895년에 한 팀에 다섯 명이 뛰는 것이 기준이 되었지만 센터, 포워드 두 명, 수비수 두 명 등 포지션 이름은 1920년대까지도 통일되지 않았다. 1907년 농구는 'cage game'으로 불리고 있었다. cager(농구선수)는 1922년 오클라호마 아드모어(Ardmore)의 한 신문에 처음 등장했는데, 기사 제목을 쓰는 작가들이 편하게 쓰는 바람에 계속 사용되게 되었다.

이상하게도 복숭아 바구니가 곧바로 그물로 바뀌었는데도 불구하고 1912년까지 아무도 그물 밑에 구멍을 뚫을 생각을 하지 않았다. 그때까지만 해도 득점을 하면 누가 사다리를 타고 올라가 공을 갖고 내려와야 했다. 점수는 오랫동안 낮았다. 예를 들어, 1934년에 뉴욕에서 열린 전국 대회 (National Invitation Tournament)에서 뉴욕 대학은 노트르담을 25대 18로 이겼고, 웨스트민스터는 세인트존을 37대 33으로 이겼다. 1930년대의 '점프슛', 1940년대의 '훅슛', 그리고 특히 1950년대의 '속공'은 농구 경기를 아주 빠른 운동으로 만들었다.

많은 YMCA 팀들은 최초의 프로 팀으로 발전했는데, 특히 1915년에 창단한 셀틱스(Celtics)는 보스턴이 아닌 뉴욕에서 시작했다. 항상 적자에 시달리던 팀은 도산을 막기 위해 필사적인 편법에 의지하는 수밖에 없었다. 초기의 어느 팀은 후원자를 붙잡기 위해 포트웨인 졸너 피스톤스(Fort Wayne Zollner Pistons)라는 이름을 지었다. 다들 짐작하겠지만 피스톤을 제조하는 프레드 졸너의 이름을 딴 것이다. 프로 농구는 1949년에 두 개의 소규모 연맹의 합병으로 전미농구협회가 발족한 뒤에야 비로소 본격적인 궤도에 올랐다. 미식축구와 마찬가지로 프로 농구는 근본적으로 텔레비전에 의해 활성화되었고, 역시 미식축구와 마찬가지로 미국 영어에 별다른 영향을 미치지 못했다. slam dunk(슬램덩크), air ball(슛으로 링이나 백보드에도 닿지 않은 공), full-court press(전면 압박 수비) 등 몇 안 되는 표현들조차 비유적으로 사용되는 일이 드물다는 점에서 그 영향력이 얼마나 미미한지 짐작할 수 있을 것이다.

언어적으로 그보다 더 흥미로운 운동은 훨씬 더 오래전부터 인기가 많았던 골프다. 골프와 그와 연관된 용어는 스코틀랜드어에서 유래했는데, golf란 말 자체와 bunker(벙커: 모래로 덮인 장애 구역), tee(티: 공을 올려놓는 자리), divot(뜯긴 잔디 조각), niblick(9번 아이언), duffer(골프 초보), links(골프 코스) 등이 그 예다. 어원은 불확실하지만 때리거나 친다는 뜻의 스코틀랜드 방언 'gowf'에서 유래했을 것으로 추정되는 'golf'는 1457년에 처음 기록되었다. 다양한 철자를 보면 거의 최근까지도 'l' 발음을 하지 않았다고 짐작할 수 있다.

골프는 놀라울 정도로 빨리 미국에 들어왔다. 독립선언 이후 불과 10년이 지난 1786년에 찰스턴에는 골프 클럽 전용 장소가 생겼고 1795년에는 사바나에도 그런 장소가 있었다. 그러나 그곳에서 실제로 골프 경기가 벌어졌다는 증거는 어디에도 없다. 분명한 것은 양쪽 모두 골프장과는 거리가 멀었다는 사실이다. 어쨌든 그 두 곳은 1820년대 무렵에 완전히 사라졌다. 북미 최초의 진정한 골프장은 1873년에 건립된 로열 몬트리얼(Royal Montreal) 골프 클럽이었다. 미국을 통틀어 최초의 골프장은 1887년에 펜실베이니아에 세워진 폭스버그(Foxburg) 골프 클럽이었다.

골프는 스코틀랜드에서 유래했지만 많은 용어들이 미국에서 생겨났다. 그 중에서 1898년에 생긴 'par(파)'는 뛰어난 선수가 주어진 홀에서 따야 하는 점수를 뜻한다. 이 말은 par 이전에 유령이나 영혼을 뜻하는 고대 스코틀랜드어 'bogey'로 쓰였다. 선수들이 가상의 유령을 상대로 점수를 낸다는 개념이었다. 그러나 1898년에 고무 골프공이 발명되어 기존의 구타페르카 공을 재빨리 대신하기 시작했다(gutta-percha는 '길게 찢긴 천 조각'을 뜻하는 말레이어에서 유래했다). 새로 나온 공은 더 멀리 날아갔고 그만큼 각 홀마다 평균적으로 필요한 타수가 줄어들기 때문이었다. 따라서 '파'는 새롭게 정해진 추상적인 표준 타수를 의미하게 되었고, '보기'는 구식 타수로 남아 있었다. 그러다 구타페르카 공이 완전히 자취를 감추면서 '보기'는 단순히 파보다 하나 더 많은 타수를 뜻하게 되었다.[41]

파보다 하나 적은 타수를 뜻하는 'birdie(버디)'는 훌륭하다는 뜻을 가진 19세기의 미국 속어에서 유래했다. 버디와 'eagle(이글)'은 모두 미국 영어이며 파보다 두 개 적은 타수를 의미한다. 이 두 용어는 골프가 미국에 완전히 정착한 1920년대에 널리 쓰이게 되었다. 500개 이하였던 미국의 골프장 수는 그 무렵에 12배나 증가하여 6천 개에 달했다.[42]

1920년대에 골프는 이상한 의류 품목 두 가지와 관련되었다. 첫 번째는 'knickerbocker'였다. 이것은 워싱턴 어빙이 1809년에 『뉴욕 니커보커의 역사(Knickerbocker's History of New York)』(정식 제목은 'History of New York from the Beginning of the World to the End of the Dutch Dynasty by Diedrich Knickerbocker'였다)라는 책에서 임시로 지어 만든 단어였다. 논리적으로 설명할 수 없는 이유로 그 단어는 맨 먼저 여성의 속옷에 가서 붙었다[당시 북미를 제외한 영어권 세계에서는 팬티를 니커(knicker)라고 했다]. 그러다 엄청난 도약을 거쳐 1920년대에 골퍼들이 좋아하는 반바지를 가리키게 되었다. 이 골프용 니커는 잠깐 사용되다 만 'plus fours(플러스 포)'라는 또 다른 의류를 만들어냈다. 이 바지는 반바지보다 4인치(약 10센티미터) 더 길었기 때문에 그렇게 불렸다.[43]

마지막으로 스포츠 세계를 마무리하기 전에 많은 팀 별명이 미국 원주민들에게 불쾌감을 주었다는 논쟁을 짚고 넘어가려고 한다. 1992년 '스포츠와 언론의 인종차별에 관한 국가 연합'이라는 운동이 전개되었다. Braves, Redskins, Indians 같은 별명을 사용하는 것에 저항하기 위한 목적도 있었다. 미국 인디언 운동(American Indian Movement)의 책임자인 클라이드 벨리코트(Clyde Bellecourt)는 "팀을 워싱턴 레드스킨스라고 부르는 것은 워싱턴 니그로스(Negroes)나 워싱턴 블랙스킨스(Blackskins)라고 부르는 것과 같다."고 주장했다.[44]

'클리블랜드 인디언스'를 변호하는 측은 그 이름이 페놉스콧 인디언인 루이스 F. '알렉스' 소칼렉시스를 기념하기 위한 것이라고 주장한다. 1890년대에 팀의 최고 선수로 활약한 소칼렉시스를 기리기 위해 그가 사망한 다음 해인 1914년에 클리블랜드 인디언스라는 이름이 지어졌다는 것이다. 하지만 이런 사실에도 몇몇 운동가들은 그들의 의견을 굽히지 않는다. 그들은 이렇게 항변한다. "그렇다면 클리블랜드 소칼렉시스라고 불렀어야죠."

몇몇 대학과 고등학교들이 '모혹스(Mohawks)'나 '휴론스(Hurons)'에서 더 악의가 없고 덜 감정적인 이름으로 바꾸었다. 그리고 포틀랜드의 「오리거니언(Oregonian)」이라는 한 신문은 1992년에 앞으로는 인디언과 관련된 별명을 싣지 않을 것이라고 선언했다. 또한, 그것들이 "우리 사회의 많은 사람들의 존엄성과 자존감을 해치는 상투적인 문구를 근속시키는" 경향이 있기 때문이라는 설명을 덧붙였다.[45] 그러나 그 기사가 나온 당시에는 개명을 심각하게 고려한 프로 팀이 전혀 없었다.

제 17 장

정치와 전쟁이 만들어낸 신조어의 출현

In 1993, according to an international business survey, the world's most valuable brand was Marlboro, with a value estimated at $40 billion, slightly ahead of Coca-Cola. Among the other top ten brands were Intel, Kellog's, Budweiser, Pepsi, Gillette, and Pampers. Nescafe and Bacardi were the only foreign brands to make top ten, underlining American dominance. Why companies like Coca-Cola suffer palpitations when they see a passage like this (from John Steinbeck's The Wayward Bus): "Got any coke?" another character asked. "No," said the other proprietor. "Few bottles of Pepsi-Cola. Hav⋯⋯⋯⋯ coke for a month⋯⋯⋯. It's the same stuff. You can⋯⋯⋯⋯  1993, according to an international business ness⋯⋯⋯⋯ e brand was Marlboro, with a value esti⋯⋯⋯⋯ of Coca-Cola. Among the other top ten⋯⋯⋯⋯ ser, Pepsi, Gillette, and Pampers. Nes⋯⋯⋯⋯ brands to make top ten, underli⋯⋯⋯⋯ like Coca-Cola suffer palpita⋯⋯⋯⋯ m John Steinbeck's The Way-ward⋯⋯⋯⋯ r asked. "No," said the ot⋯⋯⋯⋯ ven't had any coke for a mon⋯⋯⋯⋯ them apart." In 1993, ac⋯⋯⋯⋯ world's most valuable bran⋯⋯⋯⋯ llion, slightly ahead of Coca-Co⋯⋯⋯⋯ el, Kellog's, Budweiser, Pepsi, Gillett⋯⋯⋯⋯u Bacardi were the only brands to make top ten, underlining American dominance.

MADE IN
AMERICA

18

1820년경 펠릭스 워커(Felix Walker)라는 의원이 허튼 소리를 했다는 비난을 받은 일이 있다. 그는 자신의 거주지인 노스캐롤라이나의 벙컴 카운티(Buncombe County) 사람들에게 말을 했을 뿐이라고 해명했다. 그러자 다른 의원들이 정치적으로 인기를 끌려는 말이나 허풍을 가리켜 "speaking to Buncombe(벙컴에게 말하기)"이라고 말하기 시작했다. 그 말은 곧바로 워싱턴 너머로 퍼졌고 'buncombe'으로 줄었다가 다시 'bunkum'으로 철자가 바뀌었고, 결국 더 줄여져 'bunk'가 되었다. 'debunk(정체를 폭로하다)'란 말은 1927년에 출현했다. bunkum으로 'hokum(hocus와 bunkum을 섞은 단어로 아첨을 뜻한다)'라는 말도 생겨났다. 따라서 사람들의 기억에도 없는 펠릭스 워커가 얼렁뚱땅 내뱉은 한 마디로 사전 반쪽 분량의 어휘가 만들어진 셈이다.[1] 그런 과정에서 워커는 미국의 정치 언어에서 주로 찾아볼 수 있는 모순에 한걸음 더 근접했다. 그 모순이란 정치인들이 'hot air(허풍: 1840년대의 미국 영어)'를 거침없이 내뱉으면서 늘 새로운 언어를 만들어낸다는 것이다.

미국의 정치 용어 몇 개는 무척 오래 되었다. 장로를 뜻하는 알곤킨어에서 유래한 'caucus'는 17세기 초에 생겨난 말이며, 가장 오래 살아남은 미국 영어 가운데 하나다. 역시 알곤킨어인 'mugwump(처음에는 mugquomp로 자주 쓰였다)'는 그 뒤를 바짝 좇아 1643년에 처음 기록으로 남았다. 이 단어는 200년 동안 추장이나 지도자라는 원래의 뜻을 간직하다가 1880년대에 이르러 갑자기 무소속 정치가를 뜻하게 되었다('mugwump'는 울타리 한쪽에는 'mug'를, 반대쪽에는 'wump'를 두고 앉아 있는 사람이라는 뜻풀이가 자주 인용된다). 1789년에 워싱턴에서 'favorite son(당의 대통령 후보 지명 대회에서 자기 주에 속한 대의원의 지지를 받는 후보자)'이 처음 사용되었고, 곧 이어 'administration(통치, 행정)'이라는 말이 만들어졌다.

그러나 미국 정치 용어의 황금시대는 19세기였다. 그 소란스러운 세기에 어느 정도 사용된 약 200개의 단어 중에서 상당수가 지금까지도 쓰이고 있다. 예를 들면, spoils system(엽관제), lobbyist(의안 통과(부결) 운동자), split ticket(분할 투표), party ticket(정당 공천 후보 투표), dyed-in-the-wool(사상적으로 철저한), office seeker(엽관 운동자), dark horse(다크호스: 강력한 경쟁자), lame duck(레임덕: 현직 대통령이 패배하는 경우 새 대통령이 취임할 때까지 약 3개월 동안의 국정 정체 상태를 비유하는 말), slate(후보자 명부), standard-bearer(정당운동 주동자), gag rule(어떤 문제에 대한 함구령), straw vote(비공식 여론조사), party machine(정당 조직), filibuster(의사 진행 방해), slush fund(부정 자금), gubernatorial(지사와 관련된), junket(공금으로 하는 여행), bandwagon(우세한 쪽에 서기 위한 운동이나 경향), landslide(압도적인 승리), to dodge the issue(문제를 회피하다), to electioneer(선거 운동을 하다), to campaign(선거 유세를 하다), to gerrymander(선거구를 자기 당에 유리하게 개정하다), to be in cahoots with(균등하게 분배하다), to logroll(의안 통과를 위해 결탁하다), to stump(유세하다), to run(출마하다), to muckrake(부정부패를 들추어내다), to mend fences(선거구의 기반을 다지다), to whitewash(여론을 진정시키기 위해 호도하다), to keep the ball rolling(하던 대로 잘 이끌어가다: 1840년 대통령 선거에서 그 표어가 적힌 직경 3미터짜리 가죽공이 윌리엄 헨리 해리슨을 지지하기 위해 마을 사이를 굴러다녔다는 데서 유래한 말) 등이 있다.[2]

이 중에서 가장 먼저 일상어가 된 것은 'to gerrymander'였다. 특정 정당에 유리하도록 선거구를 다시 정한다는 뜻의 이 단어는 1812년에 매사추세츠 주지사 엘브리지 게리(Elbridge Gerry: 곧바로 제임스 매디슨 대통령과 함께 부통령이 되었다)와 관련되어 처음 생겨났다. 그가 속한 제퍼슨 당은 주 의회 장악을 위해 지도 조작을 감행했다. 화가 길버트 스튜어트(Gilbert Stuart)는 에섹스(Essex) 카운티의 한 지역이 파충류 모양처럼 괴상하게 생긴 것을 보고 머리와 다리를 그려 도롱뇽(salamander)이라고 불렀다. 그때 옆에서 지켜보던 사람이 "그게 아니라, 게리맨더라고 해야겠군요!"라고 외쳤는데, 그 말이 하나의 용어로 굳어졌다. 게리는 자기 이름의 'g'를 'Gerald'의 약한 g가 아닌 'Gertrude'의 강한 g로 발음했다.[3]

다음 10년 동안 뉴욕 주 주도인 올버니에서 생명력이 긴 정치 용어 두 개가 등장했다. 하나는 'to the victor belong the spoils(전리품은 승자의 것)'라는 표현에서 발생한 'spoils system'이었다. 이는 무척 오래된 것 같지만 사실은 사람들의 기억에서 사라질 뻔한 윌리엄 L. 마시(Marcy)라는 뉴욕의 입법가가 처음 한 말이다.[4] 그 무렵 올버니에서는 쓰임새가 많은 'lobbyist'란 말이 생겨났다. 이는 법안 통과에 유리하도록 국회의사당의 로비를 서성거리는 사람을 뜻하는 말이었다(그들이 로비를 서성거린 것은 의회에 참여할 수 없었기 때문이다).

정치 용어 중에는 외국에서 들어온 것도 몇 개 있었다. 정치인을 유력한 정치적 정서의 좌익, 우익, 중도에 속하는 것으로 묘사하는 관습은 1840년경에 영국에서 미국으로 유입되었다. 하지만 그 말은 1789년에 프랑스 혁명의 부산물로 생겨나 영국에 전해진 것으로, 프랑스 국회의 좌석 배치를 설명해 주었다. 당시 국회에서는 급진적인 평민은 대통령의 왼쪽 자리에, 보수적인 성직자와 귀족은 오른쪽 자리에 앉았다. 그 말은 영국이나 미국에서는 실제로 앉는 자리와 상관이 없었지만 편리한 명칭으로 사용되었다.[5]

'dark horse'와 'lame duck'도 영국에서 건너왔는데, 둘 다 미국에 도착하기 전에는 정치적으로 전혀 중요하지 않은 용어였다. dark horse는 벤저민 디즈레일리(Disraeli)가 자신의 소설 『젊은 공작(The Young Duke)』에서 만든 단어다. 그는 정치인이기는 했지만 경마를 배경으로 그 단어를 썼을 뿐이다. 하지만 미국에서는 1860년대 무렵에 그 의미가 정치 영역으로 확대되었다. lame duck은 18세기 영국의 증권 시장에서 'defaulter(채무 불이행자)'를 뜻하는 말로 사용되었다. 그것은 1800년경에 같은 의미로 미국에 상륙했다가 19세기 중반에 이르러 정치인들이 공직을 수행하면서 후임자의 도착을 기다리는 사람을 묘사할 때 쓰는 말로 바뀌었다. 그리고 정치적인 의미로 영국에 역수입되었지만 무능하거나 힘이 없거나 나약한 정치인이라는 의미를 갖게 되었다.

외국어에서 차용한 단어 중 가장 이상하면서도 역사적으로 가장 복잡한 것은 'filibuster'이다. 이것은 해적을 뜻하는 네덜란드어 'vrijbuiter'에서 유래했다. 영어 화자는 vrijbuiter를 자연스럽게 'freebooter'로 발음한다.* 그러나 vrijbuiter는 스페인어 화자의 언어 능력이 미치는 범위 밖에 있다. 그래서 스페인 사람들은 그것을 'filibustero'로 바꾸었다. 프랑스인들은 그것을 'filibustier'로 빌려 썼다. 그 중 하나 혹은 둘 모두에서 영어는 'filibuster'로 다시 차용했다. 따라서 1585년 무렵 vrijbuiter는 같은 뜻의 두 단어를 영어에 빌려주게 되었다. freebooter는 그대로였지만 filibuster는 미국 정치에서 많은 일을 거쳤다. 먼저 이 단어는 원래의 의미를 상당히 간직하면서 중앙아메리카 국가들에서 지배력을 장악하기 위해 사병을 키우는 미국인을 설명하게 되었다. 1850년대에 그와 관련된 잠깐이지만 집요한 경향이 유행했다(어떤 사람들은 명백한 사명에 관한 개념을 떠올렸다).

그런 희망적인 투사 가운데 한 사람이 바로 윌리엄 워커였다. 1824년 테네시에서 태어난 워커는 비범한 인물이었다. 그는 열네 살에 내슈빌 대학을 최우등으로 졸업했고 25세 무렵에는 의사와 변호사 자격증을 동시에 취득했다. 그러고도 뉴올리언스에서 신문 기사를 편집하고 캘리포니아 황금 열풍에 참여하고 세 가지의 운동을 할 여유까지 누렸다. 그가 경마 기수보다 약간 더 클 정도로 아주 왜소했다는 사실을 알면 누구나 깜짝 놀랄 것이다. 워커는 작은 체구에도 불구하고 사람들을 이끄는 데는 탁월한 지도력을 발휘했다. 1853년 그는 45명의 병력을 이끌고 바자 캘리포니아로 출발했다. 광물자원을 확보하고 그곳 사람들이 원하건 말건 미국 문명의 혜택을 나누어주겠다는 목표를 세웠다.

그 일은 실패로 돌아갔지만 워커는 자신의 소명을 찾았다. 그 후 7년에 걸쳐 시간을 쪼개가며 군대를 육성하고 자금을 모았으며, 점점 더 야심적인 원정을 떠나는 일을 반복했다. 그는 약간의 성공을 거두었고 약 1년 동안 니카라과를 점령하기도 했지만 결국은 모든 점령에서 실패했다.

1860년 워커는 온두라스로 원정을 갔다가 영국 해군에 항복했다. 놀랍

---

* 'freebooter'의 'boot'는 신발과는 아무 관계가 없다. 이것은 교환을 뜻하는 옛 독일어 'būte'에서 유래했으며 이 말에서 'booty'란 단어도 생겨났다.

게도 그를 생포한 사람은 늘 그랬던 것처럼 미국으로 그를 돌려보내지 않고 온두라스 당국에 넘겨버렸다. 그들은 즉시 워커와 일행을 넘겨받아 도시의 광장으로 데려가 조총발사부대 앞에 늘어세웠다. 그로써 그들의 생명과 개인적인 혁명을 향한 열정은 막을 내리고 말았다.[6] 그러나 filibuster는 그들과 함께 죽지 않았다. 1850년대 중반 그 단어는 국회에서 논쟁으로 애매하게 분열을 조장하는 전술을 가리킬 때 사용되었고, 1880년대에는 법안 통과를 방해하기 위한 고의적인 지연작전이라는 현대적인 의미로 정착되었다.

초기 의회가 자기들의 행동에 대해 유난히 말을 아끼지 않았다면 더 많은 말들이 세상에 흘러들었을지도 모른다. 상원의 논쟁은 1794년까지도 비밀리에 행해졌고 몇십 년이 지난 뒤에야 간략하게 보고되었다. 그에 비해 하원은 더 많은 관심을 끌었다. 자기들의 행동에 대해 더 개방적이었을 뿐만 아니라 19세기로 접어들면서 훌륭한 제도로 인식되었기 때문이다. 19세기가 한참이나 지난 뒤에야 상원은 나아진 태도를 취하기 시작했다. 미국 국민의 성장을 대변하는 하원이 1860년에 243명의 의원을 보유할 정도로 무척 붐빈다는 간단한 이유 때문이었다. 하지만 상원은 비교적 소규모로 남아 있었고 그래서 더 배타적이고 접근하기 까다로웠다. 다니엘 웹스터, 헨리 크레이, 존 C. 칼훈(Calhoun) 등 상원을 유명하게 만든 사람들은 한 세대만 더 일찍 태어났더라면 하원에 있었을지도 모른다.[7]

어쨌든 대중은 '연방의회 의사록'이 처음 만들어진 1873년까지도 의회의 토의 내용을 알 수 없었다. 하지만 사람들의 믿음과는 달리 지금도 의사록에는 의회에서 벌어진 모든 논쟁이 자세하고 충실하게 기록되어 있지 않다. 연설은 의사록에 기록되기 전에 편집을 거칠 때가 많고 가끔은 있지도 않은 연설이 기록되는 경우도 있다. 다니엘 부어스틴(Boorstin)의 말처럼 그

것은 의회에서 "실제로 오간 말과는 조금도 비슷하지 않다."고 한다.[8]

19세기는 정당들이 노예제도나 이민 같은 한 가지 문제로 쉴 새 없이 동맹을 맺었다가 결별하느라 바쁜 시기이기도 했다. 미국의 정당은 실제로 헌법 제정 직후부터 생겨나기 시작했다. 당시 두 개의 주요 정당이 느슨하게 결성되어 있었다. 헌법을 찬성하는 사람들은 자신들을 '연방주의자(Federalist)'로 부르며 언어적으로 대성공을 거두었다. 사실 더 정확하게 하자면 그것은 헌법을 반대하고 미국연합규약을 부활시키거나 복구하고 싶어 하는 사람들을 일컫는 말이었다. 이들은 원래의 명칭을 잃어버린 채 '반연방주의자'로 알려지게 되었다. 그런 명칭은 정확하지 않을 뿐만 아니라 부정적으로 들렸으므로 더 긍정적으로 들리는 연방주의자라는 말이 더 자주 사용되었다.[9] 반연방주의자들은 잘못된 명칭에 책임을 느끼고 자신들을 민주주의자, 공화주의자, 혹은 민주공화주의자라고 불렀다.[10]

19세기에는 정당의 명칭들이 컴컴한 관중석에서 갑자기 켜진 성냥불처럼 반짝 나타났다가 사라지고를 반복했다. 이것은 부적절한 비유라고만 할 수는 없는데, 사람들의 기억에 남는 정당들 중 하나가 그런 배경으로 이름을 얻었기 때문이다. 모든 사람들에게 '로코포코스(Loco-Focos)'로 알려진 '평등권 민주당'이라는 정당이 있었다. 훼방꾼들의 소행으로 회의실 불이 자꾸 꺼지자 당원들은 'locofocos'라고 불린 새로 나온 성냥 덕분에 회의를 계속할 수 있었다.[11] 그에 뒤지지 않게 인상적인 이름은 '노-나싱즈(Know Nothings)'로, 지도력을 확신할 수 있을 것 같은 이름은 아니었다. 공식적으로는 '아메리칸 파티(American Party)'로 불린 이 정당은 정치 조직만큼 비밀스런 모임이었고 당원들은 정당의 목적을 설명해 달라는 질문을 받으면 "아무것도 몰라요."라고 대답하도록 지시를 받았다는 데서 그런 이름을 갖게 되었다. 자신이 무엇을 추구하는지 세상에 알리지 않으면 전국적인 추종자를 끌어들이는 데 큰 문제가 있음에도 불구하고 '노-나싱즈'는 반이민, 반아일랜드, 반가톨릭 추종자들 사이에서 큰 인기를 얻었다. 한동안 미국에서 지속되던 정치 세력인 신생 공화당을 거의 추월할 정도로 위협적이었다.[12]

1800년대의 급박한 상황을 거친 다른 정당이나 하부 정당은 버트 엔더스, 로어러스, 휴지 포스, 코퍼헤즈, 링테일스, 페더헤즈, 볼로러스, 반버너스, 안티-메이슨스, 프리소일러스, 안티-네브래스칸스, 안티-렌터스, 프로-뱅크 이모크랫츠, 헝커스, 컨스티튜셔널 유니언 파티, 피플스 파티 등이었다. 그러나 이 명칭들 중 다수가 적대자들에 의해 만들어졌으며 당원들은 잘 쓰지 않았다.

정당의 분수령이 된 해는 1836년이었다. 당시 양당이 앤드류 잭슨 파벌을 찬성하는 쪽과 반대하는 쪽으로 나뉘어 있었다. 잭슨 찬성파는 자기들을 '민주당원(Democrats)'이라고 불렀다. 반대파는 '내셔널 리퍼블리칸스', '안티 메이슨스', '프로 뱅크 디모크래츠' 등이 부활된 이름인 휘그당으로 결집했다. 이는 무척 이상한 선택이었다. 혁명전쟁 동안 휘그는 영국의 명분을 지지하지 않는 사람을 지명했고 그에 대해 반역의 느낌을 오랫동안 가지고 있었기 때문이다. 휘그는 영국과 미국에서 모두 오랫동안 활동했는데도 불구하고 그 기원에 대해서는 오리무중이다. 『옥스포드 영어 사전』은 그것이 "아마도" 'Whiggamores'에서 시작되었을지도 모른다고만 밝히고 있다. 그것은 1648년에 에든버러의 스코틀랜드 출신 반란군에 대항하는 군 원정 대원들을 일컫는 말이었다. 하지만 사전에는 Whiggamores의 어원에 대한 설명이 전혀 없다.

잭슨 민주당은 1836년 이후로 민주당으로 남았지만 휘그는 더 많은 소동을 겪으면서 결국 해산되고 말았다. 1850년대에 그 당은 칸션스 휘그스(Conscience Whigs: 노예 제도에 반대하는 사람들), 코튼 휘그스(Cotton

Whigs: 노예제도에 찬성하는 사람들), 반버너스(Barnburners: 쥐를 잡으려고 헛간을 태워버린 완고한 네덜란드 농부에 관한 재미있는 우화에서 따온 이름) 같은 이름으로 지나치게 많은 유쾌하지 못한 파벌로 갈라졌다. 1855년 이런 내적인 갈등의 결과 휘그스는 '공화당(Republicans)'으로 변신했고 지금까지도 그대로 남아 있다. 두 중요 정당의 상징인 공화당의 코끼리와 민주당의 당나귀는 엉클 샘을 의인화한 만화가 토머스 네스트의 창작물이다.[13]

금세기에는 새로운 정치 용어가 수적으로 줄어들었지만 그만큼 기발한 것들이 많다. 1900년부터 정치 세계에 출현해서 더 넓은 세상에서 각자의 역할을 찾아낸 것들을 꼽는다면, smoke filled room, grass roots, pork barrel, square deal, new deal, keynote speech, off the record, egghead, brain trust 등이다. 또한 생명력이 짧았던 '-gate'로 끝나는 단어들도 셀 수 없이 많다(Koreagate, Lancegate, nannygate, Quakergate, Hollywoodgate, cattlegate, Muldergate, Irangate 등. 물론 모두가 Watergate를 시작으로 나온 단어들이다. '워터게이트'는 1972년에 워싱턴의 워터게이트 빌딩에 있는 민주당 전국 위원회 본부에 진입하여 불법 도청을 시도한 사건을 말한다).

'pork barrel'은 1800년대부터 시작된 말이다. 'pork'는 19세기 전체에 걸쳐 정치에서 수상한 다수를 가리킬 때 흔히 사용된 약칭이었다(돼지고기의 지방질을 빗댄 표현이 틀림없다). 19세기 초에 알 수 없는 이유로 pork barrel로 발전했다가, 특히 의원이 자신의 선거구로 가져가려고 애쓰는 연방 보조금을 뜻하게 되었다.

'off the record(비공개로)'는 뉴욕의 정치가 알 스미스가 1926년에 만들어낸 말이다. 'egghead'는 1952년 선거 운동 때 생겨났다. 애들라이 스티븐슨(Adlai Stevenson), 더 정확하게는 불룩한 스티븐슨의 민머리를 비유해서 생겨났으며 그해 말에 지식인을 뜻하는 말로 유행했다.

19세기에는 정치권에서 유명한 표어와 유행어가 나오기도 했다. 테디 루스벨트의 "Speak softly and carry a big stick(말은 조용히 하고 큰 매를 들고 다녀라)"에서 우드로 윌슨의 "little group of willful men(소수의 고집스런 집단)"과 "to make the world for democracy(민주주의를 위한 세상을 만들기 위해)", 쿨리지의 "The business of America is business(미국이 할 일은 비즈니스다)", 트루먼의 "The buck stops here(모든 책임은 내가 진다)", 케네디의 "Ask not what your country can do for you, but what you can do for your country(조국에게 무엇을 해 줄 수 있는지 묻지 말고 당신이 조국을 위해 무엇을 할 수 있는지 물어라)"에 이르기까지 수없이 많았다. 그러나 많이 인용되는 20세기의 정치 문구들 중에는 출처가 불분명한 것들이 있다. 후버는 "Prosperity is just around the corner(행복이 머지않았다)"란 말을 한 적이 없었고, "a chicken in every pot(냄비마다 닭고기를)"이라는 표현을 쓴 적도 없다. 그런데도 공화당은 1928년 대통령 선거 운동 때 그런 표현들을 광고에 가져다 썼다. 그들은 '냄비마다 닭고기를' 을 주로 쓰면서도 그 표현이 '식상할' 정도로 아주 오래전에 나왔다는 사실만큼은 인정했다.

워싱턴에서 나온 말 중에서 금세기 초부터 공식적으로 쓰인 것은 놀랍게도 '백악관(White House)' 이다. 원래 도면에는 그 건물이 '궁전(Palace)' 으로만 표기되어 있었다. 사람들이 언제부터 백악관이라고 부르기 시작했는지 아무도 모른다. 하지만 이상하게도 건물이 흰색으로 칠해지기 전부터 그렇게 불렀던 것 같다. 존 애덤스가 처음 살기 시작한 1800년부터 영국인에 의해 약탈당하고 일부가 불탄 1814년까지 백악관은 버지니아 산(産) 잿빛 석재로 이루어진 단출한 건물이었다. 영국이 고의적으로 훼

백악관. 미국 대통령의 사무실로서 '백악관'은 대통령의 행정이라고 환유어로 자주 일컫는다. 미국 20달러 지폐의 뒷면에도 백악관의 모습이 그려져 있다. 사진은 북쪽 백악관의 모습이다.

손한 뒤에야 연기에 그을린 흔적을 가리기 위해 흰색을 칠하자는 결정이 났다. 따라서 1810년부터 사람들이 그곳을 백악관이라고 부르고 있었다는 것은 좀 이상하다. 어쨌든 그 이름은 시어도어 루스벨트가 1901년 이후의 어느 시기부터 대통령 공문에 인쇄하기 시작할 때까지도 공식적으로 쓰이지 않았다.

덧붙이자면 백악관은 비교적 최근 들어서야 접근 불가능한 요새가 되었다. 하딩 대통령이 재임할 때(Warren Harding: 1921~1923년)까지도 일반인들은 백악관 잔디로 소풍을 가거나 어슬렁거리며 대통령 집무실 창문으로 안을 들여다 볼 수 있었다.[14] 하딩 대통령은 가끔 백악관 현관문에 나와 손님들에게 인사를 하기도 했다.[15]

이번에는 군사 문제로 넘어가 보자.

오래된 농담이 하나 있다. "일기에게: 오늘 백년전쟁이 시작되었어." 사실 대부분의 전쟁은 훨씬 나중에 알려질 때까지 이름이 없다. 미국혁명은 19세기 전까지는 그렇게 불리지 않았다. '독립을 위한 전쟁' 혹은 간단히 '영국과의 전쟁' 일 뿐이었다. 남북전쟁(Civil War)은 당시만 하더라도 남부에서는 '주들끼리의 전쟁' 으로 북부에서는 '반란전쟁' 으로 불렸다. 제1차 세계대전은 당연히 제2차 세계대전 발발 당시까지도 그렇게 불리지 않았다[그냥 '대전쟁(Great War)' 이었다]. 제2차 세계대전(World War II)은 많이 쓰이기는 했지만 전쟁이 거의 끝날 때까지는 공식 명칭이 아니었다. 루스벨트는 'World War II' 나 'Second World War' 라고 부르는 것을 싫어했다. 그래서 처음에는 약간 신파조로 '생존을 위한 전쟁(War for Survival)' 이라고 하다가 죽기 직전에 '폭군들의 전쟁(Tyrants' War)' 이라고 부르기 시작했다. 제2차 세계대전을 가리킬 때 자주 언급된 이름은 '세계 자유 전쟁(War of World Freedom)', '해방 전쟁(War of Liberation)', '반-나치 전쟁(Anti-Nazi War)' 등이었다. 1945년 국방 장관 헨리 L. 스팀슨(Stimson)은 공식 명칭에 대해 고민했다. 트루먼은 그가 제안한 'World War II' 를 공식적으로 채택했다.[16]

전투 역시 여러 가지 이름으로 불릴 때가 많았다. 특히 미국의 남북전쟁의 경우가 그랬다. 율리시스 S. 그랜트(Ulysses Grant)는 '실로 전투(Battle of Shiloh)' 가 아닌 '피츠버그 상륙 작전(Pittsburg Landing)' 이라고 불렀다. 북부에서는 그 전쟁을 '불런 전투(Battle of Bull Run)' 로, 남부에서는 '메너서스(Manassas)' 로 불렀다. 북부의 '앤티텀(Antietam)' 이 남부에서는 '샤프

스버그(Sharpsburg)'였고, 남부의 '머프리스보로(Murfreesboro)', '페리빌(Perryville)', '분스보로(Boonsboro)'가 북부에서는 각각 '스톤리버(Stone River)', '채플린 힐스(Chaplin Hills)', '사우스 마운틴(South Mountain)'이었다.[17]

항상 그렇듯 전쟁은 언어적인 생산성이 높다. 그러나 군인과 마찬가지로 군대 속어와 용어도 신병들이 들어오면서 계속 바뀌는 경향이 있다. 결국 전투 용어는 다소 오랫동안 살아남거나(1582년의 bomb, 1532년의 grenade: pomegranate에서 유래했고 궁극적으로는 Granada에서 시작되었다), 전쟁 역사가들을 제외한 모든 이들의 머릿속에서 사라졌다.

3장에서 이미 언급한 표어와 구호(대부분 출처를 알 수 없다)를 제외하고 미국혁명기 이후로 살아남은 것은 '성조기의 행진(Yankee Doodle Dandy)'이라는 노래 한 곡이다. 양쪽이 상대를 꾸짖는 가극의 형태로 불려진 이 곡은 당시에 큰 인기를 얻었다. 누가 언제 처음 불렀는지 전혀 알려져 있지 않지만 가장 잘 알려진 구절의 희롱조의 단어는 영국에서 건너왔으리라는 짐작을 하게 한다.

> 양키 두들이 마을에 왔어
> 조랑말 타고서
> 모자에 깃털 하나 꽂고는
> 그것을 마카로니라고 했지

양키 두들이 자기 모자에 꽂힌 깃털을 왜 'marcaroni'라고 했는지 궁금한가? 답은 당시에 '마카로니'가 멋쟁이를 뜻하는 속어였다는 것이다. 그의 모자에 꽂힌 깃털은 아마 식민지 군인들의 습관을 빗댄 표현일 것이다. 그들은 군복을 입지 않았고 전투 중에 서로를 식별하기 위해 깃털이나 종잇조각을 모자에 꽂고 다녔다.

1812년의 전쟁은 우리에게 '성조기'와 엉클 샘뿐만 아니라 명사와 동사 형태의 'conscript'와 어느 정도 오래 살아남은 두 개의 구호 "Don't give up the ship(배를 포기하지 말라)"과 "We have met the enemy and they are ours(적을 만났고 그들은 우리 것이다)"도 선물했다. 두 개의 구호는 모두 해군 제독 올리버 해저드 페리(Oliver Hazard Perry)가 이리호 전투에서 한 말이다. "배를 포기하지 말라."는 페리의 함선에서 나부끼는 깃발에 새겨진 표어였다(사실 페리는 배를 포기했다. 하지만 근사한 명언이 만들어지는 상황에서 정확성은 그다지 중요하지 않다). 그리고 "적을 만났고 그들은 우리 것이다."는 그가 자신의 승리를 사령관에게 보고하면서 한 말이다.[18]

남북전쟁이 발발한 뒤에야 더 널리 쓰인 군사 용어들이 나오기 시작했다. 지금도 우리가 쓰고 있는 남북전쟁의 신조어 중에는 K. P.(kitchen police: 취사반 보직), AWOL(absent without leave: 탈영), 'pup tents(소형천막: 원래는 'dog tents'로 알려졌다)', 그리고 놀랍게도 풍문으로 퍼진 'doughboy'와 'grapevine' 등이 있었다. 'doughboy'는 처음에는 1860년대의 북군 병사들을 가리키는 말이었다. (1867년에 조지 암스트롱 커스터의 회고록에서 처음 언급되었지만 문맥상 이전부터 널리 사용되고 있었다는 것을 알 수 있다.) 그 유래는 완전히 베일에 가려져 있다. 초기 식민지 시대부터 튀겨낸 작은 빵을 'doughboy'라고 했으며, 이 단어는 이 빵과 기병대 병사의 군복에 달린 단추 사이에 모양의 유사성을 대변하는 것인지도 모른다. 그러나 어디까지나 추측일 뿐이다. 어찌됐든 그 말은 1870년 무렵부터 사라지기 시작해서 제1차 세계대전 때까지 주목을 받지 못했다.[19] 소문 전달의 개념적인 경로를 뜻하는 'grapevine', 'grapevine telegraph'는 둘 다 수수께끼다. 남북전쟁 당시에 완전히 터무니없는 소문이라는 뜻으로 널리 사용되었지만 정확히 어디서 유래했는지는 밝혀지지 않았다.

우리는 할리우드 덕분에 북부군이 푸른색 군복을, 남부군이 회색 군복을 입은 것으로 알고 있다. 사실은 전쟁이 시작된 지 약 1년 동안 대부분의 병사들은 저마다 출신 주의 군복을 알록달록하게 입었다. 예를 들어 아이오와와 위스콘신 출신 군대는 남부군의 공식 군복과 매우 흡사한 회색 군복을 입어 전투에서 큰 혼선을 빚었다. 그러다 보니 북군이 버지니아 민병대의 선발대를 아군으로 착각하고 선제공격을 하지 못하는 바람에 1차 불런전투에서 패하는 일이 발생했다. 그러자 육군성은 지체 없이 수십만 벌의 표준 군복 제작에 돌입했다. 옛 방식으로 '쇼디(shoddy)'라는 재생 모직물을 이용했는데, 군복이 형편없이 만들어져 툭하면 바느질이 뜯어졌다. 그래서 '쇼디'는 품질이 떨어지는 품목으로 취급되었다. 군복을 대량 생산하기 위해 표준 치수가 도입되었는데, 이는 전후에 시민들의 일상생활 속으로 전해졌다.[20]

남북전쟁이 낳은 또 하나의 신화는 매춘부를 뜻하는 'hooker'란 말이 북군 사령관 조셉 후커(Hooker)의 비전투 종군자들에게서 생겨났다는 것이다. 전투지마다 후커의 병사들을 따라다니는 성매매 업자들을 가리켜 '후커 사단(Hooker's Division)', 혹은 '후커 비상군(Hooker's Reserves)'이라며 장난삼아 부르기는 했지만 hooker 자체는 남북전쟁 이전부터 쓰이던 말이었다. 이 단어는 1845년에 'Hook'으로도 알려진 뉴욕의 창녀촌인 '콜리어스 혹(Corlear's Hook)' 구역이 언급되면서 처음으로 기록에 남았다.[21]

아주 오래되기는 했지만 남북전쟁 중에 생겨난 말 중에서 눈에 띄는 것은 '메이슨 딕슨 라인(Mason-Dixon Line)'이었다. 이것은 한 세기 전인 1763

년에 미국에 건너온 영국인 측량사들인 찰스 메이슨과 제레미아 딕슨이 펜실베이니아와 메릴랜드의 오랜 국경 분쟁을 해결하기 위해 만들어낸 말이었다. 우리는 메이슨 딕슨 라인을 동서로 그어진 직선이라고 생각하기 쉽지만 그 중 4분의 1 이상은 남북으로 이어져 있다. 노예제를 찬성하는 주와 반대하는 주 사이의 경계를 긋다보니 발생한 상황이었다. 그렇지 않았더라면 당대의 가장 과학적인 업적 중 하나였던 그 선이 사람들의 기억 속에서 사라지는 불운이 따랐을지도 모른다. 메이슨과 딕슨은 단순한 측량사일 뿐만 아니라 뛰어난 천문학자이자 수학자였다. 황무지에 400킬로미터에 달하는 선을 정확하게 그으려면 요즘에도 쉽게 생각할 수 없는 영웅적인 결단력과 과학적인 조사가 필요했다. 역사가들이 안타깝게 여기는 것은 메이슨이 4년 동안의 작업을 꼼꼼하게 기록한 자료가 거의 한 세기 동안 사라졌다는 점이다. 그 자료는 1860년에 노바스코샤(Nova Scotia)의 쓰레기더미 속에서 소각되기 직전에 홀연히 모습을 드러냈다.[22]

남북전쟁('Civil War' 외에 'War Between the States'라고도 불린다)이 부수적으로 남긴 마지막 언어 유산은 북군 지휘관 앰브로스 E. 번사이드(Ambrose Burnside)의 이름을 딴 'sideburns(짧은 구레나룻)'라는 말이다. 번사이드는 위에서 아래로 갈수록 넓게 퍼진 귀밑 수염을 기르고 있었는데 이것이 유행하면서 'burnsides'로 알려지게 되었다. 이 단어는 10년이 안 되어 음절의 순서가 바뀌었지만 그 이유와 과정에 대해서는 아무도 모른다.

군사 용어는 남북전쟁 동안 독창성에 있어 짧은 격동기를 겪은 뒤부터 거의 반세기 동안은 잠잠했다. 스페인-아메리카 전쟁에서 생겨난 'roughrider(미국의 의용 기병대원)', 영국인 선원이라는 뜻의 'limey', 미 해병대원을 뜻하는 'leatherneck(19세기 말 10년 동안 옷깃에 가죽을 덧댄 군복을 입어서 그렇게 불렸는데 몹시 불편했다고 한다)' 등이 1870년과 1917년 사이의 신조어 목

록의 전부다.[23]

그러나 제1차 세계대전이 가져온 전 세계적인 적대감으로 새로운 말들이 홍수를 이루었고, 그 중 다수는 아직까지 우리가 사용하는 말이다. 그 시기에 군대와 관련해서 생겨난 단어나 표현 중에는 dog tag(인식표), chowhound(대식가)와 chowtime, canvoy(호송), dawn patrol(새벽 정찰 비행, TV, 라디오의 새벽 프로그램 담당자), dogfight(치열한 싸움), eyewash(무의미한 행동, 말), to go west(죽다), stunt(대담하거나 어리석은 행동), shellshock(탄환 충격), gadget(간단한 기계 장치), to scrounge(찾아다니다, 징발하다), booby trap(위장 폭탄), foxhole(은신처), brass hat(고위급장교, 거물), MP(헌병대), civvies(사복), draftee(징병인), pipe down(조용하라는 요청: 항해 중에 시간 변화 등을 알리기 위해 관을 사용한 데서 유래했다), to swing the lead(직무를 태만히 하다) 등이 있다.[24] 1870년대에 미국 대학생들에게서 생겨난 'stunt'와 그보다 훨씬 더 오래된 'to go west' 등 그 중 몇 개의 표현은 전쟁 이전부터 있던 것들이었다. 하지만 군사 용어로 유입되기 전에는 일상어로 잘 쓰이지 않았다.

영국에서 건너온 단어로는 bridgehead(교두보), ack-ack(고사포), blimp(소형 연식 비행선), tank(탱크), 그리고 약간 예상치 못한 것으로 basket case(전쟁에서 심한 부상을 입은 사람) 등이 있다. blimp는 '비행선: Dirigible: Type B-Limp'라는 공식 명칭에서 유래했다. 그리고 ack-ack는 antiaircraft(대공 포화)를 줄인 속어로 영국에서는 AA를 전신 부호로 사용했다.

독일에서 온 단어는 zeppelin(체펠린 형 비행선: 설계자 페르디난트 폰 체펠린(Ferdinand von Zeppelin)의 이름을 땄다], black market(암거래: 독일어 schwarzmakt에서 유래), Big Bertha(빅 버사: 거대한 대포) 등이었다. 독일 사람들은 관습대로 제조업체인 크루프 스틸(Krupp Steel)의 경영자 부인의 이름을 따서 총 이름을 지었다. 그런데 그것은 우아한 맛을 잃고 '빅 베르타(Big Bertha)'가 아닌 '팻 베르타(Fat Bertha)'로 불렸다. 크루프 부인(Frau Krupp)이 의미심장한 이름에 어떤 반응을 보였는지는 알려지지 않았다.

한편, 프랑스에서는 낙하산을 뜻하는 parachute, 위장을 뜻하는 camouflage(이상하게도 '남의 코에다 대고 연기를 내뿜는다'는 뜻의 'camouflet'에서 유래했다. 언어상의 증거로 볼 때 프랑스에만 있는 것으로 보이는 재밋거리다), 집중 포화를 뜻하는 tir de barrage에서 유래한 barrage 등이 건너왔다. barrage는 수로 사이에 쳐 놓은 벽이라는 뜻으로 영어에 이미 있었지만 이전에는 disparage[dispǽridʒ]와 같은 운으로 발음되었다(지금은 barrage가 [bərɑ́:ʒ]로 발음된다).[25]

독자들도 세계 각지에서 파견된 수백만 명의 군인들이 참여한 전쟁이라는 사실에서 예상할 수 있듯이 2차 세계대전은 새로운 말을 수없이 만들어 냈다. 그러나 현재 역사적 배경에서 주로 사용되거나(동맹국에 대한 무기 대여를 뜻하는 Lend Lease, 유럽의 제2차 세계대전 전승 기념일을 뜻하는 V-E Day, 나치 시대의 독일 공군을 가리키는 Luftwaffe), 전혀 사용되지 않는(독한 술을 뜻하는 stupor juice, 폭탄이 부족해진 포병을 가리키는 fringe merchant, 해외의 보충대를 뜻하는 repple-depple) 단어와 표현을 제외하면 그 수는 급격히 줄어든다.[26] 이 시기에 출현해서 전쟁이 끝난 뒤에도 살아남은 단어로는 bazooka(바주카포), blackout(등화관제), GI(미군병사), liberty(상륙 허가), pin-up girl(벽에 핀으로 꽂아놓고 보는 여자 사진), Dear John letter(고향에 두고 온 여자가 이별을 통보하는 편지), Mae West(부풀릴 수 있는 겉옷), task force(기동대), crotch rot(세균 감염), walkie-talkie(무전기), shit list(블랙리스트), chickenshit(좀스럽고 하찮은 일), grabass, suck(실망스러운 상황),

jeep(군용차량), blitzkrieg(전면전), flak(대공 포화), fascism(파시즘), gestapo(나치 시대 독일의 비밀경찰), kamikaze(일본의 가미카제 특공대), displaced person(난민), blockbuster(처음에는 도시 전체를 파괴할 만큼 막강한 폭탄을 의미했지만 나중에는 연예 산업에서 쓰였다) 등이, 표현으로는 the greatest thing since sliced bread(매우 뛰어난 사람)와 특히 강하면서도 다양하게 쓰이는 'fuck'이 있다. 믿거나 말거나 fuck에서 시작된 단어 중에는 situation normal, all fouled(fucked) up의 준말이라는 주장이 자주 나오는 'snafu(혼란 상태)'가 있다. 한때는 그런 종류의 단어가 꽤 많았다. 가령 tuifu(the ultimate in fuckups: 최악의 혼란), tarfu(things are really fucked up: 정말 혼란스러운 것들), fubar(fucked up beyond all recognition: 모든 인식을 넘어선 혼란), fubid(fuck you, buddy, I'm detached: 빌어먹을, 난 당신 명령을 따를 이유가 없어) 등이다.[27] 'fucked'를 일반 묘사에 사용하는 것(this engine is completely fucked: 이 엔진이 완전히 망가졌어) 역시 제2차 세계대전의 유산으로 보인다.

앞으로 살펴보겠지만 제2차 세계대전과 함께 사용된 단어들 중에는 외국에서 건너온 것들이 더러 있었다. blitzkrieg(전면전), flak(대공 포화를 뜻하는 Fleigerabwehrkanone의 축약형), gestapo(비밀경찰을 뜻하는 Geheime Staatspolizei에서 파생)는 독일에서 유래한 것이 분명하다. 우리가 쓰는 섬뜩한 말 final solution(집단 학살: 독어로 Endlösung) 역시 나치 시대에 독일의 '사형집행인' 라인하르트 하이드리히가 만든 말이다. fascism은 전쟁이 시작되기 훨씬 오래전, 그러니까 베니토 무솔리니가 이탈리아에서 fascsimo 운동을 시작한 1919년부터 있던 말이었다. 그러나 전쟁 직전에야 눈에 띄게 사용되기 시작했다. 원래 '다발'을 뜻하는 라틴어 'fasces'에서 온 파시즘은 처형 도구이자 로마 제국의 권위를 상징하는 막대기 다발을 가리킨다.[28]

'kamikaze'는 일본에서 온 말로 고대 일본이 몽골의 침공을 받을 때 때맞춰 불어닥친 태풍, 곧 '신의 바람'을 뜻한다. '가미카제' 특공대는 그 바람을 기념하기 위해 지어졌다.

분명하지는 않지만 미국에서 생겨난 말 중에서 'bazooka'는 밥 번스(Bob Burns)라는 인기 코미디언이 쓰던 웃기게 생긴 무대 장비로, 수제 트럼본의 한 종류였다. 'GI'는 'general issue' 혹은 'garrison issue'의 준말이다. 이 garrison issue는 1940년대의 군인들이 두 종류의 군복을 지급받았는데 각각 'dress issue', 'garrison issue'라는 표시가 되어 있었다는 데서 유래했다.[29] GI가 언제부터 미군을 지칭하게 되었는지 알려져 있지 않지만 'GI Joe'의 유래는 확실히 밝혀져 있다. 'GI 조'는 1942년 6월 17일자 데이브 버저(Dave Berger)가 군사 신문「양크(Yank)」에 그린 만화에 처음 등장했다.[30]

'jeep'는 단어가 아니라면 개념으로 미국의 전쟁 개입 약간 이전에 생겨났다. 진주만 공습 직전인 1941년, 육군은 험난한 지역을 뚫고 나갈 견고한 차량을 도입했다. 사실 지프는 그다지 좋은 차량이 아니었다. 너무 무겁고 작전 수행이 어려웠으며 기름을 너무 많이 잡아먹었고, 물펌프와 실린더 헤드에 잦은 누수가 발생했으며, 네 시간 이상 연속 주행을 할 수 없었다. 그러나 상자 모양의 외관과 기동성 때문에 즉시 많은 사랑을 받았다. 지프란 이름이 어떻게 지어졌는지 아는 사람은 아무도 없다. 가장 일반적이고 또 가장 설득력 있어 보이는 주장은 'General Purpose(다목적)'의 약자 GP에서 유래했다는 것이다. 문제는 General Purpose라는 것이 지프의 공식 명칭으로 쓰인 적이 없고, 어떤 문서에도 그 관련성이 나타나 있지 않다는 데 있다. 육군은 투박한 이름을 만들어내는 재능을 십분 발휘해서 지프를 truck, quarter-ton, four-by-four 등으로 불렀다. 더 황당한 것은, 지프가 지금으로서는 알 수 없는 이유로 'peep'로 불렸다는 사실이다. 멘켄은 'jeep'가 E. C. 세거(Segar)의 코믹 만화 「선원 포파이」에서 유래했다는 주장을 굽히지 않는다.[31] 1936년 3월부터 그 만화에 유진(Eugene)이라는 이름의 차량이 등장한 것은 사실이다. 하지만 그 캐릭터의 이름이 어떻게, 더 나아가 왜 차량에 붙였는지 설명해 줄 사람이 아무도 없다. 분명한 사실은 세거가 그 무렵에 또 다른 유용한 단어를 세상에 소개했다는 것이다. 바로 만화에 등장하는 유인원처럼 생긴 인물의 이름인 '군(goon: 바보라는 뜻으로 일반명사화 됨)'이라는 단어였다.

전쟁이 막바지로 치닫는 동안 울타리나 벽 너머를 훔쳐보는 얼굴 윗부분을 그린 만화에 자주 따라 나오는 표어 하나가 이상하게도 미국 육군이 가는 곳마다 나타나기 시작했다. 바로 "킬로이 왔다 감(Kilroy was here)"이라는 표현이었다. 이 킬로이의 정체에 대해서는 알려진 바가 없다. 가장 많이 지목되는 인물은 제임스 J. 킬로이다. 매사추세츠 퀸시의 군 장비 검사관이었던 그는 세계 각지에 보내진 장비가 든 나무 상자에 분필로 그 유명한 세 마디를 적어놓았다고 한다. 육군 항공 운송 사령부의 하사관인 프랜시스 킬로이가 그 주인공이라고 주장하는 사람들도 있다. 그 역시 소모품과 군수품 상자에 자신의 이름을 적었다고 한다. 하지만 온갖 주장이 난무하고 있다. 상상력이 지나치게 풍부한 한 학자는 그것을 권위주의를 타파하기 위한 'Kill Roi' 혹은 'Kill the King'으로 해석하기도 했다.*

제2차 세계대전 동안 더 두드러지게 나타난 경향은 군대가 두문자어를 비롯한 축약형을 사랑했다는 사실이다. 그런 관행은 1930년대 뉴딜 시대 동안 시민들 사이에서 본격적으로 시작되었다. 당시 TVA, WPA, OPA, PWA(각각 Tennessee Valley Authority, Works Progress Administration, Office of Price Administration, Public Works Authority) 같은 합성어가 일상용어가 되었다. 하지만 세상이 전쟁에 돌입하자 군대가 그 관행을 적극적으로 받아들였다. 그러고는 OSRD-WD(Office of Scientific Research and Development, western Division), ETOUSA(European Theater of Operations, U. S. Army), JMUSDC(Joint Mexican-U. S. Defense Commission)처럼 헷갈리는 두문자어뿐만 아니라 ComAirSoPa(Commander of Aircraft for the South Pacific)와 ComAmphibForSoPac(Commander of Amphibious Forces in the South Pacific) 같은 특이한 합성어도 만들어냈다. 그 중에는 다시 생각해 보아야 할 것들이 있다. 태평양 미군 함대 총사령관(Commander in Chief of the U. S. Fleet)의 준말인 'CinCUS'는 대부분의 사람들이 'sink us(우리를 침몰시켜라)'로 발음하자 곧바로 조금 더 경쾌한 'CominCh'로 바뀌었다.[32] Seabee(해군 공병대 'Construction Battalion'의 CBs에서 유래)와 PLUTO(해저 송유관 'Pipe Line Under the Ocean')처럼 준말이 인기를 얻는 경우는 무척 드물다.

이상하게도 제2차 세계대전이 우리에게 남기지 않은 것 중 하나는 인상적인 노래다. 미국 혁명의 '양키 두들'에서 남북전쟁의 '존 브라운의 시체(John Brown's Body)', '공화국 전쟁 찬가(The Battle Hymn of the Republic)', 그리고 제1차 세계대전의 '오버 데어(Over There)'에 이르기까지 전쟁에서 노래가 빠진 적은 없었다. 그런데 제2차 세계대전에 나온 노래들은 곧바로 사라지고 말았다. 전쟁 초기에 나타났다가 사라진 대표적인 노

---

* 단어나 표현의 생성 과정이 잘 알려지지 않는 경우에는 무척 애매한 상황이 빚어진다. 리얼 맥코이가 누구인지 아는 사람이 아무도 없다는 이야기는 이미 앞에서 했다. 마찬가지로, 대부분의 학자들은 공정한 재판을 거치는 번거로움이 없이 갑작스럽게 죽인다는 것을 뜻하는 '린치(lynch)'라는 단어의 생성 원인이 된 '린치(Mr. Lynch)'라는 사람이 분명히 있었을 것이라고 믿는다. 그런 과정에서 수없이 많은 후보가 그 알 수 없는 영예의 주인공으로 거론되었다. 실제로 1780년에서 1850년 사이에 미국에서 권위 있는 자리에 앉아 있었던 린치라는 사람들이 대부분 후보로 언급되었다. 그러나 그가 누구이며 어떤 일로 그처럼 불후의 명성을 누리게 되었는지는 전혀 알 수 없다. 심지어는 린치가 사람이 아니라 지역민들이 즉석 처형 장소로 삼았던 사우스캐롤라이나의 한 강의 지류라는 주장도 있다.

래는 'They're Going to Be Playing Taps on Japs', 'Goodbye, Mama, I'm Off to Yokohama', 'Let's Knock the Hit Out of Hitler', 'Slap the Jap Right Off the Map', 'When Those Little Yellow Bellies Meet the Cohens and the Kellys' 등이었다. 그나마 한 곡이 노래라기보다는 표어로 대중의 의식 속에 살아남았다. 그것은 해군 목사 윌리엄 A. 맥과이어(McGuire)의 실제 이야기에 근거를 둔 것으로 추정된다. 그는 진주만에서 포수가 죽자 포신 앞으로 올라갔다고 한다. 그러고는 하늘을 가르는 일본 전투기들을 향해 폭탄을 쏘며 이렇게 외쳤다. "하나님을 찬양하고 탄약을 날라라." 이 유명한 말이 노래로 크게 히트한 뒤에 그는 그런 말을 한 적이 없으며, 심지어 포를 쏜 적도 없다고 밝혔다. 자신은 그냥 탄약 상자를 날라주었을 뿐이었다는 것이다.[33]

    1945년 8월 6일 해리 S. 트루먼 대통령은 이런 발표를 했다. "16시간 전, 미국의 전투기 한 대가 히로시마의 일본군 거점에 폭탄을 투하했다. 그것은 TNT 2만 톤 이상의 파괴력을 가진 원자폭탄이다." 대부분의 사람들이 그 말을 처음 들었다. 이듬해에는 원자 분열과 관련된 많은 단어들이 사람들 귀에 더욱 익숙해졌다. nuclear(핵무기), fission(핵분열), fusion(핵융합), radiation(방사능), reactor(원자로), mushroom cloud(핵폭발에 의한 버섯구름), fallout(방사성 낙진), fallout shelter(방사성 낙진 지하대피소), H-bomb(수소폭탄), ground zero(핵폭탄 낙하점) 등이었다. 'bikini(비키니)'라는 뜻밖의 단어도 출현했다. 1946년 프랑스 디자이너 루이 레아(Louis Reard)는 투피스 수영복을 디자인해서 미국이 막 원자 폭탄을 시험하기 시작한 태평양의 비키니 섬(Bikini Atoll)의 이름을 붙였다.

    히로시마와 나가사키에 원자 폭탄이 투하되면서 전쟁은 종지부를 찍었지

일본의 히로시마에 떨어뜨린 원자폭탄으로 생긴 버섯 구름. 원자폭탄의 투하로 제2차 세계대전은 끝이 났지만, 그 이후 세계는 기술의 발달이 야기한 핵폭탄의 공포에 떨어야 했다.

만 또 다른 전쟁인 냉전이 시작되었다. 냉전은 많은 사상자를 내지는 않았지만 미국이 관여한 가장 길고 희생이 큰 전쟁이었다. 두말할 것도 없지만 전쟁은 사업에 유리했다. 1946년에 제너럴 일렉트릭 사장이 "영원한 전쟁 경제"를 부르짖을 정도였다. 그의 소원은 어느 정도 이루어졌다. 1950년대에 걸쳐 미국은 그 어느 때보다 더 많은 돈을 국방비로 지출했다. 실제로 다른 모든 전쟁을 합친 것만큼 많은 액수였다. 1960년 군비 지출이 연방 예산의 49.7퍼센트에 달했는데, 이는 영국, 프랑스, 서독, 이탈리아의 국가 예산을 모두 합친 것보다 많았다.[34] 심지어는 해외 지원도 군사 분야가 압도적이었다. 미국이 1950년대에 해외 지원에 쏟아 부은 500만 달러 중 90퍼센트가 군사적인 목적에 쓰였다.

그런 어마어마한 지출을 정당화한 '냉전(cold war)'은 신문 칼럼니스트인 월터 리프먼(Walter Lippmann)이 지어낸 말이다. 실제로는 1947년에 정치가 버나드 바루크(Bernard Baruch)가 사우스캐롤라이나의 컬럼비아에서 연설을 하면서 처음 사용한 표현이다. 하지만 그렇더라도 그의 연설문을 작성한 허버트 베이어드 스워프(Herbert Bayard Swope)에게 그 공을 돌려야 할 것이다.[35] 이 'cold war'에서 생명이 긴 두 개의 표현이 나왔는데, 바로 'iron curtain(철의 장막)'과 'domino theory(도미노 이론)'였다.

한 나라가 공산주의를 표방하면 다른 나라들이 잇따라 공산화된다는 뜻의 도미노 이론은 1954년에 신문 칼럼니스트 조셉 앨솝(Alsop)이 처음 사용한 표현이었다. 그러나 10년 뒤에 베트남 전쟁이 발발할 때까지는 잘 쓰이지 않았다. 철의 장막은 윈스턴 처칠이 1946년에 미주리의 풀턴 연설에서 처음 말한 것으로 알려져 있다. 하지만 실제로는 1819년부터 상상의 장막이라는 뜻으로 이미 존재하고 있었고 1920년 이후로 정치권에서 쓰였던 표현이다.

냉전, 더 구체적으로 말하면 쿠바 미사일 위기는 'hawk(매)'와 'dove(비둘기)'의 부각에도 한몫을 했다. 그러나 둘 다 이미 있던 말이었다. '비둘기'는 오랜 세월 동안 평화의 상징이었고, 군사적인 전쟁이 배경이 된 '매'는 1798년에 토머스 제퍼슨이 'war hawk(매파, 주전론자)'라는 표현으로 처음 쓴 말이었다. 달라진 것이라면 군국주의적인 성향을 나타내는 의미가 결합되었다는 점이다.

전쟁터에서는 한국전쟁이 많은 말들을 내놓았다. demilitarized zone과 그 축약형인 DMZ(원래는 남한과 북한을 나누는 38도 선에 놓인 분쟁지역을 가리킨다), brainwash(만주어로 '세뇌'를 그대로 번역한 말), chopper(헬리콥터), honcho(분대장을 뜻하는 일본어 '한초'에서 따온 말), hooch(집을 뜻하는 일본어 '유치'에서 따온 말로, 처음에는 병사의 정부가 사는 곳을 가리켰다) 등이 그 예다.

이 단어들 중 몇몇은 10년 뒤의 베트남 전쟁에서 부활했다. 그러나 베트남 전쟁 역시 많은 단어를 쏟아냈다. free-fire zone(무차별 포격 지대), click(킬로미터), grunt(군인: 처음에는 해병대에서 부정적으로 사용되었지만 보병대에서는 애정을 갖고 썼다), search-and-destroy mission(수색 섬멸 작전), to buy the farm(전사하다), to frag(아군을 죽이다, 보통 수류탄이나 파쇄성 폭발 장치로 동료 병사나 장교를 죽이다) 등이 그 예다. 또한 slope, gook, dink, zip, slant, slant-eye, Charlie 등 베트남인을 뜻하는 인상적인 표현들도 많았다. 그 중 'slant-eye'와 'gook' 같은 많은 표현들은 이미 존재하다가 다시금 유행했다. 'Charlie'는 베트콩(Viet Cong)을 가리키는데, 무선 암호로 VC가 Victor Charlie이기 때문이었다.

베트남 전쟁 동안 세상의 이목을 잡아끈 무시무시한 말들 중에 숲을 제거하고, 작물을 파괴하고, 전체적으로 적대 지역의 주민의 사기를 떨어뜨리고 약화시키기 위해 사용된 고엽제(defoliant 역시 신조어였다)의 종류인 Agent Blue, Agent Orange, Agent Purple, Agent White와 거의 비슷한 목적과 효과를 가진 naphthene palmitate(나프텐 팔미테이트)의 다른 말인 napalm(네이팜)이 있었다. 이 네이팜은 베트남 전쟁을 통해 널리 알려졌지만 실제로는 제2차 세계대전 때 발명되었다.

어색한 약칭에 대한 군대의 사랑은 베트남에서도 되살아났다. FREARF(Forward Rearm and Refuel Point), SLAR(Side-Looking Airborne Radar), FLAR(Forward-Looking Airborne Radar), '알빈'으로 발음하는 ALVN(Army of the Republic of South Vietnam) 등이 그 예다. 베트남 전쟁의 약칭 중에서 더 눈길을 끄는 것은 TESTICLES였다. 이는 teamwork(협동성), enthusiasm(열성), stamina(체력), tenacity(끈기), initiative(적극성), courage(담력), loyalty(충성심), excellence(우수성), sense of humor(유머감각) 등 제2유격부대의 대원이 갖추어야 할 자질을 기억하기 쉽게 정리한 표현이었다.

그러나 베트남 전쟁에서 사실과 다른 의미를 띠게 된 말들이 있다. 자비와 질서의 인상을 전하기 위해 완곡어법, 모순어법을 비롯한 여러 가지 말장난으로 새로운 의미의 말들이 생겨났다. 그 예는 pacification(표면적 의미는 평화, 숨은 의미는 박멸), strategic withdrawal(표면적 의미는 전략적 후퇴, 숨은 의미는 후퇴), sanitizing operation(표면적 의미는 위생 작전, 숨은 의미는 완전 소탕), accidental delivery of armaments(표면적 의미는 우발적인 장비 전달, 숨은 의미는 잘못된 목표물 폭격), to terminate with extreme prejudice(표면적 의미는 극단적 편견을 종결하다, 숨은 의미는 정치적 암살) 외에도 수없이 많다.

걸프전은 기간은 짧았지만 언어적 생산성은 높았다. 전쟁 준비 기간부터 민간인 인질을 에둘러 말하는 재미있는 완곡어법이 수없이 등장했다. 국무성은 그들을 'restrictee(억류자)' 혹은 'detainee(구류자)' 등으로 다양하게 불렀다. 그러나 이라크 외무부는 'foreign guest(외국 손님)'라는 호칭을 붙였다. 조지 부시 대통령은 그들을 두고 'inconvenienced people who want to get out(탈출을 원하는 불편한 사람들)'이라고 했다. 베트남 전쟁 자체가 남긴 신조어는 clean bombing(정밀 조준 폭격), headquarters puke(전선에서 안전하게 피할 책임을 가진 하급 장교), Nintendo effect(폭력 비디오 게임과 닮은 폭격 영화를 보는 것에 무관심한 효과), Airwing Alpo(폭격기에 대한 비행 중 식량 공급), mother of all tanks, mother of all wars에 쓰인 mother of all(근원) 등이다.[36]

마지막으로 군사 분야에서 가장 최근에 나온 신조어 중 하나인 'ethnic cleansing(인종 청소: 한 지역의 토착민 일부를 제거하거나 말살한다는 뜻)'은 가장 무서운 말이기도 하다. 러시아 감시자들이 지었을 것으로 보이는 이 말은 옛 유고슬라비아 내전의 산물이며 1991년 7월 9일판 런던 「더 타임스」에 첫선을 보였다.

제 18 장

섹스와 또 다른 쾌락

In 1993, according to an international business survey, the world's most valuable brand was Marlboro, with a value estimated at $40 billion, slightly ahead of Coca-Cola. Among the other top ten brands were Intel, Kellog's, Budweiser, Pepsi, Gillette, and Pampers. Nescafe and Bacardi were the only foreign brands to make top ten, underlining American dominance. Why companies like Coca-Cola suffer palpitations when they see a passage like this (from John Steinbeck's The Wayward Bus): "Got any coke?" another character asked. "No," said the other proprietor. "Few bottles of Pepsi-Cola. Hav_____ coke for a month……. It's the same stuff. You can_____ 1993, according to an international business _____ e brand was Marlboro, with a value esti_____ of Coca-Cola. Among the other top ten _____ ser, Pepsi, Gillette, and Pampers. Nes_____ brands to make top ten, under- li_____ like Coca-Cola suffer palpita- ti_____ m John Steinbeck's The Way- war_____ r asked. "No," said the ot_____ ven't had any coke for a mor_____ them apart." In 1993, ac_____ world's most valuable bran_____ llion, slightly ahead of Coca-Co_____ el, Kellog's, Budweiser, Pepsi, Gillet_____ Bacardi were the only brands to make top ten, underlining American dominance.

MADE IN
AMERICA

19 51년 테네시 내슈빌의 히 핫 라운지(Hi Hat Lounge) 주인은 젊은 여자가 푹신푹신한 양탄자에 나체로 누워 있는 실물크기의 사진을 사서 술집 뒤에 자랑스럽게 걸어놓았다. 비교적 보수적인 당시의 기준으로도 여자의 등 뒤만 노출된 사진이 그다지 선정적으로 보이지는 않았다. 어느 날 전기기사가 작업을 하러 들렀다가 사진 속의 여자가 자기 아내라는 사실을 알지만 않았어도 별다른 문제가 없었을 것이다. 아내에게서 동네 사진사의 누드모델을 했다는 이야기를 전혀 듣지 못했던 그는 큰 충격을 받았다.

그 기사는 히 핫을 고발했고 한동안 그 문제는 지역을 넘어 전국을 떠들썩하게 만들었다. 앤드류 도일 판사는 지극히 미국적인 눈으로 예술 사진은 완벽하게 인정할 수 있지만 술집 장식물로서의 사진은 "명백히 외설적"이라고 판결했다. 그리고 그 도시에 있는 한 화랑에 그 사진의 인수 제안을 하라고 권유했다. 성인 술꾼들만 구경하는 어두운 술집에 진열되어 있으면 사진이 저급하고 퇴폐적으로 보인다는 것이다. 하지만 모든 연령대가 볼 수 있는 공공장소에 전시되면 지역의 보물이 될 수도 있다.[1] 그리고 그런 그림을 이상하게 생각하는 사람도 없는 것 같다.

여기서 이 이야기를 꺼낸 것은 공적이고 사적인 도덕 문제에 관한 미국인의 태도가 오랫동안 많은 혼란을 겪지 않았다는 점을 강조하기 위해서다. 다른 것들도 그렇지만, 이 문제에 대해서도 우리는 청교도에게 감사해야 한다. 1607년부터 이미 'puritanical(청교도적인)'은 엄격하고 완고하고 매우 도덕적이라는 의미를 갖고 있었다. 그 이후로 그런 시각은 역사 문서와 호손의 『주홍글씨』와 롱펠로의 '마일즈 스탠디시의 구애' 같은 문학 작품을 통해 서서히 자리를 잡았다.

청교도 시대에는 작은 죄를 짓고도, 가끔은 지은 죄가 없어도 중벌을 받을 수 있었다. 뉴잉글랜드에서는 간통, 불법 행위, 심지어는 자위행위조차 중대한 범죄에 속했다. 청교도들은 아주 조금이라도 수상쩍은 일이 생기면 의혹을 품고 신속하게 처벌하려는 열의를 불태웠다. 1651년 매사추세츠 스프링필드에 사는 휴 파슨스(Hugh Parsons)의 아내는 남편이 "온 집안에 완두콩을 집어던지고는 내게 주우라고 시키고" 가끔 잠을 자다가 "끔찍한 소음"을 낸다며 불평했다.[2] 그러자 마을 연장자들은 조금도 주저하지 않고 요술을 부리는 그 남편을 가까운 교수대에서 처형시키기로 결정했다.

코네티컷 뉴헤이븐의 조지 스펜서(Spencer)에게 닥친 불행도 그 못지않았다. 마을에 눈이 하나뿐인 돼지가 태어나자 치안판사들은 원인 규명을 위해 이리저리 뛰어다니다 우연히 이 불쌍한 애꾸눈 스펜서를 만났다. 겁에 질린 스펜서는 그들의 추궁에 수간을 했다고 털어놓았다가 다시 자신의 자백을 취소했다. 코네티컷 법에서는 스펜서가 수간을 했다는 사실을 입증하려면 목격자 두 명의 증언이 필요했다. 그를 교수형에 처하고 싶어 안달이 난 치안판사들은 돼지와 그가 철회한 고백을 두 사람의 목격자로 인정하기로 했다.³⁾ 그러고는 그를 교수형에 처했다.

그러나 식민지 시대의 뉴잉글랜드는 다른 많은 면에서 우리가 생각하는 것만큼 순수하지[simon pure: 수잔나 센트리버(Susanna Centlivre)가 1718년에 발표한 희곡「아내를 위한 대담한 일격(A Bold Stroke for a Wife)」에 나오는 표현으로, 사이먼 퓨어라는 등장인물과 관련이 있다)] 않았다. 메이플라워호의 필그림들이 매사추세츠 해안에 상륙한 지 반세기 만에 보스턴은 '창녀로 가득' 했으며 다른 중심 도시들 역시 성적인 자유를 누릴 기회를 풍부하게 제공했다. 1699년부터 1779년까지 버지니아의 주도였던 윌리엄스버그에는 작은 크기에도 불구하고 세 군데의 매춘굴이 있었다(이상하게도 그 중에서 오늘날 관광객들에게 인기가 많은 위생적인 성매매 구역으로 통합된 곳은 하나도 없다).⁴⁾

청교도는 성행위를 식사만큼 자연스러운 것으로 여겼고 대수롭지 않게 화제에 올렸다. 역사가 데이비드 피셔도 이렇게 쓰고 있다. "20세기 중반에도 청교도의 글을 출판하려면 대대적인 수정을 거쳐야 한다."⁵⁾ 혼전 성관계가 허용될 뿐만 아니라 적극적으로 권장되었다. 결혼을 하려는 남녀는 'precontract', 곧 성관계를 할 수 있는 허가를 받았다. 약혼한 남녀가 한 침대에서 자도록 하는 'bundling' 혹은 'tarrying' 이라는 특이한 풍습을 만든 장본인이 바로 청교도였다. 이 풍습은 웨일스에서 시작된 것으로 추정되지만 영국에서는 그다지 알려지지 않았다. 따라서 미국 독립전쟁 이후로 뉴잉글랜드를 찾은 영국인들에게는 이상해 보일 수밖에 없었다.

17세기의 한 관찰자도 이렇게 설명했다. "남자가 젊은 여자에게 반해서 결혼을 하고 싶으면 여자의 부모에게 청혼을 한다. 부모는 반대할 이유가 없으면 남자와 딸을 한 침대로 보내 그날 밤을 지내게 한다. 젊은 남녀는 적당하다고 생각하는 시간 동안 앉아 있다가 함께 잠자리에 드는데, 나쁜 소문이나지 않게끔 속옷을 벗지 않는다. 두 사람이 동의하면 그 다음부터는 일이 착착 진행되고, 결혼 예고와 함께 두 사람은 지체 없이 결혼한다. 그렇지 않다면 두 사람은 헤어져서 다시 만날 수 없게 된다. 드문 일이기는 하지만 버림받은 여자가 임신을 하게 되면 남자는 여자와 결혼을 해야 한다."[6]

사실 역사가가 상상하는 것보다 훨씬 더 많은 속옷이 내려졌고, 임신이 "드문 일"보다 더 잦았다. 잠자리를 함께한 남녀 중 3분의 1이 평생의 기념품을 선물로 받았다. 그것은 남녀가 진지한 관계로 접어드는 사건을 의미하지도 않았다. 1782년 무렵에는 그것이 너무 공공연하게 행해졌다. 어떤 이의 말에 따르면, 손님이 찾아간 집 처녀에게 함께 자겠느냐고 묻는 것이 "예의"로 통할 정도였다.

간음은 공개적으로 장려된 적은 한 번도 없었지만 뉴잉글랜드의 청교도 사이에서 너무 빈번하게 일어났다. 교구마다 죄를 지은 사람이 자기 이름을 적고 약간의 벌금을 지불하며 고백을 할 수 있는 양식이 구비되어 있었다. 1770년대에는 뉴잉글랜드 여성의 절반이 임신한 상태에서 결혼을 했다.[7] 한 통계에 의하면 애팔래치아를 비롯한 시골 지역에서는 신부의 94퍼센트가 임신을 한 몸으로 교회로 걸어 들어갔다.[8]

18세기가 끝날 무렵이 되어서야 최초의 '엄격한 법(blue law)'이 출현하면서 성행위에 대한 공식적인 태도가 적극적으로 억압하는 성격을 띠기 시작했다. blue law라는 말은 1781년에 코네티컷에서 처음 사용되기 시작했다. 개인적인 도덕성과 관련한 그 주의 법이 파란색 종이에 인쇄되었기 때문이라는 주장도 있다.[9] 그러나 파란색 종이는 교회법을 의미한다는 의견도 있다.[10] 어느 쪽이 옳든 왜 그런 법에 파란색이 적절한 색으로 여겨졌는지는 전혀 알 수 없다. 'bluenose(청교도적인 사람, 도덕군자)', 'bluestocking(고상한 문학 여성)'의 예처럼 단순히 파랑을 지극히 도덕적인 면과 동일시하는 우리의 성향 때문일지도 모른다. bluenose는 19세기 뉴잉글랜드에서 노바 스코샤의 어부들을 익살스럽게 표현한 말이라고 전해진다. 시리도록 차가운 북대서양의 바다에서 생활하다보니 어부들의 코가 아예 푸르죽죽하게 변색했다고 한다. 그보다 덜 재미있는 추측이기는 하지만 파랑이 단지 그 지방에서 나는 감자의 종류를 가리키는 것일지도 모른다. 어느 쪽이든 그 말이 청교도적인 삶을 추구하는 사람을 뜻하게 된 과정을 추측하는 것은 독자들의 몫이다. 물론 그 두 가지 가설이 모두 사실이 아닐 가능성도 크다.

현학적이고 거만한 태도를 가진 여자를 의미하는 bluestocking은 더 쉽게 설명할 수 있다. 이 말은 'Blue Stocking Society'라는 단체에서 유래했다. 이는 1750년경에 런던의 몬테그 하우스(Montagu House)에서 모이기 시작한 지성인들을 경멸적으로 표현한 이름이다. 그 모임의 구성원은 대부분 여성이었지만 모임의 명칭이 경멸적으로 불리게 된 것은 벤저민 스틸링플릿(Stillingfleet)이라는 남자 회원 때문이었던 것 같다. 그는 흔한 검은색 비단 양말 대신 양모로 만든 파란색 스타킹을 신었는데, 우스우면서도 외설적으로 보일 정도로 특이한 차림이었다. 외설적인 문제에 관해 말하자면 음담패설을 'blue'라고 하는 이유는 아무도 모른다. 하지만 19세기에 'to blue'라는 표현을 부끄러워 얼굴을 붉힌다는 의미로 속되게 사용한 사실과 관련이 있을지도 모른다.

청교도이든 아니든 17세기와 18세기의 영어 사용자들 중에 빅토리아 시대 후손들에게 큰 불편을 준 belly(배), fart(방귀), to give titty(젖을 주다) 같은 사실적인 단어 때문에 문제를 겪은 사람은 아무도 없었다. 킹 제임스 바이블에조차 piss(오줌), dung(똥), bowels(변통)같이 나중에는 무례하다고 여겨진 단어들이 등장했다.[11] 그러나 18세기가 저물고 19세기가 밝을 무렵 사람들은 갑자기 성행위와 신체에 관한 단어들에 대해 극도로, 결국은 거의 신경질적으로 예민하게 반응하기 시작했다.

그런 병적인 예민함이 정확히 언제부터, 왜 생겨났는지는 아무도 모른다. 대부분의 유행이 그런 것처럼 그냥 발생했을 뿐이라고 해야 할 것이다. 1818년 에든버러의 내과의사 토머스 보들러(Bowdler)는 셰익스피어의 작품을 가족 전체가 읽을 수 있는 삭제판으로 만들어 세상에 소개했다. 그 과정에서 'bowdlerize(불온한 부분을 삭제하다)'란 말도 생겨났다. 인간의 생식력에 관해 별 상관이 없는 말조차(가령, 『리어 왕』의 "every inch of a king") 가차 없이 삭제되었다. 그는 자신이 정화한 셰익스피어 작품이 크게 성공하자 곧바로 불과 25년 전에 완성된 기븐의 『로마제국 쇠망사』에 대해서도 같은 작업에 착수했다. 그러나 보들러의 세심한 편집은 분위기를 바꾸기에는 역부족이었고, 단지 약간 다른 작품으로 만들었을 뿐이었다.

보들러가 고전 작품에 흠집을 내기 훨씬 전부터 사람들은 leg(다리), blouse(상의), thigh(허벅지) 같은 감정적인 단어를 조심스럽게 피했다. 보들러의 '가족판 셰익스피어'가 등장할 무렵에는 belly button(배꼽)이 tummy button으로, breast(가슴)가 bosom으로, underwear(속옷)가 nether garments(아래쪽 옷) 혹은 small clothes(작은 옷, 나중에는 unmentionables(입에 담을 수 없는 것))로 바뀌었다.

이런 관행은 영국에서 시작되었지만 미국에서 꽃을 피웠고, 배척당하는 수모를 받은 단어가 수백 개에 달했다. cock(음경)이나 tit(여성의 젖가슴)같이 흉해 보이는 음절이 들어간 단어는 전혀 쓰이지 않았다. 그래서 titter, titbit, cockerek, cockroach, cockatoo 같은 단어들은 미국 어휘에서 사라지거나 tidbit, rooster, roach로 정화되었다. 기록에 남은 하나의 예로, coxswain(키잡이)은 roosterswain으로 바뀌었고 bull은 가끔 male cow(수소)로 불렸다. 19세기가 절반도 채 지나기 전에 미국에서 금기시 된 단어는 머리, 손, 발목을 제외한 인간의 신체와 관련된 해부학적 특징이나 옷 품목으로까지 확대되었다. 예를 들어, 1850년에 바틀렛은 스타킹을 '지극히 천한' 것으로 여겼다. 그는 더 적당한 대안으로 'long socks'나 'hose'를 제시했다. '발가락(toe)'조차 수치스러운 표현이 되었고 정중한 모임에서는 절대 사람들의 입 밖에 나오지 않았다. 사람들은 그냥 '발(foot)'이라고 불렀다. 시간이 지나면서 'foot' 역시 참을 수 없을 정도로 수치스러운 말이 되었고 사람들은 발목 아래에 있는 것은 아예 입에 올리지 않았다. 대화가 단절되지 않은 것이 이상할 정도였다.

불안 심리는 생활 구석구석으로 파고들었다. 예를 들어 침실용 변기에는 차단 효과를 위해 뜨개질로 만든 덮개를 덮었다. 볼일을 볼 때 나는 민망한 소리가 지나가는 사람들의 귀에 들리지 않도록 하기 위해서였다.[12] 외국에서 온 사람들은 완곡어법에 담긴 신경과민증이 지나치게 심각하다는 사실에 당혹스러웠다. 미국인들은 단순히 어떤 대상을 지칭하지 않는 것으로는 충분하지 않았다. 실질적인 기능을 암시하지도 않는 단어들도 찾아내려고 애썼다. 그들은 'chamber pot(실내 변기)'이나 심지어는 'commode'마저 말할 수 없게 되자 변기통을 'looking glass(거울)'라고 말하기 시작했다. 변기를 찾다가 엉뚱하게 거울을 손에 쥔 사람들은 실망은 말할 것도 없고 커다란 혼란을 느꼈다.

외국인들은 미국인의 예민함이라는 깊지도 않은 물에 빠져 허우적거렸다. 프랜시스 트롤로프는 다양한 사람들이 모인 곳에서 '코르셋'이라는 말을 무심코 했다가 대화를 멈추고 쫓겨나는 신세가 된 한 독일인의 예를 지적했다. 또 어느 쾌활한 청년이 침모가 만들고 있는 옷 이름이 무엇인지 물어본 이야기도 적어놓고 있다. 젊은 여자는 얼굴을 붉히며 작업복이라고 대답했다. 청년이 작업복을 만들기에는 천이 모자라지 않느냐고 받아치자 침모는 앞치마라고 얼버무린다. 하지만 계속 추궁을 당하자 베갯잇이라고 우기다가 결국은 수치심으로 그것이 무엇인지 차마 말하지 못하고 눈물을 흘리며 방 밖으로 뛰쳐나갔다. 사실 그것은 블라우스였다. 하지만 남자에게 그 단어를 말하는 것은 자신이 '완전히 타락했다는 징표'와 다름없었다.

특히 여성들에게 이런 언어적인 예민성은 불합리할 뿐만 아니라 위험하기도 했다. 19세기 대부분에 걸쳐 ankle(발목)은 여성의 하체 전체를, stomach(위장, 배)는 허리와 머리 사이에 있는 모든 것들을 의미했다. 따라서 의사에게 심각한 건강 문제를 알리는 것이 불가능해졌다. 페이지 스미스는 가슴이 성장하는 어린 소녀가 의사에게 위에 통증이 있다고 설명할 수밖에 없는 대표적인 사례를 지적하고 있다.[13]

신체검사에 대해서는 거의 알려지지 않았다. 특히 부인과 검사는 최후의 수단으로, 보통 컴컴한 방, 이불 속에서 행해졌다. 필라델피아의 한 의사는, "여자들은 일말의 체면을 버리고 철저한 진단을 받기보다는 차라리 심각한 위험과 고통을 감내하는 쪽을 선호한다."고 말했다.[14] 다시 말해, 천박해지느니 죽음을 택하겠다는 것이었다. 하지만 의학적인 무지가 어느 정도였는지 감안한다면, 의료인들이 섣불리 손을 내밀지 못한 것도 어쩌면 당연했다. 19세기가 저물 때까지도 생리를 하는 여성의 손길이 닿으면 햄이 부패할지도 모른다는 믿음이 만연했던 것은 여성의 생리에 관한 지식이 모자란 탓이었다. 〔「브리티시 메디컬 저널」은 1878년에 그 문제에 관해 생생한 기사를 게재했다.〕[15] 순진한 것은 남자 의사들뿐만이 아니었다. 1901년 엠마 드레이크 박사는 『젊은 부인이 알아 두어야 할 것(What a Young Wife Ought to Know)』에서 임신 중에 난처하게도 성적인 흥분을 경험할 수도 있다고 알려주었다. 저자는 그것은 "변태적인 조건 때문에 발생하며, 하나의 질병으로 다루어져야 한다."며 거침없이 설명했다.[16]

놀라운 일도 아니지만, 성적인 무지는 정말 심각했다. 나중에 소설가가 된 와튼(Wharton)은 결혼식 전날에 신방에서 어떻게 해야 하는지 어머니에게 물었다. 그러자 어머니는 말을 더듬었다. "지금까지 그림이나 조각상을 많이 보았잖아. 남자와 여자가 다르게 만들어졌다는 것쯤은 알고 있겠지?" 그러고는 화제를 다른 데로 돌렸다.[17]

입문서를 통해 성에 관해 배우려는 사람은 현명하지 못한 사람으로 취급받았다. 당시에 가장 많이 팔린 두 종류의 입문서는 실버너스 스톨(Sylvanus Stall)이라는 목사가 쓴 『소년이 알아 두어야 할 것(What a Young Boy Ought to Know)』과 『소녀가 알아 두어야 할 것(What a Young Girl Ought to Know)』이었다. 스톨은 책 제목에도 불구하고 어린 독자들이 실제로는 아무것도 몰라야 한다는 것을 확인시키려는 사람 같았다. 아기가 어디서 나오느냐와 같은 피할 수 없는 질문에 대해서는 부모들에게 아래의 두루뭉술한 대답을 기억해 두라고 일렀다.

> 사랑하는 아이야, 네가 한 질문은 모든 남자와 여자, 모든 똑똑한 소년이나 소녀, 심지어는 아주 어린아이들이 궁금해하며 다른 사람들에게 물어보는 것이란다. 어디서, 어떻게 세상에 오게 되었는지 알고 싶을 거야. 그렇다면 기관차와 증기선, 아니면 전신과 전화가 어디서 왔느냐는 질문을 받았을 때 가장 만족스러운 대답을 하려면 그런 것들의 시초로 되돌아가서 조지 스티븐슨과 로버트 풀턴, 벤저민 프랭클린과 새뮤얼 모스가 그런 유용한 발명을 시작해서 완성하기까지 어떻게 했는지 살펴보는 것이 가장 현명할 거야.

그 다음에는 "아이야, 그런 것들은 뛰어난 발명가들이 만들었단다." 정도의 이야기는 나와야 할 것이다. 하지만 아니었다. 스톨은 갑자기 화제를 바꾸고는 옥수숫대와 옥수수염에 관한 이야기를 시작한다. 그리고 아빠, 엄마 청어, 새와 알, 참나무와 도토리 등 자연적인 과정을 간접적으로 언급하면서도 그것들이 어떻게 생명을 얻게 되는지에 대해서는 별다른 설명을 하지 않는다. 그리고 열정적인 설명을 짧은 설교로 마무리한다.

젊은이들이 조심스럽게 생각하는 것은 '자위행위(masturbation)' 였다. '마스터베이션' 이라는 말은 1766년에 '자위: 마스터베이션이 만들어내는 정신이상' 이라는 영국의 한 의학 잡지 기사에 처음 소개되었다. 이 단어의 유래는 알려져 있지 않다. 『옥스퍼드 영어 사전』은 그것이 라틴어 maturbari에서 왔다고 하면서도 "유래는 알려지지 않았다."고 소개하고 있다. 동사형인 masturbate는 1857년에야 등장했지만 그 무렵에 세상에는 selfish clibacy, solitary licentiousness, solitary vice, self-abuse, personal uncleanliness, self-pollution, 그리고 충격적인 crime against nature 등 꺼림칙한 느낌의 다른 단어들이 많이 쓰이고 있었다. 그것을 뭐라고 부르든 그것에 대한 탐닉이 심각한 파멸을 부른다는 데는 의심의 여지가 없었다. 윌리엄 앨콧 박사의 『청년들을 위한 지침(A Young Man's Guide)』(1840)에 따르면 유혹에 굴복하는 이들은 십중팔구 간질, 무도병, 중풍, 시력 상실, 결핵, 졸중을 차례로 앓고 "개미가 머리에서 등뼈를 타고 기어 내려오는 것 같은 기분"을 느끼다가 결국은 죽음에 이른다며 겁을 주었다.[18]

미국 의학 협회는 1913년에 정액의 성분인 'spermin' 이 근육을 강화하고 두뇌를 건강하게 하는 데 꼭 필요하며, 이 소중한 생물학적 액체를 낭비한 남자는 "단단한 근육과 열정으로 가득한 눈빛을 가진 원기 왕성한 청년"에서 "속 좁고 축 늘어진 나약한 겁쟁이"가 된다는 설명이 담긴 책을 출판했

다.[19]

여성의 무지는 성적인 문제에만 국한되지 않았다. 일반적으로 여성은 예민하고 경솔한 생각을 유발할 수 있는 문제에 노출되어서는 안 된다는 통념이 있었다. 토머스 제퍼슨같이 계몽한 인물조차 여성은 "정치 문제로 이마를 찌푸리거나" 책과 시에 지나친 열정을 품어서는 안 되며 "춤, 그림, 음악"에만 열중해야 한다고 믿었다.[20]

미국 최초의 본격적인 여학교인 트로이 여성 신학교(Troy Female Seminary)의 설립자 엠마 윌러드는 젊은 여성을 자유롭게 교육하는 데 따르는 어려움을 회상하면서, 한 학생이 인간의 순환계를 칠판에 그리고 있는 것을 목격한 부모들이 얼굴을 가리고 "수치심과 실망감으로" 교실 밖으로 뛰쳐나갔다고 말했다.[21]

약간의 기적에 힘입어 조금이라도 배운 여성은 자신의 학식을 세상에 알리지 말아야 했다. 유력한 안내서인『딸들을 위한 아버지의 유산(A Father's Legacy to His Daughters)』는 젊은 독자들에게 "조금이라도 공부를 하게 된다면 특히 남자에게는 그것을 철저히 비밀로 하라."는 주의를 주었다.[22] 1828년, 패니 라이트(Fannie Wright)가 연속적으로 대중 강연을 하자 국영 언론은 처음에는 충격을 받았다가 나중에는 분노를 터뜨렸다. 루이스빌의 한 신문은 라이트가 "자연에 저항하는 행동"을 저질렀다고 비난했다. 「뉴욕 타임스 인콰이어러」는 라이트가 "무차별적인 폭력으로 예절의 구속에서 완전히 이탈했다."고 선언했다. 「뉴욕 아메리칸」은 라이트가 "여자가 되기를 포기하는" 행동을 했다고 결론지었다.[23] 강의 내용을 반대하는 사람은 아무도 없었다. 문제가 되는 것은 단지 여자의 입에서 그런 말이 나왔다는 것뿐이다.

일반적인 행동에서 조금만 이탈해도 신문의 비난을 벗어나지 못했다.

1881년 「뉴욕타임스」는 여성의 속어 사용을 비난하며 그것이 위험한 도덕적 타락이라는 암시를 주었다. 그러면서 'What a cunning hat(매력적인 여자)' 이라는 충격적인 표현을 예로 들었다.[24]

그러나 억압적인 분위기가 감돌던 바로 그 시기에 대단하고 혼란스러운 모순이 있었다. 많은 여성들이 다음 한 세기 동안 다시 나오지 않을 용기와 대담성으로 한 걸음 앞으로 나아가 사람들에게 말을 하려고 했다. 19세기의 여성 운동은 1830년과 1880년 사이에 열병처럼 미국을 사로잡은 사회 변화를 향한 거대한 움직임에서 성장했다. 이상주의, 정신주의, 대중주의, 채식주의, 사회주의, 여성 참정권, 흑인 해방, 세금 개혁, 음식 개혁, 민족중심주의, 신비주의, 그리스도 재림주의, 절제주의, 초월주의 등 새로운 사상들이 대중의 의식을 사로잡으면서 대규모의 열광적인 추종자들을 양산했다. 사람들은 마치 바구니에서 사탕 하나를 골라내듯 그런 사회적인 운동에 깊이 빠져들었다. 한 단체는 "자유로운 사고, 자유로운 연애, 자유의 땅, 자유로운 음식, 자유로운 술, 자유로운 약, 자유로운 일요일, 자유로운 결혼, 자유로운 이혼"을 부르짖었다. 자칭 무신론자라는 또 다른 단체는 "신, 정부, 결혼, 돈, 고기, 담배, 안식일, 여자, 교회, 전쟁, 노예는 없다!"라고 외쳤다. 1840년 에머슨도 칼라일에게 이런 글을 썼다. "이곳은 수없이 많은 사회개혁 계획으로 들썩거리고 있습니다. 책을 읽을 줄 아는 사람이라면 누구나 양복조끼 호주머니 속에 새로운 단체의 계획을 넣어 다니고 있지요."

이처럼 새로운 실험 정신의 전형은 1843년에 A. 브론슨 앨콧(Bronson Alcott)과 추종자들이 시작한 프루트랜즈(Fruitlands)라는 공동체였다. 프루트랜즈 공동체의 구성원들은 당시 유행한 여러 가지 이유로 고기, 치즈, 차, 우유, 커피, 쌀, 양모 직물, 가죽 신, 비료를 거부했다. 특히 열성적인 한 신봉자는 "태양을 향해 뻗어나가지 않고" 땅 아래로 내려간다는 이유로 뿌리를 전혀 먹지 않았다. 그 공동체의 생명은 1년에도 미치지 못했다. 날씨가 따뜻할 때는 만사가 잘 풀렸다. 그러나 공동체는 겨울 첫 서리가 내릴 무렵이 되어 깨졌고 구성원들은 보스턴의 편안한 집으로 되돌아갔다.

여성들은 사회적인 혼란 덕분에 난생 처음 공개 토론에 참여할 기회를 얻었다. 처음에는 노예제 폐지와 교육 등의 주제로 가정에서 다른 여성들을 상대로 강의를 하는 형태가 보통이었다. 그러나 19세기 중반에는 여성들이 공식 연단에 올라가 노예제도, 채식주의, 초월주의뿐만 아니라 자신의 관심사에 대해서도 이야기했다.

가장 터놓고 말하는 강사 두 사람은 테네시 클래플린(Tennessee Claflin)과 빅토리아 클래플린 우드헐(Woodhull) 자매였다. 이들은 뉴욕에서 성공적인 증권업체를 공동으로 운영하면서 인기 잡지「우드헐과 클래플린 위클리(Woodhull and Claflin's Weekly)」를 출간했다. 이 잡지는 온갖 이상적인 계획들을 지지했으며, 헨리 워드 비처 목사와 교구민의 부인 엘리자베스 틸턴의 애정 관계를 기사화하면서 초기 형태의 '폭로'를 감행했다. 특이하게도, 잡지는 비처의 무모한 간통 행위를 비난하지 않고 오히려 "왕성한 체력"과 "호색적인 성격"을 칭찬했다.

우드헐은 당시의 시대적 배경에도 불구하고 특히 자유연애에 대한 자신의 욕구에 솔직했다. 그리고 이렇게 주장했다. "나는 한 명 아니라 100명의 남자와 성관계를 하고 싶어도 그렇게 할 것이다. 여러분이 자신의 성기를 아무렇지도 않게 생각하고 이야기하며, 다른 신체 부위처럼 얼굴색 하나 붉히지 않을 때까지 성관계에 관한 이야기를 하는 편이 낫다."[25]

많은 여성들은 새로 찾은 독립심을 표현하기 위한 수단으로 뉴욕 북부의 여성 우체국장이자 유명한 금주운동 강사인 아멜리아 블루머의 이름을 딴 '블루머(bloomer: 짧은 바지)'를 입기 시작했다. 블루머는 블루머를 발명한

빅토리아 우드헐(1838.9.23~1927.6.9). 19세기 여성의 참정권 운동을 이끌었으며 자유연애를 주장했다. 1872년 미국 대통령 선거에 최초의 여성 후보로 출마하기도 했다.

사람이 아니라 유행시킨 사람일 뿐이다. 블루머는 정숙한 옷과는 거리가 멀었다. 현대의 야구 바지와 아주 비슷한 풍성한 모양으로 치마나 겉옷 속에 입는 바지였다. 한 역사가의 설명처럼 "핫도그 두 개가 아래로 비죽 튀어나온 높이 뜬 풍선" 같았다. 블루머는 몸에 꽉 죄는 끔찍한 코르셋과 보디스에서 여성들을 해방시켰고, 깔끔하면서도 무척 감각적이었다. 하지만 예상대로 어마어마한 여론을 불러일으켜 성직자에서 신문 사설에 이르기까지 가장 품위가 없고 외설적이라는 비난을 퍼부었다.

블루머가 여성의 속옷을 가리키게 될 때까지는 많은 시간이 걸렸다.

여성 참정권 투쟁을 벌이던 우드헐은 평등당(Equal Rights Party)의 후보로 1872년 대통령 선거에 출마했다. (러닝메이트는 해방된 노예 프레더릭 더글러스였다.) 얼마 뒤에 우드헐은 곧바로 영국으로 건너가 어느 귀족과 결혼을 하고 종교를 가졌으며 그동안의 주장을 대부분 철회했다. 그러고는 신문사를 찾아가 자신이 한 말들이 기록된 서류를 모두 폐기하라고 설득하며 남은 에너지를 쏟아 부었다.

그러나 이 무렵에 다른 사람들이 우드헐의 빈자리를 메웠다. 이 초기의 여권 운동가들은 노골적으로 자기주장을 내세웠다. 이는 우리가 그 시대에 대해 일반적으로 갖고 있는 인식과는 크게 다르다. 안젤라 헤이우드(Angela

Heywood)는 자유연애를 지지하는 맹렬한 운동을 벌이면서 'fuck'을 보편적으로 수용하는 것을 중심기조로 삼았다. 헤이우드는 강의에서 굳이 'generative sexual intercourse(생식적인 성관계)'라는 용어를 사용하는 이유가 늘 궁금하다고 말했다. 그리고 "어떤 행위를 정의하면서 누구나 잘 아는 네 글자로 된 한 마디가 아니라 27개의 글자로 된 세 마디로 말한다."고 불만을 토로했다.[26)]

가장 요란스럽게 자유연애와 급진적인 행동을 옹호한 사람들은 예상과는 달리 보스턴이나 뉴욕이 아니라 아이오와, 캔자스, 일리노이 같은 변두리의 거주자들이었다. 가장 급진적인 자유사상을 가진 신문인 「루시퍼(Lucifer)」는 캔자스 밸리폴스(Valley Falls)에 본거지를 두고 있었다. 그러나 가장 열정적으로 자유주의, 성적인 계몽을 주장하는 단체들도 가끔 정의하기 어려운 의견을 갖고 있다는 사실을 알아두어야 한다. 그런 곳에서도 마스터베이션은 위험스럽게 '혈액을 줄이고 생명력을 파괴한다.'는 믿음이 널리 퍼져 있었다. 자유연애 운동에 참여하는 많은 사람들은 성 고유의 자유로운 성격 때문이 아니라 단지 마스터베이션을 방지하기 때문에 남녀의 무절제한 성관계를 지지했다.[27)]

요컨대 그때만큼 혼란스럽고 어지러운 시대는 이전에도 이후에도 없었다. 한편으로는 「뉴욕타임스」가 'What a cunning hat'이라는 말을 하는 여성들을 혹독하게 비난하고, 다른 한편으로는 안젤라 헤이우드가 'fuck'이라고 말할 권리를 공개적으로 주장한다는 이야기를 읽고 있노라면 과연 우리가 동시대를 사는 사람들에 대해 이야기하고 있는 것이 맞는지 의심스러워진다.

성 자체에도 그와 유사한 모순이 많았다. 역사상 그때만큼 성을 심하게 억압하면서 널리 퍼뜨린 시대도 없었다. 1869년 필라델피아에는 12,000명, 시카고에는 7,000명의 창녀가 있었던 것으로 추정된다. 뉴욕의 경우는 어느 정도였는지 산정되지 않았지만 620개가 넘는 매춘굴이 있었다고 알려져 있다. 그리고 모험을 꺼리는 사람들을 위한 방대한 양의 '포르노(pornography: 1854년에 영국에서 만들어진 말로, '매춘부의 글'을 뜻하는 그리스어에서 유래했다)' 성 글과 사진이 있었다.

무허가 성행위와 관련된 많은 단어들은 역사가 무척 길다. bordello(매음굴: 작은 오두막을 뜻하는 옛 프랑스어에서 유래), brothel(매음굴: 버림받은 자를 뜻하는 옛 영어 brēothan에서 유래), whore(매춘부: 옛 영어 단어), strumpet(매춘부), harlot(매춘부), bawdy house(매음굴), streetwalker(매춘부) 등은 모두 청교도가 아메리카에 도착한 시기보다 훨씬 이전에 존재하던 단어들이다. 19세기에 창녀들을 가리키는 말로는 flapper(1920년대에 행실이 나쁜 여자를 가리키며 부활했다), gay woman, 혹은 gay 등이 있다. '게이'가 어쩌다 동성애자를 가리키는 말이 되었는지는 수수께끼다. 대충 1960년대 말부터 그렇게 되었다는 것은 알지만 무엇 때문인지는 아무도 모른다. 똑같이 동성애자를 가리키지만 약간 덜 알려진 'faggot'이라는 말도 베일에 싸여 있기는 마찬가지다. 이 말은 1905년에 동성애 혐오증이라는 의미로 처음 기록되었지만 그 이상은 알려진 바가 없다. 영국에서는 faggot과 축약형인 'fag'이 담배에서 심하게 지친 기분을 뜻하는 속어에 이르기까지 다양한 뜻으로 쓰였다. 미국에서는 영국의 남학생들이 쓰는 'fag(상급생에게 노예처럼 구는 남학생)'의 뜻으로 쓰였다. 그들은 상급생에게 핫케이크를 구워주고, 실내화를 갖다주고, 적당한 환경에서 성적인 혼란을 겪는 사춘기를 잘 지낼 수 있도록 도움을 주었다. 그러나 이상하게도 영국에서는 fag이 동성애자의 의미로 쓰인 흔적이 없다. 또 이 단어가 미국으로 전달되기까지의 과정을 분명하게 설명할 수 있는 사람도 없다.

성매매와 관련된 다른 미국 영어 중에는 1890년대의 red light district (홍등가: 매음굴 앞 창문에 빨간 등불을 거는 데서 유래했음을 짐작할 수 있다), 1900년의 hustler(매춘부), 1900년대 초의 floozie(매춘부), trick(매춘부의 손님), to be fast and loose(희롱당하다), cat house(매음굴), 그리고 1930년대의 John(매춘부의 손님), call girl(매춘부) 등이 있다.[28]

난잡한 성행위에 관한 품행이 나쁜 이야기, 성적인 주장, 다양한 형태로 점점 더 늘어가는 음담패설(smut: 더러움을 뜻하는 smudge와 관련이 있는 영국 방언으로 1722년에 처음 기록되었다)은 폭력적인 반응을 불러일으켰다. 그런 반응은 앤서니 콤스탁(Anthony Comstock)이라는 견고한 형태로 가장 강력하게 구체화되었다. 그는 미국을 포함한 많은 나라들 중에서 가장 냉혹하고 악랄하고 당당하게 남의 뒤를 밟는 악의 사냥꾼이었다.

영업사원과 해운회사 직원으로 일했던 콤스탁은 교육을 거의 받지 못해 겨우 읽고 쓸 줄 알았다. 하지만 자신이 싫어하는 것은 잘 알았는데, 남자 운동선수의 음부를 가리는 보호대 같은 것들을 모두 싫어했다. 그는 악 근절 협회를 설립하고 초대 사무국장을 맡고 외설적인 행위를 배척하는 연방법을 도입하기 위해 적극적으로 노력했다. 문제는 헌법이 그런 문제를 각 주에 일임하고 있다는 점이었다. 연방 정부는 우편을 통해 각 주들 사이의 교섭에만 관여할 수 있었다. 그러나 1873년에 법안을 하나 통과시켰는데, 이는 곧바로 콤스탁 법안으로 알려지게 되었다. 당대의 한 관찰자가 "의회에 상정되기에는 너무 사악하고 터무니없는 조치"라고 묘사한 이 법안은 단 10분만의 논의 끝에 통과되었다. 같은 해 콤스탁은 미국 우체국의 특별 요원으로 임명되어 새로운 법을 수행하는 책임을 맡게 되었고 맹렬하게 임무에 착수했다.

콤스탁과 그의 직원들은 1년 만에 6만 킬로그램의 책, 6,500킬로그램의 사진 건판, 20만 점의 사진과 그림, 60,300개의 잡다한 고무 제품, 31,500개의 최음제 상자, 5,500벌의 카드를 압수했다.29) 그 누구도 악의 씨를 근절하기 위한 그의 철두철미한 감시망을 피해가지 못했다. 심지어는 우편엽서에 남편을 '악당'이라고 썼다가 체포된 여자도 있었다. 1915년, 3,600명을 감옥에 넣고 16명의 자살을 유도했다는 것이 콤스탁의 자랑거리가 되었다. 그의 열정에 짓밟힌 사람들 중에는 아이다 크레독(Ida Craddock)이라는 사람도 있었다. 그녀의 책『결혼식 날 밤(The Wedding Night)』은 어느 판사로부터 순전히 허구적인 작품으로 읽어서는 안 될 저속한 책으로 못 박혔다.

콤스탁의 노력은 장기적으로는 매우 비생산적이었다. 그의 가차 없는 괴롭힘은 많은 희생자들에 대한 동정심을 불러일으켰다. 외설의 근절을 위한 그의 노력은 창작자의 순수한 꿈은 물론이고 공격받는 대상을 공론화하는 확실한 효과를 가져왔다. 특히 1913년에는 호수에서 나체로 목욕을 하는 젊은 여자가 나오는 폴 차바스(Paul Chabas)의 '9월의 아침'이라는 평범한 그림에 총부리를 겨누었다가 전국적으로 물의를 일으켰다. 그 결과 한 해가 가기 전에 나라 안의 모든 이발소와 주유소에서 그 그림의 사본이 자랑스럽게 걸렸다.

콤스탁 법안이 하지 않은 일 중 하나는 외설적이거나 음란하거나 점잖지 못한 것을 정의하는 것이었다. 의회는 기꺼이 그 판단을 콤스탁에게 맡겼다. 1957년까지도 고등법원은 외설 문제를 고려할 기회를 찾지 못했고 '외설적인 관심'을 불러일으키고 '문란한 생각'에 불을 지른다는 것 이상의 날카로운 판단을 내리지 못했다. 그러고는 결국 외설을 인지할 수는 있어도 정의할 수 없다는 판결을 내렸다. 판사 포터 스튜어트(Potter Stewart)도 "내 눈으로 봐야 알 수 있다."는 유명한 말을 남겼다.30) 1973년, 법원은 음란물을 '외설적인 관심을 불러일으키고, 불쾌한 행위를 공공연하게 포함하고, 예술적이거나 문학적이거나 정치적이거나 과학적인 가치가 결여된 것'을 음란물로 다시 정의했다. 하지만 그런 가치를 해석하는 권한은 지역 사회에 맡겼다.

음란물을 정의하는 문제는 무척 험난했다. 1989년 미국 상원의원 제시 헴스(Jesse Helms)는 논란이 일던 로버트 메이플소프(Robert Mapplethorpe)와 안드레 세라노(Andre Serrano)의 작품에 국립미술진흥기금이 기금을 지원했다는 이유로 비난을 퍼부었다. 그리고 외설적이거나 문란하다고 판단되는 프로그램에 대한 연방 정부의 지원을 거부하는 법안을 작성했다. 이 법안은 음란물에 대한 종합적인 정의를 내리려는 독특한 노력을 했다는 점에서 관심을 끈다. 금지된 대상은 "가학 피학성 변태 성욕, 동성애, 아동 학대, 성행위에 참여한 개인에 대한 묘사, 혹은 특정 종교인이나 비종교인의 목적이나 신념을 모욕하는 자료, 인종, 신조, 성, 장애, 연령, 국적에 대해 개인, 단체, 시민 계층을 모욕하거나 무시하거나 비방하는 자료를 포함하지만 그런 것들에 국한되지 않는" 예술 작품이었다. 이로써 미국은 정확한 허용 한도가 명시된 법안을 갖게 되었다. 비평가들의 지적처럼 불행히도 이 법안에도 많은 허점이 있었다.

"포함하지만 국한되지 않는"과 "특정 종교인이나 비종교인" 같은 애매한 부분이 악용될 가능성이 있었다. 하지만 그것을 제쳐두더라도 글자 그대로 법을 따르다가는 셰익스피어의 『베니스의 상인』, 에우리피데스의 『바커스의 시녀들(The Bacchae)』, 아리스토파네스의 『구름(The Clouds)』, 바그너와 베르디의 오페라 작품들, 루벤스, 렘브란트, 피카소의 그림을 지원하는 것이 불법 행위가 될 터였다. 심지어는 헌법을 전시하는 것도 불법일 수 있었다. 헌법 문서가 흑인이 백인의 5분의 3에 해당한다며(비례 대표를 결정하기 위해) 비하했기 때문이었다. 그 법안은 거부되었고 '음란 예술'을 금지하는 법으로 대체되었지만 그것 역시 정확한 음란물의 정의를 타인에게 전가

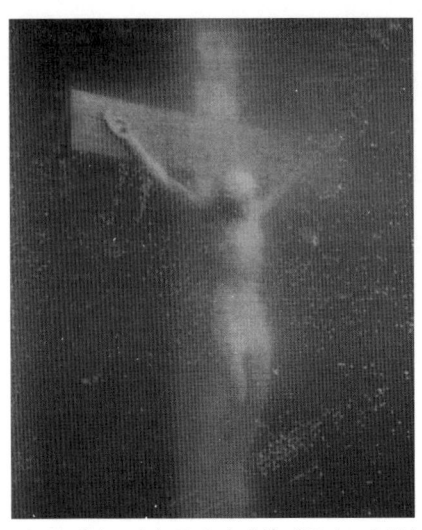

안드레 세라노 작 '오줌 속의 예수'. 온두라스 출신의 미국인 아티스트 안드레 세라노는 종교, 섹스, 죽음 세 가지 도발적인 주제로 논란을 일으킨다. 1987년 작인 '오줌 속의 예수'는 십자가에 매달린 예수 그리스도의 상(象)을 자신의 오줌 속에 빠트린 화제작으로 1997년 10월 호주 멜버른 빅토리아 국립미술관에서 발길질당하고, 해머공격을 받고 급기야 작품이 훼손되고 전시가 중단되는 사태가 벌어지기도 했다.

하고 직접 봐야 알 수 있다는 암시를 고집했다.

외설과 도덕성과 관련된 각 주의 법 역시 그 못지않게, 아니 우스울 정도로 애매했다. 그런 주 법에는 두 가지의 특징이 있었다. 먼저, 간섭이 너무 심했고 표현된 언어가 너무 불명확했다. 동의한 성인, 심지어는 부부 사이의 특정 행위(가령 오럴 섹스)를 금지할 정도로 많은 부분이 지나친 수준까지 법제화되었다. 대부분의 주에는 간통과 심지어는 자위행위를 금지하는 법안이 있었다. 하지만 그런 규정이 적힌 부분은 분명하게 표현되어 있지 않아 일반인은 모르고 넘어가기 쉬웠다. 가장 유명한 규정 중 하나는 '자연을 거스르는 범죄'다(캘리포니아에서는 '자연을 거스르는 수치스러운 범죄', 인디애나에서는 '자연을 거스르는 혐오스럽고 불쾌한 범죄'로 표현되어 있다). 하지만 무엇이 '자연을 거스르는 범죄'인지는 구체적으로 밝히지 않는다. 순진한 사람이라면 나무를 베거나 잔디 위를 걷지 말라는 뜻인 줄 알았다고 변명할지도 모른다.

다른 많은 주들에 '자기오염(self pollution)'을 금지하는 법이 있었지만 그 표현이 무엇을 뜻하는지 밝히지 않는 것은 마찬가지였다. 가끔 '동성애'나 '자위행위' 같은 구체적인 단어도 포함되었지만 오히려 불확실성을 더 강조할 뿐이었다. 가령 1905년에 통과된 인디애나 법에는 이런 구절이 있다. "21세 이하의 개인이 자위행위나 자기오염 행위를 하도록 부추기거나 유혹하거나 도와주는 자는 동성애의 죄를 범한 것으로 간주한다."[31] 이 법이 암시하듯이 자위행위와 자기오염이 같지 않다면 '자기오염'은 정확히 무엇을 가리키는 것일까? 담배를 피우는 것일까? 아니면 손톱을 깨끗하게 청소하지 않는 것일까? 그것이 무엇이든 인디애나에서는 1950년대까지만 해도 그 죄로 14년 동안 감옥생활을 해야 했다.

주정부가 세심하고 명확하게 규정하려고 노력한 사례 중에서 혼란을 자초하지 않은 것이 거의 없다. 예를 들어, 캔자스는 성교의 형태로 행해지는 부정은 불법이지만 비정상적 성행위는 불법이 아니라는 규정을 정했다. 분명한 사실은, 대부분의 사람들이 한두 번쯤은 그 법을 어긴다는 것이다. 그 문제를 그냥 넘기지 않은 성 연구가 알프레드 킨제이(Alfred Kinsey)는 조사 결과에서 인디애나 주민의 85퍼센트가 감옥에 가야 하고 나머지 15퍼센트는 빈혈이 있는 사람들일 것이라며 반농담조로 말한 적이 있다.

물론 문제는 성뿐만 아니라 모든 분야에서 허용되는 행위에 대한 개념이 늘 달라진다는 것이다. 턱수염 문제만 해도 그렇다. 1840년경까지 미국인들은 200년이라는 오랜 세월 동안 턱수염을 기르지 않고 있었다. 그래서 매사추세츠 프래밍엄(Framingham)의 한 괴짜는 턱수염을 길렀다가 사람들의 공격을 받고 감옥으로 끌려갔다. 그러나 15년 정도가 지난 1850년대 중반에는 턱수염을 기르지 않는 미국인을 거의 찾아볼 수 없을 정도였다. 치마 길이는 또 어떤가. 치맛단이 종아리 중간까지 올라가기 시작했던 1921년, 유타 주는 발목에서 3인치(7.6센티미터) 위로 올라가는 치마를 입은 여성에게 벌금도 모자라 감옥에 보낼 것을 고려했다. 신체의 반대쪽 끝이 노출되는 것에 화들짝 놀란 버지니아 주는 목이 3인치 이상 드러나는 옷을 입는 것을 범죄행위로 규정하는 법안을 도입했다. 오하이오 주는 여성들을 간섭하지 않기로 결정했지만 문제의 핵심을 짚어 "여성의 신체를 지나치게 드러내거나 강조하는" 옷을 팔다가 적발된 상인은 무조건 처벌하기로 했다.32) 그런 모욕은 여성의 의복에만 국한되지 않았다. 1935년까지도 가슴을 드러내놓고 애틀랜타의 해변을 거니는 남성은 풍기문란으로 체포되었다.33)

요컨대 허용 기준은 항상 변하기 마련이다. 억압의 시기가 지나면 항상 자유의 시기가 뒤따른다. 앤서니 콤스탁의 무지막지한 탄압의 시기는 그가 사망한 1915년에 막을 내렸고 곧바로 비교적 자유로운 시기가 뒤를 이었다. 치맛단의 높이가 눈이 돌아갈 정도로 올라갔을 뿐만 아니라 자동차 덕분에 갑자기 기동성이 좋아진 젊은이들이 밤새 파티를 하면서 밀조된 술을 마시고 서로 껴안고 애무(necking, petting)를 했다. 물론 예전에도 그런 행동을 했지만 드러내놓고 한 것은 그때부터였다. bedroom eyes(유혹하는 눈길), playboy(바람둥이), tall(키가 큰), dark(피부가 가무잡잡한), handsome(잘생긴) 등 그 시기에 생겨난 많은 단어들은 10년 전만 해도 표현할 수 없었던 노골성을 있는 그대로 드러냈다.

영화보다 더 새로운 풍조로 떠오르는 성적인 대담함이나 그에 따른 반발을 더 잘 파악하는 매체도 없었다. 영화는 조심스러운 출발을 한 이후로 1915~1920년에는 당시의 기준으로도 무척 대담해졌다. 영화 촬영소들은 〈더럽혀지지 않은 낙원(Virgin Paradise)〉, 〈뜨거운 로맨스(Red Hot Romance)〉, 〈열네 번째 사랑(The Fourteenth Love)〉, 〈그 여자의 가격(Her Purchase Price)〉, 〈육체와 악마(Flesh and the Devil)〉, 〈대단한 정력가(White Hot Stuff)〉 같은 도발적인 제목을 가진 영화들을 줄줄이 찍어냈다.34) 어느 선정적인 영화 포스터는 "포옹, 애무, 순수한 키스, 정열적인 키스, 쾌락에 빠진 딸들, 쾌감을 갈망하는 어머니들, 대담하고 흥분되는 나체의 진실"을 관객에게 약속했다.35) 심지어는 역사를 다루는 작품도 그런 표현을 썼다. 〈트로이의 헬렌(Helen of Troy)〉에 "기원전 도시에 사는 기원후의 여자"라는 광고가 붙었다.[36] 1918년 작 〈남자의 세계(A Man's World)〉같이 누드가 잠깐 나오는 영화는 별로 없었고, 거의 모든 영화가 확실히 자유분방한 성을 표방했다. 하지만 가장 선정적인 것은 포스터였다.

1921년 할리우드는 추문으로 들썩거렸다. 패티 아버클과 윌리엄 데스몬드 테일러라는 감독이 성적으로 의심스러운 상황에서 죽은 사건이 발생했다. 뿐만 아니라 37개 주와 수백 개의 자치단체들이 검열법으로 혼란을 겪으면서 할리우드가 행동에 돌입했다. 공식적으로는 'Motion Pictures Producers and Distributors of America, Inc.'로 알려졌지만 모든 사람들에게는 초대 책임자 윌 H. 헤이스의 이름을 딴 'Hays Office'로 더 많이 알려진 단체를 결성했다. 공화당의 전 총재였고 워렌 G. 하딩 대통령 밑에서 우정공사 총재로 일했던 헤이스는 흡연과 음주를 하지 않는 인디애나 장로교회 신자였다. 그의 쪼들린 얼굴에는 도덕적인 청렴함이 여기저기 배어 있었다. (하지만 하딩 행정부의 더 많은 사람들처럼 청렴성이 돈 문제에까지는 미치지 못했다.) 10만 달러의 연봉을 받던 그는 미국 영화의 도덕성을 감시하는 경비원이 되었다.

1927년 헤이스 오피스는 '금지할 것과 조심해야 할 것'이라는 유명한 일람표를 발행했다. 그 일람표는 "지나치거나 선정적인 키스" 같은 11개의 금지 행위와 강력한 주의가 필요한 26개의 행위로 구성되어 있었다. 1930년 이 일람표는 훨씬 더 광범위한 제작 규정(Production Code)으로 대체되었는데, 이는 반세기 동안 영화 제작의 성서로 통용되었다. 규정에는 영상이 건전해야 하며 관객의 동정심이 "범죄, 비행, 재난, 죄악에 희생되어서는" 결코 안 된다는 대원칙 몇 가지와 수십 가지 구체적인 제약 사항이 정의되어 있었다. 제작 규정은 일상적이거나 심한 욕설뿐만 아니라 eunuch, floozy, louse(헤이스 오피스는 이런 단어들 대신 악취를 풍기는 벌레를 뜻하는 stinkbug를 쓰라고 친절하게 제안했다), guts(본능), in your hat(곤란한), nuts, nerts(바보 같은 소리), cripes(저런), hellcat(마녀), belch(불평), 그리고 특히 virtuous(고결한: 고결하지 않은 사람들도 있다는 것을 지나치게 강조한다는 억지 생각에)같이 매우 유용한 단어들마저 영화에 쓰지 못하게 했다. '거짓말쟁이'는 코미디에는 허용되었지만 드라마에는 사용할 수 없었다. 농부의 딸이 나오는 장면에는 '외판원'이라는 말을 쓸 수 없었다.³⁷⁾ 경건한 장면에서도 'Lord'는 'Lawsy'로 고쳐 써야 했다. 이 규정과 관련된 불멸의 신화가 있는데, 남녀가 침대에 함께 있을 때 남자는 적어도 한 발을 바닥에 내려놓아야 한다는 내용이었다. 하지만 실제로는 그런 내용이 없었다. 그러나 다른 것들에 대해서는 거의 모두 간섭했다. 한 영화 역사가는 "정상적인 성인의 상황에 벌어질 수 있는 거의 모든 것을 보여 주거나 언급하는 것을 금지했다."고 평가했다.

'it'은 이해할 수 없는 상황에서도 선정적이라는 평가를 받았다. 1931년 헤이스 오피스는 새뮤얼 골드윈에게 〈그리스인은 그것에 대해 할 말이 있었다(The Greeks Had a Word for It)〉는 코미디극의 제목을 〈그리스인은 그것들에 대해 할 말이 있었다(The Greeks Had a Word for Them)〉로 바꾸도록 명령했다. 3년 뒤 골드윈이 레즈비언을 다룬 릴리언 헬먼(Lillian Hellman)의 희곡 『아이들의 시간(The Children's Hour)』의 저작권을 샀을 때 헤이스는 제목을 바꾸고 동성애자가 안 나온다면 영화를 만들 수 있을 것이라고 조언했다. 그 영화는 레즈비언 없이 제목도 〈이들 세 사람(These Three)〉으로 바뀌어 제작되었다.³⁸⁾

제작자들은 거래를 통해 대사 한 줄을 지키기도 했다. 데이비드 O. 셀즈닉(Selznick)은 클라크 게이블의 유명한, 그 당시로는 충격적인 대사인 "솔

빅터 플레밍 감독, 비비안 리, 클라크 게이블 주연의 영화 〈바람과 함께 사라지다〉는 1937년 퓰리처상을 수상한 마거릿 미첼의 원작을 토대로 1939년에 제작되어 1940년 아카데미 시상식에서 10개 부문을 수상한 대작이다.

직히 말한다면, 난 아무 상관없소(Frankly, my dear, I don't give a damn)."를 겨우 지켜냈다. 공교롭게도 〈바람과 함께 사라지다〉에 나오는 이 대사는 극본에는 없는 것이었다. 셀즈닉은 그 대신 "당신의 비열하고 보잘것없는 영혼이 지옥에서 영원히 타버렸으면 좋겠군요."라는 대사를 삭제했다.[39] 하지만 대체적으로 영화는 무척 조심스럽게 만들어졌고, 이런 분위기는 1960년대까지 이어졌다.

1953년까지도 〈신사는 금발을 좋아해(Gentlemen Prefer Blondes)〉의 주인공은 술을 단숨에 들이키면서 "술잔을 비운다(bottoms up: bottom에 둔부의 의미가 있다-옮긴이)."고 말하지 못했다. 브로드웨이 작품 〈7년 만의 외출(The Seven-Year Itch)〉에서 주인공은 간통을 저지르지만 1955년 영화에서 톰 이웰(Ewell)은 간통의 위험한 유혹에 대해 고뇌만 할 뿐이었다. 1952년에 나온 영국의 코미디 영화 〈선장의 낙원(Captain's Paradise)〉에서 알렉 기네스(Alec Guinness)는 두 곳의 항구에 아내를 둔 선장으로 나온다. 이 영화는 제작자들이 관객에게 그런 일을 하지 않도록 훈계하는 자막을 마지막에 삽입한 뒤에야 미국에서 개봉되었다.[40] 월트 디즈니도 젖통이 달린 소를 보여 주는 것을 허락받지 못했다.[41]

마침내 1968년에 이르러 제작 규정이 대체로 무시되고 폐기되면서 새로운 등급제가 도입되었다. 본래 영화는 선정성이 낮은 순서로 X, R, M, G 등급이 매겨졌다. M등급은 나중에 GP를 거쳐 PG로 바뀌었다. 포르노 극장(porno theater: 1966에 나온 미국 신조어) 주인들이 좋아하는 XXX 혹은 트리플 X는 단 한 번도 공식적인 등급으로 취급되지 않았다.

신문과 잡지는 헤이스 오피스와 같은 규제 단체를 둔 적이 없었으며, 단지 그런 것처럼 행동했을 뿐이다. 1930년이 한참 지났을 때, 「뉴욕타임스」는 진지한 논의에서조차 지면을 더럽힌다고 하여 'syphilis(매독)' 나 'venereal disease(성병)' 같은 단어를 사용하지 못하게 했다.[42] 획기적인 매독 치료제가 개발된 1933년, 「뉴욕타임스」를 비롯한 많은 신문들은 그 사실을 어떻게 독자들에게 알릴지 고민했다. 대부분은 그냥 편하게 'social disease(사교적 질병)' 라고 애매하게 표현하고 말았다. 순진한 독자라면 그것을 악수와 관련된 병쯤으로 착각하기에 충분했다.

1943년 전국을 시끄럽게 한 살인 사건에서 남편의 동성애가 한 가지 원인으로 떠올랐다. 하지만 그런 불행의 원인을 있는 그대로 표현할 수 있는 신문이 거의 없었다. 한 신문은 그가 "비정상적인 심리 징후"를 가지고 있다고 설명했다.[43] 'rape(성폭행)' 는 'assault(격한 공격)' 로 순화되었다. 신문은 흔히 공격자가 "희생자를 마구 때리고 발로 차다가 계단으로 밀어붙인 다음 공격했다."는 유명한 표현을 쓰지만, 이는 확실한 증거도 없는 거짓일 가능성이 다분하다.

　심하지 않은 욕설에도 저항하는 사회 구조 때문에 미국은 특히 순화적인 첨가어를 많이 만들어냈다. 그 예는 darn, durn, goldurn, goshdad, goshdang, goshawful, blast, consarn, confound, by Jove, by jingo, great guns, by the great horn spoon[『비글로 페이퍼스(Biglow Papers)』에 처음 언급된 임시 용어], jo-fired, jumping Jehoshaphat 등 셀 수도 없이 많다. 하지만 이 조심스러운 표현들조차 1940년대까지도 사람들을 곤경에 빠뜨렸다. 멘켄은 뉴욕의 연방 판사가 법정에서 'darn'이라는 말을 쓴 변호사에게 무례하다며 모욕을 준 이야기를 해 준다. 1943년, 우정공사 총재는 「에스콰이어」 잡지가 여러 호에서 backside, behind, bawdy house 등의 표현을 썼다며 고발했다. 불쾌감을 유발하는 말은 아예 쓰지 말아야 했다. 제2차 세계대전 동안 반독 감정을 자극한 '총통의 얼굴(Der Fuehrer's Face)'이라는 노래는 모욕적인 표현이 들어 있다는 이유로 전국적으로 방송을 타지 못했다.

　텔레비전 역시 자체의 윤리 기준을 가지고 있었다. 1944년에 이미 노마 마틴(Norma Martin)과 에디 캔터(Eddie Cantor)가 '우린 아기를 가질 거야, 아기와 나(We're Having a Baby, My Baby and Me)'라는 곡을 듀엣으로 부르며 훌라 춤을 곁들이자 카메라맨은 그 영상을 흐리게 처리하라는 지시를 받았다.[44] 초기 토크쇼에서 영국의 코미디언 비어트리스 릴리(Beatrice Lillie)가 벨리 댄스에 대해 "내 아랫배로는 그 춤을 못 춘다."는 농담을 했다가 사람들의 원성을 샀다. 하나님을 섬기는 성서에 나오는 예언자와 같은 이름을 가진 아칸소 의원 이지키얼 고딩스(Ezekiel C. Gothings)는 1950년대 초에 텔레비전의 성과 폭력에 관한 청문회를 열었다(청문회에서는 특히 폴 하비라는 젊은이가 어느 날 밤에 풀로 엮은 치마를 입은 젊은 여자와 몸에 붙는 옷을 입은 젊은 남자가 신나는 음악에 맞춰 엉덩이를 흔들며 후치쿠치 춤을 추는 것을 보고 정말 놀랐다고 증언했다). 그 뒤로 텔레비전 네트워크는 독자적인 규정을 만들어, 장소를 불문하고 누구라도 비도덕적이라고 생각하는 것은 절대 미국에서 방영되어서는 안 된다는 기본 방침을 정했다.[45]

따라서 1953년에 루실 볼이 임신을 하게 되었을 때, pregnant라는 말을 쓸 수 없었다. 볼은 그냥 아이를 '기대하고(expecting)' 있을 뿐이었다. 검열을 자극한 것은 비단 성적인 문제만이 아니었다. 1956년에 로드 설링(Rod Serling)이 백인 여자에게 휘파람을 분 뒤에 살해된 미시시피의 한 흑인 청년에 관한 원고를 썼을 때 〈더 유에스 스틸 아워(The U. S. Steel Hour)〉의 제작자들은 그 아이디어에 열광적으로 찬성했다. 단, 희생자가 흑인이 아니고 살해되지도 않았으며 남부에 살지도 않아야 한다는 조건이 붙었다.

책은 훨씬 더 여유로웠다. 1945년부터 『낯선 열매(Strange Fruit)』라는 소설에 'fucking'이 등장했는데, 이 단어는 매사추세츠에서는 금지되었다. 출판사들은 매사추세츠 주를 상대로 소송을 걸었다. 하지만 책 판매권을 주장해야 할 원고측 변호사는 법정에서 반대 의견을 피력하지 못했다. 게다가 그는 그 말이 대중이 받아들이기에는 너무 외설적임을 시인했다. 결국 그 사건은 흐지부지되고 말았다.[46] 1948년 노먼 메일러(Norman Mailer)는 『나자와 사자(The Naked and the Dead)』에 'pissed off'라는 말을 넣어 물의를 빚었다. 3년 뒤, 제임스 존스의 『지상에서 영원으로(From Here to Eternity)』가 출판되면서 미국에는 네 글자로 된 욕설이 거침없이 쓰인 소설이 처음 탄생했다. 그런데도 편집자들은 어떤 말을 써야 할지 몰라 혼란스러웠다. 그들은 'fuck'과 'shit(그러나 원고에서 반 정도를 생략할 수밖에 없었다)'은 허용했지만 'cunt(여자의 성기)'와 'prick(남자의 성기)'은 삭제했다.[47]

사전 제작자들은 그런 상황에 저항하면서도 분명한 태도를 보이지 못했다. 1960년대에 메리엄 웹스터의 『뉴 인터내셔널 사전(Third New International Dictionary)』 3권은 cunt, shit, prick 등 수많은 금지어를 수록함으로써 새로운 지평을 열었지만 fuck에 관해서만큼은 조심스러웠다. 마리오 페이(Mario Pei)는 「뉴욕타임스」에서 그런 누락 사실을 비판했지만 그 단어가 구체적으로 무엇인지는 밝히지 못했다. 요즘도 미국은 놀라울 정도로 표현을 순화하는 나라로 남아 있다. 국무부는 아직도 '창녀'라는 단어를 쓰지 못하고, 대신 "쉽고 편하게 만날 수 있는 지역 여성"이라고 표현한다.[48] 유채씨(rapeseed) 생산자들은 첫음절(rape)이 예민한 감각을 자극한다는 이유로 '카놀라(canola)'로 고쳐 부르고 있다. 하지만 원예의 'rape'는 순무를 뜻하는 라틴어 'rapa'에서 유래했다.[49]

책과 영화가 점점 더 노골적인 성격을 띠는데도 불구하고 특히 신문, 라디오, 지역과 네트워크 텔레비전 등 대부분의 매체의 표현에 관한 한, 미국은 선진국 중 가장 보수적인 나라일지도 모른다. 다른 곳에서는 아무런 평가나 반응을 유발하지 않은 말, 그림, 개념이 대부분의 미국 매체로부터 비공식적으로 금기시되고 있다.

1991년 「컬럼비아 저널리즘 리뷰(Columbia Journalism Review)」는 피츠버그 파이어리츠 감독 짐 릴랜드(Leyland)와 그가 거느린 스타 선수 배리 본즈가 잠시 물의를 일으킨 언쟁에 대해 보도했다. 잡지는 전국 13개의 신문들이 두 사람이 서로에게 퍼부은 심한 욕을 어떻게 썼는지 조사했다. 신문들은 저마다 귀에 거슬리는 말들을 생략부호로 대체하거나 가벼운 말로 바꾸었다. 예를 들어 'kissing your ass'는 'kissing your butt'가 되었다. 외부 비평가들에게는 두 가지가 금세 눈에 띄었다. kissing your ass는 여전히 현대의 미국 신문 독자들에게 지나치게 노골적인 표현이며, kissing your butt는 그보다는 약간 더 품위 있는 말이라는 점이다. 우습게도 「컬럼비아

『저널리즘 리뷰』는 신문들이 단어 사용에 얼마나 불편을 느꼈는지는 신나게 보도하면서도 정작 자신은 그 두 개의 비속어를 하나도 쓰지 못했다. 그 대신 욕을 가리키는 "F-word"나 "A-word" 같은 어색한 표현에 의지했다.

그처럼 지나치게 몸을 사리는 예를 찾는 것은 그리 어렵지 않다. 1987년 『뉴욕타임스』 칼럼니스트 윌리엄 세파이어(Safire)는 'cover your ass' 라는 표현에 관한 칼럼을 썼는데, 차마 그 끔찍한 말을 직접 쓸 수는 없었다(그러나 butt, keister, rear end, tail 등 많은 노골적인 동의어를 열거하는 것은 주저하지 않았다). 같은 해 〈새미와 로시(Sammy and Rosie Get Laid)〉라는 심각한 예술 영화가 개봉되었을 때, 세파이어는 자기 칼럼에 그 영화의 제목을 밝히지 못했다. 〔『뉴욕타임스』는 그 제목을 모두 써서 광고를 하는 것을 아예 받아들이지 않았다.〕 세파이어는 이렇게 설명했다. "나는 여기에 그 제목을 쓰지 않을 것이다. 나는 가족 문제를 다루기 때문이다. 게다가 그 속어를 드러내놓고 피하는 것이 훨씬 더 흥미롭다."[50] 한편으로 그는 우리의 예민한 감각을 상당히 고려하고 있다는 사실을 보여 주면서, 다른 한편으로는 우리의 기분을 좋게 만들고 있다. 실제로는 우리의 감정을 자극하는 것이 그의 바람일지도 모른다. 그런 선별적인 자기 검열 때문에 미국의 신문들은 일관적이지 못하다는 비난을 받는다.

나는 『뉴욕타임스』 부편집장 앨런 M. 시걸(Allan Siegal)에게 그 신문사에서는 무엇을 나쁜 언어로 규정하고 있는지 물었다. 시걸은 이렇게 대답했다. "우리 신문에 금지어 목록이 없다고 말할 수 있어 다행입니다. 매우 중요한 뉴스가 전개될 때 독자가 이해하는지에 초점을 맞춘다면 이론적으로는 '어떤' 표현도 인쇄될 수 있으니까요." 그는 『뉴욕타임스』가 워터게이트 관련 보도에서 shit을 사용했으며 "클라렌스 토머스 성폭력 청문회 같은 중대한 상황에서도" ass, crap, dong을 사용했다고 강조했다.

그런 예가 매우 예외적이라는 사실을 알아야 한다. 1980년과 1993년 7월 사이에 「뉴욕타임스」에는 shit이 단 한 번만 등장했을 뿐이다(폴 서룩스(Paul Theroux)의 서평에서). 그 시기 동안 「뉴욕타임스」는 4~5억 개의 단어로 된 서평 기사를 냈는데, 'piss'는 고작 세 번 등장했다(서평에 두 번, 예술 비평에 한 번). 'laid'는 32번 등장했지만 늘 세파이어가 이름을 올리지 못한 영화를 언급할 때만 쓰였다. 'butthead' 혹은 'butthole'은 16번 나왔지만 재미있는 팝그룹 '버트 홀 서퍼스(Butthole Surfers)'를 가리킬 때만 볼 수 있었다.

시걸은 이렇게 설명한다. "우리는 위험을 감수할 자신이 없는 한 충격이나 불편을 주고 싶어 하지 않아요. 거칠거나 상스러운 언어에 저항하는 사회의 장벽을 누그러뜨리는 일에 동참하기를 주저한다는 겁니다. 그 문제는 독자든 광고주든 돈을 지불하는 고객들에 대한 관심에 비하면 아무것도 아니죠. 우리 경영진은 시민의 여론이 민주주의의 소중한 가치관이며, 우리가 어떤 선택을 하느냐에 따라 그 가치관을 지켜줄 수도 손상시킬 수도 있다고 진심으로 믿습니다."[51]

노골적인 언어에 대한 미국인의 접근 방식이 가져온 한 가지 결과는, 가장 일상적인 표현이 잘 기록되지 않았기 때문에 그것들이 언제 처음 세상의 빛을 보게 되었는지 알 수 없다는 사실이다. 'to be caught with one's pants down(난처한 상황에 처했거나 잘못을 하다가 들키다)' 같이 불쾌감을 전혀 주지 않는 말조차 1946년에야 기록에 남겨졌을 정도였다(「새터데이 이브닝 포스트(Saturday Evening Post)」에). 그러나 사람들은 적어도 한 세기 먼저 그 말을 사용하고 있었다.[52] fucking-A(좋거나 싫은 마음을 표현하는 감탄사)와 shithead(바보, 머저리) 같은 더 강한 표현은 언제 처음 기록에 남았는지 추적할 길이 전혀 없다.

한 연구에 따르면 성인의 전체 대화 중 욕설이 3퍼센트나 차지하는데도 학문에서는 무시되고 있다. 최근에 진행된 몇 안 되는 연구 논문 중에 「미국의 욕(Cursing in America)」이 있다. 하지만 저자인 매사추세츠 노스 애덤스 주립대학의 티모시 제이(Timothy Jay)는 학장의 반대로 5년 동안 연구를 연기해야만 했다. 제이는 한 신문 인터뷰에서 이렇게 말했다.[53] "이 연구를 진행할 수도 관련 과목을 가르칠 수도 없으며 학교에서 계속 하기에 적절한 연구 분야가 아니라는 이야기를 들었다. 전임 교수가 되자마자 욕 연구를 재개했다." 이것이 현실이다.

제 19 장

키티호크에서 점보제트기까지, 하늘길이 열리다

In 1993, according to an international business survey, the world's most valuable brand was Marlboro, with a value estimated at $40 billion, slightly ahead of Coca-Cola. Among the other top ten brands were Intel, Kellog's, Budweiser, Pepsi, Gillette, and Pampers. Nescafe and Bacardi were the only foreign brands to make top ten, underlining American dominance. Why companies like Coca-Cola suffer palpitations when they see a passage like this (from John Steinbeck's The Wayward Bus): "Got any coke?" another character asked. "No," said the other proprietor. "Few bottles of Pepsi-Cola. Ha__ __ coke for a month……. It's the same stuff. You can'__ __ __ 1993, according to an international business __ __ __ brand was Marlboro, with a value esti__ __ __ of Coca-Cola. Among the other top ten __ __ __ser, Pepsi, Gillette, and Pampers. Nes__ __ __ brands to make top ten, under-li__ __ __ like Coca-Cola suffer palpita-ti__ __ __ John Steinbeck's The Way-war__ __ __r asked. "No," said the ot__ __ __ven't had any coke for a mor__ __ __ them apart." In 1993, ac__ __ __world's most valuable bran__ __ __llion, slightly ahead of Coca-Co__ __ __el, Kellog's, Budweiser, Pepsi, Gillett__ __ __a Bacardi were the only brands to make top ten, underlining American dominance.

MADE IN
AMERICA

모두가 잘 아는 이야기를 하나 할까 한다. 1903년 12월의 어느 추운 날, 오빌(Orville)과 윌버 라이트(Wilbur Wright)는 주민 다섯 명의 도움을 받아 이상하게 생긴 비행물체를 노스캐롤라이나 키티호크 해변으로 끌고 갔다. 윌버가 날개를 설치하자 오빌은 조종대 쪽으로 상체를 굽히고 비행기가 나무 활주로 위를 구르도록 고정시켰다. 잠시 후 비행기가 어설프게 뜨면서 5미터 정도 올라가더니 해변을 따라 36미터를 기우뚱거리며 날다가 모래언덕에 내려앉았다. 비행시간은 고작 12초. 기체의 크기는 현대의 점보제트기 날개보다 작았지만 비행기의 시대가 시작되는 순간이었다.

이것이 현대 기술의 최대 사건 중 하나라는 사실을 모르는 사람은 없다. 하지만 나는 라이트 형제가 단순한 개념에 영감을 받아 운 좋게 비행기를 떠올렸을 것이라는 느낌을 지울 수 없다. 우리는 영화에서 방파제 끝으로 추락하거나 건초더미로 떨어지는 초기 비행기의 모습을 많이 보았다. 어차피 비

라이트 형제, 오빌 라이트와 윌버 라이트는 세계 최초로 비행기를 발명했으나 워낙 조용한 성격과 다른 단체의 후원을 받는 연구가들 때문에 정작 미국에서는 오랫동안 인정을 받지 못했다.

행기는 세상에 나올 수밖에 없는 발명품이었다. 라이트 형제는 단지 운이 좋아 먼저 결승점에 도착했을 뿐이다.

 사실 그들의 업적은 그보다 훨씬 더 대단하다. 기술자가 동력 비행기를 만들려면 날개 디자인, 기관, 프로펠러, 제어 장치를 근본적으로 혁신해야 했다. 라이트 형제의 비행기에 들어간 모든 부품들은 혁명의 소산이었고, 그들은 그 모두를 하나하나 직접 설계하고 장착했다.

 연합형제교회(United Brethren Church) 주교의 아들들로, 오하이오 데이튼 출신의 내성적인 독신 남자 두 사람은 각고의 노력 끝에 불과 3년 만에 공기 역학 분야에서 세계 최고의 권위자가 되었다. 그들의 집에 설치된 풍동(항공기 모형이나 부품을 시험하는 통 모양의 장치)은 다른 곳에 있는 장치보다 훨씬 더 앞선 것이었다. 그들은 프로펠러 역학에 관한 공식 이론, 다시 말해 프로펠러의 종류에 따른 비교 연구를 할 만한 공식이 전혀 없다는 사실을 알고는 직접 그것을 만들어 냈다. 비행기가 지금은 너무도 당연하게 여겨지기 때문에, 우리는 그들의 발상이 얼마나 대단한 혁신이었는지 잊고 있다. 단 몇 년 만에 날개의 공기역학적 성질을 파악한 점에 있어 그들을 따라갈 사람은 아무도 없었다. 날개를 제어하기 위한 휨 구조는 대단히 획기적인 발명으로 지금도 "하늘을 나는 모든 비행기에 응용되고" 있을 정도다.[1] 몇 년 뒤 오빌은 "우리가 모은 날개의 휨 방식에 관한 자료는 앞으로 후손들이 수집할 양보다 100배는 더 많다고 믿는다."며 전에 없이 대담한 발언을 했다.[2]

그들의 배경을 따지자면 혁명을 점칠 만한 것이 전혀 없었다. 그들은 데이튼에서 자전거점을 운영했다. 과학 공부를 한 적도 없었다. 둘 다 고등학교도 졸업하지 못했다. 그러나 독학을 통해 그 누구보다 더 많은 비행 역학과 기술을 발견하고 터득했다. 그들의 전기를 쓴 어느 작가의 말처럼 "아무런 교육을 받지 않고 스스로 공부한 두 기술자가 비행 문제를 연구한 더 저명한 과학자들을 쓸모없는 아마추어로 보이게 만들었던" 것이다.[3]

그들은 확실히 특이했다. 진지하고 차분한(최초의 성공적인 비행을 짧은 악수로 축하했다) 그들은 늘 빳빳한 깃에 넥타이를 맨 정장을 차려입었는데, 시험 비행 때도 마찬가지였다. 결혼도 하지 않고 항상 같이 살았으며 가끔 격한 논쟁을 벌이기도 했다. 동료의 증언에 따르면, 한번은 두 사람이 어떤 문제를 해결하는 방법을 두고 심하게 다툰 채 잠자리에 들었다고 한다. 그런데 아침에는 상대의 의견도 일리가 있다는 것을 인정하고 다른 관점에서 다시 논쟁을 시작했다. 아무리 이상해 보여도 그들의 관계는 유익한 것임이 틀림없었다.

라이트 형제는 초기에 많은 좌절을 겪었다. 특히 어느 봄에는 키티호크로 돌아갔다가 황당한 일을 겪었다. 그곳에 남겨두었던 유망한 비행기 모델을 쓸모없는 것으로 여긴 지역의 여자 우체국장이 프랑스제 목공단으로 된 날개 덮개를 벗겨내 딸들에게 드레스를 만들어 입힌 것이다.[4] 키티호크는 로어노크(Roanoke) 아일랜드에 있는 미국 최초의 식민지 부근 노스캐롤라이나 해안에 위치했다. 이곳은 여름에는 무시무시한 모기가 극성이고,

겨울에는 강한 바람이 불며, 너무 외딴 곳이라 재료와 부품을 필요할 때마다 입수하기가 불가능한 점 이외에도 많은 단점을 가지고 있었다. 하지만 그런 것들에 대한 보상도 있었다. 늘 순풍이 일정하게 불고 해변이 탁 트여 방해물이 전혀 없었으며 무엇보다도 모래 언덕이 모든 것을 보상하고도 남았다.

새뮤얼 피어폰트 랭글리(Samuel Pierpont Langley)는 과학적으로 탄탄한 명성을 쌓았고 팀으로 구성된 조수들이 있었으며 스미소니언 협회, 의회, 미 해군의 후원을 받으며 최초의 비행기를 만들 거라는 기대를 한몸에 받았다. 그는 항상 워싱턴 부근의 포토맥 강에 만들어놓은 단상에서 시험 비행을 했다. 사람들은 항상 그의 시험 비행을 구경하러 갔다가 볼품없는 시험용 비행기가 툭하면 단상에서 고꾸라져 콧부리를 물에 처박는 광경을 보며 어쩔 줄 몰라 했다. 그는 물 위로 올라간 비행기가 날지 못하면 당연히 물에 빠진다는 생각을 한 번도 못해본 사람 같았다. 랭글리의 헌신적인 조수이자 시험 비행사였던 찰스 맨리(Manly)는 운이 좋았는지 그때마다 간신히 목숨을 건졌다.

반대로 라이트 형제는 기자들과 구경꾼들의 성가신 관심과 후원자들의 압박을 받지 않았다. 누구에게 결과를 알려줄 필요도 없이 마음 편하게 연구를 진행할 수 있었으며 시험 비행이 실패해도 비행기는 부드러운 모래언덕에 안전하게 떨어졌다. 그들은 발명품을 'Wright Flyer'라고 지었는데, 그것은 마치 하늘을 나는 특징보다는 그들이 가진 자전거 중 하나를 가리키는 것 같은 아리송한 이름이었다.

1903년 가을, 라이트 형제는 두 가지 사실을 알게 되었다. 새뮤얼 랭글리의 비행기는 영원히 날 수 없으며, 자기들의 비행기는 날 수 있다는 사실이다. 그들은 키티호크, 더 정확하게 말하면 키티호크 부근의 킬데빌힐스

라이트플라이어. 라이트 형제가 만든 최초의 유인 동력 비행기. 1903년 12월 17일 키티호크 항공에서 12초 동안 뜬 것이 인류 최초의 비행이었다.

(Kill Devil Hills)에서 비행기를 손보며 가을을 몽땅 보내다시피 했다. 하지만 프로펠러 때문에 계속 난관에 부딪쳤다. 날씨도 늘 도움이 되어주지는 않았다. (조건이 이상적으로 맞아떨어진 날은 일요일이라 비행 시험이나 작업을 하지 않았다.) 대사건이 벌어진 12월 17일, 그들은 84일째 키티호크에 머물며 콩으로 연명을 하고 있었다. 그날 12초에서 1분에 가까운 시간 동안 계속된 37, 53, 55, 260미터의 네 차례 비행을 성공적으로 끝마쳤다. 그들은 네 번째 비행이 끝난 뒤에 우두커니 서서 실험을 한 번 더 할지를 두고 의논하고 있었다. 그때 바람이 휙 불어와 비행기를 모래 언덕 건너편으로 날리는 통에 엔진 마운팅과 뒷날개의 소골이 부러지고 말았다. 그 비행기는 다시 날지 못했다.

그 일이 대중의 시선으로부터 먼 곳에서 벌어졌기 때문에 그들의 역사적인 업적에 관한 뉴스는 세상을 발칵 뒤집기보다는 서서히 전파되었다. 몇몇 신문들이 그 사건을 보도했지만 어렴풋한 상황만을 다룰 뿐이었다. 「뉴욕 헤럴드」는 라이트 형제가 5킬로미터를 날았다고 보도했고, 다른 신문들은 자세한 내용에서 갈팡질팡했다.

동력 비행기에 인생을 바친 사람들 중 대다수는 라이트 형제의 성과를 순순히 받아들이지 않았다. 교육도 받지 않은 데이튼 출신의 자전거 제조업자들이 독자적인 연구로 자신들이 연거푸 실패한 것에 성공했다는 사실을 믿기 힘들었기 때문이다. 스미소니언은 예전에 부사무국장으로 재직했던 랭글리를 계속 후원했고 거의 40년 동안 라이트 형제의 성과를 인정하지 않았다.

라이트 형제의 고향인 데이튼은 그 소식에도 아랑곳하지 않았고 6년 뒤까지도 축하행사 한 번 열어주지 않았다. 형제는 아무런 동요도 없이 경쟁자들과의 격차를 점점 더 벌여나갔다. 1905년에는 성능을 개선한 비행기를 타고 39킬로미터를 날며 어려운 비행 기술을 선보였고 비행시간도 40분에 달했다. 비행시간을 제한한 것은 용량이 적은 연료 탱크뿐이었다.[5] 라이트 형제는 이듬해에 특허를 받았지만 그 사건조차 사람들의 관심을 끌지 못했다. 특허는 그들이 "비행 장치를 새롭고 유용하게 개선했다."고만 인정했을 뿐이다.

라이트 형제는 주위의 칭송이 없다는 사실에 연연하지 않는 것 같았다. 시험 비행을 비밀에 부치지 않으면서도 공개 실험을 하지 않았기 때문에 대중의 갈채를 별로 받지 못했다. 실제로 1908년에 조금 더 대중을 의식한 글렌 커티스(Glenn Curtiss)가 코네티컷 해먼즈포트(Hammondsport) 상공을 800미터 날았을 때도 많은 사람들은 그것이 최초의 비행이려니 짐작했다.

랭글리가 죽고 많은 시간이 지난 1914년, 스미소니언은 커티스에게 랭글리의 비행기를 다시 점검하고 대폭 개선한 뒤에 비행 시험을 하도록 허락했다. 라이트 형제가 날 수 있는 비행기를 최초로 설계하지 않았다는 것을 입증하기 위해서였다. 커티스는 랭글리가 상상도 하지 못했을 정도로 기계를 뜯어고쳐 간신히 5초 정도 하늘에 떠 있게 만들었다. 스미소니언은 그 후 28년 동안 그 비행기를 "세계 역사상 연속 자유 비행이 가능한, 인간이 조종하는 최초의 비행기"라고 선전하는 씻을 수 없이 수치스러운 행동을 했다.[6]

최초의 라이트 플라이어는 25년 동안 데이튼의 창고에서 덮개에 덮여 있었다. 미국의 어떤 단체도 그것을 환영하지 않았을 때 런던의 과학박물관으로 건너가 1928년에서 1948년까지 전시되었다. 스미소니언은 1942년에야 라이트 형제가 동력 비행기의 진정한 발명가라는 사실을 인정했다. 그리고 라이트 플라이어는 역사적 비행을 한 지 45년이 지난 뒤에야 마침내 미국에서 영구적으로 전시되었다.

라이트 형제는 자기들의 비행기를 'airplane'이라고 부르지 않았다. 이 말은 미국에서는 30년 동안, 영국에서는 훨씬 더 이전부터 'aeroplane'으로 쓰이고 있었다. 원래는 1869년에 영국의 한 기술 잡지가 실험에 사용된 날개를 설명하기 위해 만들어낸 말이었다. 라이트 형제는 airplane을 비행 장치 전체가 아니라 날개만을 뜻하는 것으로 이해했다. 초기에는 비행 장치를 가리키는 통일된 용어가 없었다. 랭글리는 자신의 발명품을 'aerodrome'이라고 불렀다. 다른 사람들은 'aerial ship'이나 'aerial machine'이라고 불렀다. 라이트 형제는 'flying machine'이라는 말을 좋아했다. 약 1910년까지도 미국에서는 airplane이, 영국에서는 aeroplane이 표준어가 되지 못했다.

비행과 관련된 어휘는 놀라운 속도로 발전했다. 1920년대에는 비행기를 타든 안 타든 대부분의 사람들이 pilot(비행사), hangar(격납고),

airfield(비행장), night flying(야간 비행), cockpit(조종석), air pocket(수직하강기류), ceiling(상승한계), takeoff(이륙), nosedive(급강하), barnstorming(곡예비행), tailspin(나선형 급강하), crack-up(충돌을 뜻하는 초기 용어), to bail out(낙하산으로 탈출하다), parachute(낙하산) 같은 용어에 익숙해졌다. pilot은 가끔은 'aeronaut'으로, 일반적으로는 'aviator'로 불렸다. 이때 첫 음절은 1930년대까지도 'navigator'의 단모음 [ă]로 발음되었다.

1914년에는 'airlines(항공사)'라는 말이 등장했다. 최초의 항공사는 승객이 아닌 우편물을 배달할 목적으로 창립되었다. 팬 아메리칸 에어웨이(Pan American Airways)는 키웨스트(Key West)와 하바나 사이의 우편물을 나르면서 운행을 시작했다. 창립자 톰 브레니프(Braniff)의 이름을 딴 브레니프는 남서부를 담당했다. 기타 초기 항공사로는 유나이티드 에어라인의 전신인 유나이티드 에어크래프트 트랜스포트 코퍼레이션, 이스턴 에어라인의 전신인 핏케언 에비에이션(Pitcairn Aviation), 남부에서 농약 살포를 하면서 시작된 델타 에어라인 등이 있었다. 'airmail(항공 우편)'은 1917년에, 'airmail stamp(항공 우표)'는 그 이듬해에 생겨났다.

초기의 비행기는 위험했다. 1912년 비행사의 평균 수명은 900비행시간이었다.[7] 항공우편 비행사는 적절한 항로 표시도 없이 주로 야간에만 비행을 했는데, 이것이 훨씬 더 나빴다. 세인트루이스와 시카고를 오가며 우편물을 수송했던 찰스 린드버그는 일리노이의 한 농장 소년에게 자신의 생명을 걸어야 했다. 그 소년은 매일 밤 자기 전에 잊지 않고 뒷마당에 100와트의 전구를 걸어두었다. 정부의 우편물 수송에 고용된 최초의 비행사 40명 중 31명이 충돌로 사망한 것은 놀라운 일도 아니다. 린드버그 자신도 한 해에 세 번 충돌 사고를 당했다.

찰스 린드버그 (1902.2.4~1974.8.26). 미국의 비행기 조종사인 찰스 린드버그는 1927년에 스물다섯 살의 나이로 대서양 단독 횡단 비행에 성공한 후 미국의 국민적 영웅이 되었다.

비행은 위험하다는 이유로 지금은 상상할 수 없는 낭만과 흥분의 대상이었다. 1927년 5월 린드버그가 대서양을 횡단하는 역사적인 비행을 위해 롱아일랜드의 커티스필드에 도착했을 때, 세계는 열광적으로 영웅 탄생을 환영할 준비를 하고 있었다. 린드버그는 그런 수요를 충족해 준 인물이었다.

몇 달 전까지만 해도 여섯 명의 비행사가 대서양 횡단에 도전했다가 죽었고, 커티스필드뿐만 아니라 주변의 다른 비행사 몇 명도 명예와 25,000달러의 상금이 걸린 오테이그 상(Oteig Prize)을 받기 위해 생명을 내걸 준비를 하고 있었다. 다른 참가자들은 적어도 두 명이 한 팀을 이루어 설비가 좋고 엔진 세 개를 단 강력한 비행기를 조종했다. 그러나 알 수 없는 곳에서 날아와(그 과정에서 우연히 미국 최고의 속도 기록을 달성했다) 엔진 하나짜리 허술한 비행기를 타고 혼자서 바다를 건너려는 한 남자가 있었다. 호리호리한 체격과 천진한 외모에다 수줍어하는 순진한 태도가 그를 이상적으로 만들었고, 며칠도 안 되어 미국과 세계는 린디 열병에 사로잡혔다. 그가 도착한 뒤 일요일에 3만 명의 사람들이 혜성처럼 나타난 25세 영웅의 모습을 보려고 커티스필드에 운집했다.

린드버그가 혼자서 조종한다는 사실은 그에게 유리하게 작용했다. 다른 사람들은 비행기에 실을 물품 때문에 옥신각신하고 비상식량을 실으며 부산을 떠는 동안 그는 부근 간이식당에서 샌드위치가 든 자루를 사고 연료 탱크를 채우고 묵묵히 '세인트루이스의 정신(The Spirit of Saint Louis: 그의 후원자가 그 지역 출신이었기 때문에 그런 이름이 지어졌다)'이라는 작은 비행기를 이륙시켰다. 린드버그는 1927년 5월 20일 7시 52분에 출발했다. 가득 찬 연료 탱크의 무게 때문에 그는 노바스코샤로 가는 대부분의 시간 동안 바다에서 불과 15미터 거리를 두고 날았다.[8] 비행기 앞에 달린 비상 연료 탱크가 전방 시야를 가렸다. 린드버그는 방향을 파악하기 위해 옆쪽 창문 밖으로 고개를 내밀어야 했다. 그리고 이륙 34시간 뒤인 밤 10시 22분에 파리 외곽의 르부르제(Le Bourget) 공항에 도착했다. 그를 환영하기 위해 10만 명의 인파가 나와 있었다.

프랑스인에게 그는 'Le Boy(소년)'였다. 다른 나라에서는 'Lucky Lindy(행운아 린디)'로 불렸는데, 그는 정말로 운이 좋은 사람이었다. 그 자신은 모르고 있었지만, 비행 전날 밤에 연료를 채우던 인부가 탱크의 호스를 놓쳐버렸다. 호스는 연료관을 쉽게 막아버리기 때문에 끄집어내는 도리밖에 없었다. 그 인부는 탱크에 15센티미터의 구멍을 뚫어 호스 조각을 끄집어내고는 몰래 납땜으로 구멍을 막았다. 그것이 거친 대서양 횡단 비행을 견뎌낸 것은 기적이었다. 린드버그는 명실공히 하늘길로 대서양을 건넌 최초의 인물이었다. 8년 전인 1919년 5월에 미국 해군기가 뉴펀들랜드에서 리스본까지 횡단한 적이 있었다. 하지만 그 비행기는 도중에 아조레스(Azores)에 착륙한 적이 있었다. 그리고 한 달 정도 뒤에 영국의 존 앨콕(John Alcock)과 아서 브라운(Arthur Brown)이 뉴펀들랜드에서 아일랜드까지 날아가면서 최초의 무착륙 비행을 성공했다. 린드버그는 혼자서 그보다 2,400킬로미터를 더 날았는데, 대부분의 사람들은 그것만으로 충분하다고 생각했다. 어쩌면 린드버그가 최초가 아니라는 사실을 믿고 싶지 않았는지도 모른다. 유명 일간지 「리플리의 믿거나 말거나(Ripley's Believe It or Not)」가 린드버그 이전에 약 20명이(비행선을 이용한 사람들을 포함해서) 대서양을 횡단했다고 지적했을 때, 신문사에는 생각 없는 애국심 부족을 질타하는 25만 통의 편지가 쇄도했다.

현대 역사에서 린드버그만큼 빠르고 완전한 사랑을 받은 사람도 없었다. 그가 미국에 돌아왔을 때 그를 환영하는 거리행진에서, 제1차 세계대전을 끝낸 군대가 돌아왔을 때보다 더 많은 색종이 조각이 나부꼈다. 뉴욕시는 일개 시민인 그에게 그 누구보다도 가장 성대한 만찬을 제공했다. 뉴욕 증권거래소는 하루 휴업을 하기까지 했다. 린드버그에 대한 열병은 워싱턴에 머리 손질을 하러 간 그의 어머니를 보려고 몸싸움을 하는 시민들을 통제하기 위해 25명의 경찰이 배치될 정도로 대단했다.[9]

린드버그의 단독 비행이 몰고 온 엄청난 열기와 가능성은 승객이 여행하는 시대를 여는 데도 한몫했다. 2년도 안 되어 대부분의 항공우편 항공사들이 승객을 실어 나르고 있었고 아메리칸 에어웨이, 내셔널 에어라인스 택시 서비스, 노스웨스트(나중에 노스웨스트 오리엔트로 바뀜), 에어웨이스 컴퍼니 같은 여러 회사들도 서둘러 시장에 합류했다. 린드버그도 최초의 진정한 여객 항공사로 인정받은 회사를 창립하는 데 도움을 주었다. 1929년에 세워진 그 회사는 트랜스콘티넨탈 에어 트랜스포트, 혹은 TAT로 불렸지만 린드버그 라인으로 더 많이 알려졌다. 포드 트라이모터 비행기를 사용하던 TAT는 그해 7월에 미국을 횡단하는 최초의 장거리 여객 서비스를 시작했다. 그리고 그 과정에서 지금까지 우리 곁에 남아 있는 비행 승무원(처음에는 남자만 채용되었다), 세면대, 비행 중 식사, 개인 독서등 같은 개념을 도입했다. 석달 뒤에는 탑승 중에 관람할 수 있는 영화 서비스가 시작되었다. 낙하산을 가지고 타지 않기로 한 것 역시 대담한 결정이었다(당시로서는 상상도 할 수 없는 일이었다).

적당한 공항이 부족하고 특히 작은 산 이외에는 잘 넘지 못하는 포드 트라이모터의 확실한 결점 때문에 승객들은 대륙 횡단 거리의 3분의 2정도만 이동할 수 있었다. 서부 쪽으로 여행하는 승객들은 뉴욕의 펜실베이니아 역에서 오하이오의 콜럼버스까지 야간열차를 탔다. 그리고 앨리게니(Allegheny) 산을 무사히 통과한 뒤에 비행기에 탑승했다. 비행기는 약 760킬로미터 상공을 시속 160킬로미터로 날다가 인디애나폴리스, 세인트루이스, 캔자스, 위치타, 웨이노카, 오클라호마에 착륙했다. 웨이노카에 내린 승객들은 다시 기차를 타고 로키 산맥을 거쳐 뉴멕시코의 클로비스로 갔고, 그곳에서 또 비행기를 타고 뉴멕시코의 앨버커키(Albuquerque)와 애리조나의 윈슬로와 킹맨을 거쳐 로스앤젤레스에 도착했다. 현대의 기준으로 보면 허술하고 불편하고 시간이 너무 많이 걸리는 여행이었다. 하지만 전체 여정에 걸리는 48시간은 가장 빠른 기차를 타는 것보다 24시간이나 더 빠른 것이었다. 승객들은 편도 351.94달러라는 값비싼 경비와 용기에 대한 보상으로 티파니(Tiffany)의 순금 만년필을 선물로 받았다.[10]

비행기는 일정기압이 유지되지 않았고 통풍도 안 되었다. 그래서 많은 승객들이 높은 고도에서 호흡하기를 힘들어했다. 탑승감이 너무 나빠 승객의 4분의 3은 멀미(airsick: 당시의 신조어)를 했다. 심지어는 유명 비행사 아멜리아 이어하트(Amelia Earhart)도 초기 비행 때 공기주머니(airbag: 또 다른 신조어)를 열심히 찾았다고 한다. 비행사들에게는 또 다른 어려움도 있었다. 항공사 승무원들이 약간의 애정을 섞어 '양철 거위(Tin Goose)'라고 부르던 포드 트라이모터는 문제가 있는 비행기였다. 특히 문제가 되는 설계상의 특징은 계기판이 조종석 밖 날개 받침대에 달려 있어서 비행기가 상승하면 곧바로 안개에 가려진다는 점이었다.[11]

TAT는 처음부터 불운이 따랐다. 운행 시작 6주 만에 로스앤젤레스행 비행기가 악천후로 뉴멕시코에 추락하면서 여덟 명이 사망했다. 넉 달 뒤에는 또 다른 비행기가 캘리포니아에 추락해 16명의 사망자를 냈다. 사람들은 TAT가 "기차를 타라(Take a Train)"의 준말이라며 농담을 하기 시작했다. 이 두 번의 추락사고 사이에 월스트리트에서 사고가 한 건이 더 발생했다. 1929년 10월 29일 블랙먼데이에 주식이 폭락하면서 대공황의 시작을 알렸던 것이다. TAT의 잠재 시장은 완전히 사장되기에 이르렀다.

TAT는 첫 해에 거의 300만 달러의 손실을 본 채 나중에 트랜스콘티넨탈 웨스턴에어[TWA: 트랜스 월드 에어라인(Trans World Airlines)이라는 이름은 나중에 더 개방적인 시대의 산물이었다]로 발전한 웨스턴 에어 익스프레스에 매각되었다. TWA는 1년도 안 돼 편도 요금을 160달러로 깎았고(공짜 만년필은 주지 않았다) 최초의 스튜어디스를 선보였다. 그녀의 이름은 엘런 처치(Elen Church)였고 스튜어디스란 직업명을 직접 지었다.

린드버그가 대담한 비행을 감행한 지 불과 9년 뒤인 1936년 10월 21일, 팬암(Pan Am)이 샌프란시스코에서 태평양을 건너 마닐라까지 승객을 수송하는 정식 노선을 취항했다. 연료 공급을 위해 호놀룰루, 미드웨이, 웨이크, 괌을 경유했다. 3년 뒤 이 항공사는 대서양을 건너 아조레스와 리스본을 경유해 마르세유에 도착하는 최초의 정기편을 운행하기 시작했다. 팬암의 대형 여객기인 플라잉 클리퍼스(Flying Clippers)는 엔진 네 개가 장착되고 승객 22명을 태울 수 있는 보잉사의 비행정이었다. 대양을 건너는 비행은 불길한 뜻의 표현 하나를 탄생시켰다. 'point of no return(귀환 불능 지점)'은 1941년에「로열 항공협회 저널」에 처음 등장했다가 곧바로 여러 가지의 비유적인 뜻으로 미국 어휘 속에 파고들었다.

팬암의 태평양 노선 운행 계획은 방대했다. 웨이크와 미드웨이는 무인도였기 때문에 팬케이크 반죽에서 예비 엔진에 이르기까지 그곳에서 필요한 모든 것들을 실어 날라야 했다. 샌프란시스코에는 완벽한 시설의 호텔 세 개가 지어졌다가 해체되어 미드웨이, 웨이크, 괌으로 운송되어 다시 조립되었다. 1940년 9월 팬암은 태평양 노선을 확장하여 사흘 반나절 만에 뉴질랜드에 도착하는 노선을 홍보하기 시작했다. 시간이 촉박한 여행객은 이틀 걸리는 미드웨이행 비행기를 탈 수 있었다. 광고에 나오는 것처럼 "한적하고 평화로운 남태평양의 공기를 찾는 분들을 위한 최상의 선택"이었다. 그 광고가 밝히지 않은 것은 미드웨이가 모래 언덕으로 이루어진 오지며, 그곳에 거주하는 몇 안 되는 외로운 사람들은 주로 들쥐를 사냥하며 시간을 보낸다는 사실이었다. 어쨌든 2년쯤 뒤에 미드웨이는 태평양 최대의 격전지가 되면서 휴가를 즐기기에 바람직하지 않은 장소가 되었다.

위험과 불편에도 불구하고 승객들이 수없이 몰려들었다. 1930년과 1940년 사이에는 항공기를 이용하는 여행객의 수가 41만 7천 명에서 300만 명 이상으로 불어났다.[12] 제2차 세계대전은 자연히 항공사의 성장에 제동을 걸었지만 장거리 항공이 비약적으로 발전하는 계기가 되기도 했다. 항공사들은 평화의 시기가 도래하자마자 재빨리 군대의 발전된 기술을 이용했다. 1947년 노스웨스트 오리엔트 항공은 온갖 편의를 제공하는 놀라운 스트라토크루저(Stratocruisers)로 시카고에서 상하이까지 41시간, 뉴욕에서 도쿄까지는 불과 39시간 걸리는 노선을 당당히 취항했다. 그들은 승객이 묵을 호텔에 대한 수요가 사라지면서 '항공 침대(skysleeper)'라는 필연적인 이름을 가진 침대를 갖추게 되었다. 6년 뒤 팬암은 대서양을 횡단하는 제트기를 운행하기 시작했고 제 역할을 다한 스트라토크루저가 보잉 707에 자리를 내주면서 항공침대는 고물이 되었다. 이때부터 여객기는 이름 대신 번호를 갖게 되었는데, 이는 비행기 여행의 낭만으로 따지면 만만치 않은 손실이었다.

제트기 여행은 jet-hop(제트기 여행, 1952), jet-port(제트기 비행장, 1953), jet set(제트족, 1960), jet lag(시차에 따른 피로, 1966), jet fatigue와 jet syndrome(jet lag을 대신해 더 오래 쓰이는 표현) 등 새로운 말들을 흩뿌렸다. 1968년에는 1세기 전에 살았던 서커스 코끼리의 이름을 딴 완전히 새로운 형태의 여객기가 등장했다. 물론 '점보제트기' 이야기다.

점보제트기는 1970년 1월 21일에 팬암에 의해 운행되면서 비행기 여행의 특징이 되었다. (케네디 공항 출발 히스로 공항 도착 예정이던 첫 비행편은 엔진 장애로 7시간 30분 늦게 이륙했다.) 비행기의 공식 명칭은 보잉 747이었다. 숫자로 된 이름은 707기 이후로 보잉의 제트 여객기종에, 제도판에 그려진 순서의 10배수로 번호가 매겨졌기 때문이다. 흥미로운 사실은 점보제트기를 금방 알아볼 수 있게 만든 특징이 된 돌출부는, 사실 보잉사가 그 비행기의 실패를 두려워해서 만들어낸 것이라는 점이다. 그 비행기가 설계되던 1960년대 초에는 초음속 제트기의 출현이 머지않았고, 점보제트기가 곧 기존의 여객기처럼 구식으로 취급받을 것이라고 예측했다. 따라서 747기를 화물 수송기로 쉽게 개조할 수 있도록 설계하자는 결정이 내려졌다. 위로 튀어나온 돌출부에 조종석을 배치한다면 앞쪽을 포함해 비행기 전체에 화물을 실을 수 있을 터였다.[13]

역사상 가장 성공적인 상업용 비행기에 서커스 코끼리의 이름이 붙었다는 사실은 확실히 특이하다. 사람들은 가끔 점보라는 이름을 지은 것은 그 코끼리의 덩치가 컸기 때문이 아니며, 그 코끼리로 인해 큰 것들을 점보라고 부르기 시작했다는 사실을 알고 놀란다. 서아프리카의 주술사를 가리키는 'mumbo jumbo'의 준말인 점보는 영어에서 '알아들을 수 없는 말'을 가리키는 단어로 독립적으로 쓰이고 있었다. 실제로 점보라는 이름을 얻었을 때 코끼리는 런던 동물원에 갓 도착한 새끼였다. 그 코끼리가 생포된 동물들 중에서 가장 크게 자랄 것이라고 예상한 사람은 아무도 없었다.

대부분의 미국인들은 서커스 감독인 P. T. 바넘(Barnum)이 1884년에 런던 동물원에서 그 코끼리를 사와서 미국 전역을 순회하기 시작했을 때 점보라는 이름에 익숙해지게 되었다. 그 일은 수백만 영국인을 분노하게 만들었다. 바넘의 광고지는 점보를 어마어마하게 큰 동물로 묘사했다. 어떤 광고지에는 여러 말이 끄는 수레가 여유 있게 점보의 다리 사이를 지나가는 그림이 그려져 있었다. 실제로 점보는 그만큼 크지는 않았다. 물론 덩치를 잰 코끼리 중에서 가장 크기는 했지만 키가 3미터 4센티미터 정도였다. (바넘은 정확성에 대해서는 그다지 고민하지 않았다. 그가 유행시킨 또 다른 창작품인 "보르네오에서 온 야만인"은 실제로는 뉴저지 패터슨의 원주민이었다.)[14]

그렇지만 바넘의 줄기차고 독창적인 홍보 덕분에 점보라는 이름은 특대형의 물건과 밀접한 관계를 갖게 되었다. 그래서 머지않아 사람들은 점보 담배, 점보 서류가방, 양이 많은 점보 식품을 구입하기 시작했고 결국은 점보 제트기로 여행을 하게 되었다. 그러나 안타깝게도 진짜 점보의 미국 생활은 짧게 끝나고 말았다. 전국을 돌아다닌 지 1년밖에 되지 않았던 1885년 9월의 어느 밤이었다. 점보는 온타리오 세인트토머스의 저녁 공연을 마치고 특별히 제작된 유개화차로 들어가다가 느닷없이 달려온 특급 열차에 깔려 기차와 함께 돌이킬 수 없는 운명을 맞고 말았다. 점보를 선로에서 끌어내기 위해 160명이 동원되었다. 절대 기회를 놓치는 법이 없는 바넘은 점보의 가죽과 뼈를 따로 실었고, 그 뒤로는 관리나 먹이에 돈을 쓰지 않고 한 번에 두 군데의 관객들에게 세계에서 가장 큰 코끼리를 보여 줄 수 있었다. 그는 점보가 살아있을 때보다 죽고 난 뒤에 훨씬 더 많은 돈을 벌었다.[15]

제 20 장

우주 시대의 개막

In 1993, according to an international business survey, the world's most valuable brand was Marlboro, with a value estimated at $40 billion, slightly ahead of Coca-Cola. Among the other top ten brands were Intel, Kellog's, Budweiser, Pepsi, Gillette, and Pampers. Nescafe and Bacardi were the only foreign brands to make top ten, underlining American dominance. Why companies like Coca-Cola suffer palpitations when they see a passage like this (from John Steinbeck's The Wayward Bus): "Got any coke?" another character asked. "No," said the other proprietor. "Few bottles of Pepsi-Cola. Hav―― ―― coke for a month……. It's the same stuff. You can'― ―――― '993, according to an international business ― ――― ― e brand was Marlboro, with a value esti― ――――― of Coca-Cola. Among the other top ten ――― ――――― ser, Pepsi, Gillette, and Pampers. Nes― ――――― brands to make top ten, under― li―― ―――――― like Coca-Cola suffer palpita― ti―― ―――――― m John Steinbeck's The Way― ward ――― ―― asked. "No," said the ot―― ――― ―ven't had any coke for a mon―― ――― them apart." In 1993, ac――― ――― world's most valuable bran. ――― ――― llion, slightly ahead of Coca-Co―― ――― ―el, Kellog's, Budweiser, Pepsi, Gillette ――― ――― ― Bacardi were the only brands to make top ten, underlining American dominance.

MADE IN
AMERICA

19 59년, 1950년대 사람들이 이상적으로 여기는 미래를 연구한 잡지들 중에서 「뉴스위크」는 1979년의 행복한 가정주부에 관한 확신에 찬 시나리오를 제시했다. "베개 속에 내장된 소형 오디오에서 흘러나오는 근사한 1970년대 음악에 잠을 깬 주부는 하품을 하며 침대 옆에 있는 스위치를 툭 쳐서 전기 조리기를 켠다. 그런 다음 일어나서 초음파 샤워기 쪽으로 걸어간다."

「뉴스위크」의 수많은 잘못된 예측 가운데에는 1979년까지 가정주부가 멸종 위기에 처한 종족이 된다는 것도 있었다. 그 대신 세상이 얻은 것은 workaholic(일 중독증), drive-by shooting(차를 타고 가면서 총격을 벌이는 행위), crack cocaine(크랙 코카인), AIDS, repetitive stress injury(반복성 긴장 장애), gridlock(교통 정체), serial killer(연쇄 살인범) 등이었다. 우리는 지금까지도 초음파 샤워를 할 날을 고대하고 있다.

「뉴스위크」가 1959년에 약간은 낙관적인 관점에서 미래를 예측했다고 비난을 할 수는 없다. 1950년대 미국인의 생활은 더할 나위 없이 좋았다. 제2차 세계대전은 대공황을 끝맺고 미국에 명예를 안겨주었을 뿐만 아니라 상상 이상의 경제 호황을 가져올 초석을 깔았다. 전쟁은 유럽과 아시아의 많은 지역을 초토화하고, 국가 재정을 고갈하고, 산업을 파괴하고, 수백만 명의 사람들에게 집과 나라를 잃는 설움을 안겨주었지만 미국은 아무런 상처도 입지 않았다. 1,200만 명의 군인과 여군들이 폭탄 세례를 전혀 받지 않은 고향으로 돌아왔다. 1945년 미국에는 전쟁 시작 전에는 없었던 260억 달러 가치의 공장이 생겨나 있었다. 또한 그 중 60억 달러는 자동차, 텔레비전, 냉장고, 트랙터, 가공 식품, 철근 등 비군사적 제품 생산으로 즉시 전환될 수 있었다. 1945년에 세계의 국가들 중 유일하게 미국은 쓸 돈을 가지고 있었다. 전쟁 채권과 저축 채권만 따져도 1,430억 달러가 넘었다.[1] 역사상 최대의 소비 증가를 위한 무대가 마련된 셈이었다.

1950년대 초에는 미국의 가정이 너나 할 것 없이 전화기, 텔레비전, 냉장고, 세탁기, 자동차를 갖추고 있었다. 유럽과 일본의 일반인들은 오랫동안 갖지 못한 물건들이었다. 인구로는 지구 전체의 6퍼센트, 육지 면적으로는 7퍼센트에 불과한 미국은 1950년대 중반에 전 세계 제품의 40퍼센트를 생산하고 소비하고 있었다. 그것은 미국을 제외한 세계의 전체 소비량을 합친 것에 버금가는 양이었다.[2] 특히 눈에 띄는 부분은 당시 미국의 자급자족 수준이다. 1950년대의 수입은 국민총생산[gross national product : 노벨상을 받은 경제학자 사이먼 쿠즈네츠(Simon Kuznets)가 만든 말]의 3.2퍼센트, 직수출은 4.7퍼센트 정도에 불과했다. 미국은 다른 나라의 협력이 전혀 필요 없는 세계 최고의 부국이 되었다.

그것이 가능했던 데는 경쟁자들보다 훨씬 더 효율적인 운영을 한 것도 일부 도움이 되었다. 73만 명의 직원을 거느린 제너럴 모터스는 1966년에 22억 5천만 달러의 수익을 냈다. 이 수치에 접근하려면 약 350만 명의 직원을 고용한 프랑스, 영국, 독일에서 가장 큰 40개 기업의 총수익을 모두 합쳐야 했다. 미국의 기업들은 몇몇 나라들보다 더 크게 성장했다. 제너럴 일렉트릭의 1966년 매출은 그리스의 국민총생산을 웃돌았다. 포드는 오스트리아나 덴마크보다 더 큰 경제 주체였다. IBM은 스웨덴, 벨기에, 혹은 스페인보다 더 많은 판매고를 기록했다. 그리고 제너럴 모터스의 재정 규모는 그 모든 나라를 합친 것보다 더 컸다.

요컨대 전후 미국인의 생활은 윤택하고 안정되고 매우 희망적이었다. 경제는 전속력으로 달렸고 일자리와 임금이 넉넉했으며 상점마다 타국 사람들이 입을 딱 벌리고 바라볼 만큼 풍부하고 다양한 소비재로 가득했다. 미국은 존 케네스 갤브레이스(John Kenneth Galbraith)가 1958년에 쓴 책 제목처럼 진정으로 『풍요한 사회(The Affluent Society)』가 되었다. 시야를 가리는 것은 단 두 가지뿐이었다. 하나는 언제나 떠나지 않는 핵전쟁의 가능성이었고, 다른 하나는 가정과 훨씬 더 관련이 깊은 놀라운 현상이었다. 바로 십대 청소년의 부각을 말한다.

두말 할 필요 없이 십대는 늘 있었지만, 그제야 눈에 띄는 존재가 되었다. 'teenager'란 말이 1941년에야 생겨났을 정도로 과거의 십대는 거의 눈에 띄지 않았다(형용사 'teenage'는 1920년대부터 있었지만 많이 사용되지는 않았다). 그러나 전후의 무분별한 분위기에서 미국의 십대들은 잃어버린 시간을 보상받았다. 미국의 인구가 40퍼센트 늘어난 1946년과 1960년 사이에 대대적인 '베이비 붐[baby boom: 「뉴요커」에 따르면 이 말은 1978년에야 생겨났다고 한다]'이 시작되면서 십대의 수는 110퍼센트나 늘었다.[3]

1950년대 중반 십대들은 여기저기서 눈에 띄는 데 그치지 않고 불안한 분위기를 조성했다. 어른들에게 그들은 다른 종족인 것만 같았다. 단정치 못하게 옷을 입었고 전화와 화장실을 점령했으며 괴상한 음악을 들었다. 게다가 wheels, square, daddyo, far out, beat, cool과 coolsville, what a drag, bad news, big deal, chick, neat, neato, gone, real gone 등 당황스러울 정도로 낯선 말을 썼다. 무엇보다도 loser, creep, weirdo, square, drip 등 문화적으로 혜택을 받지 못한 사람들을 뜻하는 단어들이 많았고 nosebleed(코피) 같은 단어도 있었다. 특히 가까운 친척이 싱거운 농담이라도 하면 고통스러운 표정과 억지웃음으로 응수했다. 그들은 괴짜처럼 보이는 것에 자부심을 갖고 있는 것 같았고, 심지어는 그런 상태를 뜻하는 단어인 kooky(cuckoo에서 변형되었을 가능성이 크다)를 만들어 썼다. 〈이유 없는 반항〉과 〈위험한 질주〉 같은 영화, 『길 위에서』와 『호밀밭의 파수꾼』 같은 책은 미국의 젊은이들이 불평불만에 젖어 있고, 괴팍스럽고, 사리 분별을 못하고, 어쩌면 위험할지도 모른다는 인상을 주었다. 유명 심리학자인 볼티모어의 로버트 린더(Robert Linder)는 여러 번에 걸친 강의에서 젊은이들이 "일종의 집단적인 정신 질환에 시달리고 있다."고 진지하게 설명하면서, 어쩌면 자기 자신도 그런 상태를 겪었을지도 모른다고 말했다.[4]

부정적인 뜻을 가진 'juvenile delinquency(미소년 비행)'가 뉴스 지면을 채우고 논평을 자극하기 시작했다. 비행을 비롯한 청소년기의 분노가 표출된 행동을 다룬 1955년 영화 〈폭력 교실(Blackboard Jungle)〉은 예상치 못한 반응을 불러일으켰다. 그 바람에 이탈리아 주재 미국 대사 클레어 부스 루스(Clare Booth Luce)는 사람들에게 미국에 대한 잘못된 인상을 주지 않도록 해외 영화 상영을 금지하는 운동을 벌였다. 미국이 더는 표현의 자유를 믿지 않는다는 결론을 내릴 수도 있다는 우려는 전혀 하지 않는 것이 분명했다. 그 영화의 주제가인 '하루종일 흔들어요(Rock Around the

Clock)'는 십대가 아닌 사람들에게 난생 처음 로큰롤이라는 음악을 경험하게 해 주었다. 'rock 'n' roll'은 앨런 프리드(Alan Freed)라는 클리블랜드의 디스크자키가 유행시킨 말이다. 그는 클래식 트럼본을 배우다가 방송 쪽으로 전향해서 청취자들에게 척 베리(Chuck Berry), 패츠 도미노(Fats Domino)의 노래 등 생소한 음악을 청취자들에게 소개했다. 1951년부터는 로큰롤이라는 음악에 대해 말하기 시작했다. 하지만 그것은 미국의 흑인들에게 익숙한 표현이었고, 원래는 성행위를 가리키다가 나중에 춤을 가리키게 되었다.

1950년대의 십대와 그 이전 세대를 구분하는 가장 큰 특징은 그들이 풍족했다는 점이다. 한 역사가는 이렇게 지적한다. 1950년대 중반에 "1,650만 명에 달하는 미국의 십대들은 전체 라디오, 음반, 카메라의 약 40퍼센트, 영화 티켓의 절반 이상, 심지어는 신형 자동차의 9퍼센트를 사고 있었다. 그들은 한 해 동안 경제활동에 100억 달러 이상을 기여했다."[5]

그들의 돈은 대부분 그 시대의 또 다른 현상인 햄버거 식당에서 왔으며, 그곳으로 되돌아가기도 했다. 그 식당은 수천 명의 십대들에게 일자리를, 그 나머지에게는 아지트를 제공했다. 햄버거는 반세기 동안 미국 식단의 하나로 자리매김했지만 1950년대에는 정말 대단한 음식으로 여겨졌다. 1950년까지도 돼지고기가 미국에서 엄청난 양으로 가장 널리 소비되는 고기였는데, 20년 뒤에는 쇠고기 소비가 그 두 배로 늘어났다. 1년에 약 45킬로그램의 쇠고기를 소비했고 그 중 절반이 햄버거에 쓰였다. 이처럼 미국인의 식습관을 크게 변화시킨 주인공은 단연 맥도날드였다.

맥도날드에 관한 이야기는 많이 알려져 있다. 레이 크록이라는 멀티믹서기 영업사원은 캘리포니아 샌버너디노(San Bernardino)의 사막에 있는 작은 햄버거 노점에서 왜 여덟 대의 멀티믹서기가 필요한지(한 번에 40잔의 밀

오늘날 맥도날드의 효시가 된 캘리포니아 샌버너디노에 위치한 맥도날드 형제의 드라이브 인 식당. 맥도날드의 창업주인 레이 크록은 맥도날드 형제에게서 맥도날드의 권리를 인수해서 세계적인 브랜드로 키웠다.

크셰이크를 만들 수 있었는데, 미국의 그 어떤 식당도 그만한 양의 밀크셰이크를 만들고 싶어 하지 않았다) 궁금해서 비행기를 타고 그곳을 한번 둘러보기로 결심했다. 그가 찾은 곳은 모리스와 리처드 맥도날드 형제가 운영하는 56평방미터에 불과한 작은 식당이었다. 하지만 햄버거가 맛이 좋았고 튀김이 바삭했으며 밀크셰이크는 무척 진해서 지역민의 인기를 한몸에 받고 있었다. 기력이 다해간다는 사람들의 통념이 적용되는 쉰둘의 나이에 크록은 그곳에서 기회를 보았다. 그는 맥도날드의 이름을 사서 제국을 건설하기 시작했다. 원래 맥도날드는 미지의 장소 한가운데에 홀로 서 있는 싸구려 식당인데, 그것을 오늘날 우리가 알고 사랑하는 현대적이고 효율적이며 황금 아치가 있는 장소로 만든 것은 오로지 레이 크록의 놀라운 천재성이라는 인식이 퍼져 있다. 하지만 실제는 그렇지 않았다.

1954년에 크록이 방문했을 때 맥도날드 형제는 적어도 업계에서는 이미 전설적인 인물이었다. 「미국의 식당(American Restaurant)」이라는 잡지는 1952년에 그들에 관한 커버스토리를 실었다. 뿐만 아니라 어떻게 그처럼 작은 공간에서 그렇게 많은 수익을 올리는지 알고 싶은 사람들이 늘 그들을 찾아갔다. 그곳은 1년에 35만 달러의 매출(모든 돈이 한 대의 금전등록기로 들어갔다)과 10만 달러가 넘는 순수익을 내면서 미국에서 가장 성공한 식당의 하나로 자리 잡았다. 크록은 자서전에서 자신이 찾아가기 전에는 맥도날드 형제가 체인점에 대해서는 한 번도 생각해 보지 않았던 것처럼 말한다. 하지만 그가 찾아갔을 때 형제는 이미 10여 개의 체인점을 운영하고 있었다.

프렌치 프라이드 조리법에서 판매된 햄버거 수를 알리는 방법에 이르기까지 훗날의 맥도날드와 관련된 거의 모든 것이 그들 형제에 의해 발명되었거나 완성되었다. 그들은 1950년에 이미 "100만 개 돌파"를 알리는 표지판을 식당 앞에 세워두고 있었다. 심지어는 경사진 지붕, 붉고 흰 타일을 바른 벽, 그리고 특징적인 금색 아치를 이미 구상하고 있었다. 그것들은 샌버너디노 식당이 아니라 크록이 찾아가기 두 해 전인 1952년에 피닉스에 개점한 첫 번째 체인점에 쓰였다.

간단히 말해 맥도날드 형제는 패스트푸드 혁명의 진정한 영웅이었으며 어느 모로 보나 걸출한 사람들이었다. 그들은 대공황 때 뉴햄프셔에서 캘리포니아로 이주해서 1937년에 패서디나(Pasadena)에 최초의 드라이브 인 식당을 열었다. 그곳에서는 햄버거를 팔지 않았다. 하지만 1940년에 그들은 샌버너디노의 루트 66 끝 14번가와 E-스트리트에 아담한 팔각형 구조의 식당을 열었다. 그 식당은 전형적인 햄버거 노점으로 커다란 성공을 거두었다.

하지만 1948년에 형제는 이상한 환상에 사로잡혔다. 그들은 석 달 동안 폐업을 하고 20명의 종업원을 해고했으며 접시와 은그릇을 몽땅 내버렸다.

그러고는 차로 손님들에게 음식을 날라주는 대신 직접 손님들이 창문까지 가지러 가야 하는 완전히 새롭고 특이한 발상의 식당을 새로 열었다. 메뉴도 햄버거, 치즈버거, 파이, 감자 칩, 커피, 우유, 막대 아이스크림 일곱 가지로 줄였다. 손님들은 햄버거에 첨가하는 것을 따로 주문할 수 없는 대신 케첩, 겨자, 양파, 피클을 받았다. 햄버거는 개당 45그램에 불과할 정도로 작아졌지만 가격은 개당 15센트로 절반이나 내렸다.

변화는 완전히 실패했다. 매출이 80퍼센트나 곤두박질쳤다. 그곳에서 위안을 받던 십대들은 다른 곳으로 떠나버렸다. 하지만 메뉴에 감자튀김과 밀크셰이크를 첨가하자 가족이라는 새로운 형태의 단골이 생겨났다. 무엇보다도 손님들은 음식이 맛있고 2달러로 가족 전체가 배불리 먹을 수 있다는 사실을 알게 되었다. 맥도날드 형제의 사업은 금세 감당할 수 없을 정도의 규모로 성장했다.

규모가 커지면서 형제는 더 간편하고 효율적인 조리법을 계속 개발했다. 에드 토맨(Ed Toman)이라는 같은 지역의 공구점 주인과 함께 패스트푸드 제조와 관련된 거의 모든 것들을 발명했다. 케첩이나 겨자의 양을 일정하게 짜내는 펌프에서부터 24개의 햄버거 빵을 재빨리 장식할 수 있는 회전 쟁반에 이르기까지 수없이 많았다. 토맨은 심지어 크록의 멀티믹서도 손을 보아서 셰이크가 양철 깡통이 아닌 종이컵에 담겨 손님에게 전달될 수 있도록 굴대를 개조했다. 특히 맥도날드는 전문화 개념을 도입했다. 햄버거만 만드는 사람, 셰이크만 만드는 사람, 빵을 장식하는 사람 등을 따로 두었다. 또한 음식을 준비해 두고 손님이 주문을 하면 즉시 만들 수 있도록 대기하는 보편화된 방식을 개발했다.

맥도날드 형제와 라이트 형제는 놀라울 정도로 비슷하다. 라이트 형제처럼 맥도날드 형제도 결혼을 하지 않고 한 집에서 같이 살았다. 그들도 돈과 명예에는 큰 관심이 없었다. (맥도날드 형제의 유일한 욕심이라면 매년 새로운 캐딜락 모델이 출시되는 날 신형 캐딜락 두 대를 사는 것이 고작이었다.) 두 형제들 모두 오로지 자신들이 선택한 영역에서 완벽해지고 싶은 마음뿐이었다. 그리고 다른 사람들 같으면 더 큰 업적과 명예를 얻고 싶어 할 만한 것을 만들었다. 맥도날드 형제가 라이트 형제와 다른 점이 한 가지 있기는 했다. 그들은 나는 것을 무서워했다. 이는 성장하는 그들의 제국을 감시하는 데 장애가 되었다. 따라서 레이 크록이 찾아와 자신이 체인점 관리를 맡는 동업을 제안하자 얼른 제의를 받아들였다.

크록은 체인점 영업에 뛰어난 자질을 가진 사람이었다. 그가 형제에게서 270만 달러로 맥도날드를 인수한 1961년에는 200개의 맥도날드 식당이 영업 중이었고, 회사는 전국적인 기업이 되어가고 있었다. 그런 성공의 비결은 주로 크록이 전국 체인점들로 하여금 샌버너디노 본점의 규칙을 엄격하게 따르도록 한 데 있었다. 사소한 것에 대한 그의 고집은 전설이 되었다. 그는 너비 3.875인치(약 9.843센티미터), 무게 1.6온스(약 45.4그램)에 정확히 19퍼센트의 지방을 함유한 햄버거를 만들라고 지시했다. 빅맥 햄버거 빵에는 평균 178개의 깨를 뿌려야 했다. 그는 많은 실험을 거쳐 햄버거 패티 사이에 끼우는 납지에 들어가야 할 밀랍의 정확한 양까지 정해두었다.

그런 고집은 맥도날드의 성공을 이끌기도 했지만 혁신을 냉담하게 여기는 문화를 조성하기도 했다. 크록은 자서전에서 자신이 가장 신뢰하는 경영진이 미니맥(MiniMac)이라는 소형 매점을 운영하자고 제안했을 때 "화가 머리끝까지 나서 사무실을 야구 연습장으로 만들어 그 셋을 내 지팡이로 흠씬 두들겨주고 싶었다."고 회고하고 있다.[6] 그리고 그들의 문제는 작게 생각하는 점이라고 설명했다. 하지만 생각을 눈곱만큼이라도 한 것이 그들의 문제임이 분명했다.

크록은 제국 건설자로서는 단연 최고였지만 식단 개혁가로서는 평범한 재능을 가지고 있었다. 그의 전기를 쓴 작가 중 한 사람은 "그가 도입해야겠다고 생각한 많은 식품들이 시장에서 완전히 실패했다."고 지적한다.[7] 결과적으로 맥도날드 메뉴는 창립자인 맥도날드 형제의 요식업 운영 기술을 지속적으로 입증한 증거물인 셈이었다. 1954년 이후로 최초의 메뉴에 덧붙여진 비교적 적은 수의 음식들은 본사 직원이 아닌 체인점 소유주들이 만들어낸 것들이다. 그들은 주로 경쟁적인 체인점의 새로운 메뉴에서 많은 영감을 얻었다. 1968년에 전국에 소개된 빅맥은 짐 델리가티(Jim Delligatti)라는 피츠버그의 한 체인점 소유주가 발명해서 이름을 붙인 메뉴다. 실제로는 모방의 산물이 아닐지도 모르지만, 그것은 14년 전에 캘리포니아의 빅보이 체인점에서 만든 패티 두 개, 빵 세 개짜리 샌드위치와 흡사했다. '필레오피시(Filet-O-Fish)'는 금요일마다 손님들에게 팔 것이 필요한 신시내티 천주교 구역의 한 가맹점주가 만든 메뉴였다. 하지만 처음에는 동그란 빵 속에 커다란 생선 튀김을 끼워 넣은 것에 불과했다. 본래 '패스트 브레이크 브랙퍼스트(Fast Break Breakfast)'로 불렸던 '에그맥머핀(Egg McMuffin)'은 산타바바라의 한 체인점의 작품이었다. 하지만 이것 역시 경쟁 업체인 잭인더박스(Jack-in-the-Box) 체인점의 '에그 베네딕트 브랙퍼스트 롤'을 본뜬 메뉴였다.

그런데도 맥도날드의 규칙은 확실한 효과가 있었다. 평년에 미국 소비자의 4퍼센트가 적어도 한 번은 맥도날드에 갔다. 맥도날드는 지금도 전체 햄버거의 32퍼센트, 프렌치프라이의 26퍼센트, 코카콜라의 5퍼센트를 팔고 있으며, 전체 공공장소 식단의 거의 5분의 1을 책임지고 있다. 또한 미 육군을 포함한 다른 어떤 기관들보다 더 많은 쇠고기와 감자를 구입하며, 더 많은 직원들을 훈련한다. 게다가 세계에서 가장 큰 부동산을 소유하고 있다.

1994년에는 68개국 13,000개 식당에서 매일 2,500만 명의 손님을 맞았다.[8] 빅맥은 워낙 국제적인 생필품이라 「이코노미스트」는 세계 여러 나라에서 판매되고 있는 빅맥의 가격을 현금의 상대적인 가치를 비교하는 중요한 지표로 활용했다.

슈퍼마켓에서 쇼핑몰에 이르기까지 현대 미국인의 생활을 대변하는 다른 많은 것들과 마찬가지로 맥도날드 역시 자동차와 교외 생활이라는 전후 세계의 가장 두드러진 두 가지 현상을 일으킨 장본인이다. 그것들이 모두 어우러져 우리의 생활방식을 바꾸었다.

교외 거주는 1950년대에는 그다지 새로운 현상이 아니었다. 그 말은 1325년에 생겨났으며, 교외거주자를 뜻하는 'suburbia'와 'suburbanite'는 1890년대부터 지금까지 사용되고 있다. 독립전쟁 이전에는 뉴욕의 할렘, 매사추세츠의 메드포드(Medford)처럼 대부분의 도시에 교외 지역이 있었다. 하지만 현대적 의미의 교외주택 지역은 아니었다. 약 1850년까지만 해도 교외는 '도시 밖의 분화되지 않은 지역'으로 정의되었다.[9] 주로 자급자족적인 공동체로 도시의 한정된 공간에 적응하지 못하는 악명 높은 사업의 본거지로 통했다.

식민지 아메리카 주민들은 대부분 필요에 따라 도시에 밀집해서 살며 어디를 가든 걸어 다녔다. 1715년에 보스턴의 15,000여 명의 주민들은 고작 700에이커(약 283헥타르)의 땅을 공유했을 정도였다. 도보는 일상생활의 뚜렷한 특징이었지만, 윌리엄 워즈워드가 'pedestrian(보행자)'이라는 말을 만든 1791년까지도 걸어 다니는 사람을 가리키는 특별한 단어가 없었다. (공교롭게도 무디거나 상상력이 없다는 의미의 형용사 'pedestrian'은 훨씬 더 오래전인 1716년에 생겨난 말이다.)

저녁에 다른 지역의(거리가 가까운 경우) 집으로 퇴근하는 것은 증기 여객선이 등장한 1830년대가 되어서야 가능해졌다. 여객선은 테리타운, 스토니 포인트, 브룩클린, 뉴욕 같은 몇몇 도시를 변모시켰다. 그러나 여객선의 비용, 제한된 수송 능력, 느린 속도는 전체적인 효율을 떨어뜨렸다. 미국의 교외 생활의 역사는 철도와 함께 시작되었다. 1857년 일리노이의 네이퍼빌 (Naperville)을 시작으로 철도 교외가 전역에 생겨나기 시작했다. 뉴저지의 오렌지(Orange)와 시코커스(Secaucus), 일리노이의 레이크 포레스트(Lake Forest)와 오크 파크, 에반스톤(Evanstone), 뉴욕의 스카스데일(Scarsdale), 코네티컷의 페어필드(Fairfield)와 다리엔(Darien) 등 수많은 지역이 철도에 의해 새로 형성되거나 완전히 달라졌다. 심지어는 철도와 아무 관계가 없는 캘리포니아조차 샌라파엘(San Rafael)과 포모나(Pomona) 같은 수많은 교외 지역을 갖게 되었다.[10] 철도 교외가 성장하면서 'commute(통근)'와 'commuter(통근자)'라는 두 개의 미국 영어가 생겨났는데, 둘 다 1865년에 처음 기록되었다.[11]

철도 교외의 인기가 높아지면서 완전히 새로운 형태의 지역사회인 시범 교외가 등장했다. 이름이 말해 주듯이 시범 교외는 주로 부유층을 위해 건설된 특별 구역이었다. 철도 교외가 기존 지역을 흡수하면서 마구잡이로 성장하는 동안 시범 교외는 아무것도 없는 지역에 지어져 멋진 주거용 거리를 비롯해서 공원, 학교, 쇼핑 지구, 컨트리클럽 등 부유한 시민들에게 필요한 것들을 제공했다. (1867년에 브룩클린의 보스턴 교외에 지어진 컨트리클럽은 가장 외곽에 위치한 사교 중심지의 이름과 모델을 모두 제공한 것으로 보인다.) 시범 교외 중 비교적 역사가 긴 것은 캘리포니아의 베벌리힐스, 오하이오의 셰이커 하이츠, 뉴욕의 포레스트 힐 등이다.

19세기가 다가올 무렵에 시내 전차가 개발되면서 그로 인한 교외가 형성되었고, 더불어 교외 생활의 대중화를 이끄는 새로운 유행과 방식이 나타났다. 1940년대에는 두 가지 요인의 상호작용으로 전국의 교외화가 완벽하게 진행되었다. 전쟁이 끝나자마자 값싼 주택을 빨리 구하려는 수요와 1950년대 초에 주목을 받은 자동차가 그것이었다.

1945년 미국은 급하게 500만 채의 주택이 필요했다. 전쟁으로 미루어진 결혼이 완성되었고, 수백만 쌍의 젊은 부부들이 정착해서 가정을 꾸렸기 때문이다. 가장 간단하고 값싼 해결책은 개발업자가 도시에서 출퇴근할 수 있는 거리에 있는 땅을 사서 거의 똑같이 시작하는 사람들을 위한 주택을 수백 채, 혹은 수천 채를 짓는 것이었다. 그런 기술의 대가인 에이브러햄 레빗(Abraham Levitt)은 1947년에 동쪽 주 여기저기에 레빗타운(Levittowns)을 짓기 시작했다. 그 덕분에 레빗은 매우 낮은 가격에 집을 공급할 수 있었다. 평균 주택 가격이 1만 달러 하던 시절에 레빗의 집은 매매가로는 계약금 없이 7,900달러, 월세로는 65달러로 팔렸고, 중요한 설비를 거의 모두 갖추고 있었다.

곧이어 모든 도시의 변두리를 따라 주택 개발이 진행되었다. 1950년에는 미국인의 4분의 1이 교외에 살았다. 10년 후 그 비율은 3분의 1로 증가했다. 요즘은 미국인의 절반 이상이 교외에 사는데, 도시·농장·시골 공동체에 사는 인구를 모두 합친 수보다 더 많다.

사람들이 교외로 몰려가면서 직업도 그 뒤를 따라갔다. 1960년과 1990년 사이, 미국의 가장 큰 35개의 대도시에서 생겨난 직업 중 여섯 개 가운데 다섯 개가 교외에 있었다. 낮 시간에 일을 하러 도시로 밀려들었던 수백만 미국인들이 이제는 도시에 거의 발걸음을 하지 않았다. 1960년부터 30년 만에 교외 간 경계를 오가며 이쪽 교외에 살면서 저쪽 교외로 출퇴근하는 사람의 수가 세 배로 뛰어 2,700만 명을 넘어섰다.[12] 교외가 미국을 점령하고 있었다.

그런 현상은 A. C. 스펙토스키(Spectorsky)라는 작가에 의해 1955년에 이미 포착되었다. 그는 모체였던 대도시로부터 감정적이고 경제적으로 독립한 새로운 형태의 지역사회를 뜻하는 'exurbia'란 말을 만들었다. 하지만 「워싱턴포스트」의 기자 조엘 가로(Joel Garreau)가 『변두리 도시(Edge City)』라는 책을 쓴 1991년까지도 그런 방대한 생활방식의 변화는 널리 인식되지 못했다.

가로의 정의에 따라 변두리 도시의 특징을 꼽으면, 지역사회에는 46만 평방미터의 사무실 공간, 56,000평방미터의 쇼핑 공간, 그리고 거주민보다 더 많은 근로자가 있어야 한다. 그렇게 따지면 미국에는 200개 이상의 변두리 도시가 있는 셈이었다. 로스앤젤레스와 뉴욕은 각각 20개가 넘는 변두리 도시를 갖게 되었다. 그 모두는 거의 1960년 이후로 형성되었고, 거의 항상 활기가 없는 비인간적인 장소였으며 차가 없는 사람에게는 무자비하게 냉정한 쇼핑몰과 사무실 단지가 산발적으로 흩어져 있었다. 보도나 횡단보도가 전혀 없고, 부근의 대도시로 통하는 최소한의 대중교통 수단만을 가지고 있는 곳이 많았기 때문에 도시에 남은 사람들은 일자리를 구할 엄두를 내지 못했다. 이제 전체 미국인의 3분의 1이 변두리 도시에 살고, 3분의 2가 그곳에서 일을 하게 되었다.[13] 변두리 도시의 규모가 상당했음에도 불구하고 인접 지역 밖의 사람들은 그에 대해 잘 모르고 있었다. 지도를 보고 월넛 크릭(Walnut Creek), 랜초 쿠카몽가(Rancho Cucamonga), 글렌데일(Glendale), 웨스트포트 플라자(Westport Plaza), 메스킷(Mesquite), 혹은 플래노(Plano)의 위치를 대충이라도 가리킬 수 있는 미국인이 얼마나 되었을지 궁금하다. 세상에 알려지거나 말거나, 그런 변두리 도시들은 미래를 알리는 신호탄이었다. 1993년, 미국에서 가장 빨리 성장하는 25개의 지역 중 19개가 변두리 도시였다.

1945년에 돌아온 병사들이 가장 원하는 것이 적당한 가격의 주택이라면 두 번째로 원하는 것은 물어볼 필요도 없이 자동차였다. 1950년까지도 미국 가정의 약 40퍼센트가 자동차를 갖고 있지 않았다. 그 후 10년 만에 자동차가 생활의 이기일 뿐만 아니라 수백만의 생필품이 되면서 상황은 달라졌다. 1950년부터 1980년 사이에 미국 인구는 50퍼센트나 치솟았지만 자동차 수는 네 배로 증가했는데, 이는 세대수를 훨씬 웃도는 수였다(두 대 이상의 자동차를 보유한 가정들로 인해).[14]

미국에서 물질주의의 시대가 오면서 자동차는 전쟁이 끝난 뒤로 가장 커지고, 화려해지고, 강해졌다. 그런 상황변화의 선두에 할리 J. 얼(Harley Earl)이 있었다. 오랫동안 제너럴 모터스의 설계를 담당했던 그는 제2차 세계대전의 록히드 P-38 고속 전투기에 매료되어 1948년형 캐딜락에 과장된 수직 안전판을 붙였다. 이듬해 뷰익에 'venti-ports'라는 유선형 창문이 나타났다. 그 다음해에는 스튜드베이커가 앞부분이 날렵한 총알 모양으로 된 챔피언 DXL을 출시했는데 실제로 비행기와 모양이 흡사했고 속도도 빨랐다. 1950년대 중반에는 모든 자동차회사가 10년 동안의 특색을 이룬 크고, 화려하고, 창살 모양의 장식이 달리고, 여러 가지 색이 들어가고, 크롬을 넣어 묵직하고, 무시무시한 뒷날개가 달린 도로의 짐승들을 내놓았다. 어떤 관찰자의 말을 빌면, 마치 불을 뿜어내며 공연이라도 해야 할 것 같은 차들이었다. 그런 디자인은 '포워드 룩(Forward Look)'이라고 불렸다.

자동차들은 파이어돔(Firedome) V8, 선더버드(Thunderbird), 템페스트(Tempest), 코멧(Comet), 퓨어리(Fury), 차저(Charger) 등과 같이 그냥 강하기만 할 뿐만 아니라 통제 불능에 가깝다는 의미가 내포된 이름을 갖게 되었다. 거기에 우아함, 안락함, 버튼 조종 장치 같은 온갖 좋은 것들을 약속하는 외관을 갖고 나왔다. 인상적으로 들리는 특징은 한동안 자동차 영업사원의 무기 중 하나였다. 특히 1940년에 이미 데 소토(De Soto)는 '유체 구동 자동 변속기(Fluid Drive Simplimatic Transmission)'가 장착된 모델을 선보이고 있었다. 하지만 자동차회사가 많은 장치를 부착하고, 홍보 직원들에게 이런저런 정보로 기술적인 과장을 할 여지를 준 것은 제2차 세계대전의 직접적인 부산물인 강력한 V-8 엔진의 개발이었다. R.S.V.P.(Really Sensational Variable Pitch)를 장착한 1955년형 뷰익처럼 어떤 회사들은 비행기에 달린 '프로펠러 깃(propeller blade)'을 적극적으로 제공했다. 광고의 설명대로 그것은 "비행기 프로펠러처럼" 속도를 바꾸었고 "출발부터 주행에 이르기까지 그것이 하는 역할, 혹은 고속도로에서 필요할 때 신속하게 안전 운전에 기여하는 역할은 직접 경험해 보아야만 믿을 수" 있었다. '트리거 토크 파워(Trigger-Torque Power)'와 '스피드-트리거 포도매틱 트랜스미션(Speed-Trigger Fordomatic Transmission)'을 장착한 선더버드처럼 많은 차들은 경쟁 자동차회사를 얼마든지 제압할 수 있는 것처럼 보였다. 이듬해에 선더버드는 운전자에게 중무장을 시키려는지 '크루즈-오-매틱 장치(Cruise-O-Matic Transmission)'를 또 선보였다.

1956년에는 수직이륙에 가까운 기능을 갖춘 자동차들이 나왔다. 크라이슬러는 파워플라이트 레인지 셀렉터(PowerFlite Range-Selector), 토크-플라이트 트랜스미션(Torque-Flight Transmission), 토션-에어 서스펜션(Torsion-Aire Suspension), 슈퍼-세닉 윈드실드(Super-Scenic Windshield)를 들고 나왔다. 팩커드는 뉴 토션-레벨 라이드(New Torsion-Level Ride)와 트윈 울트라매틱 트랜스미션(Twin Ultramatic Transmission)을, 시보레 벨-에어는 트리플-터빈 터보글라이드(Triple-Turbine TurboGlide)라는 특이한 장치를 선보였다. 시장을 잘못 읽은 머큐리는 운전자가 선호하는 자세를 기억하는 '드림-카 디자인(Dream-Car Design)'과 '시트-오-매틱 다이얼(Seat-O-Matic Dial)'이라는 지퍼만 내놓았다가 어색한 용어로 막대한 손실을 입었다.

이런 기술 과다 현상은 1957년에 절정에 달했다. 팩커드가 승무원만 뺀 모든 것을 갖춘 145마력의 '슈퍼에이트(Super Eight)' 모델을 내놓았을 때였다. 이 차의 주된 특징은 프레스트-오-저스트먼트 시트(Prest-O-Justment Seats), 플라이트-글로 다이얼스(Flite-Glo Dials), 컴포트-에어 벤틸레이션(Comfort-Aire Ventilation), 콘솔-키 인스트루먼트 패널(Console-Key Instrument Panel), 푸시-버튼 컨트롤 링클-리지스턴트 로보탑 컨버터블 루프(Push-Button Control Wrinkle-Resistent RoboTop Convertible Roof) 등이었다. 하지만 안타깝게도 그것은 탱크처럼 움직이는 차였다. 5년 뒤 팩커드는 사업을 접어야 했다.

하지만 상황이 그런데도 디스크 브레이크, 연료 분사, 전륜 구동, 토션 바같이 현대의 자동차에 적용된 개량 장치들 중 미국에서 발명된 것이 전혀 없다는 사실은 이상하다. 디트로이트는 순수한 연구와 개발보다는 광택, 지퍼에 더 관련이 많았고, 그런 부실함은 20년이 못 되어 큰 대가를 치렀다.[15]

1955년 터무니없는 이름과 엉성한 디자인, 외관이 너무 빈약해서 거의 40년이 지날 때까지도 상업적인 재앙과 동의어로 통하는 차 한 대가 과장된 기술과 공기역학적인 디자인이 난무하는 전쟁터에 뛰어들었다. 물론 경이로운 에드셀(Edsel) 이야기다.

그 차가 세상에 소개되었을 때 포드와 그 판매업자들, 그리고 미국인들이 얼마나 높은 기대를 하고 있었는지 상상할 수 없을 정도였다. 포드 컴퍼니는 처음 20년 동안 어마어마한 성과를 올리더니 갈수록 비틀거리기 시작했다. 가장 큰 이유는 헨리 포드가 6기통 엔진이나 곡선과 과장된 외관이 가미된 모델을 내놓는 데 소홀했기 때문이었다. 포드 컴퍼니는 제너럴 모터스뿐만 아니라 월터 크라이슬러의 플리머스에도 뒤쳐졌다. 그러다 보니 1950년대에는 필사적으로 성공해야 하는 처지에 놓였다. 새로운 중형 자동차가 가장 승산이 있을 것으로 보였다. 제너럴 모터스는 1927년의 라살(La Salle) 이후로, 크라이슬러는 1928년의 플리머스 이후로 단 한 번도 중형차를 출시하지 않고 있었다. 가장 최근에 포드가 혁신적인 자동차를 개발하기 위해 노력한 것은 1938년에 머큐리를 내놓았을 때가 마지막이었다.[16] 세계를 강타할 신차가 나오기에 적절한 시기였다. 1952년 포드는 'E-car'라는 비밀 프로젝트에 착수했다.

이름을 결정하는 데만도 막대한 정성이 들어갔다. 포드의 광고 대행사인 풋, 콘 앤 벨딩(Foote, Cone & Belding)은 18,000개의 목록을 제시했고, 포드 직원들이 2,500개를 더 제안했다. 시인 마리안 무어(Marianne Moore)도 명칭 제안을 의뢰받아 몽구스 시빅(Mongoose Civique), 유토피안 터틀탑(Utopian Turtletop), 플루마 필루마(Pluma Piluma), 레실리언트 불릿(Resilient Bullet), 버시티 스토록(Varsity Stroke), 안단테 콘모토(Andante con Moto) 같은 쓸모는 없을지언정 인상적이기는 한 이름들을 제안했다.

그 많은 이름들은 신중하게 추려져 16개로 줄어들었다. 1956년 11월 8일 최종 결정을 위한 집행 위원회가 소집되었다. 많은 의논 끝에 코사이어(Cosair), 시테이션(Citation), 레인저(Ranger), 페이서(Pacer) 네 개로 압축되었다. 그러나 위원들은 여러 가지 이유를 들어(사실 그 다음부터는 적극적으로 결정에 관여하려는 사람이 아무도 없었던 것이 큰 이유였다) 최종 명단에 있는 이름이 아니라 헨리와 클라라 포드의 외동아들의 이름을 딴 '에드셀'로 결정했다. 에드셀이라는 이름은 헨리의 절친한 친구의 이름이기도 했다. 그 이름은 전에도 거론된 적이 있었지만 소비자 조사에서 대부분의 응답자가 트랙터나 쟁기의 이름 같다고 생각한다는 결론이 나오는 바람에 취소되었다.

　이름을 떠들썩하게 뜯어 맞춘 회사는 이번에는 자동차의 설계와 생산을 뜯어 맞추기 시작했다. 에드셀의 수석 디자이너는 로이 A. 브라운이었다. 누구의 이야기를 들어봐도 브라운의 초기 설계는 성공적이었다.* 그러나 설계 변경이 지나치게 많았고, 특히 말의 목띠나 변기 의자 등 여러 가지를 떠올리게 하는 창살 모양을 집어넣으면서 불길한 운명을 맞았다. 에드셀이 제대로 만들어지지 않았다는 의견도 있었다. 홍보 부서의 계획은 75명의 자동차 잡지 기자들로 하여금 디트로이트에서 각자 고향의 매장까지 초록색과 터키색이 들어간 똑같은 에드셀 페이서를 몰고 가게 하는 것이었다. 그러나 최초의 에드셀이 공장에서 굴러 나왔을 때 결점이 너무 많이 드러났다. 포드는 그 차가 도로 주행을 할 수 있도록 수리하는 데 찻값의 두 배에 달하는 대당 평균 1만 달러의 추가비용을 지출해야 했다. 그러나 출시일에 가까스로 준비된 차는 고작 68대뿐이었다.[17] 에드셀은 국영 텔레비전의 특별 생방송에서 공식적인 신고식을 하고는 출발을 하지 못하면서 더 큰 좌절을 맞았다. 회사는 그 당시까지 가장 비싼 광고비를 지출했지만 에드셀을 포기할 수 없었다.[18] 그러나 포드는 2년 2개월 뒤에 4억 5천만 달러를 쓰고 110,847대의 에드셀을 생산한 뒤에 그 기종의 사업을 접었고 에드셀은 역사의 일부가 되었다.

　이런 빈번한 실패에도 불구하고 자동차는 미국인의 생활의 일부로서 나날이 발전했다. 1963년에는 전체 미국 산업의 6분의 1이 자동차나 그 부품을 만들거나 공급하거나 수리하거나 판매하는 일과 직접적으로 관련되어

---

* 브라운은 링컨 퓨처라(Lincoln Futura)라는 놀라운 개념의 자동차를 설계함으로써 포드에서 인정을 받았다. 그 차는 생산으로 이어지지는 않았지만 결국 텔레비전의 배트모빌(Batmobile: 배트맨이 타고 다니는 차-옮긴이)로 더 큰 영광을 누렸다.

있었다.[19] 자동차 생산은 미국 강철의 20퍼센트, 유리의 30퍼센트, 고무의 60퍼센트를 소비했다.[20] 1970년대에는 미국의 통근자들 중 94.7퍼센트가 자동차로 출근을 했다. 그 중 약 절반은 대중교통을 전혀 이용할 수 없었다. 그들은 원하든 원치 않던 직장까지 운전을 해야 했다. 사실은 대부분이 자동차 출퇴근을 원했다. 오늘날 차는 미국인의 생활에서 너무나 중요한 부분을 차지하기 때문에 평균적인 미국인이 자동차를 타지 않고 걸어갈 의향이 있는 최대 거리는 고작 183미터에 불과하다.[21]

자동차에 대한 집착에도 불구하고 전후로 비교적 적은 자동차 관련 용어가 일반 어휘에 유입되었다. 몇 안 되는 단어 중에는 1971년에 생성되었지만 약 1980년까지 일반적인 용도로 쓰이지 않은 gridlock(교통정체), fast lane(추월차선: 빨리 돌아가는 경쟁적인 생활이라는 은유적인 의미, 1978), drive-by shooting(움직이는 차에서 사람을 공격하는 행위, 1985), to jump start(은유적인 의미로 '경기를 부양하다', 1988) 등이 있다. 대충 이 정도다.

미국인들이 모는 차의 종류, 특히 족보는 점점 더 변했다. 1970년대 초까지만 해도 폭스바겐 비틀을 비롯한 몇몇 유럽 스포츠카를 제외하면 미국의 자동차는 미국산이 압도적이었다. (미국에서 판매된 신차 720만 대 중 1퍼센트에 훨씬 못 미치는 약 5만 대만이 수입차였다. 1954) 하지만 그 이후로는 일본 자동차회사가 시장에 뛰어들었다. 1950년대에 농담으로 볼품없다는 말과 동의어로 쓰인 '메이드 인 제팬'은 신뢰와 효율성이라는 긍정적인 뜻을 갖

---

* 궁금해하는 독자들이 있을지도 몰라서 비교적 유명한 일제 자동차 이름의 유래를 소개한다. 혼다는 회사 창립자인 소이치로 혼다의 이름을, '이수추(Isuzu)'는 이수추 강의 이름을 땄다. '미쓰비시'는 창립자의 가족 금고에 붙은 문양인 '세 개의 돌'을, '닛산'은 '일본 산업'을 뜻하고, '스즈키'는 창립자 미치오 스즈키의 이름을, '도요타'는 창립자 사키치 도요타(Sakichi Toyoda)의 이름을 땄다. 소문처럼 도요타(Toyota)는 초창기 모델이 '장난감 자동차(toy autos)'를 닮았다고 해서 지어진 이름은 아니다.[22]

기 시작했다. 1970년에 미국인들이 거의 들어보지 못한 일본 자동차회사들은 1975년에는 친숙한 이름이 되어 있었다.*

불과 10년 전만 해도 막강했던 미국의 자동차회사들은 갑자기 걱정스러울 정도로 맥을 추지 못했다. 일본의 효율 생산방식(lean production)과 비교하면 경쟁력이 크게 떨어지는 북적거리는 공장에서 무겁고, 가끔 신뢰할 수 없는 '연료 소비가 많은 대형차(gas guzzler)'를 계속 만들어내고 있었다. 1992년 미국의 자동차 산업은 한 달에 7억 달러의 손실을 내고 있었다. 애국적으로 '국산품을 이용하려고(buy America: 1970년대 말에 널리 유행한 표현)' 애쓰는 사람들조차 항상 그럴 수만은 없었다. 1991년에 폰티악 르망(Pontiac Le Mans)의 매매 가격 2만 달러 중에서 6,000달러는 한국으로, 3,500달러는 일본으로, 그리고 100에서 1,500달러 사이의 액수가 일본, 대만, 싱가포르, 영국, 아일랜드, 바베이도스(Barbados)의 자동차회사로 흘러들어갔다.[23] 1988년 과거 미국이 자급자족했던 자동차를 주로 해서 카메라, 텔레비전, 라디오 등 많은 품목의 수입액이 국민총생산의 13퍼센트를 넘어섰고 미국의 연간 무역 적자는 1,500억 달러로 불어났다. 이로써 남녀노소를 막론한 미국 인구 1인당 약 600달러에 해당하는 손실이 발생했다.

1990년 미국이 경제적인 우위에서 밀려나고 있다는 자각을 하면서 가끔 무분별에 가까운 심각한 소동이 일어났다. 예일대의 한 경제학과 교수는 학생들에게 미국이 1퍼센트의 경제성장을 하는 동안 일본은 1.5퍼센트의 성장을 하는 상황, 혹은 미국이 1퍼센트의 경기 하락을 겪을 때 일본은 1.5퍼센트의 경기하락을 하는 상황 중 어느 쪽을 더 선호하느냐는 질문을 했다. 그 결과 대다수의 학생들이 후자를 선택했다. 그들은 두 나라 모두가 더 번영하는 쪽보다는 일본이 빈곤해지면서 미국도 빈곤해지는 쪽을 선호했다.

닐 암스트롱. 소련의 위성 발사에 자극받은 미국은 우주 산업에 박차를 가한다. 1969년 7월 20일 우주선 아폴로 11호의 우주 비행사인 미국인 닐 암스트롱은 인류 최초로 달 표면에 발을 내딛었다.

미국은 산업 분야의 이익이 침식되는 것을 지켜보아야 하는 모욕을 겪기 전 몇 년 동안 기술적 명성에 치명적인 타격을 받았다. 1957년 10월 5일, 구소련이 '스푸트니크(Sputnik: '지구 여행 동반자'라는 뜻)'라는 위성을 성공적으로 발사했다는 소식이 전해지면서 미국 전체가 뿌리째 흔들렸다. 스푸트니크가 비치볼 크기만 하고 빛을 반사하는 것 외에는 아무것도 할 수 없다는 사실은 중요하지 않았다. 그것은 지상에서 우주로 날아간 최초의 물체였다. 비평가들은 불안에 휩싸여 희생양을 찾았고 대부분 교육제도를 비난했다(교육제도는 그 이후로 계속 불거져 국가적인 실패로 인식되는 주제가 나올 때마다 지적을 받는 불만사항이 되었다). 다급해진 미국은 넉 달 뒤에 독자적으로 개발한 뱅가드(Vanguard) 위성 발사에 도전했다.[24] 안타깝게도 뱅가드호는 발사대에서 몇 미터 솟아올랐다가 뒤집어져 화염에 휩싸여 폭발하고 말았다. 그래서 '케푸트니크(Kaputnik: '뒤집힌 스푸트니크'라는 뜻으로)'라는 피할 수 없는 오명을 얻었다. 3년 조금 더 지났을 즈음 구소련이 쏘아올린 '보스토크(Vostok)'가 우주인 유리 가가린을 태운 채 지구 궤도를 한 바퀴 돌고 무사히 귀환하자 미국은 더 큰 수치를 겪었다. 일주일 후 미국의 지원을 받은 쿠바 망명자들이 재앙과도 같은 쿠바의 피그만 침공을 감행했다가 실패하고 뿔뿔이 흩어졌다. 세계적으로 미국의 주식이 그렇게 곤두박질치기는 처음이었다.

  미국의 대응은 위에서 언급한 예일대 경제학과 학생들의 대답과 크게 다르지 않았다. 미국은 명예 외의 다른 결과에 대해서는 전혀 생각하지 않고 미국인을 소련보다 먼저 달에 착륙시키는 것을 단 하나의 최종 목표로 세우고 지상에서 가장 값비싼 과학 사업에 착수했다. 1969년 7월 20일 닐 암스트롱이 아폴로 11호 우주선에서 내려 지구 밖 대지에 발을 내디딘 최초의 인류가 되면서 그 목표는 실현되었다. 그로써 미국은 한순간에 최고가 되었다.

  우주 사업이 시작된 숨가쁜 첫 10년은 많은 단어를 생성하거나, 크게 부활시켰다. 그 예로, reentry(재진입), liftoff(수직 이륙), blastoff(발사), mission control(우주 비행 관제 본부), A-OK(완전무결한), thrust(추진력), launchpad(발사대), orbit(궤도), glitch(사소한 결함: 1966년에 존 글렌의 발언을 통해 외부에서 처음 기록된 이디시어), astronaut(우주비행사) 등이 있었다. 가장 흥미롭다고 할 수 있는 것은 세상 사람들이 과학 소설을 지극히 사랑한 덕분에 많은 우주 용어가 우주 시대 이전부터 존재했다는 사실이다. 우주 여행자가 우주선을 타기 훨씬 전부터 있었던 말 중에는 astronaut(1880), spaceship(우주비행선, 1894), space suit(우주복, 1924), rocket ship(로켓 추진선, 1928), star ship(우주비행선, 1934), space station(우주 정거장, 1936), blastoff(발사, 1937), spaceman(우주비행사, 1942), time warp(시간 왜곡, 1954) 등이 있었다.[25]

  우주 개발 경쟁은 많은 기술적인 부산물을 만들어냈다. 그것은 통신 위성의 개발과 특히 전산의 발전에 큰 기여를 했다. 컴퓨터는 사무실, 은행, 가게, 가정에 너무도 보편화되어서 최근에 들어서야 개발된 것이라는 사실을 잊어버리기 쉽다. 'computer' 란 말은 1646년부터 영어에 있었지만 처음에는 '계산하는 사람'을 가리켰다. 그러다 1872년에는 특정 종류의 계산 도구를 뜻했고, 1940년대에 마침내 복잡하고 난해한 전산을 하기 위해 설계된 기계라는 현대적인 의미를 갖게 되었다. 컴퓨터라고 부를 수 있는 최초의 기계는 1945년에 나온 '에니악(ENIAC: Electronic Numeral Integrator and Computer)' 이었다. 그보다 더 빨리 나온 비슷한 장치도 있었지만 '계산기(calculator)' 나 '적분기(integrator)' 로 불렸다.

미국에는 1956년 무렵에도 고작 20여 개의 컴퓨터가 있었다. 그리고 이어진 20년 동안 그 수는 몇 배로 늘어났다. 하지만 애플 컴퓨터가 창립된 1976년에도 전 세계적으로 약 5만 대의 컴퓨터가 있었을 뿐이다. 그로부터 10년 후 매일 그만큼의 컴퓨터가 생산되었다.[26]

컴퓨터의 출현에 관한 최초의 보도 중 하나는 1961년 3월에 「라이프」에 "그 기계가 몰려오고 있다(The Machines Are Taking Over)"는 제목으로 등장했다. 기자는 호들갑스럽게 방 크기만 한 '로봇(기사 전체에 걸쳐 이 단어를 썼다)' 이 오하이오의 트로이에 있는 브라운 브라더스(Braun Brothers) 소시지 공장의 효율성을 변화시켰다고 썼다. 그 장치는 사용할 수 있는 고깃덩어리를 알려주는 천공 카드 뭉치를 넣으면 "부드러운 소리로 불빛을 깜박거리며 쉬지 않고 카드를 팔랑팔랑 넘겼다." 브라운의 컴퓨터는 단 36분 만에 카드를 섞고 계산을 마치고는 볼로냐를 만드는 최적의 조리법을 토해냈다. "쇠고기 24파운드, 소 볼깃살 103, 소갈비 아래 부위 150, 목뼈 부위 고기 30, 돼지 어깨고기 20, 목덜미 살 65, 손질 전환 10, 이전 처리 재가공 10." 그리고 그것이 전부였다. 컴퓨터는 회계나 계산서를 처리하거나 회사의 난방과 전기를 감독하지는 못했다. 소 볼깃살과 목 부위 손질법에 관해 36분 동안 집중적으로 생각하고는 완전히 지쳐서 다음 날에야 일을 시작할 뿐이

에니악은 1943년에서 1946년에 걸쳐서 펜실베이니아 대학의 모클리와 에커트가 제작한 세계 최초의 컴퓨터다. 1955년 10월까지 10년간 활용되었으며 현재는 스미소니언 박물관과 펜실베이니아 대학에 분산해 보관되고 있다. 에니악은 가동되었을 때, 펜실베이니아에 있던 가로등이 모두 희미해질 만큼 전력을 많이 소모했다고 한다.

었다.

 물론 지금은 그다지 대단한 성능으로 보이지 않는다. 하지만 불과 5년 전만 해도 브라운 브라더스는 양지 부위, 손질 방법 전환을 비롯해서 잘 만들어진 볼로냐의 여러 가지 맛있는 성분을 최대한 활용하기 위한 계산을 해 줄 컴퓨터가 필요했고, 또 그것을 설치할 수백만 달러의 비용과 별도의 건물도 필요했을 것이다. 나중에 브라운 브라더스의 컴퓨터는 단돈 5만 달러에 팔렸다.

 같은 기사에서는 비트족 시인이 가장 자주 사용하는 500개의 단어가 프로그램된 캘리포니아 글렌데일에 있는 컴퓨터가 시를 짓는 방법도 소개했다. 그 장르의 대표적인 시는 "자동-비트족 시 41번: 곤충"이었다.

> 모든 아이들은 작고 버릇이 없지
> 모든 창백하고 눈멀고 초라한 물들이 청소를 하네
>
> 바싹 마른 말 못하는 곤충이 아저씨에게서 오네
> 곤충은 어떻게 이 털 속에 들어 있을까?

기자는 아무것도 모르는 로스앤젤레스 찻집의 손님들에게 그 시들을 몇 편 들려준다면 많은 청중들은 "감탄해서 들썩거릴 것"이라고 설명했다.[27]

컴퓨터는 비교적 최근에 일상생활로 유입되었지만 그와 관련된 용어는 반세기 정도 전부터 사용되고 있었다. 'computer bug'는 1940년대부터 있던 말이다. 이 용어는 있는 그대로의 의미에서 시작되었다. 1945년, 미 해군의 초기 진공관 컴퓨터가 망가졌다. 운영자들은 당황해서 원인을 찾다가 계전기 스위치의 접지점 사이에 낀 나방 한 마리를 발견했다. 그 이후로 컴퓨터가 고장 나면 '디버깅(debugging: 해충 제거, 곧 결함 수정을 뜻함)'이 필요하다는 말이 나왔다.[28] 'bit(binary digit의 약자)'도 비슷한 시기에 만들어졌는데 그것에서 유래한 'byte(8비트, 기술적으로는 알 수 없음)'는 1964년에야 사용되었는데, 이는 대충 만들어진 단어가 분명했다.[29] 그처럼 대충 만들어진 단어 중에는 '윈체스터 디스크 드라이브(Winchester Disk Drive: 1973년에 처음 기록되었다)'도 있었다. 그것은 어떤 사람이나 장소를 기념하는 말이 아니라 IBM이 그 기술을 개발할 때 사용한 암호명일 뿐이다.

컴퓨터는 어셈블러, 파스칼, C, C+, OLE, 리스프, 아다, 포트란, 코볼, 알골, 오베론 등 셀 수 없이 많은 기술 언어를 만들어냈다. 그런 언어들은 또 어마어마한 단어를 양산했다. 그러나 컴퓨터 세계는 언어적 즐거움을 찾는 사람들에게는 죽은 행성과 같다. 컴퓨터 용어는 수천 개에 달하지만 어마어마한 양이 과거 20년 동안 생겨났고 그 중 절반 이상은 기존의 단어(port, format, file, copy, array)에 의미를 추가한 것에 불과했다. 또한 그 분야에만 있는 단어들은 해당 기능을 지루하게 설명하는 경우가 많다(microprocessor, random access memory, disk drive, database). 그 예외로 '도스(DOS)'라는 운영 체계가 있다. 이것은 '큐-도스(Q-DOS)'로 시작했는데, 대담하게도 '서둘러 만든 더러운 운영 체계(Quick and Dirty Operating System)'라는 뜻을 가지고 있었다. 마이크로소프트는 1981년에 그 회사를 매입하면서 조금 더 안정적인 'MS-DOS(Microsoft Disk Operation System)'로 이름을 바꾸었다.[30] 이는 독자들이 앞으로 알게 될 컴퓨터 세계의 생생한 이야기다.

일반적인 어휘로 흡수된 컴퓨터 용어 중에는 하드웨어와 소프트웨어(1960년대 중반에 생성되었고, 1970년대 중반에 일반적으로 쓰였다), 마이크로칩(microchip: 1965년, 1967년에 일반적인 '칩'으로 쓰였다), 컴퓨터 데이트(1968), 워드 프로세서와 워드 프로세싱(둘 다 1970년에 나왔지만 1977년 이전에는 기술 언론 이외에서는 쓰이지 않았다), 해커(암호의 숲을 칼을 갖고 헤치고 나가는 사람의 이미지에서 온 것으로 추측한다, 1975), 플로피 디스크(1975), 유저-프렌들리(1981), 컴퓨터 바이러스(1984년에 프레드 코헨이라는 미국인 연구원이 만들었다) 등이 있었다.

주로 컴퓨터와 다른 신기술들 덕분에 영어는 한 해에 2만 개까지 증가했다.[31] 이런 새로운 용어들의 대다수가 과학, 기술 등 전문적인 분야에 해당하는 것이었지만 그 중 수백 개는 해마다 주류 영어 세계로 진입했다. 1992년에 출판된 『아메리칸 헤리티지 사전』 3판에 실린 전체 단어 중 약 5퍼센트에 해당하는 만 개의 단어가 20년 전에는 미국 영어에 존재하지 않는 것들이었다. yuppie(여피족), sushi(초밥), sunblock(자외선 차단), sound bite(인터뷰, 연설의 핵심 내용) 등이 그 예다. 1987년에 출판된 『랜덤하우스 대사전』 2판은 31만 5천 개 단어 중 5만 개의 신조어와 21만 개가 수정되거나 갱신되는 훨씬 더 광범위한 변화를 겪었다. 『아메리칸 헤리티지 사전』의 편집자는 한 인터뷰에서 언어가 새로운 형태로 축적되고 있으므로 "신조어에 보조를 맞추려면 10년이 아니라 6년에서 8년마다 새로운 사전이 나와야 한다."고 말했다.[32]

지난 10년 동안 영어에 유입된 수백 개의 단어 가운데 가장 두드러진 것은 'AIDS'다. '후천성 면역 결핍 증후군(acquired immune deficiency syndrome)'의 약자인 이 단어는 1982년에 처음 등장했지만 1985년까지 일반인의 의식 속에 자리 잡지 못했다. 그전에는 '동성애와 관련된 면역 결핍증(gay-related immune deficiency)'의 약자인 'GRID'로 불리다가 이성애자, 특히 혈우병 환자를 감염시키는 것으로 밝혀진 뒤로 이름이 바뀌었고 곧바로 세상의 관심을 받았다. AIDS의 원인균인 '인체 면역 결핍 바이러스(human immunodeficiency virus)', 곧 'HIV'는 그 바이러스가 'LAV', 'HTLV3'로 불린 이듬해인 1986년 5월에 바이러스학 위원회에서 만들었다.

우주 시대와 작별하기 전에 이상하게도 당시에는 많은 관심을 끌지 못한 작은 표현 문제 하나를 짚고 넘어가려고 한다. 닐 암스트롱이 달에 첫발을 내딛으면서 한 말이 있다. 수백만 명이 지켜보는 가운데 암스트롱은 엄숙하게 입을 열었다. "인간에게는(for man) 작은 한 걸음이지만 인류에게는(for mankind) 거대한 도약이다." 이 말은 이튿날 수천 개의 표제로 인쇄되었지만 모두 암스트롱의 성공에 심취한 나머지 동의어가 반복된 것을 눈치 챈 사람이 아무도 없었던 것 같다. 역사가 리처드 핸서(Hanser)에 따르면, 암스트롱은 지구로 돌아와 자신의 말이 여기저기에 잘못 인용된 사실을 알고 놀라고 실망했다고 한다. 그가 한 말은 "한 남자에게는(for a man) 작은 한 걸음이지만 인류에게는 거대한 도약이다."였다. 전달 과정에서 부정관사가 빠진 것이다.[33]

더 까다로운 문제는 사회적으로 발전된 최근의 분위기에서 그가 그처럼 명백히 성차별적인 발언을 했어야 했는가에 있다. 이 문제에 대해서는 다음 장에서 살펴보기로 하자.

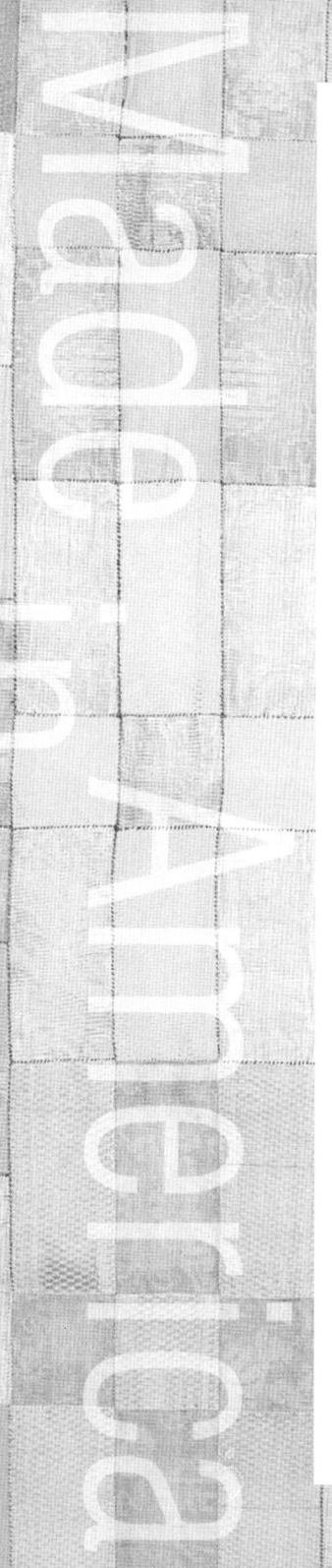

오늘날의 미국 영어

In 1993, according to an international business survey, the world's most valuable brand was Marlboro, with a value estimated at $40 billion, slightly ahead of Coca-Cola. Among the other top ten brands were Intel, Kellog's, Budweiser, Pepsi, Gillette, and Pampers. Nescafe and Bacardi were the only foreign brands to make top ten, underlining American dominance. Why companies like Coca-Cola suffer palpitations when they see a passage like this (from John Steinbeck's The Wayward Bus): "Got any coke?" another character asked. "No," said the other proprietor. "Few bottles of Pepsi-Cola. Hav...... ...... coke for a month....... It's the same stuff. You can' .... 1993, according to an international business .... brand was Marlboro, with a value esti...... ...... of Coca-Cola. Among the other top ten .... ser, Pepsi, Gillette, and Pampers. Nes...... ...... brands to make top ten, under-li...... ...... like Coca-Cola suffer palpita-ti...... ...... m John Steinbeck's The Way-war...... ...... r asked. "No," said the ot'...... ...... ven't had any coke for a mon...... ...... them apart." In 1993, ac...... ...... world's most valuable bran...... ...... llion, slightly ahead of Coca-Co...... ...... el, Kellog's, Budweiser, Pepsi, Gillett...... ...... Bacardi were the only brands to make top ten, underlining American dominance.

MADE IN
AMERICA

1993년 초 메릴랜드는 '행동은 남자답게, 말은 여성스럽게(Fatti maschii, parole femine)'라는 주(州) 표어가 이상하고 어색할 뿐만 아니라 성차별적이라는 지적을 받고 고민했다. 그것이 값비싼 비품이나 건물, 기념물에 두루 새겨져 있고, 또 오랜 시간 동안 사용되어 왔다는 것은 걸림돌이었다. 주 입법부는 긴 회의 끝에 기발한 아이디어를 얻었다. 표어는 그대로 두고 번역만 바꾸는 것이었다. 그래서 요즘 메릴랜드 사람들은 'Fatti maschii, parole femine'이라는 문구를 '행동은 강하게, 말은 부드럽게'라고 받아들인다.[1] 그 결과 모든 사람들이 행복하게 잠자리에 들 수 있었다.

  언어의 민감성으로 발생하는 모든 문제를 그처럼 간단하게 해결할 수도 있다. 하지만 최근에는 두루뭉술하게 모든 것을 포괄하는 문제보다 더 많은 논란을 일으키고 관점의 극단적인 면을 자극한 것도 없었다. 우리는 그런 문제를 '정치적 공정(political correctness)'이라고 부른다. 1975년에 미국여성기구(American Organization for Women)의 회장 카렌 C. 드크로(Karen DeCrow)가 만든 그 말이 경멸적인 색채를 띠기 시작한 것은 1990년쯤부터 였다.[2] 그 이후로 신문을 비롯한 언론들은 비교적 덜 비웃음을 받는 것부터 노골적인 저항을 받는 것에 이르기까지 온갖 사례를 많은 지면을 할애해서 보도했다. 어떤 신문은 그 문제를 우스갯소리로 다루었고[대표적인 예로 「뉴스위크」는 1991년에 앞으로 식당 손님들이 'waitron'이나 'waitperson' 이 'womenu'를 가져오라고 생각할 것이라는 내용의 기사를 냈다], 또 다른 신문은 훨씬 더 진지하게 받아들였다. 많은 언론들이 분노와 우려에 차서 "새로운 아야톨라[Ayatolla: 신앙과 학식이 깊은 사람을 가리키는 이란 시아파의 말, 「U. S. 뉴스 & 월드 리포트(News & World Report)」]", "정치적으로 옳은 말: 모순 어법[「에디터 앤 퍼블리셔(Editor & Publisher)」]", "단어 경찰[「라이브러리 저널(Library Journal)」]" 같은 표제를 걸고 그 문제를 평가했다.

대부분의 논란은 두 가지의 주장으로 압축된다. 먼저 언어에 편견을 가진 사람들이 영어를 마음대로 휘두르면서 헌법이 보장하는 가장 중요한 자유를 위협한다는 것이다. 또한 그들이 창작한 말 때문에 대중적인 화법에 혼란을 주는 괴상한 신조어들을 써야 한다는 부담감이 생긴다는 것이다. 헨리 비어드(Beard)와 크리스토퍼 서프(Cerf)는 풍자적이고 대중적인 『정치적으로 올바른 공식 사전과 지침서(Official Political Correct Dictionary and Handbook)』라는 책에서 그런 불합리성을 (금전적으로) 이용했다. 이 책은 영어의 미미한 편견을 없애는 터무니없는 완곡어의 예를 수백 개 들고 있다. 그 중에는 대머리를 뜻하는 differently hirsute, 감옥을 뜻하는 custody suite, 중독자를 뜻하는 chemically inconvenienced, 틀니를 뜻하는 alternative dentation, 우유를 배달하는 사람을 뜻하는 stolen nonhuman animal carrier 등이 있다. 독자들은 출처를 검색해도 별다른 성과를 얻지 못할 것이다. 위의 예를 포함한 지나치게 조심스러운 표현들 대부분이 저자들에 의해 만들어졌기 때문이다.

그것이 근본적으로는 의미가 없다고 하더라도 약간의 무해한 즐거움을 준다고는 말할 수 있다. 하지만 그런 목록들을 가져가 진리처럼 퍼뜨리는 사람들도 있다. 가령, 1992년에 보도된 「더 네이션(The Nation)」의 한 기사는 정치적 공정 운동이 만든 '특이한 신조어'에 대해 언급하며, 노숙자를 뜻하는 'involuntarily domiciled(본의 아니게 주거지가 정해진 사람)', 벙어리를 뜻하는 'vocally challenged(언어적으로 문제가 있는 사람)' 등의 예를 들었다. 그것들은 비어드와 서프가 자신들의 특이한 책에 재미로 만들어 싣기 전에는 존재하지 않던 표현들이었다.

그들이 인용한 부자연스러운 신조어의 예는, 주로 민감성의 측면에서 정당하거나(정신 지체아를 뜻하는 developmentally challenged), 널리 사용되거나(데이트 상대에 대한 성폭행을 뜻하는 date rape, 임신 중절 합법화를 지지하는 것을 뜻하는 pro-choice), 만든 사람이 진지하게 사용할 의도가 전혀 없었거나(거짓말을 뜻하는 terminological inexactitude), 사회학자나 군대 등 은어를 즐겨 쓰는 단체에 의해 만들어졌거나(휴전을 뜻하는 temporary cessation of hostilities), 신뢰성 없는 간접적인 출처에서 나왔거나(조작한다는 뜻의 personipulate), 정치적 공정에 관한 다른 책에 나오지만 달리 증명된 바가 없거나, 부정적으로 정의될 때(동물을 죽이거나 사냥을 허락한다는 뜻의 wildlife management가 흔히 쓰는 완곡어라는 사실을 밝힐 때)만 우스워 보이는 것들이다.

그 모든 것들을 제외하면 극단적인 영어 사용자들이 만든 정말 우스꽝스러운 몇 개만 남는다. 주로 여성 운동에서 나온 표현들로 일상적인 말에서 'man'이 제거된 것들이다. 그래서 그들은 manhole을 femhole로,

menstruate를 femstrusate라고 부른다.

정치적 공정 운동(줄여서 PC 운동)이 웃음을 나오게 만드는 요소가 많다는 사실은 나도 부인하지 않는다. 사실 그렇지 않은 인간의 활동 분야도 없을 것이다. 나는 지금부터 의문스러운 표현 몇 가지를 예로 들려고 한다. 하지만 내가 보기에 이는 진지하게 논쟁을 할 문제이지, 부정적으로 저항하거나 'waitron'과 'womenus'를 두고 가벼운 농담을 할 문제는 아니다. 이런 문제에 관한 토론에서 흔히 간과되는 것은 편견이 없는 언어를 쓰자는 운동의 뿌리에는 훌륭한 정서가 있다는 점이다. 다시 말해, 성, 인종, 신체적 상황, 환경으로 인해 말의 거친 힘에 상처를 받는 사람들에게 고통이나 모욕을 덜 주도록 말을 가려서 하자는 것이다. 이성적인 사람이라면 nigger, chink, spazz, fag 같은 말을 사회에서 일상용어로 쓰는 것을 옹호하지는 않을 것이다. 하지만 그런 옹호가 이해할 수 없는 수준에 도달해서 편협하고 경멸적인 인상을 주면 사회적인 동의는 깨져버린다.

1992년 「U. S. 뉴스 & 월드 리포트」는 "정치적 공정 총정리(Political Correctness Roundup)"라는 제목의 기사에서 "반PC 운동에 대한 저항이 일어나고 있지만 습관적인 무자비함의 예는 아직 셀 수도 없이 많다."고 지적했다. 이 잡지가 관심을 가진 '무자비함'의 예는 위스콘신-밀워키 대학의 학생들이 "장난감 가게에 가서 다양한 인종의 인형을 찾아보라는" 지시를 받은 것과 뉴욕의 어느 변호사가 법정에서 상대편을 "꼬마 숙녀"와 "귀여운 꼬마"라고 불렀다고 비난받은 것이었다.[3]

내 생각에 학생들이 인종적으로 다양한 사회에서 인종적으로 다양한 인형을 구할 수 있는 가능성을 조사하도록 지시받았다는 사실은 별로 무자비하지 않다. 또한, 변호사가 법정 상대를 확실히 존중하도록 강요받는 것이 불합리해 보이지도 않는다. (원고가 남자이고 '젊은 친구'나 '어린 친구'라는 말을 들었어도 「U. S. 뉴스 & 월드 리포트」측이 예의의 필요성을 느꼈을 것인지 궁금하다.) 그러나 그것은 어디까지나 내 생각이다. 이는 매우 주관적이고 의견이 분분한 '평등한 말'에 대한 논의가 만들어낼 수 있는 과장된 문제다. 내 생각은 이렇다.

영어에 성적인 차별이 미묘하게 스며들어 있다는 사실은 부인할 수 없다고 생각한다. master와 mistress, bachelor와 spinster, governor와 governess, courtier와 courtesan 등 쌍을 이루는 많은 말들을 살펴보자. 남성적인 단어는 대체로 힘과 명예를 상징하고, 여성적인 단어는 종속성이나 비합리성을 내포하고 있음이 한눈에 보인다. 모든 인간을 'mankind'라고 하고, 남성 대명사를 'to each his own', 'everyone has his own view on the matter'와 같은 구조에 사용하는 영어 사용법의 많은 관행에서 남성에 대한 편향성을 엿볼 수 있다는 것 역시 의심할 수 없는 사실이라고 생각한다. 로잘리 매지오(Rosalie Maggio)가 심혈을 기울여 쓴 『차별 없는 영어 사전(Dictionary of Bias-Free Usage)』에서 지적하듯이, 미네소타 주는 구체적인 성을 가리키는 말을 법전에서 삭제하면서 주 법령에서 301개의 여성적인 표현을 가려냈지만 그런데도 2만 개에 달하는 표현이 남성을 언급하고 있었다.[4] 영어가 역사적으로 남성 중심의 언어임에는 의심할 여지가 없다.

정치적 공정에 대한 많은 비판이 지적하듯이 성을 지칭하는 말을 피하면 언어를 왜곡하고, 역사적 전례를 모욕하고, 오랫동안 자리 잡은 유용한 표현을 잃게 된다는 문제가 있다. 사람들은 man, mankind, forefather, founding father, a man's home is his castle 등의 표현을 몇 세기 동안 써 왔다. 그런데 왜 이제 와서 중단해야 할까?

두 가지 이유가 있다. 먼저 상처를 받기 쉬운 사람들에게는 아무런 방어

책이 없기 때문이다. 90년 전에 'moron'은 나무랄 데 없는 말이었다. 실제로 특별한 수준의 정신적 예민함을 가리키는 의학적으로 정확한 명칭이었다. 그것을 자유롭게, 결과적으로 잔인하게 사용하다보니 저능아를 존중하던 예의바른 사회가 그 말을 추방시키고 말았다. piss, cretin, nigger 등 한때는 거리낌 없이 쓰이던 수십 개의 단어들 역시 이제는 품위의 기준을 만족시키지 못하게 되었다. 한 단어나 표현이 오랫동안 사용되었다거나 한때 널리 쓰였다는 이유만으로 특별한 면역성을 갖게 되는 것은 아닌 셈이다.

게다가 그런 말들은 다른 말로 쉽게 대체될 때가 많다. people, humanity, human beings, society, civilization 등 많은 단어들이 인구의 절반인 여성을 무시하지 않고 mankind와 같은 뜻으로 쓰인다. 1987년 이후로 미국의 로마 가톨릭 교회는 남녀차별을 완전히 배제한 『개정판 신약 성서 뉴 아메리칸 바이블』을 쓰고 있다. 이 성경에서 마태복음 4장 4절은 "Not on bread alone is man to live"가 "One does not live by bread alone(사람이 떡으로만 살 것이 아니요)"으로 바뀌었다. 마태복음 16장 23절의 "You are not judging by God's standards, but by man's"는 "You are thinking not as God does, but as human beings do(네가 하나님의 일을 생각지 아니하고 도리어 사람의 일을 생각하는도다)"로 바뀌었다.[5] 내용이 워낙 매끄럽게 달라졌으므로 이 책을 읽는 사람들은 성차별적인 표현들이 세심하게 삭제되었다는 사실을 거의 눈치 채지 못한다. 문장의 아름다움이나 힘이 전혀 달라지지 않았기 때문이다. 안타깝게도 영어에는 gamesmanship, busman's holiday, manhole, freshman, fisherman, manslaughter, manmade, first baseman 등 남성을 가리키는 단어가 셀 수 없이 많이 남아 있다. 이런 것들을 수정하는 것은 보통 일이 아니다. 매지오는 어원적으로 남성과 관련이 없는 많은 단어들은 써도 무방하다고 설명한다. 예를 들어

'손'을 뜻하는 라틴어에 어원을 둔 manacle, manicure, manufacture 등은 우연히 '성차별적인' 표현이 되었다.⁶⁾ 마지막 음절이 나무를 가리키는 프랑스어 'bois'에서 유래한 'tallboy'의 경우 역시 마찬가지다. 하지만 그 외의 단어 수십 개는 명백히 남성과 관련되어 있다.

여기에는 두 가지의 문제가 있다. 먼저 mail man은 mail carrier, stewardess는 flight attendant 등 많은 성차별적인 단어가 대체할 단어를 가지고 있다. 하지만 그 외의 많은 단어들을 대신할 수 있다고 추천되는 단어들은 애매하거나 어색하거나 불편하며 그 세 가지 단점을 모두 가지고 있는 경우도 많다. 독자들은 접근방식과는 상관없이 utility access hole과 sewer hole을 manhole(맨홀)만큼 빨리 인식하지 못한다. gamestership 역시 gamesmanship(상대를 이기기 위한 전술)만큼 편안하게 쓸 수 없다. frosh, frosher, novice, newcomer, greenhorn, tenderfoot 등 'freshman(신입생)'을 대신하기 위해 추천되는 수많은 단어들은 지나치게 조심스럽거나 이해에 도움이 되지 않는다.⁷⁾

물론 항상 그렇다는 말은 아니다. 20년 전만 해도 사람들의 귀에 'chairman'을 뜻하는 'chair'가 우습게 들렸다. 'Ms.'는 이상하지는 않아도 역시 논란을 일으켰다. 대부분의 신문들은 전신 기사들의 항의를 받으면 어쩌다 한 번 그 말을 썼다. 요즘은 두 단어 모두 영어권 출판물에 일상적으로 등장하고 있으며, 그것을 특별하게 생각하는 사람은 아무도 없다. gamestership, frosh, sewer hole은 위의 두 단어만큼 중립적인 위치를 차지하고 있지는 않다. 그렇게 되기까지는 시간이 필요하다. 'Ms.'는 1949년에 생긴 말이지만 대부분의 사람들이 20년이 지나도록 그 말을 사용하기는 커녕 들어보지도 못했다. 비교적 거부감이 없는 flight attendant는 1947년에 생겼지만 1974년까지는 어느 항공사에서도 쓰이지 않다가 1970년대 말에야 일상어가 되었다.

더 정확하게 말하면 그런 단어들이 성차별적이라고 비난하는 것이 항상 정당한가 하는 문제가 있다. 어떤 단어가 허용되는지 아닌지 판단하기 전에 어원부터 알아보아야 한다는 의견은 그런 식의 접근이 부적절하다는 사실을 말해 준다. 나는 manipulate나 mandible에 성차별적인 요소가 없는 것처럼, manhole이나 walkman, 혹은 gamesmanship도 마찬가지라고 생각한다(하지만 가끔은 의심스러운 것도 사실이다).

명백하게 성적인 의미를 갖고 있지 않은, 다시 말해 "어, 이건 남자만 가리키는 말이잖아."라는 느낌이 들지 않는 단어는 중성적이다. 결국 단어는 우리가 부여하는 의미만을 갖고 있다. 'piss'는 예의를 갖추어야 할 관계에서는 품위를 떨어뜨린다. 그 특별한 글자의 배열에 근본적으로 충격적인 어떤 것이 있기 때문이 아니라 우리가 그 단어에 부여하는 의미 때문이다. 한 단어 안에 포함된 음절의 역사적인 배경 때문에 그 단어를 불쾌하게 여긴다는 것은 확실히 지나친 반응이다. 특히 그 단어가 대부분의 사람들의 마음속에서 성적으로 민감한 시냅스를 자극하지 않을 때는 더욱 그렇다.

비차별적인 말을 쓰는 운동의 가장 큰 단점, 다시 말해 어디서 멈추어야 할지 모르는 문제에 관한 내 생각을 들어본다면 나의 논점을 더 잘 이해할 수 있을 것이라 믿는다. 언어에서 남에게 피해를 줄 가능성을 없애려는 훌륭한 충동은 자칫 지나친 열정으로 이어질 수 있다. 예를 들어, 매지오는 "'left-handed'를 은유적으로 쓰지 말 것"을 당부한다. "그것이 신체적으로 서툰 사람을 뜻하는 미묘하지만 오래전부터 통용된 부정적인 연상을 일으키기" 때문이다. (나를 포함한) 왼손잡이들이 'left handed compliment(겉치레 칭찬)' 같은 말에 개인적인 모욕을 느낄 만큼 예민해져야 하는지도 모른다.

마찬가지로 매지오는 black humor, black eye, black mark, blacksmith(그러나 이상하게도 blackout은 아니다) 등의 예처럼 'black'을 일상어로 쓰지 말라고 한다. black이 들어가는 대부분의 단어가 알게 모르게 편견을 강조하는 부정적인 의미를 내포하기 때문이다. 매지오는 "'black'의 부정적인 의미를 강조하는 단어를 피한다고 해서 인종차별주의가 사라지지는 않겠지만 그런 표현들이 독자들에게 가하는 일상적인 고통은 줄일 수 있다."고 말한다. 나는 흑인들을 대변할 수는 없겠지만, 말에 편자를 박는 이들을 'blacksmith'라고 부른다는 사실을 안다고 해서 많은 사람들이 '일상적인 고통'을 느낄 것이라고는 생각하지 않는다.

심지어는 to kill two birds with one stone(일석이조), how does that strike you(기분이 어때?), to knock someone dead(감탄시키다), smash hit(대성공), one thing triggers another(연쇄반응을 일으키다), to kick around an idea(아이디어를 떠올리다)처럼 "폭력적인 표현과 은유"는 우리말에서 제거해야 한다고 주장한다. 그것들이 폭력에 동조하는 문화를 계속해서 양산하기 때문이라는 것이다.

내 생각에 그런 주장은 논점의 핵심에서 지나치게 벗어날 뿐만 아니라 위험할 정도의 역효과를 낸다. 그것은 조롱거리에 불과하며, 우리도 알다시피 조롱을 하고 싶어 안달난 사람이 수없이 많다.

편견 없는 말을 쓰자는 운동에 대한 마지막 비난, 곧 그 자체가 편견을 조장한다는 주장 역시 반박하기가 쉽지 않다. 매지오는 'a man's home is his castle(집에서는 편하게 지낸다)' 같은 많은 표현들을 문제시하고(내 생각에는 적당하지만) 'a woman's work is never done(여자의 일은 끝이 없다)' 같은 표현은 지지한다. "이것은 특히 사실이며, 주로 가정이 있는 직장인 남자의 경우보다는 훨씬 더 맞는 사실"이기 때문이다. 단지 정서적으로 사실이라고 느낀다고 해서 성차별적이지 않은 것은 아니다(어쨌든 그 말은 사실이 아니다). 다른 사람들은 문제를 더 크게 받아들인다. 하와이 대학이 학생과 교직원을 위한 말하기 규범을 제시했을 때 법대 교수 마리 마츠다(Mari Matsuda)는 그 아이디어를 지지하면서도 "희생자가 우세한 집단의 구성원에게 불쾌한 언어로 공격을 하는 것은 허용된다."고 덧붙였다.[8]

나는 상대에 대한 배려, 합리성, 정당성에 대한 감각은 권력을 가진 사람들뿐만 아니라 언어 공동체의 모든 구성원에게 필요한 자질이라고 조심스럽게 말하고 싶다.

이제 한 가지 남은 언어 문제는 최근 들어 정치적 공정보다 더 많은 잉크를 소비하고 더 많은 관심을 끌었다. 그것은 교육 표준에 관한 논쟁이다. 타국에 비교해서 미국 학생들의 낮은 시험 점수, 저하된 글자 깨치기 수준, 놀라울 정도로 형편없는 성적으로 언론은 심각한 절망에 빠졌다. 교육 실패를 알리는 걱정스런 징후를 찾는 것은 어려운 일도 아니다. 마이클 J. 바렛(Barrett)은 1990년에 『애틀랜틱 먼슬리(The Atlantic Monthly)』에 15개국의 고등학교 고학년 학생의 수학 능력을 비교한 결과 미국은 기하학과 미적분학에서 12위, 고급 대수학에서 14위를 차지했다(홍콩은 종합 1위, 일본은 종합 2위). 미국의 8학년들은 약간 더 나았지만 별 차이는 없었다. 다른 19개국의 학생과 비교했을 때 미국 학생들은 기하학에서 16위, 대수학에서 12위, 산수에서 10위를 차지했다.[9]

이 사실에서 내릴 수 있는 결론은 낮은 교육 수준과 경제 침체가 밀접하게 관련되어 있다는 것이다. 1992년 일본 중의원 대변인 요시오 사쿠라치(Yoshio Sakurachi)는 미국의 경제성과가 낮은 까닭은 근로자의 문맹률 탓이라는 언급을 해서 짧지만 시끄러운 논쟁을 일으켰다. 그는 미국 근로자들 중 3분의 1이 글을 읽지 못한다고 주장했다. 많은 사람들이 그의 발언에 분노했다. 정보가 정확하지 않기 때문이라기보다는 일본인이 무례하게 그런 말을 했기 때문이다.

사실 미국의 문맹자가 몇 명인지 아무도 모른다. 식자력(literacy: 글을 읽고 쓰는 능력)을 정의하는 것은 어려운 문제다. 교육부는 식자력을 산문 식자력(책과 신문 등), 서류 식자력(주문서와 납세 신고서), 수적인 식자력(가령, 15퍼센트의 팁을 계산할 때 필요한 셈 능력) 세 가지 범주로 나누었다. 그리고 각 범주를 네 단계로 세분해서 글을 아는지 모르는지 판단할 수 있는 12가지 명확한 방법을 마련했다. 교육부의 기준에 따르면 산문 식자력 중 가장 낮은 단계에 있는 사람은 자신이 원하는 직업의 종류를 설명하는 간단한 평서문을 쓸 수 있어야 한다. 이를 바탕으로 교육부는 미국 성인의 96.1퍼센트가 글을 읽고 쓸 줄 안다고 믿고 있다. 그러나 신문 사설을 읽고 그 내용을 짧게 요약할 수 있어야 하는 산문 식자력의 최고 단계에서는 비문맹자의 비율이 78.9퍼센트로 떨어졌다. 미국인 다섯 명 중 한 명 이상이 신문을 제대로 읽지 못하는 셈이다.[10] 따라서 사쿠라치의 주장은 부정확하기는 했어도 완전히 터무니없지는 않았다.

대충 어림짐작해도 약병에 적힌 주의사항을 이해하거나 수표장을 기록하기에 충분한 덧셈과 뺄셈을 하지 못하는 미국의 성인이 줄잡아 적어도 2천만 명 정도 된다. 일리노이와 미시간 인구와 맞먹는 수다.[11] 어쩌면 그 수가 훨씬 더 많을지도 모른다. 언론인 조나단 매슬로는 "책상 앞에 오래 앉아 있는 사람을 졸업시키는 국가의 성향"을 지적하면서 미시시피 잭슨에 사는 한 여성의 말을 인용했다. "나는 읽기를 배우지 않고도 학교를 12년, 지방 대학을 2년 동안 다녔고 성공적으로 졸업했다."고 말했다.[12] 나라가 기본적인 수준으로도 학생을 교육하지 못했다는 증거를 찾기란 그리 어렵지 않다. 켄터키 주에 사는 25세 이상 성인의 3분의 1이 기능적인 문맹자다.[13] 포드, 모토로라, IBM 같은 대기업은 정기적으로 직원들에게 학교에서 배우지 못한 기본적인 능력을 가르치느라 막대한 금액을 지출한다. 개인 사업체들 중에서도 교과서 읽기를 보충하는 시장이 한 해에 7억 5천만 달러에 이른다.[14] 출판업자들에게는 좋은 소식이지만 그 외의 사람들에게는 자랑스러운 통계일 리 없다.

이런 국가적인 문제에 대해 수많은 요인이 지적되었다. 많은 사람들은 미국의 수업시간(평균 6시간)과 수업일수(175~180일. 몇몇 나라보다 60일이 적다)가 짧다고 비난했다.[15] 특히 남부의 주들이 교육의 구심적 역할을 소홀히 한다는 비난도 있다. 미시시피 주는 1982년까지도 의무 교육을 시행하지 않았다. 그 전에는 6천 명에 달하는 미시시피 어린이들이 입학을 걱정하지 않았다.[16]

또 어떤 사람들은 학습 부진이 가정에서 격려와 관심을 제대로 받지 못하기 때문이라고 말한다. 부모들이 일에 바빠서, 혹은 이혼으로 점점 더 자기 역할을 하지 못하고 있기 때문이다. 경제학자 빅터 푹스(Victor Fuchs)는 백인 가정의 부모들이 아이들과 함께 보내는 시간이, 1960년대보다 일주일에 평균 10시간이나 부족하다고 추정했다. 흑인 가정에서는 하락폭이 12시간으로 더 컸다.[17]

거의 모든 사람들이 텔레비전을 일차적이거나 이차적인 요인이라고 지적한다. 의심할 것도 없이 미국 어린이들은 텔레비전을 너무 많이 본다. 두 살 이상의 어린이들은 보통 하루에 네 시간 이상, 깨어 있는 시간의 약 4분의 1을 바보상자 앞에 붙들려 있다. 그들은 18살이 될 때까지 35만 개나 되는 상업 광고에 노출된다.[18]

그런 통계에 화들짝 놀란 의회는 1990년에 어린이 텔레비전 법을 도입해서 방송국들이 교육적 가치가 있는 프로그램을 보여 줄 것을 제안했다. 그 결과 더 나은 프로그램이 아니라 더 독창적인 프로그램 광고가 나왔다. 한 방송국은 〈GI 조〉라는 만화 연속극을 "사회적인 의식을 증진하고", "대량파괴의 위험"에 어린이들이 익숙해지게 하는 "교육 방식"이라고 설명했다. 또 다른 방송국은 〈다람쥐 구조대(Chip 'n' Dale Rescue Rangers)〉를 "협동의 대가"를 가장 잘 증명해 주는 프로그램이라고 소개했다. 한편 〈고인돌 가족(The Flintstones)〉에는 창의성과 가족의 가치를 일깨운다는 설명이 붙었다. 몇몇 방송국들은 그보다는 더 교육적인 프로그램을 내보냈지만, 한 조사에 따르면 그 중 대부분이 오전 7시 이전에 방영되었다.「이코노미스트」는 "방송국들은 그 이후부터 본격적으로 학자같이 행동한다."며 비꼬았다.[19]

그런 우려는 문제가 되는 것이 사실이지만, 미국의 교육적 성과에 대한 왜곡된 인상을 줄 가능성이 무척 크다는 점도 알아야 한다. 바렛을 비롯한 다른 비평가들이 지적하지 못한 것은 많은 외국에서 16살 이후의 교육이 미국보다 훨씬 더 상위층 위주로 이루어지고 있다는 점이다. 많은 국가의 고등학교가 가장 똑똑한 학생들을 위한 교육을 제공할 뿐만 아니라 교과 학습도 그들에게 훨씬 더 집중되어 있다. 예를 들어 영국과 웨일즈에서는 고등학교에 들어간 비교적 적은 수의 어린 학생들이 자신이 이미 상당한 능력을 증명한 서너 개의 과목을 공부한다. 영국과 웨일즈가 전체 수학 평가에서 3위나 4위를 차지했다는 사실은, 영국의 교육제도가 먼 안목을 가지고 있다기보다는 능력이 떨어지는 학생을 가혹하게 배제하고 있다는 사실을 증명한다. 그러나 그런 우수한 인재들과 경쟁하는 미국 학생들이 불리한 것은 뻔한 일이다.

외국 학생이 아니라 다른 미국 학생들과 비교할 때도 잘못된 결론을 내리기 쉽다. 특히 수백만 명의 고등학교 고학년 학생이 대학 입학 절차의 하나로 치르는 학습능력적성평가(SAT)의 경우는 더욱 그렇다.

1964년과 1990년 사이에 전 과목에서 SAT 점수가 떨어졌다. 전국의 교육자들과 비평가들은 이만저만 실망한 것이 아니었다. 언어 평가에서 여학생은 평균 점수가 468점에서 419점으로, 남학생은 463점에서 429점으로, 전체적으로 466점에서 424점으로 떨어졌다. 수리 평가에서 여학생은 467점에서 455점으로, 남학생은 514점에서 499점으로, 전체적으로는 492점에서 476점으로 떨어졌다(어떤 경우든 800점과는 거리가 멀었다). 그 평가를 감독하는 단체인 대학 이사회의 한 관리는 염려스럽게 말했다. "사람들이 읽기 외의 수단을 통해 정보를 얻는 정보화 시대를 살고 있기 때문에 읽기 능력이 떨어지고 있는 것인지도 모르죠."[20]

하비 A. 다니엘스(Daniels)는 이렇게 말했다. "언어에 관한 하나 이상의 분명한 정보를 바탕으로, 대학을 가려는 고등학교 고학년 학생의 SAT 성적이 1964년 이후로 떨어지고 있다는 사실에 비평가들은 미국 영어와 공립학교가 모두 위험한 상태에 있다며 대중을 설득하고 있다."[21] 그러나 다니엘스가 지적하듯이, 25년 전보다 학생들이 더 우둔해지거나 교사들의 능력이 더 떨어졌다는 것 외에 다른 이유가 있을지도 모른다.

먼저 대학들이 더 많은 학생을 받아들이고 있다. 현재 미국 대학의 80퍼센트가 지원자의 70퍼센트 이상의 입학을 허용한다.[22] 결과적으로 더 많은 학생들이 시험을 친다. 시험을 치는 학생이 많을수록 점수가 떨어지는 것은 당연하다. 대학 입학 조건이 20년 전보다 더 엄격하지 않다면 학생들은 과거보다 덜 열심히 시험을 준비하고 있을 것이다. 자기가 선택한 대학이 고등학교 졸업장과 입학금만 가지고 있으면 누구라도 입학을 허락한다는 사실을 아는 학생이라면 그 시험을 꼭 정식 절차로 여길 리가 없다.

SAT에 대한 불만은 또 있다. 스포츠 지식을 요구하는 시험 문제가 나오기 때문에 여학생보다 남학생에게 유리하다는 것이다. 스포츠 관련 문제의 수와 남학생, 여학생의 점수 격차 10점 사이에는 상관관계가 있는데, 이는 일반적인 지적 능력으로는 설명되지 않는다. 또한 금융 지식을 요구하는 문제가 나오기 때문에 덜 풍족한 학생보다 부유층 학생에게 더 유리하다는 불만도 있다.[23] 무엇보다도, SAT가 학교 교과과정의 변화에 보조를 맞추지 못한다는 분명하지만 대책이 검토되고 있지 않은 문제가 있다.

요컨대 SAT 점수 하락은 성적이 줄곧 떨어지고 있다는 사실 외에는 아무 것도 말해 주지 않는다. 심지어는 시험을 치는 학생들이 대학 생활을 얼마나 잘할 것인지도 알려주지 않는다. 다니엘스는 이렇게 말한다. "SAT 점수와 신입생의 평균 학점 사이의 관련성은 약 43퍼센트다. 이는 주사위를 굴리는 것보다 고작 12퍼센트 정도 더 나은 예측 비율에 불과하다. 보도인(Bowdoin) 대학에서는 우등 졸업생을 대상으로 그들의 SAT 점수로 월등한 성적을 예측할 수 있는지 연구했다. 영광스러운 졸업생들 중 과반수가 SAT 평균 점수를 받았다. 또한 31퍼센트는 대학 전체의 평균보다 월등히 높은 점수를, 24퍼센트는 그보다 낮은 점수를 받았다."[24]

이런 논쟁에서 거의 항상 간과되는 사실이 있다. 불만을 느끼는 학교가 있는 한, 사람들이 교육 수준의 하락을 불만스럽게 여긴다는 점이다. 1871년에 하버드 대학의 총장은 이렇게 안타까워했다. "어색한 작문, 간단한 구두점 무시, 영문학 지식의 부재뿐만 아니라 맞춤법 오류, 잘못된 표현을 사용하는 문제는 다른 방면으로는 대학 시험 준비를 잘한 18세의 청년들에게서 흔하게 볼 수 있다."[25] 그의 동료 교수는 학생들의 작문이 "따분할 정도로 평범하고", "신선한 사고"가 부족하다는 사실에 실망했다. 1870년대에 대학원생의 수준에 놀란 프린스턴 대학은 작문 교정을 위한 강좌를 열기도 했다. 다니엘스가 지적하듯이 그들은 "미국에서 선별된 젊은이"였다. 어떤 종류든 중등 교육을 받을 수 있을 만큼 운이 좋은 소수인 것이다.

고등학교가 20세기의 산물이라는 사실을 알고 놀라는 사람들이 많다. 미국인 대다수에게 초등학교 수준 이상의 자유로운 교육은 19세기가 끝날 때까지도 거의 존재하지 않았다. 1890년까지도 14세에서 17세 사이의 청소년 중 7퍼센트만이 학교를 다녔다. 그 이후로 입학생 수가 크게 늘었지만 1930년까지도 학생 수는 그 연령대의 절반에도 못 미쳤다. 그나마 교육받은 절반도 학식이 그다지 대단하지 않았다고 추측할 근거도 있다.[26]

1935년 교육 전문가 엘리스 E. 왓슨은 미국 고등학생의 맞춤법 능력에 관한 연구를 진행했다. 그 결과 80퍼센트가 cuckoos를 쓰지 못하고, 절반 이상이 ancient, chemistry, bookkeeping, nursing, beautiful, forty, forcible, ceiling, neither, vegetable, heroes를 쓰지 못하는 것으로 나타났다.[27]

요즘 고등학생들은 더 나을까? 아마 그럴지도 모른다. 분명 더 못하지는 않을 것이다. 교육으로 인해 40~50년 전보다 학식이 훨씬 더 높아졌다는 사실을 많은 연구결과에서 분명히 말해 주고 있기 때문이다. 예를 들어 1944년에 주 전체에 걸쳐 시행된 읽기 평가를 치른 인디애나의 6학년생들은 모든 평가 항목에서 훨씬 더 높은 점수를 받았다. 오하이오의 아이오와에서 행해진 다른 비교 실험에서도 비슷한 결과가 나왔다.

대부분의 기준으로 볼 때 미국의 교육제도가 그렇게 나쁘지만은 않은 것이 사실이다. 거의 90퍼센트의 미국인이 고등학교를 졸업하며 4분의 1이 대학 졸업장을 받는다. 특히 최근에 소수민족의 발전이 크게 두드러졌다. 1970년과 1990년 사이에 고등학교를 졸업한 흑인의 비율은 68퍼센트에서 78퍼센트로 증가했다.[28] 미국은 과거보다 더 많은 청소년들에게 더 높은 수준의 교육을 제공하고 있다. 분명 자랑스러워할 만한 일이다.

물론 개선의 여지는 많다. 2천만 명이 콘플레이크 상자 뒷면의 글을 읽지 못하거나 전체 성인의 거의 절반이 인간이 1만 년 전쯤 창조되었다고 믿는 나라는 분명 교육에 대한 부담감을 느껴야 한다.[29] 그러나 적어도 미국의 교육이 심한 내리막길을 가고 있다는 결론은 증명되지 않았다.

지금까지 미국은 세계 최대 수출국이었으며 어느 모로 보나 세계에서 가장 생산적인 국가였다. 미국이 최고의 자리를 지킬 수 있었던 중요한 방법은 '다인종 사회'로 남아 있는 것이다. 1980년대에 미국은 20세기 첫 10년의 전성기를 제외하면 역사상 가장 많은 이민자를 받아들였다. 진정한 다인종 사회가 된 것이다. 머지않아 미국의 근로자 중 국내 태생과 유럽 혈통의 미국인은 절반 정도에 불과하게 될 것이다. 지금 추세대로라면 2020년에는 백인이 아닌 미국인과 라틴아메리카계 미국인의 비율이 두 배로 증가하고, 백인 인구는 거의 변하지 않을 것이다. 2050년에는 아시아계 미국인의 수가 다섯 배까지 증가할 것으로 보인다.

많은 사람들이 이를 위협적으로 생각한다. 그들은 로스앤젤레스의 가장 인기 있는 라디오 방송국이 스페인어 방송국이며, 마이애미의 200만 거주민 중 절반의 모국어가 스페인어이며, 미국인의 11퍼센트가 집에서 영어 이외의 언어를 쓴다는 사실을 지적한다. 어떤 사람들은 이를 음모라고 생각한다. 상원의원이었던 고(故) S. I. 하야카와(Hayakawa)는 1987년에 "미국을 이중 언어와 이중 문화 사회로 분리하는 매우 실제적인 움직임이 일어나고 있다."는 자신의 믿음을 밝혔다.[30] 그는 그런 움직임 뒤에 어떤 불길한 부분이 있는지, 혹은 그것을 통해 그들이 무엇을 얻으려고 하는지는 설명하지 않았다. 하지만 그의 주장은 광범위한 지지를 받았고 이어서 'U. S. English'라는 단체가 결성되었다. 그것은 영어가 미국의 유일한 공식 언어여야 한다고 주장하는 압력 단체다.

사실 미국이 1세기 전보다 요즘에 이민으로 더 많은 위협을 받고 있다고 추측할 까닭이 없다. 먼저 미국인의 6퍼센트만이 외국 태생이며, 이는 영국, 프랑스, 독일을 비롯한 여타 선진국보다 훨씬 더 낮은 비율이다. 이민은 대부분 몇몇 도시 중심지에 집중된다. 그런 도시를 방문한 사람들은 웨이트리스나 택시 운전사가 미국 태생으로 자신만만하게 구어체 영어를 사용하지 못하는 것을 마음에 들어 하지 않는다. 하지만 마이애미, 시애틀, 로스앤젤레스, 샌프란시스코같이 이민자들이 가장 많은 도시들이 보통 그렇지 않은 디트로이트, 세인트루이스, 필라델피아 같은 곳보다 훨씬 더 활기에 넘치는 것은 우연이 아니다.

이민자들이 미국의 지속적인 번영에 가장 중요한 제약, 의학 조사, 연예 등 많은 산업 분야에서 막강한 영향력을 끼치는 존재라는 사실 역시 괜히 그런 것이 아니다. 예를 들어 캘리포니아 실리콘 밸리에 근무하는 기술자의 3분의 1이 아시아 태생이다. 한 비평가는 "아시아인이 같은 아시아인을 누를 것이므로 결국은 미국이 승리할 것"이라고 예측했다.[31]

외국 문화가 미국인의 생활에 적당한 다양성을 준다는 생각과는 달리, 과거보다 더 늘어난 오늘날의 이민자들이 자기들의 모국어를 고집한다는 사실을 보여 주는 증거는 없다. 1985년의 랜드 코퍼레이션이 행한 연구에 따르면 멕시코 이민자의 아이들 중 95퍼센트가 영어를 말하며, 그 중 절반이 영어만 쓴다고 한다. 또 다른 조사 결과, 시민권자이든 아니든 라틴 아메리카계 미국인의 90퍼센트 이상이 미국 시민이라면 영어를 배워야 한다고 믿는 것으로 나타났다.[32]

역사가 아무리 흘러도 미국 이민자와 관련된 세 가지는 예나 지금이나 변함이 없다. 그들은 영어를 배울 것이고, 미국인이 될 것이며, 미국은 더 강해질 것이다. 그런 결과가 좋지 않다면 대체 무엇이 좋은 것인지는 나도 모르겠다.

옮긴이의 말

아, 괴로운지고!
　여기서 번역가의 비애를 논하는 것이 독자들에게 송구하지만, 이 책은 누구에게라도 하소연하고 싶은 괴로움을 느끼게 한 책이었다. 그 두께와 깨알 같은 글씨도 압도적이었지만 글을 능수능란하게 주물럭거리는 작가의 재주와 해박한 지식은 그야말로 평범한 번역가를 주눅들게 하고도 남았기 때문이다. 몇 개월 동안 책과 씨름한 끝에 원고를 보내고 겨우 한숨 돌리는 사이에 역자후기를 써달라는 연락을 받았다. 흠 많은 번역원고를 다시 살펴보는 심정이란. 머리를 싸매는 괴로움이 또 시작되었다. 그러나 내가 괴로운 만큼 빌 브라이슨과 이 책의 가치는 더더욱 올라가는 법. 어려운 책을 번역하게 된 것을 '팔자'라며 괴로워하기보다는 이런 좋은 책과 만난 것을 '인연'이라고 생각하며 위안을 삼는다.
　최근 발칙한 글쟁이, 유쾌한 유머 작가 등의 광고문과 함께 턱수염을 기른 이웃집 아저씨 같은 인상 좋은 사람의 얼굴이 책 표지에 등장하기 시작했다. 바로 빌 브라이슨이다. 그는 여행서, 과학 교양서, 자전 수필 등 분야를 가리지 않고 타고난 글쟁이다운 솜씨를 거침없이 보여주며 국내 팬들을 양산하고 있다. 그의 책이 유쾌하고 재미있지만 번역이 어려운 이유, 팬들이 많아진 이유는 모두 그 때문이다. 이 책은 미국 영어를 주제별로 나누어 관련된 단어와 표현, 사건, 일화를 총망라했다. 빌 브라이슨은 영어 사전도 펴냈는데, 그러고 보면 이 책이 나온 것도 당연한 결과가 아닌가 싶다. 저자의 독특한 표현들이 해박한 영어 상식에서 비롯되었을지도 모른다는 추측이 가능하기 때문이다. 저자는 그런 상식을 바탕으로 필그림들(Pilgrims)이 메이플라워호를 타고 신대륙에 도착할 즈음부터 현대에 이르기까지 미국인과 그들의 생활, 언어에 관한 방대한 이야기들을 풀어놓고 있다.

'엉뚱하고 발랄한 미국의 거의 모든 역사' 라는 부제는 이 책의 성격과 정체를 그대로 반영한다. 공식적인 미국 영어, 다시 말해 우리가 그 동안 정설이자 진실이라고 알고 있었던 미국 영어나 미국 문화와 관련된 수많은 공식적인 사실과 일화를 뒤엎는 이야기들, 일반에게 잘 알려지지 않은 이야기들을 종횡무진 소개하고 있다. 가령, 사업, 과학, 정치 등 모든 분야에서 두루 성공을 거둔 벤저민 프랭클린은 평생 왕성한 성욕으로 대단한 여성편력을 자랑했으며, 당대에는 무시와 비웃음을 당하면서 별로 존경받지 못했다고 한다. 옛 서부 영화에서 온 가족이 살림살이를 싣고 포장마차를 타고 서부로 이주하는 장면이 나오지만 그런 모양의 마차는 긴 여행을 하기에는 너무 무거워 주로 화물만 싣고 다녔고, 이주민들은 프레이리 스쿠너라는 가벼운 마차를 이용했다. 또, 우리가 일상에서 아무렇지도 않게 쓰는 'O. K.'의 유래와 어원은 아직도 오리무중이다. 그뿐 아니라, 신세계에는 콜럼버스의 발견 훨씬 이전부터 백인이 거주했으며 아메리카라는 지명이 생겨난 계기가 된 아메리고 베스푸치라는 사람은 미국 땅에 발도 들여놓은 적이 없었다. 역사도 정사보다는 야사가 재미있다고 하던가. 빌 브라이슨은 상식으로 통하는 많은 것들을 뒤엎으며 책 읽는 재미를 한층 높이고 있다.

  미국에서 통용되는 온갖 단어와 표현의 어원과 유래에 관한 설명은 한국의 독자들에게 다소 장황하면서도 낯설게 느껴질지도 모른다. 그러나 한번쯤 읽고 알아두면 영어를 좋아하고 배우는 많은 사람들에게 좋은 경험이자 공부가 될 것이라고 믿는다. 번역하는 동안, 앞으로 한국어의 비공식적인 역사와 어원을 다루는 책이 나오면 좋겠다는 바람을 갖게 되었다. 이 책이 영어를 사용하는 모든 이들에게 재미있고 유익하며 소중한 책이라면 한국인에게도 그런 책이 꼭 필요할 것이기 때문이다. 그런 날이 꼭 오길 기대하며, 그에 앞서 많은 독자들이 이 책으로 유쾌하고 즐거운 경험을 하게 되기를 진심으로 바란다.

2009년 4월
옮긴이 정 경 옥

미주 |

1장. 메이플라워호의 도착과 그 이전 역사

1) *American Heritage*, 1962/10, pp.49~55
2) Flexner, *I Hear America Talking*, p.271
3) Heaton, *The Mayflower*, p.80
4) Wagenknecht, *Henry Wadsworth Longfellow: His Poetry and Prose*, p.105
5) Caffrey, *The Mayflower*, p.141
6) Blow, ed., *Abroad in America: Literary Discoverers of the New World from the Past 500 Years*, p.79
7) Morison, *Oxford History of the American People*, p.19
8) Enterline, *Viking America*, p.10
9) Morison, 앞에서 인용한 책, p.20
10) *National Geographic*, 1964/11, p.721
11) Enterline, 앞에서 인용한 책, p.136
12) *Economist*, 1991/6/29, p.100
13) *Sydney Morning Herald*, 1992/9/16, p.8
14) *Economist*, 1992/10/24, p.136
15) *National Geographic*, 1979/6, p.744
16) Stewart, *Names on the Land*, p.23
17) *American Heritage*, 1962/11, p.50
18) Caffrey, 앞에서 인용한 책, pp.70~73

2장. 미국인 되기

1) Mencken, *The American Heritage*(요약판), p.288
2) Holt, *Phrase and Word Origins*, p.55
3) Flexner, *I Hear America Talking*, p.63, Mencken, 앞에서 인용한 책, p.139
4) *American Heritage*, 1963/2, pp.90~96
5) Craigie, *The Growth of American English*, pp.209~211
6) Laird, *Language in America*, pp.25~26
7) Holt, 앞에서 인용한 책, pp.49~50
8) Krapp, *The English Language in America*, p.175
9) *American Heritage*, 1983/12, p.85
10) Zinn, *A People's History of the United States*, p.15

11) *American Heritage*, 1963/4, p.69
12) *National Geographic*, 1979/6, p.735
13) 같은 책, p.764
14) Morison, *Oxford English of the American People*, p.41
15) Lacey, *Sir Walter Raleigh*, p.90
16) Jones, *American Immigration*, p.18
17) 같은 책, p.22
18) Morison, 앞에서 인용한 책, p.82
19) Takaki, *A Different Mirror*, p.57
20) 같은 책, p.60

3장. 민주주의에 대한 열망—혁명기의 미국

1) Morison, *Oxford English of the American People*, p.172
2) Fisher, *Albion's Seed*, p.30
3) *American Heritage*, 1970/6, pp.54~59
4) Stephen T. Olsen, "Patrick Henry's 'Liberty or Death's Speech: A Study in Disputed Authorship," in *American Rhetoric: Context and Criticism*, Benson, ed., pp.19~27
5) Cmiel, *Democratic Eloquence: The Fight over Popular Speech in Nineteenth-Century America*, p.56에 인용
6) *American Heritage*, 1973/12, p.37
7) Cmiel, 같은 책, p.54에 인용
8) Page Smith, *A People's History of the United States*, vol. 1, p.271
9) 1776년 6월, 윌리엄 랜돌프에게 보낸 편지, Boyd, ed., *The Papers of Thomas Jefferson*, vol. 1, p.409
10) Page Smith, 같은 책, p.223
11) Wills, *Inventing America*, p.45
12) 같은 책, p.35
13) Brodie, *Thomas Jefferson: An Intimate History*, p.103
14) Fischer, 앞에서 인용한 책, p.6
15) 같은 책, p.471
16) 같은 책, p.259
17) Dillard, *All-American English*, p.55
18) Wills, 앞에서 인용한 책, p.36
19) Krapp, *The English Language in America*, vol. 1, p.46에 인용
20) Flexner, *I Hear America Talking*, p.7
21) Cmiel, 앞에서 인용한 책, p.45
22) Krapp, 앞에서 인용한 책, p.44
23) Stephen E. Lucas, "Justifying America: The Declaration of Independence as a

Rhetorical Document", Benson, 앞에서 인용한 책, p.71
24) 1825년 5월 8일에 헨리 리에게 보낸 편지, Boyd, 앞에서 인용한 책
25) Wills, 앞에서 인용한 책, p.xxi
26) Cmiel, 앞에서 인용한 책, p.83
27) Boyd, 앞에서 인용한 책, vol. 1, p.423
28) Lucas, 앞에서 인용한 책, pp.67~119
29) Hibbert, *Redcoats and Rebels: The War for America*, p.117
30) 같은 책, p.117
31) Safire, *Coming to Terms*, p.140
32) Simpson, *The Politics of American English, 1776~1850*, p.23
33) Boyd, 앞에서 인용한 책, vol. 1, p.404
34) Mencken, *The American Language*(요약판), p.502
35) Flexner, 앞에서 인용한 책, p.7
36) Flexner, *Listening to America*, p.328
37) Boorstin, 앞에서 인용한 책, p.381

4장. 국가 수립

1) Mee, *The Genius of the People*, p.30
2) Page Smith, *A People's History of the United States*, vol. 3, p.ix
3) Schwarz, *George Washington: The Making of an American Symbol*, p.47
4) Mee, 앞에서 인용한 책, p.143
5) Flexner, *Listening to America*, p.281
6) Page Smith, 앞에서 인용한 책, vol. 1, p.78
7) Aldridge, *Benjamin Franklin and Nature's God*, p.22
8) Page Smith, 앞에서 인용한 책, vol. 3, p.397
9) Morison, *Oxford History of the American People*, pp.308~309
10) Seavey, *Becoming Benjamin Franklin: The Autography and the Life*, p.150
11) Wright, *Franklin of Philadelphia*, p.53
12) 같은 책, p.54
13) Granger, *Benjamin Franklin: An American Man of Letters*, p.66
14) Wilcox, ed., *The Papers of Benjamin Franklin*, vol 15, p.174
15) Carr, *The Oldest Delegate: Franklin in the Constitutional Convention*, p.16
16) Boorstin, *The Americans: The National Experience*, p.357
17) Mee, 앞에서 인용한 책, p.90
18) Page Smith, 앞에서 인용한 책, vol. 6, p.376
19) Cooke, *Alistair Cooke's America*, p.140
20) Mee, 앞에서 인용한 책, p.120
21) 같은 책, p.237
22) Boorstin, *Hidden History*, p.187

23) Boorstin, *The Americans: The National Experience*, p.402
24) Mee, 앞에서 인용한 책, pp.248~249
25) Boorstin, *The Americans: The National Experience*, p.415
26) Ernst and Schwartz, *Censorship: The Search for the Obscene*, p.8
27) Morison, 앞에서 인용한 책, p.311
28) Page Smith, 앞에서 인용한 책, vol. 3, pp.122~123
29) *American Heritage*, 1969/10, pp.84~85
30) *Verbatim*, 1991/여름, p.6
31) Flexner, *I Hear America Talking*, p.9
32) Simpson, *The Politics of American English, 1776~1850*, p.41
33) *Journal of American History*, 1992/12, pp.939~940
34) Boorstin, *The Americans: The National Experience*, p.344에 인용
35) *National Geographic*, 1976/7, pp.92~93
36) 같은 책, p.97
37) Mee, 앞에서 인용한 책, pp.33~40

5장. 동이 틀 무렵-미국의 정체성 만들기

1) Holt, *Phrase and Word Origins*, p.243
2) *American Heritage*, 1983/10, 11, p.104
3) Page Smith, *A People's History of the United States*, vol. 3, p.757
4) Flexner, *I Hear America Talking*, p.124
5) Morison, *Oxford History of the American People*, pp.283~284
6) Craigie and Hulbert, *A Dictionary of American English on Historical Principles*, vol. 2, p.397
7) Carver, *A History of English in Its Own Words*, p.9
8) *New Yorker*, 1989/9/4, p.11
9) Boorstin, *The Americans: The National Experience*, p.280
10) Mencken, *The American Language*(요약판), p.236
11) 같은 책, p.135
12) Page Smith, 앞에서 인용한 책, vol. 4, p.252
13) 같은 책, vol. 3, p.47
14) Commager, *The American Mind: An Interpretation of American Thought and Character Since the 1880's*, p.16
15) Cmiel, *Democratic Eloquence: The Fight over Popular Speech in Nineteenth-Century America*, p.159
16) Dillard, *American Talk*, p.xiii
17) Mencken, 앞에서 인용한 책, p.29에 인용
18) 같은 책, p.267
19) Daniels, *Famous Last Words: The America Language Crisis Reconsidered*, p.43

20) Mencken, 앞에서 인용한 책, p.77
21) *Journal of American History*, 1992/12, p.913
22) Mencken, 앞에서 인용한 책, p.87에 인용
23) Marckwardt, *American English*, p.70
24) *Journal of American History*, 1992/12, p.928
25) Wortham, *James Russell Lowell's "The Biglow Papers": A Critical Edition*, p.xxii 에 인용
26) Boorstin, *The Americans: The Democratic Experience*, p.293에 인용
27) Cmiel, 앞에서 인용한 책, p.66
28) 링컨에게 보내는 편지, 1860.11/25, *Harper Books of American Quotations*, p.121
29) Wills, *Lincoln at Gettysburg*, p.90
30) Cmiel, 앞에서 인용한 책, p.137
31) 같은 책, p.144
32) Wills, *Inventing America*, p.xiv

6장. 돈방석에 앉은 미국—발명의 시대

1) *American Heritage*, 1964/8, p.93
2) 같은 책, 1984/8, 9, p.20
3) Brogan, *The Penguin History of the United States of America*, p.274
4) Bursk, Clark, and Hidy, eds., *The World of Business*, vol. 2, p.1251
5) Commager, *The American Mind*, p.5
6) Daniels, *Famous Last Words: The American Language Crisis Reconsidered*, p.41
7) Wylie, *The Self-Made Man in America: The Myth of Rags to Riches*, p.10
8) Boorstin, *The Americans: The National Experience*, p.115
9) Flexner, *Listening to America*, pp.365~366
10) *American Heritage*, 1989/12, p.108
11) Holt, *Phrase and Word Origins*, p.5
12) Flexner, 앞에서 인용한 책, p.364
13) Root and de Rochement, *Eating in America*, p.321
14) Zinn, *A People's History of the United States*, p.316
15) *American Heritage*, 1959/10, p.38
16) Zinn, 앞에서 인용한 책, p.327
17) Flexner, 앞에서 인용한 책, p.452
18) Burnam, *The Dictionary of Misinformation*, p.37
19) Keeley, *Making Inventions Pay*, p.10
20) Gies and Gies, *The Ingenious Yankees*, pp.208~210
21) Barach, *Famous American Trademarks*, p.75
22) Page Smith, *A People's History of the United States*, vol. 4, pp.822~823

23) 같은 책, pp.813~817
24) *American Heritage*, 1990/9, 10, p.58
25) 같은 책, 1965/4, p.95
26) 같은 책, p.96
27) Barnhart, ed., *Barnhart Dictionary of Etymology*, p.1121
28) *Economist*, 1991/4/13, p.83
29) *American Heritage*, 1990/9, 10, p.48
30) Carver, *A History of English in Its Own Words*, p.242
31) Gies and Gies, 앞에서 인용한 책, p.368
32) 같은 책, p.311
33) *American Heritage*, 1990/9, 10, pp.48~59
34) Page Smith, 앞에서 인용한 책, vol. 7, p.858
35) 같은 책
36) Zinn, 앞에서 인용한 책, p.248
37) Collins, *The Story of Kodak*, p.72
38) Flatow, *They All Laughed*…, p.31
39) *American Heritage*, 1979/11, p.76
40) Page Smith, 앞에서 인용한 책, vol. 7, p.858
41) *American Heritage*, 1978/8, 9, p.42
42) Goldberger, *The Skyscraper*, p.83
43) *American Heritage*, 1978/8, 9, p.44

7장. 엉뚱한 발상이 만든 희한한 지명들

1) Boorstin, *The Americans: The National Experience*, p.305
2) Flexner, *I Hear American Talking*, p.312
3) Krapp, *The English Language in America*, vol. 1, p.175
4) Stewart, *Names on the Land*, p.64
5) 같은 책, p.33
6) 같은 책, p.258
7) Fischer, *Albion's Seed*, p.420
8) Stewart, 앞에서 인용한 책, p.58
9) 같은 책, p.10
10) *American Demographics*, 1992/2, p.21
11) Stewart, 앞에서 인용한 책, p.70
12) 같은 책, p.223
13) *Atlantic Monthly*, 1992/11, p.149
14) Mencken, *The American Language*(요약판), p.649
15) Dillard, *American Talk*, p.59
16) Mencken, *The American Language*, 증보판, p.533

17) Stewart, 앞에서 인용한 책, p.327
18) Page Smith, *A People's History of the United States*, vol. 4, pp.473~474
19) Fischer, 앞에서 인용한 책, p.654
20) Rodgers, *Chagrin… Whence the Name?*, pp.1~13
21) *New Republic*, 1991/7/29, p.8
22) Mencken, *The American Language*(요약판), p.656
23) *Atlantic Monthly*, 1990/9, p.20
24) Stewart, 앞에서 인용한 책, p.344
25) 같은 책, pp.166~167
26) 같은 책, p.189
27) Mencken, *The American Language*(요약판), p.686
28) Lacey, *Sir Walter Raleigh*, p.11
29) Fischer, 앞에서 인용한 책, p.59
30) 같은 책, p.94
31) 같은 책
32) Levin, *Cotton Mather*, p.1
33) Mencken, *The American Language*(요약판), p.577~578
34) Forbes, *Paul Revere and the World He Lived In*, p.5
35) Mencken, *The American Language*(요약판), p.579~581
36) 같은 책, p.585
37) Sullivan, *Our Times: The United States 1900~1925*, vol. 1, p.250
38) Mencken, *The American Language*(요약판), p.597

8장. 서부 개척은 명백한 사명

1) Goetzmann, *Exploration and Empire*, p.5
2) Dillon, *Meriwether Lewis: A Biography*, p.336
3) Hart, *The Story of American Roads*, p.24
4) Root and de Rochement, *Eating in America*, p.110~111
5) Page Smith, *A People's History of the United States*, vol. 3, pp.534
6) Moulton, *The Journals of the Lewis and Clark Expedition*, p.181
7) 같은 책, p.181
8) Cutright, *Lewis and Clark: Pioneering Naturalists*, pp.viii~ix
9) Brogan, *The Penguin History of the United States of America*, p.263
10) De Tocqueville, *Journey to America*, p.185
11) Boorstin, *The Americans: The National Experience*, pp.91~93
12) 같은 책, p.93
13) Boorstin, *Hidden History*, p.200
14) Boorstin, *The Americans: The National Experience*, p.121
15) Gies and Gies, *The Ingenious Yankees*, p.255

16) Zinn, *A People's History of the United States*, p.149
17) *American Heritage*, 1962/2, p.5
18) *Atlantic Monthly*, 1992/11, p.152
19) Dillard, *American Talk*, p.xix
20) Takaki, *A Different Mirror*, p.192
21) Fischer, *Albion's Seed*, p.62
22) Boorstin, *The Americans: The Democratic Experience*, pp.22~23
23) 같은 책, p.24
24) Weston, *The Real American Cowboy*, p.136
25) Dillard, *American Talk*, p.114
26) Weston, *The Real American Cowboy*, p.210
27) Savage, *Cowboy Life: Reconstructing an American Myth*, p.6
28) *American Heritage*, 1971/2, p.68
29) Boorstin, *The Americans: The National Experience*, p.83
30) Holt, *Phrase and Word Origins*, p.80
31) *Washington Post*, 1989/12/8, p.C5
32) Boorstin, 앞에서 인용한 책, p.288, Flexner, *I Hear America Talking*, pp.111~112
33) Carver, *A History of English in Its Own Words*, p.199
34) Harris, *Good to Eat: Riddles of Food and Culture*, p.117
35) Zinn, *A People's History of the United States*, p.515
36) *Economist*, 1991/6/8, p.49
37) *Atlanta Journal*, 1991/3/17, p.A12에 인용

9장. 인종 용광로-미국 이민

1) Jones, *American Immigration*, pp.104~105
2) 같은 책, pp.114, 290
3) 같은 책, p.107
4) 같은 책, p.124
5) Zinn, *A People's History of the United States*, p.317
6) Boorstin, *The Americans: The Democratic Experience*, p.249
7) Page Smith, *A People's History of the United States*, vol. 6, pp.344
8) Grosvenor(ed.), *Those Inventive Americans*, p.146
9) *New Yorker*, 1990/4/9, p.30
10) *American Heritage*, 1992/4, p.58
11) 같은 책, p.62
12) Page Smith, 앞에서 인용한 책, vol. 6, p.366
13) *New York Times*, 1990/8/26, p.6E
14) Zinn, 앞에서 인용한 책, p.341, Brogan, *The Penguin History of the United*

States of America, p.413
15) Jones, 앞에서 인용한 책, pp.140~141
16) Dillard, *American Talk*, p.30
17) Mencken, *The American Language*(요약판), p.90
18) Dillard, 앞에서 인용한 책, p.82
19) Marckwardt, *American English*, p.57, Boorstin, *The Americans: The National Experience*, p.287
20) Carver, *A History of English in Its Own Words*, p.242
21) Fischer, *Albion's Seed*, p.431
22) Jones, 앞에서 인용한 책, pp.270~271
23) *American Heritage*, 1992/4, p.62
24) 같은 책, p.62
25) Mencken, 앞에서 인용한 책, p.251
26) *Time*, 1927/6/13, p.12
27) Mencken, 앞에서 인용한 책, p.254
28) *American Heritage*, 1992/4, p.70
29) Jones, 앞에서 인용한 책, p.298
30) Mencken, 앞에서 인용한 책, p.253
31) Beam, *Pennsylvania German Dictionary*(축약판), p.iv
32) 같은 책, pp.viii~ix
33) Beam, *Pennsylvania German Dictionary*, p.v
34) Marckwardt, 앞에서 인용한 책, p.59
35) Page Smith, 앞에서 인용한 책, vol. 4, p.741
36) Jones, 앞에서 인용한 책, pp.264~265
37) *New York Times*, 1990/10/14, p.4E에 인용
38) Boorstin, *Hidden History*, pp.214~215
39) Jones, 앞에서 인용한 책, p.39
40) Zinn, 앞에서 인용한 책, p.293
41) Tannahill, *Sex in History*, p.400
42) Jones, 앞에서 인용한 책, p.133
43) 같은 책, p.312
44) Johnson, *Modern Times: The World from the Twenties to the Eighties*, p.204
45) Wills, *Inventing America*, p.xx
46) *Time*, 1927/6/13, p.12
47) *National Geographic*, 1992/9, pp.66~67
48) Jones, 앞에서 인용한 책, pp.32~35
49) Fischer, 앞에서 인용한 책, p.305
50) McPherson, *Battle Cry of Freedom: The American Civil War*, p.18
51) Zinn, 앞에서 인용한 책, pp.174~175
52) 같은 책, p.203

53) Page Smith, 앞에서 인용한 책, vol. 4, p.586
54) Zinn, 앞에서 인용한 책, pp.183~184
55) McDavid, *Varieties of American English*, p.78에 인용
56) Krapp, *The English Language in America*, vol. 1, pp.161~162
57) Dohan, *Our Own Words*, p.241
58) Marckwardt, 앞에서 인용한 책, p.66
59) 같은 책, p.65
60) Dillard, 앞에서 인용한 책, p.22
61) Mencken, 앞에서 인용한 책, p.743
62) Smitherman, *Black Talk*, p.14
63) 같은 책, p.10

10장. 떠나는 것이 좋았던 시절-미국 여행

1) Boorstin, *Hidden History*, p.60
2) Hibbert, *Redcoats and Rebels: The War for America, 1770~1781*, p.335
3) Root and de Rochement, *Eating in America*, p.42
4) Morison, *Oxford History of the American People*, p.141
5) Carver, *A History of English in Its Own Words*, pp.147~148
6) Cooke, *Alistair Cooke's America*, p.77
7) Boorstin, *The Americans: The National Experience*, p.394
8) Boys, ed., *The Papers of Thomas Jefferson*, vol. 1, p.408
9) Wills, *Inventing America*, p.43
10) Rae, *The Road and the Car in American Life*, p.15
11) Page Smith, *A People's History of the United States*, vol. 3, p.74
12) *American Heritage*, 1983/12, p.91
13) Davidson, *Life in America*, vol, p.199
14) Flexner, *Listening to America*, p.144
15) Johnson, *The Birth of the Modern: World Society, 1815~1830*, p.171
16) *American Heritage*, 1977/2, p.16
17) McPherson, *Battle Cry of Freedom: The American Civil War*, p.12
18) Patton, *Open Road: A Celebration of the American Highway*, p.37
19) Ciardi, *Good Words to You*, pp.233~234
20) Barnhart, ed., *Barnhart Dictionary of Etymology*, p.1086
21) Jackson, *Crabgrass Frontier: The Suburbanization of the United States*, pp.106~107
22) 같은 책, p.105
23) *Economist*, 1991/10/26
24) Nye, *Electrifying America: Social Meaning of a New Technology*, p.93
25) Jackson, 앞에서 인용한 책, p.158

26) Carver, 앞에서 인용한 책, p.243
27) Page Smith, 앞에서 인용한 책, vol 7, p.865
28) Beebe, *Big Spenders*, p.184
29) Page Smith, 앞에서 인용한 책, vol 7, p.866
30) Flexner, *I Hear America Talking*, p.330
31) Dohan, *Our Own Words*, p.266
32) Flexner, *I Hear America Talking*, p.333
33) Hokanson, *The Lincoln Highway: Main Street Across America*, pp.6~10, *American Heritage*, 1974/6, pp.32~37, 89
34) Strasser, *Satisfaction Guaranteed: The Making of the American Mass Market*, p.6
35) Page Smith, 앞에서 인용한 책, p.868
36) *American Heritage*, 1973/8, p.11
37) 같은 책, 1975/12, p.66
38) Liebs, *Main Street to Miracle Mile: American Roadside Architecture*, p.208
39) Finch, *Highways to Heaven*, p.162
40) Liebs, 앞에서 인용한 책, p.177
41) Barnhart, 앞에서 인용한 책, p.680
42) Patton, 앞에서 인용한 책, p.199
43) Rowsome, *The Verse by the Side of the Road: The Story of the Burma-Shave Signs*, p.18
44) Jackson, 앞에서 인용한 책, p.249
45) *Economist*, 1991/8/10, p.28
46) Patton, 앞에서 인용한 책, p.85

11장. 무엇을 먹을까?-미국의 음식

1) Caffrey, *The Mayflower*, p.166
2) Root and de Rochement, *Eating in America*, p.54
3) William and Mary Morris, *Morris Dictionary of Phrase and Word Origins*, p.231
4) Root and de Rochement, 앞에서 인용한 책, p.29
5) Ciardi, *A Browser's Dictionary*, p.212
6) Mee, *The Genius of the People*, p.91
7) Root and de Rochement, 앞에서 인용한 책, pp.94~95
8) 같은 책, p.162
9) Boorstin, *The Americans: The Democratic Experience*, p.324
10) Carver, *A History of English in Its Own Words*, p.146
11) Funk, *Word Origins and Their Romantic Stories*, p.170
12) *American Heritage*, 1989/12, p.123~131
13) 같은 책
14) Mencken, *The American Language*(요약판), p.264

15) 같은 책, p.225
16) Liebs, *Main Street to Miracle Mile: American Roadside Architecture*, p.196
17) Levenstein, *Revolution at the Table: The Transformation of the American Diet*, p.189
18) 같은 책, p.92
19) Bursk, Clark, and Hidy, eds., *The World of Business*, vol. 1, pp.426~427
20) Levenstein, 앞에서 인용한 책, pp.198~199
21) Funk, 앞에서 인용한 책, p.186
22) Smelser, *The Life That Ruth Built*, pp.207~208, *American Speech*, 1984/가을, p.213
23) Barnhart, Steinmetz, and Barnhart, *Third Barnhart Dictionary of New English*, p.497
24) Allen, *Only Yesterday: An Informal History of the 1920s*, p.68
25) Holt, *Phrase and Word Origins*, p.59
26) Boorstin, *The Americans: The National Experience*, p.287
27) Dillard, *American Talk*, p.85
28) 같은 책, p.84
29) 같은 책, p.88
30) Allen, 앞에서 인용한 책, p.205
31) Root and de Rochement, 앞에서 인용한 책, p.389
32) Allen, 앞에서 인용한 책, p.209
33) Bursk, Clark, and Hidy, 앞에서 인용한 책, pp 345~347
34) Dohan, *Our Own Words*, p.270

12장. 대중화된 사치−미국의 쇼핑 문화

1) Craigie and Hulbert, *A Dictionary of American English on Historical Principles*, vol. 1, p.748
2) Frieden and Sagalyn, *Downtown, Inc.: How America Rebuilds Cities*, p.8
3) Pound, *Selfridge: A Biography*, pp.34~35, 112~187
4) Goldberger, *The Skyscraper*, p.42
5) Boorstin, *The Americans: The Democratic Experience*, p.122
6) Strasser, *Satisfaction Guaranteed: The Making of the American Mass Market*, p.213
7) '나비스코'라는 이름을 지은 사람에게 제공된 정보
8) Boorstin, *The Americans: The Democratic Experience*, p.126
9) *American Heritage*, 1985/10, 11, pp.24~28
10) Flexner, *Listening to America*, p.494, Liebs, *Main Street to Miracle Mile: American Roadside Architecture*, pp.119~126
11) Liebs, *Main Street to Miracle Mile*, p.125

12) *Atlantic Monthly*, 1992/6, p.31
13) Schrank, *Snap, Crackle, and Popular Taste: The Illusion of Free Choice in America*, p.111
14) Strasser, *Never Done: A History of American Housework*, p.276
15) Kowinski, *The Malling of America: An Inside Look at the Great Consumer Paradise*, pp.104~105
16) *Business Week*, 1957/11/17, p.137
17) Gruen and Smit, *Shopping Town USA: The Planning of Shopping Centers*, p.20
18) *Atlantic Monthly*, 1993/5, p.132
19) Kowinski, *The Malling of America*, p.112
20) Frieden and Sagalyn, *Downtown, Inc.*, p.13
21) Jackson, *Crabgrass Frontier: The Suburbanization of the United States*, pp.261
22) *American Demographics*, 1990/4, p.38
23) Schor, *The Overworked American: The Unexpected Decline of Leisure*, p.107
24) *Atlantic Monthly*, 1993/5, p.102
25) *Economist*, 1992/8/29, p.37

13장. 예절과 그 외의 문제들

1) Blow, ed., *Abroad in America: Literary Discoverers of the New World from the Past 500 Years*, p.149
2) 같은 책, p.139
3) 같은 책, p.215
4) Garrett, *At Home: The American Family: 1750~1870*, p.155
5) Deetz, *In Small Things Forgotten: The Archaeology of Early American Life*, p.123
6) Elias, *The History of Manners*, vol. 1, p.127
7) *American Heritage*, 1989/12, p.106
8) Flexner, *I Hear America Talking*, p.19
9) Boorstin, *The Americans: The National Experience*, p.135
10) *American Heritage*, 1978/8, 9, p.41
11) Boorstin, 앞에서 인용한 책, p.141
12) *American Heritage*, 1989/12, p.111
13) Blow, 앞에서 인용한 책, p.159
14) Rybczynski, *Home: An Short Story of an Idea*, p.139
15) 같은 책, p.142
16) 같은 책, pp.148~149
17) Nye, *Electrifying America: Social Meanings of a New Technology*, p.242
18) Strasser, *Never Done: A History of American Housework*, p.76
19) Nye, 앞에서 인용한 책, p.52
20) *American Heritage*, 1979/11, p.78

21) Page Smith, *A People's History of the United States*, vol. 7, p.856
22) Johnson, *Modern Times: The World from the Twenties to the Eighties*, p.224
23) *American Heritage*, 1990/9, 10, p.58
24) Barnhart, ed., *The Barnhart Dictionary of Etymology*, p.902
25) Boorstin, *The Americans: The Democratic Experience*, p.330
26) *New York Times*, 1921/7/1~3
27) Allen, *Only Yesterday: An Informal History of the 1920s*, p.137
28) *Economist*, 1993/8/28, p.57
29) Sterling and Kittross, *Stay Tuned: A Concise History of American Broadcasting*, pp.61~63
30) 같은 책, p.60
31) Schiller, *Mass Communications and American Empire*, p.25
32) Udelson, *The Great Television Race: A History of the American Television Industry 1925~1941*, p.12
33) *New York Times*, 1927/4/8
34) Schrank, *Snap, Crackle, and Popular Taste: The Illusion of Free Choice in America*, p.17에 인용
35) Castleman and Podrazik, *Watching TV: Four Decades of American Television*, p.16
36) 같은 책, p.45
37) Safire, *Coming to Terms*, p.47
38) Castleman and Podrazik, 앞에서 인용한 책, p.v
39) *American Heritage*, 1984/8, 9, p.25
40) Flatow, *The All Laughed…*, p.61
41) Strasser, *Never Done: A History of American Housework*, p.289
42) Schor, *The Overworked American: The Unexpected Decline of Leisure*, p.8
43) Rybczynski, *Waiting for the Weekend*, pp.142~143
44) Schor, 앞에서 인용한 책, p.22
45) Utica(N. Y.) *Observer*, 1991/3/4
46) Schor, 앞에서 인용한 책, p.29
47) 같은 책, p.2
48) 같은 책

14장. 광고의 시대가 도래하다

1) Collins, *The Story of Kodak*, p.49
2) Boorstin, *The Americans: The Democratic Experience*, p.374
3) Collins, 앞에서 인용한 책, pp.54~55
4) 같은 책, p.72
5) Strasser, *Satisfaction Guaranteed: The Making of the American Mass Market*,

pp.46~47
6) Flexner, *Listening to America*, p.17
7) 같은 책, p.20
8) Strasser, 앞에서 인용한 책, p.97
9) *Time*, 1927/6/13, p.12
10) *American Heritage*, 1977/10. p.67
11) Mencken, *The American Language*(요약판), p.218
12) *American Heritage*, 1977/10. pp.64~69
13) 같은 책, 1990/9, 10. p.56
14) *Economist*, 1991/9/7, p.89
15) 같은 책, 1993/8/14, p.7
16) *New York Times Magazine*, 1957/7/7, p.14
17) Diamond, *Trademark Problems and How to Avoid Them*, pp.188~195
18) Sterling and Kittross, *Stay Tuned: A Concise History of American Broadcasting*, p.71
19) Castleman and Podrazik, *Watching TV: Four Decades of American Television*, p.70
20) *New York Times Magazine*, 1990/9/30, p.76
21) Schrank, *Snap, Crackle, and Popular Taste: The Illusion of Free Choice in America*, p.101
22) Lutz, *Doublespeak*, p.82
23) 같은 책, pp.16~17
24) Hendon, *Classic Failures in Product Marketing*, p.169
25) 같은 책, p.168

15장. 황금알 산업, 영화의 침공

1) Flexner, *Listening to America*, pp.374~375
2) Cook, *A History of Narrative Film*, p.7
3) Jowett, *Film: The Democratic Art*, p.27
4) Cook, 앞에서 인용한 책, pp.10~11
5) Flexner, 앞에서 인용한 책, p.378
6) Cook, 앞에서 인용한 책, p.12
7) 같은 책, p.24
8) Rybczynski, *Waiting for the Weekend*, pp.137
9) Mencken, *The American Language*(요약판), p.738
10) Flexner, 앞에서 인용한 책, pp.382~383, *American Speech*, 1983/가을, pp.216~224
11) Page Smith, *A People's History of the United States*, vol. 7, p.880
12) *American Heritage*, 1983/12, p.24, *New Republic*, 1991/7/29, p.7

13) Berg, *Goldwyn: A Biography*, pp.140, 214~219, 238, 248~255, 380
14) *New York Times*, 1993/3/28, p.15H
15) *Economist*, 1993/10/2, p.108
16) Berg, 앞에서 인용한 책, p.262
17) Jowett, 앞에서 인용한 책, p.357
18) 같은 책

16장. 스포츠와 놀이의 즐거움에 빠진 미국

1) Krout, *Annals of American Sport*, p.11
2) Fischer, *Albion's Seed*, pp.146~147
3) 같은 책, p.6
4) 같은 책, p.8
5) 같은 책, p.16
6) Flexner, *Listening to America*, pp.504~506
7) *American Heritage*, 1967/12, p.107
8) Boorstin, *The Americans: The Democratic Experience*, p.158
9) Morison, *Oxford History of the American People*, p.88
10) *American Heritage Dictionary*, 2판, p.xxiii
11) Fischer, 앞에서 인용한 책, p.737
12) Dillard, *American Talk*, p.65
13) Adams, *Western Words: A Dictionary of the American West*, p.109
14) Dillard, 앞에서 인용한 책, pp.65~71
15) Holt, *Phrase and Word Origins*, p.200
16) Dillard, 앞에서 인용한 책, p.74
17) Boorstin, 앞에서 인용한 책, p.73
18) *American Heritage*, 1972/6, p.67
19) Rae, *The Road and the Car in American Life*, p.29
20) Atwan, McQuade, Wright, *Edsels, Luckies, and Frigidaires: Advertising the American Way*, pp.151~152
21) Liebs, *Main Street to Miracle Mile: American Roadside Architecture*, pp.138~142
22) Allen, *Only Yesterday: An Informal History of the 1920s*, p.68, *American Heritage*, 1972/6, p.68
23) *American Heritage*, 1983/2, 3, pp.24~27
24) Dulles, *America Learns to Play: A History of Popular Recreation, 1607~1940*, p.185
25) Flexner, 앞에서 인용한 책, p.33
26) Fischer, 앞에서 인용한 책, p.151
27) *American Heritage*, 1983/6, 7, pp.65~67

28) Will, *Men at Work: The Craft of Baseball*, p.102
29) Voigt, *American Baseball: From Gentleman's Sport to the Commissioner System*, p.30
30) 같은 책, p.135
31) *American Heritage*, 1983/6, 7, p.74
32) 같은 책, 1967/10, pp.64~68
33) Mencken, *The American Language*, 증보판 II, p.737
34) Krout, 앞에서 인용한 책, p.142
35) Mencken, 앞에서 인용한 책, p.735, Flexner, 앞에서 인용한 책, p.39
36) *USA Today*, 1992/2/28, p.18
37) *Time*, 1940/9/23, *American Speech*, 1988/여름, p.116
38) Page Smith, *A People's History of the United States*, vol. 6, p.848
39) Safire, *On Language*, p.289
40) Flexner, 앞에서 인용한 책, pp.48~49
41) 같은 책, pp.261~280
42) Jackson, *Crabgrass Frontier: The Suburbanization of the United States*, p.99
43) Holt, 앞에서 인용한 책, p.154
44) *Washington Post*, 1992/1/21, p.D5
45) *New York Times*, 1992/2/16, p.1

17장. 정치와 전쟁이 만들어낸 신조어의 출현

1) Holt, *Phrase and Word Origins*, pp.42, 129
2) Mencken, *The American Language*, 증보판 I, pp.280~283
3) Mencken, *The American Language*, 요약판, p.179
4) Brogan, *The Penguin History of the United States of America*, p.274
5) Carver, *A History of English in Its Own Words*, p.165
6) McPherson, *Battle Cry of Freedom: The American Civil War*, pp.111~115
7) *American Heritage*, 1975/12, p.13
8) Boorstin, *Hidden History*, p.263
9) Mee, *The Genius of the People*, p.285
10) Page Smith, *A People's History of the United States*, vol. 3, p.145
11) 같은 책, vol. 4, p.126
12) Brogan, 앞에서 인용한 책, p.312
13) Flexner, *I Hear America Talking*, p.161
14) Allen, *Only Yesterday: An Informal History of the 1920s*, p.104
15) Johnson, *Modern Times: The World from the Twenties to the Eighties*, p.214
16) *American Heritage*, 1991/12
17) Mencken, *The American Language*, 증보판 II, p.590
18) Page Smith, 앞에서 인용한 책, vol. 3, pp.608~609

19) Flexner, 앞에서 인용한 책, p.405
20) McPherson, 앞에서 인용한 책, pp.323~325
21) Flexner, 앞에서 인용한 책, p.450
22) *American Heritage*, 1964/2, pp.23~96
23) Ciardi, *A Browser's Dictionary*, p.227
24) Barfield, *History in English Words*, p.76
25) Holt, 앞에서 인용한 책, p.16
26) Fussell, *Wartime: Understanding and Behavior in the Second World War*, pp.255~256
27) 같은 책, p.259
28) Carver, 앞에서 인용한 책, p.252
29) William and Mary Morris, *Morris Dictionary of Phrase and Word Origins*, p.246
30) Flexner, *Listening to America*, p.330
31) Mencken, *The American Language*(요약판) p.759
32) 같은 책, p.508
33) Lingemen, *Don't You Know There's a War On?: The American Home Front 1941~1945*, pp.219~221
34) *Economist*, 1993/2/27, p.17
35) *New York Times*, 1992/2/2, p.17
36) *American Speech*, 1992/봄, pp.86~89

18장. 섹스와 또 다른 쾌락

1) *Life*, 1951/10/8, pp.61~62
2) *American Heritage*, 1983/12, p.86
3) Fischer, *Albion's Seed*, p.92
4) Flexner, *Listening to America*, p.449
5) Fischer, 앞에서 인용한 책, p.87
6) Page Smith, *A People's History of the United States*, vol. 1, p.69
7) Hibbert, *Redcoats and Rebels, The War for America*, 1770~1781, p.7
8) Fischer, 앞에서 인용한 책, p.681
9) Flexner, 앞에서 인용한 책, p.492
10) Ciardi, *Good Words to You*, p.42
11) Cmiel, *Democratic Eloquence: The Fight over Popular Speech in Nineteenth-Century America*, p.117
12) Garrett, *At Home: The American Family: 1750~1870*, p.136
13) Page Smith, 앞에서 인용한 책, vol. 6, p.264
14) Tannahill, *Sex in History*, p.336
15) 같은 책
16) *American Heritage*, 1974/10, p.74

17) *Observer*, 1993/11/14, Books section, p.20
18) *American Heritage*, 1974/10, p.73
19) 같은 책, p.94
20) Zinn, *A People's History of the United States*, pp.109~116
21) 같은 책, pp.116~117
22) *American Heritage*, 1974/10, p.43
23) Cmiel, 앞에서 인용한 책, p.81
24) 같은 책, p.162
25) Page Smith, 앞에서 인용한 책, vol. 6, p.264
26) 같은 책, vol. 6, p.271
27) 같은 책, vol. 6, p.273
28) Flexner, 앞에서 인용한 책, pp.452~455
29) *American Heritage*, 1973/10, p.86
30) *Economist*, 1992/3/14, p.51
31) Barnett, *Sexual Freedom and the Constitution: An Inquiry into the Constitutionality of Repressive Sex Laws*, p.33
32) Allen, *Only Yesterday: An Informal History of the 1920s*, p.77
33) Flexner, 앞에서 인용한 책, p.62
34) Schumach, *The Face on the Cutting Room Floor: The Story of Movie and Television Censorship*, p.18
35) Allen, 앞에서 인용한 책, p.84
36) *American Heritage*, 1980/2, 3, p.17
37) Mencken, *The American Language*(요약판), pp.360~361
38) Berg, *Goldwyn: A Biography*, pp.266~267
39) Schumach, 앞에서 인용한 책, p.216
40) 같은 책, p.222
41) *American Heritage*, 1980/2, 3, p.20
42) Mencken, *The American Language*, 증보판 I, p.647
43) 같은 책, p.646
44) Castleman and Podrazik, *Watching TV: Four Decades of American Television*, p.14
45) 같은 책, p.71
46) Ernst and Schwarz, *Censorship: The Search for the Obscene*, p.95
47) Sagarin, *The Anatomy of Dirty Words*, p.167
48) Safire, *Coming to Terms*, p.51
49) *Economist*, 1992/11/28, p.35
50) Safire, 앞에서 인용한 책, p.100
51) Allan M. Siegal의 편지, 1993/7/23
52) Funk, *A Hog on Ice and Other Curious Expressions*, p.88
53) *Buffalo News*, 1992/9/20

19장. 키티호크에서 점보제트기까지, 하늘길이 열리다

1) *American Heritage*, 1970/6, pp.61~69
2) Moolman, *The Road to Kitty Hawk*, p.124
3) *American Heritage*, 1970/6, pp.61~69
4) Moolman, *The Road to Kitty Hawk*, p.117
5) 같은 책, p.158
6) *American Heritage*, 1975/4, pp.94~95
7) Milton, *Loss of Eden: A Biography of Charles and Anne Morrow Lindbergh*, p.42
8) 같은 책, p.116, *American Heritage*, 1971/4, pp.43~47, 81~84
9) 같은 책, p.127
10) *American Heritage*, 1975/12, pp.23~28
11) Milton, *Loss of Eden*, p.166
12) Johnson, *Modern Times: The World from the Twenties to the Eighties*, p.224
13) *Condé Nast Traveler*, 1989/12, pp.135~178
14) Page Smith, *A People's History of the United States*, vol. 4, p.780
15) *American Heritage*, 1973/8, pp.63~85

20장. 우주 시대의 개막

1) Lingemen, *Don't You Know There's a War On?: The American Home Front 1941~1945*, p.374
2) *Atlantic Monthly*, 1990/1, p.48
3) *Economist*, 1991/12/21, p.72
4) Oakley, *God's Country: America in the Fifties*, p.270
5) 같은 책, pp.285~286
6) Kroc, *Grinding it Out: The Making of McDonald's*, p.162
7) Love, *McDonald's: Behind the Arches*, p.5
8) *Guardian*, 1993/3/10
9) Binford, *The First Suburbs: Residential Communities on the Boston Periphery*, p.1
10) *American Heritage*, 1984/2, 3, pp.21~37
11) Mencken, *The American Language*(요약판), p.245
12) *American Demographics*, 1993/5, p.44
13) *Independent on Sunday*, 1992/11/15, p.8
14) Jackson, *Crabgrass Frontier: The Suburbanization of the United States*, p.246
15) 같은 책, p.247, Schrank, *Snap, Crackle, and Popular Taste: The Illusion of Free Choice in America*, p.65
16) Brooks, *Business Adventures*, p.35
17) Lacey, *Ford: The Men and the Machines*, p.489
18) Brooks, 앞에서 인용한 책, p.31

19) Rae, *The Road and the Car in American Life*, p.48
20) Schrank, 앞에서 인용한 책, p.64
21) *Economist*, 1992/8/29, p.37
22) *American Speech* 66:1(1991), pp.105~106
23) *Economist*, 1991/10/26, America Survey, pp.11~12
24) Boorstin, *The Americans: The Democratic Experience*, p.591~592
25) Bailey, *Images of English: A Cultural History of the Language*, p.221
26) Tedlow, *New and Improved: The Story of Mass Marketing in America*, p.348
27) *Life*, 1961/3/3, pp.109~117
28) Flatow, *They All Laughed*…, p.181
29) Carver, *A History of English in Its Own Words*, p.263
30) *Economist*, 1993/1/9, p.62
31) *New York Times*, 1989/4/3, p.1
32) *Atlanta Journal and Constitution*, 1992/8/2, p.M1
33) *American Heritage*, 1970/6, p.59

21장. 오늘날의 미국 영어

1) *Washington Post*, 1993/3/28, p.A15
2) Safire, *Safire's New Political Dictionary*, p.590
3) *U. S. News & World Report*, 1992/6/22, pp.29~31
4) Maggio, *The Dictionary of Bias-Free Usage: A Guide to Nondiscriminatory Language*, p.17
5) *New York Times*, 1987/4/5, p.1
6) Maggio, 앞에서 인용한 책, p.173
7) 같은 책, p.112
8) *Editor & Publisher*, 1993/3/6, p.48
9) *Atlantic Monthly*, 1990/11, p.84
10) *New York Times*, 1992/1/21, p.C6
11) *Atlantic Monthly*, 1990/8, pp.28~33
12) 같은 책, p.28
13) *Economist*, 1992/8/8, p.41
14) 같은 잡지, 1992/1/18, p.80
15) *Atlantic Monthly*, 1990/11, p.87, *Economist*, 1992/11/21, Education Survey, p.7
16) *Atlantic Monthly*, 1990/8, p.30
17) Schor, *The Overworked American: The Unexpected Decline of Leisure*, p.13.
18) *American Heritage*, 1988/5, 6, p.10
19) *Economist*, 192/10/10, p.63
20) *New York Times*, 1990/8/28
21) Daniels, *Famous Last Words: The American Language Crisis Reconsidered*,

p.118
22) 같은 책, p.118
23) *New York Times*, 1990/10/28
24) Daniels, 앞에서 인용한 책, pp.123~124
25) Daniels, 앞에서 인용한 책, p.51에 인용
26) Boorstin, *The Americans: The Democratic Experience*, pp.454, 500
27) Watson, *Experimental Studies in the Psychology and Pedagogy of Spelling*, pp.25~26
28) *Economist*, 1992/7/18, p.49
29) *New York Times*, 1992/7/26, p.E5
30) *Education Digest*, 1987/5
31) *Economist*, 1992/1/18, p.80
32) 같은 책, 1992/12/26, p.58

찾아보기 |

ㄱ

가넷 카터 477
가정주부 587
거버너 모리스 70, 94, 103
거스 도레이스 494
거스 에드워즈 291
거투루드 스타인 129
건강한 나라로 가는 길 336
걸러 사투리 264, 266
걸프전 529
검열 105, 338, 555, 560~562
게리 윌스 78, 142
게리슨 케일러 244
게티즈버그 연설 139~142
경기 하락 607, 635
경마 434, 467
고구마 316, 318
고속도로 197, 227, 275, 277~280, 290~291, 296~300, 304~310, 376, 602
고층 건물 172~174
고틀리프 다임러 285~286
골프 374, 392, 477~478, 497~499
광고 336~339, 413~429
광고, 라디오와 텔레비전 397~398
광고문 412
광고판 303~306
광석 라디오 392
교류 전기 방식 169~170
구소련 608
국도 277~278
군나르 미르달 265
굴 전쟁 91
그레이트 노던 철도회사 151
그레이트 애틀랜틱 앤 퍼시픽 티 컴퍼니 (A&P) 368~369

그레인지 364
그로버 클리블랜드 339
그로스 벤트르 51
그린란드 24~26
글렌 커티스 572~573
금속 탐지기 148
금주법 350~353
길버트 스튜어트 505
깃발, 별, 줄무늬 118

ㄴ

N. W. 에이어 & 선즈 413
나그네비둘기 46~47
나다니엘 트레이시 383
나체즈 트레이스 275
'난파선' 엘빈 켈리 477
날씨 용어 42~43
남북전쟁 122, 139, 142, 206, 218, 269, 387, 473, 514~518, 524
내셔널 베이스볼 리그 486
내셔널 브로드캐스팅 컴퍼니(NBC) 395
내셔널 비스킷 컴퍼니(나비스코) 366~367
내셔널 시티 라인 285
냉장고 295, 303, 361, 391, 435
냉전 526~527
노거틱 인도 고무 회사 156
노마 마틴 559
노먼 메일러 560
노먼 벨 게데스 307
노스웨스트 오리엔트 항공사 577, 580
노아 웹스터 135
노예무역 55~56
노예제도 57, 142, 160, 260~263, 509, 511, 545
놀이공원 284, 390
농구 496~497
니콜라스 퀴뇨 285
닐 암스트롱 608, 614

ㄷ

D. D. 마틴 336
D. W. 그리피스 446
다니엘 디케이터 에밋 122
다니엘 부어스틴 226, 508
다니엘 웹스터 508
다인종 사회 635
달러 표시 122~125
달에 착륙한 남자 608~610
담배 54~55, 277, 296, 304, 347, 355, 382, 397, 418, 426, 451, 462, 553
대륙회의 68~69, 71, 77, 83~84, 108, 112, 196, 275
대학 입학 631~632
대형 상점 375
더글러스 콜린스 168
더글러스 페어뱅크 443
덩굴옻나무 45, 55
데님(무명천) 221
데시 아나즈 주니어 399
데이브 버저 522
데이비 크로켓 138, 143
데이비드 심슨 82
데이비드 해켓 피셔 261, 481
데이비드 홈 134
데이비드 D. 뷰익 288~289,
데이비드 O. 셀즈닉 557
델라웨어 밸리, 정착민들 73
델모니코 327~328
도널드 F. 덩컨 424
도로변의 시, (로섬) 304
도리스 데이 447
도미노 이론 526~527
독립선언문 68, 70, 78~79, 81~86, 95
독립전쟁, 혁명 참조 64, 111, 535, 597
돌리 시스터즈 363
돼지감자 320
두안 킹 231
듀몽 랩스 398~399

드라이브 인 592~593
드와이트 D. 아이젠하워 306, 310
딜링엄 위원회 257

ㄹ

라담 루프 437
라디오 코퍼레이션 오브 아메리카(RCA) 393
라이프 세이버스 366~367
라크로스 26
랜돌프 콜리어 309
랜돌프 퀴크 108
랜섬 올즈 289
랠프 왈도 에머슨 63, 133, 153~154
럭비 21, 493~494
럼주 58
레드 바버 492
레빗타운 599
레슬링 461, 467
레이 크록 301, 591~595
레이븐 I. 맥데이비드 Jr. 242
로드 설링 560
로렌스 워싱턴 58
로렌조 다우 터너 265
로버트 루이스 스티븐슨 382
로버트 린더 590
로버트 메이플소프 551
로버트 모제스 307
로버트 테일러 447
로버트 폴 437
로버트 R. 리빙스턴 78
로어노크, 잃어버린 식민지 32
로이 A. 브라운 605
로잘리 매지오 623
로저 셔먼 78, 94, 104
로저 윌리엄스 22, 195
록펠러 집안 151, 202,
롤러스케이팅 475

루비 라푼 301
루실 볼 399, 560
루이 16세, 프랑스의 국왕 87
루이 다게르 161
루이 브레게 161
루이 졸리에 185
루이 필립, 프랑스의 왕세자 383
루이스 카스 183
루이스 B. 메이어 444
루이스 F. '알렉스' 소칼렉시스 499
루이스와 클라크의 원정대 209~214
루이자 테트라치니 329
루이지애나 매입 209
루퍼트 휴 135
르 프랭스, 루이 아임 오거스틴 436
리 C. 데이턴 83
리랜드 스탠포드 433
리스터린 417
리처드 맥도날드, 모리스 맥도날드 형제 592~595
리처드 시어스 365
리처드 S. 맥커친 400
리프 에릭슨 24~25
린다 론스타드 493
릴리언 헬먼 556
링컨 하이웨이 297, 299, 308

■

마거릿 생어 257
마거릿 헤릭 454
마르쿠스 바흐만 람베르트 251
마르크스 형제 247
마르틴 발트제뮬러 30
마리 마츠다 628
마리안 무어 604
마리오 페이 561
마샤 워싱턴 107, 324
마셜 필드 359, 362

마운트 버논 58
마이애미비치 298
마이클 커티스 446
마이클 쿨렌 369
마이클 토드 457
마이클 J. 바렛 628
마작 478~479
마크 트웨인 384, 468
마틴 반 뷰렌 130, 326
막대사탕 339~340
막스 스클라다노브스키, 에밀리 스클라다노브스키 436
막시밀리안 프랑수아 마리 이시도르 드 로베스피에르 87
말을 이용한 교통수단 219~220
말하기 방식, 발음 참조 75~76, 132~133, 138, 178~180, 187~188, 193~195, 199~203, 228, 264, 382, 392, 506~507, 520, 524, 574
맥 세넷 443
맥도날드 591~597
메리 픽포드 443, 447, 453
메리 헬렌 도한 292
메리웨더 루이스 209~211
메이슨 딕슨 라인 517~518
메이슨 로크 웜스 110
메이플라워 서약서 39
메이플라워호 17~33, 53, 74, 200~201, 273, 319, 463, 535
메트로-골드윈-메이어(MGM) 444
메트로미디어 399
명백한 사명 232, 507
명사로 바뀐 동사 41, 130~131
모노폴리 474~475
모델 T 293~295
모세 클리블랜드 183
모션 픽쳐스 페이턴트 컴퍼니(MPPC) 441~442
모스 부호 160, 394
모텔 301~303

목욕 384
몰드윈 앨런 존스 249
몽고메리 워드 364~365
물물교환 123
미국 원주민, 인디언 참조 23~34, 48~55, 59, 102~103, 128, 130, 179~182, 185~186, 192, 210~211, 223, 229~231, 275, 316~318, 320~321
미국 철도 시간 조정위원회 121
미국신문광고대행사 413
미국의 전화와 전신 148, 153, 159~164, 268, 361, 391~392
미니 골프 477
미드웨이 579~580
미식축구 493~495
미치오 스즈키 606
미키마우스 448
밀턴 벌 204
밀턴 브래들리 472
밀턴 스테이블리 허쉬 337

바르톨로뮤 가스놀드 33
바스코 누네스 데 발보아 29
바실 레스본 446
바이킹 23~26, 27, 467
밥 번즈 522
배리 본즈 561
배터슨 스테트슨 222
백화점 359~363, 377, 385
버나드 바루크 526
버나드 베일린 68
버마-셰이브 광고판 302~306
버번 348
버스 노선 285
버즈아이 냉동식품 370~371
버펄로 빌 코디 202~203
버펄로, 사냥 230

벙커힐, 전투 63~64
베네딕트 아놀드 112
베니토 무솔리니 521
베벌리힐스 443, 598
베이브 루스 339
베트남 전쟁 527~529
베티 크로커 422~423
벤 웬버그 328
벤딕스 391
벤저민 디즈레일리 506
벤저민 러시 69
벤저민 스틸링플릿 537
보드 게임 472~475
보스턴 학살 63~67
보안법 259
보잉 제트여객기 580~581
볼스테드 법 352
볼펜 167
분리 부정사 104
불안 심리, 광고 415
브라질, 노예제도 260
브로바 시계 425
브롱크스 리버 파크웨이 306
비어트리스 릴리 559
비타민 325, 417
비행기 567~581
빅맥 595~597
빅토르 그루엔 374~378
빅토리아 클래플린 우드헐 545~546
빈란드 25~27
빈버 26

1812년 전쟁 117~118, 214, 516
사모셋 22, 33
사이먼 쿠즈네츠 588
사카가웨아 212~213
'사형집행인' 라인하르트 하이드리히 521

사키치 도요다 606
산타클로스 465~466
산호세 엔지니어링, 와이어리스 칼리지 394
살 헤파티카 417
상표명 366, 411
상표법 420~424
새뮤얼 골드윈 444, 556
새뮤얼 매버릭 223
새뮤얼 베네딕트 328
새뮤얼 애덤스 276
새뮤얼 엘리스 238
새뮤얼 엘리엇 모리슨 64
새뮤얼 윌슨 118
새뮤얼 존슨 75, 82, 131
새뮤얼 페피스 204
새뮤얼 피어폰트 랭글리 570
새뮤얼 핀리 브리스 모스 159~161
새뮤얼 홉킨스 154
샐리 헤밍스 261
샘 테일러 453
서부 영화 225~226, 451
서부극 225, 438, 451
서인도제도 56, 74, 229
선거인단 101
성조기(키) 118, 266~267, 515~516
성차별 615, 619, 624~628
세실 B. 데밀 443
소이치로 혼다 606
솔즈베리 스테이크 330
쇼핑몰 371~378
수잔 스트레서 402
수잔나 센트리버 535
슈퍼마켓 369~371, 597
스눅스 다우드 491
스미소니언 협회 48, 109, 570~573
스콴토 22~23, 34~35
스탠리 스티머 289
스터이브산트 피시 부인 12, 290
스튜디오 이름 441~446

스튜어트 버그 플렉스너 75, 293, 347, 491
스튜어트 크레머 401
스티브 맥퀸 453
스티븐 더글러스 263
스티븐 C. 클라크 482
스티븐 E. 루카스 79
시가 전차 282~284
시네라마 436, 455~457
시네마스코프 457
시모네타 베스푸치 31
시어도어 드라이저 204
시어도어 루스벨트 249, 257, 513
시어스 타워 173
시어스, 로벅 앤 코 365
시저 카르디니 329
식당차 279~280, 331~332
식민지 개척자 42~64
식생 구간 297
식자력 평가 629
신체 부위 545
실버너스 스톨 541
실버너스 F. 바우저 291
실번 골드만 370
실베스터 그레이엄 목사 334

A. 브론슨 앨콧 544
A. C. 스펙토스키 600
A. G. 밀스 482
I. 베첼러 345
W. A. '캔디' 커밍스 484
W. B. '빌리' 디벡 345
W. H. 후버 159
W. K. L. 딕슨 434~435
20세기 폭스 446, 457,
23 skiddoo 174
5센트 극장 438~439, 444

5인 위원회 78, 80
아돌프 주커 444
아로요 세코 파크웨이 308
아르강 등 387
아메리고 베스푸치 30~31
아메리카 26~31, 108~109, 135~138
아멜리아 블루머 545
아멜리아 시몬스 320
아멜리아 이어하트 578~579
아사 G. 캔들러 354
아서 브라운 577
아우토반 307
아이다 크레독 550
아이스크림 324, 340, 345, 363, 375, 594
아이작 싱어 158
아침식사용 시리얼 336~337, 421~422
아폴로 르바르 202
안드레 세라노 551~552
안드레아 케리글리오네 204
안전핀, 발명 153, 157
안젤라 헤이우드 546~547
안톤 그로트 446
안틸라 27
알 스미스 511
알곤키안 22~23, 49~51
알렉 기네스 558
알렉산더 '클러버' 윌리엄스 240
알렉산더 그레이엄 벨 148, 162
알렉산더 매켄지 210
알렉산더 스튜어트 359~360
알렉산더 카트라이트 483
알렉시스 드 토크빌 214
알바 로벅 365
알프레드 엘윈 136
알프레드 킨제이 553
앙트완느 드 라 모드 캐딜락 289
애덤 스미스 63
애들라이 스티븐슨 511
애브너 더블데이 481~482
애비게일 애덤스 222

애팔래치아, 정착민 73
앤 애보트 472
앤드류 도일 533
앤드류 잭슨 129, 138,199, 273, 510
앤서니 콤스탁 549~554
앤서니 트롤로프 132
앨런 스미시 453
앨런 M. 시걸 562
앨버트 굿윌 스폴딩 481
앨버트 그레이브스 482
앨버트 폰 틸저 489
앰브로스 E. 번사이드 518
야구 479~595
야구 명예의 전당 482
어니스트 로렌스 세이어 487
어린이 텔레비전 법 630
어빙 벌린 247
엉클 샘 118~119, 144, 511, 516
에드 토맨 594
에드먼드 데이비스 484
에드먼드 랜돌프 94
에드셀 422, 603~605
에드워드 기번 63
에드워드 버논 제독 58
에드워드 에버렛 139~142
에드워드 젱킨스 58
에드워드 H. 부턴 373
에드윈 랜드 167
에드윈 S. 포터 438
에디 캔터 559
에디스 와튼 541
에롤 플린 446
에르난도 데 소토 29~30
에리히 볼프강 코른골드 446
에릭 더 레드 24
에밀 졸라 361
에스컬레이터 153, 361
에스키모 파이 340~341
에어컨디셔너 401
에이브러햄 게스너 387

에이브러햄 레빗 599
에이브러햄 링컨 138, 154, 199, 214
엘게 잉스타드 25
엘런 워커 리드 130
엘런 처치 579
엘리 휘트니 157
엘리베이터 165, 335, 361, 385~386
엘리샤 그레이브스 오티스 173
엘리스 아일랜드 238~239
엘리스 E. 왓슨 634
엘리어스 하우 158
엘리자베스 드링커 384
엘리자베스 틸턴 545
엘브리지 게리 97, 105, 505
엠마 드레이크 540
엠마 윌러드 543
엠파이어스테이트 빌딩 173
여객선 598
역마차 219, 278~280
연합헌장 87
오거스트와 루이 루미에르 436
오빌 라이트, 윌버 라이트 형제 567~572
오세올라 182
오서너스 홉킨스 20
오웬 위스터 224
오토 프레밍거 452~453
오트웨이와 그레그 라담 437
오티스 엘리베이터 컴퍼니 386
오피찬캐노프 54
옥수수 50, 317, 321~322, 326, 348
올더스 헉슬리 375
올로프 오만, 에드워드 오만 부자 27
올리버 엘스워스 105
올리버 해저드 페리 해군 제독 516
와일드 빌 히콕 225
외설 533, 537, 546, 549~552, 560
요시오 사쿠라치 628
요요 424
우드로 윌슨 256, 297, 512
울워스 빌딩 172, 364

워너브라더스 450
워싱턴 어빙 110, 151, 498
워싱턴 D. C. 147, 179, 374, 488
워터 위치 388
원자폭탄 525~526
월도프-아스토리아 호텔 173
월드시리즈 481
월터 롤리 경 29, 32, 199
월터 리프먼 526
월터 캠프 494
월터 크라이슬러 295, 604
월터 헌트 157
월터 A. 앤더슨 343
월트 디즈니 448, 558
웨스턴 유니언 163, 445
위스키 혁명(1794) 348
윈스턴 처칠 527
윌리스 캐리어 166, 401
윌리엄 드울프 호퍼 489
윌리엄 랜돌프 허스트 488
윌리엄 맥과이어 525
윌리엄 반 앨런 172
윌리엄 브레드포드 18, 21, 52, 201, 463
윌리엄 세파이어 562
윌리엄 셰익스피어 39~41, 47, 136, 178, 453, 538, 551
윌리엄 앨콧 542
윌리엄 에디스 74
윌리엄 워즈워드 597
윌리엄 워커 507
윌리엄 워트 66
윌리엄 제임스 167
윌리엄 케플러 169
윌리엄 콘래드 400
윌리엄 클라크 210~211, 214
윌리엄 펜 21, 51, 250,
윌리엄 프레스콧 63
윌리엄 피트 194
윌리엄 A. 크레이기 경 11, 130
윌리엄 C. '빌리' 듀런트 289, 295~296

윌리엄 J. H. 트레이너 256
윌리엄 L. 마시 505
윌리엄 W. 새비지 Jr. 225
윌프레드 리랜드 296
유대인 204, 238, 246~249, 255, 259~260, 426, 444
유령 상표 421
유진 시펠린 47
율리시스 그랜트 514
음료수 337, 353
이누이트 26
이드워어드 머이브리지 433~434
이디시어 248~249, 609
이로쿼이 연합 49, 102
이사벨라 루시 버드 382
이스라엘 장월 238
이주 물결 214, 237
이즈키엘 C. 고딩스 559
이탈로 마르치오니 345
인권법 104
인종차별 194, 255, 499, 627

J. 머레이 스팽글러 159
J. 에드가 후버 302
J. C. 니콜라스 373
J. I. 스타센 475
J. L. 딜라드 242, 348
J. P. 모건 151~152
제1차 세계대전 244~245, 267, 368, 514, 516~517, 519, 524
제2차 세계대전 514, 520~524, 528, 559, 580, 588, 601~602
자동판매기 331, 471
자위행위 335, 534, 542, 552~553
자유의 종 86
자전거 타기 292, 296, 334, 475~477
자크 마르켓 185

장 르로이 436
재봉틀 158~159, 390
재커리 테일러 183
잭 노워스 489
잭 뎀시 392~393
잭 폴리 452
전구 170, 387~394, 574
정치적 공정 619~628
정크 푸드 337
제레미아 딕슨 518
제로그래피 167
제로니모 230~231
제불론 파이크 184
제시 헴스 551
제임스 고든 베넷 12
제임스 네이스미스 495~496
제임스 러셀 로웰 136
제임스 메디슨 99~100, 505
제임스 메이슨 94
제임스 몽고메리 플래그 119
제임스 보도인 202
제임스 스미슨 109
제임스 아니스 400
제임스 오티스 65
제임스 윌슨 101
제임스 존스 560
제임스 페니모어 쿠퍼 135
제임스 하웰 97~98
제임스 힐 151
제임스 G. 블레인 147
제임스 R. 헐버트 11, 130
제트기 여행 581~582
제프리 초서 10, 136
젱킨스의 귀 전쟁 58
조나단 매슬로 629
조나단 스위프트 98
조면기 157~158
조셉 글리든 165
조셉 맥코이 222
조셉 앨솝 527

조셉 헨리 159
조셉 후커 517
조셉 M. 솅크 444, 446
조시 빌링스 128~129
조지 3세, 영국 국왕 68, 107
조지 거슈윈 247
조지 리파드 86
조지 메이슨 79, 105
조지 셀든 286
조지 스윈튼 파커 473
조지 스펜서 534
조지 암스트롱 커스터 202, 516
조지 워싱턴 42, 52, 58, 74, 94, 106, 110, 323
조지 웨스팅하우스 169~170
조지 웨이머스 34
조지 이스트먼 409~411
조지 카펜티어 392~393
조지 캘버트 볼티모어 경 91
조지 코이 164
조지 템플턴 스트롱 386
조지 필립 크랩 11, 75, 179, 265
조지 허버트 98
조지 M. 풀먼 280~281
조지 R. 스튜어트 195
조지아 크래커 198
존 글렌, 장교 400
존 던랩 86
존 던롭 476
존 디킨슨 94
존 러셀 바틀렛 134
존 로지 베어드 396
존 로크 79~80
존 밀턴 41
존 브라운 205, 524
존 스미스 33~34, 51, 53, 180, 273
존 스타이스 팸버튼 353~354
존 애덤스 67~70, 77~78, 84~86, 99, 107, 512
존 앨런 크라우트 461

존 앨콕 577
존 워싱턴 52
존 웨인 447
존 위더스푼 84, 134
존 윈스롭 199, 315
존 윌키스 부스 200
존 제이 84
존 캐보트 109
존 캘빈 462
존 퀸시 애덤스 138, 384~385
존 피커링 75
존 하비 켈로그 334~336
존 허셸 411
존 C. 칼훈 508
존 D. 록펠러 151, 202, 335
존 D. 아이작 433~434
존 F 다지, 호레이스 E. 다지 288
존 F. 케네디 512
존 M. 롱이어 152
주간 고속도로 306~311
줄리엣 쇼어 404
중국인 배척법 256
지명 학자 177
지오반니 다 베라자노 29~30
지오반니와 피에트로 델-모니코 327
진공청소기 159, 388
짐 델리가티 596
짐 릴랜드 561
짐 크레이튼 485
짐 플린 204

찰리 에스퍼 491
찰스 1세, 영국 국왕 91
찰스 굿이어 154~156
찰스 기토 147, 149
찰스 내그린 341
찰스 내쉬 296

찰스 다우드 120
찰스 대로우 474
찰스 더리어, J. 프랭크 더리어 형제 288
찰스 두엘 164
찰스 디킨스 132~133, 381~382
찰스 리 112
찰스 린드버그 574~579
찰스 맨리 570
찰스 메이슨 518
찰스 멘치스 342
찰스 스튜어트 34
찰스 시모어 491
찰스 워싱턴 267
찰스 윌슨 필 96
찰스 젠슨 131
찰스 젠킨스 396
찰스 코미스키 487
찰스 톰슨 85
찰스 핑크니 99
찰스 L. 미 Jr. 92
찰튼 레어드 49
책, 비속어 560~562
철의 장막 526~527
청교도 20, 55, 73~74, 201~202, 258, 322, 346, 461~464, 468, 534~537, 548
체스터 칼슨 167
초콜릿 316, 332, 337~340, 367
최초의 비행 571
추수감사절 464
칠면조 11, 128, 315, 319~320

ㅋ

C. 리처드 빔 251
C. 프랜시스 젠킨스 437
C. A. 스완슨 & 선스 오브 오마하 371
C. J. 멀포드 225
C. W. 포스트 335
카드 게임 469
카렌 드크로 620
카리브 해, 청교도 정착민 55, 236
카메라 409~412
카우보이 222~229
칵테일 347
칼 그레이엄 피셔 296~298
칼 레믈 444
칼 벤츠 286, 288
칼렙 D. 브래덤 355
캐리 그랜트 446~447
캐슬 가든 238
캐슬린 터너 452
캘빈 쿨리지 512
캡 캘로웨이 349
커튼월 170, 173
컴퓨터 609~613
케네소 마운틴 랜디스 483
케네스 잭슨 306
케네스 크밀 142
케몬스 윌슨 302
케이블카 282~283
코끼리 점보 581~583
코널리어스 밴더빌트 388
코네스토가 마차 277
코닥 410~424
코듀로이 길 278
코카콜라 353~355, 366, 414, 420, 596
코튼 마서 202
콤스탁 법안 549~550
퀴즈쇼 400~401
크누트 로크니 495
크라이슬러 빌딩 172
크로스워드 퍼즐 479
크리스마스 464~466
크리스토퍼 라담 숄즈 165
크리스토퍼 서프 620
크리스토퍼 콜럼버스 27~28, 109~110
크리켓 480
클라렌스 버즈아이 371
클라렌스 손더스 367~369

클라렌스 토머스 562
클라이드 벨리코트 499
클레어 부스 루스 590
클로드 샤프 159
킹 제임스 바이블 537
킹 질레트 415~416
타자기 165~166

ㅌ

T. A. '테드' 도건 344
TV 브랜드 디너스 371
턱수염 553
테네시 클래플린 545
테크니컬러 454
텔레비전 167, 219, 225, 264, 378~405
텔레비전 방송국, 호출 신호 393
토마토 316, 318~319, 333
토머스 네스트 119, 511
토머스 데일 463
토머스 맥킨 86
토머스 벤슨 56
토머스 보들러 538
토머스 아맷 437
토머스 알바 에디슨 164~171, 388, 434~442
토머스 인스 446
토머스 제퍼슨 66, 76, 82, 112, 123, 125, 196, 209~210, 254, 275, 318, 319, 323, 527, 543
토머스 페인 68~71, 87
토머스 A. 왓슨 162~163
토머스 D. 라이스 263
토스타인 베블렌 362
톰 브레니프 574
톰 섬 골프 478
톰 이웰 557
트라이앵글 영화사 446
트랜지스터

트로이 여성 신학교 543
특허 사무소, 미국 154
티모시 제이 564
티스콴툼 22~23
틴 판 앨리 247

ㅍ

P. T. 바넘 582~583
파커 브라더스 473~474
패니 라이트 543
패스트푸드 343~344, 593~594
패트릭 헨리 65~66
패티 아버클 555
팬암 579~581
페르디난트 폰 체펠린 519
페이지 스미스 92, 100, 540
페이튼 랜돌프 77
펜실베이니아 턴파이크 308
펠릭스 워커 503
포니 익스프레스 219
포도주 제조업자, 금주법 350~352
포커 470
포터 스튜어트 550
폭스홀 킨 328
폴 뉴먼 453
폴 드레서 204
폴 리비어 66~68
폴 서룩스 563
폴 존슨 278
폴 차바스 550
표어 71, 84, 198, 297, 352, 394, 505, 512, 515~516, 525, 619,
표지판 179, 180, 290, 299, 593
프란시스코 피사로 29
프랜시스 데시우드 경 96~97
프랜시스 드레이크 경 32
프랜시스 라이트 381
프랜시스 무어 131

프랜시스 스콧 키 117~118
프랜시스 트롤로프 76, 132, 381
프랭크 로빈슨 354
프랭크 로섬 Jr. 304
프랭크 H. 플리어 340
프랭크 W. 울워스 363~364
프랭클린 피어스 200
프랭클린 D. 루스벨트 310
프레더릭 레밍턴 223
프레더릭 루이스 앨런 350
프레드 오트 435
프레드 졸너 497
프레드 코헨 613
프렌티스 잉그레이엄 224
프리츠 토트 307
플라이시만스 이스트 337
플리머스 식민지, 영어 39
피그 스텐드 299~300
피에르 보도인 202
피자 244, 329
피터 앤드류 473
필그림 17~23, 33~35, 39~43, 53~55, 315~323, 462~463, 535
필름 168, 409~412, 434~455
필리시아 도로시 히먼스 17~19
필립 혼 151

H. J. 하인즈 414
H. L. 멩켄 11, 131, 188, 204, 249, 255, 267, 344, 350, 491~492, 523, 559
하다트, 혼 332
하비 핸더슨 윌콕스 441
하비 A. 다니엘스 632~633
하우스 오브 모건 151
하워드 존슨 300~301
하워드 진 151, 230
하이럼 맥심 164

한국전쟁 527
한니발 굿윈 410
할랜드 샌더스 300
할리 J. 얼 601
할리우드 191, 217, 223, 225, 227, 247, 264, 434, 440~457, 555
해롤드 W. 알린 394
해리 라이트 486
해리 리온 윌슨 292
해리 S. 트루먼 292
해리엇 마틴 381
허먼 멜빌 238
허버트 베이어드 스워프 526
허버트 스템펠 401
허버트 아이브스 396
허버트 캘머스 454
허버트 후버 352
헌법 수정 18조 351
험프티 덤프티 9, 369
헨리 비어드 620
헨리 스틸 코메이저 132, 150
헨리 워드 비처 545
헨리 워즈워드 롱펠로 68, 182, 534
헨리 채드윅 481
헨리 클레이 184
헨리 허드슨 29, 307
헨리 G. 셀프리지 362
헨리 L. 스팀슨 514
헬렌 다우 팩 478
헬파이어 클럽(세인트 프랜시스 오더) 96
현금 등록기 153
호레이쇼 넬슨 잭슨 290
호레이스 플레처 334
홀리데이 인 303
화이트 캐슬 343~344
황금 열풍 220~221
후안 디아스 데 솔리스 29
후안 폰세 데 레온 186
휴 파슨스 534
히커리 디커리 닥 9

〈64,000달러 첼린지〉 401
〈누가 로저 래빗을 모함했나?〉 452
〈대열차강도〉 438~439
〈딕시의 땅〉(에밋) 122
〈로빈 후드의 모험〉 446
〈바람과 함께 사라지다〉 557
〈새미와 로시〉 562
〈시계 옆에서 흔들어요〉 590
〈앤디 그리피스 쇼〉 264
〈열정적인 춤을 추는 돌로리아〉 439
〈잭 베니 쇼〉 264
〈타워링〉 453

A&P 368~369
advertise 413
AIDS 587, 614
alligator 229
almighty dollar 151
arcade 371~372
assembly line 294
automat 331
avenue 48, 303, 374
ball the jack 281
balloon frame construction 215
barn 48
bill 48
billboards 413
bit(돈) 122~123
bit(컴퓨터) 612
blizzard 43
block 48
blue law 536
blues 267
bluestocking 536~537
bluff 42
body odor 417
bogus 226~227, 267
boogie-woogie 266

boondocks 276
bootleg 348
booze 349
bronco 228
buccaneer 32
buckaroo 228
bug 612
bullpen 490, 492
bum 281
bumpkin 243, 276
bundling 535
bureau 48
businessman 150
byte 612
caboose 243, 281
cache 212
cafeteria 331~332
chauffeur 288
chicken ? la king 328
chitterlings 10, 21
couch potato 399
creek 42, 131
crook 227
curds and whey 322
dago 254~255
Death Valley 219
desert 218
dilettante 77
dime 124, 150
diner 331
dinning car 279
dollar 124, 150~151
dope 243
Dreamwhip 422
drive-in 299~300
dude 224
E. C. 세거 523
E. W. '빌리' 잉그램 343
eagle 124, 498
egg Benedict 328

electrocution 170
expressway 309~310
exurbia 600
Exxon 422
face the music 127, 129
fag 548, 622
Fardier 285
farmer 20, 252
fast food 344
feather bed 281
federal 104
filibuster 504~508
five-o' clock anti-semitism 260
flivver 292
flummery 322
G. 롬바르디 329
G. K. 체스터턴 259
G. M. 앤더슨 228
gerrymander 505
gin 157, 349
giveaway 415
gravy train 281
Great American Desert 218
gridiron 494
gringo 229
grip 441
grog 58
G-string 351
Guinea 255
hello 163~164
hepcat 266
hillbilly 376
hobo 281
honeymoon 403
hooker 517
hoosegow 227
hootchy-kootchy 351
hot dog 344
hotel 385
how come? 242

IBM 589, 612, 630
indentured servant 57
jalopy 292
jaywalker 276
jazz 267
jeep 345, 521~523
jerkwater town 281
jerky 321
jitney 124
johnnycake 320~321
josh 128
juke 266~267
juvenile delinquency 590
kangaroo courts 226
KCBS 394
KDKA 394
kit and caboodle 242
know-how 149
lagniappe 230
lame duck 504, 506
Levi's 221
lobbyist 504~505
lobster Newburg 328
lobsterback 67
locomotive 279, 287
lunch wagon 331
lunch, luncheon 330
machine gun 165
maize 50, 317
manufactory 152
maroon 229
Melting Pot 238
MS. 625
mulatto 261
mumbo jumbo 582
nacho 228
nation, national 104
Negro 194, 261, 264, 268~269, 499
Nez Perc? 51
nickel 124

nitwit 242
noon 44
Norumbega 33
O. K. 84, 129~130, 355, 639
ouija 478
panties 132
pants 132
parkway 306~308
pass the buck 468
passenger 46
patent 420
pecan 45, 51
peepshow 435
penguin 21
Pepsi-Cola 354
Piggly-Wiggly 368
Pittsburgh 194
point of no return 580
powwow 50, 52
prairie schooner 217
pudding 322
puke stockings 19
Puritan 20
racket 353
radio 191, 391~395
ravine 42
real McCoy 222, 352
republic 70
revolution 70
RKO 446
rock 'n' roll 268, 591
roger 96
root hog or die 128~129
rugby 493
S. C. 투셴 367
sack posset 346
saloon 348
sambo 268
Santa Claus 242
SAT(학습능력적성평가) 631~633

sawbuck 125
self-made man 150
Self-Serving Store 367
Separatists 20
Sephardic 246
shinplaster 122
ship fever 235
shoddy 517
shoot craps 471
sick building syndrome 404
siwash 51
skid row 349
skiddoo 174, 344
skyline 172
slapstick 440
slave 57, 104
slum 152
snack 321
snoop 243
snowstorm 42
soccer 493
SOS 161
spending spree 375
spoils system 148, 504~505
stogy, stogie 277
TAT (대륙횡단 항공기) 577~579
teenage, teenager 589
teetotal 349
telegram 160
telegraph 163~164
tenderloin 153
tenement 153
Tin Lizzie 292~293
toboggan 50
tornado 45
trade name 420
trademark 420
tray girls 300
turnpike 227, 276
TWA 579

twill 217
tycoon 151
upchuck 222
vulcanization 156
wagon train 217
White House 512
woodchuck 50
wooden nickels 124
wop 255
Yankee 243, 266~267, 515
ye 39~40
Yellowstone 213
yes, we have no bananas 344
yokel 276
yoking 240
Yule 465

'9월의 아침' (차바스) 550
'나의 즐거운 올즈모빌을 타고' (에드워즈)
'날 야구장으로 데려가줘요' (노워스와 틸저) 489
'먼저 미국을 보라' 297
'성 브렌단 에보트의 항해' 23
'성조기의 행진' 266~267, 515
'짐 크로우' (라이스) 263
'타석에 선 케이시' 488
'포트 맥헨리의 저항' (키) 117~118
'폴 리비어의 말달리기' (롱펠로) 67~68
'필그림 파더스의 뉴잉글랜드 도착' (히먼스) 17
"킬로이 왔다 감" 523

「노스 아메리칸 리뷰」 135
「뉴스위크」 587~588
「뉴요커」 239, 589
「뉴욕타임스」 174, 287, 368, 391~392, 396~397, 400, 544, 547, 558, 561~563
「니커보커 매거진」 151
「더 네이션」 621

「라이프」 399, 610
「리플리의 믿거나 말거나」 577
「미국의 식당」 593
「미국의 욕」(제이) 564
「버라이어티」 451
「베이스볼 가이드」 481
「보스턴 모닝 포스트」 130
「보스턴 저널」 342
「아내를 위한 대담한 일격」(센트리버) 535
「에드버타이저」 413
「에스콰이어」 559
「이코노미스트」 421, 597, 631
「컬럼비아 저널리즘 리뷰」 561
「펜실베이니아 저널 앤드 위클리 에드버타이저」 134
「U. S. 뉴스 & 월드 리포트」 620, 622~623

『4개 언어 어휘집』(하웰) 97
『가난한 리처드의 연감』(프랭클린) 95~96
『가장 궁금한 요리책』 415
『걸러 사투리에 담긴 아프리카 언어』(터너) 266
『결혼식 날 밤』(크레독) 550
『고무와 그 변형』(굿이어) 156
『과로하는 미국인』(쇼어) 404
『국부론』(스미스) 63
『금언집』(풀러) 97
『길섶 여인숙 이야기』(롱펠로) 68
『끝나지 않는 일』(스트레서) 402
『더블스피크』(러츠) 428
『데이비드 크로켓의 인생 이야기』 129
『레드 갭의 러글스』(윌슨) 292
『로마제국 쇠망사』(기번) 63
『미국 사람들과 태도』(해밀턴) 381
『미국 사회』(마틴) 381
『미국 사회와 태도에 관한 고찰』(라이트) 381
『미국 영어 사전』(바틀렛) 134
『미국 영어 사전』(헐버트, 크레이기) 11,

130, 326
『미국 영어』(크랩) 265
『미국 영어의 정치학』(심슨) 82
『미국 요리법』(시몬스) 320
『미국의 민주주의』(쿠퍼) 135
『미국의 쇼핑 타운』(그루엔) 375
『미국의 언어』(멘켄) 11, 491
『미국인의 가정생활』(트롤로프) 133~134, 381
『미국인의 비망록』(디킨스) 132~133, 381~382
『미국인의 생활 속의 흑인』 264
『미국인의 역사』(윌슨) 256
『미시시피 강에서의 생활』(트웨인) 166
『민주적인 웅변』(크밀) 142
『버지니아 사람』(위스터) 224
『변두리 도시』(가로) 600
『북미 대륙을 지나 몬트리올에서 얼어붙은 태평양까지의 항해』(매켄지) 211
『비글로 페이퍼스』(로웰) 136, 559
『비커스태프 소책자』(스위프트) 98
『상식』(페인) 69~71, 87
『소녀가 알아 두어야 할 것』(스톨) 541
『소년이 알아 두어야 할 것』(스톨) 541
『신세계』 30
『아이들의 시간』(헬먼) 556
『알파벳 개정을 위한 제안』(프랭클린) 98
『앨비온의 씨앗』(피셔) 73
『야구 용어』(채드윅) 492
『여가 계층에 관한 이론』(베블렌) 362
『영국령 미국의 권리에 관한 의견 요약』(제퍼슨) 77
『영양의 기초』(플레처) 334
『영어의 사용』(쿼크) 108
『외국 속담』(허버트) 98
『워싱턴과 그의 장군들』(리파드) 86
『위대한 인종의 소멸』(그랜트) 256
『일화로 엮은 조지 워싱턴의 생애』(윔스) 110
『젊은 공작』(디즈레일리) 506

『젊은 부인이 알아 두어야 할 것』(드레이크) 540
『정치적으로 올바른 공식 사전과 지침서』(비어드와 서프) 620
『차별 없는 영어 사전』(매지오) 623
『청년들을 위한 지침』(앨콧) 542
『추정 미국 영어 어휘집』(엘윈) 136
『크리스토퍼 콜럼버스의 삶과 항해의 역사』(어빙) 110
『펜실베이니아 독일어 방언에 관한 비영어 단어 사전』(람베르트) 251
『풍요한 사회』(갤브레이스) 589
『플리머스 식민지의 역사』(브레드포드) 21
『훌륭한 태도의 기술』 383

빌 브라이슨 발칙한 영어 산책
엉뚱하고 발랄한 미국의 거의 모든 역사

펴낸날	초판 1쇄 2009년 4월 27일
	초판 16쇄 2023년 3월 29일

지은이	빌 브라이슨
옮긴이	정경옥
펴낸이	심만수
펴낸곳	(주)살림출판사
출판등록	1989년 11월 1일 제9-210호

주소	경기도 파주시 광인사길 30
전화	031-955-1350 　팩스　031-624-1356
홈페이지	http://www.sallimbooks.com
이메일	book@sallimbooks.com

ISBN　978-89-522-1106-4　03940

※ 값은 뒤표지에 있습니다.
※ 잘못 만들어진 책은 구입하신 서점에서 바꾸어 드립니다.